U0465900

汤一介 李中华 王博◎顾问

儒释道三教关系
研究论文选粹

张广保 杨浩◎主编

华夏出版社
HUAXIA PUBLISHING HOUSE

顾　问

汤一介　李中华　王博

主　编

张广保　杨浩

编委会

汤一介　李中华　张广保　周学农
程乐松　张雪松　杨浩

目 录

序：儒、释、道三教与中国传统文化 …………………………………………… 1

三教关系

三教异同说 ……………………………………………………… 姚永朴 3
五朝学 …………………………………………………………… 章太炎 5
中国形上学中之宇宙与个人——一九六四年第四届东西方哲学家会议论文
……………………………………………… 方东美 著 孙智燊 译 9
漫议儒、释、道——中国哲学的特质 ……… [英] 弗·康普勒斯东 著 李小兵 译 32
唐宋以后的三教合一思潮 ………………………………………… 任继愈 40
论儒、释、道"三教归一"问题 …………………………………… 汤一介 47
"三教合一"在我国发展的过程、特点及其对周边国家的影响 …… 黄心川 57
中国文化中的儒释道 ……………………………………………… 楼宇烈 66
儒、佛、道三教的结构与互补 …………………………………… 牟钟鉴 79
儒、佛、道的境界说及其异同 …………………………………… 蒙培元 85
论六朝时期的三教关系与世界宗教大同理想 …………………… 李中华 90
诸子百家与儒道佛三教的社会文化功能 ………………………… 李存山 104
敬、静、净：儒道佛心性论比较之一 …………………………… 罗安宪 112
关于儒、道、佛三家的理论极限 ………………………………… 韩东育 123
从儒释道"三教"看我国传统政教关系的特点 …………………… 杨 军 134
人类中心主义、超人类中心主义和反人类中心主义——儒、道、佛学之生态伦理
　思想比论 ……………………………………………… 任俊华 李朝运 141
论儒释道"三教合流"的类型 …………………………………… 李四龙 150

儒释关系

与蒋再唐论儒佛义	马一浮	167
关于宋明理学之性质	熊十力	170
谢灵运《辨宗论》书后	汤用彤	174
儒佛异同论	梁漱溟	179
陈碧虚与陈抟学派——陈景元《老子》、《庄子》注校记	蒙文通	191
三论禅宗与理学	钱 穆	199
唐代儒家与佛学	高观如	220
略谈宋明儒学与佛学之关系	唐君毅	235
儒、佛以心性论为中心的互动互补	方立天	242
道学与佛教——议论的场合与范畴 ［日］土田健次郎 著 吴华 译		257
儒学、中国文化与世界多元文明——以儒佛道三教关系为视角	洪修平	263
从存有论与心性论谈儒家与佛教的区分	曾锦坤	273

儒道关系

老子与孔子之"道"：类别根源性质及作用	蒲薛凤	307
儒道二家的生死观	傅伟勋	323
简论中国传统文化的儒道思想互补	许抗生	332
论儒道两家之互为体用义	曾昭旭	342
孔子之仁与老子之自然——关于儒道关系的一个新考察	刘笑敢	351
中国古代道儒二家宇宙论的异同及其意义	万 里	364

道释关系

《太平经》与佛教	汤用彤	377
佛道相通相同的形上关系抱一·凝神·真如	刘光义	383

道教和佛教形上超越的观念——哲学对比的研究 …………………………………………………………………………… [美] 苏海涵 著 仲曼萍、卢雪燕译 丁煌 校改 398
魏晋南北朝道教、佛教思想关系研究 …………………………………… 张广保 404
心性本体与道性道体：中国佛教心性论对道教心性论的影响 …………… 杨维中 430

附录：三教关系研究论著目录

一、汉文论文 ……………………………………………………………… 445
二、汉文著作 ……………………………………………………………… 498
三、日文研究 ……………………………………………………………… 506
四、西文研究 ……………………………………………………………… 525

后　记 ……………………………………………………………………… 534

序

儒、释、道三教与中国传统文化

　　祖国统一、民族团结最重要的在于文化认同。近年有学者提出"文化中国",就是要倡导对中国传统文化的认同。中华民族在几千年的历史发展中,曾经经历了几个重要的历史发展阶段,这就是:由春秋战国以前的华夏族到秦汉时期形成的汉民族,以及今天的多元一体的中华民族。在这一发展过程中,中华民族不断发展壮大,其生存地域也随之扩大。然而,我们也要看到,在历史上,中华民族也曾历经坎坷,其主体民族多次被游牧民族征服,典型者例如元、清。我们民族的统一历史也曾数次中断,由统一转向分裂。但中华民族却并未在分裂中解体,而是在每次分裂之后迎来一次更为波澜壮阔的统一,中华民族正是通过这种由分裂再统一的迂回形式不断发展壮大。这在世界文明史中也是一个奇迹。那么创造这一历史奇迹的主要原因何在呢?我认为还要从中国传统文化的独特构造中去寻找答案。

　　众所周知,世界几大文明古国中,只有中国与印度是一体延续,绵延不断,直至今日。而与印度相较,中国又有统一时间更长、主体民族更稳定等特点。这其中的原因固然很多,但中国独特的儒、释、道三教互补互融的三元一体的稳定文化结构无疑是一重要基石。这在历史上表现得很明显,每当异民族以武力在政治、军事上征服中国之后,最终却在文化上为主体民族的文化所征服。中国传统文化就好比一个吸纳器,它能将历史中各种异质文化吸纳、包容在一起,并最终抟聚铸就成一个文化统一体。

　　中国文化对中华文明生命力的这种持续支撑就是文化作为软实力的最好诠释。因为从军事实力上看,中国历史上中原王朝并不总是处于强势,由于中国北部毗邻广大草原游牧部落活动区域,这就决定了奠基于黄河、长江两河流域农业区的中原王朝长期受到来自北方草原民族的军事压力。又由于农业文明的军事力量的机动性相对于草原游牧民族天然处于劣势地位,这就造成了历史上中原王朝的发展进程经常由于北方草原游牧民族的侵袭而被中断,从而陷入政治解体、政权分裂的状态。典型者如东晋南北朝时期、宋辽金元时期,中原统一王朝都是因为来自北方(包括西北、东北)势力的冲击,从而陷入政权解体的状态。

  然而，与世界上其他古老文明解体后再也不能重建的结局不同，令人惊讶的是，每次中国的统一政权解体之后，经过或长或短的分裂对峙，最终都能酿造成一个规模更大的政权统一体。在这新的统一体中，无论是主体民族还是其生存空间，都大大地得以拓展。中华民族及所栖居的地理空间就是通过这一独特方式不断发展起来的。至于为什么中华文明及创造这一文明的民族——中华民族能在不断解体之后实现重建，我认为，其内在原因不在其军事优势（实际上军事方面中原王朝并不具备优势），也不在其政治、经济优势，因为这些方面世界其他解体的古代文明也曾经拥有，而在于其拥有的独特文化构造，这就是以儒、释、道互补为核心的三元一体的稳定文化构造。

  事实上，中国历史上每次草原民族对中原王朝的征服，都无法击破这一三元一体的文化结构，反而带上自身独特文化因素连同其民族、土地一同归依中原主体文化，从而为中华文明不断发展壮大做出自己的独特贡献。从这点看，草原民族对中原王朝的征服并非是中国历史发展的负面因素，相反，倒可看成一次更大发展的蓄势。那种把中国历史上分裂时代看成黑暗时代的观点，乃是不懂得阴阳相生的历史原则。因此，我们说中华文明之所以能绵延几千年而不中断的奥秘就在于其三元一体的稳定文化结构。三足鼎立，既有分别又互相支撑。这种独特的文化结构在世界其他文明中极为罕见。

  与世界上其他主要奠基于神性中心的单一文化系统例如基督教文化、伊斯兰文化等不同，中华文明实际上是以儒家为表显的三教合一的综合文明，正是这一点使它有别于其他文明，而凸显出中国文明的包容性。中华文明是以儒、释、道等三支为基干支撑起来的，它们共同构筑起中华文明的核心价值系统。儒释道三教各有擅长，它们互相补充，长期以来对传统社会广泛渗透，对中国古代历史同时产生深刻的影响。南宋孝宗在《原道辩》曾说，中国文化是以佛教治心，以道教治身，以儒教治世。[1] 这句话恰当地指出了三支文化力量在中国传统文化中所占有的位置。在这三支文化力量中，儒家文化对于维持社会稳定及发展发挥主导性作用，而道家特别是其无为而治、以质化文的返本归根式的思想观念，则对于王朝的重建及休养生息，发挥了不可替代的作用。至于佛教以其开张三世、贯通幽冥的高超的生命境界，无疑对中国人平衡其过于执着于现世的心灵，有着清醒剂的作用。如果说世界上其他几种主要文明像基督教文明、伊斯兰文明只是一种单一的宗教文明，相比之下，中华文明就是以儒释道互补为基本特征的复合结构。三足鼎立，其支撑更牢固。这也可以在一定程度上解释：中国古代社会为何具有如此超强的稳定性、中国的历史又为何能延续五千年而不中断等这一世界历史中极为罕见的历史现象。

---

[1] 刘谧《三教平心论》卷上。

从中华文化发展的历史看，中国文化以儒、释、道三教为主体的三元一体互补结构，乃是通过与世界上其他文明的交锋，吸收其他文明价值系统之所长而形成的。这在中国古代文明史上，首先是通过对印度文明的融合，改造吸收印度文明的载体——佛教的思想观念而达成的。因此，从中外文化交流的角度看，我们说中国传统文化又是一个开放的系统，具有很高的学习、更生能力。又正是因为这一原因，中国文化才能不断克服自身的弱点，吸收外来文化的长处，同时又不丧失自身的文化认同，才使得她不断走向成熟，从而延续自己的慧命。从中国文化发展的历史过程看，也曾遭遇异文化系统的挑战。我们注意到，从文化发展的角度看，中国历史上在中外文化上曾经历两次全盘西化的过程，其中最早的一次全盘西化就是印化即印度化。对此，现代很多人对于这段文化历史都已相当陌生，我们不妨来回顾一下。

众所周知，中国文化是一种以现世主义为导向的礼乐文化。依据现存经典文献诸如《尚书》、《易经》、《诗经》及三礼的载述，这一文化体系在"前三代"即尧、舜、禹就已定型，而在"后三代"即夏、商、周时期则臻于成熟。孔子的"郁郁乎文哉！吾从周"的感叹就是表述对西周礼乐文化的向往。儒家正是因为继承中国传统文化的礼乐精神，才使其成为中国传统文化的主干。春秋、战国时期诸子争鸣，百家竞起，实际上都是对礼乐文化进行批评、反思，而没有就这一文化的根基予以质疑。因而我们可以说，百家的论争只是在同一文化体系范围内部的争论，无论是道家对儒家的批评，还是墨家与儒家的争衡，都只是在同一价值体系中展开的，而没有从根本结构上对中国传统文化有所突破。随着后汉之后佛教的传入以及由之引发的三教论争，乃使中国传统文化直接面临着另一成熟文化——印度文化的挑战。由于印度文化具有浓厚的出世主义色彩，这对中国文化来说相当陌生。因此，佛教宣传的三世轮回、因果报应、缘起性空、涅槃寂灭等观念在当时对中国人引起极大的震动。以礼乐文化为特色的中国文化关注现实人生、关注此世生活，这无疑具有其特别的优势。不过与周边其他文化特别是印度相比，它的弱点也是很明显的，其中尤可注目者就是它的精神视域相对狭窄，其对生存的理解具有平面化的倾向。不少论者都指出在中国文化中对来世学的探讨相当薄弱，日本著名的印度学者中村元认为，中国人没有实践深刻的宗教反省，孔子的学说中欠缺诸如"原罪"、"拯救"等观念，而这在印度和西方宗教中都是基本观念。① 关于中国文化这一弱点，早在魏晋南北朝时期三教论争

---

① 中村元指出："在印度与中世纪欧洲一样，生活于现世是为了更好的来世作准备的思想非常强烈。然而在中国，这种思想并不常常抬头，在这方面或许可以说，中国人没有实践深刻的宗教上的反省，那就是说，中国人没有很深的罪障意识。人们常常指出，在孔子的教说中没有原罪或拯救的观念。"《东方民族的思维方法》中村元著，林太、马小鹤译，浙江人民出版社1989年4月，第172页。

中，就有不少论者予以指出。例如东晋高僧慧远就说：

>原其所由，由世典以一生为限，不明其外。其外未明，故寻理者自毕于视听之内。此先王即民心而通其分，以耳目为关键者也。①

这就很明确地指出中国文化讨论的范围局限于此生，而对此生之外则未涉及。由于慧远等活跃于东晋南北朝的高僧本来对中国本土文化就很精通，因此他们的批评确实切中中国文化的弱点。的确，无论是儒家孔子的"未知生，焉知死"，还是道家《庄子》的"六合之外，圣人存而不论"，中国文化整体来说是一种现世中心导向的文化。难怪当他们碰到以佛教为代表的印度文化开张三世、究极幽冥、超迈生灭、体证涅槃等显示立体多维的思想视域时，精神为之震撼。

魏晋南北朝时期在对中、印文化之优劣进行分判时，这一时期的不少崇佛者都称释迦牟尼为"众圣之王，四生之首"②、为"大圣"③，而对中土文化进行贬抑。这种独崇佛教，贬抑儒、道的态度在佞佛皇帝梁武帝身上达到顶峰。他在《敕舍道事佛》一文中，竟然将中国传统的儒、道二教都斥为邪教，并号召臣下反伪就真，舍邪入正：

>老子、周公、孔子等，虽是如来弟子，而化迹既邪，止是世间之善，不能革凡成圣。其公卿、百官、侯王、宗室，宜反伪就真，舍邪入正。④

考虑到在当时普遍将印度称为西方、西土，因此萧衍这种对待中国传统文化的否定态度，似乎可以视为中国历史上最早一种全盘西化、印化的主张。这对长期以来习惯于"夷夏之辨"、执持华夏文化优越论的中国士大夫不啻晴天霹雳，其引发的震撼也许只有鸦片战争时期泰西文化的大规模传入对中国文化的挑战差可比拟。

从中国文化发展的历史看，这次由佛教传入为契机而引发的中、印文化交锋，乃是中国文化首次遭遇另一高度发展的、成熟的文化体系的挑战。由于佛教宣传的基本教义诸如因果报应、六道轮回、涅槃解脱、三世相续等等，中国传统思想均较少触及或者阐述不充分，因此，在这场长达八百年之久的中、印文化的冲撞中，我们看到华夏文化的中心意识第一次受到质疑。当然，我们进一步看到，通过三教论争，中国本土文化并未解体从而丧失其自身认同，反而是通过争论，士大夫对儒、释、道三家思想的特点把握得更为充分、明晰。佛教也正是因为能平衡中国文化中过于强势的现世主义而得到精英阶层的追捧，并

---

① 《三报论》，《弘明集》卷五。
② 《宋文帝集朝宰论佛教》，《广弘明集》卷一。
③ 《归正篇序》，《广弘明集》卷一。
④ 《广弘明集》卷四。

被接纳到中国文化中，成为中国文化的重要有机组成部分之一。就中国文化来看，佛教及其所承载的印度思想的传入，大大拓展了中国文化的精神视域，提高了中国思想的思维抽象能力，弥补了中国文化现世主义导向过于强烈的俗世主义弊端。

此外，从世界文明的大视野看，作为世界两大古老文明的中、印文明在历史上的冲突、交锋及其所采取的解决途径，为当今全球化时代解决各文明之间的冲突提供了借鉴意义。

中国文化经历的第二次全盘西化就是我们现在正亲历的中、西文化冲突。美国学者亨廷顿在《文明的冲突》一书中，对冷战之后出现的世界各种力量对比的新格局进行反思，提出一种理解世界的新的思路。他淡化了过去那种以种族论、意识形态论作为标记符号的观点，而只讲文明之间的"交锋"，其中提到冷战之后，中国的儒家文明、基督教文明及伊斯兰文明等文明之间将展开生存发展的竞争。未来世界历史将围绕此一主线而展开。该著作对文化的研究跨越了传统单纯的民族传承。这种独特的视角对于我们的研究具有相当的启发意义。但是，书中对中国文化的把握并不确切，其中单纯以儒家文明来指代中华文明显然是不恰当的。因为中国的文明实际上是以儒家为表显的三教合一的综合文明，正是这一点使它有别于其他文明，而凸显出中国文明的包容性。此外，从中国文化发展的历史看，中西文化的正式交锋并不始于今天，早在明代后期，随着西方传教士的进入就已正式拉开帷幕。

当前我们正处于多元文明并存、竞争的全球化时代，以科技文明为主要特征的西方文明正全方位影响、冲击着中华古老文明，这是自魏晋南北朝以来中华文明第二次遭遇另一异质的、高度发展的文明的挑战。我们注意到，中、西文明的正式交锋，如果从晚明算起的话，迄今已持续四百多年，而且这一过程仍未终止。这与魏晋南北朝时期由佛教传入为契机引发的长达八百年以上的中、印文明的交锋相比，其规模、影响度以及时间跨度都差可比肩。我们也看到，在这次中、西文化的冲突中，曾出现五四时期发出的对中国传统文化全面质疑的声音，诸如"打倒孔家店"式的全盘西化的口号，与第一次全盘印化时期梁武帝斥周孔之教为邪教何其相似。我们也惊喜地看到，自那以后，中国文化在经历低谷之后并未完全解体，相反，我们今天在吸纳西方文化的科技、政制等诸多优势之后，中国文化再次以其博大的包容姿态主动迎接挑战，从而不断面向时代，走向更为辉煌的未来。

呈现在读者诸君面前的这部《儒释道三教关系研究论文选粹》是我院为推动学术界三教关系研究而编辑的一部参考资料。这部资料共挑选有关三教关系研究的论文共40篇，主要选择自民国以来直至现代学界有关这一专题的研究论文。所选论文既有发表于港、台学术刊物者，也有刊于大陆各种刊物者，另外还有少数出于国外汉学家之手、由国内作者翻译过来者。选入论文作者方面，既有前辈大家，也有近年来活跃于学界的新秀。我们编选的主题按照三教关系、儒释关系、儒道关系、道释关系等来分类，意在反映三教关系的方方面面。我们试图通过这部三教关系论文的选编为学界了解这一领域的研究，提供一个窗口。至于这一目标能否达到，只能由今后学术界的反应来评判。

张广保

于北京大学儒学研究院

2013 年 12 月

三教关系

三教异同说

姚永朴

姚永朴（1861-1939），晚号蜕私老人，安徽桐城人。曾任北京大学教授、清史馆纂修等，后任教于东南大学、安徽大学。主要著作有《尚书谊略》、《诸子考略》、《群经考略》、《群儒考略》、《十三经述要》、《七经问答》、《大学古本解》、《蜕私轩读经记》、《蜕私轩易说》、《论语解注合编》等多种。其自著之书，集为《蜕私轩集三卷》、《续集三卷》。

《易大传》曰："天下同归而殊途，一致而百虑。"老佛之于儒亦若是尔矣。盖老子所宗，本周先王遗教，其后鉴文胜之弊，持论稍偏。然《道德经》述侯王称孤寡不穀，及吉事尚左、凶事尚右，于礼何尝不言之津津，岂真以为可去哉？佛生西方，与吾国圣贤未尝相接，因悼世人迷于根尘而入五蕴、惑四相、囿二执、造三业，爰导之解脱，俾永断无明以成正果。此其修己之严、教人之切，又何如？或据弃君臣、去父子、禁相生相养之道为之罪，不知彼特以求道之急而然，非必率天下之人而缁之而髡之也。观佛在时，令出家者冬夏入兰若听讲，春秋归养父母，在家者亦冬夏入兰若，思欲则归，重来者听。迨灭度后遗制，凡受戒，每坛三人，过为滥法，其意可见矣。间尝即二氏书与吾儒参考之。夫人之生也，自无中来，亦自无中去。惟性之命于天者为真，其诱于物而动者妄也。老子言："为学日益，为道日损，损之又损，以至于无为。"佛言"一切贤圣皆以无为法"正以此。《论语》曰："无意、无必、无固、无我。"曰："无适无莫。"曰："无可无不可。"曰："吾有知乎哉？无知也。"曰："予欲无言。"其论尧曰："民无能名。"论舜曰："无为而治。"论泰伯曰："民无德而称。"而《中庸》篇末归于无声无臭。此诗之所以咏文王也。吾先圣何尝不出一辙？但所谓无者，就诱于物者言之，非谓命于天者亦可无也。故老子曰："惚兮恍兮，其中有象，恍兮惚兮，其中有物。窈兮冥兮，其中有精，其精甚真，其中有信。"佛言空相，又言实相，而曰此道非实非虚。此与《易大传》"成性存存"又何以异？然则三教将无同乎？曰：其归一也。何谓归？去妄存真是也。若夫所从入之路，则有不容牵合者。盖老子以生不辰而有厌世之意，佛之道尤以出世为宗，故一尚自然，一归圆觉。其所以自修者在此，斯其所以诏人者亦在此。孔孟则不然，其为道也主乎经世，虽了然于死生之说而必务民之义，故谆谆焉教以人伦，维之以礼乐刑政。观六经所言，何其恳挚而详备也。昔孔子曰："彼游方之外者也，而丘游方之内者也，外内不相及。"斯言也，其老佛与儒之辨也与？惟其听从入者之异路，故曰："道不同不相为谋。"惟其归也一，故曰："道并行而不相悖。"方今沧海横流，人心之陷溺已深，固不可拔。故老佛之言，吾徒自不妨取之，以为他山之助。若夫事亲从兄，与所以治天下国家者，孔孟遗书具在，抑何可置而不讲哉！唐宋儒者必诋二氏为异端，甚至比之淫声美色而不敢近。使诚如此，何以孔子惜子桑伯子之简，未尝不许其可，而见老子且叹为犹龙？至崇信二氏者，又或谓孔子未若彼所造之深广，是但以词章考据家之所得者为六经，而昧昧于诸经之微言大义，亦所谓不登其堂、不哜其胾者也。

录自《民彝杂志》第六期，1927 年夏历 7 月 21 日

五 朝 学

章太炎

章太炎（1869－1936），浙江余杭人。1897年任《时务报》撰述。1906年主编同盟会机关报《民报》。1911年主编《大共和日报》。1917年在苏州设章氏国学讲习会。1935年主编《制言》杂志。一生著述甚丰，主要著作有《膏兰室札记》、《春秋左传读》、《訄书》、《新方言》、《文始》、《小学答问》、《儒术新论》、《订孔》等。其著作刊入《章氏丛书》、《续编》，遗稿又刊入《章氏丛书三编》，后辑为《章太炎全集》。

俗士皆曰：秦、汉之政，踔踔异晚周，六叔之俗，予尔殊于汉之东都。六叔，指魏、晋、宋、齐、梁、陈。其言虽有类似，魏晋者，俗本之汉，陂陀从迹以至，非能骤溃。济江而东，民有甘节，清劭中伦，无曩时中原媮薄之德，乃度越汉时也。言魏、晋俗敝者，始干宝《晋纪》，葛洪又胪言之。观洪《汉过》、《刺骄》二篇，汉俗又无以愈魏、晋。《抱朴子·外篇·汉过篇》曰：历览前载，逮乎近代，道微俗敝，莫剧汉末也。此虽多斥阉尹，然又云：嬾看文书、望空下名者，谓之业大志高。结党合誉、行与、口违者，谓之以文会友。斯则党锢诸公，皆在所讥矣。《刺骄篇》曰：余观怀、愍之世，俗尚骄褻，夷虏自遇。然又云：闻之汉末，诸无行自相品藻次第，群骄慢傲不入道检者，为都魁雄伯。四通八达，皆背叛礼教，而从肆邪僻，讪毁真正，中伤非党，口习丑言，身行敝事。凡所云为，使人不忍论也。此则汉末风纪已坏，非起晋也。王符作《潜夫论》，迹盛衰，讥汉俗最甚。道"今人奢衣服，侈饮食，事口舌而习调欺。丁男不扶犁锄，怀丸挟弹，携手上山；妇人不修中馈，休其蚕织，而起学巫祝鼓舞事神。京师贵戚，衣服、饮食、车舆、庐第，奢过王制。嫁娶者车骈数里，缇帷竟道，骑奴侍童，夹毂并引。富者竞欲相过，贫者耻其不逮。一飨所费，破终身之业"。《潜夫论·浮侈篇》。傅玄亦曰："汉末一笔之柙，雕以黄金，饰以和璧，缀以随珠，发以翠羽。公卿大夫刻石为碑，铸石为虎，碑虎崇伪，陈于三衢。妨功丧德，异端并起，众邪之乱正若此，岂不哀哉！"《群书治要》引《傅子》。此皆道其奢侈踰分，虽干宝论晋弗能过。《晋纪·总论》曰：朝寡纯德之人，乡乏不贰之老。又曰：其妇女庄栉织纴，皆取成于婢仆，未尝知女工丝枲之业，中馈酒食之事也。先时而婚，任情而动，故皆不耻淫佚之过，不拘妒忌之恶。此与王符所说相似。然犹未及甘陵之诈，汝南之伪也。按《抱朴子·名实篇》曰：闻汉末之世，灵献之时，品藻乖滥。英逸穷滞，饕餮得志，名不准实，贾不本物，以其通者为贤，塞者为愚。则知党人之口，变乱黑白，甚于青蝇。其视阉尹，亦齐、楚伯仲之间耳。党锢以窦武、刘淑、陈蕃为三君。《武传》称妻子衣食裁充足。《蕃传》则述王甫让蕃曰：窦武何功？兄弟父子一门三侯。又多取掖庭宫人，作乐饮宴，旬月之间，赀财亿计。大臣若此，是为道耶？公为栋梁，枉桡阿党，复焉求贼？是则《武传》所述，竟为虚言。大抵党锢不尽端人，徒以天下善士，滥入党录，谈者不求其本，即以党锢悉为善士，斯亦谬矣！许劭与从兄靖，私情不协，排靖不得齿叙，致靖以马磨自给，此尤倾险之士也。上及朝贵，魏、晋闻淫僻者，有贾充、何会、石崇、王恺，而汉亦有诸马、诸窦、诸梁、诸袁。晋之谀臣若荀勖，汉亦有胡广、赵戒。汉骨髓者，有李膺、杜密，惟晋亦有刘毅、傅咸、刘颂之伦，美恶相覆，竟无以踰越也。闾巷之间，据道推方岿然不群者，梁鸿、韩康、徐穉、郑玄、申屠蟠，在汉世。惟魏亦有管宁、胡昭、焦先。晋而有董京、夏统、朱冲、郭文、孟陋、戴逵，又不相过。尝试论之：汉之纯德，在下吏诸生间，虽魏、晋不独失也。魏、晋之侈德，下在都市，上即王侯贵人，虽汉不独亡也。傅玄、葛洪去汉近，推迹魏、晋之失，自汉渐染，其言公。范晔离于全汉，固已远矣，徒道其美，不深迹其瑕眚。诸子非人所时窥，而范氏书日在细旃指爪之间，近习之地。是以责盈于后，而网漏于前也。粤晋之东，下讫陈尽，五朝三百年，往恶日渐，而纯美不忒。此为江左有愈于汉。徒以江左劣弱，言治者必暴摧折之。不得其征，即以清言为状，又往往訾以名士，云尚辞不责实。汉世朴学，至是委废而为土梗。且夫鸣琴之政，醇酒之治，所从来非一世也。汉季张邈从政，号为坐不窥堂，孔伷亦清谈耳。孔融刺青州，为袁谭所攻，流矢雨集，犹隐几读书，谈笑自若，城陷而奔。阮简为开封令，有劫贼，外白甚急，简方围棋，长啸曰：局上有劫，甚急！《御览》一百五十八引《陈留风俗传》。据《隋书·经籍志》地理篇：《陈留风俗传》三卷，汉议郎圈称撰。斯数子者，盖王导、谢安所从受法。及夫蓬发裸服，嘲弄虫妍，反经诡圣，顺非而博，在汉已然。亦见《抱朴子·汉过篇》。此类事状，范氏《后汉书》多不载。惜乎谢承、华峤之书，今不可见尔。魏、晋因之，犹时有乐广、嵇绍之伦。广以风流辅名教，绍不肯以朝服执冷人之业。其余任达者虽众，渡江而稍绝矣。然名荡佚者，多归之魏、晋。貤及江左，不考其末，不推其造端，偏听生奸，君子以为耻。且夫曩世言名士者，与今异充。魏明帝曰："名如画地作饼，不可啖。"卢毓曰："常士畏教慕善，然后有名，非所当疾也。"斯固与落槛无检者反。江左之士，蠢迪检柙，丧纪、祭祀、婚姻之式，少有疑殆。虽文士沙门犹质之，载在《通典》，岂可诬哉？据《南史·何承天传》：先是《礼论》有八百卷，承天删减并，各以类相从，凡为三百卷。又《徐勉传》：受诏知撰《五礼》，大凡一百二十帙，一千一百七十六卷，八千二十九条。然则《通典》所载，二十分之一耳。夫驰说者，不务综终始，苟以玄学为诟。其惟大雅，推见至隐，知风之自。玄学者，固不与艺术文行牾，且翼扶之。昔者阮咸任达不拘，荀勖与论音律，自以弗逮。宗少文达死生分，然能为金石弄。戴颙述庄周大旨，而制新弄十五部，合何尝、白鹄二声以为一调。殷仲堪能清言，善属文，医术亦究眇微。雷次宗、周续之，皆事沙门慧远，尤明三礼。关康之散发，被黄巾，申王弼《易》，而就沙门支僧纳学算，眇尽其能，又造《礼论》十卷。下逮文儒祖冲之，始定圜率，至今为绳墨。其缀术文最深，而史在《文学传》。《南史》。谢庄善辞赋，顾尝制木方文，图山川土地，各有分理，离之则州郡殊，合之则宇内一。徐陵虽华，犹能草《陈律》，非专为美言也。夫经莫穹乎《礼》、《乐》，政莫要乎律令，技莫微乎算术，形莫急乎药石。五朝诸名士皆综之。其言循虚，其艺控实，故可贵也。凡为玄学，必要之以名，格之以分，而六艺方技者，亦要之以名，格之以分。治算，审形，度声则然矣。服有衰次，刑有加减。《传》曰："刑名从商，文名从礼。"故玄学常与礼律相扶。自唐以降，玄学绝，六艺方技亦衰。唐初犹守六代风，颜、孔、陆、贾之说经，李淳风、祖孝孙之明算，孙思邈、张文仲之习医，皆本六代。贾公彦子大隐，本以传礼得名，而作《老子述义》十卷，注《公孙龙子》一卷，则经师犹审形名也。中唐以降，斯风绝矣。宋、元憙言性，惟算术亦巧善，今益以礼、医与律，犹弗逮兼。古之乡三物，明于本数，系于末度，畜万物而不为戾，刻雕众形而不为巧。咨惟五朝之贤耶？且夫膏粱之性，难正也。终日湛于狗马曲旃之间，不易以玄远，虽日陈礼法，正复为奇，善复为妖也，其侈弥长。晋初，何曾自谓守礼法，然日食万钱，犹曰无下箸处。夏侯湛作《昆弟诰》，假托孝友之言，而侯服玉食，穷滋极侈。则知徒陈礼教，不足以戒奢惩贪也。栖山泽，厌韭葱葵蓼者，非有玄学，不足以自尉荐。将歆荣华、干酒肉之味，其操不终。五朝有玄学，知与恬交相养，而和理出其性。故骄淫息乎上，躁竞弭乎下。及唐，名理荡荡，唐时虽有佛学，研精者惟沙门，士大夫则揽其枝叶耳。夸奢复起，形于文辞，播于小说者，参而伍之，则居可知矣。案世人谓清谈废事，必忘大节，此实不然。乐广、卫玠，清言之令。然愍、怀之废，故臣冒禁拜辞，为司隶所收缚，广即解遣之。卫玠于永嘉四年，南至江夏，与兄别于梁里涧，语曰：在三之义，人之所重，今日忠臣致身之道，可不勉乎？不得谓忘大节也。又世谓南朝人专务声色，然求之史传，竟无其征。就有一二，又非历朝所无也。唐人荒淫，累代独绝，播在记载，文不可诬。又其浮竞慕势，尤南朝所未有。南朝疵点，专在帝室，唐乃延及士民。就其细者观之，《太平广记》所引《南朝小说》，奇而近雅，怪不至缪，又无淫侈之言。独《拾遗记》为不类。然本亦兴于北土。《隋经籍志·杂史》篇，有《拾遗录》二卷，题为秦姚苌、方士王子年撰。又《王子年拾遗记》十卷，题萧绮撰。是绮特集录其书，竟于南朝无与也。唐人小说，半皆妖蛊，文既无法，歆羡荣遇之情，骄淫矜夸之态，溢于楮墨。人心险薄，从是可知。世人以东汉贤于南朝，犹失其实。至乃尊唐而贱江左，直以国势盛衰，詙论民德，是非殽乱，一至是乎？世人见五朝在帝位日浅，国又削弱，因遗其学术行义弗道。五朝所以不竞，由任世贵，又以言貌举人，世贵亦本于汉。袁、杨二族，皆世为三公，门生故吏，遍在天下。《抱朴子·正郭篇》云：废职待客者，则比之周公；养徒避役者，则拟之仲尼；弃亲依豪者，则同之游、夏。魏、晋以来，悉被斯化。作法于凉，实由汉始。汝南甘陵，朋党日竞，以言取人，又自此出。然世贵用事，未有不务姿容者。《墨子·尚贤下》云：今王公大人，其所富、其所贵，皆王公大人骨肉之亲，无故富贵面目美好者也。晋世评人，不专以局量才识。评王衍者则曰：夷甫处众中，如珠玉在瓦石间。评王戎者则曰：目烂烂如岩下电。评卫玠者则曰：与玠同游，同若明珠之在侧，朗然照人。评裴楷者则曰：见裴叔则如近玉山，照映人，无不兼貌取者。而《抱朴·汉过篇》已云：令色警慧，有貌无心者，谓之机神朗彻，猝突萍莺，骄矜轻倪者，谓之巍峨瑰杰。是亦始于汉季。渡江而后，貌取稍杀，言取犹未绝也。不在玄学。顾炎武粗识五朝遗绪，以矜流品为善，即又过差。五朝士大夫，孝友醇素，隐不以求公车征聘，仕不以名势相援为朋党，贤于季汉，过唐、宋、明益无訾。其矜流品，成于贵贱有等，乃其短也。如刘惔既贵，不受旧识小人馈赠。殷仲堪为给使之母治病，即焚经方。此其矜慎流品，乃使人道大毁。顾氏反以为善，真倒见矣！独有刘驎之以冠冕之族，被褐条桑，信义著于群小，厮伍之家，婚娶葬送，皆躬自造。阮孝绪姊为鄱阳王妃，凿垣逃王，终身与诸甥不相见，鄙外兄王晏，避其笻管，至于覆酱，有陈仲之操。介如任昉，犹不敢望其门。斯二子者，足以阏世贵之流矣！

录自《章太炎全集》（第四卷）《太炎文录初编》，
上海人民出版社 1985 年，第 73–77 页

中国形上学中之宇宙与个人

——一九六四年第四届东西方哲学家会议论文

方东美 著 孙智燊 译

方东美（1899－1977），安徽桐城人。1921年赴美留学，获威斯康辛大学哲学硕士学位。1924年通过博士学位考试后回国，任职于武昌大学（武汉大学前身）。1925年应聘国立东南大学（中央大学前身）教授。1948年任台湾地区大学哲学系主任。主要著作有《生命情调与美感》、《科学哲学与人生》、《哲学三慧》、《中国形上学中之宇宙与个人》、《从宗教、哲学与哲学人性论看人的疏离》、《中国哲学精神及其发展》等，其著作后编为《东美全集》。

一

在本文中我所要谈到的中国形上学，其含意迥异乎一般所谓"超自然形上学"（Preternatural Metaphysics），根据后者的说法，人以及其所居处的宇宙，均各自为两种极不相容之力势所支配而剖成两橛；共致极也，遂于天堂地狱之间也创下了一道鸿沟；人，就其为一个体存在而言，虽由灵肉两者所组成，而两者之间竟又彼此冲突不已。

我以"超越形上学"（Transcendental Metaphysics）一词，来形容典型的中国本体论，其立论特色有二：一方面深植根于现实界；另一方面又腾冲超拔，趋入崇高理想的胜境而点化现实。它摒弃了单纯二分法，更否认"二元论"为真理。从此派形上学之眼光看来，宇宙与生活于其间之个人，雍容洽化，可视为一大完整立体式之统一结构，其中以种种互相密切关联之基本事素为基础，再据以缔造种种复杂演纷之上层结构，由卑至高，直到盖顶石之落定为止。据一切现实经验界之事实为起点，吾人得以拾级而攀，层层上跻，昂首云天，向往无上理境之极诣。同时，再据观照所得的理趣，踞高临下，"提其神于太虚而俯之"，使吾人遂得凭藉逐渐清晰化之理念，以阐释宇宙存在之神奇奥妙，与人类生活之伟大成就，而曲尽其妙。

我们之心态取向既然如此，很自然地，中国各派的哲学家均能本此精神，而百尺竿头，更进一步，建立一套"体用一如"、"变常不二"、"即现象即本体"、"即刹那即永恒"之形上学体系，藉以了悟一切事理均相待而有，交融互摄，终乃成为旁通统贯的整体。

职是之故，中国哲学上一切思想观念，无不以此类通贯的整体为其基本核心，故可藉机体主义之观点而阐释之。机体主义，作为一种思想模式而论，约有两种特色。自其消极方面而言之，（1）否认可将人物对峙，视为绝对孤立系统；（2）否认可将宇宙大千世界化为意蕴贫乏之机械秩序，视为纯由诸种基本元素所辐辏并列而成者；（3）否认可将变动不居之宇宙本身压缩成为一套紧密之封闭系统，视为毫无再可发展之余地、亦无创进不息、生生不已之可能。自其积极方面而言之，机体主义旨在：统摄万有，包举万象，而一以贯之；当其观照万物也，无不自其丰富性与充实性之全貌着眼，故能"统之有宗、会之有元"，而下落于抽象与空疏。宇宙万象，赜然纷呈，然克就吾人体验所得，发现处处皆有机体统一之迹象可寻，诸如本体之统一，存在之统一，生命之统一，乃至价值之统一……等等。进而言之，此类披纷杂陈之统一体系，抑又感应交织，重重无尽，如光之相网，如水之浸润，相与洽而俱化，形成一在本质上彼是相因、交融互摄、旁通统贯之广大和谐系统。

中国形上学思想之上流，就其全幅发展而论，大致上可譬作乐谱上之若干音节线，其间隔长短，容或错落参差不齐，然各种不同型态之思想潮流，均可藉诸音节线而使之一一凸显：依三节拍，迭奏共鸣，而以各节拍之强弱，示其份量之轻重。自远古至公元前十二世纪，中国形上学之基调表现为神话、宗教、诗歌之三重奏大合唱。自兹而降，以迄公元前二四六年，其间九百余年，是为中国哲学上创造力最旺盛时期，原始儒家，原始道家，原始墨家，一时争鸣，竞为显学。紧接着是一段漫长的酝酿、吸收与再创期（公元前二四六——公元九六〇年）；势之所趋，终乃形成具有高度创发性之玄想系统于中国大乘佛学。自公元九六〇年以迄今日，吾人先后在新儒学（性、理、心、命之学）的形式中复苏了中国固有的形上学方面的原创力，而且新儒学多少染上了一层道家及佛家色彩。在此一段再生期之中，最突出而值得注意者，是产生了三大派形上学思潮：（1）唯实主义型态之新儒学；（2）唯心主义型态之新儒学；（3）自然主义型态之新儒学。

鉴于时间限制，有关中国形上学史上各派运动发展之详情，今天不遑细论。本文重点只集中于原始儒家、原始道家与大乘佛学三方面。三者相提并论，是基于其系统虽然歧异，然却同具三大显著特色：（1）一本万殊论；（2）道论；（3）个人品德崇高论。

首先，我要提出：何种类型之人物才配挺身而出，揭发中国智慧，而为其代言人？诚如英国剑桥大学康佛教授（Prof. F. M. Cornford）所言，那必须是要集"先知、诗人与圣贤"于一身的人物，始足语此①。我不必列举种种历史上的事实理由，说明中国哲学家何以非如此不可。但看庄子对古代哲学家——"博大真人"——之欣赏赞叹不止，便足透露个中消息了②。可惜古人这种自能独得天地大全之通观慧见，后来却由于为了应付社会变迁、种种现实需要，而渐次丧失了，沦为"小知戈戈"式的分析知见。无怪乎在中国一切伟大的哲学系统之建立者都得要以一身而兼"诗人、圣贤、先知"的三重身份，才能宣泄他们的哲学睿见。诚然，由于个人的性分差异，难免在三者的组合上，间或有特别偏重于某一面之倾向。

道家之诗人灵感或气质，可说是得天独厚，使他们得以凭藉诗人之眼放旷流眄，但见人人之私心自用，熙熙扰扰，奔竞于浊世，均须一一加以超化，使之臻于理想的实存境界，方能符合高度的价值准衡③。在佛家之心目中，这便与解脱超度，蕲向"涅槃"之说十分相近，而涅槃说同时又为对应"真如"（"如来"或"法身"）之绝妙描绘。由是观之，道家哲学可说是替后来中国佛学朝着大乘方向发展，作了最好的铺路。

道家观照万物，举凡局限于特殊条件之中始能生发起用者，一律化之为"无"。"无"也者，实为"玄之又玄"之究竟真相，宛若一种生发万有之发动机。道家之终，即是儒家之始。与道家形成尖锐强烈之对照者，是儒家之徒往往从天地开合之"无门关"上脱颖而出，运无入有，以设想万有之灵变生奇，实皆导源于创造赓续，妙用无穷之天道。天德施生，地德成化，腾为万有，非惟不减不灭，而且生生不已，寓诸无竟。因此呈现于吾人之前者，遂为浩瀚无涯，大化流衍之全幅生命景象，人亦得以参与此永恒无限、生生不已之创化历程，并在此"动而健"之宇宙创化历程中取得中枢地位。总而言之，儒家之宇宙观，视世界为一创化而健动不息的大天地，宇宙布护大生机，生存其间的个人生命可有无限的建树。宇宙之意涵既然如此，作为理想人格之圣人，其巍峨庄严，高明峻极，也当如是——是之谓"圣者气象"。

佛学在中国之初期发展，原本觉得儒家此种处处"以人为中心"之宇宙观，过于牵强，于是乃转而与道家思想相结合，将人生之目的导向求圆满、求自在之大解脱界。然随着时间之进展，不久即看出儒家思想中的种种优点，并发现其中与佛学思想在精神上有高度之契会：儒家当下肯定人性之"可使之完美性"，佛家则谓之"佛性"，而肯定为一切众生所具有者。佛家思想既是一套哲学系统，又是一派宗教教义。佛教弘法大师都具有先

---

① 参看康佛（F. N. Cornford：*Principium Sapientiae*）《智慧原理》，英国剑桥大学，1952年版，第90–91、93、96、102页。
② 参看《庄子》，浙江：浙江书局1876年版，卷10，第33章，第18页。
③ 参看《老子》，浙江：浙江书局1875年版，下，第48章，第6页；上，第2章，第1页。

知的知能才性，把目光凝注在人类最后之归宿处，与夫未来一切有情众生之慈航普渡的大解脱上。

综上所言，我们现在可用另一种简明扼要的说法，藉以烘托点出弥贯在中国形上学慧观之中的三大人格类型。在运思推理之活动中，儒家是以一种"时际人"（Time-man）之身份而出现者（故尚"时"）；道家却是典型的"太空人"（Space-man）（故崇尚"虚"、"无"）；佛家则是兼时、空而并遣（故尚"不执"，与"无住"）。

谈到中国形上学之诸体系，有两大要点，首当注意：第一、讨论"世界"或"宇宙"时，不可执着于其自然层面而立论，仅视其为实然状态，而是要不断地加以超化，对儒家言，超化之，成为道德宇宙；对道家言，超化之，成为艺术天地；对佛家言，超化之，成为宗教境界。自哲学眼光旷观宇宙，至少就其理想层面而言，世界应当是一个超化的世界。中国形上学之志业即在于通透种种事实，而蕴发对命运之了解与领悟。超化之世界即是深具价值意蕴之目的论系统。第二、"个人"一词是一个极其复杂之概念，其涵意之丰富，非任何一套"一条鞭"之方法可以究诘。诚如意大利哲学史家鲁齐埃罗教授（Prof. G. D. Ruggiero）所谓之"日新人"（Homo Novus），在此种意味下，近代西方无人不视"个人"为瑰宝，无论在宗教、在认识论、在政经理论方面，都以"个人"一词为誉辞，用作褒义[①]。个人在宇宙之中的地位如何？这不是一个可以一次解决了当的问题，其答案既无成例可循，又非一成不变；乃是个值得每时代的人类一问再问的问题。在不同的时代、不同的思想背景下，对于这个问题尽可以有根本不同的答案。旷观整个一部中国哲学史，杨朱（约公元前521－442年）是唯一敢于大胆倡言"为我主义"的哲学家，但是其他所有各派的思想家都不以为然。就儒家言，主张"立人极"，视个人应当卓然自立于天地间，而不断地、无止境地追求自我实现；就道家言，个人应当追求永恒之逍遥与解脱；就佛家言，个人应当不断地求净化、求超升，直至每派所企仰之人格理想在道德、懿美、宗教三方面，修养都能到达圆满无缺之境界为止。就此三派之眼光看来，凡个人之人格，欲其卓然有所自立，而不此之图者，必其人之知能才性有所不足，而其思想发展犹未臻圆熟也。

现在我们且就作为中国形上学三大主要体系之儒家、道家、佛家，逐层分别讨论之。

二

儒家形上学具有两大特色：第一、肯定天道之创造力，充塞宇宙，流衍变化，万物由

[①] 鲁齐埃罗（Guido de Ruggiero：*The History of European Liberalism.* tr. by R. C. Collingwood），《欧洲自由主义发展史》，英国：牛津大学，1927年版，第51－52、24－28、66－73页。

之而出（《易》曰：："大哉乾元！万物资始，乃统天。"）；第二、强调人性之内在价值，禽含辟弘，发扬光大，妙与宇宙秩序，合德无间（易曰："大人者，与天地合其德，与日月合其明，与四时合其序，与鬼神合其吉凶，先天而天弗违，后天而奉天时。"简言之，是谓"天人合德"）。此两大特色构成全部儒家思想体系之骨干，自上古以迄今日，后先递承，脉络绵延，始终一贯。表现这种思想最重要者莫过于《易经》。孟子与荀卿继起，踵事增华，发扬光大，除了补充一套极富创造性的形上学思想之外，更发挥了一套"哲学的人类学"之基本理论（即"哲学的人性论"是也）。[①]

《易经》一书，是一部体大思精而又颠扑不破的历史文献，其中含有：（1）一套历史发展的格式，其构造虽极复杂，但层次却有条不紊；（2）一套完整的卦爻符号系统，其推演步骤悉依逻辑谨严法则；（3）一套文辞的组合，凭藉其语法交错连绵的应用，可以发掘卦爻间彼此意义之衔接贯串处。此三者乃是一种"时间论"之序曲或导论，从而引伸出一套形上学原理，藉以解释宇宙秩序。

关于以上三者诸专门性问题之讨论，自公元前二世纪起，迄今两千余年，经过无数学者专家之精心研究，其著作卷帙浩繁，无虑千百，今天自亦不克深论。

根据前人种种研究成果，以及太史公司马谈、司马迁父子之致证[②]，《周易》这部革命哲学，启自孔子本人（公元前五五一——四七九年），再经过商瞿子木后学等人之承传与发挥，乃是一部经过长时期演变进化之思想结晶品。其要义可自四方面言：（1）主张"万有含生论"之新自然观，视全自然界为宇宙生命之洪流所弥漫贯注。自然本身即是大生机，其蓬勃生气，盎然充满，创造前进，生生不已；宇宙万有，秉性而生，复又参赞化育，适以圆成性体之大全（易曰："生之谓性"；"生生之谓易"；"易……曲成万物而不遗"；"成之者性也。"）。[③]（2）提倡"性善论"之人性观，发挥人性中之美善诸秉彝，使善与美相得益彰，以"尽善尽美"为人格发展之极致，唯人为能实现此种最高的理想。[④]（3）形成一套"价值总论"，将流衍于全宇宙中之各种相对性的差别价值，使之含章定位，一一统摄于"至善"。[⑤] 最后，（4）形成一套"价值中心观"之本体论，以肯定

---

① 参看拙著《中国人生哲学》（*The Chinese View of Life*），香港：友联出版社，1957年版，第三章，第87-125页，尤其第99-115页。
② 《史记》（1746年，乾隆武英殿本），67卷"仲尼弟子列传"，第8页及130卷"太史公自序"，第2页，司马迁明载其父司马谈受易于杨何，孔子传易于商瞿子木，一脉相承，八传而至杨何。
③ 此论倡于孔子，见《彖传》、《系辞传》以及《说卦传》上。
④ 此义发明于孔子，见《文言传》。（乾文言、及坤文言）而尤详于《彖传》。
⑤ 价值观念以及由此引伸之"价值中心观的本体论"，发挥于《系辞传》。

性体实有之全体大用（易曰："一阴一阳之谓道，继之者善也，成之者性也。"）。

显然，作为"时间人"典型代表之儒家，自不免要将一切事物——举凡自然之生命、个人之发展、社会之演变、价值之体现，乃至"践形"、"尽性"、"参赞化育"……等等——一律投注于"时间"铸模之中，以贞定之，而呈现其真实存在。

问题的关键是：何谓"时间"？① 盖时间之为物，语其本质，则在于变易；语其法式，则后先递承，赓续不绝；语其效能，则绵绵不尽，垂诸久远而蕲向无穷。时序变化，呈律动性，推移转进，趋于无限，倏生忽灭，盈虚消长，斯乃时间在创化历程之中、绵绵不绝之赓续性也。时间创进不息，生生不已，挟万物而一体俱化，复又"统之有宗、会之有元"，是为宇宙化育过程中之理性秩序。时间之动态展现序列，在于当下顷刻刹那之间，灭故生新，相权之下，得可偿失，故曰：时间之变易乃是趋于永恒之一步骤耳。永恒者，绵绵悠久，亘古长存；逝者未去，而继者已至，为永恒故。性体实有，连绵无已，发用显体，达乎永恒。职是之故，在时间动力学之规范关系中，易经哲学赋予宇宙天地以准衡，使吾人得以据之而领悟弥贯天地之道及其秩序（"易与天地准，故能弥纶天地之道"）②。

基于上述之时间概念，可得三大形上学原则：

一、旁通之理。含三义：（1）就逻辑意义言，指一套首尾融贯一致之演绎系统，而可以严密推证者③；（2）就语意学意义言，指一套语法系统，其中举凡一切有意义之语句，其语法结构规则与转换规则，均明确标示一种对当关系，一种互涵与密切关系，足资简别正谬，而化舛谬为纯正；④（3）就形上学意义言，基于时间生生不已之创化历程，易经哲学乃是一套动态历程观的本体论，同时亦是一套价值总论，从整体圆融、广大和谐之观点，阐明"至善"观念之起源及其发展。故旁通之理也同时肯定了：生命大化流衍，弥贯天地万有，参与时间本身之创造性，终臻于至善之境。

二、性之理（或"生生之理"）。孔子在《易经·系辞大传》（其纯理部分称为传）及其弟子在《礼记》里（含《中庸》），将广被万物之道⑤，析而言之，分为天之道、地

---

① 此问题在拙著"生命情调与美感"，南京：中央大学，"文艺丛刊"，1931年，第一卷第一期，一文中有所论列，详见第173-204页，尤其第192-203页。

② 《系辞传》，第四章。

③ 参看拙著"易之逻辑问题"，见《易学讨论集》，长沙：商务印书馆，1941年出版，第31-54页。

④ 参看焦循《易固略》（讨论易经之逻辑结构及语法规范），卷一，第4页；卷二，第13-14页；《易话》（两卷，1818年出版）卷一，第3页、第12页；《易通释》（20卷，1813年出版）；《易章句》（易经语法研究）（12卷，1815年出版）。

⑤ 参看《象传》，《文言传》，《系辞传》，第5章，第7章；《中庸》，第22章，并参看戴东原（震）：《原善》，第1章。

之道与人之道三方面而论之：（1）天道者，乾元也，即原始之创造力，谓之"创始原理"，创始万物，复涵赅万物，一举而统摄于健动创化之宇宙秩序中，俾"充其量，尽其类"、"致中和"，完成"继善成性"、"止于至善"之使命（易曰："大哉乾元！万物资始，乃统天（下万物）。"）。（2）地道者，坤元也，乃顺承乾元（天道）之创始性而成就之，谓之"顺成原理"，使乾元之创始性得以赓续不绝，绵延久大，厚载万物，而持养之（易曰："至哉坤元，万物资生，乃顺承天"；"坤厚载物，德合无疆，含弘光大，品物咸亨。"）。（3）人道者，参元也，夫人居天地之中，兼天地之创造性与顺成性，自应深切体会此种精神，从而于整个宇宙生命、创进不见、生生不已之持续过程中，厥尽参赞化育之天职。对儒家言，此种精神上之契会与颖悟，足以使人产生一种个人道德价值之崇高感；对天下万物、有情众生之内在价值，也油然而生一种深厚之同情感；同时，由于藉性智睿见而洞见万物同源一体，不禁产生一种天地同根万物一体之同一感。儒家立己立人，成己成物之仁，博施济众之爱，都是这种精神的结晶。

三、化育之理——视生命之创造历程即人生价值实现之历程。孔子在《易·系辞传》中发挥其"继善成性"论曰：

"一阴一阳之谓道，继之者善也，成之者性也……显诸仁，藏诸用，鼓万物而不与圣人同忧，盛德大业至矣哉！富有之谓大业，日新之谓盛德。生生之谓易，成象之谓乾，效法之谓坤，极数知来之谓占，通变之谓事，阴阳不测之谓神。"[①]

孔子在别处更曰，"乾道变化，各正性命，保合太和，乃利贞"[②]；"元者，善之长也；亨者，嘉之会也；利者，义之和也；贞者，事之干也"[③]。

从上面诸原理观之，宇宙之客观秩序乃是由于在时间动态变化的历程中，为乾元充沛之创造精神所造成者，人类个人所面对者是一个创造的宇宙。故个人也得要同样地富于创造精神，才能德配天地。因此，儒家此种动态观的与价值中心观的本体论，一旦完成之后，立刻启发出一套"哲学的人类学"。其要义在《中庸》二十二章里发挥得淋漓尽致：

"唯天下至诚，为能尽其性；能尽其性，则能尽人之性；能尽人之性，则能尽物之性；能尽物之性，则可以赞天地之化育；可以赞天地之化育，则可以与天地参矣。"[④]

生命之自然秩序及道德秩序，既同始于乾元（天道）之创造精神，则人在创造之潜能

[①] 《系辞传》，第5章。
[②] 《象传》。
[③] 《文言传》。
[④] 《中庸》，第22章。

上自然应当是足以德配天道的。儒家遂首先建立起一套"以人为中心"（"人本主义"）的宇宙观，再进而导出一套"价值中心观的人性论"。此孟子（公元前372－289年）之所以要主张流贯于君子人格生命中的精神是"与天地精神同流"的道理了。孟子更进一步主张：一个身为真正的人之君子，凭藉着先天的性善与种种优美的懿德，人人可以"充其量，尽其类"，发展成为"大人"。而此种人格上的"大人"，在创造的过程中，再经过精神之升华作用，便可以发展成为"圣贤"，最后，由"圣贤"终而发展至于"神人"。①（孟子曰："可欲之谓善；有诸己之谓信；充实之谓美；充实而有光辉之谓大；大而化之之谓圣；圣而不可知之之谓神。"《尽心》章句下）

何止孟子一人如此！即使那位从经验方法观察人性而主张"性恶论"之荀子（公元前313－238年）也主张：经过不断的教化、努力、薰陶与修养，人人皆可以成就伟大人格。在原始儒家之中，荀子似乎是唯一生来就厌闻那一套从价值中心的观点而侈谈天道者。惟其如此，他要完全摆脱天（或自然）之一切无谓而不必要的纠缠，从而重新树立起人之优越性，如平地拔起、壁立千仞，他认为：天不过是一种中性的存在，蕴藏着物质能源，供人开发利用而已（故主张"戡天役物"）②。就孟子看来，人仅凭与生俱来之性善（先天之"良知良能"），就是自然的（生就）伟大。而自荀子看来，人之所以伟大，完全是由于后天的努力与教化之结果。两者彼此间看法上尽管不同，但对于"人毕竟伟大"这一点上，却毫无二致。孟子主张人皆可以为尧舜，荀子则曰涂之人可以为禹，尧舜禹固同为中华民族所景仰之圣人。

然则，人之所以伟大，其故安在？《大戴礼记》③上有一段记述孔子应鲁哀公问政之对答：人之理性发展经历五个阶段，故可分五品：从（1）一般庶民大众，经过教育，变化气质，可以成为（2）知书达礼的士人，士人"明辨之，笃行之"，娴于礼乐，表现为高尚之人生艺术，即成为（3）君子，"文质彬彬，是谓君子"，其品格纯美，其心理平衡，其行仪中节合度，再进一步，加以陶冶，即可以成为（4）大人，大人者，其出处去就，一一符合高度之价值标准，足为天下式；动作威仪之则，一一蹈乎大方，而大中至正，无纤毫偏私夹杂其间；其品格刚健精粹，一言而为天下法。修养至最后阶段即进入（5）圣人（或神人）境界，圣人者，智德圆满，玄珠在握，任运处世，依道而行，"从心所欲，不逾矩"，故能免于任何咎戾。其所以能臻此者，端赖"存养"、"尽性"功夫，有以致之，明心见性无入而不自得。由此无上圣智，一切价值选择，取舍从违，无不依理起

---

① 《孟子》，第7章（《尽心》篇），第25节。
② 《荀子》，浙江：浙江书局，1876年版，卷11，第17章，《天论》篇），第11－16，18页。
③ 戴德《大戴礼记》，卢辩注，1758年卢见曾刻本，卷1，第4－6页。

用，称理而行。其成就之伟大若是，故能德配天地，妙赞化育，而与天地参矣！此种视人凭藉理性作用可以由行能之自然人层次，逐步超升，发展至于理想完美之圣人境界，即儒家提倡人性伟大所持论之理由及根据所在。

举上所述，一言以蔽之，可引归一大结论："天人合德。"① 在天人"和合"之中，个人之宇宙性之地位于焉确立，当此时也，构成其人格中之诸涵德及一切知能才性，皆"充其量、尽其类"，得到充分发展——"尽性"是也。

对中国人而言，儒家式之人格典型，"望之俨然，即之也温"，巍巍然，高山仰止，宛若一座绝美之艺术雕像杰作，透过种种高贵之人生修养功夫而完成者（《诗》曰："如切如磋，如琢如磨。"《易》曰："成性存存，道义之门。"）。其生命笃赏光辉，旁皇四达，由亲及疏，由近致远，"致广大而尽精微，极高明而道中庸"。世人对之，如众星之拱北辰，于精神气脉上，深相默契，于道德志节上，同气相引，浸渍既久，不觉自化，而日进于高明峻极矣。夫圣贤气象之感人也，恒启人向上一机，而同情感召之下，见贤思齐，一种慕道忻悦向往之情，油然而生，发乎不容于己，沛然莫之能御，其感人有如是者（孟子谓之"善与人同"）。此其所以能使中国人得以"出斯人于斯世"……——出乎其类，拔乎其萃——于自然天地与夫人伦社会之中，平地拔起，开辟出一浃情适性之"德性民主"（或"道德民主"）领域，复不断地提升之、超拔之，使臻于更完善、更高明之伦理德性文化境界者也。顾我华族，自孔子行教以来，其历史文化慧命得以一脉相传，绵延持续，垂数千年而不坠者，实系赖之。

三

吾人一旦论及道家，便觉兀自进入另一崭新天地，如历神奇梦幻之境。夫道家者，"太空人"之最佳典型也（诚如庄子所喻之大鹏鸟，"怒而飞，其翼若垂天之云"；"抟扶摇而上者九万里……"）。道家游心太虚，骋情入幻，振翮冲霄，横绝苍冥，直造乎"寥天一"之高处，而洒脱太清，洗尽尘凡，复挟吾人富有才情者与之俱游，纵横驰骋；放旷流昐，居高临下，超然观照人间世之悲欢离合，辛酸苦楚，以及千种万种迷迷惘惘之情，于是悠然感叹，芸芸众生之上下浮沉，流荡于愚昧与黠慧、妄念与真理、表相与本体之间，而不能自拔，终亦永远难期更进一步，上达圆满、真理与真实之胜境。

"道"之概念，乃是老子（约公元前五六一——四六七年）哲学系统中之无上范畴，约可分四方面而讨论之。

---

① 参看《易经·文言传》："大人者，与天地合其德，与日月合其明……"

(1) 就"道体"而言，道乃是无限的真实存在实体（真几或本体）。老子尝以多种不同之方式形容之①，例如：

(a) 道为万物之宗，渊深不可测，其存在乃在上帝之先。（《老子》第四章："道冲，而用之或不盈，渊兮似万物之宗；湛兮似或存。吾不知谁之子，象帝之先。"）

(b) 道为天地根，其性无穷，其用无尽，视之不可见，万物之所由生。②（《老子》第六章："谷神不死，是谓玄牝，玄牝之门，是谓天地根，绵绵若存，用之不勤。"）

(c) 道为一，为天地万物一切之所同具。③（《老子》第卅九章："昔之得一者——天得一以清；地得一以宁；神得一以灵；谷得一以盈；万物得一以生……其致一也。"）

(d) 道为一切活动之唯一范型或法式。"曲则全；枉则直；洼则盈；敝则新；……诚全而归之。"④"虚而不屈，动而愈出。"（《老子》第五章）

(e) 道为大象或玄牝，无象之象，是谓大象，抱万物而蓄养之，如慈母之于婴儿，太和、无殃。⑤（《老子》第卅五章："执大象，天下往"；第廿八章："为天下谿，常德不离，复归于婴儿。"第五十二章："守其母，没身不殆……无遗身殃。"五十五章："含德之厚，比于赤子。……精之至也……和之至也。"）

(f) 道为命运之最后归趋，万物一切，其唐吉诃德英雄式之创造活动精力挥发殆尽之役，无不复归于道，谓之"复根"（《庄子》），藉得安息，涵孕于永恒之法相中，成就于不朽之精神内。——自永恒观之，万物一切，最后莫不归于大公，平静，崇高，自然，……一是以道为依归，道即不朽。⑥（《老子》十六章："致虚极，守静笃，万物并作，吾以观复，夫物芸芸，各归其根。归根曰静；静曰常。知常曰明；不知常，妄作，凶。知常容；容乃公；公乃王；王乃天；天乃道；道乃久。没身不治（殆）。"）

(2) 就"道用"而言，无限伟大之"道"，即是周溥万物，遍在一切之"用（或功能）"，而取之不尽，用之不竭者。其显发之方式有二：一、"退藏于密；放之则弥于六合"——盖道，收敛之，隐然潜存在"无"之超越界，退藏于本体界，玄之又玄，不可致诘之玄境；而发散之，则弥贯宇宙万有。故曰："天下万物生于有，有生于无。"⑦"道

---

① 《老子》，浙江：浙江书局 1875 年版，第 4 章。
② 同①，第 6 章。
③ 同①，第 39 章。
④ 同①，第 5 章，第 22 章。
⑤ 同①，第 35 章，第 28 章。
⑥ 同①，第 16 章。
⑦ 同①，第 40－41 章、第 45 章。

生万物。"二、"反者，道之动"——盖实有界之能，由于挥发或浪费，有"用竭"之虞，故当下有界，基于迫切需要，势必向上求援于"道"或"无"之超越界，以取得充养。故老子之强调"反者，道之动"，实涵至理。

道之发用，呈双回向：顺之，则道之本无，始生万有①；逆之，则当下万有，仰资于无，以各尽其用，故曰："有之以为利；无之以为用。"②

（3）就"道相"而言，道之属性与涵德，可分两类，属于天然者，与属于人为者。前者涵一切天德，属于道，只合就永恒面而观之，计得：

（a）道之全体大用，在无界中，即用显体；在有界中，即体显用；
（b）"无为而无不为"；
（c）"为而不恃"；
（d）"以无事取天下"；
（e）"长而不宰"；
（f）"生而不有"；
（g）"功成而弗居"。

反之，道之人为属性，即来自处处以个人主观之观点，而妄加臆测，再以人类拙劣之语言而构画之、表达之者。撇开此一切人为之偏计妄测等等，道，就其本身而言，乃是"真而又真之真实"；"玄而又玄之玄奥"；"神而又神之神奇"。惟上圣者足以识之。

（4）就"道征"而言，凡此种高明至德，显发之而为天德，原属道。而圣人者，道之具体而微者也，乃道体之当下呈现，是谓"道成肉身"，作为理想人格极致之圣人，凭藉高尚精神，与对价值界之无限追求与向往，超越一切限制与弱点，故能慷慨无私，淑世济人，而赢得举世之尊敬与爱戴。唯其能够舍己利人，其己身之价值乃愈丰富（己能予人，己愈有）。唯其能够如此，其己身之存在愈益充实。"是以圣人常善救人，故无弃人；常善救物，故无弃物。"③ 由于老子之教，使吾人觉悟到，尽性之道，端在勤做圣贤功夫。而人之天职即在于孜孜努力、精勤不懈，促其实现。故凡能有以挺然自立于天壤之间者，其所必具之条件，即内圣之精神修养功夫也。

老子哲学系统中之种种疑难困惑，至庄子（公元前三六九年生），一扫而空。庄子将空灵超化之活动历程推至"重玄"（玄之又玄），故于整个逆推序列之中，不以"无"为究极之始点，同理，也肯定存有界之一切存在可以无限地重复往返，顺逆双运，形成一串

---

① 《老子》，浙江：浙江书局 1875 年版，第 40 章。
② 同①，第 11 章。
③ 同①，第 27 章。

双回向式之无穷序列。原有之"有无对反"也在理论上得到调和（"和之以天倪"），盖两者均消弭于玄秘奥妙之"重玄"之境，将整个宇宙大全之无限性，化成一"彼是相因"、交摄互融之有机系统①。最后，庄子点出老子思想之精义："建之以常无有；主之以大一……以空虚不毁万物为实。"② 同理，"变常对反"也于焉治弭。③ "万物无成与毁，道通为一。"

庄子之所以能有如许成就，乃是因为他不仅仅是个道家，而且受过孔孟之相当影响④，同时也受过那位来自名家阵容的契友惠施之影响。孔子在易经哲学里俨然以时间在过去有固定开始或始点，只是向未来奔逝无穷（"逝者如斯夫"！孔子川上之叹）。然而庄子却只接受时间之向未来之无限延伸，而否认时间在过去，由于造物者之创始，而有所谓任何固定之起点之看法。他深知如何根据"反者，道之动"之原理，以探索"重玄"，而毋需乎停滞在辽远之过去中之任一点上。其实，时间对过去与未来都是无限的。时间乃是绵绵不绝、变化无已的自然历程，无终与始。因此，儒家"太初有始"、"大哉乾元！万物资始"之基本假定——事实上，为解释宇宙创始之必不可或缺者——在理论上也根本取消了。

不仅时间之幅度无限，空间之范围亦是无穷。庄子更进一步，以其诗人之慧眼，发为形上学睿见，巧运神思，将那窒息碍人之数理空间，点化之，成为画家之艺术空间，作为精神纵横驰骋、灵性自由翱翔之空灵领域，再将道之妙用，倾注其中，使一己之灵魂，昂首云天，飘然高举，致于寥天一处，以契合真宰。一言以蔽之，庄子之形上学，将"道"投射到无穷之时空范畴，俾其作用发挥淋漓尽致，成为精神生命之极诣。

这是蕴藏在《庄子·逍遥游》一篇寓言之中之形上学意涵，通篇以诗兼隐喻的比兴语言表达之。宛若一只大鹏神鸟，庄子之精神，遗世独立、飘然远引、背云气、负苍天、翱翔太虚，"独与天地精神往来"。御气培风而行，与造物者游。

《逍遥游》一篇故事寓言，深宏而肆，诙诡谲奇，释者纷纭，莫衷一是。然克就上述

---

① 参看《庄子》，卷1，第2章，第24页；卷5，第12章，第6-7页；卷6，第17章，第1-12页；卷23，第9-10页。
② 参看《庄子》，卷10，第30章，第25页；并参看马叙伦《庄子义证》，上海：商务印书馆，1930年出版，卷30，第18-19页。
③ 参看《庄子》，卷3，第6章，第7、10页；卷6，第17章，第10页；卷7，第21章，第24页；卷7，第22章，第36、39页；卷8，第23章，第9页；卷8，第25章，第34页。
④ 参看《庄子》，卷8，第24章，第22页；卷10，第31章，第9页（见郭象注）。明释德清（憨山）大师注庄，力言庄生深受孟子影响。

之"无限哲学",及庄子本人其他有关篇章所透露之线索旨趣而观之,其微言大义,可抉发之如下:

(1) 主张"至人"者,归致其精神于无始,神游于无何有之乡,弃小知、绝形累。① (《庄子·列御寇》:"故至人者,归精神乎无始,而甘冥乎无何有之乡。""小夫之知……迷惑于宇宙形累,不知太初。")

(2) 主张"至人"者:"审乎无假,而不与物迁,命物之化,而守其宗。"(《德充符》)"审乎无假,而不与物迁;极物之真,能守其本。故外天地,遗万物,而未尝有所困也。"② (《天道》)

(3) 主张"至人"者,"入无穷之门,以游无极之野,与日月参光,与天地为常";"守其一,以处其和"③ (《在宥》)。

(4) 主张"夫圣人之道,能外天下……能外物;能外生……能朝彻,能见独,能无古今,能入于不死不生,其为物,无不将也,无不迎也,无不毁也,无不成也,其名为撄宁;""彼方且与造物者为人,而游乎天地之一气";"鱼相忘乎江湖,人相忘乎道术"④ (《大宗师》)。(按:以上所言,指忘我、忘物、忘适、忘"忘"……者也。)

(5) 主张"至人"者,"与造物者为人";"功盖天下,而似自己,化贷万物,而民弗恃";"无为名尸,无为谋府,无为事任,无为知主。体尽无穷,而游无朕。尽其所受于天,而无见得,亦虚而已。至人之用心若镜:不将不迎,应而不藏,故能胜物而不伤"⑤ (《应帝王》)。夫惟如此,其个人之最后位格始完全确立于道之无限世界。

凡此种种之精神生活方式(象征生命之层层超升),俨若发射道家太空人之火箭舱,使之翱翔太虚,造乎极诣,直达庄子所谓之"寥天一"高处,从而提神太虚,游目骋怀,搜探宇宙生命之大全——极高明、致广大、尽精微,"逍遥游乎无限之中,遍历层层生命境界"之旨,乃是庄子主张于现实生活中求精神上彻底大解脱之人生哲学全部精义之所在也。此种道家心灵,曾经激发中国诗艺创造中无数第一流优美作品,而为其创作灵感之源泉。

至人修养成功,即成为真正之圣人,圣人体道之神奇妙用,得以透视囊括全宇宙之无上真理,据不同之高度,依不同之角度或观点,而观照所得之一切局部表相,均一一超化

---

① 参看《庄子》,卷10,第32章,第12页(《列御寇》)。
② 参看《庄子》,卷5,第13章,第24页(《天道》)。
③ 参看《庄子》,卷4,第11章,第26页(《在宥》)。
④ 参看《庄子》,卷3,第6章,第7、9-10、15-16页(《大宗师》)。
⑤ 参看《庄子》,卷3,第7章,第23-26页(《应帝王》)。

之，化为象征天地之美之各方面，而一是皆融化于道体之大全。一切观点上之差别，皆调和消融于一统摄全局之最高观点，形成一大实质相对、相反相成之无穷系统，遍及一切时空范畴，视宇宙一切莫非妙道之行。

斯乃《庄子·齐物论》之主旨也①。实质相对性系统（The system of essential relativity）乃一包举万有、涵概一切之广大悉备系统，其间万物，各适其性，各得其所，绝无凌越其他任何存在者。同时，此实质相对性系统又为一交摄互融系统，其中一切存在及性相，皆彼是相需，互摄交融，绝无孤零零、赤裸裸而可以完全单独存在者；复次，此实质相对性系统且为一相依互涵系统，其间万物存在，均各自有其内在之涵德，足以产生相当重要之效果，而影响及于他物，对其性相之型成有独特之贡献者。抑又有进者，在此系统之中，达道无限，即体显用，而其作用之本身，则绝一切对待，与条件限制，尽摄一切因缘条件至于纤微而无憾，然却初非此系统之外之任何个体所能操纵左右者也。人类个体生命，在未进入此无限之前，必先备尝种种限制、束缚与桎梏，始能参与此无限。今既透过超脱之精神，顿悟过去囿于种种狭隘有限中之荒谬可笑；且复分享此道之无限性，当下发现圣我之本真面目，自是乐于契会此无限界中不可言说、不可致诘之真宰，以突破一切在思想上、感受上、行动上（如色、受、想、行、识等）由于种种人为遍计妄执所造成之藩篱与限制，据此实质相对性之无限系统中所展示出来之诸特色，庄子最后发挥为一大宗趣（玄旨）："天地与我并生；万物与我为一。"② 盖个人既与此无限之本身契合无间，在至人之精神生活境界，遂与天地万物一体俱化矣。

四

自公元前241年至公元240年，其间约五百年来，中国之于亚洲犹罗马之于西方，人人致力于事功征伐，忽于玄想，思想界玄风浸衰。

洎乎魏晋，何晏（公元190－249年）、王弼（226－249年）出，玄风复振。时公元二四〇年事也。两氏旨在调和孔老间之歧异，倡"贵无"论以释道③。质言之，何晏崇孔，故援道入儒④，王弼宗老，故援儒入道。然两氏同以"致一"——无限实体之统

---

① 参看章太炎，《齐物论释》，第1、3、11、14、18－19、21－25、51－55页。
② 《庄子·齐物论》，卷1，第1章，第2章，第25页。
③ 《晋书》，上海：四部丛刊本，商务印书馆1934年出版，卷43，第8页。
④ 参看张湛，引何晏《列子注》，浙江：新江书局，1876年版，卷1，第1章，第4－5页；卷4，第4章，第4－5页。

会——为玄学探究之基本核心问题,则毫无二致。

王弼注老,开宗明义,揭示中心主旨:天下万物,自其为有之观点而观之,虽成象纷赜,而为用有限,终必济之以道。道也者,名之曰"无",实指万物穷神尽化,妙用无穷者也。(《老子》曰:"有之以为利;无之以为用";《易》曰:"神也者,妙万物而为言者也。""妙",动也;"神",用也。复按:《老子》第一章:"'无',名天地之始;'有',名万物之母。故常无,欲以观其妙;常有,欲以观其徼。"王弼注后两句曰:"凡有之为利,必以无为用。欲之所本,适道而济。故常有,欲以观其终物之徼也。")由是观之,王弼实深于易者也。(《易》曰:"圣人者,有以见天下之动,而观其会通。")天下万物资始乾元,变动不居,然必归乎道本,是为其原始统会,统会者,显诸理,寓诸常,而弥贯万有,匪不毕具。自王弼观之,儒家常有,欲以显万物之始源,道家常无,欲以观万化之终趋(究极归宿)也。就永恒相言,万物纷赜,然穷神尽化,莫不复根(返初)。名之曰"无",或强字之曰"道"。"无"也者,"无在而无不在"之谓也,换言之,即道也①。万化之总汇,贞夫一而妙用无穷者也。于兹乃得识道之无限实体(即用显体,即无体道)。

此种致万有于本无,复以无限实体释之——以"道"释"无"——风气所至,遂开后此数百年中国形上学发展中三派思想之反应。

(1) 裴頠(267-330年)与孙盛(约生于334年)派之消极性之反应——前者崇有而抑无,盖以绝对之无,不能生有,是即为虚而非实,成性之道,无所用之②;后者另据逻辑理由,推演老氏之言,概归之为刺谬不通,自相矛盾者③。

(2) 向秀(约生于262年)与郭象(卒于311年或312年)派之温和反响,皆基于庄子哲学,视有无为相待关系名辞,无不能化有,有不能还无(两者不能互相化除也)。在道之无限系统中,万物自生、自化,其实性亦皆生化使然。故毋需乎据无推有,视无为太初(或元母),始生万物者。(郭象,《齐物论》注:"物皆自主,而无所生焉,此天道也……造物者无主,而物各自造,而无所待焉。")此派自然主义宇宙观意在肯定普遍实有,视一切皆无限之化身或显现④。

---

① 参看《周易》王弼及韩康伯注,上海:中华书局,1922年出版,(甲)王弼部分,见卷3,第4页;卷1,第2页,第5-6页;卷2,第11页;卷4,第2-3页;(乙)韩康伯部分,见卷7,第3-4、6-9页;卷8,第5-6页。另参看王弼《周易略例》(版本同上),卷10,第1-3、6-8页。
② 参看《晋书》,卷35,第6-7页。
③ 参看孙盛《老聃非大圣论》、《老子疑问反讯》,见《广弘明集》,卷5,第6-12页。
④ 参看汤用彤,《魏晋玄学论稿》,1957年出版,第53-57页。

（3）第三派即佛家积极、正面性之反应，实不止为一反应而已，盖由之而引发一大玄学运动，其成就之夐绝处，可媲美原始儒道两家。佛家思想精神通透"常"与"无常"两界：自生灭变化之现象界观之，是谓"无常界"；然自永恒佛性或法界观之，是谓"常界"。若兼小乘而论之，吾人有充分理由反对世俗界之熙熙扰扰，迷迷惘惘，世人之愚而自用，沉溺于过失、痛苦、颠倒离奇……等生死海中，不能自拔，其解脱之道，恒赖时间之巨流，滔滔汹涌，挟以俱去，以达于彼岸。就此义言，佛家亦不失为一"时际人"，然不同于儒家之乐易精神。若论及大乘佛学，则由其所证之慧境，灵光烛照，而展现于吾人之面前者，是为上法界与法满境界（Dharma - fulfilment），至此境界，生灭变化界中之生命悲剧感遂为永恒之极乐所替代①。就此义言，佛家之解脱精神，无入而不自得，逍遥遨游于诗意盎然之空灵妙境。当此时也，佛家即能当作浑忘一切时间生灭变化中之生命悲剧感，而迳与道家在精神上可相视而笑，莫逆于心矣。

五

中国佛学之全幅发展，历时七世纪（67 - 1789 年）之久，始臻极盛。斯固有赖于翻译事业之不断进行②，与各宗开山著作之次第完成。自公元七八九至九六〇年，佛学传承乃转趋细密精邃，尤以第六世纪为主，前驱各派系统逐渐完成，逮乎隋唐（58 - 1960），十宗并建。至于各宗派理论系统之纲要，此处不及备述。其教义之复杂深邃，另有专书论列③。兹所言者，乃在抉发出若干佛学特色，以示中国哲学心灵之独创力。

佛学东来，惟藉托庇于中国思想主流影响之下，始能深入人心，诚然，中国佛学之形上思想所取资于道家精神之激扬与充实者为多，而非道家之仰赖于佛家也，固不待言④。道家素倡"本无"，视为其系统中之无上范畴。佛教大师如支娄迦谶（179 - 189 年间留华）、支谦（192 - 252 年）、康僧会（死于 280 年）等，一脉相承，皆力倡"本无"，

---

① 参看《大般涅槃经》，上海：1913、1926 年版，卷 2，第 2 章，第 11、19 页；第 3 章，第 23 - 25、28 页；卷 3，第 4 章，第 11、15 页；与大般若经第十六分，1940 年版，卷 596，第 4 - 6 页。

② 参看《梁任公近著第一辑》，上海：商务印书馆 1923 年版，第 1 - 23、81 - 134、155 - 254 页。

③ 参看高楠顺次郎（Junjiro Takakusu：*The Essentials of Buddhist Philosophy*）《佛教哲学要义》，檀香山：文物供应社，1956 年第 3 版，与蒋维乔《论佛学》，上海：1930 年出版。

④ 汤用彤氏在其所著《汉魏两晋南北朝佛教史》，台北：商务印书馆，1962 年第三版，上册，第 6 章，第 89 - 111 页，曾旁征博引，列举充分证据，以证明此层学术史实。

而视之为与"真如"相通①。4世纪时，道家思想对般若学之影响于道安一支及其同时代他人最为显著。

关于"有无"对诤，有六家七宗学说②，衍为十二派支流③，以区别真俗二谛。据昙济（约473年）、僧镜（401—475年）诸法师之考证，慧达（约481年）、元康（约649年）、吉藏（549—623年）等人之进一步鉴定④，上述各派理论系统源流可以表解如下：

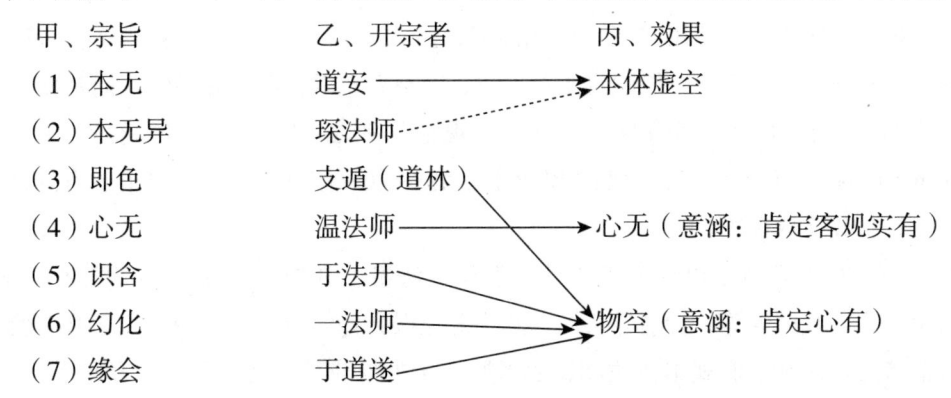

甲、宗旨　　　　　　乙、开宗者　　　　　丙、效果
（1）本无　　　　　　道安 —————————→ 本体虚空
（2）本无异　　　　　琛法师
（3）即色　　　　　　支遁（道林）
（4）心无　　　　　　温法师 —————————→ 心无（意涵：肯定客观实有）
（5）识含　　　　　　于法开
（6）幻化　　　　　　一法师 —————————→ 物空（意涵：肯定心有）
（7）缘会　　　　　　于道邃

上表中，以第（1）宗最为根本，为其他六宗之所从出。据道安言："无在万化之前；空为众形之本。"⑤ 一切诸法实相，从真如来，本自虚空，清净无染，与真如不二。在四五世纪之际，中国佛学思潮七宗竞秀，然其玄学基本要旨端在"本无"。自兹以降，佛道携手，形成联合阵线，对抗传统儒家。

鸠摩罗什（343—413年）一派所受庄子影响尤著。什公贡献在于宏扬大乘空宗，以"空"为究极实在。空也者，空一切遍计妄执，显万物本质，纯净无染，是谓真如实相。什公门下高第，僧肇（384—414年）、道生（374—434）堪称双璧，映辉不绝。

僧肇之卓识高慧表现于三大玄旨⑥：（1）物不迁论（动静相待观）；（2）不真空论（即有即空，空有不二，体用一如）；（3）般若无知论（知与无知，契合无间，融为无上圣智）。

（1）关于"物不迁论"方面之精辟论证，此处不遑深论，兹仅提示两点要义作结：（a）世人凡夫迷惘于生灭无常，浮沉于生死海中，直至死亡，人世间一切成就极可能刹那

---

① 参看支娄迦谶与支谦等人所译……《道行经》，《大正新修大藏经》，第453、225、474页。
② 参看慧达，《肇论序》，见《大正藏》No. 1858，第150页。
③ 参看元康，《肇论疏》，同上，第1858、第162—163页。
④ 参看吉藏，《中观论疏》，同上，第1824、第29页。
⑤ 为吉藏所引。
⑥ 参看僧肇，《物不迁论》、《不真空论》与《般若无知论》，见《大正藏》，No. 1858，第150—157页。

间化为乌有。生命毫无安全感，顿萌厌世之想，乃向往不可企及之涅槃境界！（b）然智者却能于变中观常，于无常中见永恒，知如何于精神上保持清净无为，复不遗人世间。唯有智者，其精神不朽，故能投身现世间生死海中，而无灭顶之虞。其趋向涅槃途中，得证涅槃，而不住涅槃（生死涅槃，两不住著）。

（2）道安与其徒侣过于偏重本无，或肯定本（体虚）空，或物空，或心幻。僧肇则与此大异其趣。概言之，藉使用文字言说或假名，吾人得以论及某"物象"或"对境"，该对象本身非有非空：非有者，以假定于有界故；非空者，以否定于无界故。同时该"物象"或"对境"，可有可空，既有且空。自"中观论"观之，空耶、有耶？存耶、亡耶？(To be or not to be?)乃是个半边问题。唯上上圣者始能于有中观空，于空中观有。性体与性智不二，折碎不成片段。

（3）僧肇之形上学乃是讨论究极本体，涅槃、法身、真如、法性等之"般若哲学"也。自僧肇视之，凡此等等，皆名异实同。然为避免误会计，般若上智与方便善巧，宜加以区别。前者之功用在于洞观本体法相；后者则在于方便应机，适时处世。藉般若上智，吾人得以明空；藉方便善巧，吾人得以适有。为适应存有大全，吾人不当于空性有所粘执。如是，则可入有而不执有；证空而不滞空。吾人遍历世相，体验所得，终可证入精神上大自在解脱之境，浑然无知。盖吾人之知苟仅限于某特殊固定事物或对象，则必于其他无数事物一无所知。上圣神智无特殊固定之对象。（庄子曰："至人之用心若镜。"）唯其如此，故能遍历一切，虚灵不昧，极空灵，极透脱之致。故般若无知之物，乃平等性智，周遍含容，普应一切，无所不知。此义乍闻之下，颇玄奥难解。然西方大天才如莎士比亚者早已一语道破：

> 这边厢，"无希望"，
>
> 一声低叹；
>
> 那边厢，正揭示了：
>
> 希望无边；
>
> 从雄心万丈，
>
> 壮怀齐天，
>
> 难窥见。
>
> 怎敌他——
>
> 蓦地里
>
> 兀现眼前。
>
> 犹不信：

>　　峰回路转,
>
>　　天机一片?①

"无知之知",其目的在回眸内注,凝聚于精神灵府,其神凝,致虚极,绝尘虑牵挂,无烦扰相,故可谓之"一无所知"。此种"无知",不同于一般所谓关于"空"、"无"之知,"无"也者,乃是有之化而为无。是以远超乎对应于种种有限界之小知戋戋,其为物也,绝一切愚昧迷暗,夫迷暗,直无知耳。一言以蔽之,斯乃菩提与正觉融而为一,谓之"觉慧一如"。菩提与正觉,绝去一切外缘牵挂,灵明内照,现为无知;而般若深慧,则灵明外铄,扫尽尘世间一切虚妄幻相。

适才我尝论及僧肇、道生,喻为高悬中国佛学思辨苍穹之一对朗星或双璧。但两者成就,各有千秋:僧肇形成一套原理系统,以阐明智性;而道生则将大乘佛学理论化为一种精神生活方式,循之以行,藉使人性充分彰现,直参佛性,造登佛境。

先是中国佛学家皆视实界、人间世为痛苦烦恼之境,视现实界个人生命存在,为过失咎戾之渊薮。(老子曰:"吾所以有大患者,为吾有身。")凡依虚妄表相而接受现实界者,以及但就人生种种昏念妄动而肯定个人真实存在者,概属荒谬。慧远(334-416年)之看法则异乎是。世界可依永恒法相而存在,寓变于常,便可参与求真。人类常亲世尊,即可常具真我。此种思想对于道生之"佛性哲学"具有极大感发与影响力。简言之,道生立论之根本要义②可缕述于次:

(1) 般若起用,广大无边,与涅槃实性不可划分,共参真如本体,而真如本体含法界与圆成佛性,是谓"佛、法一如"。

(2) 涅槃理想境界可于现实界、生死海中实现之,即生死即涅槃;如来净土不离人世间,即烦恼即菩提。藉道德精神修养之净化超脱作用,染界一切有漏众生,均可重登庄严法界,为理智(住智)显用故。常住佛智慧光之中,藉正眼法藏,可使人人洞见大千世界,诸法本来面目,清净无染,玲珑剔透,一一如如朗现。

(3) 藉正理显用,克制迷合,乃唯一之解脱道。为达到解脱,必由正心(正念)功夫,然后真我当下呈现,正心功夫,依理起用,即是复性返初,亦谓之"见性"(得见自家本来面目)。一切有情众生,理性具足,良知内蕴,佛意外发,虽一阐提,亦不例外。以此观之,普天之下,人人皆为精神同道,一往平等,众生皆可成佛。

(4) 藉上智灵光,直证内慧,人人皆可当下顿悟成佛。顿悟成佛者,顿悟其内在佛

---

① 莎士比亚《暴风雨》,第二幕,第一景。
② 道生思想散见于《法华经疏》、《大般涅槃经疏》与《维摩诘所说经疏》。

性俱足，不假外求，而当下立地成佛是也（靠自力，不靠他力）。斯乃大乘佛学之要旨也。

道生之"佛性哲学"，具有极大之重要性，其理由如下：（甲）于五六世纪之间，引发出多种关于佛性之解释与学说。（乙）着重人性之"可使之完美性"，以佛性为典范，与儒家"天性纯善"之说，若合符节。诗人谢灵运（385－433 年）深契道生"顿悟"之说，为之撰文畅论孔子与佛陀成就之比较①。（丙）道生之"顿悟"说，主张一切返诸内在本心，开禅宗之先河。（丁）重视理性之足以见体，开宋代（960－1279 年）新儒学"穷理尽性"之先河。总之，道生一方面代表佛道融会之巅峰；另一方面，为儒佛结合之桥梁，使佛家各宗与儒家诸派思想潮流相结合，而长足进展。

隋唐时期（581－960 年），中华佛教十宗并建。限于时间，仅特举"华严"一宗为代表，其主要理论系统极能显扬中国人在哲学智慧上所发挥之广大和谐性。至少就理论上言之（历史上或未必尽然），华严哲学可视为集中国佛学思想发展之大成，宛若百川汇海，万流归宗。

华严要义②，首在融合宇宙间万法一切差别境界，人世间一切高尚业力，与过、现、未三世诸佛一切功德成就之总汇，一举而统摄之于"一真法界"，视为无上圆满，意在阐示人人内具圣德，足以自发佛性，顿悟圆成，自在无碍。此一真法界，不离人世间，端赖人人彻悟如何身体力行，依智慧行，参佛本智耳。佛性自体可全部渗入人性，以形成其永恒精神，圆满具足。是谓法界圆满，一往平等，成"平等性智"。此精神界之太阳，晖丽万有，而为一切众生，有情无情，所普遍摄受，交彻互融，一一独昭异彩，而又彼此相映成趣。是以理性之当体起用，变化无穷，普遍具现于一切人生活动，而与广大悉备，一往平等之"一真法界"，共演圆音。佛放真光，显真如理，灿丽万千，为一切有情众生之所共同参证，使诸差别心法，诸差别境界，一体俱化，显现为无差别境界之本体真如，圆满具足，是成菩提正觉，为万法同具，而交彻互融者。

就其旁通统贯性而言，此"一真法界"（或"一真心法界"）足征"本心"之遍在与万能，形成一切诸现象（无常）界中之本体界（永恒法相）。其为用也，退藏于密，放之则弥于六合，遍在于：（甲）差别的事法界；（乙）统贯的理法界；（丙）交融互彻的理事无碍法界；（丁）密接连锁的事事无碍法界。

华严要义及其理论条贯系统③，首创杜顺（557－640 年），踵事增华于智俨（602－

---

① 参看谢灵运，《辨宗论》，见《广弘明集》，卷 18，第 13－19 页。
② 参看戒环，《华严经要解》，1128 年编，金陵刻经处，1872 年版。
③ 关于华严典籍，请参看《大正藏》，No. 1836，第 71－76 页；No. 1866－1890，第 477－792 页。

663年），深入发挥于法藏（643－720年），宏扬光大于澄观（760－820）与宗密（卒于841年）。其法界观含三重观门①：（1）真空观；（2）理事无碍观；（3）周遍含容观。

第一、"真空观"含四义：（甲）会色归空观——色界诸法，可摄归性空，一若事法界之可摄归理法界然；（乙）明空即色观——遮诸色相，以成空理，空不离色，色不异空，故曰"即有明空"；（丙）空色无碍观——空色契合，融贯无间；（丁）泯灭无寄观——色界诸法，其质阻（或惰性），经心能起用，精神超化，性体实相点化，泯绝涤尽，超越一切空有边见，熔成中道理境。

第二、"理事无碍观"谓观诸法（事）与真如（理），炳然双融，理事相即相入，熔融无碍。真如理体，当体显用，重重无尽，佛遍在万法故。此义可申之如下：（甲）理法界者，平等之理体（真如理体），性本空寂，顿绝诸相，而遍在万差诸法，法性显现，无穷尽故。一一纤尘，理皆圆足；（乙）万差诸法，必藉性体起用，始一一摄归真实（一如），譬如大海众沤，波波相续，其冲量渐远渐微，必摄归大海，始得其济（是谓"性海圆明"）。故曰：事揽理成；理由事显。理事相融相即，非异非一：事外无理，理外无事，即事即理，故曰"非异"；然真理非事，事能隐理；事法非理，以理夺事，故曰"非一"。（详译者按）

第三、"周遍含容观"，谓观万差诸法，相融相即，以显真如理体，周遍含容，事事无碍；此义可申之如下：（1）理由事起，凡万差诸法，其存在法式，质量差别，与变易迁化过程等等，皆理所致然。故理之为用，在使一切万法诸差别境界，一一摄归真实理体；（2）事揽理成，万差诸法，虽变动不居，为道屡迁，然不失其永恒常相者，为摄理故；（3）诸法即为理摄，其摄相有六：（甲）一法摄一法；（乙）一法摄诸他法；（丙）一法摄一切法；（丁）一切法摄一法；（戊）一切法摄诸他法；（己）一切法摄一切法。准此类推，部分与全体，一与多，普遍与特殊，无不相摄互涵。

以上所论显示三大原理：一、相摄原理；二、互依原理；三、周遍含容原理。总而言之，此诸原理，所以彰明法界缘起，重重无尽，而一体圆融之旨趣也。就相摄（相入）原理言：一法摄一法入一法；一法摄一切法入一法；一切法摄一切法入一切法。互依原理毋待深论。复次，周遍含容原理依下列诸条件成立：（甲）一法摄一法入一法；（乙）一法摄一切法入一法；（丙）一法摄一法入一切法；（丁）一法摄一切法入一切法；（戊）一切法摄一法入一法；（己）一切法摄一切法入一法；（庚）一切法摄一法入一切法；（辛）一

---

① 此处采用澄观之《华严法界玄镜》（即杜顺之《法界观门》注）及宗密《注华严法界观门》，较之智俨、法藏等人之早期解释更有系统。

切法摄一切法入一切法。万法一切,熔融浃化,一体周匝,当此时也,是即法界全体之无上功德圆满(法满境界)。如上述诸条件因缘一一实现,则十玄门、六相圆融等妙义,皆可一一了然于心,无待深论矣。自此派哲学观之,吾人凡欲晋位于此一真法界者,必须生活体验于此无限之精神领域。

六

以上我已钩玄提要地点出中国玄想心灵及慧观如何陶醉于宇宙与个人,然两者俱自戏剧化(即理想化)之观点而立论[1],而非仅就自然面之观点着眼。就自然层面而观之,宇宙及个人无非呈现为种种相关连之事实,有固定之内容,差别之性相,特殊之条件,明晰之法式,充实之内涵等,凡此一切,皆为科学解释之特色,于了解人类与宇宙,自属相当重要。然中国哲学家之玄想妙悟方式却百尺竿头,更进一步。从中国哲学家之眼光看来,现实世界之发展致乎究极本体境界,必须超越一切相对性相差别,其全体大用始充分彰显。从严格义之哲学眼光看来,现实世界应当点化之,成为理想型态,纳于至善完美之最高价值统会。中国人恒向往此价值化、理想化之世界:诸如象征精神自由空灵超脱之艺术境界;巍然崇高之道德境界;妙造重玄之形上境界;以及虔敬肃穆之宗教境界。任何生活领域,其境界造诣不及于此者,即沦于痛苦忧戚之域,令人黯然神丧,生趣索然。此儒家之所以向往天道生生不已、创进不息之乾元精神,以缔造一广大和谐之道德宇宙秩序者也。此道家之所以宗尚重玄,一心怀抱"无"之理想,以超脱"有"界万物之相对性者也。此中国佛家之所以悲智双运,勇猛精进,锲而不舍,内参佛性,修菩提道,证一乘果者也。

至于人性与其在宇宙中之地位,中国人,无论其为个人小我或社会大我,均不以遗世独立为尚,冀能免于与世界脱节,与人群疏离之大患。其志向所趋,一心要就整个生命体验中,充分领略全宇宙之丰富意蕴,与夫一切圣贤人格之笃实光辉与高明博厚气象。凡人生境界不克臻此者,必其内在秉彝有所不足,而其个人人格发展过程不幸中道摧折或遭遇斫伤,有以致之。故中国先哲无不孜孜致力,注重人格修养,藉以提升至于"内圣外王"之理想境界。两者兼备,始足以圆成人之内在美善本性——此"个人"之所以终能成为"大人"者也。

---

[1] 参看罗依德·摩根(Lloyd Morgan: *Mind at the Crossway*),《心在十字路口》,伦敦:Williams & Norgate,1929 年版,第 2–4、13–14、20–21、200–204、224–227、230–235、267–272 页。

译者按：《华严经普贤行愿品疏》卷一，澄观述疏曰："以理夺事门者，谓事即全理，即事尽无遗……如水夺波，波相全尽。""事能隐理门，谓真理随缘而成事法，遂令事显理不现也。如水成波，动显静隐。"

录自《东美全集·生生之德》，黎明文化事业股份有限公司1989年，第283-320页

漫议儒、释、道[①]

——中国哲学的特质

[英] 弗·康普勒斯东 著 李小兵 译

[英] 弗·康普勒斯东（Frederick Charles Copleston）（1907-1994），曾在海斯洛普学院学习与任教。1952年起，同时在罗马格列高利大学任教。1970年，加入伦敦大学，任学院院长。主要著作有：*Friedrich Nietzsche: Philosopher of Culture*、*Arthur Schopenhauer: Philosopher of Pessimism*、九卷本 *A History of Philosophy*、*Aquinas*、*Contemporary Philosophy: Studies of Logical Positivism and Existentialism*、*Philosophies and Cultures*、*Religion and the One: Philosophies East and West*、*Memoirs of a Philosopher* 等。

在什么意义上我们说中国哲学是尘世的

在对中国哲学所作的许许多多的概括中，有这样一种说法：中国哲学更注重此生此世而不像印度哲学那样富于思辨。假如我们问，中国哲学在什么意义上可以说是尘世的，人们可能会告诉我们，它首先是人道的、以人为中心的，它研究人的道德生活以及社会关系。

当听到或读到这类概括时，具有批判性思想方式的人，就会立即提出反驳，或至少作出一些澄清。例如，就上述的概括来看，人们可以反驳说，印度哲学同样也是以人为中心的，它围绕着人生的目标以及达到这个目标的道路而进行哲学思考。诚然，印度哲学包含了很多不言而喻的宇宙学和形上学的思辨。然而，难道中国哲学就没有形上学的东西吗？中国的道家不是提出了一种关于终极实在即万物的不可描述的源泉的理论吗？中国的某些

[①] 康普勒斯东（Frederick C. Copleston）为当代西方著名哲学史家。他也注重从宗教、文化和社会历史发展的角度研究东方哲学。本文译自康普勒斯东所著《哲学与文化》（牛津大学出版社，1980年第2版）。这是他从社会和文化功能的角度，以比较的历史手法，考察了中国哲学儒、释、道三者的关系以及中国哲学的特质。观点鲜明，行文简洁，是西方学者对中国文化的一种有代表性的看法。

佛教学派，不是也追寻着非常艰深的形上学思辨吗？在宋明时期的新儒家中，我们不是发现了与"太极"、与"理"或事物的动态形式相联系的各种理论吗？

那种对中国哲学的广为流行的概括，从根本上说，漏掉了很多东西。它们大都流于印象。不过，不能由此得出，那些印象式的一般概括一点事实根据都没有。例如，虽然印度哲学也以人为中心，但它与唯物主义学派不同，它的旨趣在于把人从现象界的时间中解放出来，进而获得重生的观念。在此意义上，有理由把印度哲学看成是彼岸哲学。但中国哲学家一般对来世关注甚少，即使他们接受来世这个观念，也总与印度的情形不一样。的确，道教作为宗教，开始表现出对不朽的关注①。但像庄子这些道家的哲人，首先关注的是个体在此生此世的自由发展，而不是彼岸来世的生活。至于公元一世纪由印度传入中国的佛教，其教义当然是大彻大悟和抵达涅槃。然而，有必要指出的是，在中国创立而后成为日本禅的开宗的禅宗佛学，强调的也是处于日常和社会的实用事务中的个人获得启悟的诸种可能。而且，禅宗的最高目的并非一超验的实在，在本体论上，它与此世的目标判然有别，但它仍是一个现象世界。也可以说就在现象世界中，那种顿悟的心灵就可以发现它。我们还可以指出一点，中国哲学倾向于强调理论与实践之间的亲密关系，当然，其实践主要指道德行为。

假如我们把"今生今世"的含义理解为缺乏道德伦理理想的东西，那么，对今生今世的中国哲学的描述就是不公正的了。

人们不难看出，中国最著名的哲学家生活的那个时代的哲学，充满了精辟的警句和生动的描绘。中国哲学思想是通过故事和轶事而不是通过抽象的方式来表述的。另外，即使思想是抽象的，但论述它的证据却是通俗易懂、不言而喻的。

早期中国哲学和社会改革

在本书的最后一篇中，我将讨论邓普夫的这个带有普遍性的论断：任何文化的哲学都是以文化危机为前提的。而哲学正是试图克服这个危机。在某种程度上，我们有理由把早期中国哲学看成是这个论断的一个例证。公元前1112年左右，商王朝覆灭了。由此造成的动乱到秦王朝才相对安定下来。在孔子眼里，中国社会所需要的改革首先是道德改革。社会的和谐与稳定，无论是家庭还是群体，取决于组成这个动荡社会的每个个体的道德素质。孔子在一般人眼里都被看作是保守的。在一定意义上，确实是这样。他倾向回首于过

---

① 原作者对道家和道教不分，均看为宗教。由于原文道家、道教都用 Taoism，中译时为理解方便，根据上下文作了变通。——译者

去，从古代传说中的圣王的道德范例中，从黄金般的过去中，从对过去的传统即远古的礼仪和习俗的观察和评价中，来思考封建社会的等级结构。在孔子看来，家庭是最基本的社会，个人的首要义务取决于他在家庭中的地位，例如，取决于他同父母兄长的关系。因此，慈和爱就是孔子所称奉的美德，被认为是在家庭中应首先践履的东西，然后推而广之，用来调整个人与统治者的关系。有人曾指出，这种对家庭纽带以及家庭义务优先性的强调，反映出家庭在农业化的中国生活中的地位。无疑，在孔子看来，真正意义上的理想国家，不过是大写的家庭。他认为，皇帝有义务作出好的道德规范并帮助和推动公民的道德教育。美德不能通过强制的灌输。强制和压力越小，效果越好。当然，皇帝和国王应当有其管理的方法和作出决断，不过他的首要工作，是用道德范例率领他的臣民以无愧于天。

　　这种观点明显地表示出两点涵义：首先，人类有对教育和道德规范作出反应的能力。孔子也许没有孟子表述得那样明白，即认为人性本是善的（孟子的解释无疑是有道理的）。孔子非常了解，人能够变得邪恶，但他认为人类自降生以来就不仅具有分辨善与恶、是与非的能力，而且还具有积极的对美德的追求的能力。活跃在公元前三世纪的荀子，认为人的本性是恶的或倾向于邪恶。荀子认为，人可能成为善良的，但必须自我控制和教育，否则他就会自然而然地以自己的欲望为中心，即以自己的感官快乐和以排斥他人的自我利益为中心。就承认欲望的力量这一点，人们可以说，荀子表现出一种现实主义的态度。但是，孔孟强调人的内在特性所必需的伦理美德，也非常适合于他们对政府的道德教育功能的观点。

　　孔子看法的第二点涵义是：道德标准绝非仅仅是约定俗成的，它们被人承认而不是被人决定。事实上，孔子认为道德规范与价值具有一种形而上的基础。他比较暧昧地认为它们是上天所予，不过不是那种具有人格的神祇的意志的强制。有人认为，孔子从远古接受了传统道德理想，又将其放诸宇宙，进而将它们从上天抽绎出来。他认定，具有道德的善人和秩序井然的社会，与宇宙和苍天是和谐的。

　　作为墨子继承人的墨子后学，构成了古代中国的另一个重要学派，直到汉朝的建立（公元前206）。一般说来，在道德改革方面，他们是同意孔子及其学说的。同时，这两个学派之间又存在着重大的分歧。例如，墨子学派提倡一种没有偏爱和差等的泛爱理想。这种观点遭到孟子激烈的批评，认为这是不符合自然的，人能够像爱自己父母那样爱其他人的父母，就破坏了良好的社会秩序。另外，墨家比孔学更具宗教色彩，他们坚信神灵，而且强调人要适时而动，因为这是天帝的意志。再者，孔子强调行为必须建立在正义之上的观念，而墨子提出了一种功利主义，至少他强调那些作为规劝人们行使仁爱的手段，举例说，如果人人都讲仁爱，那么就会结束战争，造福社会，造福每个人。予人以爱，你将被爱；予人以恶，人将施恶于你。不过，即使墨子和孔子有很多分歧之处，他们都一致提倡道德改革而不是法治和强制。两家都是伦理理想主义者，而孔学更具有一种实践的理性头脑。并且，正是孔子而非墨子，成为中国的至圣先师。

与孔子学说截然不同的另一种观点，是由道家提出的。在他们看来，孔子的伦理不可能成为一种治世救民的有效工具。孔学所诉诸的绝对的道德箴言和价值判断，实质上是约定俗成的东西。因此，这些东西就忽略了问题的本质，即忽略了社会病症的根本原因。在道家看来，社会冲突（无论是个体之间还是社会之间）的根本原因是欲望，或更确切地说，是欲望的多样性和不可遏制性。人类有某些与基本需求相关联的欲望，要取消这些欲望除非取消人类，例如衣食的欲望就是如此。但那些处于人类生活基本必需的欲望之外的欲望，例如积聚土地和财富，拼命地出人头地以至那种博学多才的欲望，都将导致骄奢淫逸、贪得无厌、与人争胜、日与心斗和社会动乱。因此，那些干涉他人的冲动，为他人设计生活的冲动就出现了，道家正是把这些东西看成儒家的主要特点。人们越是离弃那种过分的和自我膨胀的欲望，就越不需要那些道德的规则。这些道德规则的本质，不过是以约定的方式来改良社会，一旦人们认识到一种更根本的途径，这些道德规则就毫无意义了。就统治者的活动来说，越是无为，越是有效。除了保证像衣食这样的基本需求的满足外，统治者的策略应是无为而治。有点矛盾的是：他实质上应当无为而有为，换句话说，统治者活动的有效性就在于他不做出任何有碍或阻碍人们本性自由发展的活动。

这种观点也具有一种形上学的理论基础。它呈现了或遵循着一种形而上的前提，那就是：作为万物之母的最高实在"道"是不可言说的，然而万物又是从它流溢而出。它独行不居是因为它自本自根，既不具有意向也不是人为造就的。这种遵从自然的自主活动，在诸如树木和动物的生活上都可发现。人类个体的理想，同样也是按其本性自我发展的。达到此境界，人就与自然中的其他东西齐一，在无所不包的"道"中，万物统一并在真正的意义上合一。假如生命是现象界的一片掠影，那么生命必死，但有智慧的人泰然受之。在人面对死神的时候，他又回到了他曾诞生的地方。

孔学和道家在许多重大方面是势不两立的。不过，这两个流派同墨家一起，都遭到了以有效地治理国家为己任的法家的反对。在法家看来，道德激情和良好范例都无补于社会和政治状况。人们按其本性行动也无济于事。治世的良方，在于以严刑为后盾的法律规则，因此，法家强调政治权力、法律规则以及对违法的惩罚这些思想。具有铁石心肠的人可能会感到法家思想比孔学和道家（尤其是比后者）更实际。不幸的是，法家的名声不太好。因为它成为秦王朝建立的工具，它鼓励秦朝焚毁了除它以外的所有学术书籍。公元前206年秦王朝覆灭时，法家遭到了人们不无道理的指责：它的统治规则太残酷。无论怎么说，法家是消逝了。具有讽刺意味的是，孔学成为国家的官方哲学，并且对孔学经典的研习成为仕途之工具；而一些孔学的批评者却认为，孔学只是空谈孔子的那些理想，实质上转向法家对实际政治的关注。

综上所述，早期的中国哲学，除名家和阴阳宇宙论之外，都与封建制度的解体和有效权力的丧失所造成的社会分裂与不安宁相关。也就是说，他们都在为社会开出救世方略。不过，我们也看到，我们考察的孔学和道家（从哲学角度看）不是回答当时的社会问题。在孔学中，我们看到了人性的理论，即一种伦理的人道主义；而在道家那里，我们发现了一种终极实在的理论。在两种学说中，都存在着与天或宇宙达到和谐的观点，虽然孔学强调作为社会存在的人，而道家更着重个体的自由发展，或者说是注重宏观中的微观，或万物齐一的宇宙中的微观。

道家、佛教和新儒学的发展

让我们现在来看看有关这些哲学思想晚期发展的一些观点。在汉武帝时期即公元前136年，孔学被提高到国家哲学的地位。无论是孔学还是道家，都曾反对过法家思想，但由于孔学是一个系统的社会伦理学，它强调社会义务，强调国家和家庭的礼法，并注重对传统礼仪和习俗的观察，因此，它无疑比道家更适宜于为皇帝治下的人们提供思维的框架。在以后的年代中，它实际上就建立了一种制度：规定每一个追求名位的人都必须通过对儒家经典的研习。换言之，孔学遂被作为中国社会传统的保护伞，而且为帝王的统治提供了较为满意的道德世界观。

然而，作为中国官方哲学的儒学已不完全是孔子和孟子的学说。因为它已被容纳在阴阳的宇宙学中间。在董仲舒那里，一方面使儒学成为官方认可的哲学（他本人就是一个大臣）；另一方面以两种宇宙的理论分野即被动的"阴"和主动的"阳"的方式，来展开他对人的分析。依此分析，欲望和情感相当于或表现着被动消极的成分，而人心之所在的本性，相应于或展现着主动积极的因素。另外，正像上天限制着宇宙中被动因素的活动，不阻扰诸如春夏这些节气的运行（它们相应于阳一样），在人那里，欲望和情感也应当被限制和弱化，不能让它们造成混乱。只有以这种方式，才能保证人的和谐以及保证这种和谐与宇宙的和谐。这需要两方面的教育。人们寄望于统治者给他们以教诲，以便实现他们潜在的善良本性，而统治者的义务则在于遵从上苍的意志，推动公民的道德教育。在诸如父子、兄弟、君臣这些社会关系中，每一对的第一位成员代表"阳"，而第二位成员代表"阴"。

虽然这些思想在现代人看来可能大谬不然，但它们的确表现出儒家出于其自身的伦理人道主义，对一种宇宙学背景的切实渴望。在某种程度上，宇宙学或形上学的背景，时常表现或隐含在上苍的设制或天人合一的说法中。但引入一种阴阳的宇宙学，就提供了一种更明显的宇宙学结构。有些儒家学者后来把这种观点看成是多此一举，是可以理解的。不过，后来兴起的新儒家，才集中于发展宇宙学的思辨。

无须赘述，一种在官方庇护下的哲学，必然会变得僵化保守或堕落为一种枯燥的经院哲学。质言之，它作为国家意识形态的功能就是维护现存秩序，而不是去探索那些激人思索的问题。所以，只要另外的思维方式没有被窒息或禁锢，这些不同的、给生活带来生机的哲学思维方式，就会在具体哲学和哲学统治的联结处生长出来。新道家在中国的发展就是一例。

不过，新道家的产生和发展还有另外一个原因。在汉朝末年，中国开始分裂。汉朝于公元220年崩溃之后，出现了一段动荡不安、战乱腐败的时期，而这种政治情况又伴随着经济上的每况愈下。这种情形，激励了一种新哲学，即出现了一种鄙视政治生活的归隐之策（南朝之后，帝国在隋朝（589）又统一起来了）。

道家并非仅仅是一个逃避现实的东西或寻求摆脱时代纷乱的避难所。道家还可以被人们借用去批判现存的社会和政治状况。

道家的"无"与佛教的"空"可作一比较。在佛教传入中国的早期，在道家和佛教两派的学者中（尤其是在南方），经常共同讨论一些问题，道家思想影响了一些佛教学者。继承印度中论学派的三论佛学，在其否定的辩证法中，与道家有明显的联系。在中国创立的禅宗，也反映了一些道家思想，例如绝对的本性不可言说等等。另外，在禅宗的"万物皆有佛性"与道家的"道生万物"之间，也有相似之处。当然，我并不赞成道家认为佛是老子的弟子的传言，也不赞同那种中国佛教是伪装了的道学的说法。不过，当道家的学者对佛学产生兴趣时，佛学哲学家在佛学自身不断适应中国文化环境的过程中，也受到道家影响。而且，有时还出现它与道家思想的结合。中国禅宗明显地运用像"佛性"这样的佛学词汇。然而，在某些方面，它与道家的关系是如此的密切和明显，以致人们可以说，它不过是以佛教语言表述的道家思想。

当然，我们所指的是在哲学思维水平上的佛家和道家。佛教是宗教，它调整自身以便适应不同的环境，它发展成像净土宗那样的虔敬的宗教形式，这种形式可以被大众接受，而那些深奥的形而上的思辨则让大众望尘莫及。同样，也有过完备的道教宗教。而在宗教的水平上，佛道是相互抵牾的。人们可以想象，儒家是佛教的主要批评者。在公元516年时，儒家批评者认为佛教作为外来的东西不适宜于中国大众，因为它在追求僧侣理想的同时弱化了家族关系，它没有揭示对待国家的真正态度，它传授诸如轮回转世那样的伪学问，同时，僧侣还被指责为社会的寄生虫。当北朝皇帝在公元446年采取严厉的措施打击佛教时，人们认为这是因为儒学和道家为了维护自身集团的利益而劝说皇帝的结果。此外，当公元845年许多寺院和庙宇被毁弃以及佛教徒土地被没收时，这种政治权力所造成的剥夺措施，就不仅是儒家官僚们挑起的，而且还有道教宗教家代表人物所起的作用。然而，所有这些都没有改变这样一个事实：道家哲学曾影响了佛教思想。换言之，在哲学思维的水平上，存在着融合的趋势。

表现于新道家和某些佛教学派中的对宇宙学和形上学的理论的兴趣，在儒家中，也同样有所表现。儒家在反对佛教和道家学说时，要重申一些孔子本人的观点，这的确是自然的。例如，生活在唐朝的韩愈，就重申了孔学作为官方哲学的地位，重新阐释了他认为是正确的孔子对人性和美德的看法，并指出在当时的思想中，真正的孔学概念已与佛教和道家混淆在一起了。他还批驳道家和佛教，认为它们把世人头脑中作为国家的公民和家庭的成员的义务感取消了，并指责它们竭尽全力去毁灭人格。尽管这样，各派融合的趋势仍可以在儒家那里看到。各种观点系统结合的结果便产生了新儒家。它发生于十一、十二世纪，之后就一直统治中国思想界。虽然在清朝（1644－1911）时曾对新儒学的形上学观念有过一场批判的反拨，这场反拨也许可以描述为一种"回归孔孟"的运动。

这里只可能简单地展示新儒学的两股思潮。

一是以著名哲学家朱熹为代表，一般被看作是理性的新儒学。朱熹认为，万物皆有"理"，所有具体的理都归宗于太极，太极是天、地和万物的理。与道家的"太一"相应的太极，也可以被认为是心，虽然该意义上的心并不包含意识。因此可以说，理是一，它的表现就是多。具体的理没有物质力量就不能存在。没有理，物质力量就无定形，而没有物质，理就不会成为任何事物的理。世界中一切事物的聚散离合的一般过程，都必须以理和物质力量为前提。然而，物质力量与太极或自然之理的关系他们并没有解释清楚。

朱熹关于理和物质力量的理论，自然使我们想起亚里士多德的质料与形式的理论。不过有的学者认为它更像柏拉图的理论。无论如何，在宋朝占统治地位的理性新儒学中，强调对理的探索，即事物之理的考察。这并不是说朱熹忽略了伦理学。理的概念中包括道德之理。不过，真正的着重点还是在于对理或事物的形式的客观研究，以图转入一种科学的知识，虽然这种结果事实上并未出现。

二是以明朝王阳明为代表的心学新儒学，这种新儒学观点有时被人称为观念论，在这种趋向中，人们强调的是心灵本身的洞见，尤其是强调内在的道德原则（该派流行于明朝）。王阳明认为，对外在事物的特殊的理的考察，会分散心灵的注意力并使心灵烦躁不安；一旦心灵反掷自身，尤其是把握和践习"诚"的原则，就会获得宁静和安宁。

我们完全有理由说，那种认为中国哲学家不注重宇宙论和形上学的问题的说法是不准确的。即使在被看作仅仅是一个伦理学体系的儒学中，也能感到一种渴求，在寻求着作为伦理理论的背景的世界观。这当然是自然的。因为儒家围绕着人的本性这个课题，而人本身无疑又是更高级的整体的组成部分。另外,古代人们曾确信儒家的圣人生活于天人和谐之中,就像道家的智者生活在自然之中一样。新儒家的发展,可以被看作是试图使这些和谐的思想明朗化。

同时,儒家中宇宙学和形上学的思辨的发展,还伴随着对伦理的首要地位的重申和对孔孟精神的呼唤。另外,它还常常伴随着对形上学思辨的彻底批判,例如,公元一世纪的自然主义者王充和十七世纪的唯物主义者王夫之所表现出的思想。但是,纵观整个中国哲学,皆为一种生活方式。应当怎样生活的观点自然是不同的。我们曾提及孔学对它所谓的佛教逃避主义(还有道家)的批评。然而,我们也曾指出,与印度佛学不同的中国化了的佛学,已经开始着重日常生活中的启悟。禅宗之所以能度过公元845年那场浩劫而生存下来,原因也许就在于禅宗的僧侣绝不是社会的寄生虫,而是给社会做了许多有益工作的人。

录自《孔子研究》1987年第4期

唐宋以后的三教合一思潮

任继愈

任继愈（1916 - 2009），山东平原人。1938年毕业于北京大学哲学系，1941年获西南联大北京大学文科研究所硕士学位。历任北京大学教授，中国社科院哲学研究所研究员，世界宗教研究所研究员和所长，国家图书馆馆长。主要著作有《老子今译》、《范缜"神灭论"今释》、《墨子》、《汉唐佛教思想论集》、《老子新译》、《中国哲学史论》等，主编有《中国哲学史简编》、四卷本《中国哲学史》、《宗教词典》、《中国佛教史》、《中国哲学发展史》、《中国道教史》、《佛教大辞典》、《中华大藏经（汉文部分）》、《中华大典》等。

内容提要：自唐宋以后至鸦片战争，我国儒、释、道三教融合的总格局延续近千年之久。文章就此分别列述了这三教的一些重要思想家的如是主张，指出这种三教合一的思潮，适应了中国封建社会后期阶段政治经济结构的需要，非是偶然现象。三教表面上各主门户，自成体系，又互相影响，相互补充，实则以儒为主，共同为维护封建宗法传统服务。这种思潮对于中国后期封建社会起了稳定作用，从而延缓了中国封建社会向近代资本主义社会过渡的速度。

（一）

隋唐初期，中国思想界即有了"三教"的名称。三教即以孔子为代表的儒教、以老子为代表的道教与外来的佛教。孔子和老子都是先秦时期公元前五世纪的哲学家、思想家、学者，不是宗教的领袖。孔子、老子被神化，被说成宗教的创始人，是后来人们塑造出来的。

隋唐时期，中国佛教、道教都得到中央封建政府的提倡，与儒教并列，形成三教鼎立的局面。儒教主张维护中国封建君权的"三纲"说，即君臣、父子、夫妇的绝对服从关系永恒不变。三教从不同的方面为同一个封建皇权服务。它们为了发展自己的势力，也有过矛盾斗争。在矛盾中，佛教、道教都分别遭到政治上的打击。而儒教也认识到，佛教和道教的一些宗教思想可以辅助儒教世俗说教的不足。在唐朝后期，三教的重要思想家都主张三教会同，主张在理论上互相包融，有时候只是在政治上互相排斥。唐宋以后，直到鸦片战争（1840），这种儒、佛、道三教融合的总格局没有改变。这种思潮，对于中国后期封建社会起了稳定作用，从而延缓了中国封建社会向近代资本主义社会过渡的速度。三教合一思潮，构成了近千年来中国宗教史、中国思想史的总画面。

（二）

佛教的三教合一思潮。隋朝李士谦论三教，说"佛日也，道月也，儒五星也"（《佛祖历代通载》卷十）。隋唐以后，中国出现了大批"伪经"，所谓"伪"，是指它不是来自西方，是中国人自己编造的。伪经名目繁多，各有特点，有所偏重，但它们都强调中国封建伦理，忠君、孝父母等儒教思想。唐代僧人宗密《原人论》中说："孔、老、释迦皆是至圣，随时应物，设教殊途。内外相资，共利群庶。"五代时僧延寿，主张三教融合，"儒道仙家，皆是菩萨，示助扬化，同赞佛乘"（《万善同归集》卷六）。北宋元祐年间，四川大足县石篆山石窟造像，即将儒、佛、道镌刻一处。北宋的三教合一，反映了代表中央政权的儒教为中心的势力的增强，佛、道两教均主动向儒教接近的趋势。宋代的孤山智圆自称"宗儒述孟轲，好道注《阴符》，虚堂踞高台，往往谈浮图"（《闲居编》卷四十八《潜夫咏》）。他主张"修身以儒，治心以释"（《中庸子传》上）。以佛教徒的身份，而自号"中庸子"，还认为没有儒教的支持，国家不得安宁，佛教也不能推行。他为了宣扬"中庸之道"，不惜违反佛教教义，他说："儒之言中庸者，龙树所谓中道义也。"（《中庸子传》上）龙树"中道"为不执着有无、真假，儒家的"中庸"指的是处世对人要无过无不及，两者本不相干。

宋赞宁也说："三教循环，终而复始，一人在业，高而不危。有一人故，奉三教之兴；有三教故，助一人之理。"

僧人契嵩著《辅教编》中有《孝论》凡十二章，具论忠孝，"拟儒《孝经》，发明佛意"。还说，"夫孝，诸教皆尊之，而佛教殊尊也"（《孝论·叙》，见《镡津文集》卷三）。佛教本来号召出家，脱离家庭的封建伦理关系的，而佛教的代表人物却高唱佛教比儒教、道教更看重孝道。

明朝袾宏继承了这个方向，也主张三教"同归一理"、"三教一家"。僧真可《题三教图》，又有《释毗舍浮佛偈》，认为"仁"、"义"、"礼"、"智"、"信"都是值得敬礼的佛（如来）。德清有《大学纲目决疑》以说明儒教与佛教的一致性；又作《道德经解发题》、《观老庄影响论》以说明道教与佛教的一致性，认为"孔老即佛之化身"。智旭（1599 –

1635）以儒教的十六字诀融通佛教，并著有《周易禅解》、《四书藕益解》，主张孝道，"儒以孝为百行之本，佛以孝为至道之宗"（《题至孝回春传》），"以真释心行，作真儒事业"（《广孝序》），"非真释不足以治世，是以一切三宝常能拥护世间，而真儒亦足以出世"（《玄素开士结茅修止观助缘疏》）。

（三）

道教开创之初，即提倡佐助君王的方略。南北朝时期，道教经过官方的改造，更加充实了支持封建社会的忠君爱国的内容，宣扬孝慈的，如：

"与人君言，则惠于国；与人父言，则慈于子；与人师言，则爱于众；与人兄言，则悌于行；与人臣言，则忠于君；与人子言，则孝于亲"。（《太上洞玄灵宝智慧罪根上品大戒经》二卷，《道藏》二〇二册，洞玄部戒律类）

宣扬"三教归一"的如：

《三教归一图说》："三教殊途同归，妄者自生分别。彼谓释、道虚无，不可与吾儒并论。是固然也。自立人极，应世变言之，则不侔。至于修真养性与正心诚意之道，未易畦畛也。"（《黄帝阴符经讲义》四卷，南宋夏元鼎撰。《道藏》五十四册，洞真部玉诀类，藏下）

宣扬报父母恩，出家道士超度其亡亲的，如：

"三纲五常乃立人之大本，孝道之大，至于日月为之明，王道为之成，……是故净明之法，本忠君孝亲以存心；盟真之斋，以报祖荐亲而立教。以此见学仙之士，曷尝不笃意于亲……"

"资事父以事君，则忠孝之义尽，取于治身而治国，则清净之化成。其在栖真者流，尤以报君为重。"（《玄门报孝追荐仪》，《道藏》二八五册，洞玄部威仪类）

道教还按照儒教的纲常名教的规矩应用到道教的师徒关系上，如：

"以传度法箓者为度师，度师之师为籍师，籍师之师为经师。"

"先序三师，然后行道。凡厥读经、讲诵、行道、烧香、入室、登坛，皆先礼师存念……此法不遵，真灵靡降。"（《洞玄灵宝三师名讳形状居观方所文》，张万福撰。《道藏》一九八册，洞玄部谱录类，有二）

南宗道士张伯端说"教虽分三，道乃归一"（《悟真篇》序），致力会同儒、佛、道。

金元间，道教三教合一说十分流行。王喆在山东建立三教金莲会、三教平等会，"劝人诵《般若心经》、《道德》、《清静经》及《孝经》"（《甘水仙源录》）。丘处机云："儒释道源三教祖，由来千圣古今同。"（《磻溪集》）赵缘督（友钦）有《仙佛同源》，主张三教一家、三教合一，是全真教的中心思想。后来假托吕洞宾的许多著作（多数应出在明代）也都是三教合一的基调。道士谭处端说："为官清政同修道，忠孝仁慈胜出家。"（《水云集》）

（四）

唐宋以后，历元、明、清各朝，儒教配合中央集权的要求，也极力加强思想统治的集中。儒教本身直接提倡的是维护封建专制制度的三纲说。儒教的许多学者，没有不受过佛教和道教的影响的。周敦颐的《太极图说》，本来是道教先天图的翻版。以后张载、二程以及南宋的朱熹、陆九渊也都是深受佛、道两教的影响的。由此上推，如白居易身为儒者，同时又是佛教和道教的忠实信徒[①]。宋代理学家们如朱熹对《黄帝阴符经集解》及《参同契》都进行过认真的研究。前人论述已多，这里从略。朱熹借用佛教常用"月印万川"的比喻来说明他的理一分殊的道理。朱熹说："释氏云，'一月普现一切水，一切水月一月摄'，这是那释氏也窥见得这些道理。"（《朱子语类》卷十八）朱熹既继承了禅宗思想，也继承了华严宗思想，因为华严宗发挥"一即一切"这个神秘主义观点，朱熹也说"万个是一，一是万个"（《朱子语类》卷九十四）。朱熹好像在说佛教的某些观点近儒，实际上倒是朱熹的思想符合了佛教观点。明清之际的王夫之曾指出："贞生死以尽人道，乃张子之绝学，发前圣之蕴，以辟佛、老而正人心者也。朱子以其言既聚而散，散而复聚，讥其为大轮回。而愚以为朱子之说反近于释氏灭尽之言，而与圣人之言异。"（《张子正蒙注·太和篇》）再以明代学者王守仁为例，也能看出明代儒者所持鲜明的三教合一的立场。王守仁说：

> 仙家说到虚，圣人岂能虚上加得一毫实？佛氏说到无，圣人岂能无上加得一毫有？但仙家说虚，从养生上来，佛家说无，从出离生死苦海上来。却于本体上加却这些子意思在，便不是他虚无的本色了。（《传习录》下）

> 佛氏不着相，其实着了相。吾儒着相，其实不着相。请问。曰：佛怕父子累，却逃了父子；怕君臣累，却逃了君臣；怕夫妇累，却逃了夫妇。都是为个君臣、父子、

[①] 陈寅恪："白乐天之思想行为与佛道之关系"，《岭南学报》，1949年。

夫妇着了相，便须逃避。如吾儒，有个父子，还他以仁；有个君臣，还他以义；有个夫妇，还他以别。何曾着父子、君臣、夫妇的相。（《传习录》下）

王守仁还把儒教的修养与道教的宗教修炼等同类比。他说：

只念念要存天理，即是立志。能不忘乎此，久则自然心中凝聚，犹道家所谓结圣胎。（《传习录》上）

他还把佛教、道教说成与儒教差不多少，极为接近：

二氏之学，其妙与吾人只有毫厘之间。（《传习录》上）

大抵养德养身，只是一事。元静所云真我者，果能戒谨不睹，恐惧不闻，而专志于是，则神住、气住、精住，而仙家所谓长生久视之说，亦在其中矣。神仙之学与圣人异，然其造端托始，亦惟欲引人入于道。《悟真篇》后序中所谓'黄老悲其贪著'，乃以神仙之术渐次导之者。元静试取而观之，其微皆亦自可识。（《年谱》）

王守仁故意把道教的神秘主义内丹修炼方法说成儒教的道德修养过程。陆元静问王阳明关于道教的精气神的部位与作用："元神、元气、元精必各有寄藏发生之处，又有真阴之精，真阳之气，云云。"王守仁回答说：

夫良知一也，以其妙用而言，谓之神，以其流行而言，谓之气，以其凝聚而言，谓之精，安可以形象方所求哉？真阴之精即真阳之气之母，真阳之气即真阴之精之父。阴根阳，阳根阴，亦非有二也。苟吾良知之说明，则凡若此类，皆可以不言而喻。不然，则来书所云三关、七返、九还之属，尚有无穷可疑者也。（《传习录》中《答陆元静书》）

三教关系是中国思想史、中国宗教史上的头等大事。三教合一，则是中国思想史、中国宗教史的发展过程和最终归宿。"三教合一"的趋势形成后，三教的地位是平等的。北宋以后，佛、道两教屈从儒教。儒教吸收了佛、道两教的宗教修养方法及不计较世俗利害、不贪图物质要求的禁欲主义以加强封建社会的统治秩序。安贫乐道，口不言利，温驯和平，与人无争，成了儒教为人处世的基本教义。

（五）

唐宋以后的这种三教合一思潮反映了中国封建社会后期的政治经济结构，适应了维护这种政治经济结构的需要，不是一个偶然的现象。

中国封建社会的大一统的政治局面从秦汉时期确立以来，经过魏晋南北朝时期三百多年的分裂，到了唐宋时期，又重新巩固下来。但是，这种大一统的政治局面是建立在以一家一户为单位的小农经济的基础之上的。这种小农经济是一种自然经济，生产的产品首先要交纳赋税租债，剩下的农民自己消费掉了，产品主要不是供商业流通的，因而具有停滞、闭塞、分散的特性。历代封建帝王的政策多重农抑商，以农为本，叫做"重本抑末"，采取各种措施来保护这种自然经济。

这种自然经济有两重性，一方面，小生产者落后、软弱，希望在他们上面有一个集中强大的权威来保护他们，使他们免于土地兼并，这就给专制主义提供了社会基础；另一方面，庄园式的生产、生活方式，又是分散的，彼此独立的，这又为地方分裂割据势力创造了有利条件，形成一种离心倾向。

因此，政治上的高度集中和经济上的高度分散这一矛盾，长期不得解决，分散的个体农民好像一盘散沙，缺少联系，需要有一个强大的中央政府统率他们，保护他们，把他们统摄在一起。克服他们的离心倾向，保持国家的集中统一，就必须强化上层建筑的力量来进行控制。这种控制包括两个方面，一是用政权的力量，二是用精神的力量。

中国历代统治者，不断总结经验，加强中央集权，他们以极大的努力，进行了艰巨的工作。政治上，秦、汉、隋、唐集权于中央政府，宋朝则进一步削弱地方政府的权力，把一切财力、兵力集中于中央。明、清废宰相，置内阁。内阁只供皇帝咨询，没有行政权力。于是中央集权又进一步发展为皇帝个人的专制独裁。

至于从精神力量来加强中央政府和皇帝的权力，主要依赖三教合一的宗教和哲学思想。

三教合一，表面上仍维持着三教的门户，儒、佛、道各成体系，三教都力图吸收另外两教，把它们当作自己体系的一部分，实际上，三教的力量不是平衡的。儒教是主流，佛、道两教处在依附的地位，起配合作用。

儒教的思想核心是三纲五常。这种思想强调君权、父权、夫权。君权是直接维护大一统的政治局面的，父权和夫权有利于树立自然经济中男性家长的权威地位。因而这种思想特别适合中国封建社会的政治经济结构的需要，受到历代封建统治者的重视。佛教是一种外来的宗教，它必须接受封建宗法传统思想，即纲常名教思想，才能在中国这块土地上生根。道教是中国土生土长的宗教，除了它的宗教修养以外，它也是以维护纲常名教为基本内容的，不得不与儒教合流。另一方面，佛、道二教有一套追求彼岸世界的系统的宗教理论和修养方法，为儒教所不及。儒教也必须从佛、道二教那里吸取营养来弥补自己的不足。

由于儒、释、道三教都是封建上层建筑的重要组成部分，进行精神控制的有效工具，所以都受到历代封建统治阶级的重视。这又反过来促进了三教合一思潮的发展，成为中国封建社会后期占主导地位的思潮。

任何社会都有其形成、壮大、衰亡的过程。中国的封建社会，虽曾长期处于停滞状态，它仍然在缓慢地发展、前进。封建的自然经济中也孕育着突破封建束缚的内在因素。工商业者、手工业者，如果得到充分的条件，也可能首先在某些地区产生资本主义萌芽。越是到了封建社会后期，这种要求突破旧传统的自发力量也越强烈。在思想上，则反映为对封建宗法制度的核心——君权的怀疑。如南宋末年的邓牧（1274-1306）主张无君，稍后的黄宗羲（1610-1695）也提出过君主为天下之大患的思想。由于传统的三教合一思想太强大了，它加强了封建宗法制度。被强化了的封建宗法制度又扼杀了自然经济已经孕育着的资本主义萌芽，从而造成中国封建制度的长期稳定以至停滞状态，因而像邓牧、黄宗羲等人的民主思想都没有发生大的影响。

录自《世界宗教研究》1984年第1期

论儒、释、道"三教归一"问题

汤一介

汤一介（1927-2014），湖北省黄梅县人。1951年毕业于北京大学哲学系，1956年后一直任教于北京大学哲学系。1990年获加拿大麦克玛斯特大学荣誉博士学位。曾创办中国文化书院、中国哲学与文化研究所等。主要著作有《郭象与魏晋玄学》、《早期道教史》、《中国传统文化中的儒道释》、《儒道释与内在超越问题》等，主编有《20世纪西方哲学东渐史》、《儒藏》（精华编）、九卷本《中国儒学史》等。

内容提要：本文试图解答：为什么在中国历史上几乎没有因宗教思想的原因而发生过战争这一问题。作者认为中国儒、释、道三家思想理论上的自在包容性、调和性较之世界上其他宗教强烈的"排他性"更有利于避免宗教战争之发生。而帝王、朝廷的制度及宗教政策也对不同宗教思想文化之信仰形成一种外在的约束力。此外中国社会自古以来形成的神灵崇拜多元化之传统以及各阶层之情理思维模式等都有助于儒、释、道三教相互补充、同处共存。

关键词：三教归一　宗教

大约在十年前，荷兰皇家科学院院士施舟人（Kristofer Schipper）教授曾向我提出一个问题：为什么在中国历史上几乎没有因宗教思想的原因发生过战争？而其他国家、民族、地区在历史和现实中常有因宗教思想的原因发生过这种或那种的宗教战争？对这个问题，我是从来没有研究过的。当时，我只能靠所知的历史知识说，也许因为在中国儒、道两家的排他性较少，而包容性较大；自秦汉以来，政府（皇权）对社会具有较强的控制力，政府可以用政策和制度来调节三教关系。这样的回答当然是太笼统，也无深意。前年，北京大学儒学研究院成立时，学校要求上报研究院的研究课题，我就想到施舟人教授提出的问题。特别是我注意到在海外历史上曾发生过多次宗教战争，例如历史上的"十字军东征"，打了近两百年，毫无结果，今日在中东、北非仍然有着犹太教、基督教和伊斯兰教的对立和战争，甚至同一国家内的不同宗教间也常诉诸武力，在印度就常有印度教与锡克教、伊斯兰教的冲突和战争；在中东、北非地区伊斯兰教的不同教派也时有对抗性的暴力。我国历史上虽有因政治和经济原因灭佛的"三武一宗之祸"①，但几乎没有过因宗教思想文化的不同而发生过战争。儒、释、道之间虽有矛盾、冲突，但能共存共荣，而不发生宗教战争，并提出"三教归一"、"万善同归"等思想以协调三教关系，我们如果能对此根据史料总结出有意义的理论观点，它或许会对治理今日世界的因宗教思想文化的不同引起种种战争的乱象有所贡献。为此，我们研究院把《儒、道、佛三教关系史》定为研究的重点课题之一。对这个课题，我考虑也许有三个方面可以为我们研究所注意：（一）儒释道"三教归一"观念的理论基础；（二）儒释道"三教归一"朝廷的政策基础；（三）儒释道"三教归一"民间的信仰基础。

一、儒释道"三教归一"观念的理论基础

在中国，儒、道两家在思想观念上虽多有不同，但排他性较少，而包容性、调和性较大，吸收其他思想文化的能力较强。《中庸》中说："万物并育而不相害，道并行而不相悖。"这两句话体现着儒学的包容性。孔子"述而不作"，以《诗》、《书》、《礼》、《乐》教。这说明孔子恪守传统之经典体系，自觉地传承着夏、商、周三代经典之精神，开创中国上古"六经"的儒家化，并问礼于老子，且大赞管仲之治国方略，奠定了以"仁学"为核心的儒家修身、齐家、治国、平天下的人文精神的世界观。自此以后，儒家无论在春秋战国"百家争鸣"之时代，还是在以后历史的各朝各代，大都是在与各派学说（学派）的争论、冲突中不断吸收着其他文化以自养。战国晚期儒家大师荀子在继承孔子学说的基础上吸收了道家、法家、名家的思想；《易传》则有机地吸收了道家、阴阳家等的理论，为儒家开创了哲学本体论和宇宙论的先河。汉武帝时大儒董仲舒更是把阴阳五行学说、道家黄老学说容纳于其体系之中，而汉朝家法实为"王霸杂用"。

先秦道家的老庄以"容乃公"②的理念，统合了春秋战国的各流派，以自然而无为的思想开创了另一支对中国有巨大影响的思想体系。老子的"道论"成为中国智慧学之源泉。《庄子·天下篇》首次提出"内圣外王之道"的中国社会思想文化之理想，虽对先秦各家思想有褒有贬，评论长短，并以道家思想为最高，但未排斥其他学说，由此也充分体现了道家之包容性。杂家之《吕氏春秋》、《淮南子》实以道家思想为主，统合先秦各家，体现着有容乃大之精神，此或与秦汉之黄老道家颇有关系。魏晋玄学实以在道家思想基础上融合儒道讨论"本末有无"、"自然名教"问题，并吸收"刑名"家言以成体系，而把

---

① "三武一宗之祸"，指北魏太武帝、北周武帝、唐武宗和后周世宗曾因政治、经济等原因而排佛。
② [宋]林希逸《庄子口义》中讲道："溪谷在下，而能容物，为溪为谷，有容乃大之意也。"

中国哲学思想推向一新阶段。

佛教自汉传入中国，初依附于汉之道术，后依附于玄学，至南北朝佛儒、儒道之间的相互批评与问难颇为激烈（见《弘明集》），但中国之士大夫多有信奉佛教或赞同佛教者，甚至有梁武帝欲舍身入佛门，但仍设五经博士，并说："朕思阐治纲，每敦儒术。"（《梁书·武帝纪》）可见儒、佛并非不能相容。两晋南北朝时期道教渐兴，佛道之争渐起。刘宋时有顾欢作《夷夏论》辨二教，执夷夏之界，崇道而抑佛，以印土俗恶、华风本善立论，但仍以孔、老、释同为圣人，"（佛、道）二经所说，如合符契，道则佛也，佛则道也"①。综观六朝两三百年间，儒、释、道三教相互辩难、攻击、诋毁虽甚激烈，但多以三教"均善"，孔、老、释均为圣人之三教调和论为开端矣。如僧绍《正二教论》谓，"经世之深，孔老之极"，"神功之正，佛教之弘"。刘勰《灭惑论》："至道宗极，理归乎一。妙法真境，本固无二。"张融《门论》："道也与佛，逗极无二。寂然不动，致本则同。"这类调和之分工论实在牟子《理惑论》已有，如说："尧舜周孔，修世事也；佛与老子，无为志也。""金玉不相伤，精魄不相妨。"他甚至说儒佛之道同，谓："道之为物，居家可以事亲，宰国可以治民，独立可以治身。履而行之，充乎天地，废而不用，消而不离。子不解之，何异之有乎？"此说谓佛教在"治国"、"事亲"和"治身"上与儒家并无不同。而慧远在《沙门不敬王者论》中则论证佛教与儒学在"出世"和"入世"上虽有功能上的不同，但在为社会所需要上终归是相同的，"道法之与名教，如来之与尧孔，发致虽殊，潜相影响，出处诚异，终期则同"。慧远弟子宗炳《明佛论》中说："孔、老、如来，虽三训殊路，而习善共辙也。"这说明，佛教进入中国，为适应华夏文化之需要，不得不以此种调和论来寻得一立足点。同时，由于佛教在南北朝时因其宗教信仰之理论日渐深入社会各阶层，特别对当时之士大夫影响颇大，儒家学者也颇多持三教调和之论者，如北齐大儒颜之推在《颜氏家训·归心》中说："内典初门，设五种之禁，与外书仁义五常符同。仁者，不杀之禁也；义者，不盗之禁也；礼者，不邪之禁也；智者，不酒之禁也；信者，不妄之禁也。"此种比附实有利于佛教之传播。至隋，三教调和论更进一步，而有"万善同归"之说。隋文帝崇佛甚深，开皇元年闰三月诏书中说："法无内外，万善同归；教有浅深，殊途共致。"依此观之，盖三教可以"同归"则均在"导民向善"，故唐高祖李渊谓："三教虽异，善归一揆。"这就说明，在中国历史上的帝王多注意到宗教有益于"治化"。

儒家主张"道并行而不相悖"，道家主张"有容乃大"，中国化的佛教同样主张不同宗教思想之间有着包容性，如唐宗密《华严原人论序》中说："孔、老、释迦皆是至圣，

---

① ［南朝梁］萧子显：《南齐书》卷54。

随时应物,设教殊途,内外相资,共利群庶,策勤万行……惩恶劝善,同归于治,则三教皆可遵行。"为何中国佛教主张三教同归,这和当时中国佛教宗派流行的"判教"有关。盖隋唐以来,中国佛教如天台、华严、禅宗等均有判教之说,即把佛教中各派或各种学说按高下排列,以分高低,这本是佛教宗派内部之问题,但宗密则扩而大之,将儒、道两家也排入其"判教"系列,以示其教义的博大包容。此或为使在中国儒、道、释各派之间虽可争高下,可讨论功能之异同,甚至诋毁中伤,但终能以"文"相交,而可不诉诸暴力,不致发动宗教战争。

总之,中国的儒、道、释三家在中国文化的大传统中,在思想理论上都具有不同程度的包容性、调和性,这是我国历史上几乎没有发生过"宗教战争"的思想观念上的基础。

二、儒释道"三教归一"朝廷的政策基础

秦汉以降,中国社会已成帝王专制的大一统社会,如何对待各种思想和宗教派别则是关乎社会稳定之大事。秦之速亡,如贾谊总结,盖因法家之高压暴力,而不知"仁义不施,攻守之势异也"(《新书》卷一)。汉初文帝以黄老之"清静无为"治,实此时之黄老道家已吸收儒家某些思想。[①] 汉武帝虽主张"罢黜百家,独尊儒术",但此时儒家已多吸收黄老、阴阳、法家诸家思想,且宣帝则以"王霸杂用"为治。又据杨树达统计,两汉治《老子》者有六十余家,可见两汉统治者在政策上对各种学说派别还是宽松的。

西汉末,佛教已开始传入中国,如何对待外来思想文化,这对汉朝当政者却是一新问题。其时,朝廷对佛教之进入只视诸众多道术之一种,而佛教又极力用中国思想文化解释佛理[②]。佛教初传,朝廷、官府并无限制,有"楚王英为浮屠斋戒祭祀"、"桓帝于宫中佛道二氏并祭"等事可证。佛教入华夏,先依附于道术,后依附于玄学,得以流行。晋时以老庄思想为骨架的玄学本体论大为流行,玄学讨论的中心为"本末有无"问题,而佛教般若学所论"空有"与玄学有相近处,因此当时僧人多用玄理来解释佛法,以"格义"、

[①] 参见汤一介为陈静《自由与秩序的困惑——〈淮南子〉研究》写的"序",云南大学出版社,2004年。

[②] 如[吴]陈慧《阴持入经注》释"五阴种"谓:"身也……又犹元气。"《四十二章经》中"凡事天地鬼神,不如孝其二亲,二亲最上之神也"。[北凉]昙无谶等译《大集经》:"世若无佛,善事父母,事父母即是事佛也。"康僧会《六度集经》卷八《察微王经》中说:"魂灵与元气相合,终而复始,轮转无际,信有生死殃福所趣。"

"连类"的方法相比附。① 因此，当时之帝王、名士常以逍遥放达、超世离尘相标榜。西晋有支孝龙与名士阮瞻、庾敳等结为知交，世呼为"八达"；东晋孙绰作《道贤论》，以七名僧与竹林七贤相比拟。许多名僧都精通老庄之学。② 盖正如道安于《鼻奈耶序》中所说："于十二部，毗曰罗部最多，以斯邦人庄老教行，与方等经兼忘相似，故因风易行耳。"（明·梅鼎祚《释文纪》卷四十四）两晋诸帝亦有崇奉释教者，如东晋明帝、哀帝、简文、孝武、恭帝等。刘宋时，诸帝及名士亦多崇佛法。但与此同时，由于佛典译出渐多，已可见佛法与儒、道两家思想颇多不同处，因而发生儒佛、道佛之间的争论，有关争论的文献具载《弘明集》中，不赘述。终两晋南北朝期间，儒、佛、道教之间虽有相互攻击、诋毁、批评、辩难，但并无因思想文化之原因而暴力相向。据史书记载，在佛教传入中国后，千余年间只发生灭佛的"三武一宗之祸"。然而，这几次"灭佛"主要是由于政治、经济的原因。以北魏太武帝为例，当时"灭佛"虽或与宠信儒学大家崔浩、道教天师寇谦之有关，但主要因佛教发展太快，致出家过多，兵卒来源奇缺；寺庙占地过多，税收大为减少；国库空虚，危及朝廷，故有灭佛事。但用政治力量打击、消灭宗教往往是不成功的。当文成帝即位后，不得不改太武帝政策，而佛教又复发展起来，可见帝王朝廷政策对宗教之兴衰的影响至关重大。

据《隋书·经籍志》，隋朝"民间佛经多于六经数十百倍"。这是由于隋文帝杨坚、隋炀帝杨广二帝奖掖佛法之故。开皇年间，即普诏天下，任听出家，并在五十余州立舍利塔，度僧尼23万余人，并举办三教论衡大会。自此，三教论衡之事一直盛行于隋唐。但是，隋文帝也知道要巩固皇权统治，仍须同样重视儒家思想，故于开皇元年下诏谓："法无内外，万善同归；教有浅深，殊途共致。"

据道宣《集古今佛道论衡》记载，隋唐两代"论衡"多在佛道二教中进行，但实为三教论衡，辩论结果，道先或佛先皆由崇道或崇佛之君主以定先后，然而君主无论崇道或崇佛，其所行之制度是离不开政治化的儒学思想所指导，故"佛道论衡"实即"三教论衡"。这样宗教既得到政府的一定程度的礼遇和承认，又加强了对政权的依赖性，并使政权的权威性得以树立。这种以朝廷主持并调节的"三教论衡"的统治权，无疑可以有助于消除宗教之间的暴力冲突。有唐一代，"三教论衡"或佛先或道先，但都在政治制度下进行。太宗虽给予玄奘特殊之礼遇，但玄奘要求有僧众不依俗法者，请给予教内处罚权，对此太宗断然拒绝。③ 这是由于太宗深知要维持政权的长治久安仍必以儒家之礼教为基础。

---

① 参见汤用彤《论格义》，《汤用彤全集》第三卷，河北人民出版社，2000年。
② 参见汤用彤《汉魏两晋南北朝佛教史》，《汤用彤全集》第一卷，河北人民出版社，2000年。
③ 见汤一介等编《中国儒学文化大观》，北京大学出版社，2001年，第601页。

贞观二年，太宗尝对群臣说："朕今所好者，惟在尧、舜之道，周、孔之教。以为如鸟有翼，如鱼依水，失之必死，不可暂无耳。"（《贞观政要》卷六）故贞观五年，诏僧道致拜父母，则仍以礼教为先。① 正如《旧唐书·儒学传》所说："（儒学）可以正君臣，明贵贱，美教化，移风俗，莫若于此焉。故前古哲王，咸用儒术之士。"在唐朝尚有"度牒"之制度，出家为僧、为道，当申之于有司。从这些方面看，朝廷对佛、道的制度政策，为消除"宗教战争"奠定了基础。自唐以后，宋、元、明、清各代大体也是如此。

三、儒释道"三教归一"民间的信仰基础

对中国古代的宗教信仰，西方众多思想家称之为"自然神灵崇拜的宗教"，如莱布尼茨等，但我认为中国古代不仅存在着"自然神论"的宗教神灵崇拜，而且同时也存在着人格神或祖先神灵的崇拜。夏、商、周三代一直有祭天、祭地、祭社稷、祭祖先的仪式，所以有着"天坛"、"地坛"、"社稷坛"；还有祭祀华夏民族共同的祖先轩辕黄帝的黄帝庙以及祭祀各姓氏祖宗的祠堂等等。据殷墟甲骨，尚有对风雨等神灵的祭祀。这说明两个问题：一是中国上古不是一神教；二是中国的多种神灵信仰可以同时存在，没有很强烈的排他性。

中华民族是一个多民族共处的大家庭，正如费孝通先生所说，中国是一个"多元一体"的国家。由于各民族所处的地理环境、历史文化传统不同，因此风俗、习惯和信仰不可能全同。但从中国历史文化上看，自上古起，当时的帝王所追求的是"协和万邦"。② 至春秋战国时，有诸子百家出，儒家主张"天下大同"，墨家主张"兼爱尚同"，道家主张"自然无为"③，名家主张"合同异"或"离坚白"，只有法家重用"法、术、势"来"统一思想"④。这时的各家虽然主张不同，但对连年战乱的局面则多有不满，希望有一个安定的"大一统"社会出现。秦汉从政治上说实现了大一统，但从朝廷到民间对"自然神灵"的崇拜和对"祖先人格神灵"的祭祀仍然广为流行。《汉书·郊祀志》中说："《洪

---

① 汤用彤：《隋唐佛教史稿》，《汤用彤全集》第二卷，河北人民出版社，2000年，第19页。
② 《尚书·尧典》："昔在帝尧，聪明文思，光宅天下，将逊于位，让于虞舜，作《尧典》。《尧典》曰若稽古，帝尧，曰放勋，钦明文思安安，允恭克让，光被四表，格于上下。克明俊德，以亲九族。九族既睦，平章百姓。百姓昭明，协和万邦。黎民于变时雍。"
③ 《老子》第五十七章："……故圣人云：我无为而民自化，我好静而民自正，我无事而民自富，我无欲而民自朴。"
④ 但法家的开山者管仲则或不同。

范》八政，三曰祀。祀者，昭孝事祖，通神明也。旁及四夷，莫不修之；下至禽兽，豺獭有祭。"意谓，自皇帝至庶民（包括四夷）都要对祖先祭祀。该志还记载着秦始皇"祠名山川及八神"①，由是"诸此祠皆太祝常主，以岁时奉祠之至……郡县远方祠者，民各自奉祠……"可见，当时民间祀奉之"自然神灵"及"祖先人格神灵"名目繁多。② 汉武帝"尤敬鬼神之祀"。当时，并有"祀灶"、"祀东方太一"、"祀北斗"等等的神灵崇拜。《后汉书·方术列传》："汉自武帝颇好方术，天下怀协道艺之士，莫不负策抵掌，顺风而届焉。后王莽矫用符命，及光武尤信谶言，士之赴趣时宜者，皆骋驰穿凿，争谈之也。"由于帝王、朝廷所好，民间方术竞相争起。"幽赞于神明"、"探抽冥赜"，"其流又有风角、遁甲、七政、元气、六日、七分、逢占、日者、挺专、须臾、孤虚之术，及望云省气、推处祥妖"等等民间方术。③ 所有这些方术都或直接或间接带有神灵崇拜的因素。它们的影响往往受地域限制，规模不大，信奉的人数也很有限。

自西汉末，佛教传入中国，其后有道教之创立，使我国民间宗教神灵信仰发生了巨大变化。民间方术虽仍多有流传，但由于佛、道二教渐成有组织、有经典、有统一的仪规、有最高信奉之教主，特别是各有一套善恶、生死、祸福等等理论、习俗，因而对民间信仰的影响越来越大，而与儒家思想合而成为中华影响日常生活信仰之主流。由于自古以来，华夏民间处于一种多神灵并存而相容的状况，"不同而和"或已成为思维定式。故魏晋以降，佛、道由于成为正规的宗教团体，广大民众竞相归依之。

根据唐宋以来历史记载的资料，我们可以看到在我国的民间家庭一般说来都对儒家的"礼教"仍严守，如祀祖、忠恕、孝道等等；对佛教的因果、轮回、慈悲等等观念深有信仰；对道教的养生、斋醮、调息等道术普遍遵行。甚至，有些士大夫虽为人处事依"礼教"，而个人信仰却是佛教，如唐朝的王维、白居易、柳宗元，宋朝的"三苏"。宋朝理学兴起，以"出入佛老，反诸六经"为指针，一些大儒理论上排斥佛道，但个人仍与道、佛交往，并尊重或爱好佛道的修心、养生。如周敦颐曾受寿涯禅师"有物先天地"之偈，尝称其妙心得之于黄龙慧南禅师。理学大师朱熹与和尚、道士多有交往，据陈荣捷《朱子新探索》中说，朱熹年轻时受学于大慧宗杲，赴考时其箧中唯《大慧宗杲禅师语录》，尝

---

① 八神：一曰天主，祠天齐；二曰地主，祠泰山梁父；三曰兵主，祠蚩尤；四曰阴主，祠三山；五曰阳主，祠之罘山；六曰月主，祠之莱山；七曰日主，祠盛山，八曰四时主，祠琅邪。（见《汉书·郊祀志》）

② 可参见《汉书·郊祀志下》汉元帝二年，罢自汉以来诸多祠祀，其中甚多当先起于民间所崇拜之神灵。汤用彤《汉魏两晋南北朝佛教史》中"鬼神方术"一节亦可参考。

③ 参见《后汉书·方术列传》。

与大慧讨论"理义之义,便是仁义之义",颇有同见。朱熹一生又向往道教内丹术,曾化名"空同道士邹䜣"撰道教丹书《周易参同契考异》。① 朱熹一生与和尚、道士的交往、唱和是宋明理学大家最多者之一。王阳明与道教也颇有关系,在《传习录》中有讲道教"精、气、神"之养生术。阳明之深受禅宗影响,为学者所共知,其攻击禅宗最烈,盖因他一生坚持孔孟儒家立场。但观《传习录》全书,又多用禅语、禅门故事,又用禅家方术。② 这种现象,也许我们可以说,由于朱熹、王阳明都站在正统儒家立场,但因儒学有较强之吸收和包容性,而可较好地利用佛道之某些资源,这对三教共存甚为有利。

宋元以后,在中国社会多元祭祀、崇拜民间神灵日盛,对灶王爷、财神爷、土地爷甚至关公武圣等的崇拜非常普遍③,但儒释道"三教共存分工"说比"三教归一"("三教合一")说能更好地为民间社会所接受。"三教共存分工"说虽儒、释、道三家说法不尽相同,但作为一种不同的宗教文化的模式则对"三教归一"颇为有利。南宋孝宗皇帝说:"以佛修心,以道治身,以儒治世。"④ 这种说法在宋元以来或有典型意义。晚唐已有士大夫张彦远撰《三祖大师碑阴记》中说:"夫禀儒道以理身理人,奉释氏以修心修性,其揆一也。"北宋僧人智圆说:"儒者,饰身之教,故谓之外典也;释者,修心之教,故谓之内典也。""故吾修身以儒,治心以释。"清沙门祖源超溟《万法归心录》谓:"释教见性,道家养性,儒门尽性。入门虽殊,归源无二。"道教于宋元明清期间宣扬"三教分工共存"说有益于世道,较儒、释更为突出。盖因道教在社会上的势力总体上不如儒、释,故须更加显示其民间社会之功能。如北宋金丹派南宗道士张伯端从心性方面调和三教,他说:"释氏以空寂为宗……老氏以炼养为真……仲尼极臻乎性命之奥也。……教虽分三,道乃归一。"⑤ 元代全真派道士陈致虚说:"三教之道,一者也。圣人无两心,佛则云明心见性,儒则云正心诚意,道则云澄其心而神自清,语殊而心同。是三教之道,惟一心而已。"(《金丹大要》卷十四)元代全真派道士牧常晁说:"或问:儒曰正心,佛曰明心,老曰虚心,此三者有同异否?答云:思无邪曰正,反照自己曰明,私欲不蔽曰虚,设曰三

---

① 陈荣捷:《朱子新探索》,台北:学生书局,1988年,第38、641、647页。
② 陈荣捷:《王阳明与禅》,台北:学生书局,1984年,第73-75页。
③ 《三界伏魔关圣帝君忠孝忠义真经》谓关羽君临三界:"掌儒释道之权,管天地人之柄。"按:这类"宝卷"在明末、清初甚多。
④ [元]刘谧:《三教平心论》卷上。[宋]李心传:《建炎以来朝野杂记》乙集卷三《原道辨易名三教论》中说"寿皇尝作〈原道辨〉大略谓三教本不相远……以佛修心,以道养生,以儒治世"。元朝宰相耶律楚材说:"若夫吾夫子之道治天下,老氏之道养性,释氏之道修心,此古今之通议也,舍此以往,皆异端耳。"([元]耶律楚材:《湛然居士集·文集卷八》中《寄赵元帅书》)
⑤ [北宋]张伯端:《悟真篇·序》。

心,实一理也。"(《玄宗直指万法同归》)由于"三教归一"观念之盛行,在明代有林兆恩建立起以儒为主体的三教合一的"三一教",并"立庙塑三教之像,释迦居中,老子居左,以吾夫子为儒童菩萨塑西像,而处其末座。缙绅名家亦安然信之奉之"。① 时至今天,我们仍可看到有些庙宇大殿供奉三教之像,如武汉之"长春观"等。甚至,在办丧事时,依儒家之"礼仪",而请僧道念经超度。可见民间各界视三教可以并存,这种状况是难以用行政命令完全禁止的。

盖中国宇宙人生哲学,早在先秦孔孟即讨论"心性"问题,秦汉则多讨论"元气"问题,而魏晋则转而讨论"本末有无"之本体问题,佛教入华于南北朝则由般若空宗而进入"涅槃佛性"问题之讨论。隋唐以降,佛教天台之"一心三观",华严之"佛性"即人之"真心",禅宗之"明心见性",道教成玄英之"真常之心"乃"众生之正性",李翱之《复性书》谓"以理其心"则"复其性"。至宋明无论"性即理"(理学)还是"心即理"(心学)皆心性之学,而佛、道二教同样大讲"心性",而"心性之学"为三教共同之理论基础,故"三教归一"之说实依于此"心性本体论"。《性命圭旨》中说:"儒曰存心养性,道曰修心炼性,释曰明心见性,心性者本体也。"由此,可见"三教归一"("三教合一")从三教发展之理路实为"水到渠成"也。"三教归一"对中国社会之稳定、不同宗教分工共存、相互吸收、调和融通,致使儒、释、道得以虽有"文斗"(通过辩难,强调自身道理之高于他教),而无"武斗"(不同宗教虽思想文化之信仰不同,而无兵戈相见之"宗教战争"),其意义和理论价值是值得我们重视的,也应为今日世界因宗教信仰之不同而发生种种形式战争引为借鉴。清朝雍正九年上谕中说:"域中有三教,曰儒,曰释,曰道,儒教本乎圣人,为生民立命,乃治世之大经大法,而释氏之明心见性,道家之炼气凝神,亦于吾儒存心养气之旨不悖,且其教皆主于劝人为善,戒人为恶,亦有补于治化。"② 由此,可见中国历史上自汉以后,历代帝王、朝廷均重视三教关系,这无疑对其以儒学治天下之根本方针至关重要。

以上所述是否能较为圆满地解答施舟人教授之问题,未敢自信,望专家学者批评指正。但我认为,中国儒、释、道三家思想理论上的内在包容性、调和性确实较之某些其他宗教之强烈"排他性"或更有利于避免宗教战争之发生。而帝王、朝廷的制度及宗教政策,"三教论衡"之形式,政权"礼教"、"法规"之约束对不同宗教思想文化之信仰起着一种外在的约束力,或也是可以从中总结有益之经验。中国社会自古以来神灵崇拜多元化之传统以及各阶层之情理思维模式似也是可以作合理的解释。人生在世,总是希望得到幸

---

① [清] 陆世仪:《思辨录辑要》卷31。
② [清] 刘锦藻:《清续文献通考》卷89。

福的生活，有美好的信仰将支持人获得幸福，因而信仰是人类社会生活不可或缺的一部分，或信仰某种宗教，或信仰某种学说、主义，或信仰科学技术之力量，这往往取决于所处社会环境、生活经验、个人性格以及历史文化传统之影响等等诸多方面，关于宗教之间的关系无疑是我们应该认真研究的课题。总之，中华民族长期存在的"三教归一"思想传统对世界"和平共处"，对"人类普遍和谐"应该会有所贡献。

录自《中国哲学史》2012 年第 3 期

"三教合一"在我国发展的过程、特点及其对周边国家的影响

黄心川

黄心川（1928—），江苏省常熟市人。1946—1948年就读于杭州之江大学，1958年北京大学哲学系外国哲学史专业研究生毕业。曾任北京大学哲学系讲师、中国社会科学院宗教研究所研究员、中国社会科学院亚太所研究员等。译有《印度近代哲学家辨喜研究》等，主要著作有《印度哲学史》、《印度近现代哲学》、《现代东方哲学》、《当代亚太宗教》等，主编有《世界十大宗教》、《东方哲学家评传》、《南亚大词典》等。

儒释道是我国传统思想和文化的主要组成部分，它们之间相互融合与斗争，特别是以儒家学说为基础的"三教合一"，构成了中国近千年来思想文化发展的总画面。因之，研究"三教合一"的种种关系，不仅使我们可以了解中国学术思想发展的总趋势和规律以及"三教合一"在封建皇权控制下所起的社会作用，也可以了解"三教合一"对我国及周围的邻国宗教、哲学思想和文化艺术所起的广泛而又深刻的影响。

一、儒释道在我国的发展历程

我国是一个多民族、多宗教和多种文化的国家，宗教、哲学的产生和发展有着长远的历史。在先秦以前，我国已经形成了一个以崇拜天帝、祖先为主要特征的宗法性宗教，这是儒教的前身。在先秦时期，儒学则是一种以政治、伦理为主的学说，它缺乏哲学的内涵，疏于思维和论证的方法，因此在战国分立时代的百家争鸣中没有占据主导地位。汉初统治者推崇黄老之说，汉武帝定儒教于一尊后，出现了两汉经学，经学是对儒学的第一次改造。他们在解释儒学经典中提出了一套以"三纲五常"为基本法度，以道家思想为基础并附以阴阳五行学说等等的思想体系，经学家们在他们的儒学中引进了神学的内涵，儒学开始儒教化，他们对至圣先师进行祭祀，使孔子祭礼成为和天地百神、祖先崇拜并列的三大祭祀系统之一。在东汉时，张陵在四川奉老子为教主，以《道德经》为主要经典，同时

吸收某些原始宗教信仰、巫术和神仙方术等创立了道教。在公元前，外来的印度佛教开始传入汉地，当时人们只把它看成神仙方术的一种，佛教为了求得自己的生存和发展，不能不向当时占有支配地位的儒家靠拢，并在哲学思想上依附于"老""庄"和玄学。三国时期，大批印度和西域僧人来华，从事译经、传教的工作，这为以后佛教在魏晋南北朝的广泛传播起了重要的推动作用。在南北朝时，由于佛教受到帝王的信仰和重视，印度佛教经过改造以后适应中国社会的需要，逐渐在民间扎下根来，并取得重要的发展，至隋唐时代达到了鼎盛，形成了许多具有民族特点的中国佛教的宗派和学派，并传播到了我国邻近的国家。佛教在建立中国民族化的宗派和理论体系时摄取了大量的儒、道的思想；另一方面又与儒、道进行了喋喋不休、震动全国上下的争论乃至流血斗争，儒、释、道形成了鼎足之势。佛教在唐末，由于战乱频仍，社会动荡，日益呈现衰颓之势，在宋初一度复苏。北宋初期，朝廷对佛教采取保护政策，普度大批僧人，重编《大藏经》；南宋偏安一隅，江南佛教虽然保持了一定的繁荣，但佛教总的趋势在衰落。在此期间，佛教与儒、道结合，"三教合一"呈现出发展趋势。在北宋期间，道教进入了全盛时期，北宋几位统治者（真宗、徽宗）都自称为教主道君皇帝，采取了一系列崇道措施，因此，道众倍增，宫观规模日益扩大，神仙系列也更为芜杂。由于道教经论日益增加，开始编纂了《道藏》，南渡后出现了不少新的道派，这些教派都主张"三教合一"。至元朝时期，道教正式分为全真、正一两个重大派别，盛极一时。这些派别也从自己教派的立场出发，高举"三教合一"旗帜。元明以后，佛教与道教衰落，理学勃兴。理学以孔子的伦理思想为核心，摄取了释、道的大量哲学思想、思维形式和修持方法，使三者密切起来，难解难分。入清以后，儒、释、道没有重大的变化，影响及今。

二、"三教一致"——"三教鼎立"——"三教合一"

"三教合一"除了有着深刻的社会政治、经济原因外，还有着自身理论的种种特点。封建统治阶级深深懂得，儒、释、道三家对维护封建统治这一根本任务是不可偏废的，三者有着各自的特点，起着不同的社会作用，儒可以治国，佛可以治心，道可以治身。这正如清朝雍正皇帝在1731年所发布的上谕中概括："域中有三教，曰儒、曰释、曰道，儒教本乎圣人，为生民立命，乃治世之大经大法，而释氏之明心见性，道家之炼气凝神，亦于我儒存心养气之旨不悖，且其教旨皆于劝人为善，戒人为恶，亦有补于治化。"（引自《龙虎山志》卷一）在三教关系中，儒家一直处于正统的地位，他们宣传的"三纲五常"是中国封建社会立国之本，道统是维护封建的中央集权制的精神武器，因之显得特别重要。唐太宗曾说梁武帝佞佛，甚至到佛寺舍身为奴，但是梁武帝在做皇帝后就为孔子立庙，置五经博士，在《立学诏》（508）中说"建国君民，立教（儒学）为首，砥身砺行，由乎经术"，这可看出梁武帝也懂得儒学对他治国的重要性。儒、释、道提出"三教合一"虽则都是立足于本教而融摄其他两者，但归根结底实行的还都是以儒为主，佛、道携手为辅的组合形式。

在印度佛教未传入之前，儒学占有显著的地位。佛教传入中国后，为了依附中国传统的思想文化，力图调合儒、道的矛盾，不断地援儒、道入佛，论证三教的一致性。例如，在我国最早编译的《四十二章经》中就已掺入了很多儒、道思想的内容，该经一方面宣传小乘佛教的无我、无常和四谛、八正道，但同时也杂有"行道守真"之类的道家思想，以及"以礼从人"等等的儒家道德行为规范。由于"三教一致"、"儒释一家"的渲染，在社会风气上也蒙受影响，相传南北朝的傅翕头戴"儒冠"，身穿"僧衣"，脚着"道履"，集儒、释、道于一身，表示"三教一家"。另外，传说中的"虎溪三笑"（名士陶渊明、僧人释慧远、道士陆修静在庐山的会见）也成为后人的美谈。

道教提倡"三教一致"的思想始于晋时葛洪。葛洪使道教思想系统化时，提出以神仙养生为内，儒术应世为外，将道教的神仙方术与儒家的纲常名教相结合，所谓"以六经训俗士，以方术授知音"（《抱朴子·释滞》）。以后宣传"三教合一"思想的有梁朝的道士陶弘景等。在葛、陶之后，道家中人提到"三教"的愈来愈多，论证也愈来愈深入。

从以上可以看出，儒、释、道三教在魏晋南北朝时期有过互相靠拢、互相吸收、互相融合的情况，但这种"一致"、"合流"并不能掩饰彼此之间的排斥和斗争。三家之间的争论有时表现得很激烈，震动朝野，甚至发生流血的事件。其荦荦大者有：在南朝宋文帝时的儒家与佛教之间有关因果报应之争；齐梁之间的神灭、神不灭之争；宋末齐初之间的道教与佛教之间的夷夏问题之辩；在北朝时由于佛、道斗争的原因所引起的北魏太武帝和北周武帝的二次废佛法难事件，以及北齐文宣帝时展开的佛、道之间的倾轧，导致灭道的举措。

隋唐时期，我国统一的封建帝国，幅员辽阔，经济繁荣，文化灿烂缤纷，儒、释、道在这个时期都有重要的发展，进入了繁盛时代。纵观这个时期，由于各代帝王信仰的不同，在不同的历史时期，对儒、释、道的态度也有所不同，或抑或扬，但总的说来，对宗教是采取扶掖、支持、利用和限制的政策。儒、释、道虽然在意识形态从而在政治上呈现出鼎立的局面，但三教为了从自身发展的需要和迎合大唐帝国的大一统之政治的需要出发，也不时提倡"三教无阙"、"三教归一"或"会三归一"等等。其重要表现是：隋开皇年间的三教辩论大会；大业时令沙门、道士致敬王者而引发的斗争；唐武德年间的儒道联合反对佛教的斗争；贞观时的释、道先后之争；高宗时的多次佛、道大辩论；高宗、武后和中宗时的"老子化胡说"之争；唐中后期多次举行的佛、道大辩论；武宗时的灭佛；

韩愈等儒者的反佛、道思想等等。

　　与此同时，三教中提倡"三教合一"的也不乏其人。在儒学方面，有隋唐的王通，他曾呼吁"三教合一"；韩愈、李翱虽然在政治上反对佛教，但他们把佛教的心性学说和法统观加以改造，提出了儒学的道统说和复性论，因之有人讥讽他们是阴释阳儒。柳宗元虽然批判佛教的中观是"妄取空语……颠倒是非"，但他仍然认为"浮图仍有不可斥者，往往与《易》、《论语》合……不与孔子异道"（《送僧浩初序》）。

　　在隋唐时期佛教完成了中国化的过程。在这个时期开展了大规模翻译和注解佛经的工作，不少僧人常常把佛教的思想比附儒、道，为此撰写了不少宣传中国伦理纲常的佛教经典；在僧侣队伍中还出现了很多"孝僧"、"儒僧"等等。中国的佛教宗派是在摄取中国传统思想，特别是儒、道思想的基础上创立起来的。天台宗把止观学说与儒家的心性论调和起来，甚至把道教的"借外丹力修内丹"的修炼方法也引进了佛教。华严宗五祖宗密不仅认为禅、道一致，还进而认为儒、释同源。他写道："孔、老、释迦皆是至圣，随时应物，设教殊途，内外相资，共利群庶，策勤万行……三教皆可遵行。"（《华严原人论》）禅宗是一个典型的儒、释、道三教结合的派别，它在坚持佛教立场、观点和方法的同时，将老庄的自然主义哲学、儒家心性学说都融入自己的禅学中去。从菩提达摩的"与道冥符"到神秀的"观心看净"，都可以看到老子"静观其道"、"静心致远"的思想痕迹；从慧能的"能所俱泯"中我们可以联想到庄子的"物我两忘"的境界。

　　唐朝开国的几个皇帝都笃信道教，在他们的统治下，三教发生过一些龃龉，但到玄宗时已改变了这种情况，三教关系又开始融洽起来，并得到了发展。玄宗对待三教关系的原则是"会三归一"、"理皆共贯"（《曲江集》卷十五）。道教中玄派的代表人物如成玄英、李荣、王玄览等都援庄入老，援佛入老，通过对佛、老的巧妙结合，发展了道教的教义，对后世有重要的影响。

　　宋元以后，儒、佛、道三教之间的融洽关系日益见深，"合一"的思潮为中国学术思想发展的主流。南宋偏安后，南北出现了对峙的局面，因而在道教中也出现了龙虎、天师、茅山、上清等派及其分支，这些派别大都提倡"三教平等"、"三教一源"的思想，并在道教的哲理和实践中摄取了很多儒、释内容，其中最突出的是金丹派南宗的祖师张伯端。他以修炼性命说会通三教，他提倡的修炼方法是："先以神仙命脉诱其修炼，次以诸佛妙用广其神通，终以真知觉性遣其幻妄，而归于究竟空寂之本原。"他的修持方法明显地是三教的结合。在北方影响最大的是王重阳在金大定年间创立的全真教。王重阳和他的弟子鼓吹"三教归一，义理本无二致"的思想。

　　但是全真教道士高唱的"三教同源"与南北朝时期鼓吹的已有不同，前者着重于融通三教的核心即义理方面，特别是道、禅的会融；后者则是从劝民从善的社会作用方面着手。

在宋明时期，儒学经过了第二次改造，出现了理学。宋明理学包括程朱理学和陆王心学。理学仍然以孔孟创导的伦理思想为核心，它虽然竭力排斥释、道，特别是释、道的出世主义与虚无主义，但实际上仍然"出入于儒道"。宋明理学的思想体系中明显地可以看出吸收了释教的"空有合一"的本体论，"顿渐合一"的认识论，"明心见性"、"返本复初"的修持观等，因之有人说是"阳儒阴释"或者"三教合一"的新形态。理学的开山祖周敦颐的著作《太极图说》明显地是三教融合为一的代表作。二程主张"性即理"，强调"天理"与"人欲"的对立，并通过内心的修养功夫来"窒欲"，以恢复天理，这明显地受到过佛教心性论和禅宗修持方法的影响。朱熹是理学集大成者，是竭力排斥佛教的一个人物，但是在他的哲学思想中，无论从本体论、认识论到修持方法无不打上佛教的烙印，有人说他是"阳儒阴释"，"表儒里释"，他自己也感叹说：佛教的"克己"，"往往我儒所不及"（《朱熹语录》卷二十九）。王阳明是心学的主要代表，通观他的"良知"道德本体论及"致良知"的修养方法，与禅学的佛性论及修持方法有着很多相通之处。总之，理学派的"援儒入佛"、"儒道契合"使儒学在很大程度上佛学化、禅学化、道教化，使三教之间的鸿沟，变得越来越小，终至蔚成一源。

三、"三教合一"对我国周围国家的传播和影响

韩国、朝鲜、日本、越南都是与我国一衣带水的近邻，远在二千年前或更早的一些时候就与我国发生过政治、经济、思想和文化的关系。随着儒、释、道三教传入这些国家，"三教合一"的思想与当地的民间信仰、文化结合以后，孕育了很多新的思潮。

公元前一世纪前后，韩半岛及其周围出现了百济、高句丽、新罗三国。中国的儒学开始传入，尔后，佛教的各个派别也相继在韩半岛传播。道教思想是在4世纪时开始传入百济，但道教正式被引进高句丽要在7世纪以后。儒、释、道三教传入韩半岛开始就融合起来，不过韩国的融合还要加上韩国的民间信仰——神教或萨满教的思想和实践。儒、释、道最早汇合见于6—7世纪新罗出现的花郎道。花郎道也称风流道，它是以修养为目的的武士团体，花郎制后来成为国家制度以后，还一度成为国家的最高宗门。这个团体鼓吹"相磨以道义"，"相悦以欢乐"，提倡"游娱山川，无远不至"，他们在仙教或"神教"的基础上把儒家的忠孝、道家的无为和佛教的积善思想融合成一个具有民族伦理特点的道德观，以此来培养忠君爱国的思想。这种思想正如韩国古代的著名学者、在中国多年学习、生活的崔致远所概括："国主玄妙之道曰风流。设教之源，备详《仙史》，实乃包含三教，接化群生，且如入则孝于家，出则忠于国，鲁司寇之旨也。处无为之争，行不言之

教，周柱史之宗也。诸恶莫作，众善奉行，竺乾太子之化也。"(《三国史记·新罗本纪》)

儒、释二教传入韩半岛较早，道教次之。据《三国史记》载，高句丽荣留王在位时曾遣人入唐求学佛、老，唐高祖许之。在宝藏王执政时，宰相盖苏文当权，他在643年给宝藏王的报告中说："三教譬如鼎足，阙一不可。今儒、释并兴，而道教未盛，非所谓备天下之道术者也，伏请遣使于唐以训国人。"大王深然之。后来唐朝道士叔达等8人应请去高句丽，备受款待，这是高句丽朝廷对"三教合一"的重视，也是当时的主流思想。

14世纪李朝建立后，独尊儒术，在以后的500年间，朱子学或性理学一直在韩国处于绝对统治的地位。韩国的朱子学追踪中国的宋明理学，李朝的朱子学开展了数百年"四端七情"之争，但其实质也是三教的混融，是在韩国特殊社会条件下的独特表现形式。李朝末年，韩国在西学的冲击下，出现了东学运动。东学是针对天主教的西学而言的，它是一种具有民族特色的宗教社会思潮，它的教理和实践是把儒、佛、道（包括道教的阴阳五行）的思想加以折中调合而形成的。东学天道教的首创者崔济愚在他的《东经大全》中曾称："我——生于东……受于东，道虽天道，学则东学……孔子生于鲁，风于邹，邹鲁之风传遗于斯世，我道受于斯，布于斯，岂可谓以西名者之乎。"(《东经大全·论学文》，见金哲编著《东学精义》附录，东宣社，1955) 他向弟子宣教说："我道兼儒、佛、道三教，圆融为一，主五伦五常，居仁行义，正心诚意，修己及人，取儒教（孔子）；以慈悲平等为宗旨，舍身救世，洁净道场，口诵神咒，手执念珠，取佛教（释迦）；悟玄机，躅名利，无欲清净以持身，炼磨心神，终末升天，取道教（老）。"(转引自朱云影著：《中国文化对日韩越的影响》第688页，台湾地区黎明文化事业公司出版）但他也批评"三教"的不足说："儒教拘限于名份，未能进入玄妙的境化。佛教进入寂灭后断了伦常。道教悠于自然，缺乏治平（治国平天下——引者注）之术。"(转引自金得（木晃）著：《韩国宗教史》第337页，柳雪峰译，社会科学文献出版社，1992年版）从这里可以看出，他对三教是取其所长，舍其所短。自东学创始以后的130年间，它推动了韩国近代史上多次爱国的民族、民主运动，如1884年的东学革命运动，1904年的甲辰开化运动，1919年的"三一"独立运动等等，迄今在南北统一运动中还有着明显的影响。自东学运动至8·15朝鲜半岛获得独立的八十余年中，韩国出现了将近80余个新兴"类似宗教"(同上书，第367页）。这些宗教教理结构的共同特征是：在继承朝鲜半岛固有民族信仰——"神教"的基础上，力图与儒释道相结合，它们常常摄取儒家的伦理道德观念、佛教的明心见性的思想和道教的养气炼神的修持方法，创造出人民群众喜闻乐见的教派形式。这些教派中比较有影响的有：侍天教、水云教、白白教、(吽)哆教、普天教、金刚道等等。此外，在韩国民间流传的、作为韩国民族宗教的"神教"，也在历史发展过程中吸收过儒、释、道的思想。"神教"在19世纪初出现的派别——保教，它的教理是在原有的"神教"基础上糅合佛教的明心见性、道教的养气炼神和儒家的理气学说而建立起来的，迄今还有它的影响。

"三教合一"的思想在古代日本也有长远的影响。日本自5世纪初传入儒学后，6世纪中叶佛教也经过韩国传入日本。道教何时传入，目前学术界还有种种说法，但有一点是可以肯定的，在中国六朝时期，东渡日本的汉人已经陆续把道教的思想和行事传入日本。日本的神道教在当时接触中国道教之后，才渐趋定型。在大化革新时期，圣德太子颁布的《十七条宪法》及"冠位十二阶"里明确地有着儒、释、道融合的倾向。十七条宪法的主要根据是儒家的思想，如"以和为贵"、"以礼为本"、"信是义本"、"使民以时"等等；也杂有佛教思想，如"笃信三宝，三宝者佛、法、僧也"。另外，老庄思想的痕迹如"绝餐弃欲"、"绝念弃慎"等也可以从中追索。大化革新以后，"三教合一"思想继续深入传播，例如元正天皇于721年发出的诏书中说："周礼之风，优先仁爱，李释之教，深禁杀生。"（《续日本纪》卷八"养老五年"）

儒、释、道三教对日本民族固有的宗教——神道教的影响是巨大的。在古代，外来的释、老、儒传入日本后，便与神道结合起来。到13世纪，神、佛融合的教义形成了体系，迄南北朝时代[①]，出现了以神道为核心，援入儒、佛、阴阳道的理论为信仰基础的伊势神道。在中世纪末产生了吉田神道，这个神道宣称：道教所谓老子大元说的大元尊神——国常立尊是宇宙的本原。神乃万物之灵形成人心而普遍存在，心有喜、怒、哀、乐、爱、恶、欲七情，并从佛教《法华经》那里吸收了"正法"的说法。总之，儒、释、道三教的思想显然被吉田神道吸收进去了，但只是作为润饰，增添光彩而已！到了近世神、儒融合的民间神道和教派神道相继产生，这些神道随着朱子学成为德川官方的统治思想体系，融入了儒家的学说，例如，垂加神道是以理学为主，倡导"天人合一"和大义名分的封建伦理道德，另外还糅合了道教的阴阳五行学说。

宋明理学从13世纪传入日本后一直依附于佛教，到江户时期，在德川幕府的支持下，开始从佛教中分离出来，但分离出来的儒学仍然杂有释、道的成分。日本近世儒学体系主要有朱子学派、阳明学派和古学派。这三个学派都以儒教伦理道德学说为核心，提倡封建名分和尊王攘夷的思想，但不同于我国的是，有些人常常把理学与神道思想结合起来，因此使理学不但佛、道化，而且神道化。

关于儒学的经义何时传入越南，众说纷纭。一般认为，汉字传入越南大概在秦始皇并吞六国统一中国文字的时候，当时中国北方有个叫赵陀的人统一了交趾、九真等三郡，建立了南越国。越南史学家评论赵陀说："文教振乎象郡，以诗书而化训国俗，以仁义而固

---

① 指1335年到1392年日本分成了南北两个朝代。

结人心。"稍后，在一世纪时，儒家的经义和汉朝的学校制度传入交州。奠定越南儒学基础的是统治交州四十年的土燮，他在那里传播左氏春秋等经学，《大越史记外纪全书》（卷三）称赞他说："我国通诗书，习礼乐，为文献之邦，自士王始，其功岂特施于当时，而有以远及于后代，岂不盛矣哉！"当时中国中原动乱，士人避难交趾者很多，其中首先传播"三教一致"思想的是牟子，他著有《理惑论》，认为道家的真人和儒家的三皇五帝是相匹配的，佛教的教义和儒、道的学说也有共同之处，当有人指出道家之"道"与释迦之教有异时，他回答说："天道法四时，人道法五常……道之为物，居家可以事亲，宰国可以治民，独立可以治身，履而行之，充乎天地，废而不同，消而不离，子不解之，何异之乎？"（《理惑论》）

越南位于印度和中国之间，佛教传播之初曾经起过桥梁的作用，梁启超、胡适之等都说，佛教传入中国的海路是由印度经斯里兰迦至交趾，再由交趾经广西或云南至长江流域，他们的论断已被江苏孔望山等地的摩崖石刻所证实。据晋《高僧传》载，三世纪著名的高僧康僧会因他的父亲在交趾经商曾客居交州。从他所编译的经典中可以看出他是一个弘扬以佛教为主的"三教合一"论者。康僧会在《六度经集·察微王经》中不但用道家的"元气"来概指佛家的"四大"（即地水风火四原素），而且还用传统的"灵魂不死"来阐发佛教的"轮回转生"的学说。另外，他还竭力宣传孔孟的忠孝仁爱的伦理纲常思想。在八世纪前，越南的佛教受到印度的影响较大，但在此以后便渐渐转向中国，并成为北传大乘佛教的一个重要支脉。

越南在中国五代时开始建立拥有主权的独立国家，中经丁朝（968-980）、前黎朝（980-1009）、李朝（1010-1225）、陈朝（1225-1440），这个时期正值越南封建主义发生和发展的阶段，不少统治者们采取了一系列加强中央集权、富国强兵的措施，因而社会安定，文化繁荣。丁朝、前黎朝和李朝虽然都以佛教为国教，国师皆以造诣颇深的僧侣担任，形成了"帝与僧共天下"的局面；但在宗教方面为了团结更多的各种教徒，这些王朝都采取三教并行的政策，宣传"三教一致"的思想，并从制度上加以保证、贯彻。例如，丁朝于太平二年（971）规定文、武、僧、道的品阶，僧官有国师、僧统、僧录、僧正等职称。陈朝和李朝取仕还实行儒释道三教分别考试的制度，选拔这些宗教中的优秀人才为国家服务。据《越史通鉴纲目》卷六载："陈太宗天应政平十六年（1247）秋八月试三教，先是令释老之家其子能承业者，皆令入试，至是复试通三教诸科者亦以甲乙分之。"李朝因受我国北朝的影响，特别奖掖道教，使之与儒、佛处于同等的地位，李朝二百年间，三教并重的事实，史书记载不绝。

越南李朝、陈朝宣传"三教合一"思想是和我国并行不悖的。陈、李朝各代帝王们清楚地意识到儒教和佛教对于社会所起的不同的重要作用，这个时期佛教虽然在政治上为朝廷所重视，占有主导的地位，但由于儒教的道德伦理思想特别是三纲五常的思想深入人心，指导着人民的精神生活，另外，儒教在社会组织方面特别是国家行政管理和官吏选拔方面已长期固定下来，不是佛教所可代替的。道教在社会生活中也有着重要的影响，因此他们不得不推行三教并行的政策方针。统治阶级的这种意图可以在陈太宗为《禅宗指南》一书所作的序言中看出："开启愚昧之法，晓谕生死之理之捷径，盖佛之大教，为后世之秤杆。后世之法则，盖先圣之重责……今朕何不以先圣之任为己任（指儒教的先圣——引者注），佛之教诲为己之教诲。"（转引自方怀思撰：《越南竹林派禅宗创始人陈仁宗的禅学思想》，见《佛学研究》，第3期第186页）在统治者看来，奉行三教的方针是最好的统治人民的方法和捷径。

我国宋代以后程朱理学在思想领域占有主导地位，这种情况对越南也产生了深远的影响。15世纪黎朝建立后，一反前几个朝代三教并行的方针、政策，独尊儒教，提倡尊孔读经，推行程朱理学并对佛教进行排斥或者加以严密监管。阮朝统一越南后，仍蹈黎朝崇儒抑佛的政策，挑拨佛教禅宗内部之间的关系，因之佛道一蹶不振，在朝廷中间的势力完全丧失，但在民间特别在农民中间还有一定影响。在18-19世纪越南最后一个王朝——阮朝覆灭时，一些著名的儒生，抱着兴邦救世的强烈愿望，希望从过去的历史中寻找经验教训，认为儒释道三教并存的体系是越南历史中带有普遍规律性的现象，于是又重新提出"三教同源"说。

综上所述可以看出，儒释道三教在越南宗教史、思想史和文化史上都有着重要的影响，它们之间既有斗争也有融合，但融合是发展的总趋势。越南的儒家不像中国那样一直处于统治的地位，但它的影响是深厚的。

录自《哲学研究》1998年第8期

中国文化中的儒释道

楼宇烈

楼宇烈（1934 - ），浙江省嵊县人。1960 年北京大学哲学系本科毕业，后一直任教于北京大学哲学系。整理著作有《王弼集校释》、《康子内外篇》、《论语注》、《孟子微》，著作有《温故知新——中国哲学研究论文集》、《中国佛教与人文精神》等，主编有《中国佛教思想资料选编》、《中日近现代佛教的交流和比较研究》等。

中国文化源远流长，博大精深。在其长期历史的发展过程中，不仅产生了众多的本土学派，也不断有外来文化的传入，这些不同的学派和文化，在矛盾冲突中相互吸收和融合，其中有的丰富了、发展了、壮大了，有的则被吸收了、改造了、消失了。大约从东晋开始至隋唐时期，中国文化逐渐确立了以儒家为主体，儒释道三家既各自独标旗帜，同时又合力互补以应用于社会的基本格局。中国文化的这一基本格局，一直延续到了 19 世纪末，乃至 20 世纪初，历时 1600 年左右。所以，可以这样说，中国传统文化是儒释道三家鼎足而立、互融互补的文化。但是由于儒家长期被封建统治者尊奉为正统这一事实，一部分学者常常只强调以儒家作为中国文化的代表，而忽视或轻视佛道二家在中国传统文化中的巨大作用。这种观点，过分偏重于中国文化中的政治制度和宗法伦理层面，并把其他层面的文化现象也都纳入到政治和伦理的框架中去考察和理解。这就把丰富多彩、生气勃勃的中国文化描绘得单调枯燥、死气沉沉，而且不够全面。所以，无论从哪一个角度来考察中国文化，撇开佛道二家是无法理解中国文化的多彩样式和丰富内容的，更是无法全面深刻把握中国文化的真正精神的。

需要说明的是，这里所说的儒释道，主要不是指原始形态意义上的儒释道，而是指随着历史的前进，不断融摄了其他学派思想，并具有鲜明时代特征的发展了的儒释道。因此，我们要比较准确和深入把握中国文化，就必须了解儒释道三家各自发展的脉络，以及三家之间的纠葛——矛盾斗争与调和融合。本文即想就此问题作一简要的介绍和评述，以供有兴趣研究或希望了解中国文化的人们参考。

一、在我国历史上，西周以前学在官府，东周以后，学术逐步走向民间，春秋后期已出现颇有社会影响的儒家、墨家等不同学派，而至战国中期，则出现了诸子百家争鸣的局面，学派纷呈，学说丰富多彩，为中国文化的发展奠定了宽广的基础。根据司马迁在《史记》中引述其父司马谈对学术流派的见解，他把先秦以来的学派归纳为六家，即：阴阳、儒、墨、法、名、道德。司马谈引用《系辞》"天下同归而殊途，一致而百虑"的说法，认为这六家的学说都是为安邦治国，他们各有所见，也各有所偏。而由于当时社会上崇尚黄老之学，司马谈也标榜以道家学说统摄各家。他认为，道家"因阴阳之大顺，采儒墨之善，撮名法之要"，所以能"与时迁移，应物变化，立俗施事，无所不宜"。总之，道家是"指约而易操，事少而功多"（《史记》卷一百三十，《太史公自序》）。然而，班固在《汉书》中则把先秦以来的学派归纳为十家，即：儒、道、阴阳、法、名、墨、纵横、杂、农、小说。但接着他又说，十家中"可观者九家而已"（即除去小说家），而各家则都是"各引一端，崇其所善"。他同样也引用了上述《系辞》的话，不仅认为各家学说都有其所长和所短，而且还强调说，"其言虽殊，辟犹水火，相灭亦相生也"，"相反而皆相成也"。由于当时社会已以儒学为上，所以班固也竭力推崇儒家，认为儒学"于道最为高"（《汉书》卷三十，《艺文志》）。

这二位杰出的史学家、文学家、思想家，一位论六家，以道家为统；一位明九家，以儒家为高。他们观点的不同，如前所说，反映了不同时代的学术风尚和他们个人不同的学术师承背景。而他们之所以分别揭橥出道家和儒家为诸子百家的统摄者，如果从学术发展的内在规律分析，正是反映了在诸子百家众多的学派中，儒、道二家思想是最为丰富的。不仅如此，儒、道二家还具有极大的包容性和自我发展、不断更新的内在机制，所以逐渐成了诸子百家众多学派的代表者。

事实上，自战国中期以后，学术界就呈现一种纷纭复杂的情况。一方面是各学派内部的大分化，另一方面，与此同时也出现了一股各学派之间相互渗透、彼此融合的发展趋势。中国文化就是在这诸子百家的学派分合之中不断地发展和丰富起来的。

两汉是儒、道二家广泛吸收诸子百家，充分发展自己、丰富自己，并确立自己作为中国文化代表学派地位的时期。

汉初统治者为医治秦末苛政和战乱造成的社会民生极度凋敝的状况，采用了简政约法、无为而治、与民休养的政策以恢复社会的生机。与此相应，在文化思想上则大力提倡道家黄老之学。此时的道家黄老之学，处于社会文化思想的代表和指导地位，所以它必须处理好与其他各个不同文化思想学派的关系问题。社会对思想文化的需要是多样的、丰富的，而不是单一的，然而诚如许多中国思想家所说的，这种多样性又需要"统之有宗，会之有元"（王弼《周易略例·明象》），即需要有一个为主的指导者。不过，这种"统"和"会"绝不是以一种样式去排斥或替代其他的样式。因为，如果把其他样式都排斥掉了，只剩下了自己一种样式，那也就不存在什么"统"和"会"的问题了。汉初道家黄老之学，正如司马谈所描述的，它广采了阴阳、儒、墨、名、法各家之长，正是这种容纳、吸收和融合的精神，使得道家学说不仅成为当时社会的指导思想，同时也成为整个中国文化精神的集中代表者之一。

儒家之所以能成为中国文化的主要代表者，也有着与道家的相同经历。汉初儒家受荀子学说影响很大，如"六经"之学中的易、诗、礼、乐等学，都有荀学的传承，而荀子礼法兼用的思想也普遍为汉儒所接受。西汉大儒董仲舒建议武帝"诸不在六艺（六经）之科，孔子之术者，皆绝其道，勿使并进"，为以后武帝"罢黜百家，独尊儒术"之所本。然而，从董仲舒本身的思想来说，也早已不是单纯的原始儒学了。他不仅大力倡导礼法、德刑并用的理论，而且大量吸收墨家的"兼爱"、"尚同"理论，乃至墨家某些带有宗教色彩的思想。而更为突出的是，在他专攻的春秋公羊学中，充满了阴阳家的阴阳五行学说，使阴阳五行思想成为儒家学说中的一个有机组成部分。班固在《汉书》中评述说"董仲舒治公羊春秋，始推阴阳，为儒者宗"（卷二十七上，《五行志上》），就明确地指出了这一点。由此可见，经由董仲舒发展而建立起来的汉代儒学，如同汉初的道家黄老之学一样，也是广采了阴阳、墨、名、法、道各家之长的。同样也正是这种容纳、吸收和融会的精神，使儒家学说不仅成为当时社会的指导思想，同时也成为整个中国文化精神的集中代表者之一。

二、道家思想的核心是无为，主张顺自然、因物性；而儒家思想的核心是有为，强调制名（礼）教、规范人性。这两种类型思想的不同和对立是显而易见的，而两者在历史上相互补充、相互吸收以构成中国文化的基本格局、中国民族的主要精神，同样也是显而易见的。诚如班固所说，"其言虽殊，辟犹水火，相灭亦相生也"，"相反而皆相成也"。同时必须说明的是，儒、道两家的核心思想也不是绝对不可调和或相互融摄的。

人们经常把道家的无为理解为一种消极逃避、什么都不去做的主张。其实，这是很不全面也不十分准确的。应当指出，在道家内部存在着消极无为和积极无为两种不同的学说，他们对于无为思想精神的理解是很不相同的。道家的庄子学派总的说来比较偏向于消极的无为，他们追求一种"堕肢体，黜聪明"的"坐忘"（《庄子·大宗师》）和"形如槁木"，"心如死灰"的"吾丧我"（同前《齐物论》）的自我陶醉的精神境界。而道家的老子学派所说的无为就不完全是消极的了。老子所谓的无为，主要是"辅万物之自然而不敢为"（《老子》六十四章）。他强调的是"生而不有，为而不恃，长而不宰"（同前五十一章）和"不自见"、"不自是"、"不自伐"、"不自矜"（同前二十二章），即不自作聪明、不自以为是、不自居功劳、不自我夸耀。所以，老子的无为并不是什么也不为，而是主张为而不恃，是要以退为进、以曲求全、以柔胜刚。荀子在批评庄、老二家学说时，一则说"庄子蔽于天而不知人"(《荀子·解蔽》),一则说"老子有见于拙(曲),无见于信(伸)"(同前《天论》),对于两者思想精神的不同之处,抓得相当准确,点得十分明白。

韩非在吸收老子无为思想时,强调的只是君道的无为,而臣道是应当有为的。韩非认为,君主的任务主要是把握原则、任用百官,如果事必躬亲,不仅忙不过来,也做不好,而更严重的是,它将极大地妨碍和打击臣下百官的工作积极性和主动性。所以,君道的无为可以更好地发挥臣下的积极性和主动性。

汉初黄老之学所强调的无为而治,又进一步表彰臣道的无为。汉初的主要政治经济政策是与民休养生息,强调尽可能少地去扰民,充分调动和发挥百姓们的积极性和主动性,以利社会秩序的稳定和经济的复苏。汉初黄老之学同时表彰臣道无为,正是出于这样的背景。今存《淮南子》一书中,保存了不少汉初黄老的学说,其中论及无为思想处,有许多积极的方面。如其说:"无为者,非谓其凝滞而不动也,以言其莫从己出也。"(《主术训》)"若吾所谓无为者,私志不得入公道,嗜欲不得枉正术,循理而举事,因资而立功,推自然之势,而曲故不得容者。故事成而身弗伐,功立而名弗有,非谓其感而不应,攻而不动者。"(《修务训》)总而言之,"所谓无为者,不先物为也;所谓无不为者,因物之所为也。所谓无治者,不易自然也;所谓无不治者,因物之相然也。"(《原道训》)这里所讲的无为,都具有相当积极的含义,是很值得我们注意的。

由此可见,道家的无为思想并不是与有为截然不相容的,而从其积极精神方面讲,道家的无为是为了达到更好的有为,乃至于无不为。

同样,儒家的有为思想也不是截然排斥无为的。儒家主要经典《论语》,也记载有孔子称颂天道自然无为的言论,如说:"天何言哉?四时行焉,百物生焉,天何言哉!"(《阳货》)同时,他也赞扬效法天道无为的尧与舜,如说:"大哉,尧之为君也!巍巍乎,唯天为大,唯尧则之。荡荡乎,民无能名焉。巍巍乎,其有成功也。焕乎,其有文章。"(《泰伯》)又说:"无为而治者,其舜也与!夫何为哉?恭己正南面而已矣!"(《卫灵公》)儒家对于自然界的法则也是极为尊重的,强调人类在生产活动中一定要按自然界的法则去行动。如荀子说:"养长时则六畜育,杀生时则草不殖。""草木荣华滋硕之时,则斧斤不入山林,不夭其生,不绝其长也。鼋鼍鱼鳖鳅鳝孕别之时,网罟毒药不入泽,不夭其生,不绝其长也。春耕、夏耘、秋收、冬藏,四者不失时,故五谷不绝,而百姓有余食也。污汙渊沼川泽,谨其时禁,故鱼鳖优多,而百姓有余用也。斩伐养长不失其时,故山林不童,而百姓有余材也。"(《荀子·王制》)这些防止人类有为活动的随意干预,积极尊重自然法则的无为思想,是儒、道两家一致认同的。

三、力图把儒、道两家思想融通为一,而且获得相当成功的,是魏晋时代的玄学。中国传统文化是一种具有强烈现实性和实践性性格的文化，中国传统哲学所讨论的理论问题，主要是那些与现实实际生活密切相关的实践原则。即使像被人们称之为"清谈"、"玄远"的玄学，也不例外。人们所熟知的，玄学讨论的有无、本末、一多、动静等抽象理论问题，其实无一不与解决名教与自然的关系这一现实的社会、人生问题有关。

所谓名教与自然的关系问题，也就是社会规范与人的本性的关系问题。众所周知，任何一个人都是生活在一定的社会经济、政治、人际等关系之中的，要受到社会职业、地位、法律、道德等的制约。所以，人都是社会的人。但同时，每一个人又都是有其各自的性格、独立的精神世界和意志追求的，所以人又都是个体的人。人的这种两重性，构成了现实生活中社会和个人之间复杂的矛盾关系。探讨个人与社会的矛盾关系，是中外古今思想家、哲学家最为关心的问题之一。而在中国传统哲学中则尤为关注，可说是它的一个中心议题，有着极为丰富的理论。我们在上面提到过，儒家强调制名（礼）教以规范人性，道家则主张顺自然而因物性。所以，名教与自然分别是儒、道两家的理论主题和争议焦点之所在。

儒家认为，社会的人重于个体的人，个人服从社会是天经地义的事，因而着重强调个人对于社会的责任和义务。所谓名教者，即是用伦理规范和法律制度规定每一个人在社会上的名分地位以及与其名分地位相应的应尽的社会责任和义务。然后，以此去要求和检验社会每一个成员的行为，进而达到协调人际关系、安定社会秩序的目的。所以，当子路问孔子说："卫君待子而为政，子将奚先？"孔子毫不犹豫地回答说："必也正名乎！"（《论语·子路》）把重新确定社会成员的名分问题，作为"为政"的第一大事。而孔子在回答齐景公问政时所说的"君君、臣臣、父父、子子"（同前《颜渊》），则正是"正名"的具体内容和期望达到的社会效果。儒家名教理论产生于封建时代，是为维护封建统治秩序服务的。所以，在近代反封建的革命中受到激烈的抨击是完全理所应当的，毫不奇怪的。不过我们说，把社会的某一个（或某一部分）成员定死在某一固定的名分地位上，不许其变动，这是不合理的，也是在实际上做不到的。我国古代思想家早就认识到了"社稷无常奉，君臣无常位，自古以然"（《左传》昭公三十二年）这样一个真理。但同样不可否认的是，社会中的每一个成员，在一定的时间空间中，又必定是处于某一确定的名分地位之中的。而在一定的社会历史背景下，如果社会的每一个成员都不能各安其名位，各尽其职责，那么这个社会肯定是不会安宁的，也是不可能发展的。所以，在一定的社会历史背景下，社会成员的各安名位、各尽职责是社会发展和前进的必要条件。从这一角度讲，儒家的名教理论也还是有其一定的合理之处的。此外，还需说明一点的是，儒家名教理论也不是绝对排斥个人作用的。就其强调调动每个人的道德自觉性这一点来说，儒家比任何其他学派更重视个人的主观能动性和意志力。然而，从总体上来说，儒家名教是轻视个人利益、抑制个人意志自由发展的。这方面的片面性，也正是儒家名教理论不断遭到反对和批判的原因。

道家，尤其是庄子学派，认为个体的人高于社会的人。他们主张顺自然而因物性，也就是说应当由着个人的自然本性自由发展，而不应当以社会礼法等种种规范去干预和束缚个人的行为。老子说："大道废，有仁义；慧智出，有大伪；六亲不和，有孝慈；国家昏乱，有忠臣。"（《老子》十八章）又说："故失道而后德，失德而后仁，失仁而后义，失义而后礼。"（同前三十八章）这是说，老子把社会礼法制度和规范的出现，归结为人类自然本性的不断自我丧失。这里包含了一种原始素朴的"异化"思想。老子的理想是，希望人们通过"绝圣弃智"、"绝仁弃义"、"绝巧弃利"、"少私寡欲"（同前十九章）等去克服和阻止"异化"，以期达到返璞归真，复其自然。庄子认为，任何社会礼法制度和规范都是束缚人的自然本性自由发挥的桎梏，因此必须予以彻底破除。他以"天"喻人的自然本性，以"人"喻社会的制度规范，用寓言的形式，借牛马作比喻，通过北海若之口说："牛马四足是谓天，落（络）马首、穿牛鼻是谓人。故曰无以人灭天。"（《庄子·秋水》）这里，他明确地提出了不要用社会礼法制度规范来磨灭人的自然本性的思想。庄子向往的是一种不受任何限制和约束（"无所待"）的绝对自由——"逍遥游"。而当他的向往在现实社会中行不通时，他就教人们以"齐物论"——相对主义的方法，从认识上去摆脱一切由于分别善恶、是非、利害等等而带来的种种纠葛和苦恼，然后借以获得主观精神上的自我满足。道家的自然理论，在重视个人性格和意志方面有其合理性和积极意义。但它过分夸大个人意志与社会规范之间的矛盾对立，想把个人从社会中脱离出来，则又显然走向了另一个片面。

玄学在理论上的任务，就是如何把名教与自然之间的矛盾和谐地统一起来。儒家名教理论沿袭至汉末，已流弊丛生。它不仅作为统治者压迫、箝制人民的手段，使人们的个性、意志受到摧残，而且还成为某些诈伪狡黠之徒沽名钓誉、欺世盗名的工具，使社会风气遭到极大的腐蚀。玄学承汉末名教之弊而起，所以首先都肯定人的自然本性的根本性和合理性，赞扬和提倡道家的自然理论。而同时则努力调和自然本性与名教规范之间的矛盾，使之协调统一起来。玄学内部存在着各种不同的流派，但他们理论上有一共同之点，即都主张以自然为本，名教为末（用），强调以本统末，以用显本，本不离末，用不异本。

玄学的开创人之一——汉魏的王弼认为，喜怒哀乐等是人人都具有的自然本性，即使是圣人也不能例外。他指出，从根本上来说，人的道德行为都是人的真实感情的自然流露，如对父母的"自然亲爱为孝"（《论语释疑》）。所以说，社会的一切名教规范都应当是体现人的自然本性的，也只有以人的自然本性为根本，才能更好地发挥名教的社会作用。他激烈批评那种离开人的自然本性，而去一味追逐表面道德名声的社会腐败风气。他认为，这种舍本逐末的做法是根本违反道德名教的本意的，也是造成社会风气虚伪、名教制度弊端丛生的根本原因。对此，他作了明确的理论说明。如说："守母以存其子，崇本以举其末，则形名俱有而邪不生，大美配天而华不作。"具体来说，"各任其贞事，用其诚，则仁德厚焉，行义正焉，礼敬清焉"。反之，如果"舍其母而用其子，弃其本而适其末，名则有所分，形则有所止。虽极其大，必有不周；虽盛其美，必有患忧"。而具体来说，"弃其所载，舍其所生，用其成形，役其聪明，仁则尚焉，义则竞焉，礼则争焉"（《老子》三十八章注）。所以，王弼希望通过"以无（自然）为本"、"举本统末"的理论，在自然的统摄下发挥名教的正常作用。

玄学的另一位重要代表，西晋的郭象，进一步发展了王弼的理论。他在讲本用的关系上，着重强调了两者不可相离的一体性。他把名教规范直接植入到人的自然本性之中去，认为："夫仁义自是人之情性，但当任之耳。恐仁义非人情而忧之者，真可谓多忧也。"（《庄子·骈拇》注）这是说，仁义等道德规范即在人的自然本性之中，所以应当听任人的本性的发挥，不用担心它会离开道德规范。他不同意庄子以络马首、穿牛鼻为违背牛马自然本性的说法，而认为："牛马不辞穿落者，天命之固当也。苟当乎天命，则虽寄之人事，而本在乎天也。"（同前《秋水》注）这就是说，那些符合于自然本性的东西，即使是借助于人为的安排，它也还是根植于自然的。言外之意也就是说，表面上看来是借助于外力的名教规范，其实就存在于人自身的自然本性之中。反过来讲，服从于仁义等名教规范，实际上也正是发挥了人的自然本性，是完全合乎人的自然本性的。于是，郭象通过他的"性各有分"、"自足其性"等理论，把外在的名教规范与个人内在的自然本性统一起来，也就是使名教规范获得一种自然合理的形态，使自然本性在一定的限度内得到自我满足。

东晋的玄学家袁宏，综合发展了王弼和郭象的理论。他第一次以"道明其本"，"儒言其用"（《后汉纪》卷十二，袁宏论曰）的明确提法，点出了玄学在对待儒、道两家关系上的立场。他反复论说"崇长推仁，自然之理也"；"爱敬忠信，出乎情性者也"（同上卷三）；"仁义者，人心之所有也"（同上卷二十五）的道理。他毫不隐讳地说："夫礼也，治心轨物，用之人道者也。"但是，"其本所由，在于爱敬自然，发于心诚而扬于事业者"。于是，"圣人因其自然而辅其性情，为之节文而宣以礼，物于是有尊卑亲疏之序焉"（同上卷十三）。他还说："夫君臣父子，名教之本也。然则，名教之作，何为者也？盖准天地之性，求之自然之理，拟议以制其名，因循以弘其教，辩物成器，以通天下之务者也。"（同上卷二十六）这段话可以说是对玄学关于名教与自然合一理论的总结性论述。

以融合儒、道两家思想为基本特征的玄学理论，对于中国传统哲学，乃至整个中国传统文化的某些基本性格与精神的形成，有着重要的、决定性的作用。这一点是治中国哲学或中国文化者不可不知的。我在一篇题为"玄学与中国传统哲学"的论文中（发表于

《北京大学学报（哲学社会科学版）》1988年第1期）举出两点为例，以说明玄学的历史作用和理论地位。第一点是说，由玄学发展起来的"自然合理"论，确立了中国传统哲学的基本理论形态之一，形成了中国传统文化注重自然法则、人文理性而宗教观念相对淡薄的基本性格。第二点是说，玄学认知方法上的"忘象（言）得意"论，构成了中国传统哲学中最主要的思维方式之一，奠定了中国传统文化艺术的主要特点和根本精神。有兴趣者可找来一读。

四、佛教是在两汉之际由印度传入的外来文化。当其传来之初，人们对它了解甚浅，把它看成与当时人们所熟悉的黄老之学、神仙方术相类似的学说。如袁宏在《后汉纪》中介绍说："佛者，汉言觉，将以觉悟群生也。其教以修善慈心为主，不杀生，专务清净。其精者号为沙门。沙门者，汉言息心，盖息意去欲，而归于无为也……故所贵行善修道，以炼精神而不已；以至无为而得为佛也。"（卷十）汉末、三国时期，佛经已渐有翻译，迨至东晋时期，则开始了大规模的佛经传译的工作。其间，姚秦时著名的佛经翻译家鸠摩罗什及其弟子所翻译的佛经，以译文传意达旨，译笔优美通畅，而广为传颂，影响至今尤存。它对于佛教在中国的传播和发展，发挥了重要的作用。这时，东来传教的高僧日多，本土的出家僧众也激增，其间有不少的饱学大德，因此，佛教在社会上的影响迅速扩大。魏晋南北朝以来，随着佛教影响的扩大，随着本土人士对佛教教义的深入了解，佛教这一外来文化与本土文化之间的差异和矛盾就暴露出来了。接着，两者之间的冲突，也就不可避免地爆发了。由于当时中国本土文化以儒、道为代表的格局已经形成，所以佛教与本土文化之间的矛盾冲突，也就表现为佛、道之间与佛、儒之间的矛盾冲突。

这里所说的佛、道冲突中的道，已不单是指先秦的老庄、汉代的黄老等道家，它同时也包括了东汉末产生的道教，而且从形式上来看，更多地是与道教的矛盾冲突。佛教与道教的矛盾冲突，虽然也有因教义上的不同而引起的斗争，但道教主张长生久视、肉体成仙，而佛教则宣扬诸行无常、涅槃寂灭，这样两种根本相反的解脱观，自然是会发生冲突的。但佛道两教之间的冲突，更多的却是发生在争夺社会地位上。从南北朝至五代，先后发生过四次较大规模的灭佛运动，佛教中人称之为"三武一宗法难"。这四次灭佛运动都是有其深刻的社会政治、经济原因的，但其中前两次的灭佛运动，即北魏太武帝太平真君七年和北周武帝建德二年那两次，则又是与道教的争夺统治者的崇信，确立其社会的正统地位直接有关。唐武宗会昌五年的那次灭佛运动，其中也有道教人士参与劝谏。只有五代后周世宗的废佛运动，未见有道教的掺入。在两教争正统的斗争中，双方都编造了不少荒诞的谎言来互相攻击，抬高自己。如，道教编造《老子化胡经》等，谎称老子西行转生为释迦佛；佛教也如法炮制伪造各种文献，或声称老子转世为佛弟子迦叶，或分派迦叶转生为老子等等。诸如此类，不一而足，没有什么价值。

佛教与儒家的冲突，最直接的是佛教的出世主义、出家制度明显有违于儒家提倡的伦理纲常等礼教。所以两家斗争的焦点，也就主要集中在佛教的出世出家是否违背了中国传统的孝道和忠道。在这一斗争中，坚持儒家立场者，激烈抨击佛教的出家制度教人剃须发、不娶妻、不敬养父母等，完全违背了孝道；而出世主义则不理民生、不事王事、不敬王者等，又完全违背了忠道。因而极贬佛教为夷教胡俗，不合国情，必欲消灭之而后快。站在佛教立场者，为求得在中国的生存，则竭力采取调和态度，辩明其不违中国礼俗之根本。如东晋著名高僧慧远就申辩说："悦释迦之风者，辄先奉亲而敬君；变俗投簪者，必待命而顺动。若君亲有疑，则退求其志，以俟同悟。斯乃佛教之所以重资生，助王化于治道者也。"(《沙门不敬王者论》"在家一")这是说，信佛教者是把奉亲敬君放在第一位的，如果得不到君亲的同意或信任，则要退而反省自己的诚意，直到双方都觉悟。这也就是佛教对于民生、治道的裨益。他还说，出家人虽然在服饰上、行为上与在家人有所不同，但他们有益民生、孝敬君亲，与在家人没有两样。所以说："如令一夫全德，则道洽六亲，泽流天下，虽不处王侯之位，亦已协契皇极，在宥生民矣。是故内乖天属之重，而不违其孝；外阙奉主之恭，而不失其敬。"(同前"出家二")

从理论方面讲，当时佛教与儒道的斗争主要集中在神的存灭、因果报应等问题上。成佛是佛教徒的最高理想，对此问题，当时的中国佛教徒提出了一种"神明成佛"的理论。梁武帝萧衍甚至专门写了一篇题为《立神明成佛义记》的论文来发明此义。他在文中说："源神明以不断为精，精神必归妙果。妙果体极常住，精神不免无常。"这里所谓"神明"，指人的灵魂；"不断"，是不灭的意思；"妙果"，则即指成佛。这句话的意思是说，人的灵魂要修炼到不灭，才可称作"精"；这种"精"的"神"，最终必定成就佛果。佛果为彻悟之体，所以永恒不变；精神则尚处于过程之中，不能免于流动变迁。沈绩对这句话注解道："神而有尽，宁为神乎？故经云：吾见死者形坏，体化而神不灭。"他引经据典地说明了"形坏神不灭"的论点。当时的儒、道学者则针锋相对地提出了"形神相即"、"形质神用"、"形死神灭"等观点。又，佛教讲因果报应，特别是讲三世报应，这也是与中国传统观念不一致的。佛教的业报，强调自己种下的因，自己承受其果报。有的现世受报，有的来世受报，有的则经过二生三生，乃至百生千生，然后才受报。而在中国传统观念中，则盛行着"积善之家，必有余庆；积不善之家，必有余殃"(《周易》"坤卦文言")的教训。即祖先积善或积不善，由子孙去承受福或祸，而主要不是本人去承受。所以，晋宋齐梁期间围绕神灭、神不灭和因果报应等问题曾展开了一场激烈的斗争。

在佛教与儒、道发生矛盾冲突的同时，更值得注意的是佛教与儒、道之间的相互渗透和融合。这里，我们首先从佛教方面来看一下这种渗透和融合。佛教传入之初，为使中国人理解这一外来宗教的思想，借用了大量的儒、道所用的传统名词、概念来比附译释佛教的一些名词、概念。此即所谓"格义"的方法。如，以无释空，以三畏（《论语·季氏》："孔子曰：君子有三畏：畏天命，畏大人，畏圣人之言。"）拟三归（归依佛、法、僧），以五常（仁义礼智信）喻五戒（去杀、盗、淫、妄言、饮酒）等。这种借用现象，在对外来文化的传译初期是不可避免的。然而，由于佛教传入初期，人们对其了解不深，这种名词、概念的借用，也就给一般人带来了不少的误解。而这种误解，也就使儒、道的思想渗入了佛教之中。陈寅恪先生在其所著《支愍度学说考》一文中，举出《世说新语》刘孝标注所引当时般若学中的心无义曰："种智之体，豁如太虚。虚而能知，无而能应。居宗至极，其唯无乎？"然后评论说："此正与上引《老子》（"天地之间，其犹橐籥乎？虚而不屈，动而愈出。"）、《易系辞》（"易无思也，无为也。寂然不动，感而遂通天下之故。非天下之至神，其孰能与于此。"）之旨相符合，而非般若空宗之义也。"陈先生的评论是很深刻和正确的。

　　如果说，这种初期的融入尚是不自觉的话，那么后来佛教为了在中国扎下根来，则进行了自觉的、主动的融合。首先在译事方面，佛教学者总结了"格义"法的缺陷以及在翻译中过分讲究文辞而忽略其思想意义等问题，主动积极地吸收和提倡玄学"得意忘象（言）"的方法，以领会佛典所传达的根本宗旨和思想精神。正如东晋名僧道生所说的："夫象以尽意，得意则象忘。言以诠理，入理则言息。自经典东流，译人重阻，多守滞文，鲜见圆义。若忘筌取鱼，始可与言道矣！"（《高僧传》卷七）又如，东晋名僧僧肇，深通老庄和玄学，他的著作《肇论》，借老庄、玄学的词语、风格来论说般若性空中观思想，在使用中国传统名词和文辞来表达佛教理论方面，达到了相当高妙的境地，深契忘言得意之旨。所以说，玄学对于佛教的影响是很深的，它在连接佛教与中国传统文化方面起了重要的桥梁作用。当然，反过来佛教对于玄学的影响也是十分巨大的。两晋之际，玄学家以佛教义理为清谈之言助，已在在皆是，所以玄佛融合成为东晋玄学发展的一个重要趋势。

　　在中国儒、道、玄思想的影响下，原印度佛教的许多特性发生了重大的变化。诸如，印度佛教杂多而烦琐的名相分析，逐渐为简约和忘言得意的传统思维方式所取代；印度佛教强调苦行累修的解脱方法，则转变为以智解顿悟为主的解脱方法；印度佛教的出世精神，更多地为入世出世不二乃至积极的入世精神所取代，等等。而在理论上则更是广泛地吸收了儒家的心性、中庸，道家的自然无为，甚至阴阳五行等各种思想学说。正是经过这些众多的变化，至隋唐时期，佛教完成了形式和理论上的自我调整，取得了与中国传统文化的基本协调，形成了一批富有中国特色的佛教宗派，如：天台宗、华严宗、禅宗、净土宗等。佛教终于在中国扎下了根，开出了花，结出了果。与此同时，佛教的影响也不断地深入到了人们的日常衣食、语言、思想、文学、艺术、建筑，乃至医学、天文等各个方面。至此，佛教文化已成为整个中国文化中可以与儒、道鼎足而立的一个有机组成部分。

唐宋以来的知识分子，不论是崇信佛老的，还是反对佛老的，无一不出入佛老。也就是说，这时的佛教文化已成为一般知识分子知识结构中不可或缺的一个部分。可以毫不夸张地说，要想真正了解和把握魏晋南北朝以后，尤其是隋唐以后的中国历史、文化，离开了佛教是根本不可能的。

五、佛教文化在中国的生根和发展，对于中国传统的儒、道思想也发生了深刻的影响，促使它们在形式和理论上自我调整和发展更新。

由于汉末道教的创立和发展，此后道家的问题变得复杂起来了。道教是在杂糅原始宗教、神仙方术、民间信仰等基础上，附会以道家老子思想为理论依托而建立起来的。后来又受到佛教的影响，仿效佛教的戒律仪轨、经典组织等，使自己不断地完善起来。道教尊奉老子为其教主，以老、庄、文、列诸子的著作作为最根本的经典，如尊《老子》为《道德真经》，尊《庄子》为《南华真经》，尊《文子》为《通玄真经》，尊《列子》为《冲虚至德真经》等。所以，就这方面来讲，道教与道家是密不可分的，因而在人们平时所称的儒、释、道中的道，一般都是含混的，并不严格限定它是专指道家还是道教。

其实，道家与道教是有根本区别的。简而言之，道家是一个学术流派，而道教则是一种宗教。先秦道家，尤其是老子倡导的自然无为主义，在描述道的情况时说："道冲而用之或不盈，渊兮似万物之宗……湛兮似或存，吾不知谁之子，象帝之先"（《老子》四章）；而在称颂道的崇高品德时说，"辅万物之自然而不敢为"（同前六十四章），"生而不有，为而不恃，长而不宰"（同前五十一章）等等。这些论述，在当时来讲更是具有一定的反宗教意义。即使在道教问世之后，道家与道教无论从形式上或理论上也还是有区别的。如魏晋玄学家王弼、嵇康、阮籍、郭象、张湛等人所发挥的老、庄、列思想，人们绝不会说他们讲的是道教，而必定是把他们归入道家范畴。反之，对葛洪、陶弘景、寇谦之等人所阐发的老庄思想，则一定说他们是道教，而不会说他们是道家。这倒并不是因为葛洪等人具有道士的身份，而主要是由于他们把老庄思想宗教化了。具体说，就是把老庄思想与天尊信仰、诸神崇拜、修炼内外丹、尸解成仙等道教的种种宗教寄托和目标融合在一起了。而这些在玄学家所发挥的道家思想中是找不到的。以此为基准去判别汉末以后的数以千计的老、庄、文、列的注解释义著作，那么哪些应归入道家，哪些应归入道教，应当是十分清楚明白的。当然，这种分辨并不涉及这些著作的理论价值的高低评价问题。事实上，在佛教理论的刺激和影响下，道教理论从广度上和深度上得到了极大的发展，不少道教著作在一些方面对道家思想有很多的丰富和发展，有的甚至对整个中国传统文化的发展也是有贡献的。

总之，所谓儒、释、道中的道，包括了道家和道教。即使当人们把儒、释、道称为"三教"时，其中的道也不是单指道教（这里需要附带说明的是，中国传统上所谓"三教"的"教"，其含义是教化的教，而不是宗教的教）。所以，当我们总论"三教"中的

"道"时，既要注意道家，也要注意道教，不可偏执；而当我们研究和把握某一具体的著作或思想家时，则应当分清它究竟是道教还是道家，不可笼统。

儒家思想理论在佛教的冲击和影响下，也有很大的变化和发展。如上面所提到的，东晋以后佛教思想就深入到了社会生活各个领域，尤其是宋元以后的知识分子无一不出入于佛老，这些都还只是现象上的描绘。其实，佛教对儒家最主要的影响是在于它促使儒家对发展和建立形上理论的深入探讨。与佛教相比，原始儒家在理论上更注意实践原则的探讨与确立，其中虽也有一些形上学的命题，但并没有着意去加以发挥。所以在形上理论方面，原始儒家甚至还不如道家。佛教传入后，它那丰富深奥的形上理论，给儒家以极大的冲击和刺激，一度还吸引了大批的优秀知识分子深入佛门，去探其奥秘。而且，确实也由此而涌现出一批积极探讨形上理论的儒家学者。唐代著名学者柳宗元，在评论韩愈的排佛论时说，韩愈给佛教所列的罪状，都是佛教中的一些表面东西，至于佛教内所蕴含的精华，他根本不了解。所以说，韩愈完全是"忿其外而遗其中，是知石而不知韫玉也"。实际上，"浮图诚有不可斥者，往往与《易》、《论语》合，诚乐之，其于性情奭然，不与孔子异道"（《柳宗元集》卷二十五《送僧浩初序》）。这段话表明，柳宗元透过儒、佛表面的矛盾，看到了佛教理论有与儒家思想相合之处，其见地显然高出韩愈一筹。其实，韩愈虽强烈排佛，但也不能完全摆脱佛教的影响。他所标举的儒家道统说，与佛教的判教和传灯思想不能说全无关系。

人们常把宋明理学的萌发，推求于韩愈及其弟子李翱。韩愈对宋明理学的影响，主要在他所标举的儒家道统说。而李翱对宋明理学的贡献，则在于他指出了一条探讨儒家心性形上理论的途径。在韩愈那里，还是遵循比较传统的儒家思路的，即更注重于具体道德原则的探讨。如他在《原道》一文中说"仁与义为定名，道与德为虚位"，对佛、老的去仁义而言道德大加批评，流露出了他对探讨形上问题的不感兴趣。然而，他的弟子李翱则对探讨形上理论表现出极大的兴趣。他受佛教的影响，作《复性书》三篇，以探求儒家的形上理论。他在说明他作此文的意图时说："性命之书虽存，学者莫能明，是故皆入于庄、列、老、释。不知者，谓夫子之徒不足以穷性命之道，信之者皆是也。有问于我，我以吾之所知而传焉。遂书于书，以开诚明之源，而缺绝废弃不扬之道，几可以传于时。"那么，他所发掘出来的发挥儒家性命之道的书，是些什么书呢？从他在《复性书》中所征引和列举的看，主要是《易》和《中庸》。以后，宋明理学发挥儒家性理之学以与佛教抗衡，其所依据的基本经典主要也就是《易》和《中庸》等。开创理学的北宋五子（周敦颐、张载、邵雍、程颢、程颐），无一例外地都是借阐发《易》理来建立自己的理论的。理学的集大成者朱熹，则进一步通过系统的阐发，又把"四书"（《大学》、《中庸》、《论语》、《孟子》）也提到了儒家阐发"性命之道"的基本典籍之列。所以把宋明理学的萌发追溯到唐代的韩、李是很有道理的。

理学以承继尧、舜、禹、汤、文、武、周公、孔、孟的道统和复兴儒学为己任。然而，他们所复兴的儒学，已不完全是先秦的原始儒学了。一方面，理学的形上理论受玄学影响极深，如玄学所提倡的"自然合理"的理论形态，为理学所积极接受和发展。另一方面，理学受佛教理论的影响也甚多。如理学大谈特谈的"主静"、"性体"、"体用一源，显微无间"、"理一分殊"等等，无一不与佛教思想有着密切的关系。所以，理学所代表的儒学，在理论形态上与先秦原始儒学存在着不同。先秦原始儒学的许多具体道德规范，到了理学家手中就平添了许多形上学的道理。如，关于"仁"，孔子所论不下数十条，但都是十分具体的。他答颜渊问仁，曰"克己复礼为仁"；答仲弓问仁，曰"出门如见大宾，使民如承大祭。己所不欲，勿施于人。在邦无怨，在家无怨"；答司马牛问仁，曰"仁者其言也讱"；答樊迟问仁，曰"爱人"（以上均见《论语·颜渊》），曰"先难而后获"（《雍也》）；答子张问仁，曰"能行五者于天下，为仁矣……曰：恭、宽、信、敏、惠"（《阳货》）。此外，又如说"夫仁者，己欲立而立人，己欲达而达人"（《雍也》）；"刚、毅、木、讷近仁"（《子路》）等等，无一不是具体践行的条目。孟子论仁则除了讲"仁者爱人"（《孟子·离娄下》）外，更推及于"爱物"，并与"义"并提，强调"居仁由义"（《尽心上》），最终具体落实到推行"仁政"等等。可是，到了理学家那里，情况就大不一样了。如朱熹释"仁"，一则说"仁者，爱之理，心之德也"（《学而注》）；再则说"为仁者，所以全其心之德也。盖心之全德，莫非天理，而亦不能不坏于人欲。故为仁者，必有以胜私欲而复于礼，则事皆天理，而本心之德复全于我矣"（《颜渊注》）。这里一变而为主要是对"仁"的形上理论的阐发了。这种理论上的差别，也是我们特别需要注意的。

六、综上所述，中国文化中的儒、释、道三家（或称"三教"），在相互的冲突中相互吸收和融合；在保持各自的基本立场和特质的同时，又你中有我，我中有你。三家的发展历史，充分体现了中国文化的融合精神。经过一千多年的发展，到19世纪中叶以前，中国文化一直延续着儒、释、道三家共存并进的格局。历代统治者推行的文化政策，绝大多数时期也都强调三教并用。南宋孝宗皇帝赵昚说："以佛治心，以道治身，以儒治世。"（转引自刘谧著《三教平心论》卷上）这是很具代表性的一种观点。所以，当人们随口而说中国文化是儒家文化的时候，请千万不要忘了还有佛、道二家的文化，在国人的精神生活中发挥着巨大的作用。我们说，中华人文精神是在儒、释、道三教的共同培育下形成的，这话绝无夸张之意。

录自《中华文化论坛》1994年第3期

儒、佛、道三教的结构与互补

牟钟鉴

牟钟鉴（1939－），山东烟台人。1962年北京大学哲学系本科毕业，1965年北京大学哲学系中国哲学史专业研究生毕业。1966至1987年在中国社会科学院世界宗教研究所工作。1987年起至中央民族大学工作。主要著作有：《吕氏春秋与淮南子思想研究》、《中国宗教与文化》、《走近中国精神》、《儒学价值的新探索》等，合著有《中国宗教通史》（与张践合作）。主编《宗教与民族》集刊一、二、三辑。

内容摘要：儒佛道是中国传统思想文化的核心，其中以儒为主干，以佛、道为辅翼，形成有中心、有层次的多元互动的良性机制，三教之间的互动及其内部哲学与宗教的互动，使中国人在哲学与宗教之间、理性与神性之间可以从容选择；在出世与入世之间自由来往，形成中庸、平和的心态。

关键词：儒释道三教　宗教　理性　神性

儒、佛、道三教是中国中世纪文化的核心内容，决定着中国传统文化发展的主要方向。不了解儒、佛、道三教及三者之关系，就不能全面把握中国历史上的主流思想文化，从而也不能正确认识中国思想史。儒、佛、道三教思想体系博大、发展历史悠久，对中国社会精英阶层的思想品格和民间习俗文化以及各种亚宗教文化和各民族小传统，都有普遍的深刻的影响；因而研究儒、佛、道三教及其相互关系，可以更深切地认识中国人的信仰特征和心理结构，认识中国多民族多宗教文化的多元一体格局。由于儒、佛、道三教是三种不同质的思想文化形态，这实际上就是古代异质文明之间的对话，而且是成功的对话，可以作为一种典范。总结异质文化之间的碰撞、对话和融合的历史经验，继承和发扬"和而不同"的文化精神，可使我们更有智慧地对待正在进行中的东西方的文化交流和文明对话，促进世界和平与发展。

儒、佛、道三教之教，非宗教之教，乃教化之称，当然也包括宗教之教化，盖起因于中国古人重视化民成俗，习惯于从社会教育功能的角度去认识和评价儒、佛、道三家学说，并不太看重其中神道与人道的差异，即使是神道，也着眼于"神道设教"，类似于今人的社会学角度，故有三教之称。从三教结构来说，乃是一种多元互动的良性机制，有以下几个特点：第一，向心性，即三教之中以儒为主干，以佛、道为辅翼，形成有主有次有核心有层次的立体化格局，有巨大的凝聚力和辐射力，避免了散化的状态。以儒为主即是以礼义文化为主，有五大精神：仁爱、重礼、尚德、中和、入世，它符合农业民族的性格和家族社会的需要，自然成为中国传统文化的主干和基础，其他学说和宗教必须向它靠拢，与它相协调，而不能与它的基本原则相违背。第二，多元性，即容许异质思想文化存在和发展，所以，以人文化为特征的儒家和以返朴归真为特征的道家、以慈悲解脱为特征的佛教等三家都有自己合法存在和发展的空间。此外还有中国伊斯兰教文化、中国基督教文化及各色各样的民族民间特色文化。所以三教文化是多元的和开放的。第三，互动性，即不仅和谐共处而且互制互补，相反相成，相得而益彰。其中儒道互补成为中国文化的基本脉络，一阴一阳，一虚一实，既对立又统一，推动着中国文化的发展，同时保持着一种平衡，避免走入极端。在此基础上，有佛教文化进入，形成三教之间的互动，更增强了中国文化的灵性和超越精神。

儒、佛、道三教分属不同的文化系统。儒学属于礼文化系统，佛教属于禅文化系统，道教属于道文化系统。礼文化系统始终保持两个层面。一是宗教的层面，二是人文的层面。敬天祀祖祭社稷的国家民族宗教，乃是礼文化的宗教形态，这一形态自汉代重建以后，以郊社宗庙的制度文化方式延续下来，直到清代末年。但它重祭而轻学，满足于维持中国这样一个家族社会人们敬天尊祖的基本信仰，同时以神道的方式稳定君主专制和家族制度。隋唐以后，它日益走上形式化和礼俗化的道路，不能满足人们安身立命的需要。由孔孟开创，尔后由程朱陆王继承和发扬的儒学，则以人文理性为主，使礼文化向着人学的方向发展，在家族伦理的基础上建构起天道性命的哲学大厦，包括以性善说为主的人性论，以忠孝和五伦为内容的道德观，为政以德、礼主刑辅的政治观，修齐治平的人生观，天下大同的社会理想，尊师重道、因材施教的教育观，文以载道、尽善尽美的文艺观，天人一体、赞助化育的宇宙观。儒学重人轻神，它的人文理性给中国文明的发展提示了前进的方向。印度佛教禅文化进入中国，在知识阶层发展和下层社会传播，便出现两种不同的结果。知识阶层以其理性的同化力，把禅文化哲学化，形成以禅宗为代表的佛学。佛学亦宗教亦哲学，而以哲学为主，它重在开启智慧、提高觉悟、净化心灵，并不在意偶像崇拜，所以佛学实际上是一种哲学。但普通民众离不开鬼神之道，禅文化在民间传播的结果是，保留和发展了印度佛教的多神信仰和祭祀活动，六道轮回、三世因果报应的形象说教在民间深入人心，也使净土信仰大为流行，加强了佛教作为神道宗教的性质。佛教亦哲学亦宗教，而以宗教为主。哲学层面与宗教层面并行互动，推动中国禅文化的发展。道文化也有哲学与宗教两个层面。老庄哲学、魏晋玄学及其以后的道家思想，强调天道自然无为，提出以人合道的宇宙观、无为而治的政治观、返朴归真的人生观，用意在于给人们开拓一个广阔的精神空间，这显然是一种哲学。汉代末年诞生的道教，在其发展的全过程中，也出现过偏向于道家哲学的教派，但始终不离多神崇拜、斋醮科仪、丹道符箓和得道成仙的彼岸追求，因此它是一种神道宗教。道文化的哲学和宗教，也是时而并行，时而交叉，在两者之间徘徊前进。

儒、佛、道三教之间的互动，就儒家人学和佛教、道教神学之间的关系而言，乃是哲学与宗教的互动。就礼文化、禅文化和道文化各自内部而言，仍然是哲学与宗教的互动。中国思想文化亦哲学亦宗教，这就是它特有的精神，它从来就不把哲学与宗教、神道与人道对立起来，只是在知识群体那里多一些哲学，在民间群体那里多一些宗教而已。哲学与宗教互动的结果，既使中国哲学多少带有点宗教的神秘主义，也使中国宗教特别是佛道二教具有较强的哲学理性。冯友兰先生认为理性主义和神秘主义不是绝然对立的，他说："有许多哲学的著作，皆是对于不可思议的思议，对于不可言说者的言说。学者必须经过思议然后可至不可思议的，经过了解然后可至不可了解的。不可思议的、不可了解的，是思议了解的最高得获。哲学的神秘主义是思议了解的最后的成就，不是与思议了解对立的。"① 冯友兰认为通过理性思考而达到超理性的境界（冯先生称为"同天"境界）正是哲学的最高目标。他认为宗教神秘主义与哲学神秘主义的区别在于前者纯靠直觉而后者依靠理性分析。冯先生总结自己的中国哲学研究是用西方哲学逻辑分析方法"使中国哲学更理性主义一些"，他的理想是："未来世界哲学一定比中国传统哲学更理性主义一些，比西方传统哲学更神秘主义一些。"② 冯友兰先生关于未来哲学的理想也许会有争议，但他的思考方式却真正是中国式的，他认为中国哲学具有神秘主义性质也是准确的，只是他没有指明，这种哲学的神秘主义正是来源于中国哲学家喜欢保留或引进宗教式的思维习惯，而不愿做纯理性的逻辑分析。另外，冯先生认为，既然中国哲学已经包含了神秘主义，已经满足了人们对超道德价值的追求，而且又没有宗教的想象和迷信，所以他满怀信心地认为，"人类将要以哲学代宗教，这是与中国传统相合的"③。看来冯先生低估了宗教的特殊作用，只注意了知识阶层的心态，而忽略了下层民众的精神需求。以哲学代宗教不仅不可能，也不符合中国的传统。中国的传统大约是宗教与哲学的相互宽容、相互吸收和平行发展。哲学用理性消解宗教的偏执和愚昧，宗教用信仰保持哲学的神圣和玄妙，中国思想文

---

① 冯友兰：《冯友兰语萃》，华夏出版社，1993年，第187页。
② 冯友兰：《三松堂全集》，第11卷，河南人民出版社，1992年，第517页。
③ 冯友兰：《中国哲学简史》，北京大学出版社，1985年，第9页。

还有一种关于中国文化特质的说法，即梁漱溟先生提出来的"以道德代宗教"之说。梁先生认为中国是伦理本位的社会，中国人可以从伦理生活中尝得人生乐趣、获得精神寄托，那么伦理"便恰好形成一宗教的替代品了"。而周孔之教"是道德，不是宗教"，儒家"把古宗教转化为礼"，"古宗教之蜕化为礼乐，古宗法之蜕化为伦理"；"两千余年来中国之礼教文化，孔子实为中心，不可否认地，此时有种种宗教并存。首先有沿袭自古的祭天祀祖之类。然而却已变质，而构成孔子教化内涵之一部分"。此外还有不少外来宗教，如佛教、伊斯兰教、基督教等，然而皆不在中心位置，且都表示对孔子之尊重，"他们都成了'帮腔'"。[①] 所以中国尊道德而缺少宗教。梁先生指出儒学把上古宗教转化为礼，儒学不是宗教而是以道德为教，处在中国文化的中心地位，这些无疑都是真知灼见。但由此认为儒家把传统宗教都包纳了，而且儒学使其他宗教皆不具有重要意义，则有所偏失。中国是一个多民族多宗教的国家，既不能以汉族的情况涵盖整个中华民族，也不能以儒学涵盖中国文化。一方面，佛道二教虽然接受儒学的影响而具有了更多的人文理性和入世精神，但它们并没有丧失其作为宗教本质的出世的信仰和神灵崇拜，而且佛道二教已经进入了中国文化的中心地带，对儒学亦有深刻影响，其文化地位和作用不可低估；另一方面，中国许多少数民族的宗教信仰一向比汉族虔诚而普及，如伊斯兰教在十个穆斯林民族文化中，藏传佛教在藏族文化中，南传上座部佛教在傣族文化中，都占有统领的地位，与汉族的情形大相径庭。在中国文化史上，伦理型的儒学只是部分取代了古代宗教，一定程度地影响了其他宗教，但它决不是独尊的（汉代政策除外）、支配一切的。中国文化是多元和合的文化，宗教与哲学之间、宗教与宗教之间，大致上是和而不同、各得其所。

中国社会既然有了国家宗教和儒家哲学，而它们又有深厚的根基、强大的支柱，为什么还会有道教的产生和流行？又为什么还会有佛教的传入与发展呢？这是因为中国社会的精神需要单靠国家宗教和儒学不能完全得到满足，而佛道二教又能以自身特有的方式填补这片空间。儒佛道三家之间有很强的互补性，彼此不可取代。

祭天祭皇祖祭社稷只能满足上层贵族的精神需要与政治需要，而与民众的精神生活距离甚远。民间祭祖固然维系了民众的家族情感，但不能回应民众生老病死及命运遭际的一系列人生难题。儒学以今生现实为主，讲道德讲礼教讲内圣外王，但不回答人从何来又往何去的问题，如南朝刘宋宗炳《明佛论》所说"周孔所述，盖于蛮触之域，应求治之粗感，且宁乏于一生之内耳"，这就使人不能满足。钱穆先生说："宗教希望寄托于'来世'

---

① 梁漱溟：《中国文化要义》，学林出版社，1987年，第85、106、101、111、114页。

与'天国',而儒家则寄希望于'现世',即在现世寄托理想。"① 当人们生活在苦难的社会之中,美好的理想不能实现时,必然寄希望于来世与天国,就要到宗教里寻找安慰,儒学无法提供这种安慰。还有,儒家在善恶报应问题上所坚持的"福善祸淫"及"积善之家必有余庆,积不善之家必有余殃"的说法,与生活中福与善不能对应而且往往相反的残酷现实互相扞格。为什么恶人福寿而善人遭殃呢?人们百思不得其解,"家族报应"说亦与历史事实不符。所以儒学诚然是博大精深的,但在回答人生疑难和抚慰苦难者心灵上却显得软弱无力。儒家的空缺佛教恰恰可以弥补。佛教进入中国后,以其超出儒道的恢宏气度和玄奥哲理征服了中国的知识阶层;又以其法力无边的佛性和生动的三世因果报应说征服了中国的下层民众。佛教提出的三千大千世界和成住坏空的劫量说,在空间和时间上大大拓展了中国人的视野,中国哲学"六合之外存而不论"的眼界是无法与之相比的。佛教提出的性空缘起与四谛说,特别揭示现象世界的暂时性、虚幻性和人生苦难的现实,最能触动苦难重重的民众的心弦,而唤起他们寻求解脱的愿望。佛教提出的佛性说、般若说和涅槃说,启示人们发掘自身本性中的善根和智慧,用一种静默觉悟的方法了断俗情,超脱生死,达到无苦的境地,形成一种崭新的生活态度和生活方式,不失为一种重要的自我精神调节的心理学路数。佛教倡导的慈悲同体、普度众生的社会群体观念,以德化怨、舍己救物的实践精神,其感通力超出儒道,成为社会公益事业的重要推动力量。佛教提出的三世因果报应和天堂地狱说,从理论上比较圆满地解释了现实生活中"杀生者无恶报,为福者无善应"的不合理现象,既用来生遭祸警告了作恶者,也用来生得福鼓励了为善者,从此佛教的三世报应说广泛扩散,成为中国人对待吉凶命运的基本态度。中国的主流社会不把佛教看成儒学的对立面,而是看成儒学的补充和扩大。如宗炳《明佛论》所说"彼佛经也,包五典之德,深加远大之实;含老庄之虚,而重增皆空之尽",佛教能"陶潜五典,劝佐礼教"。

  道教能够存在和发展,也自有它的空间。首先,它倡导老庄思想,发扬道家的真朴、洒脱、清虚的精神,使道家文化得以在道教内保存、延续和发展。如葛洪《抱朴子》一书有《畅言》、《道意》、《地真》等篇,用以阐述道家玄的哲学。唐时之重玄学,金元兴起的全真道之内丹学,皆以崇虚修真为务,极为接近道家。这样,道教在与佛教的论辩时,就能依托于道家,而不会被全盘否定。如南朝刘宋谢慎之说道教种种弊病,"其中可长,惟在五千之道,全无为用"②。明僧绍也说:"道家之旨,其在老氏二经;敷玄之妙,备乎

---

① 钱穆:《中国文化史导论》,商务印书馆,1994年,第139页。
② 《与顾道士书》,《弘明集》,卷六 [C]。

庄生七章。"① 其次，道教重养生，并欲通过养生而达到长生，这是道教独具的教义，为其他宗教和学说所无。《度人经》说："仙道贵生，无量度人。"道教后来讲性命双修，而命功（即炼养生理）是道教的特长，无命功则不成为道教。佛教讲"无我"，要"破我法二执"，其旨在无生。儒学只重道德生命而忽略生理生命，孔子说"朝闻道夕死可矣"，从不言养生。三教之中只有道教重生，包括形神两个方面，给予生理生命的构造和强化以特别的关注，于是发展出一套内丹炼养之术，发展出健身长寿之道和丰厚的道教医学理论与技术。谢慎之在驳顾欢《夷夏论》时指出："佛法以有形为空幻，故忘身以济众；道法以吾我为真实，故服食以养生。"② 他看到了佛教与道教之间的差别，由于有这种差别，道教才得以与佛教平行存在，民众可以从道教养生文化中吸取许多保健去病的智慧和方法，把心理训练与生理训练结合起来。第三，道教诸神大都从古代神灵崇拜而来，与民俗信仰互相交叉，为民众所熟悉，当民众遇到灾难祸患时，便会向这些神灵祈求护佑，请道士作斋醮祭神仪式，求神消灾降福，这是其他宗教无法取代的。如玉皇大帝、东岳大帝、三官大帝、关帝、财神、城隍、钟馗等，皆是道俗共信，民众对它们有一种亲近感。第四，道士登门为民众做宗教服务有深厚的传统，如驱邪治病、安宅消灾、预测吉凶、超度亡灵等。既然民众有这种宗教的需要，道教便会有相应的服务。道教此类道术源于古代巫术，又把它提高和发展了，使民间广泛存在的分散的低俗的方技术数，有所整顿和规范化，并把它们与道教的神仙信仰联系起来，用以安抚民众的情绪、调节民众的精神生活。在这方面，儒家不屑于做，而佛教又无此特长，于是道教得以发挥其社会功能。

录自《南京大学学报》2003 年第 6 期

---

① 《驳顾道士夷夏论》，《弘明集》，卷七［C］。
② 同①。

儒、佛、道的境界说及其异同

蒙培元

蒙培元（1938— ），甘肃庄浪人。1963年北京大学哲学系本科毕业，1966年北京大学中国哲学史专业研究生毕业。1980年起，在中国社会科学院哲学研究所工作。主要著作有：《理学的演变》、《理学范畴系统》、《中国心性论》、《中国哲学主体思维》、《中国传统哲学思维方式》、《心灵超越与境界》、《情感与理性》、《朱熹哲学十论》等。

中国哲学有儒、道、佛三大流派，三派哲学有一个共同点，就是主张境界说而反对实体论。正是这一点使它们同西方哲学区分开来而成为"中国哲学"。但是，它们各自又提出了不同的理想境界以及实现理想境界的不同方法，这又是同中之异。虽然如此，它们在其历史发展中又是互相影响、互相渗透的，并且最终达到了某种程度的融合，这又是异中之同。

一

境界者心灵之境界，即"心境"之同异或高低，不是在心灵之外有一个与心灵相对的境界，更不是心灵对外部世界的"认识"。正因为如此，儒、道、佛三家都很重视心灵问题，并且建立了各自的心灵哲学。它们都主张，心灵有二层次，即感性经验层次和超验或先验的形上层次。但不像西方哲学那样，分为两个对立的实体或截然不同的世界。

前期儒家有"本心"与"欲心"、"道心"与"人心"、"未发"与"已发"之分，认为人人都有道德本心，人人都有善或向善的潜在能力。这是实现心灵境界的内在根据。道家主张认知心与道德心之分，后者是实现"道"的境界的主体根据。佛教哲学主张"一心开二门"（即"真如门"与"生灭门"），又有"自性清净心"与"染心"的对立，前者可称之为宇宙心，后者可称之为个体心。后来，佛教又明确提出本体心与作用心之分，这一思想的提出就意味着，它很重视二者的"相即"、"无碍"和"圆融"，这才是中国佛学的特点。

很清楚，儒、道、佛的心灵哲学都是从"存在"的意义上解释心的，即认为心是一种精神存在。它们既不承认有不死的灵魂，也不承认任何观念实体或精神实体（唯识宗有些例外），但它们承认，"心"是存在的，境界就是心的存在方式或存在状态。所谓"本体心"，并不是从实体意义上讲本体，而是从本源意义上讲心的本真状态或本然状态，或者叫"本来面目"（禅宗），它的实现即所谓境界。所谓"作用心"，则是从功能上解释心的，即认为心有知觉、情感、欲望、意向等活动，本体境界就是靠功能、作用实现的。所谓"体用一源"，就是存在与功能的统一，通过功能而显其本体，通过活动而实现其境界。这一点在佛学和理学中表现得非常明显。

正因为儒、道、佛的境界说都是建立在心灵哲学之上，而心灵不是实体，只是"本真"状态及其活动，因此，它们都主张，人人都可成圣、成真、成佛。理想境界既在彼岸，又在此岸，能不能达到，关键在于心灵自身，并不需要外在力量的启示和拯救。从这个意义上说，中国的儒、道、释具有某种人文精神，不同于西方的宗教神学。

三家的最大区别在于对心的存在内容的不同解释。儒家肯定道德心的存在，而佛、道则持否定态度（此"道德心"指"仁义心"）。在"知"的问题上，儒家肯定经验知识，主张"下学而上达"；道与佛则主张"静观"与"空观"，即通过排除经验认识而实现超越。

二

"境界"二字，既不出于儒家，也不出于道家，而是出于佛家经典。但是境界作为一种普遍性学说，却是三家所共有的。

佛教哲学以破除一切主客、内外之对立为手段，以实现绝对超越的涅槃境界为目的，但它又不能不"设对"以说明其理论，因此有能所、性相、根尘、智境等相对概念。境是对智而言的，境界是对智慧而言的，但这又不是通常所说的主客关系，也不是通常所说的因果关系，而是"观心"（智𫖮：《法华玄义》卷一上）之说。由一心开出智境，而又归于一心，这就是境界（见智𫖮《四念处》卷四）。般若智慧是没有对象的，如果有对象而取境成智，就不是般若智慧。但既名为智境，则必有所"观"，这个所谓的"观"，是心之自观，不是他观，即以心观心，而不是心外观，但它能展现出一个"境"来。"处者境也"（同上），可见，境界便是智慧所处之地或场所。其实，智与境并无分别，无智之境，便不是境，无境之智，便不是智，"无二无别"，才是境智，才是境界。这种境界，以其无限，故名之为"虚空"，以其永恒，故名之名"涅槃"。"涅槃"就是息灭生死烦恼而获得彻底解脱的境界。但是，按照中国佛教的一般特征，它并不是"断灭空"，不是"顽空"，真正的"涅槃"境界，不必出离世间，只是获得了心灵的彻底解脱，实现了无限与永恒。《大乘起信论》所说的"境界随灭"，按照这种解释，并不是指消灭，而是无生无灭的永恒境界，也可以说，连"境界"这个名字也不必说。因为到了这个境界，便是"不可思议"，便是"言语道断，心行处灭"（智顗：《摩诃止观》卷五）。涅槃境界是不可说的，因为凡有所说，都是"名相"，而"名相"都有所系，只有不"着"名相，才无所系，才能解脱，实现永恒境界。

道家以"道"即"自然"为最高境界。这所谓"自然"不是与人相对的自然界，更不是机械论的必然性或因果律之类，它只是自然而然、没有任何目的或意志之义。这一点同佛教所说"如如"很相似。佛教所说的"如如之境"、"如如之智"，就是本来如此、原来如此，没有任何外在的神力或作用。后期禅宗则讲"本自天然"、"本来面目"，也是一种境界，既没有任何"佛祖"，也没有任何人工"雕琢"，完全是一种无我无人无一切相的"自然"状态。"道"的境界也就是"无"的境界，"道"不仅没有目的性，而且没有规定性，所以道家不讲"是什么"，而是讲"不是什么"，正因为"道"不是什么，所以它不能言说。这一点同佛教的"言语道断"也有相似之处。此外，庄子的"道"的境界，还是一种光明境界，能照亮一切，穿透一切，使万物没有任何"遮蔽"，因而能够"齐物"。佛的境界也是光明境界，因此有"光明寂照"之说。禅宗的"浮云遮日"之喻，就更是如此。

佛、道虽有相近、相似之处，但毕竟不同，其最大区别是入世法与出世法的区别。有人说，道家特别是庄子主张出世，我不同意这种说法（略）。只有佛教是主张彻底解脱的，庄子并不回避"命"，但在佛教看来，"命"也是必须解脱的。

相比之下，儒家是完全入世的，但这并不意味着，儒家没有批判精神，不意味着儒家不讲超越。中村元教授认为，中国传统哲学特别是儒家，缺乏形而上的超越思维，我认为这是一种误解。儒家的最高境界是"仁"和"诚"的境界，二者都是从道德情感、道德意志出发的，但又是超越的，"仁"就是"天人合一"境界。如果说孔孟以"仁"为道德境界，那么新儒学即理学则以"仁"为宇宙境界，具有超伦理、超道德的宗教意义。"天地万物一体之仁"是一种真正的宇宙关怀，具有宗教超越性。

总之，儒家从正面回答心灵问题，以肯定的方式实现自我超越，以"仁"为最高境界；道与佛则从负面回答心灵问题，以否定的方式实现自我超越，以"无"和"空"为最高境界。"仁"的境界除了完成一种理想人格，还要实现普遍和谐的理想社会，"无"的境界主要是实现个人的精神自由，"空"的境界则是实现彻底解脱。但是在实现心灵的自我超越这一点上，它们又是共同的。

三

中国哲学境界说，具有一个重要特点，这就是非常重视并强调实践修养功夫，而不是偏重于理论思辨，从某种意义上说，中国哲学所说的境界，就是功夫境界。这是儒、道、佛三家共同的。

儒家把仁看成最高境界，连孔子都说，"圣与仁，则吾岂敢？"但他们从未把仁作为知识概念去讨论，而是主张在躬身实践中去体会，去把握。理学家对"仁"的最富理论意义的解释就是"生理"、"生意"、"生物之心"，而要得到这样的"认识"，必须在生命体验和实践过程中去获得，其中包括"静中体验"和"静坐"。这显然是从佛、道哲学中吸取过来的。"静中体验未发气象"，就是体验圣人境界，即"仁"的境界。"气象"就是境界，"体验"则是全身心的投入。理学家有"主静"与"主敬"之说，后来更加强调"主敬"，所谓"涵养须用敬"，就成为儒家修养的根本功夫，其中有一种宗教精神，具有宗教实践的性质。

道家也是强调实践功夫的，是主张"修之于身"的。但道家以"静"为其根本的修养方法，老子的"致虚极，守静笃"以及庄子的"虚静恬淡"都是提倡"静"的功夫，其特点是排除人为的欲望和知识，体验心中之"道"即"德"。如果说老子更多地关注于直观，那么庄子则更多地关注于体验，其著名的"坐忘"法，就是静中体验"道"的境界，即所谓"同于大通"。

与儒、道相比，佛教更重视理论思辨，特别是前期般若学与心性说，提出了很多范畴，进行了很多分析和论证，但有趣的是，对"心"分析最为详细的唯识学却没有在中国继续传播与发展，倒是天台、华严和禅宗得到了很大发展，特别是以宗教实践为特征的禅宗，得到了持久发展。这个事实说明，中国化的佛教，其境界说同样是重视实践修养功夫的。佛教修养的基本方法是"止观双修"和"定慧不二"，即主张把智慧和修行结合起来，这同儒家的"知行合一"也是一致的。天台宗所说的"止"，实际上有二义，一是使根尘之心止息，一是止于"涅槃空寂"之境界。根尘生灭之心一旦止息，"涅槃空寂"之境即可现前。而禅宗所说的"定"，则进而具有本体意义，"定慧不二"也就是体用不二。以修行功夫为本体，这正是中国禅宗的根本特征，说明它是实践的宗教，有活力的宗教，因而是被中国人所容易接受的宗教。

如果将儒、道、佛的修养功夫作一简单概括，那么可以说，儒家"主敬"，道家"主静"，而佛教"主定"。"敬"以庄敬严肃为特征，"静"以无欲虚静为特征，"定"以止寂无念为特征，三者各有所重，但都以实践为宗旨。特别值得指出的是，儒、佛不仅提倡

"体即是用，用即是体"的"体用一源"说，而且提倡"本体即功夫、功夫即本体"的修养论，这标志着境界与功夫、目的与方法的最终统一。"成圣"、"成佛"的目的已转变为实践过程，以修行程度衡量其境界之高低。目的即方法，方法即目的，最高境界的实现是现实的，又是永无止境的，这就是它的辩证法。

录自《世界宗教研究》1996年第2期

论六朝时期的三教关系与世界宗教大同理想

李中华

李中华（1944－），山东临淄人。1969年北京大学哲学系毕业，后一直在北京大学哲学系任教。1982年获硕士学位。主要著作有《谶纬与神秘文化》、《中国文化概论》、《冯友兰评传》、《魏晋玄学史》（合著）、《中国儒学史·魏晋卷》等。

内容提要：六朝时期是中国文化发展的重要阶段，随着汉末儒家名教权威的失落，带有道家色彩的魏晋玄学开始登上思想文化的历史舞台。此时的佛教亦经过大量的译经活动及其传播，在中国获得了空前发展；在佛教刺激下，中国早期道教也摆脱了原始状态而进入成熟阶段。于是，包括宗教思想在内的中国文化格局，在六朝时期又获得了多元化的发展，形成了规模宏伟的儒、释、道三教并行、冲突、互动与融合的新局面。从此，儒、释、道三教关系的展开，一直贯穿在以后的中国思想文化的历史进程中，由此构成中华民族精神成长和中国历史与文明稳定发展的基石。本文即尝试从五个方面揭示上述寻求"宗教大同"理想的历史借鉴和儒、释、道三教从矛盾冲突走向融合的理论证明。

关键词：六朝　儒释道　三教关系　宗教大同

包括宗教在内的中国文化，经过其早期发展，从周秦至东汉末，局面又为之一变，随着儒家名教权威的失落，带有道家色彩的魏晋玄学开始登上思想文化的历史舞台。此时的佛教亦经过初期的传播，在中国获得了空前发展；在佛教的刺激下，中国早期道教也逐渐摆脱了原始状态而进入成熟阶段。于是，包括宗教思想在内的中国文化的格局，在六朝时期又重新获得多元化的发展，形成了规模宏伟的儒、释、道三教并行、冲突、互动与融合的新局面。六朝三教互动、互融的文化及宗教的发展，一直贯穿在以后中国思想文化的历史进程中，并由此构成中华民族精神发展和中国历史与文明稳定发展的基石。

综观世界历史和当今现实，世界许多地方都存在着因宗教、思想和文化的不同而发生矛盾、冲突甚至以宗教的名义发动的战争。相反，在中国历史上，儒、释、道三家虽也有差异、矛盾，但总是能够在相互批评、相互借鉴和相互调和中走向融合，始终存在着"和而不同"、"存异求同"、"互补共存"和"三教归一"的历史事实。这一事实本身可以构成我们在人类文明中追寻"宗教大同"理想的文化坐标或思想参照系。

本文拟在六朝的儒、释、道三教关系中,从五个方面揭示上述寻求"宗教大同"理想的历史借鉴和儒、释、道三教从矛盾冲突中走向融合的理论证明:(一)三教对人的本性和本质的认识;(二)对因果报应和形神关系的认识;(三)对生死、苦乐及生命价值的认识;(四)对社会伦理和道德规范的认识;(五)对个人与群体、出世及入世的认识。

一、关于人的本性和本质

关于人的本性和本质的问题,是任何哲学体系都不能回避而必须加以回答的问题。因此,它是哲学的基本问题之一,也是哲学思想中最复杂的问题。尽管儒、释、道三家对此都有回答,但观点并非一致。单就儒、释两家的内部,说法也有很大差异。但从总的方面看来,三家之中,道家和道教对人性的看法比较一致,而儒、释两家则众说纷纭。儒家的内部,以孟、荀为代表,分别主张性善论和性恶论,在长期的历史发展中,最后性善论占主流。在佛教内部,对人性问题的讨论,是以佛性论的面貌出现的,其所呈现出来的复杂情况,又大大超过儒道两家。因此,儒释道三家在这一问题上的争论和融合,很难找出一条明晰的线索,但它又是儒释道三家在人学思想的各个方面产生分歧的理论根源。

儒家的人性论以性善论为主流,其理论意义在于强调人的道德行为、社会行为均有内在的人性论基础。这个基础内在于每个人的心中,因此每一个人都是自身道德、社会责任的承担者。在任何时候、任何情况下,都不能自暴自弃,因为成圣成贤的根据不在天上,也不在他人,而是在自身。儒家性善论的人性论,决定了儒家思想体系中没有宗教的"救赎"观念,一切问题的解决,均靠自力而非他力。

道家及后来的道教的人性论,与儒家有很大不同。道家强调"道法自然",认为人性中本无所谓善恶,人性是自然的,只有自然的东西才是真的。因此道家一再强调要保持"真性",防止外物对"真性"的污染,同时也要防止人为地破坏"真性"。道教继承了这一看法,既不以人性为善,也不以人性为恶,而是以性为道,以道为性。"道"与性命联系在一起。在一定意义上说,道教强调的是生命与道的合一。因此所谓性,也就是心;所谓命,也就是气,即以心为性,以气为命。道教所理解的人,乃是人的生命活体,是由性、命组成的生命统一体。

佛教对人的本性和人的本质的理解,要比儒、道二家的理解复杂得多,细致得多,而且也似乎缺少历史与理论的一贯性。因佛教历史悠久，又从印度传到中国，经过时空的转换和语言的转译，再加上派别繁多，对人性及人的本质的看法很难像中国的儒道那样清晰、明确。因此从原始佛教到部派佛教，由小乘到大乘，由大乘空宗到大乘有宗，有一个历史发展演变的复杂过程。单就大乘佛教的理论说，其基本原理和基本倾向，均主张"性空"、"幻有"、"人我空"、"我法两空"等等。

根据这样的理论和主张，人也就不可能有什么本质，一切都是虚幻不实的，一切都是真空假有。尽管后来佛教各派不断修正这些理论，但很明显，它与儒道两家的人性论有着根本的差别。也正是因为这一点，儒家与佛教展开针锋相对的辩论，指责其逃避现实，消极无为。

但佛教发展至东晋竺道生时，情况便有所改观。儒佛关于人性及人的本质问题的分歧与矛盾，开始趋向融合，这主要是以佛教吸收儒家人性论为主，提出"一阐提人皆有佛性"的命题，开始向儒家人性说靠拢。其间虽有昙无谶译出新版《涅槃大本》之说，但从思想文化的发展规律看，这种变化绝不是翻译所能解决的，这只能是儒佛在人性问题上的融合。但这只是开始，而且竺道生因"孤明先发"，受到当时保守的佛教戒律的处分，被迫离开京师，但儒佛在人性论（佛教称佛性论）问题上的交融却一发不可收拾，终于在唐代儒释道三教融合的大背景下，以慧能为代表的禅宗，提出"本性是佛"、"佛性本无差别"、"万法在诸人性中"等一系列命题，解决了长期以来儒佛在人性与佛性之间存在的矛盾，强调了人性与佛性的统一。人性就是佛性，佛性就是人的本性。这一点，我们从柳宗元对慧能的评价中，即可看到此时儒佛之间在人性问题上的沟通与融合。这表明了慧能的佛性说对以往佛教人性善恶二元论的根本修正及其对儒家人性论的吸收。同时佛教的心性论以其精致的构想和细密的论证又反过来影响儒、道两家。

关于对人性及人的本质的认识，唐代以后，儒释道趋于融合。其主要标志是各自皆建立起心性论的理论。把成佛、成道、成圣的最高境界的追求，建立在心性论的基础上，从而为宋代道学（包括理学和心学）的产生创造了思想理论基础。

二、因果报应和形神关系

六朝佛教思想与儒家思想的最明显冲突，是因果报应和形神关系问题。这一问题的争论，到南北朝时达到高潮，成为中国哲学史或中国思想史上规模最大、持续时间最长、涉及的人数最多、辩论的程度最激烈的一次争论。其争论的焦点涉及到佛教教义的理论基础——神不灭论以及与神不灭论关联最密切的因果报应问题。

在中国传统思想中，儒家与道教虽有自己的报应表述，但与佛教相比，显然粗糙、简单、不成系统，这也是中国原有宗教不发达的一个原因。自佛教传入中国后，把因果论与业报说相结合，构成了完整、系统的因果报应及轮回转世思想。其主要精神，在于强调个人行为所积累的善恶"业力"，将作用于造业者自身，别人不能代替，也无法代替。因为个人虽有肉体死亡，但灵魂却可以脱离肉体而独立存在，它成为"业报"的主体承担者。因此，只要生命（灵魂）流转不结束，业报轮回就永不止息，直到果报得以实现。但旧的业因受到果报，新的"业力"又形成新的"业因"，又等待新的果报。这样无尽地流转下去，直到在轮回中得到"解脱"，方能止息。而解脱是一个涅槃成佛的过程，其间又有许多阶次。所以对于一个人来说，这种轮回业报的威力是无法化解的，摆在人们面前的，只有一条路——通过艰苦的努力和个体修习善业而达到"涅槃"。

佛教的这一轮回报应理论，在六朝时期受到儒家思想的严峻挑战。先有东晋名士戴逵作《释疑论》、《答周处士难释疑论》，反驳佛教因果报应说。后有南朝刘宋时期重要儒家学者何承天及沙门慧琳，分别著《达性论》、《报应问》、《白黑论》等文章，比较集中地批判佛教的生死轮回说及因果报应论。

从何承天与佛教的三次论战所保存下来的材料看，他基本是站在正统儒家的立场上，以儒家的人性论和仁义学说为根据，论证佛教理论的虚妄以及为什么不适于中国。他认为中国人禀气清和，内含仁爱，外明礼义，又有刑法的制约，道德的陶化，所以周孔之教往往是顺着人们的自然本性，使其去掉过分的要求，以普遍地推行仁爱，这样的教化与外来佛教根本不同。他认为外国人"受性刚强，贪欲忿戾"，故释氏严五戒之科来制约，用地狱来恐吓，用天堂来劝诱。何承天企图用中国人与外国人的天性不同来论证他的反佛观点，虽然存在许多错误，但已接触到以民族性的差别来分析不同民族的文化形态、文化心理的差别，其中特别强调了作为中国文化主流的儒家文化的基本特质，即它的"含仁抱义"的道德性格与佛教文化的不同。

何承天对佛教因果报应的批评，并没有完全批到点子上，故引起佛教学者宗炳、颜延之、刘少府等人的强烈反对，致使儒佛之争愈趋激烈。

实际上这场关于因果报应问题的争论，其理论基础在形神关系上。对此，东晋名僧慧远有《形尽神不灭论》的专文讨论这一问题。他在该文中，结合中国本土固有的"以薪火喻形神"的传统思想，进行新的论证。提出"火传异薪"、"神传异形"的新论点，以此证明形可尽而神不灭，并顺带批评了道教形神可以并存的看法，认为儒家屈从道教的养生之谈，不懂形与神的区别。慧远的《形尽神不灭论》在东晋以后产生巨大影响，由此引起了更大规模的儒佛之争。此次争论，一方以梁武帝为代表，一方以儒家学者范缜为代表。

这次争论，儒家的思想和观点有所突破。范缜不再像以前儒家那样，只从伦理、道德及华夷之辨的角度展开讨论，而是紧紧扣住形和神的关系，从理论上证明形神不能分离。他提出"形神相即"、"神质形成"、"人之质有知"等著名命题，并以"利刃之喻"批评"薪火之喻"，改变和扬弃了中国传统哲学中以精气解释精神的形神二元论思想。他指出形神所以相即，在于精神与肉体不是两个实体。精神是人之形体或肉体的功能和属性，它是从属于肉体或依赖于肉体的。范缜的"利刃之喻"与西方近代哲学对形神关系的论证不谋而合。在西方哲学中，物质和精神是两个完全各自独立的实体的二元论观点，一直占统治地位。直到18世纪中后期，英国自然科学家和哲学家普利斯特列，通过实验，提出了"精神实体"的非物质性观点。他把剃刀比做人的形体，把锋利比做人的精神。剃刀在浓酸中销蚀融解，其锋利亦随之消失。由此他得出结论说："如果身体因腐烂而分解了，它的思想活动也就以同样的方式整个消灭。"[①]

范缜比普利斯特列早1300余年提出精神是物质的属性这一原理，不能不令人赞叹。但他的这一思想的提出及其所使用的方法，正是受到佛教的影响。一方面，出于对慧远"薪火之喻"的思考，因为慧远也正是受中国传统思想的影响，援中国古已有之的薪火旧喻，论证神不灭。另一方面，范缜也吸收了佛教大乘空观"体用不二"的思维方式，如僧肇之《般若无知论》"用即寂，寂即用，用寂体一，同出而异名"的即体即用、体用一如的思想，并由此概括出"形神相即"和"形质神用"的体用论命题。

可以说，儒佛在形神关系上的争论，促进了范缜在理论上的突破，从而使形神关系的讨论不但得到深化，并且达到了古代形神讨论的最高水平。六朝以后，佛教吸取了形神之辨的经验和教训，很少或基本上不再讨论神不灭问题，而是由此深入到心物、空有等方面的讨论。由此可以看出，形神关系讨论的理论成果及其历史进程，正是在儒佛道的相互冲突、相互借鉴、相互吸收和相互融合的过程中完成的。同时，我们也应看到，佛教的业报轮回说，其本质在于强调"自作业自受果"，即强调个人要为自己的行为负责，与中国传统思想中的"天作孽，犹可违；自作孽，不可活"也是相通的。

三、生死苦乐及生命价值

生与死、苦与乐以及人的生命价值的问题，与前面讨论的问题紧密相关。就佛教哲学来说，因果报应及神不灭论，是佛教思想关于生死、苦乐和生命价值学说的理论基础。佛教对这些问题的思考和回答，与儒道两家的思考和回答，存在根本性的分歧，因此也引起激烈的争论。

[①] 《普列斯特列选集》，莫斯科俄文版，1934年，第9页。

关于生死问题，儒释道三家各有不同看法。儒家一般持比较现实的态度，认为世界上包括人在内的一切生物有生必有死，这是不可抗拒的必然法则，孔子把它概括为"死生有命"。这里的"命"，盖指自然的必然性法则。后来的儒家学者，对生死的看法，基本上继承了孔子"未知生，焉知死"和"死生有命"的现实主义态度，往往对生死不加深究。

道家的看法，与儒家大致相同，老子有"天地尚不能久，而况于人乎"的感叹，对生死抱自然主义态度。庄子更是以"生死气化"思想解释生命现象，以生死为阴阳之变、昼夜之常的自然过程。但与儒家不同的是，道家有感于儒家对群体及家族的重视，以致使个体生命、个体自由被淹没在礼乐秩序和群体功利之中，甚至导致人性和人的本质的异化，故强调"返朴归真"的自然主义。于是老子又提出"深根固柢，长生久视"之道。虽然老子并不真的相信可以长生久视，但这一思想培植了道家和道教"贵生"、"重己"、"养生"、"尽年"的生命哲学。

道教是世界宗教史上最独特的教派。它直言宣布人可以不死，并把肉体和精神的永恒结合作为其宗教信仰的最高目标和最后目的。《太平经》、《抱朴子》、《坐忘论》等道教经典均强调人的生命的价值，为此在理论上建构起生命本体论和道生合一的心性论。

佛教的生死观和苦乐观是紧密联系在一起的。单就生与死说，佛教也认为有生就有死，有死就有生，生与死是相对的。但从生命的本质上说，佛教认为每一个生命的有情个体，都是"五蕴"（色、受、想、行、识）和合而成。因此，个体之"我"（有情的个体生命）常执着于这个"我"，而成一种顽固的"我执"。从佛教的立场看，"我执"之有情的个体生命，只是一种虚幻不实的假有。不仅个体生命如此，宇宙间一切事物，包括有生命和无生命的事物，都是如此。这就是说，生与死是虚幻的，生命本身常处于刹那生灭之中，变幻无常。因此生命对于人来说，根本无任何意义。

佛教所以视生死为虚幻，与其对生命价值的否定有直接关系。佛教认为，人的生命本质可以用两个字来概括：一是苦，二是空。"空"已如前所述，生死及生命都是因缘和合而成，离开了各种因缘关系，也就没有事物本身。因此，生即是"空"。苦则是佛教对生死及生命的另一种界定，被称为佛教基本教义的"四谛"说，第一谛便是"苦谛"。其内容，一言以蔽之，"人生是苦"，这是佛教对人之本质的基本看法。

佛教认为，一个人从生到死，充满了各种痛苦和烦恼。佛教对苦的认识和理解，超过了世界上任何宗教。其对苦的观察，也是世界上最细微、最精致从而也是最繁琐的。因此有人说，佛教在一定意义上可称之为"苦教"，这话有一定道理。佛典对苦的概括五花八门，从数量上分，有所谓二苦、三苦、四苦、五苦、八苦、十苦、五十五苦……一百一十苦等等。从类别上分，有所谓内苦、外苦、身苦、心苦、坏苦、行苦、苦苦等等。举例说，佛教把人生中最常遇到的生、老、病、死概括为"四苦"。这是天下所有现实的人都能遇到和理解的。这里所谓"生苦"，即是指一个人从出生到死亡，整个生命过程中充满痛苦。所谓"死苦"，多是指人死亡时，身体和心理所遭受的痛苦。这四苦再加上"怨憎会苦"（指与人相处时所产生的怨憎带来的痛苦）、"爱别离苦"（与喜欢的人或事分别时所产生的痛苦）、"所求不得苦"、"五盛阴苦"（指一切身心的痛苦），这些加起来，就是佛教所说的"八苦"。在佛教看来，不仅苦是苦，乐也是苦。佛教认为世俗所谓"乐"，也是虚幻的，因为它也是因缘和合而成，一旦因缘散尽，就会产生烦恼。因此从本质上说，它也是苦。

以上是佛教对生死、苦乐及对人生价值的基本看法。这些看法虽然多出自佛教早期，但它构成了佛教的总体价值观和人生观。这种充满悲观和消极情绪的生死观、苦乐观和人生观，与中土文化，特别是与儒家自强不息、积极进取的人生观、生死观大异其趣。与道教以生命为宝贵、以肉体为安宅的"重生"、"贵生"思想更是南辕北辙。因此在儒释道的长期交流中，佛教的上述思想一直遭到儒道两家的诟病和批判。

这种批判，一直到宋代仍未止息。如宋代大儒张载在其《正蒙》一书中说："浮屠明鬼，谓有识之死，受生循环，遂厌苦求免，可谓知鬼乎？以人生为妄见，可谓知人乎？天人一物，辄生取舍，可谓知天乎？"[①] 又说：释氏"语到实际，则以人生为幻妄，以有为为疣赘，以世界为荫浊，遂厌而不有，遗而弗存。就使得之，乃诚而恶明者也……所谓实际，彼徒能语之而已，未始心解也"[②]。张载的批判，可以说代表了儒家对佛教生死观、苦乐观和人生观的基本评价。

实际上，自魏晋南北朝以后，佛教为了能在中土立足，也在不断地修正自己的上述看法，并且通过对佛教经典的翻译、解说和判教等活动，有意地开展了对小乘佛教的批判，尤其斥责小乘的"厌世恶生"和"灰身灭智"的消极思想，力图向儒家靠拢，鼓励教徒深入世间，教人为善，助人为乐，行善乐施，参与生活，完善人生。佛教的这种悲天悯人、慈悲为怀的精神也被儒道两家所吸收，体现了儒释道思想的相互排斥又相互渗透、相互融合的历史进程。

四、社会伦理和道德规范

儒释道三家思想的矛盾和分歧，还明显地表现在社会伦理和道德规范方面。因为伦理

---

① 张载：《正蒙·乾称篇》，《张载集》，中华书局，1978年，第64页。

② 同①，第65页。

道德问题，不像思想理论那样隐蔽。作为在伦理思想指导下的道德行为，往往要通过人的具体活动表现出来。

佛教传入中国以后，以其特有的生括方式表现了与中土截然不同的伦理观念和道德行为。一是出家，二是剃度，三是不娶或绝嗣，四是横披袈裟，五是持钵乞食，六是不行跪拜之礼。这六种现象，在六朝时期特别引起社会的广泛关注。前三种涉及中国传统家庭伦理的孝道观念，后三种涉及中国的社会伦理和传统礼仪。

六朝佛教与儒家思想的冲突，最初即表现在上述这些方面。这种冲突，在汉末已见端倪，到魏晋南北朝时期达到高潮，一直到唐宋时期仍有余波。在这些冲突中，道教始终是以儒家同盟者的身份与佛教展开斗争。佛教则始终采取调和立场，并企图瓦解儒道的同盟关系，批评道教而争取儒家。因此，这一冲突与融合过程，比较典型地表现了中国文化与外来文化的历史关系和现实意义。

关于"孝"的观念，应该说是中国传统伦理思想，特别是儒家伦理思想中最基本、最核心的内容，也是儒家文化，甚至整个中国文化的核心价值观。它的产生和发展，直接与中国农业文明相联系，从而构成中华文化之观念形态的具有普遍意义的思想基础，是整个中国伦理、社会政治、经济、司法、刑律乃至生理、心理、种族等范畴的思想"基因"。正因为它是"动一发而牵全身"的核心价值观，因此它几乎成为儒家在与佛教思想交涉过程中，最具敏感性的判断是非曲直的衡量标准和价值尺度。

第一，关于出家。佛教的出家修行，对于一般佛徒来说，要么青灯古刹，要么游方四海，要么深居简出，要么行止不定。这对于儒家来说，首先即是违背孝行。离别父母妻子，放弃对家庭承担的责任，这在农业社会是难于被接受的。根据儒家对"孝"的规范，其中重要一条，即是赡养父母。"用天之道，分地之利，谨身节用，以养父母，此庶人之孝也"①。其次，佛教徒云游四方，居无定所，或面壁苦修，音信断绝，都违背"父母在，不远游，游必有方"的孝行。

第二，关于剃度。佛徒出家，必须剃发，以示断绝"三千烦恼丝"的出家决心。而这恰恰与儒家"身体发肤，受之父母，不敢毁伤"的孝道观相违背。儒家此条，其含义甚多，但基本体现"父母全而生之，子当全而归之"的"全身"逻辑，其内涵却是强调"不亏其体，不辱其亲"的仁爱精神。在儒家看来，连自己的身体都忍于毁伤的人，免不了要毁伤别人。故郑玄注《周礼》"禁杀戮"云，"见血为伤"是也。因此，儒家的这一条，决不仅仅是说"发肤"。"发肤"仅是一个象征，其更大的意义在于从孝的情感出发，培养一种爱己及人的仁爱精神。

---

① 《孝经·庶人章》，《十三经注疏》，北京大学出版社，2002年，第19页。

第三，关于不娶或抛妻绝嗣。出家人抛妻或不娶，严重影响生育，甚至无子绝嗣，在儒家看来，这是最大的不孝。按照儒家伦理，不孝的表现有多种，其中最大的不孝在于"无后"①。在中国古代的农业生活中，无后的结果是严重的。特别是没有儿子，因为男子在家庭中都是作为主要劳动力而承担家庭经济的重任。"养儿防老"、"有子万事足"等民间信条，都与"孝"的伦理有密切关系。中国传统婚姻也是以家庭为核心，以血缘亲子为纽带。婚姻以生子为目的，绵延血统，其中包括延续父母在内的祖先生命。因此它又与祭祀、宗教发生密切关系。

同时，它还有更深一层的含义，那就是"移孝为忠"，使孝又具有了社会政治功能。

以上三条，是儒家讲"孝"的实际功用，而第三条又是核心。没有第三条，一切都谈不上。因此，儒家"孝"道伦理，其实际功能大于理论意义，成为佛教自传入中土后，与儒家发生的最大冲突。这使得佛教不得不认真考虑因应之道，并从多方面会通儒佛孝论。首先，注意对儒家孝道伦理的认同和阐发，并结合佛教经典的解说和重译，力图消除儒家孝论与佛教经典中的孝论之间的差异，或对这些差异作新的诠释，有意突出孝的重要性。如东晋名士孙绰在其《喻道论》中，一再强调佛教出家修行，不但不违背儒家孝的伦理，而且是更高的孝行。他说：

> 父子一体，惟命同之。故母疾其指，儿心悬骇者，同气之感也。其同无间矣。故唯得其欢心，孝之尽也。父隆则子贵，子贵则父尊。故孝之为贵，贵能立身行道，永光厥亲。②

这是以佛教立场，对孝行所作的一种解释。魏晋南北朝期间，出现了许多佛教学者，对佛教的孝论作了阐发，对沟通儒佛伦理思想起到积极作用。此外，佛教学者为了促进儒佛的融合，还直接编造佛经，表示儒佛在孝的问题上的共同点，以取得以儒家为代表的本土文化的认同。六朝以后，佛教对于孝及儒家伦理从佛教义理层面给予全面承认并有所发挥。宋代高僧契嵩在其《孝论》中称："夫孝，诸教皆尊之，而佛教殊尊之。"明代四大高僧之一的智旭在其《广孝序》中亦称："儒以孝为百行之本，佛以孝为至道之宗。"总之，在家庭伦理和社会伦理方面，佛教以孝为切入点，与儒家伦理作了长期的、全面的沟通与融合，最终使佛教成为中国文化的一部分。

---

① 《孟子·离娄上》："不孝有三，无后为大。"赵岐注："于礼有不孝者三者，谓阿意曲从，陷亲不义，一不孝也；家贫亲老，不为禄仕，二不孝也；不娶无子，绝先祖祀，三不孝也。"杨伯峻：《孟子译注》，中华书局，1960年，第182页。
② 孙绰：《喻道论》，《弘明集》卷三，上海古籍出版社，1991年，第17页。

五、个人与群体、出世与入世

在中国传统文化或以儒家为代表的传统思想中,有一个最鲜明的特点,即强调家庭群体对社会的意义。这一特点,决定了儒家积极入世的态度。

孔子以"仁"界定人。而"仁"字,据《说文》,从人从二。正表示二人以上的人际关系。不与社会发生关系的孤立一人或单个人,就不会有仁爱的作用,也就不具有"仁"的意义。不具有"仁"的意义,也就失去了"人"的意义。孟子发展了孔子的仁爱学说,以仁、义、礼、智"四端"说"人",都强调人的特点在于有仁爱之心,并推己及人。荀子更直接提出,人之所以为人者,在于"能群"、"有辨"。他认为:人"力不若牛,走不若马,而牛马为用,何也?曰:'人能群,彼不能群也。'"① "能群",即能组成社会,形成群体力量。又说:"人之所以为人者,何已也?曰:'以其有辨也。'"②

儒家认为,人是社会的一分子,因此就不能脱离社会,离群索居,更不能放弃家庭和社会的责任。孔子因此曾遭到隐士们的嘲笑,讥其是"知其不可而为之"者。孔子也曾对此发出"鸟兽不可与同群,吾非斯人之徒与而谁与"的感叹。儒家的这种社会论,要求社会的每一个成员,关心社会治乱,承担天下兴亡,提倡以天下为己任。"乐以天下,忧以天下",齐家治国平天下。《孟子》一书,"天下"二字连用,竟出现170余次,可见儒家有强烈的入世情怀。

道家中有一部分人或某些派别,虽有避世倾向,但均非出世。道家中的黄老学派,发展了老子"无为而无不为"的学说,由天道贯通人道,由养生联系到治国,与儒家具有同样的入世精神。即使是作为宗教的道教,虽然一直把长生成仙作为人生所追求的最高目标,但它也并未否定现实的人生价值。其所谓的肉体成仙,强调的也是即世或现世的修行成果,具有明显的此岸性。

由以上可知,以儒家为代表的中国文化,其中包括道家及其他各家,终究没有走上宗教的道路(道教虽然是宗教,但却以极其特殊的方式关注此岸),始终是立足于现实社会当中,以肯定人类社会的存在为前提。他们关注人生,关注社会,关注天下,形成了浓厚的人文主义传统和积极进取、乐天知命的入世传统。这种精神的最大特点,是将个人的道德修养与治国平天下的理想结合起来,在现实中追求理想,在此岸中发现彼岸,在现象中寻求本体,在庙堂中以见山林。此即"极高明而道中庸"或"内圣外王"之道。因此,

---

① 《荀子·非相》,《荀子新注》,中华书局,1979年,第127页。
② 同①,第55页。

以儒家为代表的中国传统文化的入世品格，可以概括为：不以人类为卑污；不以个体为渺小；不否认和脱离社会现实；不追求彼岸世界；保持乐观精神；极大地发挥主观能动性。

反观佛教，特别是早期佛教，基本上不具备上述六条内容。佛教追求精神解脱，追求"涅槃"寂静，以人类为卑污，以个体为虚幻，强烈地否定现实世界，遁迹山林，面壁修炼，以成"佛"即彻底的"觉悟"为自己追求的最终目标，由始至终采取出世主义而追求彼岸。这些明显的差别和矛盾，是造成儒佛相互冲突和相互排斥的又一根本原因。

如果说，在家庭伦理、社会伦理以及仁、孝等具体问题上，儒、释、道之间还大有调和余地的话，那么在此岸与彼岸、入世与出世的问题上，因涉及佛教的基本教义和其宗教本质，所以就很难调和。这一问题，直到唐、宋时期，儒佛两家也还是有争论。韩愈对此即有尖锐的批评。在韩愈看来，佛教的出世主义必导致严重后果："必弃而君臣，去而父子，禁而相生养之道，以其所谓清净寂灭者"，完全违背先王之道和儒家齐家治国平天下的入世传统，将使"子焉而不父其父，臣焉而不君其君，民焉而不事其事"。这种"灭弃天常"、"外天下国家"的出世之道，如果任其发展，"几何其不胥而为夷也"？这也就是道士顾欢《夷夏论》和张融《三破论》对佛教的指责，把反对佛教出世主义上升到关于国家民族生死存亡的高度。历史上出现的三次灭佛事件，虽有其复杂原因，但其所打的旗号和所托之口实，未尝不与此有关。

有鉴于儒道对佛教的批评，及国家动用政权力量进行压制的教训，佛教要想立足中土，还必须在个人与群体、入世与出世问题上与中国传统文化相妥协。以慧能为代表的禅宗，对此做出巨大努力。他对佛教所进行的一系列改革，其中即贯穿了出世与入世、个人与群体相统一的思想，认为不必离开世俗生活去寻求佛法。慧能有一"在家修行歌"，最能表达其出世与入世统一的思想。其中有："心平何劳持戒，行直何用修禅；恩则孝养父母，义则上下相怜。让则尊卑和睦，忍则众恶无喧……菩提只向心觅，何劳向外求玄；听说依此修行，天堂只在目前。"① 慧能把"天堂"或"彼岸"从西方净土移至人的心中，打通了此岸与彼岸、出世与入世的对立。此即禅宗所提倡的在世间求佛法的主张："佛法在世间，不离世间觉；离世觅菩提，恰如求兔角。"② 慧能这几句"颂"辞所反映的思想，完全与中土儒家的思想融合在一起，彼岸世界就在此岸世界之中，理想就在现实之中。甚至儒家"极高明而道中庸"的世间法，也被禅宗用世俗语言概括出来："担水砍柴，著衣吃饭，屙屎撒尿，无非妙道。"禅宗的这些思想实开近世以来人间佛教之先河。

---

① 《六祖坛经·疑问品》，石峻等编：《中国佛教思想资料选编》第二卷第4册，中华书局，1983年，第43页。

② 同①，第41页。

六、结　语

以上所列五个方面的问题，可以说在一定程度上代表了六朝佛教与中国本土文化最具差异性和争议性的理论问题以及由此带来的宗教实践和社会实践问题。这些问题既是儒释道三教之间相互争论、辩难、摩擦、斗争的起点，也是通过相互认识、了解、比较和各自的自我调适从而走向交会和融通的起点。尽管在这一历史过程中，充满了坎坷和曲折，甚至出现中国佛教史上所谓"三武一宗"的法难，但却都没有阻止和动摇佛教在中国的受容和传播。

上述讨论也表明，自两汉之际，印度佛教进入中国，儒释道之间经过魏晋南北朝四百年的磨合、调适，至隋唐乃至宋明开始结出丰硕的文化成果——佛教的中国化。它标志着中国传统文化完全接受、消化了本是外来文化的印度佛教，使其变成了中国文化的重要组成部分。对此，我们可以分别选取和征引唐宋以后儒释道三家的代表人物对三教关系的看法。

王阳明说："圣人尽性至命，何物不具，何待兼取？二氏之用，皆我之用：即吾尽性至命中完养此身谓之仙；即吾尽性至命中不染世累谓之佛。但后世儒者不见圣学之全，故于二氏成二见耳。譬之厅堂三间，共为一厅，儒者不知皆吾所用。见佛氏，则割左边一间与之；见老氏，则割右边一间与之，而己则自处中间，皆举一以废百也。圣人与天地民物同体，儒、佛、老、庄皆吾之用，是之谓大道。"① 王阳明深知儒释道三者可以相互为用，互为表里，融成一体，故不能割裂，不能"举一以废百"，而是应该在儒家"尽性至命"、"内圣外王"的事业中，充分发挥佛道二教"完养此身"和"不染世累"的身心教化修养的功能和作用，这才是中华文化生存发展的正确方向和道路。

宗密说："孔、老、释迦皆是至圣，随时应物，设教殊途，内外相资，共利群庶。策勤万行，明因果始终；推究万法，彰生起本末，虽皆圣意，而有实有权。二教惟权，佛兼权实。策万行，惩恶劝善，同归于治，则三教均可遵行；推万法，穷理尽性，至于本源，则佛教方为决了。"② 宗密是唐代高僧，他对三教关系的看法，虽仍以佛教为高，但其对儒、道二家的思想及作用亦充分肯定，承认三家"皆是至圣"。它们虽然"设教殊途"，但可内外相资，相互为用，以利社会群生，特别是在惩恶劝善、同归于治方面，三教都可发挥自己的作用。

---

① 钱德洪：《王阳明年谱三》，《王阳明全集》下卷，上海古籍出版社，1992年，第1289页。
② 宗密：《华严原人论序》，《中国佛教思想资料选编》第二卷第二册，中华书局，1983年，第387页。

王重阳说:"三教者如鼎三足,身同归一,无二无三。三教者,不离真道也。喻曰:似一根树生三枝也。"① 王重阳是金元间中国北方全真道派的创始者,也是道教的宗教实践家,其在大量诗文中鼓吹"三教合一"。强调三教平等兼容,不拘一家。甚至在宗教经典的诵读上也主张三教并重,劝人诵读《般若心经》、《道德经》和《孝经》。这三部经典也正是代表了儒、释、道三家的主要经典。这些经典在王重阳看来,已无宗教间的任何芥蒂和隔膜。从中亦可看出,此时的道教在"三教合一"、"三教会通"方面,似比儒、佛两家更为主动和平等。

上述三家对儒释道三教关系的看法,可以说代表了六朝以后中国文化的主流。儒释道三教犹如"一树生三枝"的比喻,形象地表述了中华文化这棵参天大树之所以千姿百态、长盛不衰的主要原因,即在于作为文化母体的中国固有文化对外来文化的选择能力、消化能力和包容精神,同时也是由于作为外来文化的佛教自身所具有的精湛理论与和平雍容的性格。因为从根源上说,佛教作为印度文化的一部分,其与中国文化同属东方文明的产物,它们在一定程度上都具有"天人合一"的思维方式;中庸、中道的理论方法;宽容和独立相统摄的平易品格;以及对人生的终极关怀和人本主义特质等等,故使得儒释道三家都能在不同程度上看到三家之间是同中有异,异中有同,求同存异或存异求同。因此可以说,由儒释道三家融合互补所构成的中国文化之主体,从其形成过程上看,从没有发生过政教合一和任何宗教战争。它们的传播、发展和对信仰的追求,基本上是以和平、宽容、自由和自发的方式,不带有任何宗教歧视、偏见、傲慢和宗教霸权。这些都是中华文化的优良传统,我们对此应倍加珍惜。正如著名史学家汤因比在其《历史研究》一书中所说:作为人生根本态度的宗教信仰可谓一个个文明社会的"生机源泉"或"精神纽带",一旦某个文明社会失去了其传统的精神信仰,势必走向衰落,或在内部陷入社会崩溃,或从外部遭受军事攻击,直到被一种新的文明形态所取代。②

儒释道三教关系发展的历史和中国社会的教化实践已经向我们昭示了这样一个道理:不同文明体系中的不同宗教和不同的宗教信仰之间,要建立起相互间的基本信任和达至最低限度的宗教共识,只有一条道路是可通的,那就是要像中国传统文化中的儒释道三教,通过和平相处,平等对话,放下身段,自我调整,相互吸收对方之长,扬弃各自之短,从而达到互补、互济、互通和互融的最高境界,以实现世界宗教大同的最高理想。从最低限度的共识,到最高境界的大同,还有很长的路要走。这里所谓"大同",实际上就是"和

---

① 王重阳:《金关玉锁诀》,《中华道藏》第二十六册,华夏出版社,2004年,第398页。
② 汤因比:《历史研究》,转引自张志刚:《当代宗教冲突与对话研究》,经济科学出版社,2011年,第197页。

而不同"。"和而不同"才能达致"大同"。因为任何一种宗教无论就其内部还是外部，都没有对上帝、对梵天、对安拉、对涅槃、对"天"或"道"，乃至对真理的垄断权、裁判权。因此宗教大同理想的内涵，应该包含三个基本条件：一是平等，不仅宗教之间的平等，也包括人与人、人与物、人与天、圣与凡，即佛教所谓的"众生平等"；二是兼容，世界宗教大同，不是指建立一个大一统宗教，也不是用一种宗教去取代或统摄其他宗教，而是在宗教平等的基础上，共同助长和推动人类向善的力量，最终达致世界大同和天人大同；三是多元，人类的不同理想、不同信仰、不同教派，乃至不同的社会体制和不同文化，都应该受到尊重。无论是在世俗世界还是宗教世界，甚至在自然界，没有多元就没有一体，没有特殊性就没有普世性。一即一切，一切即一，一多相即，事事无碍。只有通过多元之间的互相沟通、对话和交流，才能达到社会、人群、团体、家庭的和谐共存。

建立平等、兼容与多元的宗教观和价值观，是当今人类文明调适、重组、转型和促进宗教和解、转变思想观念、促进世界和平的必要条件。

录自《中国哲学史》2012年第3期

诸子百家与儒道佛三教的社会文化功能

李存山

李存山（1951 - ），生于北京市。1978 至 1984 年在北京大学哲学系读本科和中国哲学史专业的研究生，获硕士学位。曾任中国社科院《中国社会科学》哲学编辑室主任。2001 年调入中国社科院哲学研究所工作。主要著作有《中国气论探源与发微》、《商鞅评传——为秦开帝业的改革家》、《中华文化通志·哲学志》、《智慧之门·老子》、《中国传统哲学纲要》、《气论与仁学》等。

1. 中国传统思想文化主要是儒、道、佛三教，儒、道渊源于春秋战国时期的诸子百家。秦统一中国后，天子衰微、诸侯力政的局面改变为统一的中央集权的君主统治。与此相适应，中国的思想文化亦出现百家归一统之势。首先是自商鞅变法以来"为秦开帝业"的法家学说当令，"言无二贵，法不两适"，"以法为教，以吏为师"。秦始皇实践法家的文化专制思想，焚《诗》、《书》，明法令，将统一的秦政和"言无二贵"的法家学说紧密结合在一起。法家学说严酷少恩，不施仁义，尚力、任法而不知柔静、顺守与崇德，新兴的君主专制制度和土地私有制度缺少了儒、道两家思想的浸润，很快就使社会矛盾爆发，秦二世而亡。汉初尊黄老，主张"与民休息"，司马迁所谓道家"因阴阳之大顺，采儒、墨之善，撮名、法之要"（《史记·太史公自序》），正反映了汉初道家学说欲涵融百家而成为社会主导意识形态的一种形势，《淮南子》也即为这种形势的一个著作形态。然而，汉兴之初刘邦听取陆贾"马上得之"而不可"马上治之"之言，儒学即已有复兴之势，至汉武帝采纳董仲舒"罢黜百家，独尊儒术"之说，儒学最终成为官方正统的"独尊"的意识形态。

2. 春秋战国时期中国历史发展之大势，是随着生产力水平的提高而必然引起的经济制度和政治制度的变革以及思想文化的革新、继承与发展。"礼崩乐坏"、"周室衰微"、"礼乐征伐自诸侯出"，原有的宗教、伦理和政治秩序瓦解的主要根源是井田制经济基础的衰败，而诸侯力政、争霸天下正充当了社会经济制度和政治制度变革的杠杆。"天下大乱，圣贤不明，道德不一……道术将为天下裂"（《庄子·天下》），统一的"周礼"分裂为百家学说，三代相因而有所损益的中国上古文化在这种分裂中得到革新、继承与发展。百家之学中，最具哲学意义、思想最卓著者是司马迁所谓"阴阳、儒、墨、名、法、道德"六家。《汉书·艺文志》在诸子略中于六家之外补纵横、杂、农、小说四家，其中杂家和兵书所著录兵家著作的思想中亦有较重要的哲学思想。从经济制度和政治制度的变革上说，思想最为自觉且最推动当时社会历史发展的是法家学说，中国自秦以来历朝沿袭的土地私有制度和君主集权制度是在法家思想的指导下奠立的。秦亡后法家之名受损，但无论道或儒，欲与社会经济制度和政治制度密切结合而成为主导意识形态，都不能不吸收法家思想。战国中后期从道家演变出的黄老学派，主要是将道家思想与法家思想相结合，汉初之黄老政治亦有相当成分的法家因素。儒家思想在孟子时与法家思想成对立之势，至荀子即转而为礼法并重，秦以后的儒家虽仍以"复三代之治"（主要是复井田、复封建）为理想，但实际上不得不在法家所建立的经济和政治制度中进行调节和运作，所谓"阳儒阴法"、"德主刑辅"正反映了儒法两家思想的结合。

3. 司马迁论六家要旨和《汉书·艺文志》论九家之学，都引用了《易传》所云"天下同归而殊涂，一致而百虑"。司马迁说："夫阴阳、儒、墨、名、法、道德，此务为治者也，直所从言之异路，有省不省耳。"（《史记·太史公自序》）《汉书·艺文志》云："今异家者各推所长，穷知究虑，以明其指，虽有蔽短，合其要归，亦六经之支与流裔。使其人遭明王圣主，得其所折中，皆股肱之材已……若能修六艺之术，而观此九家之言，舍短取长，则可以通万方之略矣。"所谓"务为治者"和"皆股肱之材"，说的都是诸子百家的社会文化功能（此处"社会文化"取大文化概念，包括经济、政治和思想文化）。无论道家还是儒家，要发挥较全面的社会文化功能，都必须于百家之学有所兼取，所谓"同归"、"一致"从根本上说是归、致于社会文化功能。需要探讨的是：在汉初儒、道两家的竞争中（观《史记·儒林列传》景帝时辕固生与黄生关于"汤武革命"的论辩，可知儒与黄老在当时的竞争是比较激烈的），何以儒家终取得"独尊"的地位？所谓"儒道互补"终究是以道家思想为儒家思想之补充？我认为，这固然与淮南王刘安在政治上的失败有关（有的学者还追溯到秦并天下，故北方文化取得对南方荆楚文化的主导地位），但从儒、道两家之学内在的思想内容上说，道家毕竟是以"虚无"、"柔静"为本，《老子》虽云"以正治国，以奇用兵"，但毕竟是以"虚无"、"柔静"为正；《庄子·大宗师》所谓"游方之内"与"游方之外"之别，更使道家思想不可能成为一种"治世"的主导思想；《淮南子·修务训》中有对道家"无为"思想的积极扬弃，但这种扬弃与《淮南子》其他篇的思想终不相协调。然而，儒家的以"仁义"为本和其"崇德"、"利用"、"经世济民"的价值取向，却易于与社会既有的经济制度和政治制度相结合，并吸收涵融道、法、阴阳诸家的思想（墨、名两家的思想虽然儒家也有吸收，但他们重视科学与逻辑的价值取向在汉代中道断绝了，这是中国文化发展中的严重损失），从而行使其相对来说比较全面的社会文化功能。

4. 关于儒、道两家思想的关系,可以"自然"与"名教"的关系概括之。先秦哲学中"自然之天"的思想,虽自西周末年时即已发轫,但形成哲学体系并高举起"自然"之旗帜的无疑是道家学说。"天人之学"的框架并非独出于道家,作于西周末年之《诗·大雅·蒸民》所谓"天生蒸民,有物有则,民之秉彝,好是懿德"以及孔子所谓"为此诗者,其知道乎"的评论(见《孟子·告子上》),显示出儒家自身具有形成"天人之学"框架的能力。但儒家之"天"的意义,起始是继承了三代文化中的"主宰之天"的思想,至《中庸》和孟子而有了"义理之天"的思想雏形,至荀子而明确"自然之天"的思想已是受了道家和稷下黄老学派的影响。《中庸》和孟子,《易传》和荀子,他们的天论无疑是为其人论作形而上的论证的,是服务于"仁义礼智"的道德伦理学说的。"主宰之天"的思想在儒家思想的发展中虽然一直不同程度地存在,但其神学意义不外是《易传》所谓"以神道设教"和董仲舒所谓"屈君而伸天",有神论是儒家的通俗哲学和政治哲学,无神论则是儒家的纯粹道德理性和精英哲学。在无神论这一点上,道家与儒家是相通的,而且中国较为彻底的无神论思想就始自老庄哲学。儒、道两家之学,都可以说是现世的而非出世的学问。在道家的天论中,有"道一同"(道即气)和"道生一"或"无生有"两说,此两说的区别从道家思想的内部来说没有什么重要的意义,天地万物都本原于道、气,道、气与天地万物都是自然的、实在的。这样一种思想,不但儒家可以接受,而且它也正可成为儒家之重视现世的伦理政治的一种哲学基础。试想:如果现世是虚幻的而非实在的,那么儒家之重视现世的伦理政治又有何意义?《易传》和荀子的天论都吸收了道家的思想,这绝不是偶然的。汉代的董仲舒"屈民而伸君,屈君而伸天"(《春秋繁露·玉杯》),重树天神的权威,以致后来谶纬之学泛滥,汉代文化中弥漫了一种宗教神学的气氛,而批判、驱除这种气氛的扬雄、桓谭、王充、王符等人,都在自然观上坚持和肯定了道家的"自然"之说,这也绝不是偶然的。《易传》和荀子在吸收道家的自然观时,都是吸其"道一同"说(此成为儒学内部的气本论),而不言"道生一"或"无生有",这也就是后来张载、王夫之等人所说的儒家只言"幽明"而不言"有无",这在《易传》和荀子可谓是一种理论上的卓见和敏感。从儒、道两家在价值观上的崇尚"仁义"与主张"绝仁弃义"的对立上说,言"有"当然更能与"仁义"相整合,言"无"则已蕴涵着对社会伦理规范和政治制度的某种超脱和虚化(由此决定了道家思想本质上成为中国知识分子"游方之外"即在社会政治体制之外的一种隐逸的处世原则和心灵境界)。但这种自然观上言"有"、"无"的理论区别及其与价值观的关系,在汉代儒家学者的思想中似并没有引起充分重视或达到理论上的自觉。王充是只言"自然无为者何?气也"(《论衡·自然》)而不言"道生一"或"无生有"的,而扬雄、王符等人则在"玄"、"道"与

"气"的关系上都留下了理论的疑点。

5. 汉代的儒学在哲学理论上是粗糙的，而"名教"之流于虚伪更使一些学者去追究"名教"之根本、基础的不足。这样，在魏晋时期就出现了阐释"三玄"（《老》、《庄》、《易》），以道家思想为母、本，以儒家思想为子、末的玄学贵无论，主张"守母以存子"，"崇本以息末"。这在哲学理论形态上当然要比汉代的儒学精致，但在社会文化功能上"虚无"、"柔静"能否真正成为乳养"仁义礼智"的母、本，这是很成为问题的。嵇康所谓"非汤武而薄周孔"，"越名教而任自然"，正反映了儒、道两家在价值观上的分歧难以弥合；裴頠作《崇有论》，指出"贱有则必外形，外形则必遗制，遗制则必忽防，忽防则必忘礼，礼制弗存，则无以为政矣"，深刻地揭示了"贵无"与"礼制"、"为政"之间的矛盾，所谓"守母以存子"其社会效果适得其反。至郭象提出"名教即自然"，不过是运用《庄子》相对主义的手法来抹煞"名教"与"自然"的区别，为知识分子提供一种在"庙堂之上"与在"山林之中"可以自由转换的心境。西晋玄学名士王衍在被石勒所杀时说："呜呼！吾曹虽不知古人，向若不祖尚浮虚，戮力以匡天下，犹可不至今日。"这正说明道家思想适宜于"游方之外"，或从"游方之外"对"游方之内"的缺陷进行批评，如若将其作为"游方之内"即经世治国的根本，则免不了清谈误国。

6. 道家思想作为一种"游方之外"的学说，是同情下层人民群众的；它对个人生命价值的重视，使其易于与医道方技相结合（中国医学元典《黄帝内经》是这种结合的杰作，后来儒家学者提出"不为良相，则为良医"，在儒、医结合上也有创造）；老庄书中对"长生久视"、"死生无变于我"的境界追求，当其与"养生"之术相结合而被世俗化时，神仙思想便从中而生。在汉末谶纬之学泛滥和社会矛盾加剧的情势下，产生了"人民的道家思想"即原始道教（西方学者有谓基督教是"人民的柏拉图主义"）。随着黄巾起义被镇压，道家思想与下层民众的结合被阻断，于是原始道教演变为以葛洪为思想代表的被上层社会所接受的神仙道教。葛洪著《抱朴子》内外篇，其"自叙"云："凡著内篇二十卷，外篇五十卷……其内篇言神仙方药、鬼怪变化、养生延年、禳邪却祸之事，属道家。其外篇言人间得失、世事臧否，属儒家。"葛洪所谓"道家"即道教，它是以追求"长生不死"、"肉体成仙"为目的的留恋现世生活，延长现世生命，并且幻想进入一个美好的现世即神仙世界的生命宗教。葛洪已放弃了以道家或道教思想为本去涵融儒家思想的企图，其所谓"属道家"、"属儒家"表明了道家或道教具有与儒家（或称儒教）不同的社会文化功能。作为一个道教徒，他可以亦道亦儒：从事养生延年、追求长生不死，他即为道；讲明君道臣节、论述治乱得失，他即为儒。二者是分工、互补、不相抵触的。

7. 在原始道教兴起之时，佛教已从印度传入中土。在汉代的思想形势下，佛教初传只能作为一种方术被接受。魏晋玄学的兴起和两晋南北朝时期的社会苦难使佛教的发展得到思想上的"接引"和社会的基础。经过"格义"的阶段，佛教思想逐渐被中土的一些知识分子所理解和接受。从老庄之"虚无"到佛教之"空幻"，这在价值观上的嬗变在于：从对社会伦理规范和政治制度的超脱和虚化进展至对整个现实世界、现世生活的超脱和幻化。佛教哲学的基本思想是其"缘起论"，即认为万事万物（"万法"）都是依因缘而起，无自性，是不真的、幻化不实的"假有"，其真谛是"空"。佛教之大乘有宗又认为"一切唯心所作"，"万法唯识"，"心生则种种法生，心灭则种种法灭"。这样一种否定现实世界的真实存在和"以心法起灭天地"的思想，是中国传统思想中所没有的。佛教对现世生活、生命的价值判定是一个"苦"字，其终极目的是脱离生死轮回的苦海而进入"涅槃"（寂灭）境界。这样一种对现世生活、生命的否定和对出离世间的宗教境界的追求，也是中国传统思想中所没有的。佛教的世界观和价值观被中土的一些知识分子所理解和接受，但佛教在中国社会各个阶层的传播和发展，则有赖于其寺院制度为一些陷入精神和物质生活苦难的人，提供了一个"遁入空门"的解脱处所，其"善恶有报"的轮回报应思想也有助于道德的教化，并且可满足一部分世俗的趋利避害的功利之心。南北朝至隋唐时期，佛教成发展之势，其间也不断有佞佛与排佛之争、兴佛与灭佛之变，这里既有思想上的分歧，也有经济和政治的原因。在这一过程中，佛教的思想、制度逐渐与中国原有的思想、制度相结合，从而形成了具有中国特色的佛教各宗派，其中最有代表性且传播最广的是禅宗。

8. 西方的中世纪是基督教统治的世纪，其价值取向正如哥特式教堂的建筑风格那样是指向上天神界的。古希腊罗马哲学中的柏拉图主义，倾向于形而上学的"自然之二分"，即认为本体实而不现、现象现而不实，世界的本质是隐藏在现象背后的"理念"世界，"理念"世界的最高层是至善的神。这样一种形而上学，成为基督教经院哲学的基础。一般来说，中世纪的田园生活是需要宗教的气氛的。但中国的中世纪却避免了步入宗教之一途，不仅政治上不像西方那样神权高于王权，而且思想上也一直关注现世生活，特别是关注现世的道德伦理。这与先秦诸子之学都是面向现实的"务为治者"的学问有关。在思维方式上则要归因于，中国哲学的本体论和宇宙论虽然有本末、体用、母子之分，但同时肯定本与末、体与用、母与子都是实在的。如前所述，儒家哲学继承自三代文化中的"主宰之天"的思想以及丧祭之礼等等，不过是为了"民德归厚"、"以神道设教"和以天人感应儆戒人君。在秦朝建立后的经济和政治制度的法家思想中是没有这样一种思想的。当董仲舒等人重树天神的权威，将其灌输入这种制度时，它所引起的谶纬泛滥具有了向宗教发展的可能。但是，道家的和一部分儒家的"自然之天"的思想抑制、抗拒了这样一种可能。虽然道家的"无"对于儒家的"仁义"具有冲淡消解的作用，但它却与儒、道两家都可接受元气论联手，为中国文化重视现世生活而不追慕彼岸世界奠定了哲学基础。与儒、道两家之学相比，佛教哲学的"缘起论"是同于西方哲学的本体实而不现、现象现而不实的，其"涅槃寂静"的价值追求也是类似于基督教而指向彼岸世界的。佛教的东传适应了中国的中世纪对宗教气氛的一定程度的需求，但是在中国固有的儒、道两家思想的抑制、抗拒下，它也只能得到一定程度的发展，并且需作出与中国实际相结合的调适，而不可能取儒、道而代之，成为统治思想。

9. 禅宗自惠能以后之所以有较大的发展，是因其较为接近下层民众，强调"自心是佛"，"只汝自心，更无别佛"，破除了传统佛教修行的清规戒律，提供了一个简易直截的"顿悟成佛"的方便法门。在与世间万事万物的关系上，禅宗虽然认为"一切法尽在自性"，主张"以无念为宗"，但禅宗的"无念"已经不是传统佛教的"心体离念"、"百物不思"，而是"于一切法上念念不住"，"见一切法，不著一切法"，只要不起意、不执着，"于一切法不取不舍，即见性成佛道"。传统佛教的超越生死轮回、出离世间的最高理想，在禅宗的思想中，转变为一种对世间事物不起意、不执着的生活态度，这也就是"勿离世间上，外求出世间"（《坛经》），"终日不离一切事，不被诸境惑，方名自在人"（《古尊宿语录》卷三）。这样，佛教的出世理想与中国固有思想的重视现世生活、生命的矛盾就被化解了，儒、道、佛三教可以并行不悖，这仍是"天下同归而殊途，一致而百虑"，"同归"、"一致"是归、致于都在世间上，在现世生活中发挥不同的社会文化功能。与西方文化的严格的宗教排他性不同，中国文化可以儒、道、佛三教并行，这种宽容、和合并非由于"上帝"可有多个、"天堂"可有多门，而是由一现世的生活可有"殊途"、"百虑"，仅一家一教不足以满足现世生活的多种文化需求。

10. 关于佛教思想与儒、道两家之学的根本区别，唐释宗密阐述得最为深刻。他在《原人论》中将儒、道两家"元气生天地，天地生万物"的思想指斥为"迷"，他的"原人"结论是"心外的无别法，元气亦从心所变"。在《圆觉经大疏》中，他将此区别概括为："元亨利贞，乾之德也，始于一气；常乐我净，佛之德也，本乎一心。"可以说，"始于一气"与"本乎一心"是中国本土思想与佛教思想在哲学上的根本区别，"始于一气"是唯物论或实在论的，"本乎一心"则是唯心论的。从唯心论与实在论的对立来说，宗密忽略了中国本土思想中"始于一气"与"虚空生气"的区别，这是适当的，因为"虚空生气"并不否认气与天地万物的实在性，这种区别只有联系到价值观上"名教"与"自然"的对立才显出重要的意义。宗密又曾说："古来诸德皆判，儒宗五常，道宗自然，释宗因缘也。"（《圆觉经略疏钞》卷四）所谓"儒宗五常，道宗自然"是指儒、道两家在价值观上的区别，而"释宗因缘"则指明了佛教的哲学基础是"缘起论"，其"常乐我净"的价值是以"缘起论"所阐明的对现实世界、现世生活应持的态度为基础的。儒、道、佛的这种哲学上的区别，南北朝和隋唐时期的儒家学者基本上都缺乏理论的自觉，因而儒学的理论是粗糙的,而佛学的理论是精致的。所谓"儒门淡泊,收拾不住,皆曰释氏",与此很有关系。

11. 宋朝道学家的哲学创造从根本上改变了儒学理论粗糙的状况。宋明道学之开山周敦颐近取道教,远绍《易传》,发挥出《太极图说》。虽然其首句"无极"、"太极"之说有不同的版本,也有不同的解释和争论,但其重要的理论意义在于,它为儒家的"人格"即价值准则建构了一个哲学的宇宙论的基础。这一基础的思维方式仍是传统的"体用一源"而非以本为实、以末为幻。随后,张载和二程建构了气本论和理本论的哲学体系。气本论是"先识造化",先讲这个世界是实在的,然后讲这个世界是合理的、道德的;理本论是"先识仁",先讲这个世界是合理的、道德的,然后讲这个世界是实在的。气本论首先在自然观上与佛、道自觉地划清了界限;理本论则首先在世界之本的位置上安置了儒家的价值之源。除理气关系外,气本论与理本论在心理、致知等问题上大致相同。至此,新儒家有了自己的比较精致的哲学体系。当朱熹在理本论的基础上集理气哲学之大成时,陆九渊认为先讲理气不如先讲心性更为简易直截,于是心本论开始建构,至王阳明而完成。心本论更加高扬了儒家的道德主体性,但其"心外无物"之说实际上只有在将"物"界定为道德之"事"的情况下才可讲得通,如果真认为外界之人、物依赖于自我的"心"而存在,那么道德之"事"实无所"事"的真实对象;陆王又持"心即性"之说,"性"不再由客观之"理"而严格地规定,这从积极方面说可引发个性的思想解放,从消极方面说却难以保障"心体"必然就是儒家的道德"性体"(王阳明所谓"无善无恶心之体"透露了这方面的信息);王阳明又对"无"的境界给予肯定,而"无"的境界适宜于个性的逍遥洒落,对于儒家传统的"经世致用"则有所松弛消解(顾炎武所谓"昔日清谈谈老庄,今日清谈谈孔孟"正是针对此心学流弊)。因为心学有以上内在的矛盾,所以自明中期儒学内部又充满了心物之辨、心性之辨、儒释之辨和实学与虚学之辨等等。

12. 从思想理论上说,宋明道学家的哲学创造已经呈现出"三教合一"的趋势,所谓"朱羽陆释"未免抹煞了朱陆的主要思想成分是儒,但说朱陆吸收容纳了道家、道教和佛教的一些思想因素还是可以成立的。虽然宋明道学中包含了道、佛的一些理论精华,而且道学实际上成为宋元明清时期的主流思想,但仅此道学仍不足以满足中国社会的多方面的文化需求,因此中国思想文化仍维持着儒、道、佛三教并行的格局。南宋孝宗皇帝曾有"以佛治心,以道治身,以儒治世"之说。明代高僧紫柏主张儒、道、佛三教一致,他说:"学儒而能得孔氏之心,学佛而能得释氏之心,学老而能得老氏之心……儒也,释也,老也,皆名焉而已,非实也。实也者,心也。心也者,所以能儒、能佛、能老者也……知此乃可与言三家一道也。而有不同者,名也,非心也。"(《紫柏老人集》卷九)紫柏认为,儒、道、佛三教之一致是一致于"心",此处之"心"已经不是传统佛教的纯粹的"自性清净心"或"真一之灵心",而是"能儒、能佛、能老者也"。"心"之所以有此三"能",实际上是心反映了人生、社会的三种文化需求。明代的另一高僧憨山也主张儒、道、佛三教一致,他说:"不知《春秋》,不能涉世;不精老庄,不能忘世;不参禅,不能出世。此三者,经世、出世之学备矣,缺一则偏,缺二则隘,三者无一而称人者,则肖之而已。"(《憨山梦游集》卷三九)"涉世"、"忘世"和"出世"集中体现了儒、道、佛三教的社会文化功能,"缺一则偏,缺二则隘"。然而,既要"涉世"何又需备"出世"?反之,既求"出世"何又需"涉世"?这不是学说本身所能讲得通的。儒、道、佛三教之所以一致、必须兼备,实是"人"、"世"即人生,社会有此不同的文化需求而已。

录自《中国哲学史》1998 年第 1 期

敬、静、净：儒道佛心性论比较之一

罗安宪

罗安宪（1960－），陕西省西安市人。2002年获中国人民大学哲学系博士学位。后一直任教于中国人民大学哲学院。主要著作有《虚静与逍遥——道家心性论研究》、《审美现象学》、《老庄哲学精神》等。

内容提要：语言是思维的直接现实，也是文化的直接载体。儒、道、佛三学是中国传统思想文化的主要资源。儒家提倡"敬"，道家提倡"静"，佛家则提倡"净"。儒家强调"敬"，"敬"突出的是恭敬的态度、认真的作风和虔诚的精神；道家强调"静"，"静"突出的是保守自我，是不为外在事物所左右、所束缚；佛家强调"净"，"净"突出的是内在精神的自在、清明与空灵。儒、道、佛三家，其所突出的具体因素虽然有所不同，但并不是完全对立的。就心性论而言之，不管是儒家，是道家，还是佛家，都强调本体—境界—功夫的一致与贯通，都强调融功夫于境界，融境界于功夫。

关键词：儒家 道家 佛家 敬 静 净

语言是思维的直接现实，也是文化的直接载体。人们使用语言，以表达自己对于外在世界的理解和态度，以传达自己的思想和感情，以实现群体间的交流与沟通。人们对于外部世界的理解不同、态度不同，不同群体的生活方式不同，在语言方面会有很大的差异。所以，语言不仅承担着传达的功能，同时也承担着文化的功能，亦即语言成为一种文化的直接载体。因此，对于语词的深度分析，甚至不再是一项语言学的工作，而是一项哲学或文化学的工作。

心性论也可称为心性之学，是关于人的心性的理论或学说。心性论所探究的问题，主要包括三方面的问题：一、人的本性、本心如何的问题；二、人的精神追求的问题；三、人的精神修养的问题。儒、道、佛三学是中国传统思想文化的主要资源，三学之传统不同，旨趣相异，在历代传承之中，三学有交锋、有对立，也相互吸收、相互增益，由此而推进了中国思想、学术的进步和发展。但三学无论如何相互吸收，总能够保持各自的特点。本文只通过对相关语词的分析，以阐明儒、道、佛在心性论方面的差异。

一、儒家之"敬"

"敬"一词，在儒家经典中出现甚早。《尚书》记载虞舜告诫其臣契曰："契，百姓不亲，五品不逊。汝作司徒，敬敷五教，在宽。"（《尚书·虞书·舜典》）"敬敷五教"，五教者：父义、母慈、兄友、弟恭、子孝，是古代家庭伦理的基本规范。家庭伦理规范所贯穿的基本精神就是敬。父母兄弟的家庭角色不同，其伦理规范亦有差异，而其处事态度，其对于其他家庭成员的态度则是相同的，这一相同的态度就是敬，家庭伦理规范的基本精神也是敬。

敬的本义是恭敬、端肃。《说文·苟部》："敬，肃也。"《玉篇·苟部》："敬，恭也。"《周易·文言》："君子敬以直内，义以方外。"孔颖达疏："内谓心也，用此恭敬以直内。"恭、敬词义相近，恭注重于外表，敬则关乎内心。在貌为恭，在心为敬。

强调家庭伦理规范的基本精神在于敬，此一思想，在孔子有进一步的发挥。子游问孝，孔子曰："今之孝者，是谓能养。至于犬马，皆能有养。不敬，何以别乎？"（《论语·为政》）孝非即是能养，养而不敬，养而不存敬心，即与动物无别。养只是物质上的照顾，敬才是精神上的关怀。孝与不孝固然有形式上的分别，但最为重要的并不是这种形式上的差别，而是发自内心的对于父母的敬爱。重要的是要有孝心。有孝心，而后有孝行。孝行是孝心的一种自然发挥，而不是为博得一个虚假名声的刻意做作。

《论语·为政》记载：子夏问孝，子曰："色难。"何为色难？包咸曰："谓承顺父母颜色乃为难也。"郑玄曰："和颜悦色，是为难也。"颜延之曰："夫气色和则情志通，善养亲之志者必先和其色，故曰难也。"朱熹曰："盖孝子之有深爱者必有和气，有和气者必有愉色，有愉色者必有婉容。故事亲之际，惟色为难耳。"[①] 和颜悦色地对待父母，而非履行公务般无有温情，这是子女发自内心对于父母的敬爱。所以，孝是以敬爱为基础的。

《孝经》言孝，也以敬为其基础。"孝子之事亲也，居则致其敬，养则致其乐，病则致其忧，丧则致其哀，祭则致其严。"（《孝经·纪孝行章》）"生事爱敬，死事哀戚，生民之本尽矣，死生之义备矣，孝子之事亲终矣。"（《孝经·丧亲章》）"居则致其敬"，居为常，为平常，为经常。平常以至于经常所要保持的心态、所要维持的态度就是敬。"生事爱敬，死事哀戚"，惟其生事爱敬，死事才能哀戚，未有生不爱敬，而死能哀戚者。所以，

---

① 程树德：《论语集释引》，中华书局，1990年，第90页。

敬不仅是孝的基础,也是孝的根本。

作为一种恭敬的心理态度,敬主要用之于事上。孔子谓子产:"有君子之道四焉:其行己也恭,其事上也敬,其养民也惠,其使民也义。"(《论语·公冶长》)事上须敬。孝的基础与根本是敬。孝是下对上而有的品行与操守。由此扩而大之,事上亦须敬。《大学》曰:"为人君,止于仁;为人臣,止于敬。"臣之于君,所应保持的基本心理态度,就是敬。《孝经》也说:"资于事父以事母,而爱同;资于事父以事君,而敬同。故母取其爱,而君取其敬,兼之者父也。故以孝事君则忠,以敬事长则顺。"(《孝经·士章》)以敬事父,推而广之,即是以敬事君;再推而广之,即是以敬事上,以敬事长;再推而广之,即是以敬待人。孟子曰:"仁者爱人,有礼者敬人。爱人者,人恒爱之;敬人者,人恒敬之。"(《孟子·离娄下》)仁者,爱人,亦当敬人。爱人,是对于他人的关爱;敬人,是对于他人的尊敬。爱必敬,敬必爱。二者相互增益,成为敬爱。敬爱他人,人与人之间相互尊敬、关爱,是社会和谐、和睦的根本保障。孔子弟子司马牛不无担忧地说:"人皆有兄弟,我独亡!"子夏对曰:"君子敬而无失,与人恭而有礼。四海之内,皆兄弟也,君子何患乎无兄弟也?"(《论语·颜渊》)宋代张载宣扬"民吾同胞",就是这样一种情怀。"民吾同胞","四海之内皆兄弟",是以关爱他人、尊敬他人为基础的。

由敬人,进而至于敬事。敬事,即是做事认真,也即认真做事。儒家强调敬人,由此扩展开来,也强调敬事。孔子弟子子张问行,孔子对曰:"言忠信,行笃敬,虽蛮貊之邦行矣。言不忠信,行不笃敬,虽州里行乎哉?"(《论语·卫灵公》)"行笃敬",即是勉力做事,持恭敬之心做事。孔子又曰:"君子有九思:视思明,听思聪,色思温,貌思恭,言思忠,事思敬,疑思问,忿思难,见得思义。"(《论语·季氏》)与"色思温,貌思恭,言思忠"所平行而同等重要者,即是"事思敬"。秉持恭敬之心做事,在孔子看来是君子应当保持的操守之一。进而孔子将敬事提到仁之目的高度。樊迟问仁,孔子曰:"居处恭,执事敬,与人忠。"(《论语·子路》)仁是内,是人所本来具有的仁爱之心。仁的外在显发,即是"居处恭,执事敬,与人忠"。人何以要"执事敬"?因为这是人所具有的仁爱之心的外在显发。所以,人人都可"执事敬",人人都须"执事敬",人人都须满怀一颗敬心来做事。

在儒家,敬不仅是为人做事的态度,也是修行的功夫。子路问君子,孔子曰:"修己以敬。"(《论语·宪问》)"修己以敬",即是敬修,或曰修敬。修敬,即是不敬者,修之以敬;不敬之时,修之以敬。孔子谓颜渊曰:"非礼勿视,非礼勿听,非礼勿言,非礼勿动。"(《论语·颜渊》)"四勿"者,即是修行的功夫。而此修行的功夫,其实贯穿一个基本精神,就是"敬"。孟子曰:"爱人不亲,反其仁;治人不治,反其智;礼人不答,反其敬。行有不得者皆反求诸己，其身正而天下归之。"(《孟子·离娄上》)"反其敬"，亦即修以敬，亦即修持自己，使自己保持敬心，维持敬意。"大学之道，在明明德，在亲民，在止于至善。"(《大学》)"明明德"、"亲民"、"止于至善"，既是作为，也是修行。此作为、修行，体现着一种精神，这种精神，就是"敬"；此作为、修行，要具备一种态度，才能实现，才能完成，这种态度，就是"敬"。《大学》教人修行，曰："意诚而后心正，心正而后身修。"意诚、心正而后身修，而诚意、正心，首先即是要守持敬心。《中庸》倡导"君子尊德性而道问学"，"尊德性"，即是敬。"君子戒慎乎其所不睹，恐惧乎其所不闻。莫见乎隐，莫显乎微，故君子慎其独也。"(《中庸》)"戒慎乎其所不睹，恐惧乎其所不闻"，是为"慎独"。此慎独，即是修养，即是功夫。此修养功夫，亦只是一个"敬"。

在儒家看来，人之有敬心，是人有爱心的具体显现。人皆有爱心，人皆有敬心。孟子曰："恻隐之心，人皆有之；羞恶之心，人皆有之；恭敬之心，人皆有之；是非之心，人皆有之。恻隐之心，仁也；羞恶之心，义也；恭敬之心，礼也；是非之心，智也。仁义礼智，非由外铄我也，我固有之也，弗思耳矣。"(《孟子·告子上》)恭敬之心，与恻隐之心、羞恶之心、是非之心一样，为人所固有，是人皆有之的本心。"孩提之童无不知爱其亲者，及其长也，无不知敬其兄也。亲亲，仁也；敬长，义也；无他，达之天下也。"(《孟子·尽心下》)人之本心，为人所固有。人有本心，也有私欲。私欲膨胀，蒙蔽本心，或使人丧失本心。修养的过程即是去除私欲，发见本心，找回本心。所以孟子曰："学问之道无他，求其放心而已矣。"(《孟子·告子上》)求放心，即是发见本心，即是找回放失了的本心。

如何发见本心？如何找回放失了的本心？程颐认为，只是一个敬。"涵养须用敬，进学则在致知。"(《程氏遗书》卷十八)"或曰：自秦汉以来，诸儒皆不识这'敬'字，直至程子方说得亲切，学者知所用力。"(《朱子语类》卷十二)此也许正是事实。在朱熹看来："'敬'字，前辈都轻说了，唯程子看得重。人只是要求放心。何者为心？只是个敬。人才敬时，这心便在身上了。"(《朱子语类》卷十二)"程先生所以有功于后学者，最是'敬'之一字有力。人之心性，敬则常存，不敬则不存。"(同上)在朱熹看来，人身修养之根本即是要维持、保养一个敬心。"'敬'字工夫，乃圣门第一义，彻头彻尾，不可顷刻间断。'敬'之一字，真圣门之纲领，存养之要法。一主乎此，更无内外精粗之间。"(同上)修行者，立其诚，持其敬。诚意、正心，其实亦只是敬。故修行、存养的功夫，首要的即是敬。

二、道家之"静"

与儒家强调"敬"不同，道家强调"静"。

静，本义为安静、宁静、静止，其反义词为动。《广韵·静韵》曰："静，安也。"《玉篇·青部》曰："静，息也。"《诗经·邶风·柏舟》有言曰："静言思之，寤辟有摽。"

在道家看来，道是万事万物的根本。作为天地万物存在的本根，道成就了天地万物。但道成就天地万物，并非有意作为，而完全出于无意作为。"人法地，地法天，天法道，道法自然。"（《老子》二十五章）"道法自然"，非谓道之外更有其自然。"自然"不过是对道的作为的形容。"自"为自己，"然"为样态。"自然"，也就是自生、自化、自成，也就是自本自根，无有外力强迫。"自然"并非一物质性的存在，也非一事实性的存在。"自然"一词在中国古代，并非指"自然界"的自然，而是自以为然、自得其然、自己使自己成其为如此，而无外力强迫的意思。"道法自然"，亦即道以顺乎自然为法，以自然为法，以自己为法。道虽然成就了万物，但道并不是有意要成就万物；道成就万物并不是为了达到什么目的，而完全是自然而然，完全是自然无为的。

在儒家看来，天地是仁爱的化身。天覆育万物，春生夏长，成物以奉人，即是天爱人、爱物的具体体现。而在道家看来，天地乃道的化生物。道化生为天地，是自然而然、无有目的、无有用心的。天地化生万物也是自然而然、无有目的、无有用心的。道的本性即是自然无为，"道法自然"，实际上即是"道性自然"。河上公曰："道性自然，无所法也。"（河上公《道德真经注》卷二）"道法自然"，是道家哲学的基础和根本，自然无为是道家哲学的基本观念。

道的本性是自然无为，自然无为的一项具体表现，即是虚静。《阴符经》说："自然之道静，故天地万物生。"在道家哲学中，自然是从属于道的，是道的本性；无为是从属于自然的，是自然的具体表现；虚静是从属于无为的，是无为的表现形式。道是第一层次的，自然无为是第二层次的，虚静是第三层次的。道是万事万物的本根，而道的本性、道的本然状态，则是自然、无为、虚静。《文子》说："道者，虚无、平易、清静、柔弱、纯粹素朴，此五者，道之形象也。"（《文子·道原》）虚无、平易、清静、柔弱、纯粹素朴，是道的形象。形象是内在本质的外在显现，说道的形象是虚静，亦可以说，道的本然状态就是虚静。

由于虚静是道的本然状态，所以，道家对于虚静表现出无限的向往和由衷的推崇。老子说："重为轻根，静为躁君。"（《老子》二十六章）庄子说："虚静、恬淡、寂漠、无为者，万物之本也。"（《庄子·天道》）静是道的本然，是天地万物的本然，也是人类心理的本然。然而这一人类心理的本然，由于后天现实的物欲诱惑，而遭到了严重的破坏。"人生而静，天之性也；感而后动，性之害也。"(《淮南子·原道训》)"水之性真清，而土汩之；人性安静，而嗜欲乱之。"(《淮南子·俶真训》)人性本来清静，而物欲害之，不得其静。

修养的功夫，就是涤除人的物欲观念，以恢复人之清静本性的过程。老子说："致虚极，守静笃。万物并作，吾以观其复。夫物芸芸，各复归其根。归根曰静，静曰复命，复命曰常，知常曰明。不知常，妄作，凶。"(《老子》十六章)虚者，无欲；静者，无为。"致虚"，虚其物欲之心；"守静"，守其无为之境也。致虚以至于极，守静以至于笃，以观万物之"复"。复，即返还，即返还到物的本根，而物的本根是什么？物的本根就是"静"。返还到物的本根状态，就是"复命"。复命亦只是一个守静。"复命曰常"，"常"即事物的常态、事物的本然状态。事物的常态、本然状态亦不过是静。"知常曰明"，能知常，才能守常。守常，亦不过只是"守静"。知常守静，谓之明。明即是能保守心性的清静光明。人的心性本来是清静光明的，为什么会不光明？因为人的私欲污染了它，使本来的光明变得不光明，使本来的清静变得不清静。人身修养的过程，实际上就是去除心灵上的污垢，就是涤除人心之欲的过程。"涤除玄览，能无疵乎！"(《老子》十章)涤除人心之欲，即可使人心恢复虚静灵明的状态。所以《文子》说："静漠恬淡，所以养生也；和愉虚无，所以据德也。外不乱内即性得其宜，静不动和即德安其位，养生以经世，抱德以终年，可谓能体道矣。"(《文子·九守·守静》)体道的基础和前提也是能保守内心的虚静清明。"通于道者，反于清静，究于物者，终于无为。"(《文子·道原》)通道之人，得道之人，亦只是清静、无为之人。

庄子标举真人、至人、神人、圣人。真人之所以为真人，至人之所以为至人，神人之所以为神人，圣人之所以为圣人，就在于他们能够保守内心的虚静。

真人的特点是："不逆寡，不雄成，不谟士"；"其寝不梦，其觉无忧，其食不甘，其息深深"；"不知说生，不知恶死。其出不䜣，其入不距"。(《庄子·大宗师》)第一，真人身处事外。"不逆寡"，不拒绝寡少；"不雄成"，不自恃成功；"不谟士"，谟即谋，士即事，即不谋虑事情。[①] 第二，真人寡少嗜欲，其心静泊。因为其心静泊，所以眠则不梦，觉则无忧，食不求其精美，呼吸亦来得深沉。第三，真人不悦生，不恶死，置生死于身外，生不喜，死不拒。惟其如此，故能超然于物外，喜怒通乎四时而与物有宜。这一

[①] "寡，不足也。不逆，顺也。当不足之时即听顺之，功虽成亦不以为夸。雄，夸也。士与事同，古字通用。如《东山》诗曰'勿士行枚'也。谟，谋也。无心而为之，故曰不谟事。"参见林希逸：《南华真经口义》卷八，《中华道藏》，第13册，华夏出版社，2004年，第751页。

切，总的特点还是能够保守内心的虚静。

关于至人，庄子说："至人神矣！大泽焚而不能热，河汉冱而不能寒，疾雷破山风振海而不能惊。若然者，乘云气，骑日月，而游乎四海之外，死生无变于己，而况利害之端乎！"(《庄子·齐物论》) 此处所言，虽然有点神妙，但其意思还是很清楚的。所谓"大泽焚"、"河汉冱"、"疾雷破山风振海"云云，不过是说至人不为外物所动。因其不为外物所动，所以才有"死生无变于己，而况利害之端乎"之类的话。所以庄子又说："至人之用心若镜，不将不迎，应而不藏，故能胜物而不伤。"(《庄子·应帝王》) 至人"用心若镜"，其意还是能够保守内心的虚静，不为外界的事事物物所干扰。

关于神人，庄子说："藐姑射之山，有神人居焉，肌肤若冰雪，绰约若处子。不食五谷，吸风饮露，乘云气，御飞龙，而游乎四海之外。"(《庄子·逍遥游》) 神人"不食五谷，吸风饮露，乘云气，御飞龙，而游乎四海之外"，当然更是神妙之语，不可过分追究其字面含义。神人心神凝静，故物莫之能伤，此才是其根本。正因为此，神人能够做到"大浸稽天而不溺，大旱金石流土山焦而不热"。(《庄子·逍遥游》) 能够不为外物所动，能够超然于事物之外。

关于圣人，庄子说："圣人不从事于务，不就利，不违害，不喜求，不缘道，无谓有谓，有谓无谓，而游乎尘垢之外。"(《庄子·齐物论》) 圣人虚无无为，不从事于务，不趋利，不避害。可以看出，圣人之心是异常恬淡宁静的。而这一切，又非有意追求，而完全出于自然而然。"圣人之静也，非曰静也善，故静也，万物无足以铙心者，故静也。"(《庄子·天道》) 静不是有意追求的结果，而是不为外物所动的结果。

真人、至人、神人、圣人，其名虽异，而其质则同，所突出者都是心灵之淡泊与宁静。真人者，突出者为人之本真；至人者，突出者为人所达到之境界；神人者，突出者为其与常人之区别；圣人者，突出者为其人格之崇高与伟大。庄子说："至人无己，神人无功，圣人无名。"(《庄子·逍遥游》) 成玄英解释说："至言其体，神言其用，圣言其名。"(《庄子疏·逍遥游》) 人皆有己、有私，至人所达到的境界则是无己、无私；人皆以建功立业为志，神人则无功业；人之为崇高、伟大，皆因其事，皆由其名，圣人之崇高与伟大，则无以为名。真人、至人、神人、圣人，与常人的区别，就在于他们能够保守心灵的淡泊与宁静。在庄子看来，保守心灵的淡泊与宁静，才是人生最大的快乐。"至乐无乐，至誉无誉。"(《庄子·至乐》) 为无为，事无事，乐无乐。无为则不劳，无事则不累，无乐则不忧。用心若镜，顺其自然，安于无为。

庄子还倡导"心斋"。"若一志，无听之以耳而听之以心，无听之以心而听之以气。听止于耳，心止于符。气也者，虚而待物者也。唯道集虚。虚者，心斋也。"(《庄子·人间世》) "若一志"，即专一你的志趣、志向；"无听之以耳而听之以心"，即不要用你的耳朵去听，而要用你的心去听，亦即要全身心去听；然而心有好恶、利害的思量，听之时要去除这种种思量。此处之所谓"气"，就是虚。所以说，"气也者，虚而待物者也"。只有保持心的虚静空灵，才能接应容纳外物。陈详道说："听止于耳，则极于耳之所闻；心止于符，则极于心之所合而已。听之以气，则无乎不在，广大流通，所以用形而非用于形，所以待物而非待于物。虚而无碍，应而不藏，故一志所以全气，全气所以致虚，致虚所以集道，此心斋之义也。"① 心斋的要义在于涤除物欲之心，只有涤除物欲之心，才能保守内心的虚静空灵。只有保守内心的虚静空灵，才能够充分地接应容纳外物。

总之，庄子所追求的精神境界是一种"用心若镜"的境界，庄子所倡导的达到这一境界的方法也是一种致虚守静的方法。

三、佛家之"净"

儒家提倡"敬"，道家提倡"静"，佛家则提倡"净"。净，本义为清洁、干净。《广韵·劲韵》："净，无垢也。"佛教所谓的"净"，是相对于染、污、秽、垢而言的。净有净土意义的净、净性意义的净、净心意义的净。

净土，亦即被净化的国土。是佛、菩萨和佛弟子所居住的世界，那里没有污染、没有罪恶，是一个充满安乐、祥和的清净世界。佛教因教派的不同，对于净土的说法也有不同，以至于出现了很多不同的净土之说。其中最有名的净土，就是所谓的西方极乐世界，这是阿弥陀佛教化的国土。佛教认为凡人所生活的尘世不仅充满了罪恶、欺诈、淫乱、战争，也充满了各种各样的苦难。人要从根本上脱离苦难、摆脱罪恶，就要成佛。成佛，其实也就是往生西方极乐世界。

净性，亦即佛性的本然状态。佛的本义是觉，亦称觉解、觉悟。佛与凡人的区别，不在于本性的不同，而在于觉与迷的不同。六祖惠能说："前念迷，即凡夫；后念觉，即佛。"（《六祖坛经·般若品》）"当知愚人智人，佛性本无差别，只缘迷悟不同，所以有愚有智。"（同上）佛性，原指佛的体性、本性。佛性落实于人，即指人成佛的可能性。中国佛教除法相唯识宗外，认为一切众生均具佛性，均可成佛。宗密曰："谓三道凡夫，三乘圣贤，根本悉是灵明清净一法界心。性觉宝光，各各圆满，本不名诸，亦不名众生。但以此心灵妙自在，不守自性，故随迷悟之缘造业受报，遂名众生；修道证真，遂名诸佛。"（《神源诸诠集都序》卷四）愚人智人，佛性本无差别。这种无差别的佛性，本来即是清

---

① 褚伯秀：《南华真经义海纂微引》（卷八），《中华道藏》（第14册），华夏出版社，2004年。

净空灵的。当年神秀作悟性偈云:"身是菩提树,心如明镜台,时时勤拂拭,勿使惹尘埃。"惠能对此表示反对,以为:"菩提本无树,明镜亦非台,佛性常清静①,何处惹尘埃?"在惠能看来,"世人性本清净……如天常清,日月常明,为浮云盖覆,上明下暗。忽遇风吹云散,上下俱明,万象皆现"(《六祖坛经·忏悔品》)。佛性的本然状态是清净光明的,佛性之中本来就含有充分的觉性,这个觉性也叫本觉。本觉是人人具足、自满自足的。佛性虽然本自清净光明,但在现实之中,却常常为各种污秽尘垢所遮蔽,恰如日月本自明亮,却时常为浮云所遮蔽。

因为人人具有佛性,人成为佛,只是"见性成佛"。进而,人要成佛,必须向内求取,而不是向外索取。"本性是佛,离性别无佛。"(《六祖坛经·般若品》)"自性迷,即是众生;自性觉,即是佛。"(《六祖坛经·决疑品》)自性觉,即可获得精神的解脱,相反,只是向外求索,则愈求索愈不得解脱。惠能开示众人说:"东方人造罪,念佛求生西方;西方人造罪,念佛求生何国?"(同上)佛国乐土并不是远在西方,就在每个人的脚下。"菩提只向心觅,何劳向外求玄?听说依此修行,天堂只在目前。"(同上)因为"本性是佛","见性成佛",所以,"菩提只向心觅"。如何向内求取?就是所谓的净心。

净心,亦是要保持心灵的本然状态。《金刚经》讲:"当以明自性,清净尔心,斯真庄严耳。且此庄严云者,亦假名而已。凡诸菩萨,清净尔心,当见境无住,住即执着。又当见境而应,应而不染,以染即系缚,着即颠倒矣。"(《金刚经·净佛土分》)"清净尔心",即是"见境无住",住即是执着,执着则必然受到外在事物的束缚。一旦受到外在事物的束缚,不仅心迷,而且性迷,如此一来,愈求索,则愈不得解脱。所以,修行功夫,首其要者,即在于净心。"心净则佛土净,若取于相,不名庄严,若取于法,亦不名庄严,必通达无我无法二义,是堪利己利他者,名真是菩萨,此是自净其土之究竟当决定者。"(《金刚经·净土究竟分》)

如何净心?如何去迷开悟?惠能对此有更为具体的论述。具体法则就是"无念"、"无相"、"无住"。惠能说:"我此法门,从上以来,先立无念为宗,无相为体,无住为本。"(《六祖坛经·定慧品》)

"无念为宗","宗"为宗旨。"无念"并不是什么也不想,而是不为念所系缚。"何名无念?若见一切法,心不染着,是为无念。"(《六祖坛经·般若品》)也就是"于世间善

---

① "佛性常清静"一语,常作"本来无一物",但据敦煌法海本《南宗顿教最上大乘摩诃般若波罗蜜经六祖惠能大师于韶州大梵寺施法坛经》记述,原文为"佛性常清静"。如果说"本来无一物",那是空宗的思想,不是禅宗的思想。

恶好丑，乃至冤之与亲，言语触刺欺争之时，并将为空，不思酬害"，能够将这一切都置之度外，"于念而无念"（《六祖坛经·定慧品》）。

"无住为本"，"本"为根本。"无住"即是不执着，不为念所困扰。"于念而无念"，就其无心于念而言，就其不于境上生心而言，是"无念"；就其不为念所困而言，就是"无住"。"念念之中，不思前境。若前念今念后念，念念相续不断，名为系缚。于诸法上，念念不住，即无缚也。"（《六祖坛经·定慧品》）有念，但是不为念所系缚，就是"无住"。

"无相为体"，"体"为本体。所谓"无相"，则是"于相而离相"。"外离一切相，名为无相。能离于相，则法体清净。"（《六祖坛经·定慧品》）"不思善，不思恶，自在无碍。"（《六祖坛经·忏悔品》）

其实"无念"、"无相"、"无住"，是一一相通的，能够做到"无念"、"无相"，也就做到了"无住"；能够做到"无住"，也就是"无念"、"无相"，也就是"虽有见闻觉知，不染万境，而真性常自在"（《六祖坛经·定慧品》）。

一位僧人问："《维摩经》云：欲得净土，当净其心。云何得净心？"禅师答："以毕竟净为净。"僧问："何是毕竟净为净？"答："无净，无无净，即是毕竟净。"问："何是无净无无净？"答："一切处无心，是净。得净之时，不得作净想，即是无净也。得无净时，亦不得作无净想，即是无无净也。"（慧海《顿悟入道要门论》）"一切处无心"，既然是"无心"，所以也应当"无心"于"处无心"。"无心"于"处无心"，才是"真性常自在"，才是真正的净心。

唐代青原惟信禅师说："老僧三十年前未参禅时，见山是山，见水是水，及至后来亲见知识有个入处，见山不是山，见水不是水。而今得个休歇处，依前见山只是山，见水只是水。"（《五灯会元》卷十七）"见山只是山，见水只是水"，此处境界，亦只是一个净心。宋代无门慧开禅师有诗："春有百花秋有月，夏有凉风冬有雪。若无闲事挂心头，便是人间好时节。"（《无门关》第十九则）"若无闲事挂心头"，亦只是一个净心。禅宗所倡导的境界，正是一种自然、自在、清静、空灵的精神世界。

对于儒家而言，"敬"既是本体，是境界，也是功夫；对于道家而言，"静"既是本体，是境界，也是功夫；对于佛家而言，"净"既是本体，是境界，也是功夫。就心性论而言之，不管是儒家，是道家，还是佛家，都强调本体—境界—功夫的一致与贯通，都强调融功夫于境界，融境界于功夫。儒家强调"敬"，"敬"突出的是恭敬的态度、认真的作风和虔诚的精神；道家强调"静"，"静"突出的是保守自我，突出的是不为外在事物所左右、所束缚；佛家强调"净"，"净"突出的是内在精神的自在、清明与空灵。儒、道、佛三家，其所突出的具体因素虽然有所不同，但并不是针锋相对的，并不是完全对立的。以今人之立场来看，甚至可以说，三者之间是相通的，也是可以相融的。如果能够将三者恰好地结合起来，无疑要比单独持守某一家之观点更为灵妙。在中国历史上不乏以儒释佛、以道释佛的例子，也不乏以佛释儒、以佛释道的例子。儒、道、佛的融通与交汇，本来就是一个历史的事实。然而，如何融通？还有很多的工作要做。

录自《探索与争鸣》2010年第6期

关于儒、道、佛三家的理论极限

韩东育

韩东育（1962 - ），辽宁新民人。1986 年东北师范大学历史系硕士，2001 年东京大学博士。2004 年至 2006 年，在东京大学从事博士后研究。1994 年起一直任教于东北师范大学历史系。主要著作有《天人·人际·身心：中国古代终极关怀思想研究》、《日本近世新法家研究》、《道学的病理》、《从"脱儒"到"脱亚"：日本近世以来"去中心化"之思想过程》等。

内容提要：儒、道、佛（禅宗）三家理论构架了中国传统哲学的主干。从理论"终极关怀"的视角看，三家皆有自身的理论极限：在儒为"天命"，在道为"无极"，在佛为"拈花之境"。三家理论既有纵向的衔续性，又有横向的涵纳性。道家以"无限"实现了对儒家的超越，佛家以"心法"实现了对道家的超越，最后由宋明理学完成了对三家的综合性超越。准确地找到这三个极限，对于在宏观上重新认识儒、道、佛三家在中国哲学史上的不同地位和作用或可提供一个新的视角。

几乎每一个学说，都有其理论所难以阐释和证明的最高限度。这个最高限度，我们称之为"理论极限"。在中国古代，诸子百家均有自己无法逾越的理论极限，这其中最为突出的，当属儒家、道家和佛学。东晋大和尚慧远，《高僧传》说他"少为诸生，博综六经，尤善老庄"。但抚今追昔，慧远却每每对儒、道两家颇多贬抑："每寻畴昔，游心世典（指儒家经典），以为当年之华苑也。及见老庄，便悟名教是应变之虚谈耳。以今而观，则知沉冥之趣，岂得不以佛理为先？"（《与隐士刘遗民等书》，《广弘明集》卷二十七上）这一心得，除了证明他悟道境界之不断提升外，却也说出了儒、道两家在思想理论上各存极限的客观事实。实际上，佛教，尤其是中国化了的佛教——禅宗，其本身亦存在着类似的极限。准确地找到这三个极限，对于重新认识儒、道、佛三家在中国哲学思想史上的不同地位和作用或许会提供一个新的视角。

一、"天命"——先秦儒家的理论极限

先秦时期有一个特殊的理论现象,即:争鸣的诸学派几乎无一例外地均把"道"视为本学派理论的最高范畴。但"道"的内涵显然是千差万别的。"道不同,不相为谋"(《论语·卫灵公》)的讲法,道出了这一事实。那么,儒家的"道"是什么呢?

作为儒家思想的基本理论发轫,"孔孟之道"包含着儒家关于"道"的全部萌芽和终极属性。儒家虽也重视世界万物存在本体和天地运行变化大规律意义上的"道",即"天道",但它更重视的则是社会发展之根本目标和最高准则意义上的"王道"与个人的"正心诚意"、"修齐治平",并由此而进入圣域的途径方法。因而从实际上讲,该"道"乃是人生的最高理想和永恒原则。《孟子·滕文公下》即把"道"的目标瞄准了"天下":"居天下之广居,立天下之正位,行天下之大道。"而"道"之所以具有公正的意义,相当程度上也是以天下的"民"为尺度而量得的结果,"达不离道,故民不失望焉"(《孟子·尽心下》)、"道也者,治之经理也"(《荀子·正名》)、"水行者表深,表不明则陷;治民者表道,表不明则乱"(《荀子·天论》)。不难看出,这种"道",带有相当浓重的人本色彩,这可以从"人"、"仁"、"道"三者间的互训关系中明察:"仁也者,人也,合而言之,道也。"(《孟子·尽心下》)说明"人道"即"仁道",亦即"王道"。所谓"尧舜之道,不以仁政,不能平治天下"(《孟子·离娄上》)是也。看来,《论语》所谓"士志于道"(《里仁》)也好,"君子谋道不谋食"、"君子忧道不忧贫"(《卫灵公》)也好,《荀子》的"士君子不为贫穷怠乎道"(《修身》)也罢,其"道"之所指,均未尝逾此。就连心理上的耻感反应,亦未离其大旨:"邦有道,贫且贱焉,耻也;邦无道,富且贵焉,耻也"(《论语·泰伯》)、"邦有道,谷;邦无道,谷,耻也"(《论语·宪问》)。显然,此"道"已成为儒家士子的"终极关怀"。张岱年先生指出,中国古代的儒家思想,堪称"发扬人生之道"的"终极关怀"("中国哲学关于终极关怀的思考",《社会科学战线》,1993年第1期)。其实,说到这里,结论性的东西已经露呈,即:先秦时代的儒家之"道",更多的只通用于天地之间的人类社会。就是说,与人生无关的或离人生稍远的抽象存在,一般不在讨论和探究之列。孔子弟子子贡说过:"夫子之文章,可得而闻也,夫子之言性与天道,不可得而闻也。"(《论语·公冶长》)对此,荀子有一段比较达意的发挥和总结:

> 君子敬其在己者,而不慕其在天者……传曰:万物之怪书不说。无用之辩,不急之察,弃而不治。若夫君臣之义,父子之亲,夫妇之别,则日切磋而不舍也。(《荀

子·天论》)

就是说，这样的"道"是不离人世的，也是不离人事的："道不远人。人之为道而远人，不可以为道。""道也者，不可须臾离也。可离非道也。"(《礼记·中庸》) 可是，儒者在知行活动中，却实实在在感觉到有一种高于此"道"并指导和决定此"道"的大规律客观地存在着。孔子说："道之将行也欤？命也；道之将废也欤？命也。"(《论语·宪问》) 这表明，孔子已意识到，在儒家的"道"之上，还应有一个特殊的存在，这就是"命"。可究竟什么是"命"，却又很难说清，只觉得冥冥之中有一种东西，它决定人事的发展变化，却又不为人的意志所左右，使人们在它面前无可奈何。《孟子·万章上》说："莫之为而为者天也，莫之致而至者命也。"《庄子·人间世》称："知其不可奈何，而安之若命。"《庄子·达生》篇释"命"："不知吾所以然而然，命也。"一个有趣的现象是，儒家的"命"，有时就是"天"，"天"亦常常被称作"命"。如"死生有命，富贵在天"(《论语·颜渊》) 中的"命"与"天"之互训关系等，故"天命"每每连用。《左传》宣公三年称"周德虽衰，天命未改"；《论语·为政》篇亦有"五十而知天命"之说。而且，孔子对于"天命"是常怀敬畏之心的。他说："君子有三畏：畏天命，畏大人，畏圣人之言。"(《论语·季氏》) 有学者认为，"命，作为儒家历史哲学的重要范畴，与'天'、'天意'属同一层次，天与命可以相合成'天命'。"(方同义："儒家道势关系论"，《孔子研究》1993年第1期) 而人类的主体之道与历史发展不可预知的内在必然性之间所发生的矛盾，使"孔孟之道"的有效范围也只能局限在人世间而已。"尽人事而待天命"等说法表明，人事尽处即是"命"。说明儒家之"道"已无力解释虽在人世之外却能决定和制约人间事务的更高层次的规律。显然，"天命"已成为先秦儒家的理论极限。

理论极限意味着无话可说。好像有一种预感，当孔子发现了这个极限后，就已经意识到了它的危险走向，即流布于民间的"天命论"可能会染上浓重的先验迷信色彩。所以他才竭力防范和阻止之，所谓"子不语怪力乱神"(《论语·述而》) 是也。荀子亦曾对"天命"讹滥成"宿命"后的卜知祷求现象进行了严厉的斥责，认为这些行径，"学者不为也"(《荀子·非相》)。可是，理论极限所形成的诠释真空，事实上是无法阻止异端邪说的乘势填充的。历史上，这种染上了迷信色彩的"天命观"，早已散入民间，甚或在某些权势者口中，也每每成为无可奈何时的最高安慰和推卸责任的唯一借口。殷商将灭，纣王喊道："呜呼！我生不有命在天？"(《尚书·西伯勘黎》) 项羽兵败乌江，不自忖过失，末了却仰天长叹："天亡我，非用兵之罪也！"(《史记·项羽本纪》) 迨至东汉，此风非但未衰，反发展成较完备的理论说教，如王充在《论衡·命禄》篇中所云者。它最终凝结成一句先验论格言，叫做"否泰有命，通塞听天"(《抱扑子·外篇·应嘲》)。这显然是儒家理论极限的负效应，它导致了迷信。

二、对"天命"超越与"无极而太极"

荀子曾非议道家，说它"蔽于天而不知人"（《荀子·解蔽》）。可是，反向的思考亦同步成立，即道家的天论，又何尝不是对"蔽于人而不知天"之儒家理论及其极限的一大超越呢？如果说，儒家的"命"就是"天"，那么，它的层次则刚好处于"老庄之道"的下面，即孔孟与老庄之间的关系实乃"人法地，地法天，天法道，道法自然"（《老子·二十五章》）中的"天"与"道"的关系。"大道废，有仁义"（《老子·十八章》）一语，已至为明确地披露了这一关系。因此，可以说，儒家抛出的理论极限，刚好是道家哲学的出发点，即：道家所喋喋不休的，正是儒家之所阙如者。日后互补的原因，盖存乎此。

儒家之所以推出"天命论"这一理论极限，某种意义上，实出于对瞬息万变之社会现实的无可奈何。雅斯贝尔斯认为，在"轴心期"时代，整个世界的不确定性，使人们经常不断地面临着现实性的丧失（参见《智慧之路——哲学导论》第13页，中国国际广播出版社1988年版）。不过，不确定性也好，不断丧失的现实性也罢，都在说明一个问题，即儒家所尊奉的伦常道德和社会秩序，在更广泛的意义上讲，都不过是一种有限的存在，唯其有限，因而才无法对超出这一范围的事物做出准确的判断。特别是当现实的实际状况与按正常价值尺度之要求所产生的结果每每相左时，人们便只好对天长叹，把这最高裁决权拱手让于老天，让于命运了。"老庄之道"的意义在于，它要求人类在大规律、大背景下，来寻找终极和永恒，即把人放进宇宙世界中以后，再去抓取生命的价值和意义。也就是说，人生的价值和意义，只有和无限合一，才有永恒可言，才不致患得患失，更不会软弱到将生命前程寄托给命运和鬼神的程度。

为了突破儒家的理论极限，庄子曾设计过一个反差极为悬殊的大、小之境。《庄子·秋水》篇云：

> 吾在于天地之间，犹小石小木之在大山也。方存乎见小，又奚以自多！计四海之在天地之间也，不似礨空之在大泽乎？计中国之在海内，不似稊米之在大仓乎？号物之数谓之万，人处一焉；人卒九州，谷食之所生，舟车之所通。此其比万物也，不似毫末之在于马体乎？五帝之所连，三王之所争，仁人之所忧，任士之所劳，尽此矣！

这一大一小的强烈对比告诉世人，当人感受到无限并回视人间时，人和由人组成的社会该是如何渺小和不值一提！社会既已如此，于其间往来运作的人生价值标准又何足道哉！而面对这不值一提的"人间世"，还有什么是非曲直看不开呢？又何苦"为轩冕肆志"、"为穷约趋俗",甚至慨叹命运、怨天尤人呢?显然,这里的"小",是指有限,而"大"则是无限的存在。可以说,"老庄之道"的理论体系,便依此而立,即:无限审视有限,有限化解于无限。用他们自己的话来讲,叫做"以道观之"和"道通为一"。

那么,究竟是哪些不确定性事物促成了儒家理论极限的形成呢?庄子说:"死生、存亡、穷达、贫富、贤与不肖、毁誉、饥渴、寒暑,是事之变、命之行也。日夜相代乎前,而知不能规乎其始者也。"(《庄子·德充符》)这里,有时间上的概念,亦有空间上的概念,更有人事上的纠葛。可这一切,在无限的"道"面前,显然都是稍纵即逝的有限,即:"井蛙不可以语于海者,拘于虚也(空间);夏虫不可以语于冰者,笃于时也(时间);曲士不可以语于道者,束于教也(人事)。"(《庄子·秋水》)结果,无限的"老庄之道"既破了这个"虚",也破了这个"时",更破了这个"教",它实现了"至大无外"的理想,也实现了"道通为一"的夙愿。于是乎,有限世界中形成的理论极限,在无限的世界里便再也无"极"可言。就连儒家"天命论"在民间所造成的迷信,在"老庄之道"的纵横捭阖下,也全部烟消云散:"以道莅天下,其鬼不神。"(《老子·六十章》)"夫道……神鬼神帝,生天生地。"(《庄子·大宗师》)

无限,在《老子》、《庄子》和《列子》书中,每每被称作"无极"或"无穷"。《老子·二十八章》说:天下万物,"复归于无极"。有人说,"广成子"即老子,广成子云:"彼其物无穷,而人皆以为有终,彼其物无测,而人皆以为有极……故余将去汝,入无穷之门,以游无极之野。"(《庄子·在宥》)在这个意义上,"道"的别称——"无",则被解释成"无穷"或"无极"。《庄子·则阳》篇:"无穷无止,言之无也,与物同理。"《列子·汤问》篇载:"殷汤问:'然则上下八方有极尽乎?'革曰:'不知也。'汤固问,革曰:'无则无极,有则有尽。朕何以知之?'"显然,"无",作为"无限"的代名词,是一个无所不包的物质实存。程明道说:"道之外无物,物之外无道。"(《语录》四)可是,对这个无边无际的存在,究竟怎样做才能把握得了,这却难坏了所有的先哲。王弼"圣人体无,无又不可训"(《世说新语·文学》)云者,说的正是这份苦恼。我以为,这与道家哲学物质无限论所产生的新的理论极限密不可分。如果说,"天命"是儒家诸子宥于"有限"而形成的理论极限,那么,宇宙无限论的难以把握("大道不称")这一事实本身,则构成了道家诸子的新的理论极限,这便是后世周敦颐和朱熹所经常讨论的重要命题——"无极而太极"。

如前所述,"无极"一词,出自《老子》第二十八章。而"太极"的名称,则最先始于《易·系辞上》,即所谓"易有太极,是生两仪"。邵雍的《皇极经世书》卷八称:"太极,道之极也。"朱子释"太极",谓"太极""是无之极"。然此"无"却并非空无,因为"至无之中,乃至有存焉"、"至无之中,乃万物之至有也"。"只是极至更无去处了"、

"太极者如屋之有极，天之有极，到这里更没去处"（《语类》卷九十四）这个"没去处"，显然不是行走之穷途，而是逻辑之穷途。庄子在《大宗师》篇中，曾把"道"列诸"太极"之先。对此，朱子门人陈淳之于《北溪字义》中论云："庄子谓道在太极之先。所谓太极，亦是三才未判浑沦底物，而道又是一个悬空底物，在太极之先，则道与太极分为二矣。不知道即是太极。"邵雍亦称："道为太极。"（《皇极经世书》卷七）而"谓道为太极者，言道即太极，无二理也。"（《北溪字义》）既然"道"就是"太极"，而且如前所述，"道"也是"无极"，那么，由周敦颐最早提出的"无极而太极"的命题，便颇让人费些解释上的周折。有人说，"无极而太极"，是指"太极"之前复有"无极"，其顺序自应是"无极"在先，"太极"在后。但朱子认为，这不过是对庄子"道"在"太极之先"之记述谬误的一种放大。其实，"无极而太极，不是太极之外，别是无极……'无极而太极'此'而'字轻，无次序故也。"（《语类》卷九十四）此亦如冯友兰所说："无极、太极，及无极而太极……统而言之，我们名之曰道。"（《新理学》第97页，商务印书馆，民国二十八年版）可见，"无极"就是"太极"，无限就是极限。道家之理论极限，就是"无极"，就是"道"本身。因为无限的"道"也只能以自我为极，故曰"道法自然"。

"无极"之所以就是"太极"，就是道家的理论极限，从更根本的意义上说，是由于对"无限"的无法说明。因为古往今来，任何一位试图对"无限"作出说明的人，恐怕都不可避免地要遇到表述上的巨大困难。困难的原因在于，"无限"（雅斯贝尔斯称为"统摄"，冯友兰称为"全"），指的其实是某种非对象的存在。可当你去思考它时，它就成了你思想的对象。于是，主、客对立产生了，因为这是认识的前提。而一旦它已成为你思想的物，那就必然是分裂之中的存在物。由于分裂是一个本来统一的东西被撕裂开的状态，因此，在这种状态下获得的认识，便肯定不再是囫囵一体的无限。道理很简单，假如这是包容一切的"一"，那么，当我要研究这个"一"的时候，"一"与我便成了相互对待的存在，而"一"与"我"一旦成了相互对待的存在，那么，此时的"一"，便决不再是包容一切意义上的"一"了，因为至少我已经不再包括在此"一"中了。与此同理，当你去说明"一"的时候，说明本身便成了"一"的对待物。"一"的无所不包性，自然也要包括你的语言才行，而你若说明它，那么，被说明的对象便也肯定不再是无所不包的"一"了，即："无限"变成了"有限"，"无"转化成了"有"。

显然，老庄的无限论，亦不可避免地遇到了以上的苦恼。《老子·一章》就向世人披露了这一苦恼："道可道，非常道；名可名，非常名。""道"是给"无限"起的名字，如果用这个概念来说明，并且可以说明那无所不包的"无限"，那么，这个无限便不成其为"无限"了。因为既然无限无所不包，那就应该包括这个"道"字，而一旦用"道"来说明"无限","道"与"无限"便成了相互对待的存在。正因为如此,老子才讲,"道",说得出的,便不是永恒的"道";"名",叫得出的,便不是永恒的"名"。老子为什么要说"道常无名"、"道隐无名",为什么要强调"是以圣人,处无为之事,行不言之教"和"希言自然",恐怕也都是基于以上的苦恼。对此,庄子在认真总结老子思想的同时,更给后人留下了一道最大的难题:"夫大道不称,大辩不言……孰知不言之辩,不道之道?若能知之,此之谓天府。"(《庄子·齐物论》)形成于唐朝中叶的禅宗哲学,历史地承载起这至为艰巨的理论任务。

三、"心法"——禅宗对道家理论极限的超越与被超越

道家的理论极限,实源于把握上的一个悖论。这个悖论是:用经验去感受超经验的存在,用语言去陈述超语言的东西。要破除这个悖论,只有一个办法,即抛却感受和陈述的经验、语言前提而直入肯綮。禅宗及其"心法"要妙,即存乎此。

依禅宗的说法,释迦牟尼有一种秘密传道法,称为"密意"或"心法"。这个"密意"或"心法",在印度经过了二十七代的传授,到梁武帝时,始由达摩传至中国。又经五代传入,始衣钵慧能,是为"六祖"。慧能生前传道的方法,被弟子记录下来,辑成《六祖坛经》。任继愈先生认为:"禅宗在西方的传法世系,恍惚迷离,完全是中国禅学者补造的,不足信。"("农民禅与文人禅",《传统文化与现代化》1995年第一期)实际上也确乎如此。一定意义上说,禅宗基本上是由中国人自创的,因为其理论本身乃是对中国传统哲学的一个顺势发展和继续,这种发展和继续形式中所呈现的突破或超越,也是对前一种哲学所遇到的理论极限而进行的突破与超越。外来哲学的影响,充其量只是助力,而非主力。范文澜先生说"(慧能的)始祖实际是庄周"(《唐代佛教》,第68页,人民出版社,1979年版),此说甚确。

禅宗的立意本旨是"即心即佛"。慧能说,"故知万法,尽在自心","识心见性,自成佛道","识自本心,若识本心,即是解脱。既得解脱,即是般若三昧"。唯其如此,其传授的方法,也只能是"以心传心"的"心法"。当年慧能受法时,五祖弘忍对他说:"法以心传心,当令自悟。"慧能也说:"迷人口念,智者心行。"(以上均见《六祖坛经》)慧能的弟子神会亦道:"一念相应,便成正觉。"(《神会语录》)它至少道出了禅宗的以下三大特征:1.废止语言,不立文字;2.追求顿悟,废止渐教;3.但求体道,不拘仪式。

道家的最高困惑,是如何以非语言形式来状摹"道"或"无限"。而禅宗的理论,便刚好从这里起步。据《楞伽人法志》载,弘忍大师不喜言说,亦不喜为文,平素总是

"萧然静坐，不出文记，口说玄理，默授与人"、"缄口于是非之场，融心于色空之境"、"生不瞩文，而义符玄旨"。所谓"不立文字，直指人心"云者，正得其旨。北宋大师契嵩在《六祖大师法宝坛经赞》中说："默传，传之至也……《涅槃》曰：'始从鹿野苑，终至跋提河；中间五十年，未曾说一字'者，示法非文字也，防以文字而求其所谓也。曰依法不依人者，以法真而人假也。曰依义不依语者，以义实而语假也。曰依智不依识者，以智至而识妄也……示法非文字，故至人之宗尚乎默传也。"（《镡津文集》卷三）相传，慧能生来不识文字。可是他极高的悟性，不但使不识文字无法构成他体道的障碍，反倒成了一大天然长处。据《曹溪大师别传》载："尼将经与读，大师曰：'不识文字。'尼曰：'既不识字，如何解释其义？'大师曰：'佛性之理，非关文字，能解，今不识文字何怪？'"（《续藏经》第二编乙）甚至有人认为，慧能自谓不识文字，非不识也，乃有意为之。契嵩即谓："夫至人者，始起于微，自谓不识世俗文字，及其成至也，方一席之说而显道救世，与乎大圣人之云为者，若合符契也。固其玄德上智生而知之，将自表其法而示其不识乎？"（《镡津文集》卷三）同时，历史上，也每每有人提出这样的问题：既然废止语言，不立文字，可是，禅经所见，又安之而非语言、非文字耶？元朝宗宝云："或曰：达磨不立文字，直指人心，见性成佛，卢祖六叶正传，又安用是文字哉？余曰：此经非文字也，达磨单传直指之指也。"（见《普慧大藏经》四本《坛经》合刊本）实际上，如果把禅宗的发展大致分为前后两个不同时期的话，那么，前期的弘忍、慧能等创立成长时期的确是主张不立文字、直指本心的。而《灯录》、《语录》等文字记录在悟道时的渐居主位，则是化为"五宗"后的后期情形。因此，从体道水平而论，后期往往不及前期。当然，这也并非绝对，临济宗的许多做法，常常可视为反例。

"以心传心"的最高境界，便是禅宗大师们所津津乐道的"拈花"之境了："妙道虚玄，不可思议，忘言得旨，端可悟明，故世尊分座于多子塔前，拈花于灵山会上。似火与火，以心见心。"（见《普慈大藏经》四本《坛经》合刊本）禅宗自称，佛陀在灵山会上对着百万人众，默然不语，只自轻轻地手拈一枝花，对大众环视一周，人皆不解，唯大弟子迦叶会心，展颜一笑，于是佛祖便肯定只有他获得了佛说的主旨，并当众宣布："我有无上正法，悉已付嘱摩诃迦叶矣！"（见《镡津文集》卷三）

那么，禅宗最高境界之"心境"究竟是怎样一种存在呢？《曹溪大师别传》中有下面一段话：

> 其年四月八日，大师为大众初开法门曰："我有法，无名无字，无眼无耳，无身无意，无言无示，无头无尾，无内无外，亦无中间，不去不来，非青黄赤白黑，非有非无，非因非果。"大师问众人："此是何物？"（《续藏经》第二编乙）

一望便知，这乃是"不可称"、"不可名"的"道"和不能视、不能闻的"混沌"，是"统摄"、"大全"和"一"。在这个"无限"面前，任何语言文字都是不能达意的（"第一义不可说"），任何外在的体道方法和手段都因其有限而无法与无限冥通为一。经验和语言这些道家在体道过程中所欲舍而不可、欲罢而不能的前提条件，却在禅宗的"默传"与"微笑"中得到了化解。而"默传"与"微笑"的凭借，则是由外在世界的无限内化与内在世界的无限外化之相互交融所形成的"真心一元"。慧能说："何名'摩诃'？'摩诃'是'大'。心量广大，犹如虚空……既空，能含日月星辰、大地山河、一切草木……性含万法是大，万法尽是自性。"（《六祖坛经》）禅宗通过"心法"，把道家的"游心于物之初"变成了佛教的"万法归心"。《坛经》说："菩提只向心觅，何劳向外求玄？听说依此修行，西方只在眼前。""心法"实现了佛教对道家理论极限的超越。

由以上可见，在无限的意义上，佛、道境界是一致的。但道家的体道过程，却颇费时日，亦非常人之力所及。如庄子曾叙述道：

> 吾犹守而告之，参日而后能外天下；已外天下矣，吾又守之，七日而后能外物，已外物矣，吾又守之，九日而后能外生；已外生矣，而后能朝彻，朝彻而后能见独，见独而后能无古今，无古今而后能入于不死不生。（《庄子·大宗师》）

这种对"无限"的思维把握显然是直觉式的，然而，其对永恒的接近却是渐进式的。它与禅宗的体认方法，可谓大相径庭。"直指人心，见性成佛"等说法表明，禅宗是主张"因缘渐修，佛性顿见"的"顿悟"的。即超越所有过程，达到"瞬间—永恒"。一般认为，禅宗中"北宗"、"南宗"之不同，主要是以了悟之迟速分界，即所谓"南顿北渐"。其实，这是不确切的。实际上，弘忍、神秀也都主张顿悟。神秀《观心论》即谓："悟在须臾，何烦皓首？"《大乘无生方便门》亦云："一念净心，顿超佛地。"禅宗的这种体认方法，把道家的"过程"变成了佛教的"瞬间"，把道家的"不守即失"的"无限"感受，变成了佛教之"一旦了悟，即为永恒"的终极存在。显然，这是佛教对道家的又一超越。

也正是在上述意义上，我们才可能对禅宗不拘一格且多彩离奇的悟道方式做出较为合理的解释。

首先看"棒喝"。

禅门悟道时，师傅往往对将悟而未悟者当头棒喝，据说这样做可以促其顿悟，达到"心佛一体"之境界。《五灯会元》："枉费精神施棒喝。"《碧岩八则评唱》："德山棒，临济喝。"《禅林句集·坤》："喝大地震动，一棒须弥粉碎。"但是，学界却每每以为此乃禅宗之堕落和低俗化表现，实则不然。理由是：既然第一义不可以语言文字言说，那么，便只好凭借其他语言形式来传递了。拈花会意是心理语言，而这种对肉体的击打与呵斥，则属于促人顿悟的物理语言。它适用于，也只能适用于禅宗式的悟道。尤其当悟得"平常心是道"的时候，则问道者本身，即属该打之列，临济曾经说过："我二十年在黄檗先师处，三度问佛法的大意，三度被打。后于大愚处大悟，云：元来黄檗佛法无多子。"（《古尊宿语录》卷四）

其次看所答非所问。

谜语式的"机锋"问答，是禅宗僧徒间经常出现的对话方式。由于很多问题原本就不需要回答，所以，以何作答，便是件无所谓的事。僧问马祖："'和尚为什么说即心即佛？'曰：'为止小儿啼。'"（《古尊宿语录》卷一）为什么会经常出现这样的对话呢？我以为，这也正是语言文字对禅宗不再具有意义的缘故。既已无意义，那么，答非所问甚至信口胡诌，都不犯教规。语言，在禅宗那里，实成为一种做语言游戏的玩具。

第三看"担水砍柴，无非妙道"。

参禅打坐，是禅宗悟道方法之一种，是有限。既然连语言文字都可弃置不理，那么，经典自然无用，削发为僧、双掌合十又何用之有？慧能说："生来坐不卧，死去卧不坐。一具臭骨头，何为立功课？""若欲修行，在家亦得，不由在寺。"（《六祖坛经》）其实，由于"即心即佛"，内在的"心"才是一切，因此，无论什么外在形式，都变得无足轻重。"担水砍柴，无非妙道"的意思，实际上是说，既然干什么都对悟道无妨，那么，干什么亦都可以悟道。弘忍即说过："四仪（行、住、坐、卧）皆是道场，三业（身、口、意）咸为佛事。"（《楞伽人法志》）之所以敢这样做，是因为"但终日吃饭，未曾咬着一粒米；终日行，未曾踏着一片地"、"终日说事，未曾挂着唇齿，未曾道着一字；终日着衣吃饭，未曾触着一粒米，挂着一缕丝"（《古尊宿语录》卷三、卷十五）。显然，悟道者已进入了灵肉分离的状态："直向那边会了，却来这里行履。"（《古尊宿语录》卷十二）这也是少林禅僧"酒肉穿肠过，佛祖心中留"之俗令所由以产生的理论根据。既然干什么都不妨碍悟道，那么，自己养活自己的农事劳作，显然是生存下去的最实际选择。这也是对任继愈先生把禅宗归结为"农民禅"的我的解释。

禅宗常讲："百尺竿头，更进一步。"冯友兰先生解释说："一个人爬竿子，竿子的长有一百尺，爬到了百尺，就是到头了，还怎么往上爬呢？这就需要转语。"（《中国哲学史新编》第五册，第9页，人民出版社，1988年版）如果说禅宗"心法"实现了对道家之"道"的理论极限的超越，那么，超越后的"相对无语"和"拈花而笑"，便成了禅宗爬到了尽头的"百尺竿"，这就是禅宗哲学所难以逾越的理论极限。"更进一步"，只不过体现了它超越自身的愿望而已。然而实际上，禅宗的理论极限，在它形成的一刹那，就已经被其废弃语言、不立文字原则所导致的正常反应所超越、所突破，尽管这是不自觉的。这一切，均体现在必然要下的那个转语上，体现在"出圣入凡"的行为中。因为既然

"担水砍柴"无非妙道,那么,出家与否又有何别?既不出家,则"事君事父"又安非妙道?这个转语由宋明理学所完成。在那里,最终实现了对儒、道、佛三家的超越与综合。

录自《东北师大学报》(哲学社会科学版)1996年第3期

从儒释道"三教"看我国传统政教关系的特点

杨 军

杨军（1964－），四川省武胜县人。2007年获四川大学公共管理学院博士学位。现任教于四川电子科技大学人文社科学院。

内容提要：自有人类便有宗教。宗教随着社会历史变迁而发展变化，并与民族关系极其密切。汉民族的历史上多种宗教并存而尤以儒、释、道三教与国家政治关系紧密。儒学乃封建正统思想，道教是土生土长的中国宗教，佛教则呈现出一种外来文化中国化的形式，三者在中国历史上发挥了或积极或消极的作用。它们在政治功能上表现出了其作为上层建筑的意识形态所具有的独特而重要的作用，对整个社会的发展产生了极为重要的影响，并形成了中国封建社会中儒为主、释道为辅的政治文化格局。值得注意的是三者与政治的关系同世界其他宗教与政治的关系相比，有着自己鲜明的特色。

关键词：三教 政治 宗教 关系

纵观中国社会的发展历史，儒、道、释三教[①]对整个社会的发展产生着或积极或消极的作用。中国历史上一直以来都是儒家思想占统治地位，儒学在国家的政治生活、社会道德风尚等方面都发挥着指导作用，儒学儒家伦理在中国是根深蒂固的。道教自东汉末年兴起，从一开始就采用了儒家的价值标准，并且与儒学结成了紧密的联盟，共同排斥佛教，以捍卫封建纲常名教为维护封建王权服务。佛教作为一种外来宗教文化，自东汉传入中国后，为了使自己能在中国这块土地上站稳脚跟，尽力使自己与儒家伦理保持一致，声称自己是"助王政之禁律，益仁智之善性"[②]，从而与儒、道互为补充。中国的国情决定了儒

[①] 儒释道历来被称为"三教"，但对这个"教"赋予的涵义是不一样的。本文所说的"儒教"取孙尚扬《宗教社会学》中的观点，认为儒教虽然不是一种制度型的、独立的宗教，但仍是一种完备意义上的宗教，是一种弥散型宗教。

[②] 《魏书·释老志》。

学正统地位的牢固性，佛、道二教在国家的政治生活中处在辅助的地位，三者又相互补充，共同为巩固封建秩序服务。中国宗法性社会结构、传统的王道政治决定了宗教与政治的关系具有以下特点。

一、君权至上，形成了中国政教关系中教权服从政权的鲜明特点

政治作为社会上层建筑的核心，要求上层建筑的其他因素都必须与它相适应，宗教也不例外。宗教与政治的关系在不同时代、不同文化背景、不同类型的宗教中表现出不同的特点。中国自夏商周三代以来直至清末，皇权都是凌驾于教权之上，始终支配着教权，中国宗教包括儒教、道教、佛教与政治的关系表现为教权服从政权的鲜明特点。考察中国古代社会历史，可以发现其以亲疏长幼的差别来分配财产与权力，血缘关系成为社会其他关系的纽带，宗族和家族是最重要的社会组织形式，形成了强烈的宗法性社会的特点①。这一社会结构特点的集中体现便是重视名分、有严格的等级、用"三纲五常"维护君权至尊。宗法政治决定了君主权威的至高无上，君主或皇帝乃"真命天子"，代表着"天意"、"天命"来君临天下，因而拥有统治天下的绝对权力，以此形成了古代中国"普天之下，莫非王土，率土之滨，莫非王臣"的政治传统和社会局面。宗法性政治体制同时决定了君权对神权的支配地位，一国之主把持着祭祀天神和皇族祖先的大权，这也就意味着皇权决定着教权的生杀予夺，宗教必须要以君王为核心和枢纽来实施并达到其目的。中国的君权与教权即政治与宗教的这种主从关系的定位一直持续整个中国封建社会发展的始终。

宗教在阶级对抗的社会中，历来是被统治阶级用来作为维护和巩固其统治的重要工具。中国自夏商周三代以来就一直盛行于民间和朝廷的天神崇拜、祖先崇拜，使敬天法祖成为中国传统宗教的基础。代表中华文明本质精神的儒家体系被视为是一种植根于中国人灵魂深处的伦理宗教和政治宗教。儒家纲常名教对封建统治的得力维护，在中国漫长的封建社会中起到了稳定封建制度、保持社会的长治久安的作用。而儒家纲常名教之所以能发挥如此威力，又与宗教（包括道教和佛教）对儒家伦理道德学说的渲染、烘托、深化、普及密切相关，这使儒家的伦理思想成为人们奉若至尊的言行准则。佛教传入中国后，为了在异国土地上求得生存和发展，也一反其视"佛道为至上道"、强调佛教具有最高权威的传统，而声明"不依国主，则法事难立"②，实为悟出了佛教在中国的兴衰完全倚仗皇帝的喜好与取舍，从此把"依靠国主"作为佛教在中国发展的重要策略。道教自从变为上层

---

① 孙尚扬：《宗教社会学》，北京大学出版社，2001年，第205页。
② 《高僧传·道安传》。

宗教以后，始终是很自觉、积极地将自己的功能角色定位为王道的辅佐，一直忠诚地维护皇权朝纲。在历史上的三教冲突中，道教始终是儒学与皇权的拥趸，以中华传统文化维护者自居，竭力排斥佛教。不论儒、释、道三者与政治的关系是融洽还是紧张，在整个中国封建社会的发展进程中，统治阶级对其都具有绝对的支配权力。

二、以儒为主、释道为辅的宗教政治格局有力地维系着中国宗法性社会结构的稳定与长久

儒学作为封建正统思想，在二千多年的封建社会中一直是上层建筑的主要精神支柱。儒学思想体系的建立基于儒学的创始人孔子，在对夏商周的传统文化特别是西周礼乐文化的损益更新中，以"仁"为核心，以"礼"为规范，以"内圣外王"为追求目标所创立的学说。自汉武帝采纳董仲舒建议开创独尊儒术局面以后，儒家学说两千多年来一直是封建社会的统治学说，是我国传统文化中的主体，它影响着意识形态领域各种思想、学说的发展。儒家思想是封建君主专制政治的统治思想，儒家经典是制定朝纲朝仪、颁布有关军政大事的诏书和奏表、修订有关礼乐刑政制度等的重要依据。在流派林立的各种思想文化之中，儒学一直处于主流地位，即便是佞佛如梁武帝，佞道如宋徽宗，也都不失其尊孔讲经的儒家本色。尽管历史上统治者有时提倡道教或佛教，有时儒、释、道"三教"并用，而终以儒为主。唐代佛教最盛，但依然是君权至上，经学为尊，纲常名教始终是神圣不可侵犯的。作为反映封建制度根本利益的儒家伦理思想和礼法观点，是贯穿、支撑封建社会上层建筑的主要精神支柱，儒家以外的思想要在封建上层建筑内部取得一定的地位，也必须以符合封建伦理道德的要求为前提。佛道二教在这种君道至尊、皇权至上的既定格局中，出于生存发展的需要而处处依附于皇权，声明本教"有助王化"。历史上也有统治者把佛教立为国教，但佛教却从来没有取代过儒学对国家政治生活、社会行为规范产生的决定性作用。儒家思想之所以在中国传统文化之中占据着主导的地位，并对中国传统社会的进步发展产生了深远的影响作用，这是因为儒学思想体系中的"义利观"、"小康"、"大同"的社会理想、"大一统"的主张以及"三纲五常"君权至尊的思想，维护和论证了封建制度的合法性及永恒性，巩固了封建大一统的纲常秩序。

道教，作为我国社会土生土长的宗教，在封建社会中一直扮演着王道政治的辅助力量的角色。儒家学说敬天安命的思想、谶纬神学以及伦理道德理论，都是道教重要的精神养料，这也使道教从一开始就是敬儒融儒，而从来不反儒排儒。道教既出世又入世的教理教义中，其入世思想便基本上是来自儒家学说，其阴曹地府、因果报应、修道成仙等教义，又填补了儒家学说对社会精神控制力的不足，对竭力维护封建秩序，力主"王道"的儒家

政治，是一种有力的辅助。早期道教就表现出对礼教的自觉维护，《太平经》中强调忠君、孝亲、敬长，《老子想尔注》也肯定忠孝仁义，葛洪更主张"欲求仙者，要当以忠孝和顺仁信为本，若德行不修，而但务方术，皆不得长生也"。① 在变为上层宗教以后，道教更是忠诚地维护君权朝纲。其维护名教的鲜明态度使各朝政权对它都比较放心，多数情况下都给予它积极的支持和保护。早期南北天师道、后期的全真道及正一道，其领袖人物往往受到皇帝的赏识与重用，成为君权的得力助手，实际充当了封建政权强有力的后盾。总之，道教与儒家"王道"政治自来并行不悖，协调一致，相互扶持。

佛教，同样充当着维护封建纲常名教的同盟军。佛教作为一种外来宗教，当它在中国逐渐显示出作为一种独特的文化思潮与社会势力的巨大潜力以及迅猛的发展势头时，引起了社会的普遍关注。外来文化与传统文化之间必然产生剧烈碰撞，因此从三国时期开始，反佛斗争从未间断过，这又从客观上刺激和提醒了佛教，要在异国土地上生存发展，就必须"入境问俗，入国问礼"。所以佛教十分注意中国固有文化的特点，努力改变自己以适应中国国情与社会心理。印度佛教重出世、远政治、看破今生、追求解脱的文化在它传入之初对儒家的"三纲五常"表面上也有所否定，但它很快认识到不能和它发生正面冲突，便转而依附儒学，成为儒家维护纲常名教的同盟军。佛教徒公开表示："周孔即佛，佛即周孔。"对封建帝王则声言帝王即佛之化身，将忠君与事佛等同。北魏僧人法果就把皇帝称为"当今如来"，谓"能弘道者人主也，我非拜天子，乃是礼佛耳"②。东晋名僧慧远也说："常以道法之与名教，如来之与周孔，发致虽殊，潜相影响，出处诚异，终期则同。""其弘通利物，则功侔帝王，化兼治道。""是故悦释迦之风者，辄先奉亲而敬君，变俗投簪者，必待命而顺动。若君亲有疑，则退而求其志，以俟同悟。斯乃佛教之所以重资生，助王化于治道者也。"③ 他把儒家的入世精神融入了佛教思想中，把帮助君王治理国家视为佛教本有之义。正因为如此，佛教才越来越受到统治者的重视与支持，把佛教作为更好地实现儒家封建伦理道德的精神工具。北魏文成帝对佛教的认识具有一定的代表性，他认为："夫为帝王者，必祇奉明灵，显彰仁道。其能惠著生民，济益群品者，虽在古昔，犹序其风烈。是以《春秋》嘉崇明之礼，祭典载功施之族。况释迦如来功济大千，惠流尘境，等生死者叹其达观，览文义者贵其妙明，助王政之禁律，益仁智之善性，排斥群邪，开演正觉。故前代已来，莫不崇尚，亦我国家常所尊事也。"④ 因而佛教虽是外来文化，

---

① 王明：《抱朴子内篇校释明本》，中华书局，1985年。
② 《魏书·释老志》。
③ 《弘明集》，卷五。
④ 《魏书·释老志》。

与王道政治的国家利益、与儒家传统有一定矛盾,但它既然能"助王政之禁律,益仁智之善性",其作用也就在于补充封建法治之不足,辅佐名教,扩大封建道德的影响。也就是说,佛教与中国传统文化总的是同大于异,可以与儒道互为补充,共同为巩固封建秩序服务。

三、传统的儒学、本土的道教和中国化的佛教均体现了中国宗教注重政治伦理教化作用的特点

儒学的成就不仅在于它被确认为最高统治思想,还在于它的伦理观、人生态度及基本信仰,广泛渗透到社会各领域、各阶层。儒家学说,以阐发我国古代社会固有的传统伦理道德理论为核心,它所提倡和阐扬的道德规范体系,孝悌忠信、礼义廉耻、仁义礼智信、齐家治国平天下等成为普遍为人所接受的社会行为准则和判断是非的标准。而"三纲五常"、"君为臣纲,父为子纲,夫为妻纲"的"三纲"[1]、"仁、义、礼、智、信,五常之道"的"五常"[2],则成为封建社会中最主要的道德关系和最基本的伦理思想,构成了中国人"忠"、"孝"观念的思想基础。在儒家看来,"三纲五常"是不变的天道人伦,忠孝是封建道德最高的原则,是天经地义的永恒不变的"天理"和社会行为规范。儒家思想也因此成为每一朝代治国治世的真正的指导思想。"夫风化之本在正人伦,人伦之正存乎设庠序。庠序高,五教明,德礼洽通,彝伦攸叙,而有耻且格,父子兄弟夫妇长幼之序顺,而君臣之义固矣。"[3] 把兴修儒学看成是抑止浮伪风气、巩固封建秩序的治国大计。在社会伦理方面,儒家传统很明显地突出两个价值,一个是"己所不欲,勿施于人"[4],一个就是"己欲立而立人,己欲达而达人"[5]。其具体内容则表现为:仁,义,礼,智,信。儒家的这五个道德伦理上的要求,不仅仅针对个人的人格发展,更是要从个人扩大到家庭、到国家,直到人类全体,因此它的作用一方面是净化人自身,另一方面是扩展其社会功能。儒家文化所宣扬的"内圣外王"也是强调在个人自我修养完善的基础上,再去实现治国、平天下的理想。总的来看,作为统治阶级的意识形态,儒家以其恒定的伦理价值观念在二千多年来一直发挥着调控人的活动、整合人际关系的作用。儒家以礼为中心的各种

---

[1] 《白虎通·三纲六纪》,引自《礼纬·含文嘉》。
[2] 董仲舒:《举贤良对策》。
[3] 《晋书·王导传》。
[4] 《论语·卫灵公》。
[5] 《论语·雍也》。

行为规范,在中华民族的发展演进中促使了"文明化成"。儒家的价值标准经过长期封建社会的培植、灌输而成为中华民族一种理性的自觉而积淀下来,化为一种世代相继的民族精神,发挥着民族凝聚的整合作用。从这一意义上讲,它不仅维护了封建大一统的纲常制度,而且对稳定社会秩序、调节人的行为规范、加强中华民族内部的融合和凝聚发挥了至关重要的作用①。

道教完全吸取了儒家的伦理道德观念,并加以神圣化,融为道教基本义理内容,作为制订规戒、建立宗教道德体系的依据。道教融摄儒家的纲常伦理,并突出其以忠孝为轴心的伦理思想。在道教的一系列道言、戒律中,都可以发现这一特点。如在《正一五戒品》中就明确规定:"一曰行仁,二曰行义,三曰行礼,四曰行智,五曰行信。"② 在这里,道教把儒家的"五常"纳入自己的戒品之中,要求道徒乃至社会全体成员严格遵守。道教一方面将忠孝列为戒律之首,将"五常"作为道教教义的基本内容,另一方面还明确提出只有履行持守儒家伦理道德才可能成为真正的道教徒。如《正一法文天师教戒科经》:"事师不可不敬,事亲不可不孝,事君不可不忠……仁义不可不行,施惠不可不作。"又言:"其能壮事守善,能如要言,臣忠、子孝、夫信、妇贞、兄敬、弟顺,内无二心,便可为善得种民矣。"此外在道教的许多经典中都表现出将儒家的礼转化为道教戒律,可见道教十分维护儒家所倡导的封建伦理道德,它沿用儒家的"孝"、"慈"、"悌"、"忠"、"和"、"恭"、"慎"等道德规范,除一般从做人、处世的角度来严格规定人们的道德操守和人与人之间的道德原则,以协调各种人际关系外,还与宗教修持结合起来,依据伦理道德而制定了具体的清规和戒律,守之则为积善功,违之则为积罪孽;功行圆满可以长生成仙,罪孽深重则将遭神谴与惩罚。道教各种清规戒律的内容均不外乎以维护封建伦理道德,特别是以三纲五常观念为宗旨。道教对儒学强烈的依附性,使道教的伦理价值观深深地烙上了儒家正统思想的印迹,体现了重伦理的突出特征。

佛教为了争取自己的社会地位得到统治者的认同,力倡其与王权、与儒家传统不相违背,能够殊途同归。针对佛教徒剃发出家与儒家的孝道相冲突,慧远在《沙门不敬王者论》中,力陈佛教与中国儒家传统的一致性,指出佛教徒出家修道虽表面上与世俗礼仪相悖,其"道洽六亲,泽流天下,虽不处王侯之地,固已协契皇极,大庇生民矣"。其实质表明佛教与名教是形异而实同,最终达到"内乖天属之重而不违其孝,外阙奉主之恭而不失其敬"。③ 慧远认为,入世的佛教徒可实践儒家伦理,而出世的佛教徒也有助于社会风

---

① 张允熠:"两种根本对立的意识形态",人大复印资料《哲学原理》,1998 年第 3 期。
② 《无上秘要》,卷 46,《正一法文》。
③ 慧远:"答恒太尉书",《弘明集》,卷十二。

俗的净化。他说:"佛经所明,凡有二科:一者处俗弘教,二者出家修道。处俗则奉上之礼,尊亲之敬,忠孝之义表于经义,在三之训彰于圣典,斯与王制同命,有若符契……是故内乖天属之重,而不违其孝;外阙奉主之恭,而不失其敬。"① 到了宋代,佛教进一步世俗化,与儒家结合更为紧密。禅僧契嵩明确表示"既治吾道,复探儒术,而有所得,则窃用文词发之"。他更将佛教的五戒与儒家的五常进行比附:"吾之喜儒也,盖取其于吾道有所合而为之耳。儒所谓仁、义、礼、智、信者,与吾佛曰慈悲,曰布施,曰恭敬,曰无我慢,曰智慧,曰不妄言绮语,其目虽不同,而其所以立诚修行、善世教人,岂异乎哉?"他认为孝道须儒佛共同加以扶持:"以儒守之,以佛广之;以儒人之,以佛神之,孝其至且大矣。"甚至佛比儒更重孝道:"夫孝,诸教皆尊之,而佛教殊尊也。"② 这样,佛儒在伦理观念上的差别消失了,儒学完全融解了佛学。儒学的影响使佛教更深刻地世俗化、儒学化,也使佛教重伦理的特点日趋明显。以儒家为主干的中国古老文化有着巨大的同化力,使得自视高雅的佛教宗教,也最终不能不按照儒家的模式加以改造,以便更好地适应中国民众的口味,更好地为封建统治服务。

历史事实证明,封建帝王要维护和巩固封建统治,必须利用宗教从精神上对人们加以控制和同化,以泯灭人民反抗的意志,心甘情愿地服从其统治,并以此辅助行政法令手段之不足。在漫长的中国封建社会的发展过程中,中国宗法性社会结构以及传统的"王道"政治决定了宗教与政治的关系是以维护君权至尊为上,神权服从于王权。当教权与君权有所背离时,总是君权以强大的力量压倒教权势力,在中国历史上出现的著名的"三武之难"灭佛事件就是有力的证明。但总的来看,中国封建社会的宗教为了自身的生存和发展,都能识时务地与统治者保持一致,宗教实为统治者维持封建秩序的重要工具。

录自《西南民族大学学报》(人文社科版) 2004 年第 11 期

---

① 慧远:"答恒太尉书",《弘明集》,卷十二。
② 《镡津文集》。

人类中心主义、超人类中心主义和反人类中心主义[①]

——儒、道、佛学之生态伦理思想比论

任俊华　李朝运

任俊华（1966－），湖南省江华县人。2004年进入中国人民大学博士后工作站。历任湖南省委党校、湖南师范大学教授，现为中共中央党校哲学部教授。著作有《韩非子全文注释本》、《再塑民族之魂》、《环境伦理的文化诠释》、《孙子兵法正宗》、《三十六计正宗》、《大学中庸孟子正宗》、《周易故事》等。

李朝运（1979－），硕士，任教于中央司法警官学院。

内容提要：儒家是一种仁爱型的人类中心主义生态伦理观，道家是一种超人类中心主义的无为主义生态伦理观，佛家是一种破妄型反人类中心主义的生态伦理观。这三种生态伦理观对全面深刻地认识当代持三种不同立场的生态伦理学说，即人类中心主义立场、反人类中心主义立场和超人类中心主义立场的生态伦理学说，妥善处理人与自然的关系，是可供借鉴的、极有价值的文化资源。

关键词：儒　道　佛　生态伦理　人类中心主义　非人类中心主义

一

无论是生态伦理学，还是人际伦理学，其宗旨都在于提高人类的道德水准，维护人类社会的健康和可持续发展。由于近现代西方飞速发展的工业文明，没有能处理好人与自然的关系，而导致了严重的生态和环境问题。针对现代工业文明的破坏性后果，一些持客观冷静态度的西方学者认为，应当在寻找科学的、法律的手段解决生态环境危机的同时，寻

[①] 本文系2008年中共中央党校哲学教研部科研课题《儒、道、佛学之生态伦理思想研究》的阶段性成果之一。

找道德的手段去改造人心，从而禁止和限制人们对自然的一些错误做法，于是在 20 世纪中叶诞生了一门新的伦理学——生态伦理学。"在生态伦理学中，道德对象的范围从人类共同体扩大到人—自然共同体，有资格接受道德关怀的不再仅仅是人，还有物……它不是单纯地把人而是把人与自然系统当成目的，不是单纯地以人而是以人与自然系统的优化作为价值评判的尺度。"[1] 随着生态伦理学研究的全面开展，现代生态伦理学的理论分歧日益加大，出现了持三种不同立场的生态伦理学说，即人类中心主义立场、反人类中心主义立场和超人类中心主义立场。这三种立场的生态伦理学说的争论集中在是走进还是走出人类中心论（主义）的问题上。持人类中心主义立场的学者认为，以人类利益作为出发点是人类中心论的基本特征，应该反对非人类中心主义把自然当成丝毫不可触动的圣物加以对待而否定人类利益的做法。中国社会科学院余谋昌先生把人类中心主义的核心概括为："一切以人为中心，人类行为的一切都从人的利益出发，以人的利益作为唯一尺度，人们只依照自身的利益行动，并以自身的利益去对待其他事物，一切为自己的利益服务。"[2] 湖南师范大学刘湘溶教授指出："没有人类利益的自觉和共识，在一个个人利益、阶级利益、民族利益和国家利益多元并存且彼此冲突的时代，我们就无法判定许多的是是非非，就会陷入公说公有理、婆说婆有理的相对主义泥坑，也就没有生态伦理学。我们应当走进人类中心论，应当对人类共同面对的危机多一分忧虑，应当对人类共同承担的命运多一分关心。"[3] 美国学者帕斯莫尔是当代西方人类中心论的代表人物，他认为："当代生态危机并不源于人类中心观点本身，威信扫地的不是人类中心论，而是那种认为自然界仅仅为了人而存在并没有内在价值的自然界的专制主义。"他还指出，"我们人类对环境问题和生态系统的破坏负有道德责任，主要源于对我们人类生存和社会发展以及子孙后代利益的关心"，因而他主张人类利益是当代生态伦理学的核心。[4]

非人类中心主义包括反人类中心主义立场和超人类中心主义立场。持该立场的学者认为，人类中心主义不能为生态保护提供足够的道德支持，主张其他物种（非人类存在物）与人类具有平等权利；认为非人类存在物具有独立于人的内在价值。他们把非人类存在物具有与人类平等权利和内在价值的理由或归结为非人类存在物的"自然"存在和"天赋"权利，或归结为一种敬畏"神秘"自然界的信仰。当代西方主张非人类中心论的学者也有多种流派，主要有动物中心主义（动物解放论）、生物中心主义（生物中心论）和生态中

---

[1] 刘湘溶：《生态文明论》，湖南教育出版社，1999 年，第 182 页。
[2] 余谋昌：《创造美好的生态环境》，中国社会科学出版社，1997 年，第 142 页。
[3] 同[1]。
[4] John Passmore, *Mans' Responsibility for Nature*, New York Scribners.

心主义（生态整体论）。他们都主张走出人类中心主义（或反对或超越），否定人类利益至上，强调非人类存在物具有与人类平等的权利和内在价值（自身利益）。

在沸沸扬扬的争论面前，我们冷静地反思人类中心主义、反人类中心主义和超人类中心主义的生态伦理思想，发现似乎都可以在中国传统伦理文化中寻觅出类似的思想渊源和哲学基础。

二

儒家从现实主义的人生态度出发，强调万物莫贵于人，突出了人在天地间的主体地位，在人与万物的关系上所持的态度显然是人类中心主义的。但是在坚持"人为贵"的立场上，如何对待事物，如何处理人与自然的关系，儒家却与西方的功利型人类中心主义截然有别，笔者称之为仁爱型人类中心主义。众所周知，西方经典意义上的人类中心主义是以功利为中心的，人类的利益高于一切，人类为了自己的利益可以自由取用自然资源，即使是有所爱护，也是从人类的功利考虑。从近代西方极端的人类中心主义到现代西方温和的人类中心主义，所持的基本立场皆是如此。

儒家也重视人类的利益，但从儒家的创始人孔子开始就强调以"仁"立学，主张"天下归仁"[1]，既对人类讲"仁爱"，也对万物讲"仁爱"。从孔子、孟子、荀子、董仲舒直到宋明理学，所持的对待万物的态度都是以"仁爱"为基本立场的，因而是与以"功利"为基本立场的西方人类中心主义不一致的。

儒家仁爱型人类中心主义，由《周易》发轫，经孔子最早阐发成形，孟子继而发挥明确提出"仁民而爱物"[2]，主张把原本用于人类社会的人际道德原则和道德情感扩大到天地万物之中，把"爱物"纳入了完善"仁"德的内在逻辑结构里，认为"仁民"与"爱物"是不可分割的"仁"德的两方面，缺一不可。荀子把"不夭其生，不绝其长"的对待万物的态度看作是成为"圣人"（仁人）的必备条件[3]。董仲舒也强调"惟人独能为仁义"[4]，明确提出："质于爱民以下，至于鸟兽昆虫莫不爱，不爱，奚足为仁？"[5] 宋明理

---

[1] 《论语》。
[2] 《孟子》。
[3] 《荀子》。
[4] 《春秋繁露》。
[5] 同[4]。

学将这种仁爱思想与"万物一体"相连,提出"仁者以天地万物为一体"①,认为人与天地万物本来就是有生命的整体,血脉相连,休戚相关。仁人对于自然界受到损伤,如己身受到损伤一样,应有切肤之痛、伤心之感。张载主张人要"为天地立心"。将人定位为天地之心,就决定了人对待万物的基本立场,即"民胞物与"。人在天地万物之间处于天地之"心"这样的特殊地位,所以必须担负起维护天地万物之生养的责任,用自己的仁爱之心去行动,使万物各得其所,否则就没有做到儒家的"仁"德,实现不了"天下归仁"。王阳明明确地说:"仁者以天地万物为一体。使有一物失所,便是吾仁有未尽处。"② 因此,儒家仁爱型人类中心主义关注的重心不是人的功利目的,而是人的道德完善,把万物作为人类道德关怀的对象,是为了体现人的"仁"德,维护好天地的"生生之德"。

当然,儒家以积极入世的态度用人道来塑造天道,极力使天道符合自己所追求的人道理想,同时又以伦理化的天道来论证人道。为了说明仁义礼乐制度的当然性与合理性,儒家把万物的自然成长过程、天地生物的过程与仁义智联系在一起。根据儒家的天道与人道贯通的逻辑,在人类社会中施行的仁义等伦理原则,在自然秩序中也是连续的和一致的,由此而有人际道德向自然领域的扩展。这种扩展是以道德主体与道德对象之间的亲密程度构成的等级体系,即"亲亲而仁民,仁民而爱物"。由双亲而及人类,由人类而及禽兽,由禽兽而及草木,由草木而及瓦石等。随着道德对象范围的逐步扩大,道德关怀的程度也逐步减轻,但生态道德与人类道德是一个不能割裂的整体,伦理规范不仅要调节人类社会领域,也要调节自然生态领域,使自然万物在自然体系中按照自己的不同差别和地位而存在,并维护这种由自然物的多样性组成的和谐体系。

总之,承认人优越于其他生命的存在形式是所有人类中心主义的基本特征,西方人类中心主义以功利至上为出发点,儒家人类中心主义以仁爱有德为出发点,这正是中西方人类中心主义生态伦理观重大区别所在。儒家仁爱型人类中心主义生态伦理观产生于华夏农业文明时代,不是为应对严重的生态环境危机而出现的,所以保留了人与自然和睦相处的原初态生态伦理思想的样本,对人与自然的关系作出了独特的、不同于西方文化传统的解释,为现代生态伦理学的健康发展和理论建构提供了一种难得的传统思想资源;并且,儒家将仁爱的道德情感与责任情怀纳入爱护天地万物的实践之中,对当今的环保教育和环保工作皆有借鉴作用。笔者相信,经过批判的改造,就可以实现古为今用、推陈出新之功效。

---

① 《二程遗书》。
② 《传习录》。

三

在中国传统伦理思想中,道家学派的生态伦理思想也是十分突出的。当代人文主义物理学家 F. 卡普拉(Capra)酷爱老庄道家学派的思想,曾对此给予极高的评价,他说:"在伟大的诸传统中,据我看来,道家提供了最深刻并且是最完美的生态智慧。它强调在自然的循环过程中,个人和社会的一切现象和潜在两者的基本一致。"[1]

道家的确有相当丰富的生态伦理思想。道家创始人老子曾经明确提出了"人法地,地法天,天法道,道法自然"[2] 和"道常无为而无不为"[3] 的无为型超人类中心主义生态伦理观,将天、地与人同等对待,进而提出了"道大、天大、地大、人亦大"[4] 的生态平等观以及"天网恢恢"[5] 的生态整体观和"知常曰明"[6] 的生态爱护观,把人看作是大自然的一部分,大自然由"道、天、地、人"四"大"构成,这样就具有了一种既非人类中心主义又非反人类中心主义的"四大皆贵"的生态伦理理论建构。庄子继承了老子的生态伦理思想,提出了"至德之世"的生态道德理想、"物我同一"的生态伦理情怀、"万物不伤"的生态爱护观念。产生于东汉末期的道教是道家思想的重要继承者。道教继承道家"道法自然"和"物我同一"的观念,在具体实践道家生态伦理思想上贡献尤大,在道教戒律(劝善书)里有众多约束道教徒对大自然不敬不法行为并加以神化的宗教道德律令和行为规范,对落实道家"四大皆贵"的生态伦理思想和爱护大自然,起到了良好的作用。

诚然,道家之所以主张"四大皆贵"、万物平等的生态伦理思想,是因为道家认为,所有的生命和自然物与人类一样都是为道所创生,蓄道之德,因而与人类具有相同的价值尊严。人不仅应该尊重自己的生命,也应该尊重他人和动植物的生命,维护万物的存在。虽然从万物之间各自的性质、形态、功能的有无的相对意义上看,其差别是相对的,这些差异不能成为否定一物独特价值的理由,但是,从万物自身所依据的价值本源的绝对意义上看,任何事物的价值都是平等的,"以道观之,物无贵贱"[7]。道作为永恒的终极实在,

---

[1] 王泽应:《自然与道德——道家伦理道德精粹》,湖南大学出版社,1999年。
[2] 《老子》。
[3] 同[2]。
[4] 同[2]。
[5] 同[2]。
[6] 同[2]。
[7] 《庄子》。

作为产生万物的根源和运作者，具有普遍性和整体性。一方面，万物虽然在形态和性质上千差万别，但都具有由道所决定的共同本质和所由遵循的共同法则，因为道普遍存在于其中而成为其德。另一方面，万物性质的差异和形态的变化不过是整体的道的变化过程的表现，是道的创生过程的部分和阶段而已。德是万物产生之后内在于具体事物中的道，是道在创生万物的活动中赋予具体事物的存在依据，是道的作用和显现。德与道的关系是用与体的关系，是部分与整体的关系。道是本体，它通过德在具体事物中的功用体现出来；道是整体，它在创生万物时流布或分殊于具体万物就成为德。德虽以道的整体性为存在依据，但它反过来以自身的部分性来体现道的整体性，德是道的组成部分。从价值论的角度看，道是宇宙中一切事物普遍的最终价值源泉。事物一经产生，道即成为它的本质属性，德作为体现于具体事物中的道，就是事物自身的内在价值。宇宙中任何事物都具有的独立而不可替代的价值，不完全是道的总体价值的体现与存在样式。道的整体价值体现于它所产生的万物自身的内在价值之中。万物按照道的法则和自身性质去实现自己的价值，同时也就实现了道的整体价值，因为万物的形态、结构和功能的不同，正是实现道的整体价值所需要的，万物的这些不同特点和独特的内在价值，是道的整体价值实现的工具价值。如果把道当作生态系统和生态过程的整体，而把万物当成各种生命物种和生命个体，那么就可以得出非人类中心主义的生态伦理学的观点：生态系统的整体价值是由众多不同的动物、植物、微生物等生命物种在生态演化的过程中来实现的。这些物种在实现自己内在价值的过程中所发挥的作用，对于生态系统整体价值的实现发挥着必需的多种功能，如生产者、消费者和分解者的功能，因而由众多的生命物种构成的复杂联系的生态网络，是生态系统整体价值存在的前提，各种生命物种的内在价值就成了实现生态系统整体价值的工具价值，它们的价值对于整体价值来说是没有大小高低之分的。而且，在道家看来，从生命主体的生存环境和满足生存需要的对象来看，不同的生命主体具有不同的生存环境和满足生存需要的不同对象，其主体的感受具有相对性。不同的生命主体对于客体有不同的需要，不同的环境和对象对于满足不同生命的生存需要只能是相对的。"鱼处水而生，人处水而死，彼必相与异，其好恶故异也。"[①] 不同生命主体的特性不同，其好悲必定存在差异。用今天生态伦理学的语言来说，就是同一环境，对于不同的生命主体而言，具有不同的正负面的工具价值效应。这种环境工具价值效应的差异，正好显示了人与动物的生存价值的平等地位。

虽然道家从其"四大"的生态伦理情怀出发提出了无为型超人类中心主义的生态伦理观，这种伦理观出于其无为主义人生观的考虑，既尊重人，也尊重自然，但是它按道、

---

① 《庄子》。

天、地、人的顺序排列，把"道"放在最尊贵的突出地位也是十分明显的。这个"道"虽然是"道法自然"的，但也带有天真幻想的成分，后来的道教正是把求道做神仙作为其追求的宗教信仰的。所以，从道家"尊道"出发的生态伦理观包含有极大的神秘主义因素，其一味强调顺应自然的"无为"论和反对利用科学技术的态度，带有盲目反文明的消极性。我们说，在人类生态环境出现严重危机的今天，假如还完全照搬道家的无为论生态伦理观，不去以先进的科学技术和先进的管理办法治理环境、保护生态，那么人类要走出生态危机的困境，有效地恢复生态平衡，就只能是一句空话。

当然，道家四大皆贵的无为型超人类中心主义的生态伦理思想是积极因素多于消极因素的，它主张顺应自然万物固有的本性及其周围的条件，以不胡乱作为的方式去实现人与自然的和谐的思想，受到当代西方环境保护主义者和生态伦理学界的高度重视。这说明其有许多可取之处。对此，清华大学万俊人教授有一段评价，他说："道家生态伦理为我们提供了一种值得珍重的伦理范例，具有积极的资源价值和思想意义。它建立了一种真正意义上的人自平等的生态价值观和物我相融的生命存在论，揭示了人与自然之间相融则善、相'胜'反恶的伦理辩证法……当然，这并不意味着我们必须全然认同道家的生态伦理。作为一种古老的道德文化传统，道家及其思想毕竟不可能超越它固有的历史与人文的视景，其生态伦理也不可能完全成为现代社会的道德法典。"[①] 这是一种对待道家生态伦理观的客观态度。

四

佛教从出世主义的人生态度出发，提出了宇宙万物（众生）皆由因缘和合而成"一合相"的缘起论，认为万事万物的存在与发展皆有着内在的因果关系，整个世界都处于一个因陀罗网似的相互联系的整体之中。佛教认为，大至宇宙的演变，小到众生的起灭，皆可由"十二因缘"得到说明。也就是说，宇宙万物的一切，都是十二因缘在循环（轮回），这就有了佛教的"三界六道轮回"之说。佛教主张众生皆由因缘和合而成，强调众生平等，认为生命对于人类和一切不会说话的动物和植物都是同样宝贵的，人类因为其思维推理能力的高超而成为生命界的主人，但并不能因此而伤害他物。小至微尘，大至宇宙旁及一切生灵，都在生命的川流不息之中，共处于同一生命流，都可达到最高境界，即"一切众生皆可成佛"。佛教认为人类应该普度众生、泛爱万物，提出"一切佛法中，慈

[①] 万俊人：《寻求普世伦理》，商务印书馆，2001年。

悲为大"①。

佛教主张众生平等的价值观。中国佛教中的天台宗、华严宗和禅宗等佛教宗派都承认，一切众生都具有佛性。佛与众生，由性具见平等，而且禅宗不仅肯定有情的众生具有佛性，还承认无情的草水等低级生命也有佛性，所谓"青青翠竹，尽是法身；郁郁黄花，无非般若"，认为大自然的一草一木都充满着生趣，都具有自己的内在价值，值得人们去珍爱。

承认有情的众生和无情的花草都具有自己的内在价值，这显然不同于人类中心主义的价值观。从尊重生命的价值出发，佛教提出了一系列戒律，其中有"八戒"、"十戒"之说，要求佛教徒"不杀生"、"放生"和"吃素"，反对任意伤害生命，这样就从理论到实践形成了一种反人类中心主义的生态伦理观。而且，由于佛教要求破除人类中心主义的"迷妄"和对事物包括生命的执着，以"无我"的胸怀应对大千世界，这就从精神上彻底破除了人类自身的优越感和征服自然的统治欲。

这种"破妄"型反人类中心主义的生态伦理观受到非人类中心主义生态伦理学家的普遍称道，如曾担任美国环境伦理学会会长的罗尔斯顿把佛教尊重生命、众生平等的生态伦理思想看作是建立一种关心自然价值的生态伦理学的深刻理论基础。他说："环境伦理学正在把西方伦理学带到一个突破口。所有伦理学正在寻找对生命的一种恰当的尊重……但是，过去没有提出这样的问题：对人以外的事物是否要承担义务呢？对生命的尊重需要一种新的伦理学。它不仅是关心人的幸福，而且关心其他事物和环境的福利。环境伦理学对生命的尊重进一步提出是否有对非人类对象的责任。我们需要一种关于自然界的伦理学，它是和文化结合在一起的，甚至需要关于野生自然的伦理学。西方传统伦理学未曾考虑过人类主体之外事物的价值……在这方面似乎东方很有前途。禅宗佛教有一种值得羡慕的对生命的尊重。东方的这种思想没有事实和价值之间或者人和自然之间的界限。在西方，自然界被剥夺了它固有的价值，它只有作为工具的价值，这是随着科学和技术的发展而增加的价值。自然界只是人类开发的一种资源。但是禅学不是以人类为中心的。它不鼓励剥削资源。佛教使人类的要求和欲望得以纯洁和控制，使人类适应它的资源和环境。禅宗懂得，我们要给予所有事物的完整性，而不是剥夺个体在宇宙中的特殊意义。它懂得如何把生命的科学和生命的神圣统一起来。"②

但是，我们认为，中国佛教这种反人类中心主义的生态伦理观也存在严重的弊端。首先，它是与其出世主义的信仰体系相连的，如一味地主张不杀生和破除人类的"迷妄"才能进入极乐世界，带有强烈的神秘主义宗教意味；其次，它不是从生态系统中各种生命存

---

① 《大智度论》。
② 《国外自然科学哲学问题》，中国社会科学出版社，1994年。

在形式的客观性出发,而是从其主观的内心世界的所谓体验出发,因而它所提出的生态理念中,带有一些反科学的迷信色彩。我们应该吸取当代生态科学的最新成果,用历史唯物主义的态度和方法对其进行分析,保留合理的积极因素,消除荒诞迷信的消极因素,为建立科学的生态伦理学提供有益的精神资源和哲学养分。

五

本文把三家按儒、道、佛的顺序排列,表明了其在对待自然和生态环境的基本立场上的一种递进关系,即从人类中心主义、超人类中心主义到反人类中心主义的三种立场。刘湘溶教授在分析这三种生态伦理学立场时指出:"无论哪一种立场或取向的生态伦理学说,只要在逻辑上自洽,且能为现实的环境爱护提供相应的理性支持,都是值得肯定的。"①儒道佛三家生态伦理思想作为东方古代文明的成果,自有其不可替代的理论价值。它们虽然是古代农业文明的产物,带有朴素直观和直觉体悟的色彩,但是它们追求人与自然和谐的生态平衡理想境界、反对破坏自然资源和爱护生态环境的情怀与举措,从生态伦理的角度来分析,其积极因素是多于负面作用的。

综观儒道佛三家的生态伦理思想,可以说皆有理论优点和弱点,任何一家的思想都不可能为当今生态伦理学的理论建构所完全采纳。只有结合当代西方各派生态伦理学研究的积极成果,整合其理论优点,才能做到古为今用、推陈出新。中国人民大学焦国成教授曾经讲过一段话:"要建立真正完善的生态伦理思想体系,就必须以全人类(包括未来人类)的共同利益为基本出发点,以当代环境科学为基本依据,以唯物辩证法为基本的方法,还要吸取中华民族的传统因顺自然、万物一体、重生爱物、俭朴自制等伦理观念,充分肯定人在管理地球、维护生态平衡中的中心地位。离开了这些方面,大讲其他物种与人类具有同等的权利,就会导致对人类利益的消极否定,生态伦理学也就变成非人之学了。"② 的确,生态伦理学应以人类共同利益为出发点,不应变成"非人之学"——这是焦教授研究儒家爱物观念得出的结论,也是本文研究儒道佛生态伦理思想所得出的一个基本结论。

录自《理论学刊》2008 年第 11 期

---

① 刘湘溶:"浅论生态伦理学的学科性质",《道德与文明》,2003 年 5 月。
② 焦国成:"儒家爱物观念与当代生态伦理",《中国青年政治学院学报》,1996 年 2 月。

论儒释道"三教合流"的类型

李四龙

李四龙（1969－），上海南汇人。1999年北京大学哲学系博士。主要著作有《欧美佛教学术史：西方的佛教形象与学术源流》、《天台智者研究：兼论宗派佛教的兴起》、《中国佛教与民间社会》等。译著有《佛教征服中国》、《当代学术入门：神学》等。

内容提要：以"三教"统称儒释道，始于北周时期，约公元6世纪中后期，中国文化逐渐形成儒释道三足鼎立之势。经过隋唐时期的三教讲论与融通，三教合流在北宋已经大致成型，明代以后则成为社会主流思想。本文立足于三教各自不同的思想立场与对话策略，归纳了"三教合流"三种不同的类型：三教平等、三教同归和三教同源。儒释道三教，体上会通，用上合流，同归于善，是中国古代社会协调宗教关系的宝贵经验。

关键词：三教合流　三教平等　三教同归　三教同源

在嵩山少林寺，钟鼓楼前竖有"混元三教九流图赞碑"。从左、中、右三个方向，可分别看见孔子、释迦、老子像，"三圣合体"，碑上还有"佛教见性、道教保命、儒教明伦"，"三教一体、九流一源"等赞语。该碑立于明嘉靖四十四年（1565），形象地反映了在明清时期，"三教合流"是全社会共同推崇的主流思想。上至王公贵族，下至走卒贩夫，这是他们最能接受的信仰模式，他们的崇拜对象，综合了孔门圣贤、诸佛菩萨及道教神仙。

两汉之际，汉民族以儒家为主、糅合阴阳五行与天人感应思想的宗教文化形态基本成型。此时传入的佛教，打破原有的宗教文化格局，逐渐改变中国宗教的生态分布，自此而有儒释道三家的互动。三教关系，诚如任继愈先生所言，是中国思想史、中国宗教史上的"头等大事"[1]；三教合一，是历史上中外宗教文化交流的最后归宿。这个融合过程，在南北朝后期渐露端倪，在北宋大致成型，到了明清社会则已登峰造极。

---

[1] 任继愈："唐宋以后的三教合一思潮"，《世界宗教研究》，1984年第1期。

本文立足于三教合流过程中各自的思想立场与对话策略，依据历代"三教合流"的言论，分析归纳三种不同的类型，三教平等、三教同归、三教同源，借此表现传统儒家社会协调宗教关系的处理经验。

一、儒家的主导地位与三教平等

儒释道三家，在历史上有多种不同的称谓。"佛教"一词到东晋中期才被广泛使用，此前主要使用"佛道"或"神道"；现在所指的"道教"，实际要到东晋末期、南北朝初期才算正式出现。"儒教"的称谓则在魏晋之际已很流行。[①] 以"三教"统称儒释道，始于南北朝的北周，约公元6世纪中后期；而到唐朝，"三教"的说法通用于朝野上下。[②] 到了中唐，三教被形容为"鼎"之三足。[③] 从此，中国文化的结构，逐渐被认为是儒释道三足鼎立，乃至于今天的"国学热"，仍以儒释道三教为其主体。

这里需要首先说明的是，现代汉语常把"三教"直接等同于三种"宗教"。但在中国传统典籍里，"三教"之"教"，仅是"教化"之意，而非现代西方宗教学所说的"宗教"（religion）。譬如，天台智者大师说，"教是上圣被下之言"（《摩诃止观》卷一上）。本文从广义的"宗教"定义出发，把儒家视为一种宗教，"三教"因此是三种宗教的简称。在儒释道三足鼎立的传统社会，无论是在国家的政治秩序，还是百姓的日常生活里，儒家无疑占据着主导地位。杨庆堃先生以"一主两从"的主从关系，说明儒家与佛道两教的关系。[④] 汉代

[①] "道教"一词虽出现在《牟子理惑论》、《抱朴子》外篇等处，但指儒教或佛教。真正用来称为现代所谓的"道教"，应在北魏寇谦之（363－448）和刘宋顾欢（420－483）之时，即在晋宋之际、南北朝初期。儒教在当时还有名教、礼教、道教、德教、仁教、圣教、周孔之教以及儒学、儒术、经学、经术等不同的称呼。参见小林正美"三教交流中'教'的观念"，载《六朝道教史研究》，成都：四川人民出版社，2001年版，第493－494页。

[②] 北周卫元嵩著《齐三教论》七卷，事见《新唐书·艺文志》道家类。这段考证，参见饶宗颐"三教论及其海外移植"，载《中国宗教思想史新页》（北京：北京大学出版社，2000年版，第165页）。唐朝帝王自高祖李渊开始举办三教讲论，由此在唐代渐成风气。这段史实，参见罗香林"唐代三教讲论考"，香港《东方文化》1954年第1期。

[③] 白居易（772－846）说："儒道释三教，鼎立于天下。"参见《全唐文》卷671"议释教僧尼"条。北宋天台僧孤山智圆（976－1022）说："三教如鼎，缺一不可。"引文见于元代刘谧《三教平心论》"序"，《大正藏》卷52，第781页上。

[④] 杨庆堃："儒家思想与中国宗教之间的功能关系"，史华兹等《中国思想与制度论集》，段昌国等译，台北联经1979年版，第336页。

以后,儒学的政治化与宗教化,使儒学成为中国社会最重要的教化内容。儒家以"礼教"的形式对佛道两教加以抑制或整合,提供了一套支配着中国人生活的道德伦理规范,佛道两教的教义或戒律须与儒家的这套规范相适应。

在传统社会,儒家的代表主要有两类:封建帝王与博学儒士。身份地位不同的这两类人,在处理三教关系时,观点并不一致。历代帝王比较讲究三教的实际功效,注重平衡三教,持"三教平等"的对话策略,佞佛或佞道的帝王在历史上并不多见;儒门大家,特别是中晚唐以后,常以辟佛老为己任,却又暗通佛老,在深层次上会通三教。

1. 帝王的三教平衡

儒释道三教虽有"一主两从"的关系格局,儒家拥有政治上的独大势力,但这并不意味着,佛道两教对中国人日常生活的实际影响逊色于儒家。其实,若从信众的数量、典籍的流通来看,佛教的势力最大;若论思想的根基,道教在中国人的日常生活中影响最深。

佛教认为,抄写、读诵佛经具有无量功德,既能消除业障,也能禳灾祈福。譬如《金刚经》以种种譬喻说,"书写、受持、读诵、为人解说",功德无量。这种观念刺激了佛经的传播,民间的写经、刻经蔚然成风。隋代开皇年间,天下之人竞相抄经,导致"民间佛经多于六经数十百倍"(《隋书·经籍志》卷三十五)。如果稍加比较当前中国各地的佛庙与道观的数量与规模,就很容易看出佛教势力远远超过道教的现象。不过,这种数量的多寡,并不能说明佛教对中国人的影响就比道教更强大或更深入。中国人的许多观念,譬如长生不老、消灾祈福等,都与道家道教密切相关。鲁迅有句广为引用的名言,"中国根柢全在道教"①,揭示了道教之于国民性的深刻关系。在道观数量偏低的背后,反映了道教灵活的组织形式。民间活跃着一批类似于"民兵"的道士,他们平时从事正常的劳动,若遇法事活动,就能披上道袍扮演道士的角色。这使道教与民间社会具有很强的亲和力,有时让人很难厘清道教与民间信仰的差别。

佛道两教对中国民众既然有如此之大的影响,封建帝王岂会等闲视之?特别是在隋唐时期,作为外来宗教的佛教吸纳了一大批知识精英,他们或习梵语翻译佛典,或精研佛理创宗立说,像天台宗创始人智𫖮(538—598)、唯识宗创始人玄奘(600—664)、禅宗六祖慧能(638—713)等,都是代表时代精神高峰的思想巨子。宋代的张方平(1007—1091)因此无奈慨叹:"儒门淡泊,收拾不住,皆归释氏。"(引自《扪虱新话·儒释迭为盛衰》)究其原因,佛学注重个体的心性修养,迎合了知识精英的心理需求,而政治儒学却罕言"性与天道"。实际上,唐代宫廷三教讲论,唐高祖李渊最初规定,以道士居首,以沙门殿后;武周以后,改为"释先道后"。

---

① 鲁迅:"1918 年 8 月 20 日致许寿裳",《鲁迅全集》第 11 卷,人民文学出版社 1987 年版,第 353 页。

在历代帝王的心目里，佛道两教可以辅助帝王教化民众，同时也会耗费国家财富。在佛教与道教之间，帝王即使有自己的偏好，通常也会尽量平衡三教。北周武帝偏向道教，想要灭佛，天和四年（569）三月，召集僧人、名儒、道士、文武百官二千余人，在皇宫正殿主持"量述"三教。此举开启了唐朝皇帝请三教通人在殿堂上公开讲论的先河，三教关系亦从最初的佛道论难，最终演变成以融会贯通为主调。① 武德七年（624），唐高祖李渊下诏，称"三教虽异，善归一揆"。这从社会功能上承认三教存在的合理性，求同存异，奠定了"三教讲论"的思想基础。参加讲论的"儒臣"，实际上要去代表帝王的政治观点。开元二十三年（735），唐玄宗召集三教讲论，中书令张九龄（678－740）极力主张调和三教，上奏说："至极之乐，理归于一贯。"在《贺论三教状》里，借用《法华经》"会三归一"的说法，张九龄主张"三教并列"、"三教同归"。唐朝君臣的三教讲论，为北宋以降的"三教合流"铺平了道路。

从帝王统治的角度来看，儒释道三教各有擅长的领域。三教的和谐共存，是以功能的社会分工为基本形式。南宋乾道七年（1171），孝宗皇帝写《原道论》，提倡"以佛修心，以老治身，以儒治世"②。这一论断，成了儒家主张"三教平等"最重要的理由，点明了三教的特点以及三教的互补关系。儒家的主要功能当然是"治世"，它是一种治理国家的意识形态，确立了中国传统社会的礼仪规范与典章制度。道教的功能主要是"治身"，长生不老的神仙生活，中国人素来心向往之。普通人当然知道不会长生不老，但会想尽办法延年益寿，贵生养生。在民间现已形成了道教"祭生"与佛教"度死"的习俗③，中国人往往把身体健康的希望寄托于道教的神仙。儒家向来受到"明乎礼义而陋于知人心"（《庄子·田子方》）的讥评，而佛教的功能主要是"治心"，在消除烦恼的心性修养方面，有着明显的优势。有关心性修养的丰厚思想资源，特别是禅宗的"明心见性"、华严宗的"理事无碍"、天台宗的"止观双修"等，成了宋代儒学发展的重要思想源头。佛道两教，因此配合实践儒家的伦理规范。尤其是佛教，在民间社会还承担了许多慈善救济的实际功能。

因此，历代帝王多从实际的政治利益考虑，制定稳健的宗教政策，令两教"有助王化"。明太祖朱元璋在《三教论》里说："于斯三教，除仲尼之道祖尧舜，率三王，删《诗》制典，万世永赖，其佛仙之幽灵，暗助王纲，益世无穷，唯常是吉……三教之立，

---

① 参见罗香林《唐代三教讲论考》，第85页。
② 文见《佛祖历代通载》卷二十，《大正藏》卷49，第692页下。
③ 谭伟伦："建立民间佛教研究领域刍议"，《民间佛教研究》，中华书局2007年版，第10页。

虽持身荣俭之不同，其所济给之理一。然于斯世之愚人，于斯三教，有不可缺者。"① 雍正皇帝还曾颁谕："以佛治心，以道治身，以儒治世……圣人同其性，则广为道德；人能同诚其心，同斋戒其力，同推于人，则可以福吾身，可以资吾君之安天下。"（《道藏辑要·雍正上谕》）在他看来，三教各有所长，各有不及处，缺一不可。

2. 儒家的会通佛老

在政治上取得最高地位的儒学，在人们的精神生活里其实并不总是占据核心地位。尤其在隋唐时期，佛教的繁盛，反衬出儒学人才的凋零。张九龄"儒门淡泊"的慨叹，是唐代、北宋初年儒家士大夫一种相当普遍的心态。韩愈（768 – 824）不惜身家性命，敢于犯颜直谏，希望皇帝不要佞佛，内心的悲凉，恐怕亦是由于"儒门淡泊"。儒学对佛道两教的思想吸收，势在必行，需要重塑儒学思想的主导地位。

传说孔子向老子问礼，中国文化素有"儒道互补"的传统。譬如，《周易》是儒道两家共同尊崇的典籍；而像《阴符经》、《参同契》等道教经典，朱熹（1130 – 1200）等理学家多曾悉心研究。王阳明（1472 – 1529）的思想以"致良知"著称，时常会以"精气神"等带有道家色彩的术语解释"良知"。他说："夫良知一也，以其妙用而言，谓之神；以其流行而言，谓之气；以其凝聚而言，谓之精。安可以形象方所求哉？真阴之精，即真阳之气之母；真阳之气，即真阴之精之父。阴根阳，阳根阴，亦非有二也。苟吾良知之说明，则凡若此类，皆可以不言而喻。"（《传习录》中《答陆原静书》）他还认为，儒学以"养德"为务，道家以"养身"为重，两者其实"只是一事"。他说："大抵养德、养身，只是一事。原静所示'真我'者，果能戒谨不睹，恐惧不闻，而专志于是，则神住、气住、精住，而仙家所为长生久视之说，亦在其中矣。神仙之学与圣人异，然其造端托始，亦唯欲引人于道。《悟真篇》后序中所谓'黄老悲其贪著'，乃以神仙之术渐次导之者。"（《与陆原静书》辛巳）

如何吸收或拒斥佛教的思想，这是宋明理学家的一项核心工作。张载（1020 – 1077）、程颢（1032 – 1085）、程颐（1033 – 1107）、朱熹、陆九渊（1139 – 1192）、王阳明等大儒，长期研读佛教，虽以"辟佛"标榜，却饱受佛教的思想影响，宋明道学乃是儒佛会通的结果。程朱理学的奠基人、集大成者朱熹借用佛教"月印万川"的比喻，说明"理一分殊"的思想，把"天理"看做一切价值的源泉。他说："释氏云：'一月普现一切水，一切水月一月摄'，这是那释氏也窥见得这些道理。"（《朱子语类》卷十八）并以华严宗

---

① 朱元璋：《三教论》，魏伯城等编，《全明文》第 1 册，上海古籍出版社 1992 年版，第 145 – 146 页。值得说明的是，朱元璋此论并不以儒释道为三教，而以"儒佛仙"为三教，将赤松子视为仙家的代表，而把老子看做孔子的同路道友。

"一即一切"的说法解释"万个是一个，一个是万个"（《朱子语类》卷九十四）。

王阳明是陆王心学的代表，他用很多笔墨来辟佛老。在他看来，道家讲"虚"、佛家讲"无"，都还只就养生或解脱而论，未能如他的儒学从"本体"上立论。他说："仙家说到虚，圣人岂能虚上加得一毫实？佛氏说到无，圣人岂能无上加得一毫有？但仙家说虚，从养生上来；佛家说无，从出离生死苦海上来；却于本体上加却这些子意思在，便不是他虚无的本色了，便于本体有障碍。"（《传习录》下）他对佛教的批评十分直白，认为佛教逃避了儒家所讲的"三纲"责任。他曾说："佛氏不著相，其实著了相。吾儒著相，其实不著相。"因弟子请问而解释说："佛怕父子累，却逃了父子；怕君臣累，却逃了君臣；怕夫妇累，却逃了夫妇。都是为个君臣、父子、夫妇著了相，便须逃避。如吾儒有个父子，还他以仁；有个君臣，还他以义；有个夫妇，还他以别。何曾著父子、君臣、夫妇的相？"（《传习录》下）

且不论王阳明的辟佛是否在理，他同时强调佛道两教与儒学仅有极微的差异，所谓"二氏之学，其妙与吾人只有毫厘之间"（《传习录》上）。还说："理无内外，性无内外，故学无内外。"（《年谱》二）"圣人尽性至命，何物不具，何待兼取？二氏之用，皆我之用：即吾尽性至命中完养此身谓之仙；即吾尽性至命中不染世累谓之佛。但后世儒者不见圣学之全，故与二氏成二见耳。譬之厅堂三间共为一厅，儒者不知皆吾所用，见佛氏，则割左边一间与之；见老氏，则割右边一间与之；而己则自处中间，皆举一而废百也。圣人与天地民物同体，儒、佛、老、庄皆吾之用，是之谓大道。二氏自私其身，是之谓小道。"（《年谱》三）这些引文反映了王阳明在辟佛与援佛之间，以儒门性命之学统摄佛老，而非拒斥二教。阳明后学大多潜心学佛，推陈出新。流风所及，明清两朝儒家士大夫向佛者日益，居士佛教渐成气候。

儒门大家这种看似矛盾的心态，折射出他们思想深处融合三教的努力。这是一种独特的"三教合流"，会通佛老，重建儒学，宋明道学家致力于挖掘儒学自身的心性论与工夫论，倡导《大学》的"三纲领八条目"，明明德、亲民、止于至善，格物、致知、诚意、正心、修身、齐家、治国、平天下。内圣外王，要在思想层面重新奠定儒学的主导地位，而不仅是从实用目的、社会分工的角度去平衡三教。帝王与儒生这两种姿态的相互配合，强化、提升了儒学的社会地位，推崇礼教，注重人伦道德的实践。同时，他们的思想会通，又使"三教合流"渐渐成为中国人最主流的精神生活。

事实上，儒家始终存在一批同情佛教的士大夫。早在北周、隋代，韦夐回答北周武帝说："三教虽殊，同归于善，其迹似有深浅，其致理殆无等级。"（《周书·韦夐传》）大儒王通（580-617）认为，三教各有其弊，各有其用，"三教于是乎可一矣"（《中说·问易篇》）。唐宋时期，皈依佛门或道门的士大夫不在少数，像梁肃、白居易等，直接会通儒释道三教。

二、夷狄之术与三教同归

佛教传入中国之初,士大夫即有调和三教的呼声。《牟子理惑论》常被看做中国历史上的第一篇佛学论文,虽然至今无法确定牟子的真实身份,但这位东汉末年的儒生,"锐志于佛道,兼研《老子》五千文",自觉地解释、和会儒释道三家的异同。质问者把佛教称为"夷狄之术",从儒家、道家或神仙家的角度反复质疑,牟子均以善巧譬喻对答。经过不断的本土化,佛教早就已经变成中国人自己的宗教。譬如,明末清初,民间把来华传教的耶稣会士称作"洋和尚"。

1. "格义"与"笑道"

作为一种外来宗教,佛教必然要与儒家、道家等本土思想会通。牟子构设三十七问,辨析佛教与尧舜周孔、黄帝老子的思想并不相异,但对"神仙长生之书,抑而不信,以为虚诞"。牟子的做法,既迎合儒家,又比附黄老,却与神仙方术划清界限。这种融通儒家与黄老思想的态度,恰好也是随后的魏晋玄学的基本姿态。魏晋时期,以《老》、《庄》、《周易》思想去类比、说明佛教概念,被称为"格义"。到东晋末年,格义的做法遭到高僧大德的摒弃,佛教自身的主体意识渐渐成形,不仅排斥神仙方术,同时开始破斥黄老思想,但对儒家的伦理规范依然表示认同。南北朝、隋唐时期出现的大批疑伪经,主要是以佛教的概念比附儒家的伦理纲常,试图说明佛教亦有类似儒家的忠孝观念。譬如,以儒家的"五常"与佛家的"五戒"类比,认为儒佛并不相违。

早期的中国佛教素有"联儒辟道"的策略,与道教时有抵牾,逐渐形成"不依国主,法事难立"(东晋道安语)的政教关系。当时,道教徒常以"化胡说"、"夷夏论"排斥外来的佛教。到了北周,二教的辩驳论难空前激烈,酿成了佛教史上的第二次著名法难。面对道教徒所谓"夷狄之教"的指责,佛教徒首先是想寻找证据说明佛教与中国的历史渊源,除了编排类似"三圣东行说"这样的故事,还在国内四处寻找传说中的阿育王塔与佛骨舍利,这在东晋、南北朝属于佛教界极重要的事件。① 但是,要从文化的根源上去讨论佛道两教的优劣,道教显然占据上风。因此,佛教徒在辩论时更注重理论上的批驳,最根

---

① 佛教界从公元4世纪上半叶起,在中国境内四处寻找阿育王分送的佛舍利,亦有陆续发现阿育王塔、佛舍利与佛像的记载(参见许理和《佛教征服中国》,李四龙、裴勇等译,南京:江苏人民出版社2003年版,第347页)。在道宣《广弘明集》卷15,有一份资料列举了16处阿育王寺,而在道世《法苑珠林》卷38则列举了19处。

本的是否定"道教"的存在，认为"道教"不配被称为"教"。佛教的这种对话策略，表现于北周的佛道论争。这场讨论虽以"法难"告终，但在论辩时佛教击败了对手，著文"笑道"。

唐代法琳（572－640）的《辩正论》，就此评论说："道称教者，凡立教之法，先须有主。道家既无教主，云何得称道教？"① 在他看来，儒家之所以为"教"，"教是三皇五帝之教，教主即是三皇五帝"。但是，道教古来只被称为"道流"，譬如《汉书·艺文志》。其原因，法琳认为，是由于没有合适的教主。他说："若言以老子为教主者，老子非是帝王，若为得称教主？若言别有天尊为道教主者，案五经正典，三皇已来，周公孔子等，不云别有天尊，住在天上，垂教布化，为道家主。"道教常以"天尊"为教主，不过是东汉末年的"三张伪法"，不足为据。法琳的这些论调，实际上是重复北周道安的《二教论》。

天和四年（569）三月、四月，急于想要灭佛的北周武帝，接连两次在皇宫召集讲论三教，想要分出佛道两教的高下。他敕命司隶大夫甄鸾，详研佛道二教，定其浅深。翌年，甄鸾写成三卷《笑道论》，讥讽诋毁道教。结果在朝堂上，当着众臣的面，这篇《笑道论》被武帝当场焚毁。道安受命撰文，三月以后写成《二教论》，唯立儒教、佛教，却不立道教。在他看来，教主必须要有才能与地位，缺一不可。古代帝王"功成作乐，治定制礼"，但是孔子虽然圣达，惜无地位，只能记述帝王与周公的言行，算不得是"教主"。只是一个柱下史的老子，更不能成为教主，道安认为，道家应当归属于儒教。

佛教徒对道教的批驳，在否定老子是教主以后，还强调道教缺乏必要的教典。印度佛教的经典有经律论"三藏"，其中，佛经又有"十二分教"。自东汉末年，我国就开始系统翻译佛经。到东晋时期，佛典的传译已经颇有规模。受此刺激，道教在这一时期出现了"造经"运动，大批的道经缘此问世。道经数量之多，到刘宋时期，乃至于有天师道三洞派着手整理道教经典，提出"三洞十二类"的编目结构。但在北周的佛道争论中，佛教徒认为，道典只是人为编造的伪作，并不具有权威性。

道安的《二教论》第十节"明典真伪"，认为除了老子《道经》、庄子《内篇》，其他的像《黄庭经》、《元阳经》、《灵宝经》、《上清经》、《三皇经》等重要道典，都被说成是出自"凡情"、"凡心"的伪经，甚至是对佛经的剽窃，而不是出自圣人之口的真经。他说：

《黄庭》、《元阳》，采撮《法华》，以道换佛，改用尤拙。《灵宝》创自张陵，吴

---

① 法琳：《辩正论》卷二，《大正藏》卷52，第499页上。

赤乌之年始出。《上清》肇自葛玄，宋齐之间乃行……晋元康中，鲍靖造《三皇经》被诛，事在《晋史》。后人讳之，改为《三洞》。其名虽变，厥体尚存，犹明三皇，以为宗极。①

但是，道教模仿佛经，大举"造经"，并不能说明，佛教在此交涉过程中没有受到道教的影响。事实上，两教的相互借鉴，远比他们各自承认的要多得多。到了唐朝，帝王主持的三教讲论，最终让在初唐还彼此论难的佛道两教逐渐相互调和，形成"佛道互补"的格局。

2. 以心为本

无论是辩驳，还是互补，佛教何以展现自身的优势？既不能突出自己外来宗教的形象，颇类似现在的基督教竭力摘除"洋教"的帽子，又不能与儒家争揽世俗的事务，佛教就只有一条出路：强调自己在宗义上的殊胜，即"出世法"，并在世间法层面，主张三教的旨趣相通一致。因此，佛教的三教合流，往往主张"三教同归"：理体上说，三教圣人，同归一理；事用上说，三家之教，同归于治、同归于善。

唐代宗密（780－841）是华严宗五祖、禅宗菏泽神会的传人，在佛教史上有着重要的历史地位。他在《原人论》里说："孔、老、释迦皆是至圣，随时应物，设教殊途。内外相资，共利群庶……虽皆圣意而有实有权，二教唯权，佛兼权实。策万行，惩恶劝善，同归于治，则三教皆可遵行；推万法，穷理尽性，至于本源，则佛教方为决了。"儒释道是不同的教化，若能相资互用，最终都是为了利益众生；三教虽有权实，却可"同归于治"。受其影响，五代延寿（904－975）主张三教融合。在他的名著《万善同归集》里，延寿从"理、事"两个层面阐述"万善同归"：在理体上，"众善所归，皆宗实相"、"诸法实相，无善恶相"、"一切理事，以心为本"；在事用上，"万善常兴"、"初即因善而趣入，后即假善以助成"，他说"儒道仙家，皆是菩萨，示助扬化，同赞佛乘"。后世佛门弟子论述三教关系，大多沿袭这种"二谛"说法，并以佛法为根本。

宋代天台僧孤山智圆（976－1022）自号"中庸子"，主张"修身以儒，治心以释"，平时"宗儒述孟轲，好道注《阴符》，虚堂踞高台，往往谈浮图"。②"治心"亦即"观心"，是佛门的根本，心乃"万行之源"。而在平常日用，智圆兼通儒道，尤好《中庸》。禅门大德契嵩（1007－1072），更以推崇儒家孝道而著称。宋仁宗明道年间，他撰写《辅教篇》，认为儒佛两家都是教人为善，有相资善世之用，彼此相辅而成，互不可缺。其中

---

① 道安：《二教论》，《大正藏》卷52，第141页中。
② 智圆：《闲居编》卷四十八《潜夫咏》，《续藏经》第56册。

的名篇《孝论》，高度赞扬儒家五经，提出"孝为戒先"的著名观点。他说："夫孝，诸教皆尊之，而佛教殊尊也。"① 明末高僧智旭（1599－1635）因循契嵩的思想，提出"以真释心行，作真儒事业"（《广孝序》，载《灵峰宗论》卷六之一），认为"儒以孝为百行之本，佛以孝为至道之宗"（《题至孝回春传》，载《灵峰宗论》卷七之一）。佛教在事用方面亦有行孝、辅教的功能，完全支持儒家伦理，并无二致。

契嵩继承宗密的思想，认为三教"同归乎治"，只是有治世与治出世的差别。这位著名的禅师平时"习儒之书"，乐为文词，认为"儒、佛者，圣人之教也。其所出虽不同，而同归乎治……故治世者，非儒不可也；治出世，非佛亦不可也"②。张商英（1043－1122）在宋徽宗时官至宰相，他的《护法论》是佛教史上的护教名篇，主张三教相资互用，同时突出了儒佛之异、佛法之殊胜。他说："三教之书，各以其道，善世砺俗，犹鼎足之不可缺一也。"他以治病良药为喻，解释前人所讲的三教"同归于治"，却有不同的疗效："儒者使之求为君子者，治皮肤之疾也；道书使之日损、损之又损者，治血脉之疾也，释氏直指本根、不存枝叶者，治骨髓之疾也。"张商英以佛教能治骨髓之病，突出佛教的特殊地位。在他看来，儒家的思想侧重于现实社会，而佛教归根结蒂是出世的宗教。他说："儒者言性，而佛者见性；儒者劳心，佛者安心；儒者贪著，佛者解脱；儒者有为，佛者无为；儒者分别，佛者平等……儒者治外，佛者治内。"佛教的优越性，展现于此根本处。

其实，隋唐以来佛教界依据《法华经》的"会三归一"思想，一直主张"同归一理"。譬如，吉藏（549－623）在《法华义疏》里说，五乘人"同归一理"。这种思路被引申到三教关系，开元二十三年的三教讲论，唐玄宗的御批说，"况会三归一，初分渐悟，理皆共贯，使自求之"③，以此调和三教。后代僧人说起此话，一则在佛教内部，所谓"若性若相，同归一理"、"尘沙法门，同归一理"；二则是三教之间，"圣心佛心，同归一理"。明代高僧云栖袾宏（1535－1615），是形塑明清佛教至关重要的人物。他也从"同归一理"的角度讲述"三教一家"："三教则诚一家矣。一家之中，宁无长幼尊卑亲疏耶？佛明空劫以前，最长也，而儒道言其近。佛者天中天、圣中圣，最尊，而儒道位在凡。佛证一切众生本来自己，最亲也，而儒道事乎外。是知理无二致，而深浅历然。深浅虽殊而同归一理。此所以为三教一家也，非漫无分别之谓也。"（《云栖法汇·正讹集》）

由此看来，佛教徒主张"三教同归"，大多着眼于事用方面的平等，而在理体上，佛

---

① 契嵩：《孝论·叙》收入《辅教篇》下，《镡津文集》卷三，《大正藏》卷52，第660页上。
② 契嵩：《寂子解》，《镡津文集》卷八，《大正藏》卷52。
③ 附见于张九龄《贺论三教状》，《曲江集》卷九。

家自以为最高明，以心为本，同归实相。从事用、功能的社会层面论述三教，元代刘谧《三教平心论》的概括，最能切合中国人的心迹。他说，若要讲述三教的关系，就"不可以私心论，不可以爱憎之心论，唯平其心念究其功"，否则难以得出公正的结论。在他看来，韩愈、欧阳修、张载、二程和朱熹的排佛言论，实有偏颇。他说：

> 儒以正设教，道以尊设教，佛以大设教。观其好生恶杀，则同一仁也；视人犹己，则同一公也；惩忿窒欲，禁过防非，则同一操修也；雷霆众聩，日月群盲，则同一风化也。由粗迹而论，则天下之理不过善恶二途，而三教之意，无非欲人之归于善耳。

刘谧说，儒教的作用是正纲常、明人伦，实施礼乐刑政；道教是教人清虚自守，归于静默无为之境；佛教则是教人舍伪归真，自利利他。在他这里，三教同归于善。这种思路，至今还是许多中国人对于宗教的基本看法，不管是什么宗教，都应劝人行善。

三、老子化胡与三教同源

在三教关系里，儒道互补的传统，一直未变。虽然儒家士大夫对民间的道教信仰时有微词，但这丝毫不影响道教全力支持儒家伦理。道教经典常会宣扬忠君孝亲、报父母恩的思想，类似这样的话，"资事父以事君，则忠孝之义尽，取于治身而治国，则清净之化成。其在栖真者流，尤以报君为重"（《玄门报孝追荐仪》，《道藏》洞玄部威仪类），并不鲜见。

道教认为，万善之要是"道德、孝慈、功能"，而万恶之要是"反道、背德、凶逆贼杀"（《云笈七签》卷九十"七部语要"）。这种"明道立德"，立善功、修道德，与"道"同一体性，乃是达到长生久视神仙境界的必由之路。因此，对道教而言，三教关系主要是如何处置道教与佛教的关系。

1. "夷夏论"与"化胡经"

历史上，道教与佛教两家的互动影响，复杂而深入。佛道之间，究竟谁对谁的影响更多，佛教徒与道教徒的观点完全不同。佛教学者通常会说佛教对道教的影响，而在道教学者那里，又会说"道教对佛教的影响，可能远比佛教影响于道教者多"。[①] 一方面，佛教

[①] 萧登福：《道教与佛教》，台湾地区东大图书公司2004年版，第5页。该书完全站在道家道教的立场上，梳理佛教如何接受道教的影响。他说，"在仪轨及习俗、炼养上，道教的讲经仪、坛仪、符印、星斗崇拜、安宅、葬埋、药饵、冶炼、食气、导引、灵签、节庆等等"，都曾对佛教有所影响，常被引用。

的传入，加速了道家的宗教化进程。道教的形成与发展，与佛教在中国的传播息息相关。汉代的早期道教，吸收佛教的义理、戒律仪轨，逐渐演变为魏晋南北朝的神仙道教，并从下层民众逐步进入上层士大夫社会。另一方面，佛教的本土化，亦是深受道家、道教思想与科仪的影响。两汉之际，佛教传入中国，正是神仙方术、图谶纬书大为盛行的时代。当时，佛教被当做一种"道术"、"神仙祭祀致福之术"，是人们用来消灾祈福、预卜吉凶甚至占星治病的新方术。最初的汉译佛典，基本上是用道家的术语来翻译。后代禅宗的形成与流行，又与道教思想有所暗合。

历史上佛道的斗法，道教徒贯以使用的手法，是强调自己的华夏起源。在有着汉民族文化优越感的儒家社会，利用"夷夏之辩"突出佛教的外来背景，这是对道教最有利、最方便的护持。这方面最早的实践，是从东汉时期就已出现的"化胡说"，影响所及，到两晋末年由道士王浮杜撰《老子化胡经》。东汉桓帝延熹九年（公元166年），在襄楷的奏章里最先提到"化胡说"，所谓"老子入夷狄为浮屠"（《后汉书》卷三十下"列传第二十下"）。司马迁《史记》卷63，讲到老子最后慨叹于周朝的衰微，顿生去意。到了函谷关，给关令尹喜讲完《道德经》以后就出关西去，不知所终。佛教的传入，给这个故事的结局留出了想象的空间，《老子化胡经》是道士们借此故事故意贬低佛教的结果。

依照公元5世纪初《晋世杂录》等史料，西晋末年，祭酒王浮是一位道教徒，与当时贵族出身的僧人帛远辩论，屡屡辩输。情急之下，他照着当时流传的"化胡说"，把《西域传》改头换面，伪造《老子化胡经》。这部《化胡经》出现以后备受欢迎，不仅是道教徒想借此贬损佛教，甚至还有佛教徒想借"化胡说"来证明佛教同样源出于中华文明，而非单纯的"夷狄之术"。最初只有1卷篇幅的《化胡经》，到隋代变成2卷，而到公元8世纪初，竟已成了10卷或11卷的大书。

到了唐代，"化胡经"已经不再是单纯的老子点化佛陀，当时的摩尼教也采用"化胡经"的说法。譬如，敦煌发现的《摩尼教残经二》记载："《老子化胡经》云：我乘自然光明道气，飞入西那玉界苏邻国中，示为太子，舍家入道，号曰摩尼，转大法轮。""老子化胡"，成了大家解读外来宗教的一种思维模式。但唐代的佛教已在中国社会扎根，再也不愿承认"老子化胡"的说法。在当时流通的佛教疑伪经里，普遍流传"三圣东行说"。譬如，《清净法行经》说："佛遣三弟子，震旦教化。儒童菩萨彼称孔丘，光净菩萨彼称颜渊，摩诃迦叶彼称老子。"[①] 佛道之间的论争，至此几乎成了一种互相的怄气。所以，公元668年，唐高宗下令禁断《化胡经》。到公元696年，道教徒要求撤销这项决定。公元705年，佛教徒再次要求禁断，朝廷在非议声中再次禁止《化胡经》的流传。佛道两教

---

① 转引自道安《二教论》，《大正藏》卷52，第140页上。

围绕"化胡"的争议,延续了相当长的时间。但到公元13世纪中期,蒙元皇帝最终禁断各种版本的《化胡经》,予以彻底毁版销毁。①

"化胡说",在佛道早期的论争里,实际上只是表面的现象。论其思想的根子,还在于中国传统的"夷夏论",中国人并不能爽快地接受、认同外来的文化价值,甚至武断地认为夷狄"难于见理"。刘宋时期,顾欢《夷夏论》说"佛教文而博,道教质而精",虽则内含佛道互补的可能,但在辨别两教不同时,他着眼于中印文化的差异,抑夷扬华:"华人易于见理,难于受教,故闭其累学而开其一极。夷人易于受教,难于见理,故闭其顿了而开其渐悟。"② 而到外来民族执掌中原的时代,汉人的民族认同不再拘泥于种族血缘关系,客观上也不能简单地贬斥"夷狄"的文化价值,"化胡说"就此失去了存在的社会土壤。

辽、金、蒙、元时期异族统治,在此大背景下,道教立场的三教合流,"化胡"的传说变成三教的"同源",所谓"天下无二道",三教既源于"道",亦归于"道"。在这方面,张伯端(983-1082)的内丹学与王重阳(公元1113-1170年)的全真道,将之推向历史的顶峰。

2. 以"道"为源

宋代以后的道教徒,通常也讲三教同归。夏元鼎《三教归一图说》:"三教殊途同归,妄者自生分别。彼谓释、道虚无,小可与吾儒并论。是固然也。自立人极,应世变言之,则不侔。至于修真养性与正心诚意之道,未易畦畛也……三教等无差别,本来面目只是一个,但服色不同耳。"③ 在这些道士的笔下,三教等无差别,同归于"一"或"道",这与佛家的"三教同归"有所不同。佛教徒的"三教同归"侧重于三教功能的平等,所谓"同归于治";道教徒则是重在三教"道体"的一致,两者有体用之殊。

张伯端在其《悟真篇》序言里说,"教虽分三,道乃归一","归于究竟空寂之本源",在道教内部提出"三教合一"的主张。④ 他说:

> 释氏以空寂为宗,若顿悟圆通,则直超彼岸;若有习漏未尽,则尚徇于有生。老氏以炼养为真,若得其要枢,则立跻圣位;如其未明本性,则犹滞于幻形。其次,《周易》有穷理尽性至命之辞,《鲁语》有毋意、必、固、我之说,此仲尼极臻乎性命之奥也。

---

① 有关《化胡经》在中国历史上的演变过程,参见许理和《佛教征服中国》,第378-392页。
② 顾欢:《夷夏论》,《大正藏》卷52,第225页上。
③ 夏元鼎:《黄帝阴符经讲义》卷四(图说卷),《道藏》洞真部玉诀类。
④ 唐大潮:《明清之际道教"三教合一"思想论》,宗教文化出版社2000年版,第106页。

张伯端是道教金丹派南宗祖师，人称"悟真先生"、"紫阳真人"。他的丹道理论融摄禅法，主张性、命必须双修。他说："先以神仙命脉诱其修炼，次以诸佛妙用广其神通，终以真如觉性遣其幻妄，而归于究竟空寂之本源。"这套"先命后性"的内丹功法，实际上是以禅宗顿悟法门为究竟，以佛家的"实相"理论充实对"大道"的理解，借以从根本上会通儒释道三教。

金元间，王重阳在北方地区创立"全真道"，并不上承道教的三清尊神、三洞尊经，而是高唱"三教归一"。创教之初，金大定八、九年间（公元1168-1169年），王重阳在山东文登等地建立"五会"（三教七宝会、三教金莲会、三教三光会、三教玉华会、三教平等会），劝人"诵《般若心经》、《道德》、《清静经》及《孝经》"，强调三教一家，不拘一教。他说，"三教者，如鼎之三足，身同归一，无二无三。三教者，不离真道也，喻曰：似一树生三枝也。"（《金关玉锁诀》）王重阳本人的三教合流，重在吸收佛教内容，而对儒家思想的摄入，主要由其弟子完成。陈兵先生认为，"金代全真道学说乃佛道融合的典型，元代以后的全真之学才具足三教合一的性质"。三教合一，因此是全真教的中心思想，是北宋以后道教"三教合一"思想不断发展的产物，是内丹派与佛儒融合的结果。托名吕洞宾的清代著作《三宝心灯》甚至说："若皈道而不知三教合一之旨，便是异端邪说。"

全真教主张三教合流，大多着眼于三教义理的同源一致。王重阳的"天下无二道，圣人不两心"，"儒门释户道相通，三教从来一祖风"，后来成了常被引用的经典名言。丘处机（公元1148-1227年）还说："儒释道源三教祖，由来千圣古今同。"（《磻溪集》卷一）意思是说，儒释道的理趣相通，源自同一个"道"，犹如一个树根生出三个树枝。在后世的全真教著作里，三教同源的"道"进一步被归结为"心性"。《性命圭旨》卷一说，"儒曰存心养性，道曰修心炼性，佛曰明心见性，指归皆在心性"，"心性者本体也"。这个心性本体，道士们还常用"一"、"太极"或"圆相〇"表示。宋末元初，李道纯认为，理学的"太极"、佛教的"圆觉"、道教的"金丹"，名三体一，全都可以圆相"〇"表现①。惟其道体的相通，三教之间难有根本的差别，所以，全真教提倡"三教平等"。

道教内部有"北宗先性后命，南宗先命后性"的说法，全真教的功法较之张伯端的南宗，更多地融摄禅宗心法，主张炼神还虚、以性兼命的丹法。明代伍冲虚的《仙佛合宗语录》说："仙佛同一工夫，同一景象，同一阳神证果。"（《道藏辑要》毕三）全真教以明心见性、养气炼丹、含耻忍辱为内修之"真功"，以传道济世为外修之"真行"，功行双全，以期成仙证真，方始谓之"全真"。

---

① 此处论述，参见陈兵"略论全真道的三教合一说"，《世界宗教研究》1984年第1期，第8-10页。

宋元时期的道教，因此放弃了以往单纯地从民族血缘的历史渊源论证道教的优越地位，不再坚持"夷夏论"的文化优越感，而是彰显"道"之于三教的统摄力，以"道"为源。道，既是儒释道三教的思想根源，又是道教炼养的修证目标。

结语：殊途同归、相资互用

儒释道三家的会通融合，形成"和而不同"的宗教文化体系。这种现象，在世界文明史上实属罕见。三教合流，并没有消除儒释道自身的特点，三教相似的对话策略，保留各自的主体性，体上会通，用上合流，体现了中国社会协调不同宗教关系的高超智慧。三教之间彼此了解，会通不同的思想教义，而在事用、功能方面，三教合流，劝善导俗。佛道两教在民间社会，互为表里，出现"仙佛不分"的信仰格局①，大多主张"三教归儒"②。

"三教平等"型，主张三教各有长短，功能不同，彼此相辅相成，这主要是儒家统治者出于平衡三教的政治目的。"三教同归"型，是说三教的旨归、功能相同，所谓"殊途同归"。颇有意思的是，这种主张通常是佛教徒的说法。"三教同源"型，是说三教存在共同的源头，所谓"源一流三"，这主要是道教徒的观点。

当然，儒释道三教在历史上常会混合使用上述三种类型的对话策略。特别是"殊途同归"的说法，典出于《易大传》"天下一致而百虑，同归而殊途"。这种传统的思维方式，贯通三教，重在"劝善"、"教化"等社会层面，谋求彼此的"相资互用"。三教虽在思想层面各有"极高明"处，但是，"殊途同归"，这使中国文化能在平稳之中保持思想活力，从容地进行"文化更新"。

像唐代重玄学、宋明理学、宋代内丹学、金元全真教以及像禅宗这样的中国佛教宗派，乃至像林兆恩（1517–1598）创立"三一教"，其实都是三教互动的产物。

录自《北京大学学报》2011年第2期

---

① 中村元说："当佛教思想刚由中国人吸收时，它还只是某种新知识而已，然而当它真正转化成宗教思想而固定于生活之中时，它早就蜕变而为道教思想了，至少可称之为道教思想之主流了。"参见中村元等著《中国佛教发展史》上卷，台北天华出版事业股份公司1984年版，第593–595页。

② 最典型的例子是"三一教"，其创始人林兆恩将平生撰述总名《圣学统宗》，主张儒释道"道一教三"，但三教合一的宗旨则是"归儒宗孔"。

儒释关系

与蒋再唐论儒佛义

马一浮

马一浮（1883－1967），浙江会稽人。1901年与马君武、谢无量合办《翻译世界》。1938年应竺可桢聘请，任浙江大学教授。1939年在四川筹设复性书院并任院长兼主讲。1953年任浙江文史研究馆馆长，1964年任中央文史研究馆副馆长。著述甚丰，主要有《泰和会语》、《宜山会语》、《复性书院讲录》、《尔雅台答问》、《尔雅台答问续编》、《濠上杂著》、《老子道德经注》、《蠲戏斋佛学论著》、《蠲戏斋诗编年集》、《避寇集》、《朱子读书法》等，所著后人辑为《马一浮集》。

蒋君意主和会儒佛，多取《中庸》、《大学》以证《华严》之理，并准贤首《义海百门》，一一比傅。其豁然处亦若可喜。微感教相未晰，故述此篇。聊与商榷，不可为典要也。

详所综会，并臻玄解，齐收五味，直剖衣珠。可以羽翼深经，扶扬大教，前此所未闻也。良由宿因薰发，遇缘而现，浮也，何幸得睹斯篇。原夫圣教所兴，同依性具；但以化议异应，声句殊绝。故六艺之文，显于此土；三藏之奥，演自彼天。法界一如，心源无二。推其宗极，岂不冥符。果情执已亡，则儒佛俱泯。然诠表所寄，义相实繁。苟欲一一比而合之，二教广略靡定，隐显时别。分齐有所难析，涂虑患其不周。故忘筌之旨既得，则佛迹之谈可舍。察乎此者，交参互入，并行不碍。前贤以异端屏释，古德以外学判儒。遂若体物有遗，广大不备。其犹考之未尽密耳。尝以西来众典，义启多门；邹鲁所承，道唯一贯。彼则一乘是实，此乃易道至神。今欲观其会通，要在求其统类。若定以儒摄佛，亦听以佛摄儒。须以本迹二门辨其同异。盖迹异故缘起有殊，本同故归致是一。就迹则不夺二宗，依本则不害一味。若迹同者，二俱不成。若本异者，一亦不立。今双立儒佛，正以同本异迹。故存迹以明非，即就本以明非。离则不失于二，不违于一。是以儒佛得并成也。二家互摄，依五教则圆及终顿为近。简去前二者，以小乘不了法源，始教但明空义（相及无相，说空是一）。体用未彰，不与儒相应，故不得摄此也。在六艺则《易》与《礼》、《乐》为如。六艺俱得摄彼，但《诗》、《书》、《春秋》

多表事为迹异，《易》、《礼》、《乐》多显理为本同。举本而言，该理则尽。前义以俟彼教之哲，后义则是君子今日之志也。使广为辨释，穷劫犹病；但标举大义，亦可得而略言。如《诗》、《雅》、《颂》，正变得失，各系其德。自彼教言之，即是彰依正之胜劣也。《书》叙帝、王、伯，虞夏商周各以其人。自彼教言之，即是示行位之分圆也。《春秋》实兼《诗》、《书》二教，推见至隐，拨乱反正，因行事，加王心。自彼教言之，即是摄末归本，破邪显正，即俗明真，举事成理也。终顿之义，亦可略摄于兹。然此是迹异门。迹中有本，本同故可摄；唯以其迹，则不见有摄义也。若《易》与《礼》、《乐》，则是本等一心。礼主别异，即是差别万行。故有礼不可无乐，有乐不可无礼。礼乐皆得，谓之有德。此即摄圆教义。孔子假杞宋以求征，寄韶武以发叹。明礼乐之至，存乎其人。彼教叹大褒圆，何以异是。乐由中出，故静不动，真常湛寂之本也。礼自外作，故文不坏，功德业用之相也。乐者天地之和，礼者天地之序。和故百物皆化，无量世界海，佛身悉充遍。所谓化也。序故群物有别，一尘一毛端，各各现刹土。所谓别也。此皆圆教义也。《大学》明德新民，止于至善，先后有序。是礼教义。依性说相，即性之相也。《中庸》大本达道，一于至诚；天人合言，是乐教义。会相归性，即相之性也。《大学》摄终，《中庸》兼顿，合即成圆。故先儒双提二篇，以显圣道也。乐由天作，礼以地制。明于天地而后能兴礼乐。天地者法象之本，乾知大始，即表心真如。所谓一大总相法门体也。坤作成物，即表心生灭，出生一切法，能摄一切法也。乾元即真如门真如，坤元即生灭门觉义。终顿圆三教并用。此义乾坤成列，而《易》行乎其中；性相交融，而觉周于无际。体用一源，显微无间。故圣道可得而立，佛法由是而现。天道、地道、人道一也。苦身、法身、烦恼、般若、结业、解脱一也。彼教谓之翻三染，成三德。此圆教义也。礼乐统于《易》，犹终顿该于圆。礼乐以人道合天地之道。犹以一心开二门，终顿准之。背尘合觉是终，离幻即觉是顿。《易》以天地之道冒人道，犹以一法界总收一切法。圆教准之。无不从此法界流，无不还归此法界。仁者见之谓之仁，智者见之谓之智。百姓日用而不知，所谓众生心中悉有如来智慧也。继之者善，成之者性，所谓从初发心便成正觉也。继之者善，是有修有证；成之者性，是无修无证。《易》无方、无体、无思、无为，而崇广业。开物成务，原始反终，穷神知化。以言乎远则不御，以言乎迩则静而止。寂而常感，感而常寂。孔子叹《易》之德曰：非天下之至精、至变、至神，其孰能与于此。精，言其不杂也。变，言其不穷也。神，言其不测也。《通书》立诚神几，诚即至精，几即至变。此犹《华严》之称大方广矣。故谓圆融具德，缘起无碍、无尽法界相，即相入如来不思议境界者，正是易教所摄也。愚计所及，略见于斯。未尽两端，何论一谛。窃谓欲融摄二宗，须令教相历然，义无捉滥。如量而说，称法而止，唯当依义，无取随文。庶几净难可消，醍醐不失。否则易堕相违，只成戏论。程子致戒于乱真，清凉取譬于盗牛。二教之师，由来交让。欲使一朝涣然，诚未可期也。以上所陈，不都摭彼教之卮言，证儒家之孤义。粗为比傅，虑不中伦；如其条理，以俟智者。

1918 年春 2 月

原刊于《马一浮集》第二册，浙江古籍出版社，1996 年，第 502－505 页，
录自《中国现代学术经典·马一浮卷》，河北教育出版社，1996 年，第 669－671 页

关于宋明理学之性质

熊十力

熊十力（1885－1968），湖北省黄冈县人。1920年赴南京支那内学院，从欧阳竟无学佛学。曾在武昌文华大学、天津南开中学、北京大学、浙江大学任教。著有《新唯识论》、《原儒》、《体用论》、《明心篇》、《佛家名相通释》、《乾坤衍》等，后编为《熊十力全集》。

（一）复张东荪先生

东荪吾兄：

北大转到来教一封，系弟未抵平时所发，本日又得惠书。兹略答如。

一、前函谓宋、明儒实取佛家修养方法，而实行儒者入世之道。其内容为孔、孟，其方法则系印度云云。弟于此微有异议。果如来教，则宋、明儒学，乃两相搭合而成。如此拉杂，成何学术？为学方法，与其学问内容，断无两相歧异之理。向来攻宋、明诸师者，皆谓其阳儒阴释。此真横议。吾兄不谓宋、明学全出释氏，但谓其方法有采于彼。是其持论，已较前人为公而达矣。然弟犹有异议者，何耶？则以孔、孟儒学之内容，必不能全用印度佛家方法故也。夫孔曰求己，曰默识。孟曰反身，曰思诚。宋、明儒方法，皆根据于是。虽于佛家禅宗，有所参稽兼摄，要非于孔、孟无所本，而全由葱岭带来也（朱子讥陆象山之学由葱岭带来，今借用其语）凡一学派之传衍，恒缘时代思潮，而使旧质料有所蜕变，新质料有所参加，此中外所莫不然。宋、明之世，佛家禅宗思想已盛行。诸儒不能不受其影响，亦何足怪。实则宋、明儒于孔、孟之形而上学方面，确属深造自得，而有伟大之成绩。其思想皆自成体系，但散见语录，非深心体玩，则莫之能知耳。至若甄验物理人事，足以利用，则晚周儒生之学所为广博，而不偏于玄学一途。宋、明儒则不免疏于实用，亦参融禅学之过也。陆、王之徒，既反对程、朱《大学》格物主训。而程、朱以即物穷理言格物，又但有主张，而未尝详究方法。其平居体验人事物理，盖不外暗中摸索，与凭颖悟所偻获。既无精核之方法，则虽明伦察物，亦往往冥会其通。而未尝解析部分，明征定保，以构成某一部门系统的知识，此科学所由不发达也。兄疑其方法全采印度，或以此欤。然弟则以为宋、明儒本偏于玄学一途。其玄学方法，仍承孔、孟，虽有所资于禅，要非纯取之印度。故于尊论微有异议也。孔、孟于人事物理虽明察，然于近世所谓科学方法者，究少所发明。是儒学开端，已不是科学路向。宋、明诸师，仍承其绪，而衍孔、孟知天尽性之玄学。孔子言五十知天命，孟子亦言尽性知天。不过孔门重六艺，礼乐射御书数，即简单的科学。孟子精研政治与社会问题，特有发明，非但为鞭辟近里之功而已。及宋、明儒，则一意反身默识，以充其德性之知。而于征事析物，即所谓闻见之知，则不免视为外驰。虽此言容稍过，至少亦有此倾向。是其视晚周儒家变本加厉者也。大抵东方哲学与西洋科学，各有范围，各有方法。并行则不悖，相诋终陷一偏。科学以由感官所得经验为依据，非用客观的方法不可。哲学所穷了者为本体，而宇宙本体，实即吾人所以生之理。斯非反求与内证不为功。故东方之学，终非科学所能打倒。明知此论为时贤所不许，但不妨向吾兄一倾吐耳。

二、第二函，谓英人怀特海之哲学，与弟之《新唯识论》，颇有相通之点。嘱某生撰一文，以相比较。某生于怀特海，既未知所得如何。其于《新论》，至多不过粗通文句。文句有限也，而文句所诠之意义乃无限。某生目前尚未了解《新论》，又何从比较耶？今学子习于肤浅，吾侪从事论述，唯此孤心，长悬天壤耳。若欲索解人于当世，恐为自苦。

三、前夕尊寓畅谈，孟劬先生略及今之治史志者异执朋兴，此诚无可如何。弟以为今日考史者皆以科学方法相标榜，不悟科学方法须有辨。自然科学可资悬测，以救主观之偏蔽。社会科学则非能先去其主观之偏蔽者，先字是着重的意思，非时间议。必不能选择适当之材料，以为证据，而将任意取材以成其僻执之论。今人疑古，其不挟偏见以取材者几何。真考据家，亦须有治心一段工夫。特难为今人言耳。

（二）复熊十力先生　张东荪

复书拜悉。所论宋、明儒学与佛学之关系一段，细绎之，与弟所见，亦无大差。特弟前函太略，未将所欲言者充分说出耳。弟以为反身思诚等，在孔、孟本人或有此种体验，但当时并未厘为固定之修养方法。自宋、明诸儒出，有见于禅修，乃应用印度传统之瑜伽方法，从事于内省，由敬与静而得。遂得一种境界。此境界虽同为明心见性，然与佛家不同。盖佛家所得者为实证真如，而宋、明儒家所得者为当下合理。二者所达不同，而其为内修则一也，以西方术语言之，则一为玄学的，一为伦理的；一为求见宇宙之本体，一为体合道德之法则。潜修以窥破本体，其结果得一寂字，一切皆空。而空亦即有，于是事理无碍，事事无碍。潜修以体合道德，道德二字似太狭，不如直呼为做人，较妥。其结果得一乐字。宋、明儒者之诗,如有云"万物静观皆自得"与"时人不知予心乐"者,不可以寻常句子看待也。故印度之文明,始终不离为宗教的文明。而中国之文明,则始终不失为伦理的文明。宗教的文明,无论其本质何似,而总不免有出世色彩。至于伦理的文明,则纯粹为入世之物。此点可谓宋、明儒者在人类思想史上一大发明。弟将为长文以阐明之,不知公亦赞成否。漱溟于此似已稍稍窥见,特不知与弟所领会者果相同与否耳。

(三) 再答张东荪先生

答教,拜悉。弟以为儒家与印度佛家,同为玄学。其所不同者,一主入世,一主出世而已。真如不是一件物事,除却当下合理,又何所谓真如?《涅槃经》乃最后了义,即于心之常乐我静而说为如,具云真如。故乐之一字,不必为儒佛之判也。唯佛主出世,故其哲学思想,始终不离宗教。儒主入世,故其哲学思想,始终注重伦理实践。哲学不止是求知,而是即知即行,所谓体神化不测之妙于庸言庸行之中,此儒术所以可贵也。总之,儒佛二家之学,均广大渊微,浅智所不能了。今人亦无肯肆习者。尊论何时脱稿,甚愿得一读也。

又当下合理一词,若深究其涵义,便甚难言。其所以为当下合理者,以是本体呈显故耳。若不见体,又何当下合理可言。夫子七十从心所欲不逾矩,才是当下合理之极致。佛位亦不过如此。凡夫本有此种境地,但习染所蔽,不克发现,不自证得耳。吾兄以求见本体归之佛,而谓儒者为体合道德之法则,似谓当下合理,即缘体合道德法则之效果。此弟所未能印可者。须知,若不见体,则所谓道德法则便纯由外铄,而无内在的权度。此告子义外之论所以见斥于孟子也。唯见体,故斯有道德之法则可言。孟子所谓居安资深,取之左右逢源者,乃无往不是天则无时无在,而非当下合理。宋儒诗所谓"等闲识得东风面,此喻见体。万紫千红总是春",可谓善于形容。到此境地,佛谓之大自在,儒者谓之乐,涅槃亦谓之乐。

儒者之实证本体而不务论议,专在人生日用间提撕人,令其身体力行而自至于知性知天。知性知天,即证体之异语。故儒家之学,自表面观之,似只是伦理学,而不必谓之玄学。实则儒家伦理悉根据其玄学,非真实了解儒家之宇宙观涵本体论,则于儒家伦理观念,必隔膜而难通。

儒家注重践履,此其所长。而由此不务敷陈理论,则了其精义宏旨者,仅少数智人。而大多数人,乃无从探索,而不见其有何物。此亦儒术所以衰也。

《华严》四法界,归于事事无碍。到此,与儒家无二致。会通四子六经,便见此意。

弟每欲有所论述,遇此衰世,苦无意趣。若有少数同志,随时短简商榷,必不无所解发。朱子诗云"旧学商量加邃密",至有味也。
　　　　　・・・・・・・

(四) 再答熊十力先生　张东荪

　　子真先生：二次复书拜悉。弟意尚有未伸者,请再为公陈之。弟以为所谓玄学的与道德的云云,甚至于本体论、宇宙论、认识论之分别,皆基于西方学术重分析之精神而出,遂有此种分别剖居之事。至于东方则根本上为浑一的。故谓宋、明儒学为道德的一语,却决不包含有宋、明儒学为非玄学之义在内。以在西方所谓道德与玄学二义可以互相排斥,而在东方中国,则此二义非但不相排拒,且常并为一义,不可强分。尊函论及本体一层,弟自西洋哲学之观点以观,觉稍有伸论之必要。盖弟始终以为本体论为西方哲学之特色。有人谓认识论为西方所独有,殊不知印度哲学上之认识论实甚精微。印度哲学亦讲本体,但其本体即是所谓"如",并不是一件东西。以西方术语言之,乃系以宇宙论代替本体论也。中国思想亦然。中国最古之玄学自是《易经》。《易经》只讲宇宙论,而无本体论。若以不甚正确之言表之,则可谓西方确有本体论,印度只是以宇宙论当本体论讲,中国又只是以人生论当本体论讲。吾谓宋、明儒者修正之结果的一乐字者,其玄学的背景当然根据于《易》,此即生生不息之理。以大宇宙之生生不息遂致小宇宙即个人能有"此心活泼泼地"之一境也。因其玄学的背景不同,故佛家之修证与宋、明儒者亦不同。弟尝谓佛家之修证在于得"见"。其为见也,犹如庖丁解牛。宋、明儒者之修证在于所"行"。其为行也,恰似行云流水。因其为见,故当下直指。因其为行,故为遍体流行。其结果,得见者只能得一"澈"字,而得行者乃可得一"乐"字。此二者之别也。且弟始终觉得西方之道德观念与宇宙见解、本体主张,可以相关联,但仍必为三者,不可混而为一。中国不然,其道德观念即其宇宙见解,其宇宙见解即其本体主张,三者实为一事,不分先后。此种态度在西方则统名之曰神秘主义而鄙视之。弟则以为中国思想之优点亦正在此。特如何以保留此种优点而仍能卓然自立于西方文明大昌之今日,则颇为问题。诚以东方之"自得之乐"与西方之"驭物之智"如何融合并存,不得不大费苦心矣。弟极思有以解决之,而深感一人之力有限,此则非区区短笺所能尽述者也。

二十五年三月二十三日

原载《中心评论》1936 年 4 月第 9 期,题为《与张东荪论学书》。
录自《熊十力全集》(第八卷),湖北教育出版社 2001 年,第 115－122 页

谢灵运《辨宗论》书后

汤用彤

汤用彤（1893－1964），字锡予，湖北省黄梅县人。1917年毕业于清华学校，1918年赴美留学，入汉姆林大学哲学系，1919年入哈佛大学研究院，1922年获哲学硕士学位。回国后历任国立东南大学、南开大学、北京大学、西南联大教授。1951年后任北京大学副校长。主要著作有《汉魏两晋南北朝佛教史》、《印度哲学史略》、《魏晋玄学论稿》等，后编为《汤用彤全集》。

谢康乐具文学上之天才，而于哲理则不过依傍道生，实无任何"孤明先发"之处。惟其所著《辨宗论》（在《广弘明集》中），虽本文不及二百字，而其中提出孔释之不同，折中以新论道士（道生）之说，则在中国中古思想史上显示一极重要之事实，似不能不加以表章。然此事牵涉颇广，今仅能略发其端耳。

《辨宗论》者旨在辨"求宗之悟"，宗者"体"之旧称，"求宗"犹言"证体"。此论盖在辨证体之方，易言之即成佛之道或作圣之道也。此中含有二问题：一、佛是否可成，圣是否可至；二、佛如何成，圣如何至。

世传程伊川作《颜子所好何学论》，胡安定见而大惊。伊川立论为安定赏识者果何在，颇难断定。但伊川意谓此学乃圣人之学，而好学即在成圣人也。夫"人皆可以为尧舜"乃先秦已有之理想。谓学以成圣似无何可惊之处。但就中国思想之变迁前后比较言之，则宋学精神在谓圣人可至，而且可学；魏晋玄谈盖多谓圣人不可至不能学；隋唐则颇流行圣人可至而不能学（顿悟乃成圣）之说。伊川作论适当宋学之初起，其时尚多言圣人可至而不能学。伊川立论反其所言，安定之惊或亦在此。而谢康乐之论成于晋亡之后，其时正为圣人是否可至、如何能学问题争辩甚烈之时，谢侯采生公之说，分别孔释，折中立言以解决此一难题，显示魏晋思想之一转变，而下接隋唐禅门之学，故论文虽简，而诏示于吾人者甚大也。

谓圣人不可至不能学，盖在汉代已为颇流行之说。《汉书·人表》称"生而知之者上也"，而圣人则固居于上上，《白虎通》王者"虽有自然之性，必立师传焉"（《辟雍》），《论衡》载儒者立论"圣人不学自知"，贤者所不及，盖"圣人卓绝与贤者殊也"（见

《实知篇》)。此说与谶纬神仙有关。王充虽不信儒者所论，但亦尝言圣凡均因"初禀"，又虽谓圣可学，但神则不可学，此所谓神略当道术之仙，嵇康已谓仙人"非积学所能致"(《养生论》)，而读《抱朴子》，已见仙人禀异气、仙人有种诸说。至若玄学则当推王弼、郭象为领袖，王辅嗣著论曰"圣人茂于人者神明也"，郭子玄注《庄》曰"学圣人者学圣人之迹"。引申二公之说，自可及圣人不可学不能至之结论。盖玄学者玄远之学，谈玄远之与人事本出于汉代天人之际(何平叔誉王辅嗣"可与言天人之际")。大体言之，在魏晋之学"天"为"人"之所追求憧憬，永不过为一理想。天道盈虚消息永为人力所不能挽(清谈人生故归结常为无可奈何而安之若命)。圣道仰高钻坚，永为凡人之所不能及。谓圣人既不能学，自不可至，固必为颇风行之学说也。

《辨宗论》曰："孔氏之论，圣道既妙，虽颜殆庶。"盖谓儒家立义凡圣绝殊，妙道弥高弥坚，凡人所不能至，即颜回大贤亦殆几为圣人，而固非圣人也。

世言玄学出于老庄，而清谈者固未尝自外于儒教，故其说经，常见圣人不可学且不能至之理论。《论语集解》皇疏集魏晋玄谈之大成，其《学而第一》下疏曰：

> 言降圣以下皆须学成。

夫《法言》、《学行》第一，《潜夫论》、《赞学》居首，均明言圣人可学而至。皇疏于《论语》开宗明义所言，依全书陈义观之，则圣固不与于学成之列。道家本主绝圣弃智，而经玄学家之引申则谓圣人卓绝与凡人殊类也。圣人既不可学，然《学而》乃居第一者，盖所以劝教，所以勉励凡人也。故《志学章》疏曰：

> 此章明孔子隐圣同凡……皆所以劝物也。

又引李充曰：

> 诱之形器，为教之例，在乎兹矣。

又引孙绰曰：

> 勉学之至言。

此与《中人以上章》疏曰：

> 圣人不须教也。

《我非生知章》疏曰：

> 孔子谦以同物，自同常教。

盖同依寄言出意之原则以解经。经中虽常言学，而意在劝教，若圣人则固非学能也。

又王辅嗣以下多主圣人知几故能无过，贤人庶几只不二过，《论语》谓颜子不迁怒不二过，盖明示其天分仅止于大贤（亚圣），故此章皇疏曰：

> 云不迁怒者，此举颜回好学分满，所得之功也。

据此，颜子好学，其所得者只庶几为圣而终不及圣。观乎此类言论，则伊川著论谓颜子学为圣人，不诚为可惊之说乎？颜子既分只大贤，则《论语》载其言仰高钻坚亦因之而甚易了解。盖颜子虽好学而自知其分际，凡圣悬隔，非可强致，故晋代玄学名家孙绰曰：

> 夫有限之高，虽嵩岱可陵，有形之坚，虽金石可钻……绝域之高坚，未可以力致也。（参看皇疏五并引江熙之言）

《思不如学章》皇疏曰：

> 夫思而后通，习而后能者，百姓皆然也……故谓圣人亦必勤思而力学，此百姓之情也，故用其情以教之。

此盖引郭象之言，子玄之意谓经虽明言孔子亦学，但意亦在劝教，百姓虽须学，但圣人固无所谓学，此章盖亦方便立言，非谓圣人因学而至也。[附注：前年与友人冯芝生先生谈圣人不可学致乃魏晋之通说，冯先生疑之，并引《庄子·大宗师》七日九日之文，而谓既有阶级则自须学。但郭象注庄名家，据上文则因谓圣人与百姓不同（郭氏对此整个学说为何兹不具述）。而魏晋人注疏，亦不似现代系统论文之分析详尽。实则学有阶级与圣非学至并不冲突。盖学固可有阶级，而圣则卓绝居阶级之外也。此本为当时之一问题，《辨宗论》问答中已经提出。]《辨宗论》曰："释氏之论，圣道虽远，积学能至。"盖释教修持，目标本在成佛（或罗汉），而修持方法择灭烦恼循序渐进。小乘之三道四果，大乘之十住十地，致圣之道似道阻且长，然其能到达目标固无疑也。佛教自入中国以后本列于道术之林，汉魏间仙是否可学亦为学者聚讼之点，晋《抱朴子》论之甚详，葛洪本意则认为成仙虽有命，但亦学而能至。由汉至晋佛徒亦莫不信修炼无为必能成佛也。实则如不能成佛，绝超凡入圣之路，则佛教根本失其作用。汉晋间释氏主积学至圣，文证甚多，但姑不征引。

总上所言，汉魏以来关于圣人理想之讨论有两大问题：（一）圣是否可成；（二）圣如何可以至。而在当时中国学术之两大传统立说大体不同，中国传统（谢论所谓孔氏）谓圣人不可学不可至，印度传统（谢论所谓释氏）圣人可学亦可至。学术界二说并立相违似无法调和，常使人徘徊歧路堕入迷惘，故《世说新语·文学篇》曰：

> 佛经以为祛练神明则圣人可致（此叙印度传统），简文云，不知便可登峰造极不？（此似据中国传统立说不同而生疑）然陶练之功尚不可诬。

两大传统因流行愈久而其间之冲突日趋明朗。学人之高识沉思者，自了然于二说之不一致，故简文发问疑之于前，康乐作论明示于后。而在此时亦正因佛经一阐提成佛义出而争论激烈。印度佛教本有立种姓义者，依此义则超凡入圣亦可谓不可能。晋末六卷《泥洹经》出，乃明载一阐提不能成佛之说，印度传统中乃起一异说，但竺道生精思绝伦，"孤明先发"，根据法体之贞一（《辨宗论》谓理归一极），力驳此说之妄伪。谓佛性乃群生之真性，一阐提乃属群生，何得独无佛性。一阐提既同具佛性自得成佛，故当东晋末叶印度传统中有一部分人士违背圣人可学可至之宗义，经道生精辟之立张，加以《涅槃》新经之明证，而印度立说乃维持其原来所立之宗义。晋末因印度传统既生波动，而整个问题（即上述之两项）益为学人所注意，竺道生大顿悟义原在求本问题之总解决。谢灵运《辨宗论》述其旨，立言简要，拈出两大传统之不同，而建树一折中之新义。关于整个问题之解决或可分为四句：

一、圣人不可学不可至，此乃中国传统。

二、圣人可学可至，此乃印度传统。

三、圣人可学不可至，此说无理不能成立。

四、圣人不可学但能至，此乃《辨宗论》述生公之新说，所谓"闭其累学"、"取其能至"是也。

梁释僧旻曰"宋世贵道生，顿悟以通经"，盖一阐提成佛乃经中之滞义，生公立大顿悟本为此滞疑之解决，而且魏晋学术之二大异说亦依此而调和，则生公之可贵岂独在通经耶？抑亦在将当时义学之迷惘一举而廓清之也。

竺道生曰，成佛由于顿悟，谢康乐曰，得道应需慧业，故成圣者固不由学也。然谓圣人能至而不可学。欲知其立说之由来，亦当明了魏晋学人之所谓学果含何义。当时学字之意义，实应详加研讨，大要言之，相关之意义约有四：

一、学者乃造为。道家任自然无为无造。鹤胫虽长断之则悲，凫胫虽短续之则忧。玄学弃智，用人之聪明为其所不取。王弼曰"智慧自备为则伪也"，郭象曰"任之而理自至"。夫"学"者即谓有所欲为，则圣人德合自然，应不能学，此其一。

二、"学"者效也，乃由教，由外铄。《论语集解》何晏曰"学自外入"，皇疏引谬协曰"学自外来，非复内足"。夫圣人神明自茂，反身而诚。故皇疏三有曰"圣人不须教也"。《涅槃集解》引僧亮（刘宋初人）曰"无师自悟是觉义"。佛本大觉，应无所谓学，此其二。

三、学者渐进，累积而有成。孔子"志学"、"而立"之差，佛家十地四果之阶，均以示学之程序。鸠摩罗什曰"能积善果功自致成佛"。然理归一极，法本无妄，以不可妄之法，不可分之理，而谓能渐灭虚妄，由分至全者，是不通之论。是则证体成佛自须顿得，不容有阶差，自亦无所谓学，此其三。

四、学者由于不足、不自足乃有所谓学。然王弼曰物皆得一以成，则群有均不离道；郭象曰物皆适性为逍遥，则万物本不假外求。然则众生本皆自足，人皆可圣，亦不需学，此其四。

综上四者，圣人不须教，佛为无学道，则作圣成佛果何因乎？竺道生乃提出顿悟学说，其说余已别详，兹姑不赘。当时学说之二大传统依上所陈各有是非：中国传统谓圣不能至固非，而圣不能学则是；印度传统谓圣可至固是，而圣能学则非。

生公去二方之非，取二方之是，而立顿悟之说，谓圣人可至，但非由积学所成，要在顿得自悟也。自此以后，成圣成佛乃不仅为一永不可至之理想，而为众生均可企及之人格。神会和尚曰："世间不思议事为布衣登九五，出世间不思议事为立地成佛。"实则成佛之事，在魏晋玄谈几不可能，非徒不可思议也。自生公以后，超凡入圣，当下即是，不须远求，因而玄远之学乃转一新方向，由禅宗而下接宋明之学，此中虽经过久长，然生公立此新义实此变迁之大关键也。

康乐承生公之说作《辨宗论》，提示当时学说二大传统之不同，而指明新论乃二说之调和。其作用不啻在宣告圣人之可至，而为伊川谓"学"乃以至圣人学说之先河。则此论在历史上有甚重要之意义盖可知矣。

原载《大公报》文史周刊，1946年10月23日。录自《汤用彤全集》（第四卷）《魏晋玄学论稿》，河北人民出版社2000年，96－102页

儒佛异同论[①]

梁漱溟

梁漱溟（1893－1988），广西桂林人。1917年任北京大学印度哲学讲席。1924年赴山东主持曹州中学高中部。1929年任河南村治学院教务长并接办北平《村治月刊》。1931年与梁仲华等人在邹平创办"山东乡村建设研究院"，任研究部主任、院长。1947年创办勉仁文学院，从事讲学与著述。主要著作有《东西文化及其哲学》、《中国民族自救运动之最后觉悟》、《乡村建设理论》、《人心与人生》、《东方学术概观》、《中国人》、《中国文化要义》、《印度哲学概论》、《唯识述义》等，今编有八卷本的《梁漱溟全集》。

作者附记：我于1966年8月24日在所谓的"文化大革命"中，被红卫兵小将抄家，一切衣物书籍荡然无存，并迫我从北房移小南屋栖身。此时我初颇不释，但旋即夷然不介意。闲暇中写成此稿，既无一书在手，全凭记忆以着笔。9月6日写出论一，嗣于11月10日写出论二，其论三则不复记忆于何时写出矣。

儒佛异同论之一

儒佛不相同也，只可言其相通耳。

儒家从不离开人来说话，其立脚点是人的立脚点，说来说去总还归结到人身上，不在其外。佛家反之，他站在远高于人的立场，总是超开人来说话，更不复归结到人身上——归结到成佛。前者属世间法，后者则属出世间法，其不同彰彰也。

然儒佛固又相通焉。其所以卒必相通者有二：

一、两家为说不同，然其为对人而说话则一也（佛说话的对象或不止于人，但对人仍是其主要的）。

二、两家为说不同，然其所说内容为自己生命上一种修养的学问则一也。其学不属自

[①] 引自《树立信用力求合作》一文，见全集卷六。

然科学，不属社会科学，亦非西洋古代所云"爱智"的哲学，亦非文艺之类，而同是生命上自己向内用功进修提高的一种学问。

敢问两家相通之处其可得而言之耶？曰，是不难知。两家既同为对人而言其修养，则是必皆就人类生命所得为力者而说矣。其间安得不有相通处耶？且生命本性非有二也。生命之所贵在灵活无滞；滞而不活，失其所以为生命矣。生命之所贵在感应灵敏，通达无碍。有隔碍焉，是即其生命有所限止。进修提高云者正谓顺乎此生命本性以进以高也。两家之所至，不必同，顾其大方向岂得有异乎？

譬如孔子自云"七十从心所欲不逾矩"，而在佛家则有恒言曰"得大自在"；孔门有四毋——毋意、毋必、毋固、毋我——之训，而佛之为教全在"破我法二执"，外此更无余义。善学者盖不难于此得其会通焉。然固不可彼此相附会而无辨也。

儒佛异同论之二

佛教传入中国后，社会上抵拒之者固有其人，而历来亦有不少躬行修养之儒者领悟于彼此相通之处辄相附会而无辨焉，是不可不再一申论之。

儒书足以征见当初孔门传授心要者宜莫如《论语》；而佛典如《般若心经》则在其大乘教中最为精粹，世所公认。《论语》辟首即拈出悦乐字样，其后乐字复层见叠出，偻指难计，而通体却不见一苦字。相反地，《般若心经》总不过二百数十字之文，而苦之一字前后凡三见，却绝不见有乐字。此一比较对照值得省思，未可以为文字形迹之末，或事出偶然也。

是果何为而然耶？是盖两家虽同以人生为其学术对象，而人生却有两面之不同，亦且可说有两极之不同。

何言两面不同？首先从自然事物来看，人类生命原从物类生命演进而来，既有其类近一般动物之一面，又有其远高于任何动物之一面。

复次，由于客观事实具此两面，在人们生活表现上，从乎主观评价即见有两极。一者高极，盖在其远高于动物之一面，开出了无可限量的发展可能性，可以表现极为崇高伟大之人生。它在生活上是光明俊伟，上下与天地同流，乐在其中的。一者低极，此既指人们现实生活中类近于动物者而言，更指其下流、顽劣、奸险、凶恶远非动物之所有者而言。它在生活上是暗淡龌龊的，又是苦海沉沦莫得自拔的。

两面之于两极，自是有着很大关联，但不相等同。人类近于一般动物之一面，不等于生活表现上之低极；人类远高于任何动物之一面，不等于生活表现上之高极，此必不可忽者。

后一面与前一极为儒家之学所自出，而从前一面与后一极就产生了佛家之学。以下分别叙述两家为学大旨，其相通而不可无辨之处随亦点出。

儒家之为学也，要在亲切体认人类生命此极高可能性而精思力践之，以求"践形尽性"，无负天（自然）之所予我者。说它"乐在其中"，意谓其乐有非世俗不学之人所及知也。如我夙昔之所论断，此学盖为人类未来文化在古代中国之早熟品。它原应当出现于方来之社会主义社会中。出现过早，社会环境不适于其普及发展。历来受其教益，能自振拔者非无其人，亦殊不多矣。近代西学入中国后，留心及此者更少，其价值乃益不为人所知，正为世人对它缺乏现实经验故也。

人生真乐必循由儒家之学而后可得，却非谓舍此而外，人生即无乐之可言。人类生命无限可能性为人所同具，虽不必知此学，或由天资近道，或由向上有志，或由他途修养，均未尝不可或多或少以自拔于前文所云低极者，其生活中苦之感受便为之减少，或且有以自乐焉。

于是要问：苦乐果何由而定乎？苦也，乐也，通常皆由客观条件引起来却决定于主观一面之感受如何，非客观存在而不可易者。俗说"饥者易为食"，在受苦后辄易生乐感，掉转来亦复有然。其变易也，大抵寄于前后相对比较上，且不为直线发展，而恒表现为辩证地转化。即苦乐之增益恒有其适当限度，量变积而为质变，苦极转不见苦，乐极转失其乐。又须知主观一面——人的各自生命——是大有不同的，即在同一人又各时不同，从而对于同一客观条件往往可以引起大不相同的感受。凡此皆不及详论。

扼要言之：乐寄于生命流畅上，俗说"快活"二字，实妙得其旨。所不同者，世俗人恒借外来刺激变化以求得其流畅，而高明有修养（儒学或其他）之士则其生命流畅有不假外求者耳。反之，苦莫苦于深深感受厄制而不得越。厄制不得越者，顿滞一处，生命莫得而流通畅遂其性也。《般若心经》之必曰"度一切苦厄"者以此。

为儒学者，其生活中非不有种种之苦如一般人所有，第从其学力苦而不至于厄耳。学力更高，其为感受当然又自不同焉。宋儒有"寻孔颜乐处"之说，明儒有"乐是乐此学，学是学此乐"之说，不亦可为很好佐证之资乎？

佛学以小乘教为其基础，大乘教表现若为一翻案文章者，而实则正是其教义之所由圆成也。"苦"、"集"、"灭"、"道"四谛是小乘教义，基于"起惑"、"造业"、"受苦"的人生观而来，而此人生观则得之于寻常见到的人类现实生活也。《般若心经》"无无明亦无无明尽，乃至无老死亦无老死尽，无苦、集、灭、道，无智亦无得"云云，则为对此表示翻案的说话。此一翻案是必要的，亦是真实语。设使世间一切之非虚妄无实也，则出世间又岂可能乎？

世间一切云何虚妄无实？世间万象要依众生生命（人的生命及其他生命）以显现，而佛家则彻见众生皆以惑妄而有其生命也。试看生命活动岂有他哉，不断贪取于外以自益而已。凡众生所赖以生活者胥在此焉。分析言之，则于内执我而向外取物；所取、能取是谓二取；我执、法执是谓二执。凡此皆一时而俱者，生命实寄于此而兴起。佛教目为根本惑（根本无明），谓由此而蕃衍滋蔓其他种种惑妄于无穷也。

起惑、造业、受苦三者相因而至，密切不可分。自佛家看来，人生是与苦相终始的。正以人之生也，即与缺乏相伴俱来。缺乏是常，缺乏之得满足是暂。缺乏是绝对的，缺乏之得满足是相对的。缺乏不安即苦（苦即缺乏不安），必缺乏而得满足乃乐耳。则佛家看法不其然乎？

众生莫不苦，而人类之苦为甚。何以故？正唯人类生命有其乐的可能之一极端，是乃有其另一极端之苦不可免地见于大多数人现实生活中。

佛家之学要在破二执，断二取，从现有生命中解放出来。在一方面，世间万象即为之一空；在另一方面则实证乎通宇宙为一体而无二。自性圆满，无所不足，成佛之云指此。所谓出世间者，其理如是如是。读者勿讶佛家涉想之特奇也。既有世间，岂得无出世间？有生灭法，即有不生灭法。生灭托于不生灭，世间托于出世间。此是究竟义，惜世人不晓耳。

上文以厄制言苦，只为先以生命流畅言乐之便而言之，未为探本之论。苦乐实起于贪欲，贪欲实起于分别执着。内执着乎我，外执着乎物。厄制之势盖在物我对待中积渐形成。它成于积重难返之惯性上，一若不可得越者；然果我执之不存也，尚何厄制可言乎？

我执有深浅二层：其与生俱来者曰"俱生我执"，主要在第七识（末那识）恒转不舍；其见于意识分别者曰"分别我执"，则存于第六识（意识）上而有间断。自非俱生我执得除，厄制不可得解。色、受、想、行、识五蕴（总括着身心）实即生命之所在；它既从我执上以形成，而在众生亦即依凭之以执有我。必"行深般若波罗密多"，"照见五蕴皆空"，乃"度一切苦厄"者，正言必其在我执之根除也。我执根除必在行深般若波罗密多时，亦即诸佛所由之以成佛者，若是，则我执根除之匪易也，可知矣！

一切苦皆从有所执着来。执着轻者其苦轻，执着重者其苦重。苦之轻重深浅，随其执着之轻重深浅而种种不等。世有"知足常乐"之语，盖亦从不甚执着则不甚觉苦之经验而来。俗云"饮食男女人之大欲"，此盖从一切生物之所共具的个体存活、种类蕃殖两大问题而来。前谓人之生也与缺乏相伴俱来者，亦即指此。众生于此执着最深最重，其苦亦深亦重。人类于此虽亦执着深重，其为苦之深重或且非物类所得相比。然以人类生命具有（自主）变化之无限可能性，故终不足以厄制乎人也。

人心执着之轻重深浅，因人而异。且不唯各个生命习气有所不同，在社会文化发展各阶段上亦复不相等同。譬如远古蒙昧未开化之人群，心地淳朴，头脑简单，一般说来其分别、计较、弯曲、诡诈较少，其执着即较浅，其为苦也不甚。同时，其于乐趣之理会殆亦不深。然在二千五百年前的中国社会和印度社会，其文化程度却已甚高，其人心思开发殆不后于今人，则表现在生活上高极者低极者当备有之。设非有此前提条件则儒佛两家之学亦将无从产生也。

儒佛两家之学均为人类未来文化在古代东方出现之早熟品，旧著《东西文化及其哲学》、《中国文化要义》各书均曾论及，且将有另文申论之，这里从省。

孔门毋意、毋必、毋固、毋我之训，有合于佛家破我法二执之教义，固可无疑，然其间之有辨别亦复昭然不掩。试略言之。

如前论所云，两家同为在人类生命上自己向内用功进修提高的一种学问。然在修养实践上，儒家则笃于人伦，以孝悌慈和为教，尽力于世间一切事务而不息；佛徒却必一力静修，弃绝人伦，屏除百事焉。问其缘何不同若此？此以佛家必须从事甚深瑜伽功夫（行深般若波罗密多），乃得根本破除二执，从现有生命中解放出来，而其事固非一力静修，弃绝人伦，屏除百事不可也。儒家所谓"四毋"既无俱生执、分别执之深浅两层，似只在其分别意识上不落执着，或少所执着而已。在生活上儒者一如常人，所取、能取宛然现前，不改其故。盖于俱生我执固任其自然而不破也。

不破俱生我执而俱生我执却不为碍者，正为有以超越其上，此心不为形役也。物类生命锢于其形体机能，形体机能掩盖了其心。人类生命所远高于动物者，即在心为形主，以形从心。人从乎形体不免有彼此之分，而此心则浑然与物同体，宇宙虽广大可以相通而无隔焉。唯其然也，故能先人后己，先公后私，以至大公无私，舍己而为人，或临危可以不惧，或临财可以不贪，或担当社会革命世界革命若分内事，乃至慷慨捐生、从容就义而无难焉。俱生我执于此，只见其有为生命活动一基础条件之用，而曾不为碍也，岂不明白矣乎？

佛家期于"成佛"，而儒家期于"成己"，亦曰"成己、成物"，亦即后世俗语所云"作人"。作人只求有以卓然超于俱生我执，而不必破除俱生我执。此即儒家根本不同于佛家之所在。世之谈学术者，其必于此分辨之，庶几可得其要领。

然而作人未易言也，形体机能之机械性势力至强，吾人苟不自振拔以向上，即陷于俱生我执、分别我执重重障蔽中，而光明广大之心不可见，将终日为役于形体而不自觉，几何其不为禽兽之归耶？

是故儒家修学不在屏除人事，而要紧功夫正在日常人事生活中求得锻炼。只有刻刻慎于当前，不离开现实生活一步，从"践形"中求所以"尽性"，惟下学乃可以上达。

儒佛两家同事修养功夫，而功夫所以不同者，其理如是如是。

或问：儒佛两家功夫既如此其不同矣，何为而竟有不少躬行修养之士乃迷离于其间耶？应之曰：此以其易致混淆者大有深远根源在也。试略言之。

前不云乎，生灭托于不生灭，世间托于出世间。所谓生灭法、世间法者非他，要即谓众生生命而人类生命实居其主要。其不生灭法或出世间云者，则正指宇宙本体也。儒佛两家同以人类生命为其学问对象，自非彻达此本源，在本源上得其着落无以成其学问。所不同者：佛家旨在从现有生命解放出来，实证乎宇宙本体，如其所云"远离颠倒梦想，究竟涅槃"（《般若心经》文）者是。儒家反之，勉于就现有生命体现人类生命之最高可能，彻达宇宙生命之一体性，有如《孟子》所云"尽心、养性、修身"以至"事天、立命"者，《中庸》所云"尽其性"以至"赞天地之化育"、"与天地参"者是。

然而菩萨"不舍众生、不住涅槃"，此与儒家之尽力世间者在形迹上既相近似，抑且在道理上亦非有二也。儒家固不求证本体矣，但若于本源上无所认识，徒枝枝节节黾勉于人事行谊之间，则何所谓"吾道一以贯之"乎？故"默而识之"是其首要一着，或必不可少者。"默识"之云，盖直透本源，不落能取所取也。必体认及此，而后乃有"戒慎乎其所不睹，恐惧乎其所不闻"（见《中庸》）之可言。其曰"不睹，不闻"正点出原不属睹闻中事也。后儒阳明王子尝言"戒慎恐惧是本体，不睹不闻是功夫"，是明告学者以功夫不离本体。衡以体用不二之义，功夫必当如是乎？

宋明以来之儒者好言心性、性命、性天以至本心、本体……如是种种，以是有"性理之学"之称。凡西洋之所谓哲学者只于此仿佛见之，而在当初孔门则未之见也。此一面是学术发展由具体事实面抽象概括之自然趋势；更一面是为反身存养之功者，其势固必将究问思考及此也。顷所云迷离混淆于两家之言者皆出在此时。不唯在思想上迷混已也，实际功夫上亦有相资为用之处。虽儒者排佛更多其人，而迷混者却不心服，盖以排佛者恒从其粗迹之故。

吾文于本、末、精、粗析论不忽，或有可资学人参考者乎？然最后必须声明：一切学问皆以实践得之者为真，身心修养之学何独不然。凡实践所未至，皆比量猜度之虚见耳。吾文泰半虚见之类，坦白自承，幸读者从实践中善为裁量之，庶免贻误。

（1966年11月10日写竟于小南屋）

儒佛异同论之三

儒佛异同既一再为之析论如右矣，忽又省觉其有所遗漏，宜更补充言之。

何言乎有所遗漏？人类实具有其个体生命与社会生命之两面，不可忽忘。儒佛两家同为吾人个体生命一种反躬修养的学问，是固然矣；顾又同时流行世界各地，为中国、日本、印度及其他广大社会风教之所宗所本,数千年来在其社会生活中起着巨大作用,有好果亦有恶果,种种非一,而右所论列曾未之及,是即须略为言之者。

在此一方面:佛家为世界最伟大宗教之一,而儒家则殊非所谓宗教,此其异也。儒非宗教矣,然其为广大社会风教之所宗所本,论其作用实又不异乎一大宗教焉。世人有由是而目以为宗教者,此即当下有待辨析之问题。

往者常见有"儒、释、道三教"之俗称;清季康有为、陈焕章又尝倡为"孔教会"运动;民国初年议订宪法,亦有主张以"孔教"为国教者,其反对之一方颇辨孔子之非宗教,论争热烈。此正以其事在疑似之间,非片言可以解决也。求问题之解决,必先明确何谓宗教。

对于宗教,旧著《东西文化及其哲学》、《中国文化要义》各书皆曾有所阐说,读者幸取而参看,这里不拟再事广论。只申明夙日观点用资判断此一问题。

宗教是人类社会的产物,为社会意识形态之一种。如世界历史之所显示,自今以溯往,它且是社会生活中最有势力之一种活动。其稍见失势,只不过晚近一二百年耳。人世间不拘何物,要皆应乎需要而有。宗教之为物,饥不可为食,渴不可为饮,其果应乎人生何种需要而来耶?如我夙昔所说:

> (上略)这就因为人们的生活多是靠希望来维持,而它是能维持希望的。人常是有所希望要求,就借着希望之满足而慰安,对着前面希望之接近而鼓舞,因希望之不断而忍耐勉励。失望与绝望于他是大难堪。然而怎能没有失望与绝望呢?恐怕人们所希求者不得满足是常,而得满足的不多吧!这样一览而尽、狭小迫促的世界谁能受得?于是人们自然就要超越知识界限,打破理智冷酷,辟出一超绝神秘的世界来,使他的希望要求范围更拓广,内容更丰富,意味更深长,尤其是结果更渺茫不定。一般宗教就从这里产生,而祈、祷、禳、祓为一般宗教所不可少亦就在此。虽然这不过是世俗人所得于宗教的受用,了无深义;然宗教即从而稳定其人生,使得各人能以生活下去,不致溃裂横决。(旧著《中国民族自救运动之最后觉悟》)[①]

据此而分析言之,所谓宗教者:一方面都是从超绝于人的知识、背反于人的理智那里,立它的根据;一方面又都是以安慰人的情感,勖勉人的意志为它的事务。试看从来世界所有宗教,虽大小高下种种不等,然而它们之离不开祸福、生死、鬼神却绝无二致;求其所以然之故,正在此。正为祸福、生死、鬼神这些既是人们情志方面由以牵动不安之所

[①] 《中国民族自救运动之最后觉悟》,第六节"解一解中国之谜"的第二大段。见全集卷五。

在，同时对于人们知见方面来说又恰是超绝莫测、神秘难知之所在也。①

上面所说如其肯定不错的话，则孔子之为教与一般所谓宗教者殊非一事，亦可肯定无疑。何以言之？此从《论语》中征之孔子所言所行而充分可见也。略举数则如次：

> 季路问事鬼神。子曰：未能事人，焉能事鬼。曰：敢问死。子曰：未知生，焉知死。

> 子不语怪、力、乱、神。

> 樊迟问知。子曰：务民之义，敬鬼神而远之，可谓知矣。

> 子疾病，子路请祷。子曰：有诸？……丘之祷久矣！

> 王孙贾问曰：与其媚于奥，宁媚于灶，何谓也？子曰：不然，获罪于天，无所祷也。

即此而观，孔子之不走一般宗教道路，岂不昭昭乎？

孔子而后代表儒家者必数孟子、荀子。孟子尝言"莫之为而为者，天也；莫之致而至者，命也"，其不承认有个"上帝"主宰着人世间的事情，十分明白。荀子则更属儒家左派，反对"错人而思天"；又说君子"敬其在己，而不慕其在天"。其他例证尚多，不烦备举。一言以断之，世有以儒家为宗教者，其无当于事实，盖决然矣。

然而单从不随俗迷信、不走宗教道路来看孔子和儒家，尚失之片面未为深知孔子也。须知孔子及其代表之儒家既有其极远于宗教之一面，更有其极近于宗教之一面，其被人误以为宗教，实又毫不足怪焉。

儒家极重礼乐制度，世所知也。礼乐之制作，大抵因依于古而经过周公之手者，殊为孔子之所钦服，如所云"郁郁乎文哉吾从周"是也。其具体内容在形迹上正多宗教成分，如祭天祀祖之类是。孔子于此，诚敬行之，备极郑重。有如《论语》所记：

> 祭如在。祭神，如神在。子曰：吾不与祭，如不祭。

又且时加赞叹，如云：

> 禹，吾无间然矣：菲饮食而致孝乎鬼神，（中略）。禹，吾无间然矣。

---

① 费尔巴哈的《宗教的本质》、《基督教的本质》各书有许多名言足资参考，例如：
依赖感乃是宗教的根源。
弱者而后需要宗教，愚者而后接受宗教。
唯有人的坟墓才是神的发祥地。
世上若没有死这回事，那亦就没有宗教了。

然于时俗之所为者又非漫无抉择也，知云"非其鬼而祭之，谄也"之类是。

孔子何为而如是，外人固未易识。墨家尝讥儒者"无鬼而学祭礼"，正是感觉其中有些矛盾。然实非矛盾也。孔子盖深深晓得尔时的社会人生是极需要宗教的，但又见到社会自发的那些宗教活动弊害实多，不安于心，亟想如何使它合理化，既有以稳定人生，适应社会需要，复得避免其流弊。恰在此时，领悟到周公遗留下来的礼乐制度涵义深远，与此有合，于是就"述而不作"——其实述中有作——力为阐扬。在不求甚解之人，辄从形迹上目以为宗教而无辨也，固宜。

假如孔子之垂教示范遂如上所举者而止也，则亦谁敢遽然判断儒家之果不为宗教？吾人之识得其决定非宗教者，实以孔门学风显示出其在积极地以启导人们理性为事也。人类理性之启导，是宗教迷信、独断、固执不通之死敌，有此则无彼也。

此在《论语》中可以证明者甚多，试举其两例如次：

（一）宰我问：三年之丧期已久矣。君子三年不为礼，礼必坏；三年不为乐，乐必崩。旧谷既没，新谷既升，钻燧改火，期可已矣。子曰：食夫稻，衣夫锦，于汝安乎？曰：安。汝安则为之！夫君子之居丧，食旨不甘，闻乐不乐，居处不安，故不为也。今汝安则为之。宰我出。子曰：予之不仁也！子生三年，然后免于父母之怀。三年之丧，天下之通丧也。予也，有三年之爱于其父母乎？

（二）子贡欲去告朔之饩羊。子曰：赐也！尔爱其羊，我爱其礼。

如所常见，宗教中的礼节仪式不论巨细，一出自神职人员之口，便仿佛神秘尊严，不容怀疑，不可侵犯。然在孔门中虽其极所重视之礼文，亦许可后生小子从人情事理上随意讨论改作。尽你所见浅薄幼稚，老师绝不直斥其非，而十分婉和地指点出彼此观点之不同，教你自己从容反省理会去。这是何等伟大可贵的人类理性精神！何等高超开明的风度！此岂古代宗教所可能有的？

又假如孔子后学于儒家礼乐具有之宗教成分，不明白地剖说其意义所在，则两千数百年后之吾人亦何能强为生解？其迹近宗教而实非宗教，固早已由孔子后学自白之于两千多年前也。此从《荀子》书中可以见之。例如其《礼论篇》之论祭礼有云：

祭者思慕之情也，忠信爱敬之至矣！礼节文貌之盛矣！苟非圣人莫之能知也。圣人明知之，君子安行之；官人以为守，百姓以成俗。其在君子以为人道也；其在百姓以为鬼事也。①

---

① 《前汉书·韦贤传》；永光四年议罢郡国庙，丞相韦玄成等七十人议，皆曰："臣闻祭非自外至者也，由中出于心也，故唯圣人为能飨帝，唯孝子为能飨亲。"观此，则汉儒见解犹能代表孔子后学而未失其宗旨。

又在其《天论篇》论及祈祷等事，有云：

> 雩而雨，何也？曰：无他也，犹不雩而雨也。日月食而救之，天旱而雩，卜筮然后决大事，非以为求得也，以文之也。故君子以为文，百姓以为神。

儒家非貌为宗教有意乎从俗而取信也。独在其深识乎礼乐仪文为社会人生所必不可少耳。

人类远高于动物者，不徒在其长于理智，更在其富于情感。情感动于衷而形诸外，斯则礼乐仪文之所从出而为其内容本质者。儒家极重礼乐仪文，盖谓其能从外而内以诱发涵养乎情感也。必情感敦厚深醇，有发抒，有节蓄，喜怒哀乐不失中和，而后人生意味绵永乃自然稳定。

人们情志所以时而不稳定者，即上文所云"人们的生活多是靠前面希望来维持"，失其重心于内而倾欹在外也。此则不善用理智，有以致之者。

理智之在人，原为对付外物处理生活之一工具；分别、计较、营谋、策划是其所长。然由是而浑融整个的人生乃在人们生活中往往划分出手段、方法与目的，被打断为两截，而以此从属于彼，彼则又有所从属，如是辗转相寻，任何一件事的意义和价值仿佛都不在其本身。其倾欹乎外而易致动摇者实为此。

又须知：人生若理智之运用胜于情感之流行，则人与大自然之间不免分离对立，群己人我之间更失其亲和温润，非可大可久之道。唯墨家未省识乎此，乃倡为节葬、短丧而非乐；唯儒家之深识乎此也，故极重礼乐以救正之焉。

孔子正亦要稳定人生，顾其道有异乎一般宗教之延续人们时时地希望于外者，如我在旧著所说：

> （上略）他（孔子）给人以整个的人生。他使你无所得而畅快，不是使你有所得而满足，他使你忘物，忘我，忘一切，不使你分别物我而逐求。怎能有这大本领？这就在他的礼乐。①

何言乎忘物、忘我、忘一切？信如儒家所云礼乐斯须不去身者（《礼记》原文："礼乐不可斯须去身。"）。人的生命时时在情感流行变化中，便释然不累于物耳。生死祸福，谁则能免？但得此心廓然无所执着，则物来顺应，一任其自然，哀乐之情而不过焉，即在遂成天地大化之中而社会人生于以稳定。稳定人生之道孰有愈于此者？

鬼神有无，事属难知。"知之为知之，不知为不知，是知也"，遽加肯定或遽加否定，

---

① 《中国民族自救运动之最后觉悟》之"六　解一解中国之谜"第一节第三段。见全集卷五。

两无所取。从感情上丰富其想象仰慕，而致其诚敬，表其忠爱，在古代社会稳定人生备极重要有力。孔子之"祭如在；祭神如神在"，又说"敬鬼神而远之"，试理会其义，或在此乎？

是故我在旧著《中国文化要义》中说：

> 大约祀天祭祖以至祀百神这些礼文，（中略）或则引发崇高之情，或则绵永笃旧之情，使人自尽其心而涵厚其德，务郑重其事而妥安其志。人生如此，乃安稳牢韧而有味，却并非向外（神灵）求得什么。

又接着做结束说：

> 礼乐使人处于诗与艺术之中，无所谓迷信不迷信，而迷信自不生。（中略）有宗教之用而无宗教之弊，亦正唯其极邻近宗教，乃排斥了宗教。①

儒家以后世统治阶级之利用推崇，时加装点扮饰，乃日益渐具一宗教之形貌，然在学术上岂可无辨？"儒教"或"孔教"之名，自不宜用。我一向只说"周孔教化"，以免混淆。周孔教化，从古人之用心来说是一回事，从其在社会上两千年来流传演变所起作用所收效果来说，又是一回事。论其作用暨后果有好有恶，事实具在总不可掩。论周孔之用心，如我浅见，其务于敦厚人情风俗（仁）而亟望人们头脑向于开明，远于愚蔽（智）乎？凡此，旧著《中国文化要义》既均有论及，今不更陈。

质言之，在社会生活方面，佛家是走宗教的路，而儒家则走道德的路。宗教本是一种方法，而道德则否。道德在乎人的自觉自律，宗教则多转一个弯，俾人假借他力，而究其实此他力者不过自力之一种变幻。

佛家作为一种反躬修养的学问来说，有其究竟义谛一定而不可易，从其为一大宗教来说，则方便法门广大无量而无定实。此其所以然：一则宗教原为社会的产物，佛教传衍至不同时代，不同地域，便有许多变化不同；再则当初释迦创教似早有种种安排，如中土佛徒判教有"五时八教"等说者是。由是须知佛教实是包含着种种高下不等的许多宗教之一总称。人或执其一而非其余，不为通人之见也（但时不免邪门外道之搀杂，亦须拣别）。

然而不可遂谓佛家包罗万象，既无其统一旨归也。中土佛徒判教之所为，盖即着重在其虽多而不害其为一。此一大旨归如何？浅言之，即因势利导，俾众生随各机缘得以渐次

---

① "宗教宜放弃其迷信与独断而自比于诗"之说，发之于西方学者桑藏延纳；时人冯友兰曾引用其说而指出中国古代儒家正是早将古宗教修正转化为诗与艺术，见其所著《中国哲学史》。

进于明智与善良耳(不必全归于出世法之一途)。旧著《印度哲学概论》于此曾略有阐说,请参看。儒佛本不可强同,但两家在这里却见其又有共同之处。

权论儒佛异同,即此为止。

原载《东方学术概观》,巴蜀书社1986年,第1-31页。录自《梁漱溟全集》(第七卷),山东人民出版社2005年,第152-169页

陈碧虚与陈抟学派

——陈景元《老子》、《庄子》注校记

蒙文通

蒙文通（1894－1968），四川省盐亭县人。从20世纪20年代起即执教于成都大学、成都师范大学、成都国学院、中央大学、河南大学、北京大学、河北女子师范学院。40年代即任四川省图书馆馆长兼华西大学、四川大学教授。新中国成立后，任华西大学、四川大学教授，兼任中国科学院历史研究所一所研究员、学术委员。主要著作有：《古史甄微》、《辑校李荣老子注》、《辑校成玄英老子义疏》、《周秦少数民族研究》、《经学抉原》等。

唐代道家，颇重成（玄英）、李（荣），而宋代则重陈景元，于征引者多，可以概见。考《宋史·艺文志》有陈景元《道德经注》二卷，复有碧虚子《老子道德经藏室纂微》二卷，《自注》云："不知名。"然碧虚子即景元，不知《宋史》何以失误如此。《正统道藏》有《道德真经藏室纂微篇》凡十卷。《道藏》每开析卷帙，以为夸炫，自不足论。惟此十卷者文高义美，而刘惟永《道德真经集义》所征陈说，竟祖《藏本》为稍繁。刘引诸家，文无删节，一仍旧贯。惜"刘书"残阙不完，仅存《道经》十一章，不得见刘据陈书之全璧。彭耜《道德真经集注》引陈说颇富，文虽割裂，然校知与"刘书"同出一本。即其节引文字言之，亦颇出此十卷本外。宋李霖《道德真经取善集》，亦每征《纂微》，文字异同，亦符"刘本"。薛致玄《道德真经衍义手钞》引"陈注"亦同刘、李，合彭、李、刘、薛四家求之，实见别有一《纂微篇》。惟溢出之词，多非精卓，文稍伤蔓。而此约本十卷颇列各家文句同异，校正得大，胥出刘、彭诸本外。知此约本为后定，殆从前本出，后乃加以剪裁耳。是陈书之行，原有先后二本，故《宋志》云然。以刘、彭、李、薛四书校此十卷，《正统藏》纵多夺误，幸皆可是正，询足以当善本。景元《自序》言："依师授之旨，略纂昔贤之微。"此则名书之意。杨仲庚序曰："碧虚子陈君景元，师事天台山鸿蒙子张无梦，得老氏心印，有《道德经藏室纂微篇》，盖抚诸家之精华，而参以师传之秘。"（《藏室纂微开题》）薛致玄《道德真经藏室纂微开题科文疏》卷一言："陈景元字太初，号碧虚子，家世建昌……庆历二年，即高邮天庆观礼崇道大师韩知止为师。三年，试经度为道士。十八负笈游名山，抵天台，阅《三洞经》，过高士张无梦，得《老》、《庄》微旨……熙宁五年，进所注《道德经》……所藏内外书数千卷，皆素所校正。又亲扎三百卷，善小楷，深得褚、欧法……凡诗篇杂文得陶、葛体。"岂碧虚所上书原名《道德经注》。李霖所引皆称《纂微》，为先时之作；于后刊正，遂称《注》耶！刘惟永《集义》谓："碧虚乙未造《解》。"盖当仁宗至和二年，碧虚年三十一岁也（乙未应为己未之误，己未为神宗元丰二年，碧虚年五十五）。熙宁五年进书，岁在壬子，碧虚当已四十八。刘、李同出一本，李称《纂微》，为先成之书。熙宁五年进书称《注》，则《注》为后定之本审矣。《正统藏》中约本，宜以称《注》为允。是《宋志》分列二书尚非大失，至不知为一人之作，则诚过矣。景元复有《南华真经章句音义》，亦存《藏》中。而褚伯秀《南华真经义海纂微》则引陈景元《注》。云："景元，熙宁间主中太一宫，召对，进《道德》、《南华》二经解，颁行入《藏》。"褚引之《注》，推释大义，与《章句》之言训诂者为例各别。按碧虚《老注》既两见于《宋志》，而《庄注》则《宋志》无之。《通志·艺文略》有《庄子余事》一卷，注"陈景元"（"元"误作"先"），又《南华总章》一卷，《南华章句》七卷，并注云"碧虚子"。高似孙《子略》有碧虚子《南华总章》二卷，《章句》七卷，不言《余事》。薛致玄《开题科文疏》称碧虚所著有"《南华经章句》七卷，《总章》三卷，《抄义》三卷"。《抄义》不知亦属《南华》之学否？亦不言有《余事》。《总章》之为三卷、二卷、一卷，亦不可定。《总章》、《抄义》二书，后皆不存。今《正统道藏》所存有《章句》、有《余事》，《余事》则亦校定文字同异者也。至褚伯秀所引陈《注》，则专陈大义者，乃《宋志》、《通志》、薛《疏》皆未言及。道家记述不详，自其恒事。兹合碧虚《老》、《庄》两著论之，其述书体例，殆有可寻。余既考《老子注》为后定之本，后定本备校文字异同，而《纂微》先成之稿无之。此宜别有《老子余事》，一如《庄子余事》，而后来合之《注》中者。则《老注》之既详训诂、复陈大义，倘亦先为二书，而后合之耶？《老注》为合训诂、义理、校勘三事以为书，《庄注》则三事各别为书，未合为一，则固一未完成之作耶？既有《庄子余事》以言校勘，而今存《章句》卷中凡校文皆在焉，则《余事》、《章句》又已合而为一也。依褚氏《义海纂微序》言："陈景元注卷首《序》云：'庄子师长桑公子，受其微旨，著书十余万言，目曰《南华论》。内篇三字标题者，是其旧，外杂篇则为郭象所删修。今通计正文止存六万五千九百余字，唐开元十九年侍中裴光庭请册四子，天宝元年诏册《庄子》宜依旧号曰《南华真经》，义取离明英华、发挥道妙也。'云云。褚所云碧虚《庄子注序》，今皆在《碧虚庄子章句序》中，因疑《章句序》即《注序》，非有二也。《章句序》云："今于三十三篇之内，分作二百五十五章，随指命题，号曰《章句》。逐章之下，音家解义释说事类，标为《章义》，书成"云云。则陈书《章句》之下，复有《章义》。今《章句》后无《章义》,岂褚氏所引者即《章义》欤?然则《通志》、《薛疏》所云《余事》、《章句》、《总章》三者,《总章》殆即《章义》也。《薛疏》五又称《南华经章句解义》,则《章义》、《解义》一也。岂《章句》、《总章》原为二,殆至此遂合于一耶?《章句》作于元丰甲子岁,为元丰七年,碧虚当年已六十,则书成已晚,非《老注》同进可知。褚氏盖约举其事言之耳。《序》云:"别疏《阙误》一卷,以辨疑谬。"而今本《阙误》已合于《章句》,则今本又在碧虚年六十以后,而《序》则仍前。碧虚书之称《注》,必仍六十以后事,以《序》言"号曰《章句》",则固不名《注》。褚称之《注》,谅为后定。《序》言"标为《章义》",殆即以原之《总章》,合于《章句》。今之《章句》,已合《阙误》,而不见《章义》,则已与元丰七年本不同。所谓《注》者,殆合三者为一。褚氏所引,似即《总章》,而无《章句》。世传《章句》本,又不见《章义》。岂后人徒取菁华,仍以《总章》别行,致与《章句》裂为二耶?则陈氏书之一离一合,究其先后之故,而入《藏》之《注》,其体制亦可思也。余既于褚氏书中辑出所引碧虚《注》文,念徒《注》不可以无《经》,而《章句》例同陆氏《释文》,《经》亦不备,于绎殊不便,今注既为新辑,不嫌重为编次,因为补入《经》文。《章句音义》则双行小注于当句之下,而《陈注》之文则正行低格,录于各章之后,仍依褚书之式,不改其旧。虽合为一书,而三书体制,亦自分明。《余事》原书首为分章篇目,次为《阙误》,则专为校事。今二者即已备于《章句》,无事复出,因削而不录。至《余事杂录》,则谨附之全书之末。而昔训、校勘、义理三者,遂萃于一编,或于学者为便。虽变异原书,倘固碧虚之意欤?此考寻其述书体例,而事有可知者也。《章句音义》原缺《天地》、《天道》、《天运》、《秋水》四篇,所幸余事之首,章名备在,今寻诸经文,一依分章篇目,析四篇为四十一章。陈书篇次颇异郭本,皆不为改正,仍存其旧。俾读碧虚书者校论之。褚氏之书,皆称陈景元《注》,则碧虚《老》、《庄》二书,于奉进之际,皆名为《注》。《宋志》、《通志》或称景元,或称碧虚,为例不一。正其先成之篇称碧虚,后定进呈之本称景元,事有固然。倘陈氏原书之题实如此,而二志因之耳。兹合陈氏三种未为完成之书,以求合于进呈后定之本,殆亦事之不得已者耶?至薛《疏》惟言进《老子注》,不言《庄子》,与褚说异。然薛据《纂微》前定本为之《疏》,且未知陈氏后定之《注》,遑论《庄子》。况《庄子》之进,又在其后,则不能据薛说以疑褚也。褚据入《藏》者言之,谓之为《注》,今仍依以为据。于此新辑重编之本,仍以《庄子注》名之。《正统》多夺误,然褚伯秀书,《四库》有传抄本,明朱得之《庄子通义》实取褚书,亦有刻本。将徐求校之。余既合刘、彭、李、薛四本以校《老注》,兹复重编《庄注》,是碧虚一家老、庄之学,庶足据以为研讨之资,亦可以无所于憾也欤?

彭鹤袜《道德真经集注》引《高道传》:"鸿蒙子张无梦,字灵隐,好清虚,穷

《老》、《易》，入华山与刘海蟾、种放结方外友，事陈希夷先生，无梦多得微旨。久之，入天台山。真宗召对，问以长久之策。无梦曰：'臣野人也，但于山中尝诵《老子》、《周易》而已，不知其他也。'除著作佐郎，固辞还山，赐金帛、处士号，并不受。"于是始知碧虚之学，源于希夷。昔人仅论濂溪、康节之学源于陈氏，刘牧《河图》、《洛书》之学，亦出希夷，而皆以象数为学。又自附于儒家。今碧虚固道士之谈《老》、《庄》者，求抟之学，碧虚倘视三家为更得其真耶：无梦事不多见，《历世真仙体道通鉴》有传，王圻《续文献通考》、《说郛》、曾慥《集仙传》及《天古县志》（《图书集成》引），亦颇言无梦事，视《彭书》稍具，其出于《高道传》否不可知，稍集比其文，亦足有稗观省。盖张无梦凤翔螯屋人，字灵隐，号鸿蒙子，永嘉开元观道士。幼入华山，与种放、刘海蟾为方外友，师事陈抟，多得微旨。久之，游天台，庐于琼台，博通古今百家之学。真宗召对，讲《易·谦卦》，上问曰："独说《谦卦》，何也？"对曰："当大有之时，守之以谦。"复命讲《还元篇》，答曰："国犹身也，心无为则气和，气和则万宝结矣。心有为则气乱，气乱则英华散矣……此还元之大旨也。"敷对详明，真宗大悦，赐处士先生号，亦不受。宸翰特赐以诗，宠其还山。朝士咸赋诗赠其行。后终金陵，有《琼台集》行于世。《天台志》云幼入华山，恐失辞。种、刘皆不世之才，结友而师希夷，固不得云幼也。又《中山诗话》云："道人张无梦，在真宗朝以处士见，除校书郎，年九十死。"殆传闻之辞又异。陈抟事则《宋史》外称道尤多，兹不详为论例。至《还元篇》义，至游子《道枢》采之较备，附录于下：

> 鸿蒙子曰：国犹心也，心无为则气和，气和则万宝结矣。心有为则气乱，气乱则英华散矣。游玄牝之门、访赤水之珠者，必放旷天倪，囚千邪，鬻万异，归乎抱朴守静。静之复静，以至于一。一者道之用也。道者一之体也。一之与道，盖自然而然者焉。是以至神无方，至道无体，无为而无不为，斯合于理矣。故得其道者见造化之功，赜鬼神之妙而无所不变焉。粪虫变蝉，腐草变萤，雀入水变蛤，雉入水变蜃，田鼠变鴽，鱼变龙，此其小者耳。其大者，人可以变仙也。吾常观天地变化，草木蕃蔓，风云卷舒，日月还转，水火相激，阴阳相摩，远取诸物，近取诸身，著《还元诗》百篇云云。（《道枢》卷十三）

伊洛之学，得统于濂溪。而周子之书，仅《通书》、《太极》而已。重以邵氏、刘氏之传，致后人每叹希夷之学，仅于象数、图书焉尔。及读碧虚之注，而后知伊洛所论者，碧虚书殆已有之。其异其同，颇可见学术蜕变演进之迹。其有道家言而宋儒未尽抉去，翻为理学之累者，亦可得而论。皆足见二程之学，于碧虚渊源之相关。依是以上探希夷之说，其端绪固若可寻，而象数、图书者，将其余事也。是二程之于濂溪于耳提面命之间，将有超乎《通书》、《太极》者在。二程之学以有语录之作，故能触发尽致，而濂溪语言不著，其精诣所在，若存若亡。此余于碧虚之书，益信伊洛渊源之有自，校其同异，而希夷之卓绝渊微，更有足惊者。盖希夷、鸿蒙、碧虚，皆怀博通浩瀚之学，而察理渊微，胥不可以方外少之。碧虚之《自序》曰："若九丹八石，玉体金液，存真守元，思神历藏，行气铄形，清灾辟恶，治鬼养性，绝穀变化，厌固教戒，役使鬼魅，皆老子常所经历救世之术，非至至者也。"则皆鄙而弃之。此正寇谦之、陆修静之徒所有事，若为希夷之门所不道者。彭耜《集注序》言："秦、汉方术之士，所谓丹竈奇技，符篆小数，尽举而归之道家，此道之绪余土苴者耳。"正与碧虚之旨合。观于希夷、鸿蒙受诏酬对之际，正其宗风所在。视林灵素辈之术，非能之而不言，殆有不屑为者。则已厌上来隋、唐之旧辙，而极深研几于图书象数，此又新旧道流之一大限也。吕东莱编《宋文鉴》，于希夷取《龙图序》一篇，此正宋之道家，所以异于隋、唐符篆丹鼎之传者，故东莱取之耳。就《高道传》言之，刘海蟾正出于希夷，殆所谓南宗之祖，后乃易之以钟吕传道无稽之说。而五祖葛长庚、彭鹤林辈，若皆无系于希夷，且又并希夷而系之于钟吕。全真既盛之后，而重阳北七真出于钟吕之说又兴。陈抟之事，若存若亡，而钟吕传道之说大盛。钟吕之事，倘犹释氏之有惠能，要为唐宋新旧道教之一大限，而前茅实为希夷，安有所谓钟吕者哉？此因究碧虚之书，有足以见之者。碧虚之书于篇端首附以葛次仲之《老子论》，以明孔、老之为一，此宜亦希夷以来之旨，亦周、邵所由入于儒家者也。是亦不异于重玄之风，特唐人阐发之精，未至于是，希夷诚为有开来之功。邵伯温言：希夷始有大志，种放言其有皇帝王霸之学，皆足见其识量之奇伟，非徒枯槁山林者也。观其流风所被，甄陶群杰，更足验也。因并考其学脉所及，谱而存之，凡所表见五十余人，固亦伟矣！邵、周之徒，以《学案》言之既悉，皆削而不录。

附：陈图南学谱

朱震《汉上易解》云："陈抟以《先天图》传种放，放传穆修，修传李之才，之才传邵雍。放以《河图》、《洛书》传李溉，溉传许坚，坚传范谔昌，谔昌传刘牧。穆修以《太极图》传周敦颐，敦颐传程颐、程颢。"（《宋史·震传》）此三宗最显，周、邵之传备于《宋元学案》，衣被遂广，兹弗论也。

邵伯温《易学辨惑》言："陈抟好读《易》，以数学授穆修，修授李之才，之才授邵、雍、尧夫。以象学授种放，放授庐江许坚，坚授范谔昌，此一枝传于南方也。"邵说稍异于朱，邵于先天之传为家学，其言源流殆不误，而于《河图》、《洛书》之传，或不如朱为悉也。

《辨惑》又言："穆修师事陈图南，而传其学。其后尹源（子渐）、尹洙（师鲁）兄弟从之学古文。又传其《春秋》学。"又言："李之才挺之签书泽州判官厅公事，泽人刘义叟晚出其门，受历法为名士。"而《邵氏闻见录》又云："祖无择，蔡州人，少从穆伯长为古文。"《宋史·穆修传》言："苏舜卿兄弟多从之游。"则穆氏之传有尹源、尹洙、苏舜卿、祖无择，皆雄于文，而挺之之门有刘义叟，此皆世罕能言者也。

《东都事略》言："高弁从种放学于终南山。"《宋元学案》言刘颜学于高弁，而颜之门下有张洞、曹起。见《士刘诸儒学案》。《直斋书录》有《易证坠简》："毗陵从事范谔昌撰，天禧中人。序……又言：得于溢浦李处约。李得于庐山许坚。"此亦视邵之说为详。《直斋书录》又有《易解》十四卷："尚书右丞皇甫泌撰，曰《述闻》，曰《隐绝》，曰《补解》，曰《精微》，曰《师说》，曰《明义》（晁氏作《辨道》）。其学得于常山抱犊山人，而莆阳游中传之……山人不知名，盖隐者也。泌尝守海陵，治平以前人。"《宋元学案》记刘牧门下有黄黎献、吴秘。黎献"所著有《续钩隐图》一卷，《略义例》一卷，《室中记师隐诀》一卷"。秘"所著有《周易通神》一卷，今世所称长民《周易新注》十卷，盖合黎献之三卷，及《秘通神》一卷，皆在其内。其《记师说》一卷，《指归》一卷，《精微》一卷，又不知何人所作，盖亦门人之笔"。全祖望云："皇甫泌《易》书中有《记师说》一卷，《精微》一卷，当即此十卷之二也。泌受之常山抱犊山人，三衢亦有常山，即长民也。特故讳之，以神其说耳。"（《泰山学案》）知刘氏之徒，黄、吴外又有皇甫泌，泌之徒有游中。《郡斋读书志》有郑夬（杨庭）《周易传》十三卷："姚嗣宗谓：刘牧之学，授之吴秘，秘授之郑夬。"邵伯温《易学辨惑》极诋之，谓夬窃王天悦书以为己学，天悦从康节问《易》者也。

彭鹤林《集注·杂说》引《高道传》言："张无梦与刘海蟾、种放结方外友，事陈希夷先生。"刘鉴泉《道教征略》，图刘海蟾门下有蓝方、马自然、王笙、元翁碧天、张伯端。碧天下有魏景，伯端下有石泰、刘奉真。泰下有薛道光，道光下有陈楠，楠下有沙蛰虚、白玉蟾、鞠九思。玉蟾下有彭耜。九思下有朱橘，橘下有郑孺子。鉴泉先生系刘氏于钟吕传道，愚意不若据彭鹤林言系之希夷为得其实，以彭固海蟾、紫阳之徒也。刘书于希夷之门，但言："种、穆传儒业外，其为道士者有贾德昇、杨岊。"于陈氏之徒，多所撮略。谨依彭说，以刘、张之传系之。

龙眉子《金液还丹印证图后识》云："余师若一子尝曰：曾闻我师无名子翁先生云，吾师乃广益顺理子刘真人，于给兴戊午，刘遇悟真得其道。"无名子，翁葆光也，字渊明；顺理子刘真人，岂即刘奉真耶？若一、龙眉，皆未可考。《道枢·修真要诀篇》称：刘海蟾弟子王庭扬，而《集要》、《碎金》二篇皆为晁文元说。《蒙斋笔谈》则言："晁文元迥，早从刘海蟾游，得长生之术，六十后兼言佛理。"曾慥《集仙传》亦著文元。王圻《续文献通考》言："伯端著《悟真篇》，授扶风马默。"薛致玄手钞言："陈景元度门弟子许修真而下四十人。"凡此皆《刘图》之阙，所未叙及者也。

陈抟事见《续通鉴长编》雍熙元年。《东都事略》亦有传。言"抟少年举进士不第，遂不乐仕。有大志。隐居武当山，好读书，自号扶摇子"。《宋史本传》言："抟长读经史百家之言。"知希夷固优于学术，于其传授之众，足考见其艺能之博，固奇逸之士耶？种明逸（放）立碑叙希夷之学曰："明皇帝王霸之道。"则又不仅多能也。《东轩笔录》言："图南有经世之才。"《青琐集》言："陈抟负经纶之才，历五季乱离，每闻一朝革命，颦蹙数日。"《邵氏闻见前录》言："抟长兴中进士，游四方，有大志，常乘白骡从恶少年数百人欲入汴州，中途闻艺祖登极，遂入华山为道士。"《易学辨惑》亦言："其游四方，志不遂，入武当。"邵氏之学，导源于陈，其言固可信，殆诚一雄伟骁杰人也。《画墁集》言："太祖鉴唐末藩镇跋扈，尽收诸镇之兵，或云陈希夷之策。"则图南不徒为高隐，而实博学多能；不徒为书生，而固有雄武之略；真人中之龙耶！方其高卧三峰，而两宋之道德文章，已系于一身。群书多记陈抟事，如《渑水燕谈》、《东轩笔录》、《玉壶清话》、《倦游杂录》、《湘山野录》、《两朝宝训》、《五朝名臣言行录》，《谈苑》之类凡其逸事琐闻，何可胜记。复有庞觉《希夷先生传》，兹皆不遑采，惟取可以想见其人者，以见一代学术之渊源？非奇豪杰出之才，未易为之倡也。

《唐才子传》卷十《陈抟传》言："洛阳潘阆逍遥、河南种放明逸、钱塘林逋君复、钮鹿魏野仲先、青州李之才挺之、天水穆条伯长，皆从学先生，一流高士，俱有诗名大节。"此以潘、林、魏三人皆学于希夷，群书未有言之者。殆辛文房误读宋人史传，以陈抟、潘、种、林、魏、李、穆相次，因疑皆图南之弟子也。兹未敢从，谨附识于后。

前考张鸿蒙、陈碧虚事，多有未备，兹从《真仙通鉴》得张、陈两传，述首尾较详，录之于下：张无梦，字灵隐，号鸿蒙子，凤翔盩厔人也。身长六尺，风格俊爽，居常好清闲，穷《老》、《易》。父为儒，肥遯不仕，有二子，无梦即其长也，笃孝闻于乡里。及长，以赀产委其弟，遂入华山，与种放、刘海蟾结方外友，事陈希夷先生，无梦多得微旨。久之，游天台，登赤城，庐于琼台观，行赤松导引、安期还丹之法。仅十余载间，以修炼内事，形于歌咏，累成百首，题曰《还元篇》。夏英公倅台州，入山见之，得此篇归辇下。时王冀公执政，访隐逸人，英公以《还元篇》献之。未几，以闻于上，宋真宗时召对，问以长久之策。无梦曰："臣野人也，但于山中尝诵《老子》、《周易》而已，不知其他也。"上令讲《易》，即说《谦卦》。上问曰："独说《谦卦》何也？"曰："方大有之时，宜守之以《谦》。"上喜其说，除著作佐郎，无梦固辞曰："陛下德如尧、舜，山林中岂不容一巢父、许由耶！"因舍建隆之翊圣院。复召讲《还元篇》，无梦曰："国犹身也，心无为则气和，气和则万宝结矣；心有为则气乱，气乱则英华散矣……此《还元》之大旨也。"略说十数篇而退，遣使赐金帛皆不受，乞还山，复赐处士畅饮先生号，亦不受。上以歌一阕赐行,其辞曰:混元为教含醇精,视之不见听无声;唯有达人臻此理,逍遥物外自沉冥。浮云舒卷绝常势,流水方圆靡定形;乘兴偶然辞涧谷,谈真俄尔谒王庭。顺风已得闻宗旨,枕石还期适性情;玉帛簪缨非所重,长歌聊复宠归程。冀公邀入私第,意欲款延。无梦曰:"万乘且辞矣,相公人臣,徒烦见留。"明日遂行,有旨令台州给著作郎俸以养老。至山亦不请,其始卒守节如此。有黄白术,秘而不言。居琼台又十余年,复隐于终南鹤池。久之,游嵩山,泛湘、汉,抵金陵保宁寿宁佛舍,杜门不出,士人或有见而请问,则对之以聋,而后人事几废。然博通古今百家之学,至于图经小史,记之历历无遗。有二经生侍几案,久之因度为道士。无梦年九十九终于金陵。经三日,顶中有白气勃勃然出,高三尺余,移时方散,乃就棺,肢体柔软,指甲不青,心胸尚暖,史君玉琪遣吏藏于悟空禅师塔前。有《琼台诗集》行于世。碧虚子陈景元尝预弟子列,得老、庄之深旨。陈景元号真靖,自称碧虚子,建昌之南城人……有《注道德经》二卷,《老氏藏纂微》二卷,《注庄子》十卷,《高士传》百卷,《文集》二十卷,《大洞经音义》,《集注灵宝度人经》,传于世。

录自《蒙文通文集》(第一卷)《古学甄微》,巴蜀书社1987年,第369-381页

三论禅宗与理学

钱 穆

钱穆（1895－1990），字宾四，江苏无锡人。历任燕京、北京、清华、四川、齐鲁、西南联大等大学教授，也曾任无锡江南大学文学院院长。1949年迁居香港，创办新亚书院。1966年，钱穆移居台湾地区台北市，在"中国文化书院"（今中国文化大学）任职，为"中央研究院"院士、"故宫博物院"特聘研究员。著作甚丰，主要有：《先秦诸子系年》《中国近三百年学术史》《国史大纲》《朱子新学案》等，后集为《钱宾四先生全集》。

顷来治学术思想史者，每以先秦为一限断，此实未为谛当。论政治，秦以前为封建，秦以后为郡县，以先秦为限断，犹未失也。若论社会经济，则不如以五代为划时代之界线。五代以前，中国为门第社会，五代以后，为科举社会。五代以前，以北方黄河流域大农经济为主。五代以后，则以南方长江流域之小农经济为主。论学术思想，窃谓当以三国为界划。两汉以前为中国学术之第一期，三国以下为第二期。此两期间确然不同之点，有可扼要略说者。汉前中国学术，乃为经学、子学之争衡时代。依《汉书·艺文志》言，经学即《六艺》，属于"王官学"。子学即诸子，属于"百家言"。官学、家言所由分，则在上下公私之间。秦博士鲍白令有言："五帝官天下，三王家天下。"官者以天下为公，家者则天下为私。官学、家言，亦即以公私分。以今语释之，"王官学"乃古代传统之贵族学，"百家言"则后世新兴之平民学。古代学术争衡，大体在贵族、平民两阶级消长之间。春秋以前，官师不分，政教合一，学在王官，今世谓之贵族学。战国以下，处士横议，百家争鸣，学在民间，其时谓之家人，家人即民间也，今世谓之平民学。官学必尚传统而归于一，私学即家言，乃民间自由兴起，故必趋分裂。《庄子·天下篇》谓"道术将为天下裂"是也。自秦廷一统，民间分裂之家言，乃有重务于融会调协之需。邹衍、吕不韦、刘安，皆尝有意于此。然仅主融会诸子，事才得半。秦皇、汉武间新儒蔚起，如《易传》，如《戴记》，自伏生以至董仲舒，盖莫非经学《六艺》其表，而家言子学其里，始求融会古者王官学与后世新兴家言而为一，功乃得全。秦皇之焚书，汉武之立《五经》博士，亦莫非欲挽此官学、家言分离之局面而重绾之于一途。自汉宣以下，石渠阁、白虎观今古文之争，实则亦是官学、家言相争之变相与其余波。若割弃秦汉以下，视为别一阶段，别一系统，则先秦学术流趋，不明不备。而古者王官学与百家言之分合消长，亦将无可指说。至三国魏晋以下，其事乃迥然不同。盖此下乃南北朝隋唐佛教与宋明理学迭起争长之时期也。简言之，此乃宗教与义理之争；以昔人语述之，即所谓"教"、"理"之争也。

首举此教、理二字为学术分野者为南朝宋代之谢灵运。《广弘明集》卷十八，其《与诸道人辨宗论》答法勖有云：

> 华民易于见理，难于受教。故闭其累学而开其一极。夷人易于受教，难于见理，故闭其顿了，而开其渐悟。

此已为教、理两途开设疆域。佛法首贵受教，贵渐修。儒学则贵悟理，贵顿了。此乃佛教与孔学之不同，亦即将来理学与佛学之不同也。同时竺道生亦云：

> 由教而信，非不知也。但资彼之知，理在我表。资彼可以至我，庸得无功于日进？未是我知，何由有分于入照？岂不以见理于外，非复全昧，知不自中，未为能照耶！

此亦明分教、理两途。据谢、竺二家义，教、理之辨，不仅异顿、渐，亦复判内、外。教者资外为知，故必渐修而尚信。理者由中起照，故必顿悟而贵知。此即宗教与理学之大辨。竺道生又云："见解名悟，闻解名信。"此举悟、信两义，盖宗教闻而信之，事资于外；理学见而悟之，事本于内。释氏偏于教，儒家偏于理。顿、渐、内、外，遂为魏晋以下迄于宋明，学术争衡两大轨辙，绵历逾乎千岁，其事固非往者春秋、战国、秦、汉诸儒所得预闻也。

佛家顿悟义，始创于竺道生。《高僧传》云：

> 生既潜思日久，彻悟言外。乃喟然叹曰："夫象以尽意，得意则忘象。言以诠理，入理则言息。自经典末流，译人重阻，多守滞文，鲜见圆义。若忘筌取鱼，始可与言道矣。"于是校阅真俗，研思因果，乃言善不受报，顿悟成佛。守文之徒，多生嫌嫉，与夺之声，纷然竞起。

此言"善不受报"，则三世轮回，小乘佛法所资以为信修之大体已不立。又言"不守滞文，顿悟成佛"，则不随言教，不立文字，后起"即心即佛"之宗门大义已显露。所谓"顿悟"者，指其入理，不指其信教。何以众生皆能顿悟入理，则以众生皆具佛性故。生公当《涅槃后品》未至，已言"一阐提皆当成佛"。一时经典文字之师，诬为邪说，摈而遣之。而公又时举"理"字，如《维摩经注》云："理不从我为空。"又《法华经注》云："穷理乃睹。"又曰："真理自然。"（《涅槃集解》引生公云）后及宋儒，高抬理字，实已由生公蕴孕其大意。故后起之禅宗与理学，实皆此第二期学术思想史上题中应有之义，而生公已先著其征兆，先露其端倪矣。换言之，不仅宋明理学对魏晋以下之佛教为一种教、理之争，即唐五代之禅宗，南北朝竺道生之大乘顿悟义，其在佛教中，亦已早为一种教、理之争矣。故自魏晋以迄宋明，年逾千神祀，而学术史上惟一中心问题，厥为此信于外与悟于内之教、理之争。此其所以异于两汉以前之争官学与家言也。

何以此年逾千禩之学术思想，其主要精神，乃为一教、理之争乎？曰：此二者，貌异而情协，乃一事之两面。皆所以开其为此，而禁其为彼，皆将以为吾人之持身涉世建标的而一宗趣，而皆以个人之观点为中心。其异于两汉以前者，两汉以前，无论为官学，为家言，亦适自成为一事之两面。时则莫不以人类大群体之观点为重。其精神意趣之所注，亦偏于政治社会之大群体，与其大群功业为主。此不仅儒家为然，即墨、法、道、名、阴阳诸家亦莫不然。惟道家偏富于个人观点，然亦曰"内圣外王"，又曰"王天下"，曰"应帝王"，则亦未尝不以大群体与大群功业为之归极。故两汉前之学术思想，以贵族与平民为争衡之分野，而其中心意识则同在大群体。斯时也，人生之所理想与寄托，即在政治社会之现实中，即以现世大群为其归往趋向之目标。此为第一期学术之特征。及夫魏晋之际，现世大群体已大坏，人生无所寄托，以往侧重集体意识之理想不足资吾心之慰悦，于是转而期求个人各自之出路。故庄老思想最先得势，佛义乘机而入。佛义既为一宗教，则偏于外信，其转途则为内悟。事貌虽异，然其偏重于以个人小我观点为中心则一。谢灵运谓其事乃由于中、印双方民族性之不同。而竺道生之大乘顿悟义，虽已为一种教、理之争，然生公仍据佛教经典而立说。必自禅宗起，乃称"不立文字"，而成为教外之别传。然禅宗诸祖师，亦仍不脱宗教面目。逮及宋明理学，始明白以反宗教为理趣。谢灵运所提出之教、理相争之一大题目，亦必至是乃始明白显出。然宋明理学，虽已注重到此大群体之治平大道，而终不免以个人小我观点为根柢，为一切理论之出发点，则仍未脱自魏晋以来此一段时期之主要共同精神也。故宋明之与两汉，虽同为儒家，同言心性义理，同讲修齐治平，然一重集体，一重小我，较然异辙。汉儒必曰"通经致用"，而宋明儒则更重在"心性修养"。下及清儒，已能对此加以剖辨，然言之未甚透彻。故使中国学术思想，亦复不能有甚大之转变。

尝试论之，凡宗教必求出世。求出世，必本个人小我观点为出发。即如西方耶教，亦靡不然。说者每以文艺复兴为西方个人主义之觉醒。实则西方近代国家之兴起，资本社会之形成，民权革命之演进，何一而非属于集体大群事？盖西方自有文艺复兴，而始重现世。重现世，则必重集体大群。此以异于中世纪之只以个人灵魂出世观念为人生之归宿。至于西方人之个人主义，则应以植根于宗教信仰中者为更深。在中国文化体系中，宗教非其所自发。自魏晋以下，迄于宋明，正为宗教时代。其在思想界所占分量，虽不如西方中世纪之甚，然其较偏重于个人出世则一。佛教至禅宗崛起，已不主出世，然在形迹上仍沿旧辙，遁迹山林，是不出世而逃俗也。虽不主来世成佛，不主往生西土，而仍自披剃入山，逃俗即为出世。禅宗盖欲摆脱宗教之出世精神而未尽者。宋明理学，转讲修齐治平，不再逃俗，然必以个人之存心养性为之主。明道有言曰："不得以天下万物挠己。己立后自能了当得天下万物。"故宋明儒最要精神，到底偏向在如何立己，不如两汉前之偏向在如何了当天下万物。若专据此一点论，则宋明儒依然未脱净禅宗形迹，仍是此一时期中之反教而未尽也。

在此期中，有一事当细辨者。在中国文化体系中，未自创有宗教，儒家如孔孟，不得被认为教主。虽经两汉在上者之尽力推尊，然终不成为宗教。在先秦诸子中，惟墨家最具宗教形迹，而道家次之。秦以后墨家即衰，而汉以后则道家与儒为代兴。当其时而言教，则于佛教外有道教，言理，则儒家外复有道家之理，此则不可不深论而明辨也。

兹姑舍"教"言"理"。"理"有超于欲外者，有随于欲后者。随于欲后，俗谓之物理、事理。超于欲外，俗谓之道理、情理。若专据物理、事理言，则宇宙间事事物物尽有理，宇宙间不能有不合理之事物。凡一事一物之呈现存在于天地间者，必各有其所以呈现与存在之理。故曰无一事一物而非理。然此但指事理、物理言则然。今问子弑其父理欤？曰以事理言，亦理也。其子必自幼失教，或骤得狂疾，或以其他种种因缘，否则不至生心杀父。以物理言，亦理也。或以刀绳，或以毒药，必有成杀之具，否则杀业不遂。今谓子弑其父为非理者，乃指人文之理言。所谓人文之理，即俗所谓之情理与道理，非指物理、事理。人文之理与物理、事理之分别何在？曰人文之理起于欲之外，事理、物理随于欲之后。即如此子忽然起念欲杀其父，则必研寻如何得下手成杀之理，如以夜不以昼，以静不以闹，以刀绳毒药，不以言笑涕吐；当知此皆理也，惟其理随欲后，理为欲使。欲杀则寻成杀之理，欲淫则寻逞淫之理。至于淫之与杀，其事不合于人文之理，则非欲淫与杀者之所问。此所以谓之"理随欲后"也。何以谓理超欲外？此欲淫欲杀者，先自设问，我此欲淫与杀之念，固理也欤？彼乃懼然，自惩自艾，自谓非理，因此痛自裁抑，更不使欲淫欲杀之念再萌于心。如此则更不须外求如何逞淫成杀之事理与物理。盖就人情人道言，根本不许有此淫杀。此以谓之"理超欲外"，理为欲主也。儒家以人文为本位，道家以自然为本位。故儒家言理，常主前者，即超欲之理。道家言理，则常在后者，乃随欲之理也。道家主清净无欲，何以谓其言理乃主随欲之理乎？曰：道家言理，本于在外，理在自然造化，非人心内在所有，顺理所以全性；按实言之，斯以谓之随欲之理也。

孟子曰：

> 理义之悦我心，犹刍豢之悦我口。

此即超欲之理也。故曰：

> 鱼我所欲也，熊掌亦我所欲也，二者不可得兼，舍鱼而取熊掌者也。生，我所欲也，义，亦我所欲也，二者不可得兼，舍生而取义者也。

又曰：

> 可欲之谓善。

盖人欲有可有不可，如欲得妻则可，欲逾墙而搂东家之处子则不可。欲生固可，违义偷生则不可。若专就物理、事理言，则欲搂东家之处子，惟当问如何逾墙，如何而搂，不使诟谇呼号，斯可矣。欲违义而偷生，惟当问在事物间如何得偷生之理，斯可矣。惟问欲之如何遂、如何不遂，不问欲之可不可，此则专寻物理、事理而不复知有人文之理者之所为也。物理、事理之在道家，则美其名曰"天理"，即自然之理也。庖丁之告文惠君有曰：

> 官知止而神欲行，依乎天理，批大郤，导大窾，因其固然。技经肯綮之未尝，恢恢乎其于游刃必有余地矣。

人苟惟养生之是欲，则惟求所以全生之理，得此则猖狂逍遥，游刃自在，事物无足害之，斯已矣。故道家尚道德而讥仁义，彼以"道德"为"天理"，"仁义"则"人文之理"也。惟其仅主有天理，即事物之理，而不欲重有人文之理，故道家流而为权谋术数，此皆妙审事物之理以求遂所欲者。又变则流而为方伎符箓，亦在妙审事物之理以求遂我欲而已。道家主清净无欲，而曰"全性葆真"，盖得之天曰性，兴于人曰欲，苟其得之天，则欲即性也。所谓"神欲"，即天德也。所谓"天理"，即自然大道。彼之所谓循乎天理以全性而葆真，此即《易系》之所谓"穷理尽性以至于命"。要之大体则理随欲变，理在外，不在内。在外者，以其为事物自然之条理。不在内者，以理不干性，真人率性，不为理缚。若建理缚性，此即道家所讥之仁义，无当于性真。是为儒、道两家言理之大别。

荀子讥之曰："庄子知有天而不知有人。"然荀子言理，大体实承道家来，与庄旨相近。亦主理随欲后，而为欲使，不主有超欲之理。故《解蔽》之言曰：

> 凡以知，人之性也。可以知，物之理也。

此明言理在外物。又《正名》曰：

> 心之所可中理，则欲虽多，奚伤于治。心之所可失理，欲虽寡，奚止于乱。

此明言中理即以遂欲，理随欲后，而为欲使。故《解蔽》曰：

> 圣人纵其欲兼其情而制焉者，理矣，夫何强何忍何危。

圣人苟通知物理，则可以纵欲尽情而不过制。盖物理即人欲之限际。故理愈明，则欲愈得纵，情愈得尽。故荀子主性恶，其言曰：

> 性者，本始材朴也。伪者，文理隆盛也。无性则伪之无所加，无伪则性不能自美。性、伪合，然后成圣人。

因荀子承自儒家，亦必言人文之理，而又羼以庄老自然之理，其讥庄子"知天而不知人"，盖讥其知性而不知伪。性得伪而美成，犹欲得理而畅遂。荀以人文之理为"伪"，"伪"即人为，以异于自然，故亦主理随欲后。《礼论篇》曰：

> 礼义文理所以养情。

《天论篇》曰：

> 思物而物之，孰与理物而勿失之。

又曰：

> 天行有常，不为尧存，不为桀亡。应之以理则吉，应之以乱则凶。

此所谓理，即庄生所谓"天理"，所谓"万物之大理"。人能得此以应物，则性遂欲足而吉。不能得此以应万物，则性梏欲萎而凶。此荀卿之旨也。故治荀学者必尚知，必重积渐与修习，此其大较也。

荀卿之徒有韩非，其书有《解老》、《喻老》，二篇中所言理，亦随欲之理也。故《解老》之言曰：

> 理者，成物之文。物有理，不可以相薄，故理之为物之制。万物各异理，而道尽稽万物之理，故不得不化。不得不化，故无常操。凡道之情，不制不形，柔弱随时，与理相应。万物得之以死，得之以生，得之以败，得之以成。

又曰：

> 理定而后可得道。故定理有存亡，有生死，有盛衰。凡物之有形者易裁也，易割也。何以论之，有形则有长短，有大小，有方圆，有坚脆，有轻重，有白黑。短长、大小、方圆、坚脆、轻重、白黑之谓理。理定而物易割也。故欲成方圆而随其规矩，则万物之功形矣。

又曰：

> 尽随于万物之理者，必且有天生。天生也者，生心也。故天下之道，尽之生也。故缘道理以从事者，无不能成。凡失其所欲之路而妄行者之谓迷，迷则不能至于所欲

至矣。今众人之所以欲成功而反为失败者，生于不知道理。众人之用神也躁，躁则多费，多费之谓侈。圣人之用神也静，静则少费，少费之谓啬。啬之谓术也，生于道理。夫能啬也，是从于道而服于理者也。众人离于患，陷于祸，犹未知退而不服从道理。圣人虽未见祸患之形，虚无服从于道理，以称蚤服。建于理者，其持禄也久，故曰深其根。体其道者，其生日长，故曰固其柢。

《喻老》又曰：

物有常容，因乘以导之，因随物之容，故静则建乎德，动则顺乎道。不乘天地之资，而载一人之身，不随道理之数，而学一人之智。此犹宋人三年而成一叶之行也。故曰恃万物之自然而不敢为。

由此观之，韩非所谓理，所谓天地万物自然之理，皆指物理。随顺物理而因应得宜，则所欲遂而成。不随顺物理而因应失其宜，则所欲窒而败。岂非理者所以遂欲？此以谓之"理随欲后"也。故道家之庄老，儒家之荀卿，法家之韩非，其立说宗旨各不同，而其主理随欲后则一。庄子曰："人相忘于道术，鱼相忘于江湖。"老子曰："使民老死不相往来。"庄老主于坏植散群，各因顺乎自然以全其性而葆其真。故庄老之道，先则曰清净无为，继则遁于山林江海而从事于神仙方术。荀卿、韩非皆主有君臣国家，不欲使民散。然人各怀其欲，则无以善其群，故必待圣王贤君出，为之制礼作法焉。荀主礼，韩主法，要之使人不敢竭其欲以坏吾之群也。

尝试论之，古今人类凡奉以为制行之标的者，不外四宗。一曰天，二曰世，三曰物，四曰心。荀、韩皆"世宗"也。在上者制礼作法，以临制其下，使在下者不敢各展其欲以乱群，斯乃藉于群以各遂其欲者。庄老则欲解散群体，谓使人不得恣其性而遂其欲者，皆群体之为害。故必离群而造于独，以使人遂其性焉。然亦必因顺乎天地万物自然之大理，而自节适其欲。而后我之性得以全，欲得以遂，此以谓之"物宗"也。斯二者，其主有群与无群异，其或主节欲，或主遂欲，亦各不同。然其所以为节为遂者，则皆因应乎其外，不主内心有理以为欲之主。此则二宗之所同。"天宗"者，推本上帝，信神道。凡上帝之所欲，我始欲之。上帝所不欲，则人斯舍其欲而不敢存。故曰天宗。"心宗"者，可欲可不欲，一判诸其心，而不论乎其外。凡信教者皆宗天，崇法者皆宗世，考寻物理者皆宗自然（物）。惟主张人伦道德者则宗心。宗心者所率循亦曰"理"。此所谓理，乃超欲外，欲之无当于理者不存。故理以调欲克欲而与欲抗，不以随欲而为欲使。信教者以天与欲抗。谢灵运所谓"教、理之争"，则争其所以克欲调欲者，为外本之"天"乎？抑内本之"心"乎？亦如世宗、物宗之争所以遂欲，亦争其"就群以求遂"抑"离群而求遂"之二途而已耳。

孔孟儒家，宗于"心"以替"天"，以此较之上古素朴的天帝观，为一种教、理之争。惟至西汉，儒者尊经，以训诂章句为务。及至东汉，察举专尚孝廉，社会争崇孝廉之名。其精神皆不免外向，而孔孟宗心之旨渐晦，于是乃有所谓"名教"。魏晋以下，反动随起。此又是一种教、理之争矣。惟庄老道家之所谓理，实不足以胜其任，于是佛教东来，大行其道，而后乃有谢灵运"教、理之争"之新说之提出。

谢灵运之所谓"理"，亦主与欲相抗之理，不如庄、老、荀、韩之所谓理。故法勖之问难则曰："夫明达者以体理绝欲，悠悠者以迷惑婴累。绝欲本乎见理，婴累由于乖宗。"此可见谢氏之所谓理，明指绝欲尽累之理。即所谓理超欲外，而为欲主之理也。继此而观以下宋儒之所谓"理"。明道自言："吾学虽有所受，天理二字，却是自家体贴出来。"天理取与人欲对，上本《乐记》"灭天理而穷人欲"之语来。宋儒常引此言，则宋儒所谓之"天理"，乃超欲而为之主，决非随欲而为之使者，显然矣。故明道《识仁篇》有曰："学者识得此理，以诚敬存之而已。理有未得，故须穷索。存久自明，安待穷索。"盖宋儒宗旨，既不如荀卿之主性恶，又不如韩非之尚刑法，复不如庄老之主坏植散群，一任自然，又不愿如释氏之宗仰教义，信于外力；则其标宗立极，必主有一超于欲外而为欲主之理，而此理又为我心之所得而自悟，而后人道始得其纲纪，乃可以善群而淑世也。然程朱言理，亦常涉及事理、物理，则近庄、老、荀、韩，惟乃以事理、物理会纳之于"天理"，决非随欲而资欲使之理，而乃人之内心所能体贴之理，终是超于欲者。故宋儒言理，实是孔孟心宗也。

明道又曰："天地万物之理，无独必有对，皆自然而然，非有安排也。每中夜以思，不知手之舞之，足之蹈之。"又曰："万物莫不有对。一阴一阳，一善一恶，阳长则阴消，善增则恶减。斯理也，推之其远乎。人只要知此耳。"又曰："质必有文，自然之理必有对待。一不独立，二则为文。天文，天之理也；人文，人之理也。"又曰："事有善有恶，皆天理也。"此等所谓理，皆属事理、物理，近庄、老、荀、韩。《易系》中之所谓理，与孟子所谓"理义悦心，犹刍豢悦口"之理有不同。否则理有善有恶，岂善之与恶同悦我心，如刍豢之悦口乎？又此所谓万物之理，皆当观化究变，从事事物物探索研寻而得，亦岂能由自家体贴乎？

程门言理，多偏于事物之理，至伊川而益显。伊川之言曰："一物须有一理。"又曰："物物皆有理。"又曰："事皆有理。"又曰："理外之事则无。"又曰："物则事也，凡事上穷极其理，则无不通。"此皆明言理在事物。既谓物皆有理，理外无事，合万事万物而总言之则曰"天"。故曰："天者理也。"又曰："天者，自然之理也。"又曰："皆是理，安得谓之虚。"天实非虚，即"自然"也。天只一天，故理亦只一理，故曰："天下只有一个理。"又曰："万理归于一理。"又曰："一物之理即万物之理。"然何以不谓之"自然"

而必呼之曰"理"乎？此宋儒所以有取于庄老而终异于庄老之所在。盖理者，乃天地事物一切自然中之"所以然"也。惟其为所以然，故必有事于穷格。故曰："物理须是要穷，若言天地之所以高深，鬼神之所以幽显；若言天只是高，地只是深，只是已辞，更有甚！"已辞者，乃谓叙述已然之辞，如庄老言自然是已。伊川主穷理，乃求于已然中推寻其所以然。由此乃进而论及性与理之辨。曰："天下言性，则故而已矣。言性当推其元本，无伤其性也。"故而已矣者，即所谓已辞，皆止于叙述已然。若推其元本，则穷及其所以然矣。故曰："生之谓性，止训所禀受也。天命之谓性，此言性之理。今人言天性柔缓，天性刚急，俗言天成，皆生来如此，此训所禀受。若性之理也，则无不善。"又曰："仁之于父子，至知之于贤者，谓之命者，以其禀受有厚薄清浊。然其性善，可学而尽，故谓之性焉。"由此言之，孟子之所谓"性"，正伊川之所谓"理"。伊川言性，指其禀受，禀受有善有恶，若言理则皆可学而至于善。此"心宗"与"天宗"之不同。而二程之说，直从孔孟来，亦于此可知。故曰："木可以为柱，理也，其曲直者性也，其所以曲直者命也。理性命一而已。"此处伊川论性，亦若兼涵荀卿义。谓性有曲直，即是谓性中可有恶也。谓木可以为柱，则荀卿亦谓"途之人皆可以为禹"矣。然荀卿分天、人、性、伪而言，伊川则合言之，故终为近于孟子。其曰"理性命一而已"，命属天，性落到人，理则以人合天，而天人合一，此乃宋儒所以异于庄老与荀之所在。论宋儒者，所当于此参究也。

惟伊川此等处所谓"理"，乃属可能之理，与其所主所以然之理亦有不同。若论所以然，则可谓万事万物皆本一理。若论可然，则不能谓万事万物皆可达至一同然之境。如谓木可以为柱，水火即不可以为柱。故伊川所谓天地万物一理者，到底当主"所以然"言，不主"可然"言。若主可然，则惟专限于人性，若谓"途之人皆可以为禹"始可。荀卿终是儒家，所由与庄老不同也。故伊川又曰："动物有知，植物无知，其性自异。但赋形于天地，其理则一。"此所谓"其理则一"，即非木可为柱之理，实相当于"所以曲直者命也"之命。可见伊川言理，乃包所以然之天命，与人事之可然，而合一以谓之"理"也。孟子所谓"理义之悦我心，犹刍豢之悦我口"，则是人文当然之理，与事物之所以然与可然者又不同。伊川于此似转少言。其意盖谓凡天命之所以然与人事之可然者，即当然也。

孟子言理，惟主我心之当然，故曰"义内"，又曰"反而求之有余师"。伊川言理，同时言及事物之所以然与可然，故必推之于外。故曰："理则须穷，性则须尽。"穷理格物，遂为程门教法一大头脑。伊川曰："所务于穷理者，非道须尽穷了天下万物之理，又不道是穷得一理便到，只是要积累多后，自然见去。"又曰："人患不得其要，要在明善，明善在乎格物穷理，穷至于物理则渐久后天下之物皆能穷，只是一。"明善在格物穷理，意在通理与善而为一。然善属当然之理，其要在人。至于穷物理，则属所以然与可然之理，其要在天。伊川乃主汇通天人而合一之，固若直承孟子来，然孟子所言，终似偏于人性一边，伊川则主广之以人事与物理，已包容进了庄老与荀卿之说。究其极，则仍是一种"教"与"理"之辨也。

或问观物察己，还因见物反求诸身否？伊川曰：

> 不如此说。物我一理，才明彼，即晓此，合外内之道也。语其大，至天地之高厚，语其小，至一物之所以然，学者皆当理会之。

又问致知先求之四端如何？曰：

> 求之性情固是切于身，然一草一木皆有理，须是察。

或问格物是外物，是性分中物？曰：

> 不拘。凡眼前无非是物，物皆有理，如火之所以热，水之所以寒，至于君臣父子间皆是理。

此皆伊川格物穷理要旨。然父子君臣间之理，乃人文理，与水寒火热之理属自然者有不同。水寒火热乃物理，父子君臣间则为性情之理。一属自然范围，乃主"所以然"与"可然"。一属人伦道德范围，乃主"当然"。二者不能无别。而伊川谓"才明彼即晓此"，此因人文与自然不可分。若不明得自然之理，又何从有人文之理。故伊川曰此乃"合外内之道"。象山不明于此，故读伊川言便不喜。然象山不斥明道。在明道《定性书》亦已言之，曰："性无内外，圣人之喜，以物之当喜，圣人之怒，以物之当怒。圣人之喜怒，不系于心而系于物。"此语即伊川所本。但谓物当喜、物当怒，已将当喜当怒之理转在外物，而离却吾心。物是块然之物，又何从见其有当喜当怒之理？则明道此说，显不如伊川之更为明切。伊川主才明彼即晓此，内外合一，吾心之喜怒，与外物之自然，理属相通；舍却外物，又何从而有吾心之喜怒？明道所谓圣人之喜怒不系于心而系于物者，此非谓喜怒不在心，只谓不尽在心，亦在物；惟言之不如伊川之明切。大黄、乌头可以杀，此属物理。人不求死，或不当杀，则决不服大黄、乌头。见人之死，而觉有可怒可悲之理，则属人之性情，与草木自然无关。草木自然，只是物理，著不得吾心之喜怒哀乐。庄老主于"剸心去欲"，又曰"虚心应物"，乃主一本自然，此荀卿所以讥之为"知天而不知人"。明道《定性书》当非此意。只谓物来顺应，不失我性情之自然流露耳。然顺应亦非易事。故伊川继之，主在事物上穷索。穷索之极，明得物理，乃可物来而顺应，乃可明善而获理。故明道言"居敬"，伊川必足之以"穷理"也。明道乃云："以诚敬存之，不须穷索。"一若伊川所论，乃为流泛而愈远，实则不然。《中庸》言尽人之性而后可以尽物之性。伊川若言尽物之性乃始可以尽人之性。要之人不能外于物而尽物之性，则必本于人之性以尽之，故"穷理"仍不能外于"居敬",此则须学者之善自体会也。

伊川又曰:

> 性即理也,所谓理性是也。天下之理,原其所自来,未有不善。喜怒哀乐之未发,何尝不善。发而中节,则无往而不善。发而不中节,然后为不善。故凡言善恶,皆先善而后恶。言是非,皆先是而后非。言吉凶,皆先吉而后凶。

今按:伊川曾言"动植性异而理一",此处又云"性即理也",此专指人性言,乃亦可兼动植言。若兼动植言,则蠢蠢者生,有生之物,莫不好其生,则凡生无不善。若据无生物言,则仅见理,不见善恶,故明道又言"理无善恶"也。凡物各有性,即各有理,但不必各有生。故可谓"性即理",不得言"理即性"。而言性即理,则已把人文性情与自然之理绾合为一,此则伊川在儒家思想上一大贡献也。

惟木可以为柱,此乃木之性,亦即木之理,而木之生,固不以为柱而生。故伊川言性,又有"天地之性"与"气质之性"之别。天地之性,则便是天地之理。又曰"未有不善",此乃未落形气一边事。故曰"原其所自,未有不善"也。若既落形气一边,即不能不各有善恶。木之可以为柱,自人文之理视之,亦即木之善。大抵程门言性,已远为恢宏,故其所言,有时若近庄周、荀卿,与孟子之所谓性善与其言义理悦心者转若有异。此盖宋儒自以《易》、《庸》加入而又更自推阐。思想之进程宜有此也。

伊川又云:

> 致知在格物,格物之理,不若察之于身,其得尤切。

格物理乃其次,察于身乃其本,则孔孟原来宗旨也。又曰:

> 人要明理。若止一物上明之,亦未济事。须是集众理,然后脱然自有悟处。然于物上理会也得,不理会也得。

盖宋儒既揭出了天地万物之理,则岂能不于物上理会?而仍必归本于人文之理,故曰"察之于身其得尤切",而又谓自然物理"不理会也得",此其于本末终始,言之亦甚亲切矣。

伊川又言:

> 自其外者学之而得于内者谓之明,自其内者得之而兼于外者谓之诚,诚与明一也。

此本《中庸》言,不本孟子言。诚明合一,即天人合一。惟体在诚而功夫则在明。此天、人之辨。故伊川又曰:

> 闻见之知非德性之知。物交物,则知之非内也,德性之知不假闻见。

此谓"德性之知"不假闻见，则又本孟子言。故其谓"外穷事物之理"，所谓"集众理"，决不可不假闻见。所谓自其外者学之而得于内，皆"闻见之知"也。闻见之知必有待于闻见，而"闻见之知"却不即是"德性之知"。此等处，皆待学者善自体会。若陆象山徒"尊德性"，而不许有"道问学"，则非矣。

朱子之理气论，又沿袭伊川而推极之。朱子曰：

> 太极只是天地万物之理。先有个天地了却有气，气积为质而性具焉。

又曰：

> 阴阳五行之理，须常常看得在目前。

此所谓天地万物之理，阴阳五行之理，显皆非孟子所谓"理义悦心"之理矣。于此求知，斯必待"闻见之知"，非"德性之知"之所能自然而知。

朱子又曰：

> 合天地万物而言，只是一个理。及在人，则又各有一个理。

此处，始着落到人身上。天地万物属自然理，在人属人文理。人文理亦在自然理之中，两者须兼顾，此则程朱立论精要所在。孔孟多言人文理，少言自然理，此其异。朱子又曰：

> 论万物之一源，则理同而气异。观万物之异体，则气犹相近而理绝不同。（《答黄商伯书》）

朱子又从二程之"万理为一"转而言"理绝不同"，近于一种非常异义可怪之论，其实极平实，极显见，一经指出，人尽知之，无足怪也。又曰：

> 气相近，如知寒暖，识饥饱，好生恶死，趋利避害，人与物都一般。理不同，如蜂蚁之君臣，只是他"义"上有一点子明。虎狼之父子，只是他"仁"上有一点子明。其他更推不去。恰似镜子，其他处却暗了，中间只有一两点子光。大凡物事禀得一边重，便占了其他底。如慈爱的人少断制，断制之人多残忍。盖仁多便遮了义，义多便遮了仁。

其实换言之，即是理一而性不同，性不同斯理不同矣。又曰：

> 人物之生，天赋之以此理，未尝不同。但人物之禀受自有异耳。如一江水，你将杓去取，只得一杓。将碗去取，只得一碗。至于一桶一缸，各自随身器量不同，故理亦随以异。

又曰：

> 二气五行，交感万变，故人物之生，有精粗之不同。自气而言之，则人物皆受是气而生。自精粗而言，则人得其气之正且通者，物得其气之偏且塞者。惟人得其正，故理通而无所塞。物得其偏，故理塞而无所知。

此等处，朱子正阐说伊川"理性命一也"之说，而更为细密。伊川所言，多属"理同而气异"一边，朱子补出"气犹相近而理绝不同"之一边，陈义始圆到。既认人物之理有绝不同，故主即凡天下之物而格，以求其一旦之豁然贯通。人文之理，自该贯通于自然之理，惟所谓"才明彼，即晓此"，却不可拘泥了"才"字"即"字，把此工夫看得轻易了。

朱子又云：

> 是他元不曾禀得此道理，惟人则得其全，如动物则又近人之性。

又曰：

> 如虎狼之父子，蜂蚁之君臣，豺獭之报本，雎鸠之有别，物只有这一处通，便觉专。人却事事理会得些，便觉泛泛。人与物以气禀之偏全不同。草木之气又别，他都无知了。

此等处，皆本之伊川"理一分殊"之说，然所说更圆密更细到。其他万物，既不曾禀得此道理，故自然决不即就是人文。但虎狼有父子之理，蜂蚁有君臣之理，则知人文即在自然中，不能自外于自然。此知伊川、晦翁即物穷理之说，自然、人文双方兼顾，而并不失孔孟传统人文本位之大精神所在也。

朱子又屡称伊川"性即理也"之说。或问枯槁瓦砾如何有理？曰：

> 且如大黄、附子亦是枯槁，然大黄不可为附子，附子不可为大黄。

此言物之各别，即是物之各具一理也。或问物之无情者亦有理否？曰：

> 固是有理。如舟只可行水，车只可行陆。

此又言无情亦有理，此即所谓自然之理也。

又曰：

> 才有物便有理。天不曾生个笔，人把兔毫来做笔，才有笔，便有理。

此处言人造物亦有理，义更透辟。正见自然有理，人文亦有理。不当专依自然而抹杀了人文一边。又问笔上如何分仁义？曰：

> 小小底不消恁地分仁义。

此论尤宏通。朱子谓瓦砾有理，其义实本庄周。庄周尚道德，毁仁义，仁义从人情上起。但虽无情，亦各有理，则格物穷理，不必尽归到仁义上来。故说兔毫做笔，小小底不消恁地分仁义。仁义亦只是一理，而理不尽在仁义上，故格物穷理不避此等小小处，乃欲一草一木，即凡天下之物而格。

朱子又屡辨儒、释异同，其言曰：

> 上蔡云：佛氏所谓性，正圣人所谓心。佛氏所谓心，正圣人所谓意。心只是该得理。佛氏原不识得这理一节，便认知觉运动做性。如视听言貌，圣人则视有视之理，听有听之理，佛氏则只认那能视、能听、能言、能思、能动底便是性。视明也得，不明也得，他都不管。横来直来，他都认做性，此正告子"生之谓性"之说也。

今按：耳能听，目能视，此属事物之自然理。若视思明，听思聪，此乃从自然理进入人文理，乃人群相处当然之理，非即天地万物自然而有之理。故禽兽亦能视听，然禽兽之视听，无当于人群道德之所谓聪明。庶民亦均能视听，然庶民之视听，亦多无当于人群道德理想中之所谓聪明。朱子此处所谓视有视理，听有听理，此皆超欲之理，非随欲之理，乃人文大理，非天地万物自然之理。理言性也，此理则是人文理，非自然理。荀子分人文、自然为二，孟子合而一之，程朱则本于孟子而益加以发挥。故孟子必分别犬牛之性与人性之不同。又其道性善，言必称尧舜。尧舜亦复与庶民不同。是孟子言性，亦当然，亦可然。佛氏认知觉运动做性，是告子"生之谓性"，只是自然之性。而儒家则要在自然之性上再演进出人文之性来。

朱子又云：

> 释氏只知坐底是，交胫坐也得，叠足坐也得。吾儒必欲理会坐之理当为尸。

今按：坐之理当为尸，则交胫、叠足皆失坐理。伊川言"理外之事则无"，此指自然言。庄老言自然，交胫、叠足而坐，皆无不是。朱子言坐之理，则指人文理。理字含义不同，惟程朱又必会通人文理与自然理为一，既分言之，又合言之，此则孟子所未发也。或问伊川："某尝读《华严经》第一真空绝相观，第二事理无碍观，第三事事无碍观，譬如灯、镜之类，包含万象，无有穷尽，此理如何？"曰："只为释氏要周遮，一言以蔽之，不过曰万理归于一理也。"又问："未知所以破他处？"曰："亦未得道他不是。"据此，知伊川于华严"事理无碍"之说，本未认其不是。故谓理外之事则无。今朱子云交胫叠足成为理外之事，此又是朱子细过伊川处。或问朱子："万物各具一理，而万理同出一源。"曰：

> 释氏云："一月普现一切水，一切水月一月摄。"这是那释氏也窥得这些道理。濂溪《通书》只是说这一事。

是朱子亦未以华严"事理无碍"之说为未是。释氏既窥得这些道理，今欲排释归儒，则释氏这些道理，也不得不理会，不采纳。宋儒立说，自不得不异于孟子。此乃其善于发扬孟子，非故为此枝梧生歧也。象山欲排程朱以尊孟，转不免其说之近释氏。此又学者所不得不微辨。

朱子又曰：

> 知觉之理，是性所以当如此者，释氏不知，他但知知觉，没这理。

今按：此所谓"知觉之理"，亦可谓乃知觉"当然"之理，此即人文理，与知觉"所以然"之自然理不同。知觉所以然之理原本天性，当然之理则本于人事。所以然之理与当然之理自有辨。释氏不言人文理，故仅言自然理。故朱子斥其仅知性，不知理。朱子所谓知觉之理，则是知觉之性之所以当如此者。此乃于自然理中又添进人文理，于所以然中又添进当然，合而为一，则释氏所未言也。

朱子又曰：

> 性即理也，当然之理无有不善者。

今按：理可以"当然"言，性不可以"当然"言。性乃"自然"，亦指"可然"，而"当然"之义亦兼包于内。伊川言理颇少指当然，朱子屡称理为当然，此又朱子细过伊川处。然朱子亦不以性为当然。乃在天地万物自然之中，就人文界立场指出一当然，当然即在自然中，违反自然，则亦非当然。必兼自然与可然，乃有当然。伊川、晦翁所谓"性即理"者，本指天地万物自然之理言。物各有性，即物各有理，亦即万物各有其自然也。如此立说，显与庄老相通，亦不违背于释氏。惟程朱不肯如此说，必推极于天地万物之"所以然"，而谓此所以然者则是"命"。此承《中庸》"天命之谓性"言。故以命与理合一说之，则"天命"即"天理"，又把命字换为理字，如此乃云"理即天"。如此则自然之外，更别无天之存在。《中庸》"天命之谓性"，到程朱便换成"天理之谓性"。盖程朱既不认有天之谆谆然之命，遂以天命为天理，又以天理为太极。此程朱"理"字一新解，所以汇通老、释，而遂若与孔孟先秦儒有异，就人文大传统言，则依然是孔孟精神也。

天地万物自然之理，有其已然，亦有其可然。可然者，乃将然之推说。如木可以为柱，此可然也。伊川则谓是木之理。而又有其不得不然。不得不然则谓之必然，如大黄不得为附子，附子不得为大黄，舟必行水，车必行陆皆是。此在朱子亦谓之理。凡此已然、可然、必然之理，皆在物理一边，皆天地间自然之理。而后始有所谓"当然"之理，与"自然"之理相别。如木可以为柱，固不得谓木当为柱，此可然与当然之不同也。大黄不得为附子，亦不得云大黄不当为附子，此又必然与当然之不同也。当然固不能越出于自然，然而与自然不同。自然之中有必然，有可然，而无当然。必有人之意见参乎其间，即从自然界演进到人文界，而后始有所谓当然。人之意见，则有超乎欲而以为意见者，有随乎欲而以为意见者。子欲弑其父，则必以刀绳，否则以毒药，否则以枪弹，惟此数者始可以成杀，此乃物理自然，亦可然也。若随乎欲以言理，则以刀绳毒药杀人亦理也。但自人文理言，则不许有此欲，此乃超乎欲以言理，则弑父之欲既为非理，亦为不当然，而刀绳毒药之可以杀与必得杀，其理在所不论。弑父之事何以为非理，其中意义，不当求之刀绳毒药，而当求之人群之意见，待人文之演进而始有。庄老主解散人群，故不喜人群于自然外横生意见。荀、韩主团结人群，顾荀、韩不信人心可以有超欲之理，故必待圣王焉，为人制礼定法以绳人群于必从。孔孟则谓人心自可有超欲之理，此孟子所谓"理义悦心犹刍豢之悦口"也。故惟发明此理，斯人乃自知其"可欲"与"不可欲"，而"当然"亦成为"自然"。苟以为不可欲，则刀绳毒药之可以得杀与否，其事固可不论。若果以为可欲，其父有病，其子进药，则不知大黄之与附子，孰有当于其疾，孰为不当于其病，此则物理自然仍有不可不论者。故即物而穷其自然之理，深明其必然与可然之性，乃深有益于人事之当然。人文之终不能跳出自然者在此。否则孝子虽忧其父之疾，宁知大黄与附子之孰当乎！故陆王之言心言良知，仍必加进程朱之格物穷理。然亦非谓穷格大黄、附子之理，遂可以成孝子，则天下医师皆孝子也。误解程朱立说本意者，遂误谓程朱教人几乎即以医师为孝子，此又大谬不然。程朱仅谓孝子事亲，有时不得不求医，亦非象山之所谓"支离"也。

苟不主解散人群，则必有人文之理以和会调协乎其群。此人文之理，不仅以遂欲，亦将以克欲。其达乎究极，必知理乃超乎欲之外，而非尽皆随乎欲之后。孔孟主人心自有此理，故待人心之自悟。荀、韩主人心不能有此理，故必待圣王之制礼作法以强人之从而服。释氏不如孔孟之期人悟，亦不如荀、韩之强人服，惟求起人之信而教之修。故以释氏比荀、韩，毋宁释氏于孔孟为近。何者？荀、韩束其外，释氏固已诱其内也。惟释氏主于起信，信心固属内，而所信犹属外。孔孟主于觉，即后人所谓悟，觉悟心属内，而所觉所悟亦在内。此超欲之理，本吾心所自有，则属内不属外也。何以吾心自有此超欲之理，此亦天地之自然。人心有此理，亦属人之性，性即自然也。生公主"一阐提皆能成佛"，此即犹孟子道性善，言"人皆可以为尧舜"也。既人人皆有佛性，则顿悟成佛，外信转为内悟，于是有教、理之辨。教、理之辨，亦惟内、外之辨而已。然释氏毕竟与孔孟有大不同，因释氏主出世，而孔孟主淑世。唐代禅宗兴，出世之热忱已渐衰退，则所谓明心见性、顿悟成佛者，乃有其弓缴，无其鹄的。既不想望于往生，又不转途为淑世。禅宗尊宿，乃疑若脱空玩世然。因此常若其与庄老近。朱子排释，常以为其不知有理，亦在此也。然其鞭辟入里，重视内悟，则宋儒理学，亦可谓自生公以来释氏教、理之争之正统血脉，不可诬也。

程朱毅然以复明孔孟之道自任，排斥禅释，不遗余力。而其视理，则曰万事万物皆有理，必使人即物而格，即事而穷；又若转内向外，反与庄、老、荀、韩近，而视禅宗反更远。然此乃不得程朱之真意而入歧途，不足为程朱病。象山陆子，自谓得孔孟真传。或问陆先生教人何先？曰："辨志。"问何辨？曰："义利之辨。"孟子曰："理义之悦我心，犹刍豢之悦我口。"明吾心，斯即知理义矣。若如程朱言穷理，则不知为自然物理欤？抑人文之理欤？若如象山言辨义，则显属人事，无所谓物义。象山亦非谓自然物理可以不必穷，盖谓先立乎其大者，则小者不能夺。站定在人文立场，则自然亦莫能外。故象山必主"心即理"，而少言性。因言性，则引而远之。大黄、附子皆有性，瓦砾、屎溺亦有性，则为支离。若言心，则惟人为灵，理属人伦，不属万类。此皆超欲之理，非俟人之自悟于心不可。然不悟人不能自外于物，心不能自离于性。故朱子称象山有见于《中庸》之"尊德性"，而己则有意于从"道问学"方面补其偏。象山终不免于专一，朱子乃始为宏通也。

阳明承象山之绪，其所辨则较象山为稍宽。故曰：

> 物理不外于吾心，外吾心而求物理，无物理矣。遗物理而求吾心，吾心又何物耶！故有孝亲之心，即有孝之理。无孝亲之心，即无孝之理矣。有忠君之心，即有忠之理。无忠君之心，即无忠之理矣。理岂外于吾心耶！

此等处，发明人文之理，而亦不忽于自然之理。忠孝乃人文之理，而阳明又必兼及于物理，此阳明较象山宽处。然谓天下无心外之物，又谓："告子见一个性在内，见一个物在外，便见他于性有未透切处。"是阳明乃谓性与物无内外之分矣。此则已近晦翁以格物穷理为尽性之功，而犹必谓天下无心外之物，此则犹站在象山一边，可谓其无定见。罗整菴《困知记》辨此颇明晰，谓：

> 盈天地之间者惟万物，人固万物中一物耳。乾道变化，各正性命，人犹物也，我犹人也，其理容有二哉！格物之格，是通彻无间之意。盖工夫至到，则通彻无间，物即我，我即物，浑然一致。

又曰：

> 吾之有此身，与万物之为物，孰非出于乾坤，其理固皆乾坤之理也。自我而观，物固物也。以理观之，我亦物也。浑然一致而已，夫何分于内外乎？以良知为天理，乃欲致吾心之良知于事事物物，则是道理全在人安排出，事物无复本然之则矣。则如川上之叹，鸢飞鱼跃之旨，试以吾意著于川之流，鸢之飞，鱼之跃，若之何正其不正

以归于正耶！

又曰：

> 人之有心，固然亦是一物，然专以格物为格此心则不可。于天地万物上，良知二字，自是安著不得也。

又曰：

> 天命之谓性，自其受气之初言也。盖形质既成，人则率其人之性而为人之道，物则率其物之性而为物之道。其分既殊，其为道也自不容于无别。若谓天地人物之变化，皆吾心之变化，而以发育万物归之吾心，是不知有分之殊也。夫发育万物，自是造化之功用，人何与焉！故曰天人一理，而其分不同。人生而静，此理固在于人，分则属乎天也。感物而动，此理固出乎天，分则属于人矣。所贵乎格物者，正欲其分之殊，而有以见乎理之一也。此理之在天下，由一以之万，初非安排之力。会万而归一，岂容牵合之私。是故察之于身，宜莫先于性情。

凡此所辨天、人、心、理之间，可谓明晰矣。阳明所谓孝亲忠君之心，此皆人之性情，岂即物理乎？又岂即造化乎？天地万物，岂皆由于我心之忠孝而始有其存在乎？阳明之病，在推扩"良知"功能过其实，即以之当物理，当造化。混自然理于人文理，近似西方之唯心哲学。晦翁之主格物穷理，乃欲在造化物理中求人性情之畅遂，即所谓"理一分殊"之旨，即自然理与人文理之分别存在也。人之性情，虽与物理造化相通，虽亦为造化物理中之一事，而究自有别。象山、阳明，皆不免太重视了人之性情，而忽略了造化物理。而阳明乃以人之良知即包括尽了造化物理，此尤立言之失。整菴又言曰：

> 人之知识，不容有二。孟子但以不虑而知之者名之曰良，非谓别有一知也。今以知恻隐、羞恶、恭敬、是非为良知，知视听言动为知觉，是果有二知乎？夫人知视听言动，不待思虑而知者亦多矣。感通之妙，捷于桴鼓，何以异于恻隐、羞恶、恭敬、是非之发乎？四端之发，未有不关于视听言动者，果从而见其异乎？知惟一耳，而强生分别，吾圣贤之书未尝有也。

整菴之言如此，其认人之知唯一非二，此固是矣。然孟子已有"性也有命，君子不谓之性"、"命也有性，君子不谓之命"之辨。人之知视听言动，此孟子之所谓"命"；知恻隐、羞恶、恭敬、是非，此乃孟子之所谓"性"。由前之知，可以格物理。由后之知，乃以通人文。是孟子亦尚分言之，整庵则合而同之，盖整菴仍主晦翁"性即理"之说，而不知后人之思理，容可与前人有不同。程朱之言"性即理"，若较孟子之分别性、命为合言之，其实则是分之而益细。盖"德性之知"本于天命，而"闻见之知"则起于人事。固不得一尊天命而抹杀人事。陆王之主"心即理",则若有合于孟子,实则只认人文理,而忽略了自然理,亦可谓只许有自然之良知,而不许有人文之穷格,尚不如孟子之分别性、命为有当也。

今再约而言之。有义理,有物理。义理者,超乎物外,所以调欲。物理者,随乎欲后,而以给欲。一为人文理,一为自然理,此二"理"字含义实别。中国古籍言"理",如孟子言义理,庄周言物理。盖道家务期人性之自由而伸舒,而未得其方,故一面主于破弃群体,而一面又必因应万物得其宜,以谓如此,始可内不为群所碍,外不为物所迫,而我之天性始得张皇而滋荣,此庄老之旨也。其流而为神仙方术,亦主摆脱人群,而又能驱驾万物得其宜,而后始能然。近代西方言自然科学,亦主个人自由,其态度积极,与中国道家异,其理想之所趋赴,则与中国道家实有其大体之相似。故自然科学之发展,仅人类所求之一方面,其另一方面,则当以无政府主义为归宿。否则得其一,失其一,人性仍无绝对伸舒之境。然无政府终不能无社会。而且科学昌明,正赖群力。若觊觎于无政府之境界,即当牺牲科学之隆盛。即谓科学昌明而人尽自由,可以无政府,甚至无群碍,然人欲则终于不能尽。此如与影竞走,终无可及之理。故以理给欲,理终不逮。至如荀、韩,主由圣王制礼作法以制人之欲,拘人之性,而使人群得以相安,以共胜夫外物。此则犹西方之言法治,亦如马克思之唯物史观而主阶级斗争,要之非人性所欲之极诣。果使科学日隆,法治日密,或阶级意识日鲜明,人性得遂于外物,而复见绌于群制,如陷泥窟,拔一足而他足之陷转深,终难脱出。此皆不认人性中自有理以调制其欲也。耶教主有超欲之理,惟归其理于天,不谓人心所自有。独释氏与他教异,他教皆尊天,释氏则曰"诸天奉行",不尊天而尊己。释氏所尊者"佛",佛者己心之内觉。凡有心皆可有觉。抑且佛教最不许有欲。此心之觉,贵在于无欲。亦可谓耶教乃"天宗",而佛教则为"心宗"。惟耶教尚许人有群,而佛教则必归于灭群。故西方反耶教者厥在科学,而东方佛教,乃独可有教、理之争。自佛教来中国,而有生公大乘"顿悟"义,又有禅宗"即心即佛"义,此皆佛教教义自身内部之演进。佛主出世,孔孟主淑世,惟其谓人心自有超欲之理则一。故自禅宗又一转而为宋明之理学,此亦一种教、理相争之历史阶段中所自有之演进也。若其自程朱展演出陆王,则程朱本不成为教,而陆王所持之理,亦不如程朱之宏通而圆密。故陆王思想之在本时期中产生,固亦是教、理相争之一波。而陆王之对程朱,则不得目以为教、理之相争也。若以拟之释氏,则程朱犹如生公,生公以下尚可有佛学。陆王犹如禅宗,禅宗以后可以不复有佛学,陆王以下将更不能有儒学。何者?满街皆是圣人,人人尽可以为圣,而圣学终必堕地以尽。尧、舜以前曾读何书,故禅宗可以不读佛教经典;陆学所主,亦可以不复读书也。

若论中国之道教,则实为道家思想之堕落。自庄老清净折入神仙方术,又折而成为符箓，此皆倒退，非前进。要之皆属个人主义，亦皆为因应物理以求遂我欲耳。道教中陈义稍胜者，亦不过曰清净修炼，此与所谓教、理之争无涉。特其重个人，重自然，注意研寻造化物理，故得于中国第二期学术思想史上犹有其位置。

今论本期思想之转变，则明清之际已露端倪。斯时也，以个人观点为中心之趋势又渐衰，以大群集体观点为中心之要求又渐盛。于是明清之际之学者，较不喜言个人心性，而转重群体政教。经史实学，转盛于讲堂锢习。陆王主"心即理"，其精神意趣专一内向，偏于以个人观点为中心之流弊更显。程朱博观物理，旁及自然，精神意境稍阔越，而其弊亦在太重言心性，不重言治平。明清之际，由于时代刺激，乃有由心性转向治平之一趋向。于是乃有由程朱转归孔孟之一大期求。惟满清以部族政权，盗憎主人，学术思想受其桎梏，其科举取士，一依程朱，又大兴文字之狱。学者不敢明目反清政权，乃转而反朝廷之功令。其反程朱理学，实即反当时朝廷之功令也。于是一时之心力智慧，乃大凑于古经籍之训诂考订，而有汉、宋之争。其实固非明清之际学术思想转变始兆之所指。而于是此第三期新学术之曙光，乃不得不迟迟有待于清政权之解纽。乃继此而西风东渐，已非中土学术闭关自守之时。中外交会，发端实大，密云不雨，亦其宜矣。

今请附论及于戴东原之所以评宋儒之言"理"者以毕吾文。东原著书，先有《绪言》，后有《孟子字义疏证》，而二书所诠"理"字含义亦微不同。《绪言》之说曰"自然之极则是为理"，"期于无憾，所谓理也"，"理非他，盖其必然也"，"就天地人物事为求其不易之则是为理"，"理要其后，非原其先"，"知条理之说者，其知理之谓矣"，"心之精爽所照者不谬，是谓得理"，"可否之而当，是谓理义"。凡此所谓，皆自然物理也。故曰："古人多言命，后人多言理，异名而同实。"盖命与理，皆造化物理，皆即自然也。又曰："宋儒推崇理，于圣人之教不害。"盖东原既专以造化自然之物理为理，自与程朱格物穷理之说差近，故谓其于圣人之教不害也。及其为《孟子字义疏证》，而所诠"理"字含义乃稍稍变。故曰："理者情之不爽失也。未有情不得而理得者也。"又曰："理者存乎欲者也。凡事皆有欲，无欲则无为矣。有欲而后有为，有为而归于至当不可易之谓理。"又曰："通天下之情，遂天下之欲，权之而分厘不爽谓之理。"至是而东原乃归重于一本人之情欲以言理。然人之情欲，亦出自然，理则随其后而给之，以使之畅遂无夭折。则东原之所谓理，仍不能自脱于自然物理也。惟曰："天理云者，言乎自然之分理也。自然之分理，以我之情，絜人之情，而无不得其平也。"此可谓有当于孔门之所谓"恕道"，乃始骎骎乎超越物理而达于人文之理之一境。然东原终不能于自然理外认有人文理，故言"恕"而不言"忠"，则其所以为恕者，其本亦在外不在内。岂孝亲忠君皆由以我之情絜人之情而始得乎？孟子之所谓良知良能者，岂亦恕道乎？惟其不认人心内在自有理，故必向外求之，向外求之则皆物理，非性情之理也。东原之言曰："苟舍情求理，其所谓理，无非意见也。宋儒言理，如有物焉得于天而具于心，于是未有不以意见为理之君子。"今不知东原之所谓"情"果何指？若以恻隐、羞恶、恭敬、是非为情，则东原之言洵是矣。若专指饥寒号呼、男女哀怨以为情，是东原仍不认人心内在自有理，仍以理为在外，必随欲以给欲者而始谓之理也。饥寒、男女之欲，人禽所同；恻隐、羞恶、恭敬、是非之情，则人类所独。故自自然物理以观人文之理，则一切人文之理，真皆所谓人之"意见"耳。若孝亲忠君，此岂自然物理之所有，岂亦非人之意见乎？特此乃非一人之私意见，而实出人类之公意见，所以不谓之"意见"而谓之"理"也。然此种意见，顾得谓其非"得于天而具于心"乎？故东原之折宋儒，其实皆不足以折宋儒也。惟程朱言理，一面既就此人之意见即人文之理而求之，一面又外求之于天地万物，是东原之所言理，程朱固可包之。东原之折宋儒，实未足以折宋儒也。然东原立说，实亦本之于反功令，故东原言恕不言忠。盖言恕道，显见人我之平等；而言忠道，则易使人误会于以下之事上。故章太炎谓，其谓"以意见杀人"，实激于雍正《大义觉迷录》之文字狱。是则东原之说，虽未足以定前人之是非，而其精神所在，实仍沿晋、宋以来教、理之争之旧。此则所当为之指出也。

原载《思想与时代》1945 年 2 月第 40 期，录自《钱宾四先生全集》（第十九卷）《中国学术思想史论丛（四）》，台北联经出版事业公司 1998 年，第 345－389 页

唐代儒家与佛学

高观如

高观如（1906－1979），江西安义人。早年赴日本留学，1930年回国。1949年后，任三时学会编辑室主任、中国佛教协会《佛教百科全书》编辑部主任、中国佛协理事、中国宗教学学会理事等职。代表作有《大乘佛学概述》、《中国佛教文学与美术》、《法华经述要》等。

第一节 唐代儒佛二家与其关系

隋唐之代，为中土佛教最隆盛之时期。诸宗并兴，名僧辈出。当时一般之思想界，殆为此佛教所支配。其时聪明俊乂之士，多归佛而舍儒。虽儒学经唐太宗之奖励提倡，厘定《五经正义》，然学者多局促于《正义》之范围以内，无努力以究新说者。而其时文学昌明，诗文见重，亦为儒术转衰之一因。然当时人士，多受佛学思想之薰陶。而儒林文苑中，乃与佛教多有关系。至若因佛学之影响，而使儒学于义理上有所发扬，如韩愈、李翱辈，又足为宋明理学之先导焉。

一

六朝时代蔚然兴起深浸民心之佛教，至隋唐时日益开展。高僧名德，辈出于时。诸派各宗，并演于世。其最著者，如吉藏大师，宏通三论。智𫖮灌顶，扬阐天台。智首道宣，开启律宗。玄奘窥基，演弘法相。无畏不空，广宣密教。智俨法藏，妙兴华严。神秀慧能，盛启禅门。道绰善导，大倡净教。以上开启宗派诸师，除密教外，皆是此土贤哲。非若六朝时代悉为西来高德之弘导也。盖以义学发达之结果，中土学者之造诣，已臻上乘。换言之，即中土上智之士，多已入于佛乘也。历代高僧之特出与众多，人们奉佛之诚笃与普遍，诚未有过于唐代者。至在译经方面，则玄奘所译凡75部1325卷，义净所译凡61部，239卷，此皆我唐僧留印归来传述之业绩也。他如西土大德来华传译者，亦有实叉难陀、菩提流志、地婆诃罗、善无畏、不空等数十人，所出经典几及千卷。此外章疏论文之制述，于时亦呈空前之隆况。盖中土佛教文化之盛，未有盛于此时者也。

然至贞元以后，禅宗特盛。五家七派，相继兴起。次之则净土、天台、华严，亦呈相当隆况。其他各宗，则渐次微替，不存旧观。而唐时佛教与儒者及文士间发生之影响，亦以禅净华天诸学为多。其轶事则如《居士传》、《分灯录》、《金汤篇》、《法喜志》、《先觉宗乘》及《传灯录》等并详载之。

二

唐太宗以好学之君，于崇尚佛教外，尤益奖励儒学。置弘文馆，招天下名儒为学官，选文学之士为学士。鉴于南北朝来经义纷争，久而莫决，为欲学说之统一，使颜师古校正五经之脱误，令孔颖达撰定《五经正义》。成《周易正义》十卷，《尚书正义》二十卷，《毛诗正义》二十卷，《礼记正义》六十三卷，《春秋正义》六十卷。自《五经正义》厘定后，南北学说之纷争乃绝，由是学者皆伏案而遵《正义》，不复更有进究新说者。南北学派之争端难泯，而儒学思想，亦坐是而不进焉。

且当时佛学思想之盛，亦为儒学致衰之一因。佛教在当时发达之势，已如旭日丽天，百花竞放。思想界之豪哲，多去儒而归佛，故佛教之人才鼎盛，而儒门人物亦因是空虚也。

次之，唐代重文学，以此为科举之要目。由是天下人士，多萃其才力于诗文方面。于是文有韩柳，诗有李杜王白之伦，文学界之光辉灿烂，其质其量，均非后世之所能及。诗文之努力者多，儒术之研求者寡，此亦儒学衰微之一因也。

然而唐代文士，如柳柳州、白香山等，其文章固足千古，而于内外二学，亦并有相当之学养与持奉。虽非纯儒或纯佛者，然其著述中思想之表现，在儒佛关系史上，亦实有可观之价值也。

三

宋儒周必大氏曰："自唐以来，禅学日盛，才智之士，往往出乎其间。"（《寒岩升禅师塔铭》）盖唐时儒者及文士，受佛学之薰陶者甚多。如颜师古（见《金汤编》八），李子奢（《金汤编》八），韩愈（《分灯录》一，《先觉宗乘》四，《金汤编》八），李翱（《分灯录》一，《先觉宗乘》三，《金汤编》八），张说（《金汤编》八），李华（《居士传》十三，《金汤编》八），颜真卿（《居士传》十六，《金汤编》八），王维（《居士传》十九，《金汤编》八），杜鸿渐（《先觉宗乘》四，《金汤编》八），王勃（《金汤编》八），李白（《金汤编》八），权德舆（《金汤编》八），梁肃（《居士传》十三，《金汤编》八），白居易（《居士传》十九，《分灯录》一，《先觉宗乘》三，《金汤编》八），柳宗元（《居士传》十九，《金汤编》八），刘禹锡（《先觉宗乘》四，《金汤编》八），裴休

(《居士传》十三，《先觉宗乘》二，《分灯录》一，《金汤编》八）等，殆无不曾经佛学之薰习者。他如唐朝诸帝及诸宰臣之奉佛者尤多，其事迹并详诸传录中。

其由儒门出家为僧之学者，则有荆溪湛然、圭峰宗密、马祖道一、雪峰义存、岩头全豁、丹霞天然、云门文偃诸师。诚如张方平所谓，"儒门淡泊，收拾不住，皆归释氏"。当时之思潮，盖可见之矣。

尚有章敬寺百岩禅师，以佛理阐明《中庸》诚明尽性之道（见权德舆《百岩大师碑铭》），南岩草衣禅师，言返静于动复性于情之理（见权德舆《信州南岩草衣禅师宴坐记》），河南元生，学通孔佛，会异为同（见柳宗元《送元十八山人南游序》）。斯皆为内外会通，足为后世援佛入儒之先兆。而若李翱著《复性书》，据佛说儒，恢张孔道，尤足开宋明学术之前路焉。

第二节　韩昌黎与佛学

昌黎韩氏，杰出于唐思想界，力倡儒学。生平以卫道自许，著《原道》及《论佛骨表》等文，以排佛教。然昌黎于佛，未所深知。故其所云，率不应理。后之学者，咸非难之。迨其晚年，从大颠禅师游。粗解于道，稍启崇信。但昌黎在思想上，受佛学之影响亦多。于儒家之道，有所启发。至为宋明理学之阶渐，斯亦多有足述者焉。

一

有唐一代，儒学式微。然有韩昌黎、李习之二氏，出于其间，力扬儒学，为思想界之晓星。又均略以稍闻佛道，于儒义上有所启发。本其所得，发为文章，遂至于近世学术界之影响甚深。此于儒佛关系史上，实可特笔而书者焉。

韩愈，字退之，邓州南阳人。世居昌黎，因以为号焉。唐代宗大历三年（公元768年）生，贞元（德宗）中，擢进士第，累官至刑部侍郎。以宪宗元和十四年（公元817年）谏迎佛骨，贬潮州刺史。旋移袁州，寻又召还，拜国子祭酒。穆宗长庆四年（公元824年）以吏部侍郎卒于官，年五十七。所著有《文集》及《论语笔解》十卷。

昌黎生平好儒者之道，以昌明儒学自任。推崇周孔，佐佑六经，著《原道》、《原性》等文，以彰孔子之道。其为文章，则深探本源，卓然树立，力扫六朝绮靡之习，以成一家之言。在文学与思想上，皆为有唐一代之特出者。惜乎对于佛书，未事深究，不知佛家之教义何若，仅凭门户之见，排斥佛教，不遗余力，斯则为识者所深慨焉。

二

然昌黎之于佛学，有时亦启崇信之念。观其贬谪潮州以前，可称为排佛思想最甚之时期。及其潮州遇大颠后，稍识佛理，于其晚年之思想上亦有所转移也。但其信解之处犹浅，而门户之执甚深，故犹未为知道者也。

元和八年，昌黎作《进学解》以自见。其言曰："觝排异端，攘斥佛老。补苴罅漏，张皇幽眇。寻坠绪之茫茫，独旁搜而远绍。障百川而东之，回狂澜于既倒。先生之于儒，可谓劳矣。"此则昌黎对于儒学上自任之态度也。虽亦尝与方外者游，而其慢僧之态度，溢于言表。送惠师诗执傲尤甚。如云：

> 吾言子当去，子道非吾遵。江鱼不能活，野鸡难笼驯。吾非西方教，怜子狂且醇。吾嫉游惰者，怜子愚且谆。去矣各异趣，何为浪沾巾。

至昌黎排佛之说，均见于其《原道》及《论佛骨表》二篇中，综其所排，凡有四端。一曰佛是夷狄之法，非古圣人之道也。如云"佛本夷狄之人，与中国言语不通，衣服殊制，口不道先王之法言，身不服先王之法服"。二曰佛教舍家修行，废弃伦常也。如云"必弃而君臣，去而父子，禁而相生相养之道，以求所谓清净寂灭者"。"不知君臣之义，父子之情"。三曰坐食者多，不事耕织也。如云"农之家一，而食粟之家六。工之家一，而用器之家六。贾之家一，而资焉之家六。奈之何民不穷且困也"。四曰梁武信佛因而亡国也。如云"梁武帝在位四十八年，前后三度事佛，宗庙之祭，不用牲牢，昼夜一食，止于菜果，其后竟为侯景所逼，饿死台城，国亦寻灭，事佛求福，乃更得祸"。

然观其所云第一端中，则纯为闭关时代顽固之思想，无足道耳。其第二端所云，盖不知释迦道中固有在家出家二众之分，且亦未知大乘菩萨六度万行之可宝耳。其第三端，则宗教教育于人类之需要，精神文明为人民之宝液，亦昌黎之所以不知也。其四端者，亦讵知梁武亡国，非亡于佛教，而正亡于梁武之不能真实奉行大乘佛道哉。昌黎之不深究佛书，于佛教之教理制度沿革，都无所知，徒本其执见，逞其文词，以鼓示于天下后世，自惑惑人，斯尤识者所深慨焉。

三

苏子由曰："愈之学，朝夕从事于仁义礼智刑名度数之间，自形而上者，愈所不知也。《原道》之作，遂指道德为虚位，而斥佛老与杨墨同科，岂为知道哉。"王船山曰："韩愈谏佛骨，古今以为辟异端之昌言，岂其然哉。"盖昌黎之不明佛理，而妄事攻伐，言不契理，古今学者有同见也。

然昌黎能以文鸣天下，后之人士，学为古文，均慕昌黎，排佛而尊孔子。迄乎宋代，此风益盛。欧阳永叔又作《本论》三篇，步武昌黎，非难佛教。明教契嵩，乃著《辅教篇》及《非韩》等文，明乎儒释一贯之道，以抗其说。时永叔及李泰伯、王荆公、苏子瞻兄弟等见其书，咸皆心折而惊服焉。嵩师所著《非韩》，为卷有三，为篇三十，于昌黎所为诸文，莫不秉儒理而加以反驳。而于《原道》一篇，论证尤精。又著《辅教篇》，以明佛教治世之功。著《孝论》，以阐佛教伦常之理。

继明教嵩师之后，而破昌黎排佛之说者，则有张无尽与刘谧。无尽著《护法论》，畅论昌黎、永叔等排佛之非是。谓"欲排其教，则当尽读其书，深求其理，摭其不合吾儒者，与学佛之见，折疑辨惑而后排之可也。今不通其理，而妄排之，则是斥鹦笑鸥鹏，朝菌轻松柏耳"。刘谧著《三教平心论》二卷，明儒佛相资之理。于昌黎《原道》及《论佛骨表》中所云"华夷"、"治世"、"生养"、"伦常"诸问题，驳论尤详。

四

昌黎以元和十四年正月谪潮州，其思想上乃有所移转。闻郡之灵山，有太颠禅师者，道高望重。以书召之，三召乃至，留居旬日。其第一书曰：

> 愈启。孟夏渐热，惟道体安和。愈弊劣无谓，坐事贬官到此。久闻道德，切思见颜。缘昨到来，未获参谒。倘能暂垂见过，实为多幸。已帖县令具人船奉迎。日久竚瞻。不宣。愈白。

第二书曰：

> 愈启。海上穷处，无与话言。侧承道高，思获披接。专辄有此咨屈。倘惠能降喻，非所敢望也。至此一二日，却归高居，亦无不可。旦夕渴望。不宣。愈白。

第三书曰：

> 愈启。惠匀至，辱答问，珍悚无已。所示广大深迥，非造次可谕。《易大传》曰："书不尽言，言不尽意。然则圣人之意，其终不可得见邪？"如此而论，读来一百遍，不如亲口颜色，随问而对之了。此旬来晴明，旦夕不甚热。倘能乘间一访，幸甚，旦夕驰望。愈闻道无疑滞，行止紧缚。苟非所恋著，则山林闲寂，与城郭无异。大颠师论甚宏博，而必守山林，义不至城郭。自激修行，独立空旷无累之地者，非通道也。劳于一来，安于所适，道故如是。不宣。愈顿首。（均据朱文公校《昌黎先生集》）

观其书中所云，"辱答问，珍悚无已。所示广大深迥，非造次可谕"，"读来一百遍，不如亲对颜色,随问而对之易了",可知昌黎于未会晤大颠,已闻其语而喜其道,为礼之恭,与其往日慢僧之态度大殊。乃后之文士,不揣此故,至有谓此书为佛者所杜撰,此实未之思也。昔欧阳永叔见此书曰:"实退之语,他意不及也。"欧公《集古录跋尾》云:"文公与颠师书,世所罕传。予以集录古文,其求之博盖久而后获。其以《系辞》为大传,谓著山林与著城郭无异等语,宜为退之之言。"(以上见《昌黎先生集》晦庵先生校注语)又《朱子大全》中,亦刊入此三书,定为昌黎所作。晦庵先生并云:"殊不知其言既曰久闻道德,侧闻道高。又曰所示广大深迥,非造次可谕。又曰,论甚宏博。安得初无崇信其说之意耶。韩公之事,余于答孟简书,已论其详矣。故不复论。(中略)以此观之,则其决为韩公之文,而非他人之所能作无疑矣。"

昌黎以其年冬,又移袁州。将离潮时,复造颠庐,留衣二袭而别。既抵袁州,尚书孟简,闻其与颠游,以书抵愈,嘉其信向。昌黎答书略曰:

> 潮州时,有一老僧号大颠,颇聪明,识道理。远地无可与语者,故自山召至州郭,留十数日。实能外形骸,以理自胜,不为事物侵乱。与之语,虽不尽解,要自胸中无滞疑,以为难得,因与来往(晦庵先生考注,此书称许大颠语句,多为后人妄意隐避,删节太过,故多脱落,失其正意,如上两条,犹无大利害云)。

夫昌黎拘于门户之别,狃于成见之深,虽有信之之意,固不欲人之知也。难识"外形骸以理自胜,不为事物侵乱"之可贵,而亦不能移其偏固之执也。知之而不能坚其信,见其末而未能悟其本。昌黎匪惟不识佛,抑且不知儒焉。善哉晦庵先生之言曰:

> 盖韩公之学,见于《原道》者,虽有以识夫大用之流行,而于本然之全体,则疑其有所未睹。且于日用之间,亦未见其有以存养省察,而体之于身也。是以虽其所以自任者不为不重,而其平生用力深处,终不离乎文字言语之工。至其好乐之私,则又未能卓然有以自拔于流俗。所与游者,不过一时之文士。其于僧道,则亦仅得毛干畅观灵惠之流耳。是其身心内外,所立所资,不超乎此。亦何所据以为息邪距诐之本,而充其所以自任之心乎?是以一旦放逐,憔悴亡聊之中,无复平日饮博过从之乐,方且郁郁不能自遣。而卒然见夫瘴海之滨,异端之学,乃有能以义理良胜,不为事物侵乱之人,与之语,虽不尽解,亦岂不足以荡涤情累而暂空其滞碍之怀乎?然则凡此称誉之言,自不必讳,而于公所谓"不求其福,不畏其祸,不学其道"者,初亦不相妨也。(见晦庵校注《昌黎先生集》)

至于昌黎之会晤大颠,当时岂无崇信之意哉。明儒周汝登《圣学宗传》五云:

> 或问朱子曰,昌黎从太颠,不审有崇信之意否。曰,真个是有崇信底意。他是贬

从那潮州去，无聊后被他说转了。不知太颠与他说个什么，得凭他倾心信向。

又周子（濂溪）《题大颠壁》曰："退之自谓如夫子，原道深排佛老非。不识大颠何似者，数书珍重更留衣。"此外昌黎关于佛学之事迹，尚见《分灯录》、《先觉宗乘》、《稽古略》、《金汤编》、《解惑编》、《指月录》等中，今概从略。

五

夫昌黎于儒学于佛学，固均未有深切之明解也。然能毅然以儒学为天下倡，于儒学史上，亦有其特殊之业绩。且当其时，佛学之思想，已笼罩于全社会，佛学之所以私通，固有其教义之特点。昌黎或亦有见于当时之思潮，乃亦于方法上，探取佛学之数点而用于儒学，且为后世宋明理学思想之先河耳。

司马温公《书心经后》曰："世称韩文公不喜佛，尝排之。予观其与孟尚书论大颠云，能以理自胜，不为事物侵乱。乃知公于书无所不观，盖尝遍观佛书，取其精粹，而排其糟粕耳。不然，何以知不为事物侵乱为学佛者所先耶。"惜乎温公称许昌黎之语，正昌黎所不能逮也。惟云"不为事物侵乱"之言，则固昌黎之视可贵者耳。即如其《送高闲上人序》亦云，"今闲师浮屠氏，一死生，解外胶。是其为心必泊然无所起，其于世必淡然无所嗜"。昌黎于释氏一生死解外胶，不为事物侵乱，认为可贵之问题，乃转而求之儒典中，而孟子之学，即含有此种之倾向。如言心言性，言"万物皆备于我反身而诚"，乃至"养心"、"寡欲"之修养方法，皆具有此倾向之特点。此昌黎之所以推尊孟子，以为得孔子之正传，言"孟子为醇乎醇，荀与杨大醇而小疵"者欤。孟子之学，经昌黎之倡导，遂为后世宋明理学之础基。而《孟子》一书，亦为理学上所根据之要典。此不得谓非受自佛学之影响而为之也。

复次，"治心"一语，本为佛家惯用之词，而亦当时人士乐道之言也。反而求之儒典中，则《大学》中亦有正心诚意明明德之语。此昌黎之所以特引《大学》，以申儒家之说，以排释氏之论，并谓"古之所谓正心诚意者，将以有为也，今也正其心，而外天下国家"，以见儒家之治心，犹不同于释氏之治心者欤。虽昌黎于佛学真理之不明，然其能于《礼记》中特提出《大学》一篇而弘昌之，致使后世宋明理学家亦以《大学》一书为所据之要典。此当亦由受自佛学之影响而为之也。

复次，佛家传道，法统甚明。历代相承，灯灯不绝。而昌黎《原道》，所谓"尧以是传之舜，舜以是传之禹，禹以是传之汤，汤以是传之文武周公，文武周公传之孔子，孔子传之孟轲"，殆亦仿自佛学之说。此道统之言，宋明理学皆持之。当亦由昌黎之提倡，佛学之影响而为之也。

由是观之，昌黎于儒学之业绩，殊不可没。其后宋明儒学复兴所得之于佛学者，亦终未可讳也。

（末段略取冯友兰先生意，然作者尚有所见，容续述之）

第三节 李习之与佛学

唐代儒家之杰出者，昌黎而外，唯李习之。习之对于佛教之态度，初亦与昌黎相若也。其方外之交游亦多，于西堂、鹅湖、乐山、紫玉诸师，常致参叩。著《复性书》，乃多取乎《起信论》、《圆觉经》之旨。盖又为受自于梁敬之乃至荆溪湛然之薰陶者。其儒佛贯通之观念，亦复启自梁权独孤乃至百严草衣之伦。然其性理之说，为开宋明道学之端，于后世学术多有贡献。而其得自佛学，抑又未容讳言者也。

一

李习之名翱，陇西成纪人，贞元十四年第进士，元和初为国子博士史馆修撰，元和十五年为朗州刺史，太和九年为襄州刺史，又充山东南道节度使，会昌中卒。其第进士时，假定为二十一岁，则朗州刺史时，当为四十三岁，卒年当近七十岁也。

习之与昌黎善，史称其"始从昌黎为文章，辞致浑厚，见推当世"（《新唐书》本传）。又其所为文中，屡称昌黎为兄（《答韩侍郎书》及《祭吏部韩侍郎文》）。其视昌黎，盖在师友之间也。习之于儒，亦以阐发孔门颜曾思孟以后不传之道统自任。即其对于佛教之态度，亦与昌黎相仿佛。盖昌黎以门户之见，排斥佛教。而于佛徒之养心离欲，不为外物侵乱之道，则又尝一再赞许。习之所见，亦如昌黎，而其观解，则尚过之。习之尝云："天下之人，以佛理证心者寡矣"。（《与本使杨尚书请停修寺观钱状》）又云："佛法，论心术则不异于中土，考教迹则有蠹于生灵"。（《再请停修寺观钱状》）其于佛教贬褒之处，殆与昌黎同一见解。又所著《复性书》三篇，更充分表现其儒表佛里、援释入儒之思想。其解《中庸》则云："彼以事解，我以心通。"（《复性书》中）以示其自异于恒人。夫"心通"云者，盖尝得之于佛学耳。

二

唐代以来，佛学发展之结果，绩学之士，多与方外人士相往还。而习之有关佛教之事迹尤多，如西堂智藏、鹅湖大义、药山惟俨、紫玉通道诸师，皆习之之禅师禅友也，其中尤以与药山之过从为频。今就诸传录中所载略一述之。

贞元中，习之尝问僧，马大师有什么言教。僧云，大师或说即心即佛，或说非心非佛。复问西堂智藏禅师，马大师有什么言教。藏呼李翱，习之应诺。藏曰，鼓角动也。（《景德录》七，《指月录》九，《分灯录》一，《先觉宗乘》三）又习之尝问信州鹅湖大义禅师，大悲用千手眼作么。师云，今上用公作么。有一僧台置塔，习之问云，教中不许将尸塔下过，又作么生。僧无对。后僧诣鹅湖大义禅师举前语，义曰，他得大阐提（《佛祖历代通载》二，《分灯录》一，《先觉宗乘》三）。习之又礼龙潭崇信禅师，问如何是真如般若。潭曰，我无真如般若。习之曰，幸遇和尚。潭曰，此犹分外之言（《指月录》十二，《先觉宗乘》三）。公又尝见老宿独坐，问曰，端坐丈室，当何所务。宿曰，法身凝宿，无去无来（《先觉宗乘》三）。

元和中，习之为朗州刺史，时久向药山玄化，屡请不起，乃躬入山谒之。山执经卷不顾，侍者曰，太守在此。习之性褊急，乃曰，见面不如闻名。山呼太守，习之应诺。山曰，何得贵耳贱目。习之遂顶礼拜起，问如何是道。药山以手指天，复指净瓶。习之不会。药山云，云在青天水在瓶。习之拜谢，乃呈偈曰：

  炼得身形似鹤形，千株松下两函经。我来问道无余事，云在青天月在瓶。（《指月录》九，《金汤篇》九，《分灯录》一，《先觉宗乘》三）

习之又问如何是戒定慧。曰，贫道这里无此闲家具。习之莫测玄旨。山曰，太守欲保任此事，直须向高高山顶立，深深海底行，闺阁中物舍不得，便为渗漏（《指月录》九，《分灯录》一，《先觉宗乘》三）。习之问山何姓，山曰正是时。习之不委。却问院主，某甲适来问和尚姓，和尚曰，正是时，未审姓甚么。主曰，凭么则姓韩也。山闻乃曰，得凭么不识好恶，若是夏时，对他便是姓热（《指月录》九）。山一夜登山经行，忽云开见日，大啸一声，应澧阳东九十里许。明晨更相推问，直至药山，徒众曰，昨夜和尚在山顶大啸，习之赠诗曰：

  选得幽居惬野情，终年无送亦无迎。有时直上孤峰顶，月下披云啸一声。（《指月录》九，《分灯录》一，《先觉宗乘》三）

习之又尝以《法华经·普门品》问药山，如何是恶风吹船，飘落鬼国。山曰，李翱小子问此何为。习之怫然，怒形于色。师笑曰，如此便是黑风吹船，飘入鬼国也（《居士传》三十四引《真西山语》）。

太和中，习之为襄州刺史时，遇紫玉道通，益益奉道，相与往还（《宋高僧传》十）。

由此以观，习之薰习于禅门者，已非一日，则其虽亦力振儒术，而思想上之不免于佛学之意味，固其宜也。

三

习之亦如昌黎，以儒学自任。然以内受佛教之薰陶，而成其儒表佛里之思想。其学说具见于其所著《复性书》三篇中。上篇总论性情及圣人，中篇论所以修养成圣之法，下篇勉人修养之努力。皆本诸释理，敷此儒言。以去情复性为旨归，以仰承孔门四子之道统为自任，以《周易》、《中庸》为要典，以开诚明致中和为至义，以弗思弗虑情则不生为复性之方，以虚明变化参乎天地为致用，以昏昏然肆情昧性为可悲。在此书三篇中，已详言之矣。其说在当时儒者著述中，可谓精微卓绝，能直探本源者。即后世宋明性理之学，实亦倡自习之此书。而习之思想之造诣，亦具在于此论性之一方面。以释氏之理，述孔门之言。其言性与情，即佛家之所谓觉与幻也，智性与无明也，真如与妄心也。由此而推测习之之书，以佛学之眼光观之，可类解者甚多。而于《起信论》及《圆觉经》之说，尤多近似。今举例以明之。

《复性书》上曰："人之所以惑其性者，情也……情既昏，性斯匿矣……情不作，性斯充矣。性与情不相先也。"《复性书》中曰："情者，妄也，邪也。妄情既灭，本性清明，周流六虚，所以谓之复其性也。"

又曰："水之性清澈，其浑之者，沙泥也……久而不动，沙泥自沉，清明之性，鉴于天地……性本不失。及其复也，性本不生。人之性，亦犹水也。"

（《圆觉经》曰："离幻（情）即觉（性）。"又曰："譬如磨镜，垢（情）尽明（性）现。"

又曰："譬如空华，幻华虽灭，空性不坏。众生幻心，诸幻（妄情）灭尽，觉心（本性）不动。"

《起信论》曰："如大海水，因风波动……若风止灭，动相则灭，湿性不坏故。如是众生自性清净心，因无明（妄情）风动……若无明灭，相续则灭，智性（本性）不坏故。"

又曰："自性清净……虽有染心，而常恒不变。"）

以上是《复性书》中性情对待之说也。情息则性充（《复性书》），幻尽则觉满（《圆觉经》），无明灭则智性清净（《起信论》）。此同于佛经论中所说者一也。

《复性书》上曰："无性则情无所生矣。是情由性而生，情不自情，因性而情。性不自性，由性以明。"

（《圆觉经》曰："一切众生，种种幻化（情），皆生如来圆觉妙心（性）。犹如空华，从空而有。"

《起信论》曰:"一切心识之相,皆是无明。无明(情)之相,不离觉性(性)。"

又曰:"依觉故迷,若离觉性,则无不觉。"

又曰:"若离不觉之心,则无真觉自相可说。")

以上是《复性书》中性情相生之说也。情由性而生,性由情以明(《复性书》)。幻依觉以生,觉依幻而修(《圆觉经》、《起信论》)。此同于佛经论中所说者二也。

《复性书》上曰:"明与昏,谓之不同。明与昏性本无有,则同与不同,二皆离矣。夫明者,所以对昏。昏既灭,则明亦不立矣。"

(《圆觉经》曰:"依幻说觉,亦名为幻,若说有觉,犹未离幻,说无觉者,亦复如是。"

《起信论》曰:"从本以来,离名字相,离言说相,离心缘相……唯是一心故名真如。")

以上是《复性书》中论性之本质之说也。明以对昏,昏灭何有明(《复性书》)。觉以离幻,幻离何有觉(《圆觉经》、《起信论》)。此同于佛经论中所说者三也。

《复性书》中曰:"弗虑弗思,情则不生。情既不生,乃为正思。正思者,无思无虑也。"

又曰:"此斋戒其心者也,犹未离于静焉。有静必有动,有动必有静,动静不息,是乃情也。"

又曰:"知本无有思,动静皆离,寂然不动者,是至诚也……诚则明矣。"

(《圆觉经》曰:"欲求如来净圆觉心,应当正念远离诸幻。"

又曰:"动念息念,皆归迷闷。"

又曰:"幻身灭故,幻心亦灭……幻尘亦灭……幻灭亦灭……非幻不灭,譬如磨镜,垢尽明现。"

又曰:"证得诸幻灭影像故,便得无方清净,无边虚空觉所显发。"

《起信论》曰:"虽说无有能说可说,虽念亦无能念可念,是名随顺。若离于念,名为得入。")

以上是《复性书》中所论复性息情之方也。正思离念,动静皆离(《复性书》)。非幻不灭,幻尽明现(《圆觉经》、《起信论》)。此同于佛教经论中所说者四也。

《复性书》上曰:"诚者,圣人性之也。寂然不动,广大清明,照乎天地,感而遂通天下之故,行止语默,无不处于极也。"

又曰:"视听昭昭,而不起于见闻者,斯可矣,无不知也,无不为也。其心寂然,光照天地，是诚之明也。"

又曰："圣人至诚而已矣……致中和，天地位焉，万物育焉。"

又《复性书》中曰："心寂不动，邪思自息，惟性明照，邪由何生？"

又曰："敢问圣人之性，将复为嗜欲所混乎。曰，不复混也……邪既为明所觉矣，觉则无邪，邪由何生？"

（《圆觉经》曰："虚空性故，常不动故，如来藏中，无起灭故，如法界性，究竟圆满，遍十方故。"

又曰："觉圆明故，显心清净……六尘清净……四大清净……十二处十八界二十五有清净……乃至尽虚空圆里，三世一切平等清净不动。"

又曰："如销金矿，金非销有，既已成金，不重为矿，经无穷时，金性不坏，……如来圆觉，亦复如是。"

《起信论》曰："离念相者，等虚空界无所不遍，法界一相，即是如来平等法身。"

又曰："诸佛如来离于见想，无所不遍，心真实故，即是诸法之性，自体显照一切妄法，有大智用。"）

以上《复性书》中所论复性之相也。寂然不动，参乎天地（《复性书》）。清净不动，周遍法界（《圆觉经》、《起信论》）。此同于佛经论中所说五也。

《复性书》上曰："圣人者，寂然不动，不往而到，不言而神，不耀而光，制作参乎天地，变化合乎阴阳，虽有情也，未尝有情也。"

又曰："复其性者，贤人循之而不已者也。不已，则能归其源矣。"

又曰："百姓——情之所昏，交相攻伐，故终其身而不自睹其性焉。"

《复性书》中又曰："桀纣之性，犹尧舜之性也。其所以不睹其性者，嗜欲好恶之所昏也。非性之罪也。"

又曰："圣人知人之性皆善，可以循之不息，而至于圣也。故制礼以节之，作乐以和之，所以教人忘嗜欲而归性命之道也。"

以上是《复性书》中关于圣贤庸愚等别之说也，而此在《圆觉经》中亦有四种随顺觉性与迷倒之差，在《起信论》中亦有本觉始觉不觉之别也。他如《复性书》下所称"人身难得，岁月易逝，宁肆其心不专于道"云云，其与佛家所说相悬者，又几何哉？

四

习之学说有似乎《起信论》、《圆觉经》之说也如此。盖其得之于梁敬之，而承于荆溪湛然，转受自《圆觉经》、《起信论》之影响者也。先是习之受知于安定梁敬之。敬之死，习之曾作《感知己赋》以悼之。其赋序云：

> 贞元九年，翱就州府之贡举人事，其九月，执文章一通，谒于右补阙梁君，亦既相见，遂于翱有相知之道焉……期翱之名不朽于无穷，许翱以拂拭吹嘘……遂赋感知己以自伤。

由此可知习之受敬之影响之深矣。

梁敬之，名肃，安定人，建中朝，官翰林学士，守右补阙，侍皇太子，学天台教于荆溪湛然禅师，深得心要，著有《删定止观》六卷，贞元二年，敬之复撰《止观统例》，实为开显习之学说之轮廓者。习之《复性书》，即为元和十一年以后所作，则尚后于《止观统例》约三十年。受其影响，亦意中事耳。《止观统例》云：

> 夫止观何为也。导万法之理，而复于实际者也（习之书云复其性也）。实际者何也，性之本也。物之所以不能复者，昏与动使之然也（书云情既昏，性斯匿矣）。照昏者谓之明，驻动者谓之静（书云，夫明者，所以对昏）。……明与静，止观之体也。

此非习之性情对待说之所本乎？

> ……原夫圣人，有以见惑足以丧志，动足以失方。于是止而观之，静而明之（书云，心寂不动，邪思自息，惟性明照，邪何所生）。使其动而能静，静而能明，因相待以成法，（书云，弗思弗虑，情则不生。）即绝待以照本（书云，本无有思，动静皆离）。……至微以尽性，至赜以体神。

此非习之所云复性之方之所本乎？

> ……举其要，则圣人极深研几，穷理尽性之说乎（书云，此尽性命之道也）。昧者使明，塞者使通，通则悟，悟则至，至则常，常则尽矣。明则照，照则化，化则成，成则一矣（书云，子思曰，唯天下至诚，为能尽其性，能尽其性，则能尽人之性，能尽人之性，则能尽物之性，能尽物之性，则可以赞天地之化育，可以赞天地之化育，则可以与天地参矣，其次致曲，曲能有诚，诚则形，形则著，著则明，明则动，动则变，变则化，唯天下至诚为能化）。圣人有以弥纶万法而不差，旁礴万劫而不遗，煮载恒沙而不有，复归无物而不无。寓名之曰佛，强号之曰觉。究其旨，其解脱自在莫不极妙之德乎（书云，《易》曰，与天地相似故不违，知周乎万物而道济天下故不过，旁行而不流，乐天知命故不忧，安土敦乎仁故能爱，范围天地之化而不过，曲成万物而不遗，通乎昼夜之道而知，故神无方而易无体）。

此非习之圣贤说之所本乎？

> ……凡所为上圣之域,岂隔阔辽夐,与凡境杳绝欤。是唯一性而已,得之为悟,失之为迷,一理而已,迷而为凡,悟而为圣(书云,桀纣之性,犹尧舜之性也,其所以不睹其性者,嗜欲好恶之所昏也,非性之罪也)。迷者自隔,理不隔也。失者自失,性不失也。(书云,情有善有不善,而性无不善焉。)止观之作,所以离异同而究圣神,使群生正性而顺理者也。正性顺理,所以行觉路而至妙境也(书云,所以教人忘嗜欲而归性命之道也)。……道之不明也,我知之矣,由物累也(书云,人之所以惑其性者,情也。喜怒哀乐爱恶欲七者,皆情之所为也。情既昏,性斯匿矣)。

此非习之性情诸说之所本乎?

由上以观,习之《复性书》之作,似就梁敬之之言加以发挥而已耳。然敬之之思想,多受自于天台宗荆溪湛然禅师。即此《统例》之文,亦为阐扬天台教义而作。湛然为天台中兴大师,其所著《金刚錍》一书中,即在阐明"无情有性"之旨,以性不变为有,随缘为无。而湛然此种论性之学说,则多以《起信论》之说为依据。盖当时,《起信论》之思想实普及于全佛教界。若华严之宗密,天台之湛然,莫不用《起信论》之语,以申述其自宗之教义,盖舍此而言,则不易为当时人士之所喻也(《圆觉经》在当时亦盛行,理论与《起信论》同也)。湛然受自《起信论》之思想,经梁敬之而暗示于习之。习之《复性书》之受自佛家之影响,宁非显然?

五

复次,如《复性书》中,以中庸大易宣说佛理,及言返静于动复性于情之义,率性修道之象,在唐时李习之以前,实早有倡言者。权载之(德舆)撰《唐故章敬寺百严大师碑铭》云:

> ……凡一灯所传,一雨所润,入法界者,不可胜书……或问心要者,答曰,心本清净而无境者也。非遗境以会心,非去垢以取净。神妙独立,不与物俱。能悟斯者,不为习气生死之所累也。故荐绅先生知道入理者多游焉。尝试言之,以中庸之自诚而明以尽万物之性,以大易之寂然不动感而遂通,则方袍褎衣,其极致一也。向使师与孔圣同时,其颜生闵损之列欤。释尊在代,其大慧纲明之伦欤……

夫所云以中庸之自诚而明以尽万物之性,以大易之寂然不动感而遂通,会同佛理,非习之以《易》、《中庸》言性之先唱乎?又载之撰《信州南严草衣禅师宴坐记》云:

> 其内则以三世五蕴皆从妄作,然后以有法谛观十二缘。于正智中,得真常真我,方寸之地,湛然虚无,身及智慧,二俱清净……呜呼,世人感物以游心,心迁于物,则利害生焉,吉凶形焉。牵挐鞿鞚,荡而不复。至人则返静于动,复性于情……

夫所云返静于动复性于情，又岂非习之复性之先唱乎？又独孤至之（独孤及）《送少微上人之天台国清寺序》云：

> 或问上人曰，文者，所以足言也。言语将忘，文字性离。示入此徒，无乃累一相乎。答曰，称示入者过矣。以习气未之泯也。率性修道，庶几因言遗言……

夫所云率性修道，又岂非习之之先唱乎？盖梁敬之、权载之、独孤至之，均为唐大历建中贞元间儒林中之弘研佛乘，好以文辞为佛事者。三君又皆为忘年交。至之殁于大历丁巳四月常州刺史位，门下安定梁敬之缀其遗草三百篇以行世。敬之死于贞元九年，载之又作《祭梁补阙文》（见《权载之集》）以吊之。载之有女，又嫁独孤至之之子郁为妻（见权载之《独孤氏亡女慕志铭》）。郁又与李习之友善（见李习之《答独孤舍人书》）。习之又受知于梁敬之。因梁、权、独及三君关系佛教之影响，与夫百严草衣诸师之思想所及，由是习之作《复性书》，以集合其所受之佛学，而以儒者之言出之。虽曰可贵，又奚足以为异哉？

六

又习之受佛学之影响之多且深也如此。虽所明者儒而非佛，而其佛学之理致殊不可掩。此昌黎所以有"吾道萎迟，翱且逃矣"之叹。又昌黎撰《原性》中亦云："今之言性者，杂佛老之言也。"盖均为对习之《复性书》之作而发焉。

夫习之学说所得于佛学固明，然其对于后世学术界之贡献也殊大。盖宋明道学之基础与轮廓，在唐代已由昌黎与习之确定之矣。金李屏山氏云："李翱参药山，著《复性书》，而张载二程氏出。"其言，良有以也。至在性理之一方面，习之之造诣尤过于昌黎。清儒孙夏峰氏云："翱之时，诸儒未起，理学未明，而凿凿然以四子为归，且当少时真切为性命之忧，此而非儒也，谁可当儒哉。"又云："《原道》人犹訾其不醇，至《复性书》罕及焉。"又宋郑景望氏云："李习之学识实过韩退之，习之《复性书》三篇，于秦汉以下诸儒，略无所袭，独超然知颜子之用心。"又云："退之出于《大学》而未至，习之学出《中庸》而不胶其言。"（《蒙斋笔谈》）又今之治学者，于唐代必称习之，于习之又必以《复性书》为言，庸讵知习之《复性书》之思想而皆得之于佛学耶。

复次，宋石室祖琇禅师云："习之《复性书》盖得之于佛经，但文字援引为异耳。习之文学昌黎，昌黎著《原性》而实未见性，徒婉其词，设品目以歧之。当时明道君子咸无取焉。至习之斋戒其心，究乎动静俱离，寂照互融之旨，泯情而复性，至诚而见道。虽不明引佛经，其能隐乎？向使习之获入药山之室，其说更远，而反不若是书之近众情也。"（《隆兴编年通论》）斯实为有见之论焉。

录自《微妙声》1937年第3-4期

略谈宋明儒学与佛学之关系*

唐君毅

唐君毅（1909－1978），广东五华人。曾就读于中俄大学、北京大学，1932 年毕业于中央大学（南京大学）哲学系。后任教于华西大学、中央大学、金陵大学，任过江南大学教务长。后赴香港，与钱穆等共同创办新亚书院，受聘为新亚书院教授。1963 年任香港中文大学哲学系讲座教授以及第一任文学院院长。主要著作有：《人生之体验》、《道德自我之建立》、《心物与人生》、《文化意识与道德理性》、《人文精神之重建》、《中国人文精神之发展》、《中华人文与当今世界》、《中国文化之精神价值》、《中国哲学原论》、《哲学概论》、《生命存在与心灵境界》等。

一

对于宋明儒学向来有"阳儒阴释"一类的评语，日本及清代的学者多持此说。在中国方面，清代及五四时代的反理学，批评理学是佛老化的儒学，认为理学只是将释老加以改头换面，并非纯正的儒学，欲因此而排斥之、否定之。日本的学者虽与戴东原[①]、颜元[②]

---

* 唐案：此乃我在台大班上之一段讲话，只略谈宋明儒者对佛学之态度，并不值得发表。但朱建民同学为之记下，并将我讲话中未暇引及之文献，大皆加以一一查出，费了不少工夫，而我此一讲话，亦因之而亦可发表了。

[①] 戴东原对宋明儒学之批评，于其《孟子字义疏证》一书可见甚多："程子朱子就老庄释氏所指者，转其说以言夫理，非援儒而入释，误以释氏之言杂入于儒耳。陆子静王文成诸人就老庄释氏所指者，即以理实之，是援儒以入于释者也。"（上书，第 64 页，河洛图书出版社影印本）"自宋儒杂荀子及老庄释氏以入六经孔孟之书，学者莫知其非，而六经孔孟之道亡矣。"（同书，第 72 页）由下句更可见戴氏对儒释相杂的反对态度。

[②] 颜元在《存学编》中说："至宋而程朱出，乃动谈性命，相推发先儒所未发，以仆观之，何曾出《中庸》分毫，但见支离分裂，参杂于老释，徒令异端轻视吾道耳。"（《颜李丛书》，广文书局影印本，第 128 页）

等人同言理学加入了佛老的思想①，却抱着恰巧相反的态度，日本人向以佛学为尊，因此以为理学中加入了佛学，不但进一步地肯定佛学的价值，亦使理学本身增色许多。

但是，这种说法并不是正确的，它或可适合晚明儒学，对宋初儒学则不适合。宋儒多是反对佛学的，其反对的理由不必皆能成立，其对佛学的了解亦有不足之处，但其反对佛学则是真诚的，其反对之所依的正面的思想，决不能说来自佛学。若必谓佛学对宋儒有影响，亦多只是反面的影响。事实上，直到晚明儒家才开始对佛学采取融通的态度。

至于说宋儒只不过将释老改头换面，也是有因而发的，宋初有一慧杲和尚见当时儒学衰微，甚为叹息，于是曾对张无垢提说，劝他将佛学义理"改头换面"来振兴儒学。但这只是一个特殊的例子，不能据此而论断宋明儒学就是佛学的改头换面。又有人根据周濂溪、程伊川、朱熹均与僧侣们为友或其文中见若干与佛语类似之句，便谓其受佛家思想影响，此更为幼稚之说。我们不能因其交友就断定其思想的脉络。

二

宋代儒学初起，乃以经学开其先，孙明复在泰山讲学即首重《春秋》一经；承此而下，有欧阳修撰《新五代史》、司马光撰《资治通鉴》，皆附带发挥己见以批评史事，而显《春秋》寓褒贬之精神②；至明末王船山出，复承此宋初重《春秋》之传统，而重经史之学。宋明儒学始重《春秋》，终于重《春秋》，实有一保存华夏文化之民族精神贯注其间，其学说理论的背后有一真实生命的要求，自始至终，欲以民族意识、文化意识来贯通学术思想，来抵抗夷狄，希望借着学术思想之深入的探究，在理论上建立牢不可破的自信，自信自己的民族生命值得继续存在发展。孙明复讲《春秋》，首重尊王攘夷一义③，

---

① 日人宇井伯寿于其《儒佛道之关系史》一书中论宋明儒学部分亦持此见解，又，日人宇野哲人曾说："程朱学……陆王学……均对儒教而加佛老之思想，试为新解释者。"（唐玉贞译，《中国哲学史》，第 155 页，中华文化出版事业委员会出版）又说："佛学之影响于宋学者有二：一为积极的，佛教之教理换骨脱胎，用于宋学；一为消极的，刺激宋儒之对抗精神，俾其遍索六经，谓佛之性理学，吾儒久已有之矣……宋学多有哲学色彩之主因，而佛教之刺激则为力最大。"（马福辰译，《中国近世儒学史》，中华文化出版事业委员会出版，第 7 页）

② 《宋元学案》亦称欧阳修"自撰五代史记，法严词约，多取春秋遗旨"（《庐陵学案》，河洛影印本，第 49 页）。

③ 孙明复著有《春秋尊王发微》十二篇。

其高弟石介更将此转为文化意义上的攘夷，而言辟佛①。

但是，石介的反对佛学，缺乏理论的根据，于此，欧阳修著《本论》而曰："今佛之法……患深势盛，难与敌，非驯致而为之，莫能也。"② 此即谓只如石介之论，不足以关佛，而主张"礼义者，胜佛之本也"。③，认为斥佛之道在于对中华文教之本身加以复兴，"修本以胜之"。④ 此正为后之宋儒所以竭力于发明儒学之故，欧阳修可说是开风气于先者⑤。

理学家中反对佛学而有一套哲学理论者首为张横渠⑥。佛家喜言幻化、缘生、性空，横渠则虽言太虚而谓虚中有实（气），故亟反对佛家之幻化、性空之说⑦，此乃就形上学的立场来反对佛。横渠之反对佛学，自尚有其他理由，但主要是自形上学的立场说。

程明道尝与友人会，归而厌其相聚谈禅，叹谓今日即使数个孟子，亦无力救此时风之弊⑧，

---

① 《宋元学案》记石介曰："尝患文章之弊，佛老为蠹，著《怪说》三篇及《中国论》，言去此三者，乃可以有为。"（《泰山学案》，第96页，河洛影印本）其《怪说》云："尧舜禹汤文武周孔之道，万世常行，不可易之道也，佛老以妖妄怪诞之教坏乱之。"（同书，第99页）
② 见上书，《庐陵学案》，第65页。
③ 同上书，第63页。
④ 同上。
⑤ 欧阳修在其《本论》一文中直谓："佛为夷狄……及三代衰，王政阙，礼义废，后二百余年而佛至乎中国，由是言之，佛所以为吾患者，乘其阙废之时而来，此其受患之本也。补其阙，修其废，使王政明而礼义荒，则虽有佛，无所施于吾民也。"（同上，第62页）"王道不明而仁义废，则夷狄之患至矣，及孔子作《春秋》，尊中国而贱夷狄，然后王道复明。"（上书，第64页）由此则知欧阳修亦是承《春秋》精神而转为文化意义上的攘夷，更提出改革之道在修礼义以固本。
⑥ 横渠曾深自期许地说："自古诐淫邪遁之辞，翕然并兴，一出于佛氏之门者于五百年，向非独立不惧，精一自信，有大过人之才，何以正立其间，与之较是非，计得失哉。"（《近思录》，商务版，人人文库，第326页）
⑦ 《张子正蒙》："知虚空即气，则有无隐显，神化性命，通一无二，顾聚散出入形不形，能推本所从来，则深于易者也……若谓万象为太虚中所见之物，则物与虚不相资，形自形，性自性，形性天人不相待，而有陷于浮屠以山河大地为见病之说。此道不明，正由懵者略知体虚空为性，不知本天道为用，反以人见之小，因缘天地，明有不尽，则诬世界乾坤为幻化。"（《宋元学案·横渠学案》，河洛影印本，第9-10页）
⑧ "昨日之会，大率谈禅，使人情思不乐，归而怅恨者久之，此说天下已成风……今日之风，便先言性命道德，先驱了知者，才愈高明，则陷溺愈深……据今日次第，便有数孟子亦无如之何。"（《二程遗书》，卷二上，中华书局版第8页）

其反佛的理由主要是伦理的、文化的①。伊川为明道作行状，谓明道反对当时学风"自谓之穷神知化，而不足以开物成务；言为无不周遍，而实外于伦理"。明道之学则在于"尽性至命，必本于孝悌；穷神知化，由通于礼乐"。② 二程以为尽性至命、穷神知化之高深的道理，应本于对孝悌伦理之实践，而由礼乐之文化以开物成务③。

陆象山认为，若以佛家欲出三界的观点来看儒家的圣贤，那么儒家的圣贤均未能出三界，只是在生死海中浮沉。象山反对此说，依他所讲之"宇宙内事，即己分内事"，④ 则无三界可出。象山之学最重者即辨义利，故承程明道言，而谓一般佛家以生死说教，实乃以利心动人，儒家则自始即只见义而不见利，亦可不见此生死问题⑤。

朱子批评佛学则多由心性上说⑥，固然由心的虚灵处，亦可讲性空，但心亦有真实不虚的内容，此即心中的性、理，此理虽视之无形，但其能发为实际的行为，故是真实而非

---

① "若尽为佛，则是无伦类，天下却都没人去理，然自亦以天下国家为不足冶，要逃世网。"（《二程遗书》，卷二上，第9页，中华书局版）

② 此二段话见《二程全书》，册二，《伊川文集》第七卷，第6页，中华书局版。

③ 明道先生亦有其他对佛学之批评："杨墨之害，甚于申韩，佛老之害，甚于杨墨……佛老其言近理，又非杨墨之比，此所以为害尤甚杨墨之害，杨墨之害，亦经孟子辟之，所以廓如也……"（《近思录》，第315页至316页，商务版）言下之意，颇有继孟子而去害者，舍我其谁。"彼释氏之学，于敬以直内，则有之矣，义以方外，则未之有也，故滞固者入于枯槁，疏通者归于恣肆，此佛之教所以为隘也。"（同书，第317页）"释氏本怖死生为利，岂是云道……彼固曰出家独善，便于道体自不足，或曰释氏地狱之类，皆是为下根之人设此怖，令为善，先生曰，至诚贯天地人尚有不化，岂有立伪教而人可化乎，学者于释氏之说，直须如淫声美色以远之，不尔则骎骎然入于其中矣。"（同书，第318页至319页）

④ 《宋元学案》记象山行状云："他日读古书，至宇宙二字，解者曰，四方上下曰宇，往古来今曰宙，忽大省曰，宇宙内事，乃己分内事，己分内事，乃宇宙内事。"（《象山学案》，第5页，河洛影印本）

⑤ 象山《与王顺伯书》中曰："尝见之如来书所举爱涅槃憎生死，正是未免生死，未出轮回；不了四相者，正是未免生死，未出轮回。"（《象山全集》，卷二，第4页，中华书局版）又曰："某尝谓，儒为大中，释为大偏，以释与其他百家论，则百家为不及，释为过之，原其始要其终，则私与利而已。"（同上）

⑥ 朱子曰："释氏只是恍惚之间，见得些心性影子，却不曾仔细见得真实心性，所以都不见里面许多道理，致使有存养之功，亦只是存养得他所见影子，而不可谓之无所见，亦不可谓之不能养，但所见所养，非心性之真耳。"（《续近思录》，第235页，世界书局版）朱子答李伯谏曰："来书云，形有死生，真性常在，某谓性无伪冒，不必言真，未尝不在，不必言在。盖所谓性，即天地所以生物之理……曷尝不在，而岂有我之所能私乎。释氏所云真性，不知其与此同乎否也，同乎此，则古人尽心以知性知天，其学固有所为，非欲其死而常在也。苟异乎此，而欲空妄心，见真性，唯恐其死而失之，非自私自利而何？"（同书，第232页）

空。朱子意谓佛家只知心而不知理，故谓："吾儒万理皆实，释氏万理皆空。"① 一事一物均有其理，但一谈到出家，就不能不忽略许多事②，儒家则必须讲佛家所忽略的齐家治国之事之理。

三

宋代之理学家只杨慈湖③、真德秀，不反对佛学；明初的儒家中，宋濂④、陈白沙⑤皆不反佛，尤其王阳明成学后，对于禅宗言语更是自由采用⑥，日本人有论"阳明与禅"的书，即据阳明之用禅语，以证阳明学纯由禅来。此却不对，阳明之学乃由先对朱子之学下功夫，而由朱子之学中转出。但阳明成学后，却认为儒学与佛学只是毫厘之差⑦。佛家一般要出家，脱离父子、夫妇、兄弟、君臣之关系，抛弃五伦中的四伦。佛家常言"不着

---

① 朱子曰："向来见子静与王顺伯论佛云，释氏与吾儒所见亦同，只是义利公私之间不同，此说不然，如此却是吾儒与释氏同一个道理，若是同时，何缘得有义利不同，只彼源头便不同，吾儒万理皆实，释氏万理皆空。"（《续近思录》，第238页）又曰："凡古圣贤说性命，皆是就实事上说：如言尽性，便是尽得此君臣父子三纲五常之道而无余；言养性，便是养得此道而不害。至微之理，至著之事，一以贯之，略无余欠，非虚语也。"（同书，第237页）
② 朱子曰："禅学最害道，老庄于义理绝灭犹未至尽，佛则人伦已坏，禅又将许多义理，扫灭无余，故其为害最深。"（同上书，第242页）又曰："佛老之学，不待深辨而明，只是废三纲五常这一事，已是极大罪名，其他更不消说。"（同书，第229页）
③ 陈北溪《答陈师复书》曰："浙间年来象山之学甚旺，由其门人杨（慈湖）……唱之，不读书，不穷理，专做打坐工夫……又假托圣人之言，牵就释意，以文盖之。"（《宋元学案·慈湖学案》，河洛影印本，第68页）
④ 全谢山《宋文宪公画像记》曰："予尝谓婺中之学……至公而渐流于佞佛者流。"（《宋元学案·北山四先生学案》，河洛影印本，第79页）
⑤ 陈白沙曰："佛氏教人曰静坐，吾亦曰静坐，曰惺惺，吾亦曰惺惺。"（《明儒学案》，卷5，河洛影印本，第51页）
⑥ 阳明诗云："一窍谁将混沌开，千年样子道州来。须知太极元无极，始信心非明镜台。始信心非明镜台，须知明镜亦尘埃。人人有个圆圈在，莫向蒲团坐死灰。"（钱穆辑，《理学六家诗钞》，中华书局出版，第138页）又云："乾坤是易原非画，心性何形得有尘。莫道先生学禅语，此言端的为君陈。"（同上书，第142页）
⑦ 萧惠好仙释，先生警之曰："大抵二氏之学，其妙与圣人只有毫厘之间。"（《阳明全书》，卷1，中华书局版，第27页）又曰："然释氏之说，亦自有同于吾儒，而不害其为异者，惟在于几微毫忽之间而已。"（《明儒学案》，卷10，河洛影印本，第67页）

相"，但要脱离人伦，即是"大着相"处。阳明说儒家则"有个父子，还他以仁；有个君臣，还他以义；有个夫妇，还他以别"，正是不着相①。阳明诗有："无声无臭独知时，此是乾坤万古基。"② 无声无臭之独知，正是一无声臭之相的虚灵明觉。阳明又说儒家圣人于平夜清明之际，心中是一片空空静静，此时与佛家所论无有异处；③ 但儒家有此空静之心仍可应事处世，应事时，依一一理应一一事，④ 应事后，心中仍是一片空静。

故阳明认为真正的儒家之学中，原有佛家的空和道家的虚。他曾作了个比喻：儒家原来住着三间房屋，除中间之屋外，两边之屋中即有佛家之空、道家之虚，后来渐自限制，只住中间一屋，而将一边屋让与道家，将一边屋让与佛家，儒家反变小了。

阳明之三间屋的比喻，其弟子王龙溪亦常提及。王门后学如赵大州、焦竑、管东溟、陶望龄，皆兼通儒佛；⑤ 以狂放名之李卓吾，亦有三教归儒说。在明末儒释道三家的界限，不再森严，佛家学者对于儒道的研究亦大有人在，如憨山与蕅益即对《四书》、《易》、《老》、《庄》加以注解，而与隋唐之佛学大师如法藏、智顗、澄观、圭峰提到中国儒道之学时，皆先加以贬抑之态度大不相同，却与宋代之智圆、契嵩等之兼通儒学之精神相接。这种会通的优点，是去掉学术的门户之见，缺点则在对儒释道之本来面貌不易分

---

① 《明儒学案》，卷10，第77页，河洛影印本。
② 此诗是阳明《咏良知四首》示诸生之一首，下二句是："抛却自家无尽藏，沿门托钵效贫儿。"（钱穆辑，《理学六家诗钞》，中华书局版第141页）
③ "问：儒者夜气，胸中思虑空空静静，与释氏之静却一般，此时何所分别？曰：动静只是一个，那夜气空空静静，天理在中，即是应事接物的心，应事接物的心，亦是循天理，便是夜气空空静静的心，故动静分别不得，知得动静合一，释氏毫厘差处，亦是莫掩矣。"（《明儒学案》，卷10，第77页）
④ "问：释氏亦务养心，然不可以治天下，何也？曰：吾儒养心，未尝离却事物，只顺其天则自然，便是工夫，释氏却要尽绝事物，把心看作幻相，与世间无些子交涉，所以不可治天下。"（同上书，第78页）"不思善不思恶时认本来面目，此佛氏为未识本来面目者。设此方便，本来面目即吾圣门所谓良知。今既认得良知明白，即已不消如此说矣，随物而格是致知之功，即佛氏之常惺惺，亦是常存他本来面目耳。体段工夫大略相似，但佛氏有个自私自利之心，所以便有不同耳。"（《阳明全书》，卷2，第20页，中华书局版）
⑤ 赵大州曰："夫谓灵觉明妙，禅者所有，而儒者所无，非灵觉明妙，则滞窒昏愚，岂谓儒者必滞窒昏愚而后为正学耶？"（《明儒学案》，卷33，第102页，河洛影印本）《明儒学案》记焦竑云："先生师事耿天台罗近溪，而又笃信卓吾之学，以为未必是圣人，可肩一狂字，坐圣人第二席，故以佛学即为圣学，而明道辟佛之语，皆一一绌之。"（同书，卷35，第46页）《明儒学案》记陶望龄云："先生之学，多得之海门，而泛滥于方外，以为明道。阳明之于佛氏，阳抑而阴扶，盖得其弥近理者，而不究夫毫厘之辨也。其时湛然澄密云悟，皆先生引而进之。张皇其教，遂使宗风盛于东浙。"（同书，卷36，第74页）

清。不过在明末之儒者仍有需严分儒佛的，如王船山即虽有讲相宗的书，却力辟佛老之学，黄梨洲亦以就对心与理的问题说，儒释之界，邈若山河。此下即是清代之颜习斋、戴东原等出来，连对宋明儒学皆视为佛老化的儒学了。

今日所讲只是就学术思想史之事实讲，其是与非乃另一问题，这需细细辨别讨论，不是几句话可以说得了的。

（朱建民记录）

原载《哲学与文化》1976 年 1 月第 3 期，录自《唐君毅全集》（第十八卷）
《哲学论集》，台北学生书局 1990 年，第 551－561 页

儒、佛以心性论为中心的互动互补

方立天

方立天（1933－2014），浙江永康人。1956年进入北京大学哲学系学习，毕业后一直在中国人民大学哲学系任教。主要著作有《华严金师子章校释》、《慧远及其佛学》、《佛教哲学》、《中国佛教与传统文化》、《中国古代哲学问题发展史》、《法藏》、《中国哲学研究》、《中国佛教研究》、《法藏评传》、《中国佛教哲学要义》等，集为《方立天文集》10卷。

内容提要：本文认为，儒、佛思想主旨决定了心性论必然成为两者成就理想人格的理论基础，儒、佛心性论内涵的差异又为双方互动互补提供了可能，而儒、佛心性论内涵的局限又决定了两者互动互补成为了各自思想发展的需要。文章强调儒、佛在互相碰撞、冲突、贯通、融会的过程中，在心性思想上寻觅到了主要契合点，并着重论述儒、佛在心性论上互动互补的四个基本内容：推动儒、佛的学术思想重心分别向性命之学或佛性论转轨；促进佛家突出自心的地位、作用和儒家确立心性本体论；广泛地调整、补充、丰富两者心性论思想的内涵，增添了新鲜内容；彼此互相吸取容摄对方的心性修养方式方法。最后，儒、佛心性论在历史上一度共同成为人文思想的基石，并在伦理道德和人格培养方面发挥了重大的作用。

关键词：儒家　佛家　心性论　互动　互补

在中国文化发展史上，儒、佛互动是一重大现象。儒、佛之间，在互相碰撞、冲突、贯通、融会的过程中，终于在心性思想上寻觅到了主要契合点。

从儒、佛心性论互动的全过程来看，其最基本的特色是鲜明的互补性，即双方的互相借鉴、吸收、融会和补充。儒、佛心性论的互补现象不是偶然的。首先，从儒、佛学说的主旨、结构来看，儒家学说主要是教人如何做人，如何成为君子、贤人、圣人，为此它强调在现实生命中去实现人生理想，追求人生归宿，也就是要求在现实生命中进行向内磨砺，完善心性修养。这样，心性论也就成为儒家理想人格和伦理道德学说的理论基础。佛教是教人如何求得解脱，成为罗汉、菩萨、佛，为此它强调修持实践，去恶从善，摆脱烦恼，超越生死，这也离不开主体的心性修养，离不开主观的心理转换，心性论也成为佛教转凡成圣、解脱成佛学说的理论基础。心性论作为儒、佛分别成就理想人格的理论基础，为双方在这一思想领域进行互动互补提供前提。其次，儒、佛两家由于或重入世或重出世的区别，追求理想人格的不同，以致原来在心性思想的内涵界定、心性修养的途径、方法等方面都存在差异，这种差异为双方互动互补提供可能。再次，印度佛教心性论的内容虽然十分丰富，但是与中国重现实的人生哲学传统并不协调，为此，中国僧人必须作适当的调整，使之中国化。先秦儒家心性学说虽然也有一定的规模和基础，但是不够细密、深刻，缺乏体系化，而且后来一度衰落，亟须充实、发展，就是说，儒、佛心性论的互动互补也是各自思想文化发展的需要。

一、学术思想重心的共同转轨

儒、佛心性论的互动，首先表现为儒家人性论思想推动了佛教学术思想由般若学向佛性论的转变，随后佛教的佛性论思潮又反过来影响儒学的转轨，推动儒学定位于性命之学。儒、佛学术思想重心转变的原因是复杂的，其中彼此心性论的互动是重要原因。

（一）儒家心性论与佛教学术思想重心的转轨

儒家亲近社会，关怀现世，热心人事，不敬鬼神，体现出一种重现世轻来世、重此岸轻彼岸的现实的人文精神。与这种精神相一致，儒家心性论是与现实的社会政治生活密切相联系着的，儒家讲人性，是为了探讨伦理道德和治国之道的根据。儒家的现实的人文精神与心性论，作为中国的固有传统文化与佛教的外在文化力量，无形中又强大地推动了中国佛教及时地确立自己的心性理论重心和心性理论轨迹的发展方向。正是由于孟子性善论和"人皆可以为尧舜"思想的影响，以及儒家学者批判灵魂不灭论的刺激，晋末宋初竺道生在佛教般若学风行之际及时进行理论转轨，大力阐扬佛性论，并一反当时译出的佛典所讲有一部分人不能成佛的说法，鼓吹人人都有佛性，一切众生都能成佛，这期间可以明显地看出儒家心性论思想背景的影响。又，印度佛教经典多讲众生的心性，也讲佛性，虽然众生心性、佛性实质上是指人性，但很少直接讲人性、用人性这一术语，而慧能的《坛经》则径直用人性这一术语，大讲人性，宣扬"人性本净"，实有以人性代替众生心性和佛性的思想倾向，从而使禅宗更鲜明地以人的心性问题为自身的理论要旨。这也是以儒家为代表的中国文化重视人和人性的传统观念对慧能思想发生作用的结果。

(二)佛教佛性论与儒家学术思想重心的定位

佛学对儒家心性论的影响，是与儒家的天人合一说、价值理想论，尤其是心性论思想的内在发展势态直接相关的。儒家心性论尤其是先秦时期儒家心性论的内容是比较丰富的，不同派别的儒家学者提出了种种观点，标志着对人的本性的深入探索，并对中国佛教心性思想产生了深刻的影响。但不可讳言，儒家心性论也存在着重大的缺陷：一是缺乏心性论体系结构，论点多、论证少，实例多、分析少，片断论述多、系统阐明少。二是对心性论缺乏深刻严谨的本体论论证。印度佛教心性论具有庞大的思想体系，传入中国后，又以儒家等中国传统的心性理论来调整、改造、充实自身，在理论上更具有博大精深又富于中国化特色的优势，从而构成为对儒家学说，尤其是心性论的强烈冲击和巨大挑战。正是在这种历史和文化的背景下，儒家典籍中涉及心性论思想较多的《孟子》、《大学》、《中庸》被表彰出来，与《论语》并列合称《四书》，形成儒家新的经典结构。同时，宋代理学家们也把学术思想重心转轨定位于心性论，提倡"道德性命"之学，并自觉地从本体论的高度，探讨心性与人生问题。由于心性思想是宋代理学讨论的核心问题，因此宋代理学也被称为"心性之学"。

二、自心地位的突出与心性本体的确立

一般来说，印度佛教以真心（如来藏、佛性）为成佛的根据，中国佛教则在儒家的重视现实人心的思想影响下，力求把真心与现实心统一起来，从而突出了自心的地位，有的甚至强调"自心即佛"。同时，佛教从真心出发展开的理事说和本心说也刺激了宋明儒学，推动它克服了长期来缺乏本体论论证的理论缺陷，建立了心性本体论。

(一)重视现实人心与自心地位的突出

印度佛教对心有相当细密而深入的论述，重点是分析两类心：缘虑心和真心。缘虑心是对事物进行分别、认识的精神作用；真心是讲本有的真实清净心灵，是众生的心性本体和成佛根据。中国佛教宗派大多数继承了印度佛教的心论，也以真心作为众生成就佛果的内在根源；同时又在中国固有心性论包括儒家心性论的影响下，发展了印度佛教的真心说。儒家讲心有多重意义：一是以心为思维器官，如《孟子·告子上》的"心之官则思"。由此，心在后来又沿用为脑的代称。二是指思想、意念、感情，如《周易大传·系辞上》谓"二人同心，其利断金"。三是性情、本性，如《周易·复》："复，其见天地之心乎。""天地之心"即天地的本性。就人心来说，儒家通常是指人的主观意识。中国固

有哲学讲人心、讲现实心，不讲真心，不讲脱离具体人心的本体真心。儒家这种重视现实人心的思维指向，对中国佛教心性论是有影响的。《大乘起信论》就提出"一心二门"的命题，认为一心有心真如门和心生灭门，真如心（真心）和生灭心（现实心）和合而成阿赖耶识；在全书中更是侧重于对生灭心的分析研究，这都体现了儒、佛心性论的融合。天台宗人讲善恶同具的心，这样的心也带有鲜明的现实性，也可说是吸收儒家思想而加以改造过的真心。华严宗人喜谈"各唯心现"、"随心回转"，而这个心虽指真心，但也确有现实心的含义①。至于禅宗慧能等人更是突出自心、人心，强调自心即是佛，这不能不说是深受儒家重视现实人心的思想传统影响所致。

（二）真心本体说与心性本体的确立

儒家的哲学思想及其核心价值理想，长期以来一直缺乏本体论的论证。作为儒家思想的理论基石天人合一论，虽然也能论及道德本体，如《周易大传》把立天、立地、立人之道回归于"性命之理"，但对天地之道与人之道如何贯通，缺乏严谨的说明。又如《中庸》说人道源于天道，人类社会道德是天道的自然体现，但是此论不仅带有天人二元的色彩，而且用"天"（天神、天命、天道或天体）来说明人、人道、人世间有其局限性，即缺乏对宇宙和人生统一的、整体的终极说明。融合儒、道的魏晋玄学，运用体用、本末的哲学范畴论证了名教与自然的关系，把儒家的社会理想提升到哲学本体论的高度。后来，吸取佛、道思想的宋明理学又以天人一体的哲学模式阐发心性论学说，为儒家的人格理想作出了本体论的调整、论述，建立起道德形上学，从而完成了儒家价值理想结构的建造，并在后期中国封建社会中发挥巨大的作用。儒家天人合一说发展到宋代出现了重大变化，著名儒家学者纷纷批评把天人视为二元、天人是二合为一的思想，强调"天人本无二"，"天人非二"。程颐在其重要著作《易传序》中说："至微者理也，至著者象也。体用一源，显微无间。""体"，本原、本体。"用"，显现、作用。意思是说，隐微的理与显著的象，二者统一，无有间隙。物象本于隐微的理，理以其物象显示其意义。所谓一源，即源于理，理为根本。朱熹继承这一思想并更严密地在以理为本的基础上阐发体用显微的关系。王阳明则以心来讲"体用一源"，强调心是体，是根本。这就是说，天与人、天道与人性，都是作为统一本体的"理"或"心"的体现。宋明儒家本体论的思维模式和用本体论的方法来阐述心性论，显然是受了佛学本心（真心）论和理事学说的影响。程颐讲的理和象，与中国化的佛教宗派天台、华严和禅讲的理与事概念的逻辑结构是一致的，这里暂不论说，我们着重要论述的是佛教心性论对儒家心性本体确定的启迪与借鉴作用。

---

① 参见拙著：《华严金师子章校释》，第27页，北京，中华书局，1983年。

中国佛教的一些重要宗派普遍地建立了本原化、本体化的心性学说。天台宗创始人智𫖮说："心是诸法之本，心即总也。"（《妙法莲花经玄义》卷一上）把心视作一切现象的本体、总摄。华严宗人宣扬世间和出世间一切都是"一心"（清净心）随着各种因缘条件而显现的，是"各唯心现"。禅宗也提倡"自心显万法"的思想，《坛经》就说："于自性中，万法皆见（现）"；"性含万法是大，万法尽是自性"。融合华严和禅两家思想的荷泽宗还主张以灵知为心体。在中国佛教宗派看来，心是众生轮回流转或修道成佛的本原，也是一切现象的本体。佛教的这种心性论思维框架，尤其是禅宗的心性合一、体用合一、形上形下统一的理路，对于宋明儒学开出道德形上学的路子，追求在生命本然中体现内在性与超越性相统一的心性本体都有重要的影响。如程颐就说："在天为命，在义为理，在人为性，主于身为心，其实一也。"（《遗书》卷十八）命、理、性、心是同一本体，天和人的性、心都统一于"理"本体，都是理的不同显现。朱熹为《中庸》的"博厚配地，高明配天，悠久无疆"作注说"此言圣人与天地同体"，认为圣人与天地是同体的，强调"理"是既内在于又超越于宇宙大化的本体，也是圣人的本体的存在，鲜明地确立了心性本体。

陆九渊把程朱所讲的理与心打通，提出"心理本体"论。他说："人皆有是心，心皆具是理，心即理也。"（《陆九渊集·与李宰（二）》）又说："心，一心也；理，一理也。至当归一，精义无二。此心此理实不容有二。"（《陆九渊集·与曾宅之》）这就是说，众人的心是同一个"心"，万物的理是同一个"理"，心与理是同一个东西，心就是理，不能把二者分割开来。这个心，陆九渊称作"本心"。而"本心"即人的内在善性。这样，陆九渊就把具有外在超越性质的"天理"内化为"本心"之理了。本心又是不受时空限制的，"万物森然于方寸之间，满心而发，充塞宇宙，无非此理"（《陆九渊集·语录上》）。心既是内在善性，又是超越的本体，由此，理也既是内在的又是超越的。陆九渊讲的心，既是认识范畴，又是本体范畴。这也就把孟子的人心上升为宇宙的本体，把儒家主张"本天"转为"本心"，发展了儒家的心性哲学思想。这里值得注意的是，早于陆九渊一百多年前的云门宗禅师契嵩在中国的心、理、气传统观念影响下，于《论原·治心》中就说，"夫心即理也"；"理至也，心至也。气次也，气乘心，心乘气，故心动而气以之趋"；"治心以全理……全理以正人道"。（《镡津文集》卷七）契嵩强调理和心的至上性与统一性，既源于先前的儒家，又影响了后来的儒家。

继陆九渊之后，王阳明倡导"心外无理"，并把"心外无理"归结为"心外无善"（《王阳明全集·与王纯甫二》）。王阳明认为，"良知"既是心的"灵明"，又是心的"本体"，建立了道德形上学的"良知"本体论。他说："良知是天理之昭明灵觉处，故良知即是天理。"（《传习录下》）良知既是主观的，又是客观的，是统一主观与客观的认识主体。又说:"良知只是个是非之心,是非只是个好恶。只好恶就尽了是非,只是非就尽了万事万变。"(同上)良知既是"知是知非"的知识心,又是"知善知恶"的道德心,而是非只是好恶,可见良知主要是至善的道德本体。王阳明认为,一个人只要把握住"良知"这个内在的道德本体,就能穷通万事,明白变化,实现超越,成就为贤人圣人。

建立心性本体和宇宙本体,是宋明儒家对儒学发展的最大理论贡献。宋明儒学心性本体论与佛教心性本体论,虽然在具体内涵、价值取向和终极目的上都有重大的差别,但是,在理论建构、思维框架和某些内涵方面的一致,是非常明显的事实。这个事实表明:华严宗、禅宗和云门宗基于从真心出发展开的理事关系说对程朱以理为核心的心性论本体是有参照、借鉴作用的。求那跋陀罗禅师的"理即是心"的理心思想及禅宗的本心说对陆九渊心本体论影响是比较大的,荷泽华严禅的灵知心体说与王阳明良知本体论的思想渊源关系是尤为密切的。正如明代儒家刘宗周一方面说:"吾儒自心而推之意与知,其工夫实地却在格物,所以心与天通。释氏言心便言觉……亦只是虚空圆寂之觉,与吾儒体物之知不同。"另一方面又说:"释氏之学本心,吾儒之学亦本心。"(《刘子全书·学言上》)这里刘氏是就儒、佛两家的心性论举例而言,但也说明了儒、佛两家之学本心既有差别又有一致之处,这其间儒家受佛教的影响往往是多数儒家学者所回避的,但却又是一个不能不承认的事实。

三、心性思想内涵的调整互补

儒佛互动也丰富了彼此心性论的思想内涵。中国佛教深受儒家以善、恶、静寂、觉知论性的影响,从而由印度佛教着重以染净论性,转向较多地以善、恶、静、觉论性,使心性的价值判断发生一定的变异。同时,在佛教心有真妄、性有染净的思维框架影响下,张载、二程和朱熹等理学家也都主张心和性可各分为两种,由心和性的一元论转向二元论。又有些心学家受禅宗空无思想的影响,也主张无心无著,为儒家心性论增添了新鲜内容。

(一)性善恶之辩与性有善恶论

这是儒家人性学说的两大主张,对中国佛教心性论都产生了不同的影响。儒家的心性思想的主流性善论,是从人与其他动物的区别立论的,并强调人与其他动物的不同是先天地具有同情心、羞耻心、恭敬心和是非心的萌芽,具有性善的天赋资质。印度小乘佛教讲心性本净,后来大乘佛教讲包括各种动物在内的一切众生都有佛性,也有的派别主张并非一切众生都具有佛性。佛教论性净是指无烦恼、无痛苦,是指空寂性,与儒家以先天道德意识为性善有所不同。但是佛教的性净论、佛性论与儒家的性善论在对人性的价值判断上有共似性，都突出人性的正面，肯定人性本具的完美性。如契嵩就说："佛之为者，既类夫仁义，而仁义乌得不谓之情乎？……仁义乃情之善者也。"（《辅教篇上·原教》）径直以儒家仁义为善，并说明佛的品性。又如宋代东林常总禅师也说："经中说十识，第八庵摩罗识，唐言白净无垢……即孟子之言性善是也。"（《宋元学案·龟山学案》）特别应当指出的是，儒家的性善论为中国佛教强调人人都有佛性、强调现实人心在成佛上的作用，提供了借鉴，佛教的佛性论和儒家的性善论成为中国古代并行不悖的两大心性论学说。

儒家荀子的性恶论对天台宗心性思想颇具启发作用。荀子与孟子不同，他从自然与人为的区别立论，强调"性"、"伪"的区别。性是人的天然的生理素质，人生而具有的性质和本能反应，是先天的，与后天的人为（"伪"）不同。荀子认为："性伪合，然后成圣人之名。"（《荀子·礼论》）本性和人为相合，人为对本性进行加工、改造，而后成为圣人。圣人本来也是性恶的，只是经过人为努力才成就为圣人。同时荀子又说："涂之人可以为禹。"（《荀子·性恶》）认为普通人经过主观努力都可以成为圣人（禹）。汉代儒家学者中出现了调和、综合善恶两性的人性论。如董仲舒在《春秋繁露·深察名号》中说："人之诚有贪有仁。仁贪之气两在于身；身之名取诸天，天两有阴阳之施，身亦两有贪仁之性。"认为天有阴阳两气，施之于人则有贪仁、善恶两性。扬雄在《法言·修身》中也说："人之性也，善恶混。"强调人性中既有善又有恶，是二重的。应当说，荀子、董仲舒、扬雄的心性理论对天台宗的"性具善恶"、"佛也不断性恶"的观念是有启示作用的。荀子立性恶说，董仲舒、扬雄立人有善恶两性说是为突出人性改造的必要性；天台宗讲性具善恶是为强调佛教修持的重要性，这里也许可以说是"心有灵犀一点通"吧！

中国儒家学者论述心性问题的中心是善恶的道德价值判断问题。与儒家的这种价值观念、思维方式相适应，佛教瑜伽行派的阿赖耶识学说传入中国以后，中国佛教学者最为关注的也是阿赖耶识的染净真妄问题以及与此直接相关的成佛根据问题。如南北朝时代的地论师就由于翻译困难、理解不同等原因，对阿赖耶识的染净真妄的说法也有分歧而分裂为相州南道与北道两系。南道地论师认为阿赖耶识即真如佛性，具足一切功德，也即如来藏，强调众生本来就先天地具有成佛的根据。北道地论师则主张阿赖耶识是真妄和合，同具染净之识，由此也强调佛性是修持成佛后始得的。

（二）生静心知与性静性觉

如上所述，印度佛教讲心性本净，而值得注意的是，中国佛教把性净加以新的阐释：一是以静止、静寂释净，一是以觉知、觉悟代净。这种心净思想在中国的变化是与儒家的思想影响直接相关的。印度佛教讲心性清净，是与污染、患累、烦恼相对的，是指摆脱各种烦恼、排除各种欲念，也就是心性空寂。中国佛教学者往往把心净转化为心静，以静止、静寂为清净。姚秦僧肇是主张动静一体的，但他也说："心犹水也，静则有照，动则无鉴。"（《注〈维摩诘经〉》卷六）"照"，观照、智慧。这是以水喻心，水静则有智慧观照，水动则无，提倡心静。梁武帝萧衍更明确地以心静释心净，他说："《礼》云：'人生而静，天之性也；感物而动，性之欲也。'有动则心垢，有静则心净。外动既止，内心亦明。始自觉悟，患累无所由生也。"（《净业赋》）这就是说，静是人生的本性，动是人的欲望。心静就心净，心动就心垢。停止外在的活动，内心也就明净了，烦恼患累也就没有了。简言之，心静是心净的原因，或者说，心静就是心净。《大乘起信论》也说："如大海水，因风波动，水相风相不相舍离，而水非动性；若风止灭，动相则灭，湿性不坏故。如是众生自性清净心，因无明风动，心与无明俱无形相，不相舍离，而心非动性。若无明灭，相续则灭，智性不坏故。"又说："若心有动，非真识知，无有自性，非常非乐非我非净，热恼衰变则不自在，乃至具有过恒沙等妄染之义。对此义故，心性无动，则有过恒沙等诸净功德相义示现。"这又是以水为喻，水无动性，水是因风而动，风止则水不动，而水的湿性不变。意思是说，众生的自性清净心也是不动的，心动是因无明（无知）而起，由此而有无量的妄染烦恼，而心性不动，智性不坏，则有无量的清净功德。这都是以心的动静论心的染净，心性动则染，心性静则净。中国佛教以性静释性净，除受道家主静思想影响外，还受儒家思想的影响，上述梁武帝引《礼记·乐记》的话强调"人生而静"是人的本性就是证明。此外《周易·坤》载："《文言》曰：坤至柔而动也刚，至静而德方。"坤是地，所以称至静。认为极静的坤德是方正的。《论语·雍也》："子曰：'知者乐水，仁者乐山。知者动，仁者静。'"智者是有智慧者，仁者是有德行者。水动（流）山静，有德行的人沉静。这些思想对于熟稔儒家典籍的中国佛教学者显然发生了作用。

关于性觉。"觉"，梵语、巴利语音译为菩提，旧译为道，后译为觉，是指证悟涅槃妙理的特殊智慧。又印度大乘佛教认为，声闻、缘觉只具有自觉，菩萨能自觉，也能觉他，只有佛才是自觉、觉他，且又觉行圆满者，至于凡人则是不觉的、无觉的。中国佛教重视以觉与不觉相对而论心性，提出以心性远离妄念而照用朗然为觉，以无明为不觉，从而用心性本觉说取代心性本净说。印度佛教的心性学说强调性净与性染相对，着重从排除烦恼、贪欲方面立论。中国佛教的心性学说强调性觉与无明相对，着重从排除无知、妄念方面立论。二者立论的角度、内涵是有所不同的。如前所述，《大乘起信论》就用"觉"与"不觉"来表述出世间与世间的差别，强调众生的本性是本来觉悟、众生本有清净的觉体（本觉）的。沈约在《佛不异众生知义》中说："佛者觉也，觉者知也……凡夫得正路之知，与佛之知不异也……此众生之为佛性，实在其知性常传也。"觉是知的意思，佛知与众生知不异。唐代宗密更在《原人论》中宣布"一切有情皆有本觉真心",强调一切众生都有本来觉悟的真实心。中国佛教学者提出"本觉"、"觉性"、"本觉真心"的观念决不是偶然的,是深受儒家等中国传统哲学影响的结果。儒家重视伦理道德修养,为此也重视开发人的认知智慧。孔子就说:"不逆诈,不亿不信,抑亦先觉者,是贤乎!"(《论语·宪问》)"亿",同"臆"。这里的觉是察知、发觉的意思。孔子认为,不事先怀疑别人的欺诈,也不无根据地猜测别人的不诚实,却又能及时发觉,这样是贤人罢!孟子也说:"是非之心,智之端也。"(《孟子·公孙丑上》)认为人具有天赋的区分是非的智慧萌芽。他还明确地提出"先知先觉"与"后知后觉"的区别,强调"天之生此民也,使先知觉后知,使先觉觉后觉也"(《孟子·万章上》)。"知",认知;"觉",觉悟。先知先觉,指对事理的认识、觉悟比一般人早的人,天生这些人是要使先知先觉的人去唤醒、觉悟后知后觉的人。我们认为,孟子把先知先觉与后知后觉相对立的说法,在思维框架上对《大乘起信论》的作者有着重要的启示,看来是符合历史实际的。荀子认为具有认识客观事理的能力是人的本性,说:"凡以知,人之性也。"(《荀子·解蔽》)荀子也重视觉悟说:"不觉悟,不知苦,迷惑失指易上下。"(《荀子·成相》)意思是说,一个君主不觉悟,不知苦,迷惑地作出失当的指示,就会使上下颠倒。《礼记·乐记》说:"夫民有血气心知之性,而无哀乐喜怒之常。"心知即心智。人本有心智之性,人本来就具有聪明智慧。儒家对人的认识能力、聪明智慧的肯定,无疑对中国佛教学者在探索人的心性内涵方面是有影响的,在归结人的心性为本觉上是有作用的。

(三) 真妄净染与心性二元

在北宋以前,绝大多数的儒家学者认为人心是一,人性是一,心和性是统一不可分的。而宋代的张载、二程和朱熹及其门徒则主张人性有两种,有的还认为人心也可以分为两种。如张载从其气本论的宇宙观出发,创建了"天地之性"和"气质之性"的性二元论体系,认为"天地之性"是人有形体前本来具有的、湛然纯一的、不偏不倚的善性,"气质之性"则是在人有了形体之后才有的、互相攻取的、偏驳的性,是有善有恶的性。张载此说与以往的性善、性恶论不同,较能自圆其说地阐明以往一直难以说明的善恶产生的根源问题,由此也受到朱熹等人的高度赞扬。二程和张载所持观点基本相同,也把人性分为"天命之谓性"和"生之谓性"两种,同时强调两种不同的性是分别由理或气派生的。

朱熹综合了张载、二程的思想,对"天命之性"和"气质之性"作了系统的论述,尤其对"气质之性"的论述更为详尽。此外,朱熹还从心有体有用的思想出发,把心分为"道心"和"人心"两种,所谓道心是本体的心,是天理的体现;所谓人心是发用的心,有善与不善之分，不善是由于受物欲的引诱或牵累而发用的结果。宋代这些理学大家，从儒家心和性的一元论转轨到心和性的二元论（或近于二元论）是有其儒家心性思想演变发展的内在逻辑原因的，同时也不能不说是受了佛教心性论思想启发的结果。佛教心性论的一个著名论点就是心分为真与妄，性分为染和净两种。如曾受儒家重视现实人心的思维指向影响的《大乘起信论》，就以一心二门为纲，把心分为真如心和生灭心两种，相应地，性也有觉和不觉两种。《大乘起信论》作为中国大乘佛教的基本著作和入门书，不仅对中国佛教宗派产生了深远的影响，而且也对唐以来儒家心性论的重建产生了影响，应当说这是比较符合历史实际的。

（四）忘心无境与无心无著

一般说来，宋代以前，儒家多遵循孟子的"尽心知性知天"的理路，主张尽量发挥人心对主体和客体的认识作用。但是自宋代以来，尤其是南宋有的心学家们转而提倡人心空灵、无思无著作为人生修养的境界。这是儒家深受佛教心性思想影响的又一突出表现。

北宋中叶的程颢在《答横渠张子厚先生书》中有一段重要论断："与其非外而是内，不若内外之两忘也。两忘则澄然无事矣。"这和唐代黄檗希运禅师说的"若欲无境，当忘其心。心忘即境空，境空即心灭。若不忘心，而但除境，境不可除，只益纷扰"（《黄檗山断际禅师传心法要》）何等的相似！

曾对陆九渊的思想形成产生过重要影响的程颐高弟王蘋（字信伯），在回答弟子问及"孔颜乐处"时说："心上一毫不留，若有心乐道，即有著矣。"（见《朱文公文集·记疑》）"孔颜乐处"是北宋理学家的最高境界，程颐认为，孔颜之乐是与道合一的精神喜悦，不是"乐道"，不是以道为乐的对象。王信伯反对有心、有著，并以这种观念来阐发程颐思想，强调"心上一毫不留"，不能对外界、对追求的对象有任何执着。这显然是佛教无我、无心、无著思想影响的结果。陆九渊也同样接受了这种思想的影响，他说："内无所累，外无所累，自然自在，才有一些子意便沉重了。彻骨彻髓，见得超然，于一身自然轻清，自然灵。"（《陆九渊集·语录下》）"意"，指意念。这是说，一个人"有意"便心头沉重，应当无意，即要内外无累，自然自在，轻清灵明，如此才是达到了超然境界。后来杨慈湖又发展了陆九渊的思想，进一步主张以"心不起意"为宗旨，认为人性本善，性恶的根源在于"意之起"，他说："但不起意，自然静定，是非贤否自明。"（《宋元学案·慈湖学案》）一个人只要不起意念，无思无为，心境自然保持静定，是非贤否也就历历照明，从而也就会达到去恶存善、由动归静的理想境界。

四、心性修养方式方法的吸取容摄

在心性修养方式方法上,儒佛两家的互相影响是广泛而深刻的。在儒家重要修养方式方法——"极高明而道中庸"和"尽心知性"的传统影响下,促使禅师提出"平常心是道"和"明心见性"的心性修养命题;而佛教的一套性净情染理论和灭除情欲呈现本性的修持方法,也为有的儒家学者所吸取,转而成为儒家道德修养方法。

(一)"极高明而道中庸"与"平常心是道"

心性理论与人生理想是紧密联系的,心性理论的差异直接影响人生理想的实现途径、操作方式和内涵规定。相对而言,印度佛教,尤其是小乘佛教基于心性本净的学说,强调灭除人生的现实烦恼、痛苦,主张由烦恼心转化为清净心,由人转化为罗汉、菩萨或佛,并把理想的实现寄托于来世,极富外在超越的色彩。中国佛教有所不同,天台宗鼓吹众生和佛的体性一样,都具足宇宙万有、互摄互融并无差异的思想;"性具善恶",善性恶性本具不断的思想;贪欲即是"道"的说法,都为理想与现实的沟通提供心性论的基础。华严宗强调的佛和众生同由心造和一切圆融无碍的思想,为佛与众生、理想与现实的圆融确立了充分的理论和逻辑的前提。至于慧能禅宗更是主张发现、返归、证悟众生心性的本来面目、原始状态,以顿求自在解脱,也就是在现实生活中实现理想,在现世中成就佛果。马祖道一的"平常心是道"(《景德传灯录》卷二十八)和临济义玄的"无事是贵人"(《镇州临济慧照禅师语录》)两个命题最集中最典型地体现了这种思想。禅宗的这种思想,显然与印度佛教视人的现实生活为苦难,现实世界为秽土,强调超俗出世,转生超升彼岸世界的主张是迥异其趣的。禅宗与印度佛教在宗教终极旨趣上的巨大反差,是中印两国传统思想文化背景的不同所致。这方面,我们认为《中庸》所说的"君子尊德性而道问学,致广大而尽精微,极高明而道中庸"的哲学思想影响是至深且巨的。"高明",广大精微的境界。"中庸",平庸,平常。意思是说,君子尊崇天赋的性理,同时讲求学问而致知,使德性和学问臻于博大精微的境界,而又遵循平常的中庸之道。这里包含着强调在日常生活中实现境界提升的意义。这是一种在严酷的现实世界中的安身立命之道,是成就人生理想人格的重要模式,成为了中国古代士大夫为人处世的基本原则。由此形成的思维定式,必然影响到轻视印度佛教经典、重视自我心性修养的禅宗人的修持生活轨迹,这也就是在平常心态中实现内在超越,在平常生活中实现精神境界的飞跃。

（二）尽心知性与明心见性

儒家"极高明而道中庸"的思想给中国佛教宗派修持轨道以影响，而儒家的"尽心知性"说则给中国佛教宗派心性修养方法以启示。儒家重视伦理道德，提倡"反求诸己"，向内用功。孟子倡导的尽心知性就是一种反省内心的认识和道德修养方法。他说："尽其心者，知其性也；知其性，则知天矣。"（《孟子·尽心上》）这里讲的心是恻隐、羞恶、辞让、是非之心，孟子认为这是仁、义、礼、智之端，而仁、义、礼、智是苍天赋予人的本性。意思是说，一个人能尽量发挥心中的仁、义、礼、智诸善端，就能了解自己的"性"，并进而认识到所谓"天"。与孟子思想相近似，《中庸》强调尽性，即充分发挥自己以及事物的本性。《中庸》说："唯天下至诚，为能尽其性；能尽其性，则能尽人之性；能尽人之性，则能尽物之性。"《中庸》认为，人和物之性包含着"天理"，只有至诚的人才能尽量发挥自己的本性，并进而发挥他人的本性，再进而发挥万物的本性。儒家这种修养方法对中国佛教的影响是深刻的。

中国佛教天台宗人智𫖮就作《观心论》，所谓观心就是观照己心以明心之本性。智𫖮说："前所明法，岂得异心？但众生法太广，佛法太高，于初学为难。然心、佛及众生，是三无差别者，但自观己心则为易。"认为观自己的心是一个比较容易修持的法门，提倡观心修持。华严宗人提倡"妄尽还源观"，主张在修持中，使妄念灭尽，内心澄莹，还复清净圆明的自性、本源，以得解脱。禅宗又称佛心宗，尤为重视心的修持。众所周知，菩提达摩讲安心；慧可、僧璨重自性觉悟；道信、弘忍主张守心、守本真心；神秀认为心有染净之分，提倡"看净"，即观看心净；慧能提倡性净顿悟，主张径直彻悟心源，一举断尽妄惑；慧能后的南岳怀让和青原行思两系更是明确提出"直指人心，见性成佛"（参见《黄檗山断际禅师传法心要》）的明心见性思想，长期来一直成为禅修的基本原则和方法。中国佛教宗派的心性修养方法与儒家尽心知性的修养方法，在内涵界定、具体操作、价值取向和终极关怀等方面都是有所不同的，但是儒佛两家都重视发明心或善心，都重视认知或体证人的本性，都重视反省内心（内省），在心性修养问题的思维方式和思维方法上是一致的。这种一致性绝非出于偶然，这是长期以来中国佛教学者受儒家经典的熏陶以及积淀在民族心理深层的传统道德修养方法的影响的结果。

（三）情染性净与灭情复性

唐代反佛旗手之一的李翱，其实也深受佛教的思想影响。他的《复性书》虽以阐扬《中庸》思想相标榜，而实质上不过是佛教性论的基本思想——情染性净说的翻版。《复性书》宣扬人人本性是善的，由于心"动"而有"情"，有"情"而生"惑"。《复性书》

又说:"情者妄也,邪也。邪与妄则无所因矣。妄情灭息,本性清明,周流六虚,所以谓之能复其性也。"主张灭息妄情,以恢复清明本性。为了灭情,《复性书》还强调"弗虑弗思",若能"弗虑弗思","情"就不生,就能回复到"心寂不动"的境界。《起信论》讲一心二门,真如门和生灭门。生灭门的性是"动",一心由"静"到"动",就是由"本觉"到"不觉"的众生流转之路。相反,一心由"动"到"静",就是由"始觉"到"究竟觉"的众生解脱之途。这可以说是《复性书》关于人生本原和人生境界的直接思想源头。至于灭情复性的方法——"弗思弗虑",实同于禅宗的"无念";灭情复性的境界——"心寂不动",实也是禅宗的理想境界。此外,李翱灭情复性说与华严宗人的"妄尽还源"修行方式也是相当接近的。事实上,李翱对佛教义理是赞赏的,他说:"天下之人以佛理证心者寡矣,惟土木铜铁周于四海,残害生人,为逋逃之薮泽。"(《李文公集·与本使杨尚书请停修寺观钱状》)认为佛理对人的心性修养是有益的,只是大兴寺庙于社会有害。李翱的反佛实是反对建庙造像、劳民伤财以及寺庙成为逃亡者的聚集之地,这与他吸取佛教思想,甚至如《复性书》实质上宣扬佛教心性思想,并不完全是矛盾的。

(四)识得本心与发明本心

如前所述,陆九渊的心性哲学特别提倡和重视"本心"。"本心",具体讲就是仁、义、礼、智四善端。本心人人皆有,本无少欠,不必他求,由此他进而主张"学问之要,得其本心而已"(《陆九渊集·袁燮序》)。在他看来,一个人只要发明本心,就是去欲尽性,恢复人心澄明的本来面目。这和视人心为罪恶之源,强调心外求道的主张不同,而和禅宗的"识得本心"、"明心见性"、"不假外求"、"自悟成佛"的修养之路在形式上是相同的。

(五)顿悟与神悟

宋代心学家还在心性修养工夫上提倡"神悟",如王信伯就说:"到恍然神悟处,不是智力求底。"(见《朱文公文集·记疑》)认为达到真正了悟,是在恍然之间,靠神秘的直觉体悟,而不是靠智力求得的。朱熹对此说不以为然,他批评说:"恍然神悟乃异学之语,儒学则唯有穷理之功,积习之人,触类贯通。"(同上)这里所说的异学,当然包括佛学在内。朱熹反对神悟说而主张格物穷理,触类贯通。陆九渊又批评朱熹的修养工夫是"支离事业",费神劳力,收效甚微,他称自己提倡的发明本心是"易简工夫"。他打比喻说"铢铢而称,至石必谬;寸寸而度,至丈必差",而"石称丈量",则"径而寡失"(《陆九渊集·与詹子南》)。强调易简工夫能收到"一是即皆是,一明即皆明"(《陆九渊集·语录下》)之效。王阳明也宣扬良知本体工夫是"一悟尽透"。应当说,儒学本没有恍然神悟之说，宋代心学家的这一说法是吸取佛教顿悟思想的表现。佛教，尤其是慧能禅宗不赞成神秀的渐悟主张，提倡顿悟，认为"一了一切了，一悟一切悟"，后来有的禅者甚至说"放下屠刀，立地成佛"。佛教内部一直存在顿渐之争，南宋儒学中出现的顿与渐的紧张，在思想上与佛教是有关联的。

（六）禅定与静坐

宋明理学开创者周敦颐提出"主静"说作为道德品质修养的基本原则。他所讲的"静"不是动静的静，而是"无欲"，"无欲故静"（《太极图说》自注）。后来有些理学家把"静"引向"静坐"。明代理学家陈献章说："伊川见人静坐，便叹其善学。此'静'字发源濂溪，程门更相授受。晦翁恐差入禅去，故少说静，只说敬。学者须自量度何如，若不至为禅所诱，仍多静方有入处。"（湛若水《白沙子古诗教解》引，载《陈献章集》下）可知程颐是主张静坐的，朱熹恐与禅划不清界线，少说"静"而说"敬"。心学家与朱熹主张不同，认为静坐是求悟的重要途径和方式。陆九渊的门人就专门打坐。陆九渊的教学方式是："先生曰'学者能常闭目亦佳'，某因无事则安坐瞑目，用力操存，夜以继日，如此者半月。一日下楼，忽觉此心已复澄莹，先生目逆而视之曰：'此理已显也。'"（《陆九渊集·语录下》）这是讲通过较长时间的静坐而达到心体"澄莹"的境界，获得一种神秘的心理体验和心灵飞跃。

杨慈湖也主张静坐得悟，他还把这种方式称为"反观"，说："尝反观，觉天地万物通为一体。""吾性澄然清明而非物，吾性洞然无际而非量，天者，吾性中之象，地者，吾性中之形。"（《宋元学案·慈湖学案》）即在反观中产生出万物通为一体的神秘体验——自性澄然清明，洞然无际，非物非量，天与地都成自性中的象或形，而天象地形都是"我之所为"。也就是说，自心无体，清明无际，与天地万物同范围，无内外之别。心学家的静坐、反观与佛教的宗教实践方式十分相似。静坐是佛教禅定的重要方式之一，反观和止观的观心近似，至于天地万物通为一体，与禅宗的会万物为一的精神境界，即在自心的禅修了悟中达到消除主体与客体、此物与他物和部分与整体的差异、对立，实在没有本质的区别。虽然在历史上有一些儒者"坐在禅床上骂禅"的现象，但是，应当说，心学的确是受到了佛教尤其是禅宗的不小影响。明代黄绾就宋代大儒与禅的关系说过这样的话："宋儒之学，其入门皆由于禅：濂溪、明道、横渠、象山则由于上乘，伊川、晦庵则由于下乘。"（《明道编》卷一）"上乘"、"下乘"是指禅法的上下高低区别。黄绾一语道出宋代最有代表性的儒家周敦颐、二程、张载、朱熹、陆九渊都是由禅入门的。这种文化交相渗透的现象是很值得深思的。

综上所述，儒、佛在心性论上的互动互补，极大地改变、丰富、发展了儒、佛的心性论思想体系,使佛教心性论富有中国化的色调,也使儒家心性论具有本体论的结构,从而共同成为当时人文思想的基石,并在伦理道德和人格培养方面发挥了重大作用。

　　附言:本文系在原稿(载时为内部刊物的《炎黄春秋》增刊第二期,1995年6月)的基础上修改而成。

录自《中国哲学史》2000年第2期

道学与佛教

——议论的场合与范畴

[日] 土田健次郎　著　吴　华　译

土田健次郎（1949 – ），生于东京，1973 年早稻田大学第一文学部毕业，1978 年大学院文学研究科博士课程满期退学。后任早稻田大学副总长、文学学术院教授。2010 年就任早稻田佐贺中学高等学校理事长。主要著作有：《道学的形成》、《近世儒学研究的方法与课题》等。

一

道学（宋学）同佛教二者的关系，人们业已从不同的角度予以论述。但该问题非轻而易举即可得以解决。例如，尽管强调禅宗、华严宗等对道学之影响，而禅宗、华严宗等实际上已被视为是最中国式的，甚至可以说是被中国化了的佛教，也许仅是中国传统思想经由佛教而汇入道学。宋代士大夫经常诵读的《圆觉经》、《首楞严经》是中国造的伪经，这或许可以进一步佐证上述见解。

但如果认为佛教没有给道学带来任何影响，这种看法同样没有道理。例如，从前便已有人依据"圣人可学而至之"这一论点寻找到道学的根本主张，并继而指出其渊源同佛教有关系（汤用彤《谢灵运〈辨宗论〉书后》）。在宋代，未必仅道学是具有这种思想的儒家，它至少应是道学的主张之一，抛开了佛教，便不能说明道学的形成及特质。

二

宋初，对中央文化政策（即振兴佛道二教，继续进行《正义》注疏的工作）与嗜好持反对态度的古文家，因锐意复兴儒家哲学，反而从正面迎合于佛教、道教。柳开的遗书《默书》就是以象征性的表现形式显示了一种唯默识心通的境界，继之出现的古文家穆修，据说他参与传授《先天图》与《太极图》（朱震《进周易表》），这些人都不仅仅是儒家，他们还对佛教、道教领域的问题深表关心。

古文家及与其同流的庆历以后在中央登场的革新派儒者们，否定自前代以来持续的《正义（注疏）》之学，对自孔子以后历史上如飞石般涌现的儒者们予以关注与评价。这些儒者是：孟子、荀子、扬雄、王通、韩愈等儒家。而宋初佛家，像天台宗智圆便讲"仲尼既没千百年间，能嗣仲尼之道者，唯孟轲、荀卿、扬子云、王仲淹、韩退之、柳子厚而已"（《叙传神》），云门宗的契嵩也有类似议论。在与庆历以前的中央文教政策相背离的场合下，那些企图复兴儒家哲学而保持在野姿态的士人，同那些站在儒家立场表现自己行为的佛者之间产生了一个交接点。

为保持儒家与佛教这一交接点，有必要设立二者共通的议论之场合。而在唐代，试图在极尽哲学议论的佛教与以《正义》所代表的训诂学为中心的儒家之间，建立平等、共通的"场合"相当困难。因此，在哪一场合，都是二者中的一个涉入。在宋代这一官僚社会中，佛教对儒家场合的积极参与变得很引入注目。宋初赞宁著有一些关于外典的著作，智圆自称"中庸子"。据说作为契嵩《辅教编》自注的《夹注辅教编五书要义》中，也会展现它引用了包括《正义》在内的极为丰富的外典。另外禅宗中盛行的《宗门随笔》之类，也得意地标榜自己与当时显贵、文化人之间的交往，可以感到他们向士大夫社会靠拢的倾向。在朱熹时代风靡一时，朱熹为克服其说教也曾倾力的大慧宗杲的著作《大慧书》、《普说》、《法悟》等，也流露出应合士大夫问题意识的姿态。

中唐时代的韩愈，写有包括《原道》、《原性》、《原人》等在内的一系列论文，深入佛教自以为得意的问题领域，试图以儒家思想为基础展开立论。在当时，采用古文这种形式是有效的。古文，不只是表现形式问题，同时它所表现的内容，必须沿着儒家之道。正如智圆所指出的，杨、墨、老、庄是用先秦的文体写就的，但却不能把这种说明异端思想的文体叫做古文（《送庶几序》）。佛教方面，有人通过借助韩愈所使用的范畴与文体形式来立论，并对其佛教的批判加以再批判，包摄了儒家，却又渲染了儒家所未论及的灵魂救济、死亡超越这些充满魅力的佛教思想。

例如，契嵩的《辅教编》，就把"佛"表象为"圣人"，在论述"心"问题时使用了"性"、"情"这种儒家常用的范畴，进而阐明佛教的哲理与意义。这样，就建立起儒家同佛教二者之间共通的讨论场合，同时强调了佛教的优越地位。而且，在此我们应当注意，其表现有时与道学在结果上会一致。例如，契嵩讲"夫心即理也"（《论原》治心），《夹注辅教编五书要义》虽说究竟是不是契嵩自注尚有待探讨，但毋庸置疑它是宋代作品，其中也有"性即理也"之语句。

三

在从佛教中追溯道学之由来时，历来常从华严宗的文献中寻找道学所强调的命题及类似的语句。尽管实际上可以找到类似的东西，但发现不了二者完全相同的思想。这在某种意义上说，也是很自然的。佛教与儒家，即使在同样论及心的场合，所使用的范畴也不是完全重合的。儒家不怎么使用佛教好用的"识"、"觉"及与"性"等相对的"相"之类的词语，由此不难理解其中的道理。为寻找华严宗与道学的交叉点，调查禅宗一致方面的文献，或许会很快找到。宋代的禅宗有一种倾向，就是为了使禅理论化而去援用华严宗教理。禅以棒、喝交驰，不能同儒家建立共通议论的场合。禅的逻辑说明，虽是从反面抹杀禅的机锋，但要做到这点，首先要拥有同儒家共同使用的范畴。

四

关于佛教对道学的影响，人们一般要列举华严宗的理事无碍法界与程颐理一分殊说的相似之处。程颐弟子质问华严宗的法界观时，程颐曾用自己的理的思想予以答复（《程氏遗书》十八），所以某种程度上，程颐也承认二者这种相似性。但正如向来言之，二者之间究竟有无影响关系，现在有必要花点时间探讨一下。道学基本思想，有所谓的万物一体观，而将其作为和分殊同时成立的理即"一"来把握的，是程颐、朱熹承袭这一思想，乃众所周知。如以"一体"的思想为前提，同日常中的个别的秩序便没有交叉点，由此导入理的概念，而不是先有理的主张，之后才凝聚为理一的思想这种程序。对程颐、朱熹来讲，理所蕴藏的含义，正如所谓"理是细目"（《朱子语类》三）那样，是日常生活中所能感受到的个别的秩序，它还是融进日常用语中的传统的感觉。个别之中可见全体，这种思想，通过佛教进一步加强，这点是可以确定的吧。在当时理的概念被提出之际，中国的传统之理的用法被活用了。另外，程颐的《易传序》所讲的"至微者理也，至著者象也。体用一源，显微无间"的思想，也被认为同华严宗有关系，不过程颐主观上至少没有意识到自己在使用佛教术语，发表佛教式的议论。过去有过论述，像"理"、"象"、"体"、"用"等概念是唐代的《易》注中经常使用的用语，程颐在《易传序》中把这些易解的常用语按照自己的思想体系重新编制，其中特别显示出他要用"有"的思想来克服《周易正义》或王韩注中根本性部分——"无"的思想的强烈意志。不能否定体用概念是由佛教酝酿而成的范畴，但即便是有佛教的影响，应当注意这也是采取了间接的形式。（附带说明一下，程颐老师胡瑗的"明体达用"的教育方式中的"体"、"用"，系唐代已使用的科举用语。)

　　在此，应当注意，程颐在主张"性即理"时，讲的是"所谓理性是也"(《程氏遗书》二十二)。这里的"理性"是佛教术语，在别处，程颐也那样明确使用该用语(《程氏遗书》十五)。另外，与他同时代的儒者也有使用这个"理性"的用语。例如，陈襄讲"圣人理性之学"(《礼记讲义》中庸)，对他来说，这一用语也是佛教术语(《策题》四、《秦国太夫人宝氏墓志铭》、《神宗皇帝即位使辽语录》)。此用语恐怕是通过禅宗或是取自为当时士大夫经常诵读的据说是杜顺撰的《法界观门》之类。比起《法界观门》的无注本，最流行的是澄观的《华严法界玄镜》、宗密的《注华严法界观门》这类带注释的本子或是在这里吸收了与禅有交接点的华严教理的知识，接受其用语。尤其宗密的注，在《郡斋读书志》的《法界观》(即指《法界观门》)条目中，写有"宗密注之"，可由以推测其广泛流传。到后来的朱熹，读书面格外宽广，也谈到了李通玄和宗密等人，而程颐所谈到的有关华严宗的著述，《华严经》以外就是此书。

　　作为佛教术语的原意姑且不论，对程颐、陈襄来讲，所谓"理性"，从"理"被应用于宇宙万物的角度看，它具有作为宇宙根据的"性"的意思。这个性，作为善的东西而被人们全面肯定。当时，在复兴儒家哲学的潮流之中，天人与性的问题引起人们的广泛关注。在他们眼里，"理性"这一词语把儒家内部所主张的天人合一论与性善说表达得很清楚。

五

　　对于心的关心，在当时并不特别限于道学。有相当多的儒者，正试图展开同一领域的讨论。它表现为性说，被分为性善、性恶、性善恶混、性三品、性无善恶几类予以讨论。而用内心与外界问题重新把握性与情问题，并同佛教彻底竞争的，是道学。甚至对其他儒者认为形势不利而不想论及的死的问题，道学也与佛教毫不相让，要坚持争论到最后。另一方面，这种与佛教最为接近的道学，也苦于自己门徒转向佛教，试图在佛教所涵盖的整个领域立论。

　　但是，尽管道学在主观上力求始终贯彻对佛教的批判，实际上在不知不觉中，它却受到了佛教讨论方式方法的影响。例如，程颐《答横渠张子厚先生书》中的"与其非外而是内，不若内外两忘"的讨论，可以认为与黄檗下述语句类似："若欲无境，当忘其心。心忘即境空，境空即心灭。若不忘心，而但除境，境不可除，只益纷扰。"(《传心法要》)

　　道学自佛教中的最大所得，恐怕是它保持这样一种姿态，即以承认所有人具有达到完善人格的可能性为前提，使其专注于"心"，并注意此时内心同外界的关系问题。道学，特别是朱子学所涉猎的问题、领域，即是整个知识分子作为问题而探讨的一切领域，此言非过。其中间的核心部分，是人的意识问题。那种庞大的宇宙论及对社会、历史等的透彻认识，可以说都是为了进一步从背后增强对人心问题的那种解答。朱子学的道统论，与佛教的传灯论性质不同，但把道的内容表述为"道心"、"人心"，二者在放之于心这点上是一致的。禅宗尤以心为重，此乃常识。禅的至上主张不在于如何解释世界，而是心对外界事物真正安定的实现。

六

朱熹强调天人合一，但平行把握住自然界的法则性与人意识活动的规则性尤为重要。朱子学在谈论宇宙与人的合一的场合，尽管有时会讲宇宙构造与人类肉体之相似，但它基本上还是以人的意识为中心的。另外，就"格物"来说，"格物"之结果便是对外物之理的完整认识，即确定内心对外物的准确态度。通过将理作为意识的对象，以期使心最终按照理来活动。与千变万化的外界相对应的心的反应是效法理的。这种与理的契合，一方面显示它对外界万变的对应，同时作为意识它是一贯的"理一分殊"的境地。如此看来，朱熹讨论的核心领域是怎样与禅交叉重合，在此基础上力图构筑与禅不同的思想，对此是可以理解的。

七

最后，想谈一谈朱熹对佛教的批判问题。

朱熹在批判佛教时，屡屡举出的佛教术语是"作用是性"和"知之一字，众妙之门"。其中，前者是洪州禅的主张，后者为华严宗五祖同时也是主张荷泽宗为正系的宗密所言。朱熹认为二者均无视"体"而仅与"用"有关，但这二者的主张本来是不一致的。宗密在《禅源诸诠集都序》中在把洪州禅和荷泽禅同归为"直显心性宗"的同时，又指出二者的区别，激烈否定洪州禅。朱熹总括了二者。在此值得思考的是，朱熹始终使用在自己的哲学体系中占重要地位的"体"、"用"范畴进行讨论。从朱熹的基本思想来讲，因为"性"即"体"、"知"即"用"，所以佛教上述两种主张实则都成了以"用"为"体"。对朱熹来讲重要的是，通过使用"体"、"用"这对范畴，可以将对佛教的批判与对陆九渊甚至对湖南学的批判连接在一起。

另外，如前所述，体用概念是在佛教内部酝酿而成的，但对北宋当时的道学家来说，这些范畴已经成为在没有意识到佛教的情况下即可使用的了。尤其是"体"、"用"如何发生关系,成为道学内部的重要课题。

朱熹对佛教的理解,毕竟是偏颇的,将复杂的佛教教理过于单纯化。但是,对他最为重要的,是在自己的哲学体系的文脉中对佛教予以诠释,并同时予以批判。不止是他,关于道学与佛教还有许多可探讨的余地,在阐明它们的时候,也经常会出现讨论的场合及新使用的范畴的问题。

录自《世界宗教研究》1992年第2期

儒学、中国文化与世界多元文明*

——以儒佛道三教关系为视角

洪修平

洪修平（1954 — ），江苏苏州人。1984 年南京大学哲学系硕士，毕业后留校任教至今。1988 年获上海复旦大学哲学系博士学位。主要著作有：《禅宗思想的形成与发展》、《禅学与玄学》（合著）、《中国禅学思想史纲》、《中国佛教文化历程》、《惠能评传》等。

内容提要：儒学是中国传统思想文化的主流和基础。儒学本身是在与诸子百家的争鸣中成长，在与佛、道的交融中发展的。儒学最能体现中国传统文化的精神，同时也对佛、道等思想文化的发展产生重要影响。宋明时代的儒学，其实是以原始儒学为基点，融摄了佛、道等多种思想，是儒佛道三教的合一。儒学的当代使命，与儒学自身的特质及其在当代的发展密切相关；以儒为主、佛道为辅的中国传统文化在世界多元文明格局中的地位和作用，这既是一个理论问题，更是一个实践课题。

关键词：儒学　儒佛道三教　中国文化精神　世界多元文明

　　儒学是中国传统思想文化的主流和基础。儒学本身是在与诸子百家的争鸣中成长，在与佛、道的交融中发展的。儒学最能体现中国传统文化的精神，同时也对佛、道等思想文化的发展产生重要影响。宋明时代的儒学，其实是以原始儒学为基点，融摄了佛、道等多种思想，是儒佛道三教的合一。儒学的当代使命，与儒学自身的特质及其在当代的发展密切相关；以儒为主、佛道为辅的中国传统文化在世界多元文明格局中的地位和作用，这既是一个理论问题，更是一个实践课题。本文拟以儒佛道三教关系为视角，对以上这些问题予以探讨和论说。

---

* 本文是参加"纪念孔子诞辰 2560 周年国际学术研讨会"的论文，是"十一五"国家社科基金项目"儒佛道三教关系与中国宗教的发展及精神"（项目编号：07BZJ005）的阶段性成果。

一、儒学在百家争鸣与三教关系中的演变发展

儒学是中国传统思想文化的主流和基础，这基本上已成为学术界的共识。儒学有其独特的文化内涵和精神，这种文化内涵和精神在与诸子百家的争鸣中不断丰富和成长，在与佛、道的交融中不断演变和发展。从历史上看，儒家创立于先秦，发展于汉唐，完成于宋明。先秦诸子的争鸣、汉唐佛道的激荡，为儒学在宋明的最终圆成提供了动力和资源。

先秦诸子百家中，孔子创立的儒家是对后世影响最大的学派。儒学的思想之源固然可以追溯到孔子之前的上古社会，例如作为儒家思想中心观念的"仁"与"礼"都不是孔子的"创造"，孔子本人也曾自称"述而不作，信而好古"（《论语·述而》），但孔子个人的创造性贡献仍然是十分巨大的。因为儒学中的许多思想因子在孔子之前是潜在的或不系统的，它们并没有一个"一以贯之"的"道"，是孔子在前人的基础上，以"仁"为中心，倡导仁、礼并重。如果说"仁"主要体现了对人的意义、价值与本质的探讨，"礼"则体现了对人伦关系的重视。孔子正是通过对人的本质与意义及人伦关系的探讨，完成了儒家特有的价值体系的构建，并形成了与其他诸子学说不同的文化品格和思想路向。例如，同样是面对"礼崩乐坏"的社会现实，如何选择文化发展的方向？如何为文明的进步和人类社会的健康发展提供思想文化指导？与孔子差不多同时的老子所创的道家，提出了以"道"为核心的思想体系，并从"大道废，有仁义"（《老子》第 18 章）和"道法自然"（《老子》第 25 章）出发，主张"绝圣弃智"、"绝仁弃义"（《老子》第 19 章），即通过对社会文明异化的批判，来解构仁和礼对中国社会生活的约束而导致的人的异化，以实现对个体生命的关怀。而孔子所创的儒家，则提出了以仁和礼为核心的价值体系，倾向于用礼乐教化的方法来重建伦理道德和社会秩序，儒家所选择的重建礼乐文化制度、以仁义礼乐教化为主要特点的人文指向，形成了与道家"效法自然"鲜明的不同文化倾向，并奠定了中国主流思想文化发展的基本路向。儒家的修齐治平、经邦治国理念与道家对现实的批判精神，成为中华文化发展相互依存的重要两翼，儒道互补成为后来中国思想文化发展的基本格局。

孔子以后，孟子、荀子等人对儒学从不同的方面作了发展。在这个过程中，百家的争鸣对儒学的发展起了积极的推进作用，例如孟子发展了孔子学说中"仁"的内在性的一面，其所提出的性善论和仁政学说，就是在与告子"性无善恶论"的争辩中和对杨朱的"为我"和墨子的"兼爱"的批判中逐渐得以澄明的；而荀子提出了性恶论，并发展了孔子学说中重礼的倾向，他的"隆礼尊贤而王，重法爱民而霸"（《荀子·天论》），显然吸取了黄老道家的政治学说。由孔子经孟、荀，由仁和礼发展出来的重视人与人伦关系的两

种倾向，构成了儒家思想的两重性格，儒学在这两者之间的动态摇摆，在一定意义上决定着儒学后来的发展走向，并成为影响中国思想文化发展的重要因素①。而儒家与其他学派的互动则一直是儒学不断发展的重要驱动力。特别是道与儒的关系，成为中国文化发展中令人瞩目的现象。

由于在先秦诸子百家中，以儒、道两家的学说最具特色并最具互补性，因而秦汉以后，这两家学说就脱颖而出，在中国文化的发展中扮演着特别重要的角色，尤其是儒家以其特有的人文关怀适合于中国社会的发展而占据了中国传统文化的主流地位，道家及其后的道教则作为一种重要的补充而配合儒家发挥着作用。从印度传入的佛教经过一个漫长的中国化过程而融入了中国文化，与儒、道一起构成了中国文化的三大重要组成部分。

从历史上看，汉代以后儒学的发展虽然历经曲折，汉初还出现过"儒道互黜"和黄老道家占主导地位，但儒在与道的结合中以及乃后与佛道的三教关系中演变发展的基本态势始终不变。例如汉初新道家的代表人物陆贾"握道而治，依德而行"（陆贾《新语·道基》）的无为论，显然兼融了儒家的德治论。而贾谊的"道德造物"、"德有六理"（贾谊《新书·道德说》）、"六理无不生"再到"六术"或"六行"（贾谊《新书·六术》）的思想，更体现了他糅合儒道与法的理论特色。《吕氏春秋》、《淮南子》有"杂家"之说，其包含的不同倾向难以归属，儒道融合也是重要原因。从儒学的发展看，从《荀子》、《易传》到汉代董仲舒的新儒学，都表现出了与道合流的趋向。正是在此基础上，魏晋玄学引道家的自然哲学来发展儒学的伦理精神，把儒道两种思想结合起来，并在中国思想史上第一次从哲学上对儒道的结合进行了理论探讨和论证。随着魏晋玄学发展到极致，传统思想文化又需要吸取新的养料来充实发展自己，外来的佛教正好满足了这种需要，于是出现了玄佛合流。由于玄学本身是儒和道的结合，因而玄佛合流实际上也就具有了儒佛道三教融合的意义。从此，中国思想文化的发展才真正迎来了三教鼎立的新格局。

以董仲舒为主要代表的汉儒，提出了"元者为万物之本"的思想（董仲舒《春秋繁露·重政》），开拓了建构哲学本体论的基本理路，并将儒家伦理提升到天道的层面，所谓"仁之美者在于天，天，仁也"（董仲舒《春秋繁露·王道通三》），使先秦儒家的仁爱精神具有了神圣性和普遍性，"三纲五常"作为儒家伦理道德规范的集中体现在汉以后也就得到了帝王的普遍奉行，这同时也预示着儒学经由魏晋玄学本体论、隋唐佛道心性论而走向宋明理学的可能性。玄学家讨论的有无、一多、言意、本体与现象等哲学问题表面看来玄远深奥，但其根本着眼点却是为了解决现实的名教与自然问题，他们是在魏晋这个特定的时代对社会的和谐发展与人的安身立命之本进行了创新性的理论探索，他们关注的是人

---

① 请参阅拙文："论儒学的人文精神及其现代意义"，载《中国社会科学》2000年第6期。

性自然与名教社会的协调问题，其哲学精神与道家相通而伦理精神却不外乎儒家传统的人本与人伦关系。以融合儒道为特点的玄学对哲学本体论的建构与运用，一方面推进了儒家思想的哲学化，另一方面则为后来的宋明儒学家在吸收佛道思想的基础上重建新儒学提供了哲学基础。魏晋玄学家对战国中期以来出现的儒道合流趋势所作的理论上的总结和实践上的探索，对中国思想文化最终形成儒佛道三教合流的格局所产生的影响也是值得重视的。

佛教在两汉之际传入中土，到魏晋时依附玄学而得到了迅速传播，并与玄学合流，产生了所谓的"六家七宗"等众多的佛教学派，佛教思想真正登上了中国思想文化的历史舞台。鸠摩罗什的弟子僧肇、竺道生分别以对般若中观思想、涅槃佛性思想的出色理解和弘扬，既开拓出中国佛教发展的新公元，也为儒学在隋唐时期的持续发展提供了一种理论动力。这种动力既来自于儒佛之争中儒学受到的反面刺激，也来自于佛教思想资源的正面推动。

汉唐时期，儒学受到来自佛教的正反两方面的发展动力，也相似地来自于道教，不过由于道教土生土长，在三教之争中道教又常引儒以为同道，因而道教与儒学的冲突小于佛儒冲突。魏晋南北朝时期，神仙道教和各新道派的兴起，从道教的角度推动了儒学的发展。例如葛洪在《抱朴子》中融合儒道思想而建立起了神仙道教的理论体系，特别是他以儒家伦理为尺度来改革早期道教的弊端，既为道教在魏晋南北朝时期的发展开辟了新的道路，也为儒学在社会生活和思想文化中持续发挥作用加固了基础。后来，北朝寇谦之和南朝陆修静吸收儒家伦理对早期民间道教所进行的改造，也是既提升了南、北天师道的社会地位，也进一步发挥了儒学的社会功能①。陆修静之后，南朝齐梁道士陶弘景又吸收儒家思想对道教加以改革和发展，既完成了自葛洪以来南朝士族道教徒对早期民间道教的改造，也确立了道教对儒学的尊重与认同。以儒为主、佛道为辅的中国文化格局初见端倪。

初唐，儒学虽然处于官方正统意识形态的中心地位，但儒学的理论水平却并不发达。随着魏晋南北朝以来佛教和道教的发展对儒学的刺激，在儒学内部要求推进思想发展的压力与呼声大增，但直到中晚唐出现像韩愈、李翱、柳宗元、刘禹锡这样的思想家，才促成了唐代儒学的复兴。这种复兴一方面通过韩愈的道统论和性三品说以及李翱的复性论来呈现，另一方面则表现为柳宗元与刘禹锡的天人之辩。如果说韩愈、李翱等人受到佛道心性论的影响而比较关注新理论的开拓与生长，那么柳宗元、刘禹锡等人则比较注意对旧观点

---

① 例如北天师道的寇谦之"专以礼度为首，而加之以服食闭炼"（《魏书·释老志》）来改革传统天师道，对道教中符合儒家礼制的内容加以保留和增益，反之则加以革除和废弃；南天师道的陆修静也汲取了儒家的礼法道德和佛教的"三业清净"等思想，来制定和完善道教的科戒制度和斋醮仪式。

的清洗，以求为新的世界观开辟道路，因此，柳、刘的理论兴趣主要集中在通过天人之学而唤起新的时代精神。当刘禹锡把发挥"人之能"放在对法制的强调上，力求通过建立法制完善的社会，使赏善罚恶有一个正确而健康的机制即做到"理明"，这就在客观上加大了儒学对社会生活的参与力度。

宋明理学在宋代出现，这与魏晋南北朝以来儒佛道三教不断冲突争斗而又相互融合吸收是分不开的。宋明理学是以儒学为本位而融摄佛道思想，在"三教合一"文化格局中实现儒学新发展的典型代表。如果说邵雍强调"先天之学，心法也。故图皆自中起。万化万事生乎心也"（《观物外篇》第二）的先天象数学透露出理学不仅吸纳"道家和道教的《易》学传统"而在儒道结合的基础上谋求创新①，而且也对佛教有所吸取，那么二程"自家体贴出来"的"天理"（《河南程氏外书》卷十二《上蔡语录》）说所主张的"性即是理"，认为"在天为命，在义为理，在人为性。主于身为心。其实一也"（《二程遗书》卷十八），则表现出理学基于儒家立场在吸取佛教的理论资源而又回应佛教提出的问题中对儒学的新拓展。以程朱陆王为主要代表的宋明新儒学吸收佛道的理论成果而对性命天道的理论探讨和阐发，将传统儒学的发展推向了顶峰。最终完型的儒学，其实是以儒为基点融摄了佛、道等多种思想，是儒佛道三教的合一。宋明儒者往往都有出入佛老的经历，他们在学习儒家经典之外往往都兼通佛、道典籍，他们遵循着魏晋玄学本体论的思维方式，同时又吸收隋唐佛道的心性学说，在此基础上提出了"理"作为哲学根本范畴，并赋予它以本体意义，认为"理"是宇宙的本体、人生的根本、社会的最高原则，形成了传统儒学的成熟理论形态。而佛、道思想的差异和思维方式的不同也影响到了儒学的发展，以至于后人在评析宋明儒学时，有所谓"朱子道，陆子禅"②等说法，也曾一度出现过"宗朱者诋陆为狂禅，宗陆者以朱为俗学，两家之学各成门户，几如冰炭矣"（《宋元学案·象山学案》）的局面。

从历史上看，儒学在吸收佛道思想的基础上不断实现着动态的发展，但这种吸收不是无原则的，而是以丰富和促进儒学自身的发展为目的。儒学有其持之一贯的内在之道，有不同于佛道的文化精神和终极追求，正因如此，儒学在吸收融合佛道思想的同时也对佛道思想进行着批判。不管是吸收融合还是批判否定，落脚点都是一致的，都是为了更好地彰显儒学自身的价值和意义。例如二程曾尖锐地指出佛教有极大的危害："惟佛学，今则人人谈之，弥漫滔天，其害无涯。"（《河南程氏遗书》卷一》）朱熹更是从心性论的角度对佛教大加批判，认为"吾儒万理皆实，释氏万理皆空"（《朱子语类》卷124），即认为人

---

① 请参阅唐明邦：《邵雍评传》，南京，南京大学出版社，1998年版，第35-38页。
② 李塨：《恕谷后集卷六·万季野小传》引潘平格语。

心有真实不虚之实理，此理虽无形但却真实非空，佛家却只知心而不知理，因此他认为："禅学最害道。庄老于义理绝灭犹未尽。佛则人伦已坏。至禅，则又从头将许多义理扫灭无余。以此言之，禅最为害之深者。"（《朱子语类》卷126）儒者对佛道的批评在很大程度上是由于他们怀有一种"道统精神"，对儒学有着真正的价值认同，故坚守儒学阵地。无论是程朱理学还是陆王心学，他们都是"同植纲常，同扶名教，同宗孔、孟。即使意见终于不合，亦不过仁者见仁，智者见智，所谓'学焉而得其性之所近'"（《宋元学案·象山学案》），他们真心相信儒学中自有穷天地、贯古今的不变之道，他们在根本的文化生命上与佛道之学多有抵牾。宋明儒者对于佛道持既吸收又批判的态度，是因为他们的根本宗旨在于弘扬儒学。

儒学正是在其动态发展过程中既吸收佛道思想，同时也在有意识地批判和否定佛道的思想中保持了自身发展的独立性，从而不断确立并推进着不同于佛道思想的文化精神和价值体系。而儒学这种既吸收融合又批判否定佛道思想的发展特点，为我们讨论儒学和中国文化的精神及在世界多元文明中的地位和作用等提供了理论视角和历史借鉴。

二、儒学与中国文化的精神

中国传统文化历史悠久，内涵丰厚，在数千年的发展演变中，逐渐形成了以儒佛道三教为基本组成部分的多元融合的文化系统，入宋以后出现的以儒为主、佛道为辅的"三教合一"更是构成了上千年中国思想文化发展的基本格局。有着悠久历史的儒学之所以能够在上千年的历史中成为中国传统思想文化的主流，至今依然有着生生不息的生命力，与其中所包含的人文精神构成了中国文化的核心价值是分不开的。

笔者一向认为，中国传统文化的一个重要特点，就是具有很强烈的关注现实社会和人生的人文精神。中国传统宗教，无论是原始宗教的自然崇拜、灵魂崇拜，还是三代秦汉时的祖先崇拜与天帝鬼神祭祀，乃至土生土长的道教，无不以现世现生的生存发展与幸福为出发点和归宿，表现出了与一些西方宗教以彼岸世界为现世人生价值之目标的显著差异。在西方宗教中，信奉天帝神灵的主要目的有时并不是为了求得此世的幸福，而是为了死后的解脱。而在中国，人的生活本身就是一切，现世的生活并不是为了实现彼岸世界的理想。天帝神灵虽然高高在上，但却是保障现世人生幸福的重要力量。中国人信奉神灵的根本目的并不是出离人世而是在于为人世的生活求福佑。道教追求的神仙生活看似超世脱俗，实际上也无非是把现世现生理想化并无限延长而已。视人生为苦海、讲求超脱生死轮回的印度佛教传到中国后，也一步步面向了现实的社会和人生，最终走上了人间佛教的道路，并被许多善男信女视为保佑此生平安或来世幸福的宗教而加以信奉，更凸现了中国人重现实人生的宗教观。在中国传统哲学中，同样没有对社会人生意义的绝对否定，也没有否定此生此世自我存在的价值以回向神的倾向，有的只是对人的生活的肯定。作为中国传统文化主流的儒学，其关注现世现生的人文精神表现得最为充分和突出。荀子的"从天而颂之，孰与制天命而用之"固然体现出"人定胜天"的信心，董仲舒的"人副天数"、"天人感应"又何尝不是期望承天意以实现美好的社会与人生？"天地之性人为贵"，天地人"三才"具有同等的地位，这是儒家一向坚持的基本看法。中国众多的思想或学派，具体观点虽然各异，但重视现实的人与人生则是共同的特点，只是各派在对人的价值取向上和在人的实际途径等问题上所持的见解各有不同而已。而正是这种不同，构成了中华文化的丰富多彩性，满足了现实人生的多种需要。

就儒佛道三教文化而言，它们在推动中华文化的传承和发展中所起的作用也是各有不同的。儒学在中国传统思想文化中一直是主流和基础，儒家思想的特点与精神，以及儒学对中国思想文化的贡献，无疑都离不开孔子对"仁"和"礼"的倡导，对人和人伦关系的重视，以及对人文教化的强调，而对人的生命境界的追求则成为儒家思想发展的根本动力与精神归宿。儒学以其独特的对人、人性和人的生命的关注，深化了中国文化的人本思想和人文精神，大大丰富了中华文化的思想底蕴。在儒家人文精神的影响下，中国思想文化在道德伦理、教育理念、王道政治、心性思想等方面形成了鲜明的个性特点，至今仍然在塑造中国人的民族性格中起着潜移默化的重要作用。

儒佛道三教对各自文化道统的传承与发展，以及对其他各家思想的批判和吸取，从某种意义上说，是中国整个思想文化具有生生不息内在思想活力的重要原因，而儒佛道三教思想的创新往往又与它们对不同文化的融合有密切的关系。例如中国化的佛学思想就是融合吸收了儒道文化的资源而对印度佛学的新发展，同时又反过来影响到了道教重玄学的展开和道教"性命双修"的提倡，也对儒家思想家产生深刻的刺激，促进了唐宋儒学的创新与发展，佛教思想成为儒道思想家从事思想创新活动的重要思想资源。

由此我们看到了中国文化的另一个重要精神，即和谐精神。中国文化强调天人和谐、社会和谐、人的身心和谐，在文化上则表现出一种包容与融合。以儒道为主要代表的中国文化成功地吸纳了外来的佛教文化就是一个典型例证。而对中国文化和谐精神的论说，儒学有重要的贡献。

儒学非常强调"中"与"和"，《中庸》中说"喜怒哀乐之未发，谓之中；发而皆中节，谓之和。中也者，天下之大本也；和也者，天下之达道也。致中和，天地位焉，万物育焉"，把"中和"提到了天地造化的高度。《论语·学而》云："礼之用，和为贵。""礼"为儒家所重，而"礼"最终还是要落实到"和"。以儒学为主导的中国文化，在一定意义上就是一种致中和的文化。正是这种"和"的文化精神，在历史上推动了儒佛道文化的融合。而这种"和"的文化精神所推动的中国文化内部的多元共存，也为当今世界多元文明共存发展提供了一种可资借鉴的范式。

综观世界历史，在古代各大文明传统中，其他的文明或者早已没落，或者已失去了生机，只有中华文化传承数千年而至今生生不息，其原因是多方面的，中华文化内部始终有着儒佛道等不同文化倾向和文化追求的多元文化并存，不同民族文化、不同文化形态之间的相互争鸣和相互借鉴，显然是推动整个中华文化不断更新发展的重要原因之一。虽然自近代以来，中国传统思想文化因遭遇到内在与外在的各种冲击而出现低潮，但不可否认的是，它仍然是我们今天建设新文化的重要资源。

三、世界多元文明中的儒学与中国文化

以儒学为主、佛道为辅的中国文化是世界多元文明中的重要组成部分，其在历史上为东亚乃至世界文明的发展作出了重大的贡献。而儒学与佛道思想在冲突交融中共同发展的历史也表明，在中华文化体系中，不同的文化能够在冲突中融合，在融合中发展，正是在相互取长补短、不断更新自我之中，最终促成了中华文化的整体发展。这对全球化的今天讨论世界多元文化的并存、对话与交流以及在此背景下中国传统思想文化的进一步发展，也提供了一种启示：多元文化的并存是可能的，也是必要的；不同的文化应该相互尊重，相互理解，在并存中求同存异，共同发展，共同为世界的和平与人类的幸福作出贡献，共同成为人类一体文化中的多元色彩。就此而言，儒学不仅对中华文化、东亚文明的过去有所贡献，也对其未来的发展提供了智慧。

在中国文化的儒佛道三教中，佛教乃是由印度传入，因此，外来的佛教与儒道形成的所谓三教关系，也是一种中外文化交融的关系。从历史上看，儒佛道三教的冲突与融合都与三教的不同特点有密切关系。例如佛教讲因缘，道教讲自然，而儒家强调人伦。正是由于儒佛道三教有许多不同，所以它们在历史上才冲突不断，相互之间不断争论或斗争，然而，也正因为儒佛道三教的不同，所以它们才能相互补充，在整个中国思想文化系统中形成一种相异互补的格局，共同对社会人生发挥着不同的作用。这正是中国文化所强调的"和而不同"（《论语·子路》）、"和实生物，同则不继"（《国语·郑语》）的生动体现。由于儒佛道三教各有自己独特的价值，谁也无法完全取代谁，所以它们才能最终互补共存，共存互补。在中国传统文化的曲折发展中，儒佛道不同的文化在存异的同时，通过对话（有时是冲突），达到的是共存并进，相互了解，取长补短，共同发展。也就是说，儒佛道三教关系的历史表明，在中华文化体系中，不同的文化并不是消灭对方，而是在冲突中发现差异，承认他方的合理存在，认识他方的长处，并吸收进来更新发展自己，从而既

促进了自己的发展，最终也促进了中国文化整体的发展。这对今天全球化时代世界多元文化的并存、对话、交流及和谐共生、互补融合、共同发展，都具有重要的启迪意义。

当然，由于时代在发展，社会在前进，作为世界多元文明之一元的儒学，在当代社会和文化的转型中，也有一个如何与时俱进、不断更新发展的问题。儒学自身的创新和发展，必须在更为广阔的文化视野下真正面向现代和未来，努力在世界多元的文化格局中寻求新的突破，更好地展示其自身的独特价值，并融入新的文化以发展自己，从而更好地发挥其积极的作用。

儒学的当代使命，与儒学自身的特质及其在当代的发展密切相关。就儒佛道三教关系的视角而言，儒家的修齐治平和积极入世的价值取向可以培养人的一种社会责任感，"克己"、"爱人"等等虽然有其封建内容，但对于群体生活的人来说，还是具有一定普遍意义的，故而儒家思想能够在人们的社会生活中起着引领的作用。但值得注意的是，在封建社会中，儒家的"仁"为"孔"所束缚，儒家对人的重视最终被湮没于对宗法伦理的强化之中，这时，道家强调的个性自由、人格独立就是十分重要的了。而中国佛教主张的人人自性圆满具足、在纷繁的尘世中应以"无心"处之、保持人的自然清净的本性而不必计较执着之心，这对于人们在现实的生活中消解社会人生的压力、保持心理的平衡和健康的人格，也都是有意义的。这在某种程度上也就如古人所说的"以佛治心，以道治身，以儒治世"（南宋孝宗皇帝语，引自刘谧《三教平心论》），而这既是对儒佛道三教实际发挥作用的概括，其实也指出了包括儒学在内的三教各自的理论局限性。

就儒学的当代发展而言，从儒学在今天的发展和活动舞台来看，现代科技的发展和全球化的进程，为儒学发挥作用提供了新的平台；在东西方文化交流与互补的大潮下，在世界一体化和文化多元化的进程中，儒学可以发挥它应有的作用；特别是世界的发展正在步入后工业时代，中国社会也经历着从传统向现代的转型，工业化带来的问题日益严重，儒学及其所代表的中国文化对于克制物欲膨胀，解决人与自然、物质与精神之关系等，都可以发挥积极的作用，为人类的精神文化建设提供重要的思想资源。而儒学在现代转型中也需要加强与世界多元文化的交流和联系，并通过这种交流和联系来推动自身的发展。发挥作用和自身的发展是相互依存、相互为用的。

儒学与中国文化在世界多元文明格局中的地位和作用，这既是一个理论问题，更是一个实践课题。儒学在世界多元文明中面临着一个如何适应和发展的问题，如何使儒学在现代社会中更好地发展，更好地发出自己的声音，提出自己的思想，发挥自己应有的作用？笔者认为，处理好传统与现代、中国与世界等关系十分重要。

首先，就传统与现代的关系而言，儒学既要承续传统，又要面向现代，只有承续传统才能更好地面向现代，也只有面向现代才能更好地挖掘自身的价值，并使之发扬光大。承续传统和面向现代，两者是一个互动的关系。同时，对传统与现代之关系的认识和处理需要在理论和实践两方面作更进一步的探索。从理论的角度看，重要的是，我们不能再浮泛地用科学、民主等概念去一般地描述现代，而需要认真理性地追问儒学所要面对的现代为何、现代性包括什么、现代性意味着什么、我们需要怎样的现代性等等。只有在世界多元文明中去反观儒学与中国文化同现代的关系，才能够真实地回答以儒学为代表的中国哲学与宗教文化能否现代化，儒学中哪些是传统的东西，哪些包含有现代性的因素和向现代性转化的可能，甚至哪些东西可以成为一种资源能够弥补现代性的不足、纠正现代性的偏差等这样一些深层次的问题。而这些理论问题的解决，又无法孤立于现时代文化建设的实践，儒学只有深入参与到新时代文化建设的实践中，才能真正实现自我的更新发展，并为人类社会作出新的贡献。

其次，是关于儒学的世界化的问题。由于当代社会的发展日益走向全球一体化，因此，如何在经济全球化而文化多元化的格局中推动儒学的转型与发展，就必然包含着中国儒学的世界化问题。如何处理好民族性与世界性的辩证关系，既推动中国儒学的现代化和世界化，努力发掘其中具有普世意义的内容和精神，又不使中国传统文化丧失自己的民族性与独特的意义和价值，就成为儒学发展所面临的重要课题。儒学的民族性以及儒学所表现出来的独特风貌，它包括对一定的中国社会和人生问题的关注以及一定的思维方式、一定的价值取向等。儒学要实现由传统向现代的转型，要融入世界文化的建设潮流之中，就必须对世界多元文化所共同关注的问题加以思考，参与到未来人类的世界性共同价值建构活动中。同时，也需要在世界多元文化的大背景下，以全球视野来观照儒学及中国文化，这样也才能更好地发掘其中的现代性。笔者认为，儒学与中国文化的世界化进程，不应也不会使儒学与中国文化丧失自己的民族性，反而会在与世界其他民族的文化的交流和融通中得到强化和锻炼。一方面，以儒学独特的文化精神，包括对人的价值的关注，对人心人性的探讨，对人与自然和谐关系的探索，对社会伦理问题的重视等等，都将在未来世界多元文化的建构过程中展现独特的价值，发挥积极的影响。另一方面，儒学对世界多元文化的借鉴，也可以进一步丰富发展儒学及中国文化自身，使其有价值的东西更好地得到呈现。

总之，儒学与中国文化并非完善无缺，它本身也需要不断地更新发展，特别是在当代社会转型中它更需要加强与世界多元文化的交流和联系，并通过这种交流和联系来吸取现代科学、民主和法治等人类文明的优秀成果以不断推动自身的发展。我们有理由期待，在 21 世纪世界的多元文化格局中，儒学与中国文化应该发挥更大的作用。

录自《孔子研究》2010 年第 4 期

从存有论与心性论谈儒家与佛教的区分

曾锦坤

曾锦坤（1956 - ），台湾地区新竹人。国立台湾地区师范大学国文硕士。现为中华大学通识教育中心教授。主要著作有《刘蕺山思想研究》、《儒佛异同与儒佛交涉》、《中医与养生》、《佛教与宗教学》、《心灵与身体》、《社会关切与文化思维》等。

一、理论区分的必要性

佛教于东汉传入中国，首先依附道家理论，以得其发展，形成格义之学。格义之学有种种限制，佛教与道家毕竟是两种文化背景下的理论系统，基本立场并不相同；理论类似处，可以由同异两方面的对比，逼近原来的理论内容；但是道家所无、佛教所重的一些概念，便无法由同异的对比，来揣摩概念的内容，这是格义之学的限制。这时，最好的办法，是摆脱依附的方式，反客为主，自立系统。例如，真如、涅槃等概念，为道家所无，而为佛教所重。如不另成系统、独立发展，实在很难令中土人士对佛理有相应的了解。事实上，佛教经过时间的酝酿，也逐渐具备独立传布的能力。魏晋六朝，佛教经论渐次译出，求法人士寖多，教理的传布已成规模。隋唐是佛教的全盛期，佛教是当时学术界的主要潮流，知识分子几乎没有不接触佛学的。在这段期间，儒门淡薄，收拾不住，传统儒学，几乎到了销声匿迹的地步。韩愈说："周道衰，孔子没，火于秦，黄老于汉，佛于晋魏梁隋之间；其言仁义道德者，不入于杨，则入于墨；不入于老，则入于佛……文武周公传之孔子，孔子传之孟轲，轲之死，不得其传焉。"[1] 孟子是战国时人，孟子死后，儒家正统不得其传，直到韩愈当时，是有将近千年时间了。对于这段时间，知识分子用心之处，朱子有明确的叙述："及孟子没，而其传泯焉。则其书虽存，而知者鲜矣！自是以来，

---

[1] 见《韩昌黎文集校注》，华正，第8页。本文于近今人名，率用本名；又为行文简洁起见，恕不称呼。

俗儒记诵词章之习，其功倍于小学而无用；异端虚无寂灭之教，其高过于大学而无实；其他权谋术数，一切以就功名之说，与夫百家众技之流，所以惑世诬民，充塞仁义者，又纷然杂出乎其间。"①除去记诵词章、权谋术数与百家众技，道家与佛教是当时知识界的显学。然以理论的完密性及异国的新奇性来说，道家学说是不能与佛教相匹敌的。北宋诸儒兴起，儒学再生，佛教寝衰，而且竟然一蹶不振，直到今天。与隋唐一枝独秀的情况比较起来，宋元明清的佛教是渐次衰微了。

虽然，佛教经过千余年的弘传，早已深入民众生活及知识分子的心灵，而成为中国文化的一部分。我们今天要区分文化中的哪些部分属于佛教，甚感费力，而要把佛教从中国文化中剔除，更不可能。漫长的一千多年，是佛教渐渐浸润本土文化的历史，自东汉至隋唐五代这数百年，也正是儒学对佛教由了解到抗衡的艰辛历程。儒学复兴，如人之死而复活，佛教由盛转衰，似乎也不完全出乎偶然，而有它内在的因素存在。克实言之，佛教与儒学是两门不同的理论系统，有着本质上的差别。唯有认清这种本质的差别，对两个系统的理论有客观而相应的了解，才能说真正了解了佛教与儒家，也才有辨别儒家与佛教异同的基本能力。客观而相应的了解之后，才是价值取舍的问题。人可以有不同的偏好与信仰，但总以不扭曲理论本质为原则。在儒佛交会融合的过程中，理论的争议始终持续着。早期是外部仪式态度的争议，稍后是理论内容的争议。《弘明集》、《广弘明集》、《鸣道集说》等书，是这些论争的忠实记录。两家理论深奥，不但市井小民分辨不清，正宗儒者也难知己知彼。因为分辨不清，就引生了种种误会及禁忌。陆象山是醇正大儒，而朱子却说他的学问是禅，鹅湖之会，为哲学史留下一段公案。此外，明末儒者之于王阳明与王龙溪，也产生不少误会②。凡此，都足以说明儒佛区分不可轻率，而这种区分又是不可或缺的。不然，真儒假儒的基本问题都无法解决。

佛教虽然是外来宗教，但与儒家同样是东方文化之一支。东方文化有重视生活实践而忽视理智思辨的倾向，儒家与佛教同样都具备了这种性格。自来儒家与佛教理论纠缠不清，一方面固然与理论内容之深奥精微有关，另一方面，这种不重视理智思辨的态度，也成为理解上的障碍。今日不谈理论研讨则已，若欲对儒家与佛教有客观而相应的了解，这种心态上的偏差，首先应该修正。只有客观研讨，才能把握本质；唯有知己知彼，相融互摄，才能继往开来。然而佛门与儒者，是否同有这种认识呢？佛门常说："先辨人禽两路，慢勘三教异同。"站在实践的立场，这话是对的；站在思辨的立场，这话颇值商榷。诚然，言上多耗一分，行上便少去一分，然而没有知识系统，如何与西方知识相抗衡呢？儒者也

---

① 见朱熹《四书集注》，广东，第2页。
② 参考《晚明思潮与社会变动》，弘化，第147页。

有类似自我封闭的心态。明道说："释氏之说，若欲穷其说而去取之，则其说未能穷，固已化而为佛矣！只且于迹上考之，其设教如是，则其心果如何？"① 又说："学者于释氏之说，直须如淫声美色以远之。不尔，则骎骎然入其中矣！"② 不客观理解它的理论，如何加以衡量与批判？至于视佛学如淫声美色，更是一种怕草绳心理，未免因噎废食了。

学术发展至今，人类对自身的认知能力，有比以前更清楚的认识，而学科分化专精，对哲理的研讨，也提供一些帮助。过去未能解决的问题，今天未必仍然是个困结，纵使我们终于无力解决，至少我们要把问题性质厘定清楚一些，要更进一步逼近解答，则功夫仍非白费而值得用心。是以，往昔这些禁锢都应革除。须知，轻视知识研讨，则将引生种种缺失。第一，实践成果无法定位。没有理论坐标的指引，则实证境界，时时可以孤立而自足，则行者将无法了解自己在何处。人在梦中，不知其梦，觉醒而后知之，且有大觉而后知此为大梦。然而如自始不知此外有他，缺少一个对照坐标，则要了解自己，如何可能？第二，无法破邪显正。邪正是个对比，何谓正？何谓邪？正邪的区分，就是一种理论区分，离开理论，如何区别邪正，知己知彼呢？第三，无法再求进步。欲穷千里目，须更上一层楼。然升进之先，须确定有更高的一层楼，理论指引的功能正不可轻视。善财童子有今日之是，乃知昨日之非。若自始故步自封，升进如何可能？第四，无法度化众生。众生在何处？其个别心态与信念如何？假如我们没有理论的指引，即须一一自行揣摩。再者，不凭借教理教法，我们又拿什么与众生沟通，进而度化众生呢？对于理论研讨的重要性，今人释惠敏有深刻的说明：

> 二、虽然我们继承祖师们一大笔的汉译佛典及中国宗派典籍的遗产，可是面对整个时代潮流，倘若不充实这方面的知识，不是陷于闭门造车，就是任人宰割的两种极端结局。这样的话，怎么能复兴中国佛学呢……三、将佛学研究的成果去净化自己，传播到大众中去，本国人具有最方便的条件，不管是血缘、语言或文化背景上。事实上，整个中国佛教界似乎失去了活力，不管是自度或度人的工作，有待大心者来重建。③

当代佛学研究，欧美尤其是日本，都超越了我国④。以隋唐佛学兴盛的情况来说，谁都意想不到会有今天的局面。然则今日国人实不宜因循守旧，忽视理论研讨的重要

---

① 见《近思录》，广文，第13卷，第5页。
② 同①，第13卷，第3页。
③ 《中观与瑜伽》，东初，第28页。
④ 参考霍韬晦著《绝对与圆融》，东大，第5页；及吴汝钧著《佛学研究方法论》，东大，第502页。

性了。

二、从存有论区分儒家与佛教

对于儒家与佛教的区分，自来论者多从三个方面去致思，即存有论、心性论及人生观。存有论探讨个体的终极真实相状、个体以外之存在物的真实相状以及个体与外在存有物的关系与真实相状，这是属于"是什么"的问题。一般所说的体用论、本体论、本体与现象关系论，都是属于这个范围。心性论探讨，作为一个个体物，面对纷纭万象，种种情境，我当怎么办的问题。这是属于"应如何"的问题，因为牵涉到个人行为，所以也是道德实践的问题。本体境界的实证是唯一而绝对的吗？道德实践是出于后天相互的约定，还是有它内在而超越的根据？若是超越而绝对的，则这是一种绝对的真实，我们把它叫做真理。真理是无分古今中外的，谁来研究都得到同样的结果，自然不限于任何宗派或系统。存有论与心性论是终极的事实的问题，人生观则是在面对这些终极的事实时，人所采取的态度。这是一种价值取舍，是在存有论与心性论的基础上建立起来的，属于第二序的问题。或许对真理的体会有偏有全，因此导致不同的人生观。但无论如何，对于同一个事实，我们也可以采取不同的态度。人生观并不是一种本质的区分，我们不能由不同的人生观推论出不同的真理认知，是以本文中我们不采取这种路向[①]。而事实上，就存有论与心性论两个方面，已足以区分儒家与佛教了。

1. 熊十力的区分

熊十力并没有完整的学历，早年在支那内学院从欧阳渐研习佛学，后来在北大讲授唯识。因悟传统唯识学的缺失，乃改造《新唯识论》。新论虽然仍以唯识命名，其实骨子里已是儒家的精神。熊氏根据《易经》，提出体用不二的学说。一方面弘扬儒学，而也借此批判佛教。熊氏后来又改写《新唯识论》为语体文本，晚年并著《体用论》、《明心篇》

[①] 从人生态度来区分儒佛，梁漱溟、熊十力、劳思光可为代表。熊十力说："佛家大空诸哲，盛宣空义，与中土儒宗变经极端相反；此其人生观根本不同也。佛家思想毕竟反人生，悍然逆遏宇宙大生广生之洪流，而无所系恋、无有恐怖。盖自释迦唱缘生之论，顺流则沉沦生死，逆之则还归于灭，此大小乘所同本也。然小乘灰身灭智，自了生死，犹不足道。及龙树菩萨崛兴，戒小乘之自了，关大乘之鸿基，誓愿度脱穷未来际一切众生：故说贪嗔痴即是菩提，世间即是涅槃；有一众生不成佛，我终不入涅槃。此其伟大愿力，将与无穷无尽之众生为缘，绝不因众生之难度而隳其愿、馁其气。此与圣人裁成天地、辅相万物之大智大德，虽亦相似；而圣人精神注在现实世界，太空之道，是欲拔众生出生死海，究为出世之教。儒佛不同途，毋待论也。"《体用论》，学生，第226页。

等书，但体用不二的精神始终一贯，而且也最足以代表他个人的见解。

本体流行，变动不居。依此流行，呈现开创与凝敛的两种力用。开创名之为辟，凝敛名之为翕，两种力用似相反，而实相成①。本体不已地呈现创生的作用，又称之为恒转或功能，它虽不已地创生万物，却是即动而即静的。动言其流行不已，静言其不敢自性②。更严格地说，本体自身只能说是变动不已的，是以名之曰恒转。恒转作用，现似一翕一辟，假说有心与物。虽万象森然，其实无有一物，可容暂住。本体创生万物，不可以时间空间义来揣摩③。以上体用别说，用上又假分心物。自体上说，浑然全体流行，备万理、含万德、肇万化。本体发生翕辟两种作用，幻现心物。其实心与物两皆无实，说之为物，岂是物？说之为心，亦不应名心。心物只是作用的两个面相，其本质是一④。以上体用分观，心物俱不立。然而本体必呈现为力用，正如大海水必呈现为波浪。不妨就波浪来谈大海水，亦不妨就力用来谈本体。以离波浪更无大海水，离力用更无本体故。作用不孤行，故显发为翕辟两种作用，以相反而相成。翕者，凝摄而幻似成物，依此假立物名。辟者，大用之开发之方面，开发则刚健不挠，清净离染。能不失本体之自性，恒运于翕之中，转翕以从己，依此假立心名。以上摄体归用，心物俱成。心能开发而不失本体之自性，与翕之凝敛而与趋于物化者不同，故不妨直说心为本体。故严格谈用，心才是用。虽然，翕虽易偏于物化，然不可偏说其缺失，翕辟本质并非有二，心能运物，辟能运翕，则翕亦从辟，而同为本体之呈显。如此，形色即天性，心固是本体，物亦是本体矣！以上即用识体，心物同是真体呈露⑤。体即是本体，用即是现象，体用论其实也就是本体论或本体现象关系论。然而舍现象一名而谓之作用，旨在避免一般哲学家计执本体在现象之上，或隐于现象之后而为现象之根源，这种离用言体的过失。⑥

体用论的观点颇为特殊。（1）以生化说本体，强调本体的创造性能。（2）摄体归用，即用见体，可以杜绝离现象觅本体的过失。（3）翕辟两种力用，幻现心物，克实言之，心物都是假立，杜绝哲学界唯心唯物的争执。而且翕辟是作用的两面，似相反而实相成，心物本质是一，并非对立。（4）作用幻现心物，心物根本不二，实皆依真理之流行而得名⑦。心之

---

① 参考《十力语要》，洪氏，第56页。
② 参考《新唯识论》语体文本，洪氏，卷中，第87页。
③ 同①，第59页。
④ 参考《新唯识论》语体文本，洪氏，卷中，第88页。
⑤ 以上四重玄义，为《新唯识论》纲领，参考《十力语要》初续，乐天，第8页。
⑥ 同②，第85页。
⑦ 同②，第88页。

理,即是物之理,理无内外,说理即心,亦应说理即物,彻底解决朱陆纠纷①。开立两重存有论的规模,翕辟与心物分立,而摄用归体,化俗证真,不失儒家立场②。这些见解,上有所承,未必都是熊氏独创③,然如此系统严谨地阐扬,于儒学界尚属创举。熊氏进而说明体用不二的内容:

> 问曰:"新论既破除对待观念,则在新论中之真如,当非以为万法之所依托故,说明实体。却是以为万法条然宛然,而实均是真如妙体之自身显现,故说真如是遍为万法实体。"答曰:"善哉!汝已得解。譬如大海水,遍现为众沤;真如遍为万法实体,义亦如是。所以体用不二。体用本不可分,但既说体用二词,则体用毕竟有辨。体,则举其自身而全成为用,故说为用之体。用,则是体之显现,故非别异本体而有其自体。读新论者,须识得此个根本意思。佛家以虚空喻真如,于此可见其差失。虚空是无为无作,万象虽于虚空中显现,而不可说万象是虚空自身之显现,虚空非能变故。万象不由虚空成,但依虚空显。如此,则体用分为二片。"
>
> 问曰:"如新论中本体之意义,亦可说为万法之因否?"答曰:"此看如何说法。因者,因由义,万法由其本体显现,不妨假说体望用有因义。但此因字的意义极宽泛,只显由有体故,才有用,以用非凭空得起故。然如是言因,只是言说上之方便,并非对果而名因,以本体绝待故,非有果法与之为对故。又用即体故,非用与体有能所义故。以是,虽不妨假说因,而实非对果名因,不可以常途因果观念应用于玄学中故。"
>
> 问曰:"体用云何不一不异?"答曰:"体无形相,其现为用,即宛尔有相。乃至体无差别,其现为用,即宛尔差别:故不一。体,即用之体故;用,即体之显故,故不异。由不异故,即于相对见绝对。而从来哲学家有于形上形下不能融会者,其误可知矣!由不一故,当即相以会性,不可取相而迷其真也。新论全部,可说只是发挥体用不一不异意思。"④

引文首段正面解释体用不二,并以佛家体用二分的理论为对照以帮助了解。第二段强调体用关系不是一般所说的因果义或能所义。第三段分说体用不一及不异两个方面。如

---

① 参考《新唯识论》语体文本,洪氏,卷上,第22页。
② 智心所对为一重,识心所对为一重,两皆真实。然绝对唯一,转识成智,不妨假立现象存有,乃能避免矛盾。
③ 熊氏服膺船山,宗主《易经》,学有继承。又宋儒即气言理,当亦得所启示。
④ 以上见《新唯识论》语体文本,河洛,第325页。

此，熊氏体用论要旨，可谓粲然明白。熊氏学说的根本是《易经》，《易经》谈本体，具备空寂及生化两个方面，即生化即空寂，故不流于嚣动，亦能死于沉空。"夫无生之生，生而不有；不化之化，化而弗留。（本体亘古现成，本来无生；然其神用不穷，其自身却是生生不测的物事，故曰无生之生。虽现生相，而才生即灭，才灭即生。故生生不已，终无一物留住，故曰生而不有。唯其不有，是以大生广生而不穷；使其有之，则生机滞矣！又复当知，本体常如其性；常如云者，谓无攺易。譬如水，虽或蒸为汽，或凝为冰，终不改其湿性。本体之德性，恒无改易，以水譬之，可悟此理。性无改故，即无变化，故云不化。然正以其德性真常故，而乃神变不测，故云不化之化。虽复万化无穷，终无有刹那顷守其故者，故云化而弗留。弗留，所以见变化之至神也。）此新论究极造化真际之谈也。夫无生与不化，言其本空寂也。无生而生，不化而化，是空寂即生化也。生而不有，化而弗留，则生化仍自空寂也。天人之际，微妙如是；非超然神悟者，难与语此。"① 儒家的存有论，体用一如，本体创生万物，即生化即空寂。熊氏于儒家要旨，确能提纲挈领。持此宗旨，自然不能满意于佛学，尤其不能满意于传统唯识学。改造新唯识论而归本儒家，为势所必至。②

熊十力以儒家义理为标准，进而批评佛教，区分儒佛二家。熊氏以为，佛家所说的真如，就是本体③。但是佛家体会的真如，与儒家的本体截然不同，真如只能说无为，而不能说无不为。这种内容的真如，只得到本体的空寂义，而丧失本体生化创造的一面，难免偏空。其次，本体既不能创生万物，则本体为离万物而别在。如是，体用分成两片，体不起用，相皆幻妄。佛教又特重修证空寂本体，逆反人生正道，产生偏差的人生观。再者，现象本身没有独立的价值，因此，无法兴起社会建设，以利用厚生。熊氏对于佛教的批评，我们大致可以归纳为四点：（1）本体偏空；（2）体用分成二片；（3）逆反人生正道；（4）未能积极开发社会建设。今只就与存有论有关的（1）、（2）两项来叙述。熊十力说：

> 诸经论中虽有时说无为法是有为法之实体，然绝不许说无为法是无为而无不为，绝不许说有为法即是无为法之显现。三藏十二部经具在可证。然则其所谓无为法或真如者，似只是有为法所依托的一个世界。这个世界，是无形无象、无障无染、清净湛寂、真实恒常、离诸倒妄。有为法只是于此世界中显现，如种种色相，在虚空中显现。经论中每举虚空喻真如，以此为最切合之喻。其旨可见，所以说此世界为有为法

---

① 见《十力语要》，洪氏，第440页。
② 熊氏批评护法唯识学，见《新唯识论》，文景，第35页。又熊氏与吕澂有自性寂与自性觉之争议，见《鹅湖月刊》第134期，熊十力先生与吕澂先生论学函稿。
③ 真如即是本体，参考《新唯识论》语体文本，河洛，第320页；及《十力语要》，洪氏，第442页。

的实体，并不谓有为法是此世界自身的呈现；只是有为法依托于此世界，而显现其中，故说此世界为有为法之实体耳。①

佛家以出世思想，故其谈本体，只着重空寂的意义。儒家本无所谓出世，故其谈本体，唯恐人耽空溺寂，而特重刚健或生化。大凡古今言道者，总不免各因其所趋向，而特有着重处。各从其着重处而发挥之，则成千差万别、互不相似。大易所谓差毫厘、谬千里，此言宏富深微至极，学者不可不察也。儒佛二家谈本体，一偏显空寂，一偏显生化。其实，佛家见到处，儒者非不同证；然于此但引而不发，却宏阔生化之妙。儒者见到处，佛家亦非不知；然终不肯于真如妙体谈生化，唯盛张空寂而已。偏重之端，其始甚微，其终乃极大，而判若鸿沟。故曰差毫厘、谬千里也。②

熊氏对儒家存有论的了解是正确的，以存有论来区分儒家与佛教，也是明白而清晰的。如果我们相信有所谓绝对的真理，则同于此真理者即为是，异于此真理者即为非。只要对真理自身有切实的了解，不同的理论很容易由对比而呈显。这里用不着对其他系统的理论有一一相应而精确的了解。我们根据熊氏的观点来区分儒佛的同时，不可忽视佛教的基本精神，并不在建立存有论的方向这个特色。大致说来，西方的传统，包括哲学和宗教，都是为建立存有而努力。佛教方向与此正好相反，它是为解消存有而努力。建立存有与解消存有，同样都是人类的智慧。以中国哲学来说，儒家也是实有形态的形上学，为建立存有而努力。道家介于儒家与佛教之间，既不建立存有，也不解消存有，属于境界形态的形上学。对一个解消存有为方向的理论系统，严格说，是不能以存有论来评论的。③

2. 唐君毅的区分

唐君毅对于儒家与佛教的区分，有"宋明理学家自觉异于佛家之道"一文，为《中国哲学原论·原道篇》卷三之附录。该文在民国三十五年登载于《理想与文化》第八期，为早年作品。核其性质，是一篇阐述性质的文字，旨在客观绍述宋明儒者的理论，不杂作者个人意见。然宋明理学家不尚言说，往往只有结论，而无理论系统，其中阐发蕴奥，实有赖于作者学养。唐氏言论，诚能不违宋明儒者原旨，而发明蕴奥，如非自家领悟几分，曷克臻此？唐氏明言，以今视昔，此文亦大致不差④，则他后来见解，亦大致认可此文。唐氏其他著作，与此文大意不相违背，又无更特殊精彩区分，是以即以此文为唐氏对儒家

---

① 《新唯识论》语体文本，河洛，第321页。
② 《十力语要》，洪氏，第441页。
③ 参考牟宗三《中国哲学之简述暨其所涵蕴之问题》，第十二讲，影印本，第317页；及《心体与性体》卷一，正中，第573页。
④ 参考《中国哲学原论·原道篇》卷三，学生，第417页。

与佛教性质的见解。

缘起性空，是佛教各宗各派共同认定的基本理论。现象界一切事物与观念，都是依因待缘才能成立的。桌子是由水分、纤维和工人的制造等条件构成的，离开这些条件，就没有桌子的存在。书籍是由颜料、纸张、绳线等条件构成，情况相同；推诸其他事物，无不皆然。现象世界并无一物能够不依其他条件，独立存在。换句话说，现象都是缘起的。缘起法没有它独立存在的本性，是以缘起法都无自性，无自性即是空。缘起，无自性，空，是同义语。

缘起法必须依待其他条件的聚合才能存在，它本身没有自性，但是这些条件是否客观实有，不必依待其他条件就能存在呢？答案是否定的。缘起的理论，一样可以运用在这些条件上。如果这些条件独立自存，则是破坏缘起性空的法则。例如书籍固然是由颜料、纸张、绳线构成，书籍本身缘起无自性，就是颜料、纸张、绳线等条件本身也是缘起无自性，并没有独立自存的颜料、纸张、绳线。缘起性空原则的重复运用，极成诸法无自性一义。颜料、纸张、绳线都是可以再分析的，由分析的方法来说明诸法性空，叫解析空，解析空是不究竟的，但解析空的重复运用，也可以通达毕竟空。因此，解析空其实也就是毕竟空。我们观察现象，没有一法独立自存，没有一法可立，正是当体即空。非色败空，色性空故。

缘起性空的理论，在解消众生对现象的执着。诸法性空，但空并不等于无。我们很容易误会，世间什么都没有，一切法都是虚妄，这些虚妄都应去除。我们很容易认为，诸法性空，既然非有，自然是空无，这是错误的理解。缘起性空，但性空并不碍诸法之缘起，正因有诸法，我们才说诸法性空。假如诸法虚无，又何必费事说明法性本空呢？所以佛教说诸法非有，更说诸法非无，双遮有无两边的执着。性空，是对缘起法性质的一种说明，而不是对缘起法存在事实的否定。缘起性空，性空不碍缘起，正因缘起法性空，才能成就诸法之缘起。以有空义故，一切法得成①，信然。实证诸法性空，即是涅槃境界；此"涅槃"是有是无？"涅槃"是有是无，都是可以说的，只看你是从什么理由来说明。实有此空如境界，因此涅槃境界是有，众生不可放弃修行。然此境界即是"空如"境界，实证诸法性空非实有，众生又不可执着。前者是就第一层次说此境界是有，后者是就第二层次说此境界即是空如境界，不可执着，也无可执着者。②

缘起性空的理论，可以说明现象存在的性质，但不足以说明现象存在的根据。现象存

---

① 《中论·观四谛品》第二十四云："以有空义故，一切法得成；若无空义者，一切则不成。"
② "若复有一法胜涅槃者，我亦说如幻如化"，应是第二序上的语言。以上缘起性空诸义，参考劳思光著《中国哲学史》，友联，第二卷，第 205－212 页。

在的本性固然空如，然事实上有此诸现象的存在。现象存在固然无有自性，当体即空，然此诸现象却才生即灭，灭而复生，而且前后相似相续，无有断绝。前一法灭，后一法随生，而后法酷似前法，佛教于此说四缘，说相似随转，足以说明诸法前后之相似性。但于诸法何以相续不绝、源源而至，此前后诸法间是否有一股无间的生力以为诸法不已生起之根据，说明仍嫌不足。我们可以说，缘起性空的理论运用，在于解消现象世间，而不在极成世间诸法。于此，唐氏说：

> 诸法之生也待缘，故无缘则诸法无自而生。然一法之有他法为缘否，非此一法中事。故对一法言，可有引生之缘，亦可无。一法可生，亦可不生；依他而起，亦可不起。故生非诸法自性，而生已即灭，乃诸法自性。夫然，故佛学虽安立缘生法，以说明世间；然缘生法之生，无内在之必然理由；则世间之一切法之存在，亦无内在之必然理由，而在理论上未尝不可断灭。佛家虽谓无依他起法则无圆成实法，依他起法之空性，即圆成实法；然宇宙何必有相续相似之依他起法？则圆成实法，并不保证之，以圆成实法是无为法也。①

盖佛家说诸法必待缘而生，未尝说诸法必待缘而灭。生必待缘而后可说，灭不必待缘亦可说。诸法刹那刹那不住，生已即灭，灭已复生，以相续相似，故若暂住，而显恒常相；实则生生灭灭，当体即是无常。其相续相似而生，皆待缘；其刹那刹那而灭，则不必待缘；在理论上，并非必待违缘，而后可说灭也。常相待缘，而无常相则诸法之自相。如是，但可谓灭灭，不可言生生，与儒家之创生实体，乃大异其趣。唐氏说：

> 然在传统儒家，则在其理论上根本不许宇宙有断灭之可能。上节吾人已提及儒家言生生，生成，始终，元亨利贞，不言生灭之义。易之言与时偕行，大地之道，恒久不已，日进无疆，《易》卦终于《未济》，以示物不可穷之义。孔子之言逝者如斯夫，不舍昼夜；《中庸》之言天之道，生物不测；唯天之命，于穆不已，则儒家自始即不许有宇宙断灭之义甚明。其所以不许宇宙为有断灭之故，则在以生生不已，为宇宙之本性。此即天道为生生不已，宇宙之诚为生生不已之义。②

就个体现象来说，个体有生灭，可以说缘起性空。但通贯前后个体现象来说，现象只是一股生命流行，无有个体可执，无有前后可分，与时偕行，均是实事，而不必说缘起性空，虽则与缘起性空之义亦不相碍。如此，乃能极成诸法，为诸法寻得不断生起的超越根

---

① 《中国哲学原论·原道篇》卷三，学生，第428页。
② 同①，第429页。

据。这是就诸法生起的正面来说，现象只是一股真实法流，与佛教的方向正好是一个对比，所以说缘起性空的理论旨在解消诸法。真实法流，生生不已，只是一个诚体流布。唐氏对儒家存有论的解说，我们可以一诚字概括。诚体流行，万法真实不虚；不然，则宇宙断灭，故曰不诚无物①。这种对比，熊十力先发其端，熊氏在解释诸行无常，是生灭法，生灭灭已，涅槃寂静一义时说："诸行即心物之通称，心是前念刚灭、后念即生。物亦时时前者灭、后者生。故佛家将心物说名生灭法，世间所谓宇宙万象，实即佛氏所云生灭法也。偈云生灭灭已，不作宇宙万象消灭解，将如何解？余固知笃信佛法者，必将以为生灭灭已，是佛氏悲愍一般人对于生灭法起迷执，故大破其执耳；并不是说生灭法可灭。殊不知，破执只当破其迷情，何必说生灭灭已，一往破尽，终是沈空；宇宙人生，悉作空观，如何不是反人生、毁宇宙？余深玩孔门惟说思诚、立诚，这一诚字，义蕴无穷尽。诚者，真实义。宇宙万象真实不虚，人生真实不虚；于此思人，于此立定，则任何邪妄，无从起矣！何空之有？"② 生命唯是一真实流，就个人言，只有始终，更无生死；只有隐显，更无生灭。唐氏综合二家异同说："佛家说空、说缘生、破执常，而儒家本未执常。佛家谈空、谈缘生，而无宇宙不断灭、诸法必生之保证；而儒家则以宇宙生生不已真几，潜运于缘生诸法，言宇宙之恒久不已，与宇宙恒久不已之形上学的根据。于是诸法之待缘而生，即是自生；生而不灭，唯有相续不断之生成。故宇宙之恒久不息，原宇宙之本性；诸法之生生，本于内在之不容已之生几而有。是儒佛之义，毕竟不同。"③ 一则以缘起性空解消万法，一则以真实法流为万法建立存在之根据，为实有型态之形上学。这种存有论的对比，确能见出儒佛两家基本性质之不同。

3. 牟宗三的区分

牟宗三对于佛教的解说，有《佛性与般若》一书专门论述。般若与真如对言，是能证的正智，真如则是所证的境界，这大体是在空宗缘起性空的架构下，谈论诸法实相的理论。缘起性空是佛教各宗派共认的教理，空宗是通教，通于大小二乘，因此，般若也是各宗派所共认，由此并不能区分差别的教理系统。佛性指成佛的超越根据，所谓动力因的问题及佛境界大小的问题，成佛必须有超越的根据，修行才有必然的保障。由般若问题转移到佛性的问题，正可以看出佛教内部理论的精密化，而也由各宗对佛性义的不同解说，才能看出佛教各宗派理论内容的差异。这种区分，光由缘起性空处是看不出来的。牟氏是书虽专谈佛教义理，然并非全面而系统的介绍。就全书来说，偏重介绍空宗龙树学，重点放

---

① 《中庸》第 25 章，《四书读本》，三民，第 42 页。
② 《体用论》，学生，第 234 页。
③ 《中国哲学原论·原道篇》卷 3，学生，第 432 页。

在华严与天台的区分，尤其强调天台宗理论的特殊性格。对于禅宗，略有所及，唯识及净土，则付厥如。依牟氏见解，唯非分别说者，才是究竟圆融，空宗与天台不立系统，皆非分别说，而空宗为通教，所以唯有天台才是真正的圆教。是书下册，只是扣紧此一义发挥。《中国哲学之简述及其所涵蕴之问题》一书，部分亦涉及佛教宗派系统的区分，然其规模大抵不出《佛性与般若》一书之所说。牟氏另有《佛家体用义之衡定》一文，为《心体与性体》一书第一册之附录，该文专以体用关系，来衡量佛教各宗派的不同理论，是对比着世间哲学之存有论而作的探讨，正好可以对比着来区分儒家与佛教的存有论。此下我们即以该文为中心，来加以说明。

缘起性空为通教的宗旨，通者，上通大乘各宗派，下通小乘教，因此是佛教的基本理论。能证缘起性空之理者为正智，即般若智；所证之空如境界为真如。正智与真如对言，实非能所对立。真如只是正智之自体相，是对缘起法性质的一种描述。通教只说明缘起法的性质，并不对缘起法出现之理由提出说明。关于法的存在或佛性问题，不从般若上说，而须进至佛性观念的探讨。唯识宗的赖耶缘起，《起信论》的真如缘起，华严宗所说的性起万法，天台宗所说的性具三千，都是佛性方面的问题，也都是对法的存在提出说明，属存有论方面的语言。龙树所说的教法，只限于三界以内，其所说明法的存在，只限于第六识，至于第七识与第八识则未说明，由此即显出其所说之法的限度，而此限度与小乘之限度相同，故称其为通教，即通于小乘教之意。①

唯识宗以阿赖耶识缘起，说明万法存在的原因，这是对存在物的存在性，提出一个说明。万象森然，其实都是虚妄的阿赖耶识所变现。真实的法界存在，是正智所对的真如境界。真如无为，与虚妄唯识所现的万法存在，正好是一隔绝的异质的对比。要证见真实法界，必须转识成智，取消虚幻的唯识心习。在真如境界中，是没有佛界以外九界众生的存在的。这时所说的真如，虽无为而为，然与空宗所说抒意字的真如意义不同。以此时真如有存有论意义，而空宗所说的真如无有故。依唯识宗，成佛必须依靠听闻圣教与后天熏习。假如听闻不到佛法，则成佛即不可能。这种说法，熏习全赖后天的机缘，成佛没有必然的保证。法的存在虽然进至三界外，但却只能说明生死流转法，至于清净法的说明，则不够圆满。

真常心系统以《大乘起信论》为主，建立一心开二门的理论规模。《大乘起信论》虽为中土伪造，但其理论内容，实承继佛教义理而做的必然发展，故不以伪论而减低其价值。儒家义理，肯定善性为人人本具，真常心系统于中土特别发达，可以说是印度佛教中国化的一个特色。真如心在觉，起现一切清净法门，心体常住，法门常住，这是一种真实

---

① 参考《中国哲学之简述及其所涵蕴之问题》，影印本，第308页。

存有。真如心在迷，起现一切染污法门；染污法门本质上是虚妄起现，因此，在佛境界中，都将去除。佛法界是唯一真心，并不包含九界众生。九界差别，唯是众生差别在佛心中倒映的影像，而佛心平等一如，无差别相。佛心为体，佛界为用，这里有体用义，佛界是佛心的自体相。在修行过程中，九界将一一去除。虽然说一心起现二种法门，但克实言之，唯佛法界是真如心所本具。真如心所起现的用，唯是佛法界，其他一切染污法门，只是真如心间接所起现。真如心是生死流转法门的凭依因，而非它的生起因。就佛境界的大小来说，分别说的系统都不能圆满。《起信论》走的正是超越分解的路线，它能为诸法取得超越的根据，却不能保证诸法的必然存在。华严宗继承真常心系统发展，也是采取超越分解的路线。因此，天台宗批评华严宗"曲径纡回，所因处拙"，华严宗的佛境界，也不是圆满的佛境界。其关键在于，必须缘理断九以成佛。九界众生并非佛心所本具，是性起而非性具；九界是成佛历程中的一些影像，成佛以后都须拆除。佛为度化众生，可以作意神通起现九界，但这毕竟不是佛心本具。对佛心境界大小来说，不能不为狭隘的。

佛家真正的圆教，必须进至天台宗非分别说的情况。天台宗并不先建立一超越的真心，以为诸法存在的根据，而是以诸法为主，即于诸法以成佛。在迷在觉，法门不改，都是具足的十法界，成佛以后，不必断除九界众生。九界为佛心所本具，故曰性具理具心具或念具。《起信论》系统，佛心是唯一真心，而天台宗的性具系统，却非唯一真心，佛境界显然比前者广大。成佛是即于诸法而成佛，这是圆融地即，而非超越的分解。天台宗与华严宗都有不变随缘义，然华严宗的佛心随缘，是随而不即，佛心与众生境界本质上是二而非一；天台宗的不变随缘义，是佛心融即于九界众生而为随缘，佛法界即是众生法界，二者是一而非二，法界平等一如，只有在迷与在觉的差别。天台宗与华严宗都有色心不二义，但克实言之，华严宗之色心不二而可二，以佛心非众生心，佛法界非众生法界，本质差异故。法身随类示现，对菩萨之业识而现为报身，对凡夫二乘之分别事识而现为应身（或名化身、应化身）。唯有法身才是佛心所本具。天台宗之色心不二，是融即于九法界而为色心不二，九界众生并不是佛心外之幻相，这才是真正的色心不二。唯有至此境界，才能圆满佛心，保全众生法界的存在，使众生法界的存在，为一客观的真实。我们可以说，佛家的存有论，至天台宗才圆满地完成，唯有天台教法，才是真正的圆教。至于华严，仍有一间未达者在。

佛教发展至天台宗，对诸法的存在有一圆满的说明，能够保全诸法的客观真实。然这仍不违背缘起性空的基本理论，诸法仍是无自性而空如。格于佛教的基本性格，佛教的方向仍在解消万法，而不在积极地建立万法。即以天台宗而论，它保住了万法的客观真实，但仍无法说明诸法何以如是不已地呈现，佛心不是一个创生的实体，这里没有体用义可言，不是本体创生万法。华严宗佛心起现九界，有体用的姿态，似乎可以体用关系论。然九界并非佛心所本具，佛心只是虚系无碍地随缘，随众生心而起现万法。万法的起现没有必然性，佛心仍然不是一个创生实体。牟氏以体用关系审查佛教各宗派义理，颇方便于我们给儒家与佛教做存有论的对比。①

4. 综合的说明

通贯熊、唐、牟三人对儒家与佛教之存有论的对比来说，其精神是一贯的。熊氏论佛教，不及本土发展的天台、华严与禅宗。他对佛教的了解，大抵是根据支那内学院的传统唯识学，而且对于佛教各宗派未能详细分判，解说未必客观，然而就对佛教的基本义理与精神方向来说，亦大致不差。绝对唯一，儒家为真理，则与儒家异旨的佛教便有过失。儒家言生化未尝不空寂，佛教则偏言空寂而不能生化。简单地说，儒家是创生实体，而佛教不是创生实体。牟氏对体用义的审查，正好补足熊氏的缺略，对佛教义理有一客观的了解。佛教并没有真正的体用论，即使到了天台宗，能够保全万法的客观真实，而佛心佛境仍非创生实体，并非佛心能生起万法。唐氏谓佛家缘起性空，不能为现象相续不已地呈现提出说明，与儒家天命流行、生化不已的诚体显然不同，其关键也在佛教不是创生实体。三人言论似殊，而对两家存有论的区分，却是同归一致。

存有论的问题，就是物我关系的问题及物我真实究竟的问题。万物皆备于我，物我一体，是儒者对这问题一致的解答。然而存有论的问题，是一种实证的问题，它是一种境界，必须经由实践才能印证，凡夫以识心是无法体会的。理论的差异，并不必然就是事实的差异，对于同一事实，我们可以有不同面相的描述。说佛教存有论偏于空寂方面，不是创生实体，并不是表示佛家在儒家创生实体之外，另有一个空寂而不生化的本体，佛家只是对同一创生实体的不同表达，因而发展出一套与儒家不同的教理。绝对唯一，实体不能有二，而且一实证就实证这同一的创生实体，剩下的是表达的问题。同源分流，差堪比拟②。表达只能限制执言之徒及决定立教方向，但就实证来说，不能有二。佛家对存有论实证的叙述，古已有之，我们来考察一下。释德清说：

> 予少读此论，窃以前四不迁义，怀疑有年。因同妙师结冬蒲阪，重刻此论，校读至此，恍然有悟，欣悦无极。因此礼佛，则身无起倒；揭帘出视，忽风吹庭树，落叶飞空，则见叶叶不动：信乎旋岚偃岳而常静也。及登厕去溺，则不见流相。
>
> 叹曰：诚哉！江河竞注而不流也。于是回观昔日法华世间相常住之疑，泮然冰释

---

① 以上参考《心体与性体》（一），正中，第571页。
② 熊十力曰："英人罗素有言：喜马拉雅山一点雨，稍微偏东一点，可到太平洋去；稍微偏西一点，可到大西洋去，此亦善譬。"见《十力语要》，洪氏，第442页。

矣。是知论旨幽微,非真参实见,而欲以知见拟之,皆不免怀疑漠漠。吾友尝有驳之者,意当必有自信之日也。①

这是释德清对僧肇《物不迁论》的一段案文,所说正是物我一体的实证,结语尤其叹恨知解能力之有限。佛教界记录颇多,唯不似今人刘国香清晰。刘氏说:

> 记得是一个月明如昼的秋夜,我起来小解。医院是设在北埔营房,厕所则与病房有一段距离,夜深人静,自厕所回病房途中,忽然失却了身心与现实世界,像暗室忽然大放光明,好像一切都明白了。观大地山河,历然如画,一目了然,无所障碍,也无前后……我持诵大明咒的时候,除去睡眠,是日以继夜。一天傍晚,在室外静坐持咒,并以念珠记数。不知什么缘故,在我的感觉上,时间并不太久,可是持诵的遍数,却很惊人,而在感觉上,速度亦如平常。事后我再以最大的速度实验,在那样长短的时间内,却不能达十分之一……有一天夜晚,在临睡前,照前趺坐念佛,放腿后,作吉祥卧,继续默念。字字分明,声声入耳,绝对没有入睡,也没有朦胧的感觉。忽觉有嘈杂的声昔,心想这些病友,为何还不睡呢?继闻洗脸盆的碰撞声,方始启眼,原来已是第二天早晨了。②

引文前段破空间观念,后段破时间观念,时空都是识心妄执。转识成智,破时空观念的执着,证物我一体的境界。理论纷纭多端,实证唯一真体。孰谓佛家所证为异于儒家而有另一重本体?然则差别理论,归于实证,则冥然为一。因此,就存有论方面来区分儒家与佛教,实在艰苦而寡功,如能进而自两家的心性论来对比,简易明白,情况就好多了。

三、从心性论区分儒家与佛教

1. 儒家心性论的内容

佛家以缘起性空说万法,那么,虽然性空不碍缘起,毕竟也只是虚系无碍而已,诸法自身的存在并没有必然性。法只是佛心之所缘起,并没有独立客观的价值。佛心并非创生实体,诸法非佛心所本具,体与用是一种虚的相资相待的关系,仍然隔绝成两片。对比着儒家的创生实体来说,佛家所说的万法,是一种虚的万法,关键在它没有独立真实的意义。万法为虚,则一一法的差别区分及自心对诸法的态度,所谓心性论问题,即非佛家之所重。佛教的精神方向在解消现象,现实存在非其用心处,其目标也不在成就社会建设;

---

① 《肇论略注》,佛教,第 33 页。释虚云亦有类似实证。夜起见墙壁对面人物,尤不可思议。
② 《语体文大方广圆觉经》,狮子吼,第 111-116 页。

这与儒家便有极大的差别。在道德创生实体的义理规模下，存在物都是真实不虚，而一一有其独立的意义，所谓事皆实事。其次，存在物之间的差别以及个体对待存在物的态度，也是真实不虚，所谓理皆实理。前者就存有论方面说，后者就心性论方面说。实事实理，存有论与心性论两方面皆充实饱满。就个体存在来说，创生实体必须落实在一一存在物上，乃能得其贞定，因此，个体存在的差别，是必然的。天道具体地流注，所以成就森然万象。个体面对这些自身以外的存在物及存在物间的种种存在情境，一一有其当为的法则。对父则当孝，对子则当慈，当羞恶而羞恶，当恻隐而恻隐，这些都是心性论方面的问题，也就是道德实践的问题，这是传统儒家之所重视者。道德的本心天理，不能空挂，停在抽象的状态中，亦必须在气动中，而为分殊的表现。唯有在不同的情境中，成就不同的道德行为，始有真实的道德行为可言。一一差别的情境是具体的，道德心性是普遍的；唯有普遍性落实在具体情境中，才是真实的道德行为；这是具体的普遍性，而非抽象的普遍性。[①]

自来儒者一致承认，天道性命相贯通。虽说天道性命相贯通，而在义理分齐上，天道与性命还是有差别的。天道就天地之大全言，性命就个体之存在言。相贯通，只是说天道必然下贯为性命，普遍者必须表现为特殊者。性命虽然就个体存在而言，却不受个体存在的限制，而可以向上通达天道。虽特殊而不失其普遍性，即有限而可以无限。虽然，其分齐仍不可泯失，也正因其不可泯失，才能成就其具体的普遍性。天道实体不已地创生万物，天道即存有即活动。存有指谓其为实体，活动指谓其有创生万物的力用。天道客观性，它不能自觉，必须落实于个体，才有自觉可言，因此，心性是主观的，也就是有主体性。以个体的自觉修证来体验天道，所谓人能弘道，非道弘人。就个体存在来说，心性都具备自觉性[②]。心性既承继天道以为其个体性，则心性也和天道一样，是既存有而且活动的。它本身即具有这种性能，来实现它自己，以通达于天道，力量不自外来。心即是性，心性是一。然而心性对言，又各有偏重。心偏重主观面，性偏重客观面，客观面的性必须在主观面的心中实现，因此工夫修养都落实在心上。性是心的内容，心是性之虚灵明觉处。这时所说的心，是超越的本心，而不是心理学意味的情识心。心只是一个虚灵明觉，它的全幅内容就是性，性是它的客观义、形式义。当性体在心中呈现时，性即全体融即于心，因此说心性是一，即主观即客观[③]。以上就天道下贯而为性命说。其次就心性上通于天道说。心虽主观而客观，心的全幅内容就是性，因此，只要尽心，便能知性。又个体性

---

① 参考《心体与性体》（二），正中，第 653 页。
② 参考《心体与性体》（一），正中，第 529 页。
③ 同②，第 531 页；又心性各具五义，参考同书，第 563 页；其说太繁，本文不取。

虽禀自天道，却与天道不相隔绝，因此，知性即能知天。在实践的过程中，主观面的心体逐步获得其客观性与绝对性。及至尽心而知性知天，则心即是天道，一心上彻，更无阻隔。这是儒家心性论的两个方向，内容是一，为一圆圈的两来往。

《诗·周颂·维天之命》说："维天之命，于穆不已；于乎不显，文王之德之纯。"

《诗·大雅·烝民》说："天生烝民，有物有则；民之秉彝，好是懿德。"

《左传》成公十三年说："刘康公曰：吾闻之，民受天地之中以生，所谓命也；是以有动作礼义威仪之则，以定命也。"

《中庸》首章说："天命之谓性，率性之谓道，修道之谓教。"

这些词语，都是对天道下贯为性命而发。天命不已，指的是道德创生实体，文王之德纯亦不已，乃使天道落实呈现。有物有则，指的是道德命令，上天生民时，便赋予他道德实践的根据。民受天地之中以生，这个中就是道德法则，而个人的威仪不可慢①。天命之谓性，率性修道即所以体现此天命，天命不已，则个人的道德实践亦不可已。就主观面的心来说，孔子言仁，孟子提出四端之心，以尽心而知性知天，都使人当下有一个持循的根据，以从事道德实践。实践的方向虽殊，而内容是一。我们可以说，儒家只有一个心性论，无二亦无三。天道超越，心性内在于个体。虽内在而不限于个体，内在并不等同于在内。以心性体现天道，则天道虽超越而内在，心性虽内在而超越，而且是即内在即超越。这是儒家心性论的特质。客观面的性，又称之为理。性理是一，异名同质，说性即理也，是个分析命题。性即理也，儒者一致承认，这里并不决定什么。然而性体是即存有即活动，它不已地要呈现它自己，它不已地要在心中呈现。心性本质是一，说心即理也，并无过分，这时的心，也是既存有且活动的。心本具此理，道德实践，只要依据此心之道德即已充足，不须于心外觅理，而且心外也无理可觅。然而认知心并非即存有即活动，并非本具性理。伊川、朱子以经验名心，对于这种道理不能认可。伊川朱子只承认性即理，而反对心本具性理，其关键在于性理本身是否即存有即活动。道德本心滑转而为知识心，以知识说道德，并不相应。对儒家义理来说，伊川、朱子可谓歧出，我们谈论儒家的心性论，不能以伊川、朱子为根据。儒家的心性论，心性对言，就性体自身说，性体之在其自己，是性体之客观性；性体之对其自己，是性体之主观性。性体之在其自己，是性体之自持自存，是性体之迳挺持体；性体之对其自己，是性体之自觉，而此自觉之觉用即心也，此道德

---

① 参考《中国哲学的特质》，学生，第19页。

的本心之所以立①。道德实践,根据本心即足够了。孟子说:

> 人皆有不忍人之心。先王有不忍人之心,斯有不忍人之政矣。以不忍人之心,行不忍人之政,治天下可运之掌上。所以谓人皆有不忍人之心者,今人乍见孺子将入于井,皆有怵惕恻隐之心;非所以内交于孺子之父母也,非所以要誉于乡党朋友也,非恶其声而然也。由是观之,无恻隐之心,非人也;无羞恶之心,非人也;无辞让之心,非人也;无是非之心,非人也。恻隐之心,仁之端也;羞恶之心,义之端也;辞让之心,礼之端也;是非之心,智之端也。人之有是四端也,犹其有四体也;有是四端而自谓不能者,自贼者也;谓其君不能者,贼其君者也。凡有四端于我者,知皆扩而充之矣!若火之始然,泉之始达。苟能充之,足以保四海;苟不充之,不足以事父母。②

天道创生万物,虽纷纭万殊,而一一物皆禀承天命以为性,如万川印月,分分皆全。孟子首先指出,性理为人人所本具。然而性理即存有即活动,它不已地要呈现它自己。其发现处,便是心的虚灵明觉处,而这一点虚灵明觉,也就是道德实践的根据。这个虚灵明觉,只是一个端倪,它只告诉你当如何做。至于是否如何做,则须看心本身是否顺承着这点明觉而实现它。道德实践光靠这一点灵明是不够的,它必须有后天意念的协成。心地昏暗的人灵明力小,心地清明的人灵明力大,孟子在这里说扩充。必须使心地愈清明,心力愈强劲,道德实践才有必然的保证。不然,只有当初一点灵明,便被后天的欲望窒死了。就实践过程来说,只是实现此心中的道德命令,不必去管它何谓性理。然而综合前后过程,客观地谈论这些道德行为,然后有所谓性理的认知。对恻隐之事而言仁,对羞恶之事而言义等等,这些区分是开放性的,可以自四端以至无量端,说四端只是概括地说。仁义礼智是性理,它是心的内容,也就是心的客观义与形式义,性理必须在心中呈现,因此相对于仁义礼智,而说恻隐之心、羞恶之心等等。实践工夫,只在禀持心中这超越的命令,使它具体而落实。孟子更以乍见孺子将入于井为例:见孺子入井,动恻隐之心以起挽救的行为,完全是内发的道德命令,非由外铄,这在点出道德命令的超越性。孺子将入于井是一个情境,见此情境,性体即在心的灵明知觉中有一个呈现,一个命令,终至能顺此命令以落实于行为。异时其他情境出现,心中复有其他命令,个体复顺此命令以起行为,这即是道德实践的全幅内容,本心不已地命令,个体不已地实践。于此,个体可以不必追究存有的真象如何,可以对性理的内容一无所知。只要把握本心这一点灵明,知皆扩而充之,

---

① 参考《心体与性体》(二),正中,第 533 页;及《中国哲学的特质》,学生,第 49 页。
② 见《新译四书读本》,三民,第 298 页。

便可以为圣人。儒家心性论系统下的道德实践，委实简易而明白。

2. 佛教心性论的内容

天道下降而为性，性的虚灵明觉处是心，工夫修养，都落实在心上，心性论也就是道德实践论。虽然，道德实践是就个体而言的，没有个体性，也就没有道德实践。佛教不肯定个体存在的积极价值，严格说，并没有心性论的问题。然而，基于以下两个理由，对于佛教的心性论有一番考察，还是可行而必须的。（1）佛教虽不承认个体存在的独立价值，然而借幻修真，在修行过程中，工夫还是落在心性上。于此，佛教也有它独特的心性问题，可以名之为广义的心性论。成佛还是须要修行的，佛果不会无因而至，而且修行还须靠各人的力量，"各人吃饭各人饱，各人生死各人了"。他人成佛，并不能带着我一起成佛，修行工夫既然必须，则心性的研讨便为必然。（2）就现有的佛家教理说，言心言性，理论纷纭。心性的内容虽然不必与一般世间哲学相同，但既然有这些名相存在，如果不分析清楚，则往往与世间哲学产生混淆，滋生种种误会，无法以佛教与儒家作明白的区分。于此，对佛家教理作一番心性论的考察，乃显得迫切需要。

佛教言心，有两个层面的意思，第一种意思，系就经验层面的情识心说。唯识家分意识为八，其中第六意识名心，第七末那识为意，第八阿赖耶识为识：集起名心，系染污义。这相当于心理学的认识作用，只是佛教八识的区分较心理学为详密。如果以第六意识为自觉的意识，那么第八意识相当于潜意识。虽然，佛教说转识成智，这些分别的意识都是应当化解的。转第六意识为妙观察智，转第七意识为平等性智，转第八意识为大圆镜智。第六意识虽名之曰心，其实并不是超越的真心，不能作为修行的根据。其次，推而言之，第八意识阿赖耶也可以名之为心，曰识心。然而阿赖耶识本身也是应当化解的，情况与第六意识相同。

空宗的正智，为能证之心，清净而超越，似乎可以儒家的本心论。然正智即般若智，对真如而显，它并没有特殊的内涵，不似儒家的心性是一，有丰富的性理为其内涵。唯识家的正智，凝然无为，存有而不活动，与儒家的本心显然不同。佛教真正可以称为心体的，在真常系统的真常心，《起信论》与华严宗皆然。真常心即是佛性、佛心。这里已由抒意的空如心，进至实体义的心体。佛心是众生成佛的超越根据，它自身具备成佛的力用，使众生引起修行而必然成佛。然其为佛心，只就使众生成佛之超越根据言，众生自身既非客观真实而有独立存在的价值，则佛心本身并没有对一一众生当行的道德责任。佛教充其量只能"以众生得度为条件"为最大的道德责任，而佛心本身并没有以性理为其内容。既非实事，便无实理，这与儒家道德本心之含具无限内容者显然不同。天台即万法以成佛，采取圆融相即的方式说，并不立一超越的根据以成佛，没有心体的意思。

佛家也有"理"的概念，如说空如理。这里所说的理，并非对一一存在情境所做的行为的性理。说空理或空如理时,"空"或"空如"即是理。用现在的话说,就是"空"这个道理或"空如"这个道理,并非道德实践上一一分殊的道理,当然更不是即存有即活动的性理或心之理。

其次,谈到佛家所说的性。根据唐君毅所作的分析,佛家谈性,具有以下六义①。(1) 就物质或观念之恒常不变的性质而说性,谓之自性。独立自存、恒常不改,这就是物质或观念的自性。事实上,诸法因缘生,并没有物质或观念的自性存在,因此,自性就是一种执着。佛说缘起性空,目标就在破除众生对诸法自性的执着。物质自性的执着又分两种,执有自身生命,是人我执;执有自身以外其他存在物的存在,则是法我执。至于观念的执着,则纯粹是法我执。法我执又称法执,克实言之,对自身生命的执着,也是法执的一种,因此,举法执即可概括我执。总而言之,是一种自性执着。(2) 就种姓而言性,有时直接称之为种性。法相唯识宗认为,一切有情,有五种阶级差别,即声闻种姓、缘觉种姓、菩萨种姓、不定种姓、一阐提种姓。其中一阐提种姓,因为根器恶劣,永远不能成佛。这种说法,带有相当宿命的味道。阶级的差别,又是根据人之本有的心性差别来区分。唯识宗坚持三乘究竟,华严与天台则主张一乘究竟,并反对一阐提不能成佛之说,这与中国之人人皆能成圣成贤的说法,反而比较接近。(3) 就物质种类之差别,而名之曰性。如物质之总相(同类)谓之总性,物质之别相(异类)谓之别性。性相之名,常可互通。前项众生种姓系就有情说,此项总性别性则泛指万物,为其差别。同异是就比较而言的,万物分殊,观点不一,因此可以得到种种不同的区分。佛教旨在说明万法,因此同异的区分极为复杂。中土尚简,喜言理之所同,而罕就一一分殊事物比较其异同,而得出种种抽象的性质。(4) 就事物之相状性质当体,而名之曰体性。通常说体,有两种意思。一者就存在事物而言,谓之自体,此如第一项所已说;一者就事物之抽象性质相状而言,谓之体性,本项所说者是。存在物自体,如视为常一而有自性者,乃唯识宗所谓妄执而非实有者。然此相状或性质,则为实有者也。佛教说此体性,尤其着重在说种种心理活动。有了种种心理活动的体性,便产生种种业用。如"慢,以恃己于他,高举为性,能障不慢,生苦为业"。傲慢是一种心理活动;仗恃自己而对人高举,就是它的自体自性。能障碍不慢而生苦,则是其业用。此中所谓一心理活动之体性,即指此心理活动自己而言,业用即指由此心理活动而发出之正面反面之作用而言。此项之另一类则不发生业用,如"白是色",白是一种体性,但却没有业用可言。(5) 就种子或心识之因本,或所依之体性,名之曰性。前项之相状性质,是平面而经验的描述,此项体性所说,则为异层的原因探索。我们对于一种事物,常有这两方面的探讨,一则描述其经验的相状,一则追溯在事物

---

① 参考《中国哲学原论·原性篇》,学生,第166页。

之上或之后，而能使事物存在的原因。这颇类似于世间哲学的由果溯因，而就此原因，称之为事物存在之体性。唯识家以种子为现行之体性，以阿赖耶识为种子之体性，又或以一真法界为阿赖耶识之体性。《起信论》以常住清净之真心，为生灭流转法之体性。(6) 就现行之为善恶无记性而名之曰性。前五项都是就事物作认识论或存有学的叙述，此项则为对事物作价值学的叙述。善恶无记，称为三种价值性，善性之中，又分有漏善与无漏善。三性是对现行所作的价值批判，而不是论谓种子本身。依唯识义，种子与赖耶，同具无记性，即同具无善无恶之性，故种子得为阿赖耶识所缘。此唯是谓种子所能生之现行之善恶为决定，是乃明以善恶无记之价值性本身为性。此性即非指一存在事物，如心理活动与种子等，而唯用以标别此实在事物之价值意义者。

无论如何，这六种性义，都是就现象存在之自身或性质所作的认识论、存有学或价值论的描述，并不涉及超越而真实的性义。佛教真正谈到超越而真实的性义，对万法有一综摄而真实的说明，不得不归之于空性与佛性两个概念。缘起性空的道理为大小乘诸宗所共承，诸法无自性，以空如为诸法本性，谓之空性。此时所说的空性，是个抒意字，不是实体字，并非真有定常的空这个东西，不可与儒家性理混淆。其次，《起信论》、华严宗、天台宗与禅宗，都有佛性的观念。佛性含有二义，一是佛之体段，这是佛心大小，包不包括九界众生的问题；一是成佛之性能，这是成佛之动力因的问题，成佛之动力，为众生心之所本具①。空性与佛性，都是对法界真性的一种论述，都可以称作法性或法界②。佛性清净常住，颇类乎儒家超越的本心，然而佛性只是心之形式的描述，并没有即存有即活动的性理以为其内容③，与儒家所说的本心，仍有本质上的不同。

3. 对比的说明

根据以上的分析，我们可以清楚地看出，儒家与佛教的心性论，是有显著差别的。儒家的本心有丰富的性理，以为其内容，心可以分析出性理；佛教所说的心性，只有形式的意义，没有内容的意义，心虽有超越的意思，但心并不具备性理，由心本身分析不出性理。佛教虽然也从事心性修养，但工夫只在刮垢磨光，使万法如如呈现。这是一种心性修

---

① 参考《佛性与般若》上册，学生，第 191 页。
② 唐君毅说："中国华严宗自澄观圭峰以降，自称为法性宗或性宗。此所谓性，实迥异般若宗法性之性，为一切法之共同的空性之性者，而是直指一常住清净之心体为性。"见《中国哲学原论·原性篇》，学生，第 177 页。
③ 牟宗三云："佛家于缘生法而观空，决不肯于缘生法观理；足以其缘义，决非印生化之谓。记得昔年傍晚，陪吾师坐，师指庭前树曰：此间根茎枝叶花果等等，是一理平铺，亦是众理灿著。即众理灿著，仍即一理平铺。"见《十力语要》，洪氏，第 420 页附函。

养，但却不是道德实践，以根本不承认个体的独立真实故。不能因为佛教也有心性的概念，就产生种种的联想与混漫，这种差别，与儒家对比最容易显露出来。其实，早在宋明时期，儒者便自觉地意识到这一点。谢良佐说："释氏所谓性，乃吾儒所谓心。"罗整庵说："佛氏有见于心，而无见于性。"这是说明佛教所谓的性，只是心的真实状态，并非有丰富的性理为其内容，因此，虽曰心性，其实只当得儒家心体虚灵明觉的意思。二程批评佛教说："生死成坏，自有此理，何者为幻？"朱子说："吾儒本天，释氏本心。"答人问儒释差别时说："只如说天命之谓性，释氏便不识了。"又说："释氏一切皆虚，吾儒则一切皆实。"天，指的就是天理，这些语句，都由此心之是否含备性理，以为区分的标准。对儒家来说，一切是实事实理，对佛教来说，则一切是缘起缘灭。伊川进而说："释氏以理为障，此把理错看了；天下唯有一个理，若以理为障，不免以己与理为二。"① 天理为此心所本具，与一般道理分属不同层次，以天理为理障，则未免矫枉过正了。《六祖坛经》说：

> 惠能即会祖意，三鼓入室。祖以袈裟遮围，不令人见；为说《金刚经》，至应无所住而生其心，惠能言下大悟；一切万法，不离自性。遂启祖言：何期自性本自清净，何期自性本不生灭，何期自性本自具足，何期自性本无动摇，何期自性能生万法。祖知悟本性，谓惠能曰：不识本心，学法无益；若识自本心，见自本性，即名丈夫、天人师、佛。②

自性能生万法，须扣紧佛教缘起性空的基本意旨来了解，不可解释成本体论的生起论，即不可解释成创生实体，因自性只是随缘而不碍诸法之生起，诸法之生起，本非自性之所创造，也不能由自性本身分析出来③。识自本心，见自本性，所谓明心见性，心性并没有本质的差异，性即是心，不含有性理的意思在。这里自性与本心都可以通用，本心亦不可与儒家的本心相混。禅宗内部也有许多不同的系统，根据牟宗三的区分，大致可以分为四种。法融的牛头禅为密意破相显性教，即通教，相当于圭峰宗密所判的泯绝无寄宗。神秀的清净禅为密意依性说相教，即唯识的始别教，相当于圭峰宗密所判的息妄修心宗。神会的如来禅为显示真心即性教，即真常的终别教，相当于圭峰宗密所判的直显心性宗。惠能的祖师禅为天台圆教，即圆悟禅或圆顿禅，圭峰宗密继承华严性起系统，未能加以判

---

① 以上引文，见《中国哲学原论·原道篇》卷三，第427－433页所引。
② 《六祖坛经笺注》，大千世界，第18页。
③ 参考《佛性与般若》下册，学生，第1058页。

摄①。惠能禅于禅家为最圆顿,相当于教下的天台,然亦不能违背佛教缘起性空的意旨。唐朝以后,佛教界因为发生三武之祸②,教下各宗渐趋式微,禅宗不立文字,反而一支独秀。禅宗祖师当机指点,喜言作用见性,形成一种特殊的风格。何谓作用见性?熊十力释之云:

> 今世谈禅学者,皆熟闻作用见性一语。然何谓作用,何谓性,云何于作用见性?则谈者鲜不茫然。夫性者,吾人与天地万物所同具之本体,但以其为吾人所以生之理而言,则谓之性;以其主乎吾身而言,亦谓之心。作用者,即凡见闻觉知等等,通名作用……综前所说,约有四个要点,须加提示。一、作用者,即克就见闻觉知等等而名之也。二、此见闻觉知等等作用,实即心之力用,发现于根门者,故此不即是心体,但心体亦非离见闻觉知而独在。三、见闻觉知等等,通名作用,固如上说。但如严格言之,则见闻觉知等等,固有不得名为作用者。夫作用之云,乃言夫本体之流行也。故心之力用,依根门而发现,为见为闻为觉为知,而非根所障、非习所锢者。即此见闻觉知,名为作用。若乃根假心力以自逞,而挟习俱行。由此而发为见闻觉知,虽在通途亦名作用,实则此等见闻觉知,已不是本体流行,即不成为作用也。故谈作用,应当简别。四、作用义既经刊定如上,则作用见性义,亦不待深谈而可知已。夫作用者,即本体之流行而言之也。流行则未即是体之固然,然体要不离流行而独在,是故于流行识体。③

作用相当于生理活动的机能,然生理机能有受本心主宰的,有不受本心主宰的。熊氏强调,必须前者才算是真正的作用,也只有于这种有主的作用上,才能识自本心。禅宗对世间诸法作平等观,心无系著,无念无相,则运水担柴,当体即空,可以见道。所谓明心见性,即是见这物我一体的本性。禅宗采取非分解的方式,即诸法以成佛。虽然所实证的不是创生实体,但自性中,毕竟无相,非物我对立,亦不泯失诸法的存在。及至本心失宰,机能乘权,则见诸法对立,内有已有外执诸法,万象纷纭。守护根门,于作用见性,所实证的,正是存有义上的物我一体。"遂出至广州法性寺,值印宗法师讲《涅槃经》。时有风吹幡动,一僧曰风动,一僧曰幡动,议论不已。惠能进曰:不是风动,不是幡动,

---

① 参考《佛性与般若》下册,学生,第 1068 页。
② 《中文大辞典》第 1 册,第 223 页,释三武之祸云:"北魏太武帝因信道教,诛戮沙门。北周武帝罢沙门,令还俗。唐武宗信道士赵归言,痛抑佛教。佛教称为三武之祸。"
③ 《新唯识论》语体文本,河洛,第 252 页。

仁者心动。一众骇然。"① 凡所有相，皆是虚妄；不论是风动或幡动，都是识心执着境物，见有物相；其根源只在心动，心丧失其自性。如能不失自性，则见诸法无相。这种不失自性的境界，就是物我一如的境界。《无门关》第五十三则云："马大师与百丈行次，见野鸭子飞过。大师云：是什么？丈云：野鸭子。大师云：什么处去也？丈云：飞过去也。大师遂扭百丈鼻头，丈作忍痛声。大师云：何曾飞去？"日种山让以为：见野鸭子飞过，由意识分别而见有主客对立。及至负痛失声，向外驰逐的意识顿时停止，本心呈露，此时个体和野鸭子的主客对立破坏了，同时分别意识的情识也被破坏了②。主客统一的境界，就是物我合一的境界。禅家说万法归一，又说本来面目，重点都在提示这种存有论的实证，这是一种颇为特殊的风格。佛教本来不重视心性论方面的道德实践，禅宗一枝独秀，又特重存有论方面的实证，于是唐朝以后，教理式微，整个佛教的走向偏重于物我一体的实证，这与素来偏重道德实践方面的儒家，正好形成一种强烈的对比。我们即使撇开两家存有论与心性论的内容，单看两家取向的各有偏向，也足以区分儒佛两家的异同了。

四、存有论与心性论的统一

单纯地就儒家义理来说，由存有论以实证物我一体，由心性论以从事道德实践，其内容与佛教都有不同。实践的根据在本心，经过以上的分析，我们知道，本心是存有论的根据，本心又是道德实践的根据，然而这二者是同时呈现的吗？答案是肯定的。平常我们说"同时"，其意义含有两个方面：（1）在不同时间，可以具有两个性质，同时云者，只是说两个性质都系属于它，而不相互排斥。（2）不但两个性质都系属于它，而且两个性质在同一个时间呈现。我们这里说同时，属于第二种情况。对心体来说，它具有存有论的根据与道德实践的根据两个性质，二者不相排斥，而且这两个性质也是同时呈现的。

  王阳明说："理一而已，以其理之凝聚而言，则谓之性。以其凝聚之主宰而言，则谓之心。以其主宰之发动而言，则谓之意。以其发动之明觉而言，则谓之知。以其明觉之感应而言，则谓之物。"③

  刘蕺山说："身者，天下国家之统体，而心又其体也。意则心之所以为心也，知则意之所以为意也，物则知之所以为知也。物无体，又即天下国家身心意知以为体。

---

① 《六祖坛经笺注》，大千世界，第26页。
② 参考《禅学讲话》，文津，第189页；及《新唯识论》语体文本，河洛，第248页。
③ 《传习录》卷中，商务，《答罗整庵少宰书》。

是之谓体用一原、显微无间。"①

阳明就良知本心的感应处说物，本心是超越的，其所感应的万物也是超越的。这时所说的物，并非认知心所对的横向关系，物不是本心所对的对象。康德说上帝创造万物，是当作物之在其自己而创造之，上帝并不创造现象。就本心感应说物，也是同样的情况。本心创造万物，同时即发出命令、发起道德实践，如对父母而恭敬、对兄弟而友爱。父母兄弟是存在物，恭敬友爱则是行为物，一者属存有论，一者属道德实践。阳明说物，实含有这两个方面；蕺山说八目一贯，均摄之于超越的存有和心性，其理论规模相同。本心的感应是没有界限的，充量之极，它必然与天地万物相感应。感应之，即安顿之，以兴起道德实践。二者是同时呈现，这是儒家存有论与心性论的统一。然复须知，对智心而言才是如此，如降落而为认知心，则物我对立而为现象矣②。本心的两个面向，可以同时呈现，牟宗三于此说这是儒家道德的形上学，形上学就本心是存有论的根据上说，道德的就本心是道德实践的根据说。又称此心体为道德创生实体，立名精当，均能照顾两方面的问题，而突显儒家学问的特色。对于存有与心性的统一，熊十力有透辟的说明：

> 宋儒似有云：理虽散在万事，而实管乎一心。每闻学者好举此语，实不澈也。由此说，理仍纯在事物上；心能管统事物之理，而心犹不即是理也。凡宗守朱子之学者，皆主此说。若如我义，心物根本不二。就玄学上说，心物实皆依真理之流行而得名。此意见透，即当握住不松。因此，在量论上说，所谓理者，一方面理即心，吾与阳明同。一方面理即物，吾更申阳明所未尽者。程子曰理在物，科学家实同此意。如此，则先肯定实物，再于物上说有个理，是乃歧物与理为二也。自吾言之，物之成为如是之物，即理也。不可将物与理分开。据常识言，即执物而求其理。智者却于万物而识众理散著。由此见理世界，实无所谓物的世界也。③

伊川与朱子执理在心外，固然不对，先肯定实物，再于物上说有个理，也是错误。并不是以心去统摄事物之理，而是"心即是理"、"心物根本不二"、"理亦即物"、"但见理世界，实无所谓物的世界"，这些词语，步步逼近，令人丧胆。熊氏根据体用不二的理论，以翕辟为本体流行两种相反相成的作用力，心物是作用力幻现的相，本质是一非二。如此说心说物，均无不可。说物，即是存有论的根据，说心，即是道德实践的根据：心物本质是一，则存有与心性如何能不统一呢？振聋启聩，熊氏诚能发前人所未言。由实践以印证

---

① 《刘子全书》，华文，第611页。
② 以上参考《王阳明哲学》，三氏，第二章。
③ 《新唯识论》语体文本卷中，洪氏，第88页；并参考卷上第21页。

存有与心性的统一，这是一种圆融化境。孟子说："形色，天性也；惟圣人然后可以践形。"又说："君子所性，仁义礼智根于心。其生色也，睟然见于面，盎于背，施于四体，四体不言而喻。"① 经由道德实践的艰苦历程，终于工夫纯熟，达到圆融化境。孟子虽然就个体存有而言，但确实已达存有与心性的统一。至于明儒罗近溪所说，就更加彻底而显豁了。近溪说："仆至冥顽，于世情一无所了；但心性工夫，却是四五十年，分毫不改。盖缘起初参得人真，遇得又早；故于天地人物，神理根源，直截不留疑惑。所以抬头举目，浑全只是知体著见；启口容声，纤悉尽是知体发挥；更无帮凑，更无假借。虽听者未必允从，而吾言实相贯通也。"② 这是圆融化境的全体呈露。龙溪说四无，"体用显微，只是一机；心意知物，只是一事。若悟得心是无善无恶之心，意即是无善无恶之意，知即是无善无恶之知，物即是无善无恶之物。盖无心之心则藏密，无意之意则应圆，无知之知则体寂，无物之物则用神。天命之性，粹然至善；神感神应，其机自不容已；恶固本无，善亦不可得而有也：是谓无善无恶。若有善有恶，则意动于物，非自然之流行，著于有矣！"③ 自然流行，神感神应，这也是就圆融化境立言。儒者常说本体的工夫，自诚而明，又说即本体即工夫，即工夫即本体。假如我们以圆融化境来衡定其内含，应可得到一更明确的诠释。若见有人我对立，道理与存有不能打成一片，工夫是工夫，本体是本体，这是后天的工夫。至于先天工夫，承体起用，物我合一，工夫即是本体，本体即是工夫，道理与存有的隔阂解消了。这是圆融化境，也是存有论与心性论的真实统一。虽然，化境须待循序渐进，以待其一旦之豁然贯通。在尚未打成一片之前，后天工夫正不可废弃，又化境只是功效，不能当作教法。龙溪天机颖悟，可惜仍发露得太早。

　　本心是存有论的根据，同时也是道德实践的根据，对圆融化境来说，二者可以同时呈现。这里所谓的可以，只是一种可能性，还是必然同时呈现。由存有即可带出心性，或由心性即可带出存有呢？于此不能无疑。(1) 就存有来说，创生万物，即同时命令自己如何对待万物，存有即带出心性，这是一种必然关系，应无可疑。然而就事实来看，僧传中记载，自古以来，不知有多少佛教徒实证物我一体。而就僧徒本身来说，何以几乎没有人提及本心之中的性理，为超越而不可弃？这种事例，几乎无一例外。古代僧侣如此，当今僧侣亦如此：一个僧侣如此，个个僧侣皆如此。如果说存有必然带出心性，何以会有这么大的错误？何独于佛教徒而不然？存有论的实证，不是外不见物相而使性理更容易呈现吗？难道佛教徒的心体特殊？若然，正足以反证本心之非普遍与绝对，终将整个否定儒学。对

---

① 《新译四书读本》，三民，第495页，及第485页。
② 《盱坛直诠》，广文，第198页。
③ 《王龙溪语录》，废文，第15页。

于这个问题，个人以为，本心绝对，虽在佛教徒亦不例外。只是当实证物我一体之时，佛教徒虽有性理的呈现；却未能顺此端倪扩充将去，遂使此性理仅停在当初一念而未能落实，终至挂空而萎缩。是以虽有性理的呈现，竟遭忽略而不提①。一时的轻忽，积成一世的轻忽；一人的轻忽，积成一大教派的轻忽。立教方向偏差之令人怖畏，有如此者。虽然，这是一个较容易解决的问题。（2）就心性来说，经由艰苦的实践，是否必然通达物我一体，由心性带出存有论的实证呢？答案应该也是肯定的，所谓豁然贯通，打成一片，正是对由渐修以达到一体之实证的客观描述。如此，由存有可以带出心性，由心性可以带出存有，二者可以相互会通。然而，就心性方面来说，性理是否当下即超越？如果性理不是当下即超越，怎么可能依后天经验的性理，即可转化为先天超越的性理而带出存有呢？于此，乃凸显出心性与存有在实践过程上的差别。我们说本心是存有论的根据，同时也是道德实践的根据，是指在圆融化境时之可以相通互会，同时呈现，但并不是指二者在实践过程中，性质完全相同。（3）就实践历程来说，物我一体的实证，是一种境界，必须转化识心为智心，才能有这种实证。识心属经验层，智心属超越层，二者本质不同。转识成智，是一种异质的跳跃，这里谨守全有或全无的定律。只要有一丝一毫的牵挂，识心即不能转化为智心，物我一体的境界也不会呈现。而物我一体的境界，是一种绝对境界。及至智心即现，天地无外，古今一如，并没有一个比这更高的境界存在。这就是所谓的全有或全无，人人所实证的只是这同一个境界。存有论的实证是遵守这规律的，这是他的特性。就心性论来说，本心所呈现的性理却不然。性理为人人所本具，而且时时处处都呈现，只要一念自反，当下即是。这一念自反，即是逆觉体证，而本心炯然在焉。性理人人本具，它无间于圣凡，性理时时处处都呈现，它无间于昏明，这是每个人的牟尼宝珠，它如丽日当空，阴翳根本障蔽不了它。对于性理，我们只能以隐显来说明，而不可以为有时或无时的差别。性理亘古常在，它不遵守全有或全无律，这是它与存有论实证一个根本差别所在。而且，性理的呈现，当下即是超越，由在凡到成圣，由走卒至士绅，所实践的都是这同一个超越的性理，这里没有异质的跳跃。这是最重要的一点，性理的呈现，当下具足，不需要有任何境界。我们知道，存有论的实证是很艰苦的，但在道德实践上，一念顺理而行即是一念的圣人，念念顺理而行即念念都是圣人。这是实践上一个很大的区分，也是心性修养上一个很大的方便。把握这一个要点，就把握了儒家工夫论的真髓。而善言良知之当下呈现，于历圣先贤持显教法殊胜的，要算王阳明。阳明五十岁以后，单提致良知教，以为致良知工夫以外，更无缺欠。探骊取珠，形成儒学工夫论一大进步，良有以也。②

---

① 参考《王阳明哲学》，三民，第 27 页。
② 参考《晚明思潮与社会变动》，弘化。第 158 页。

王阳明说:"良知之在人心,无间于圣愚,天下古今之所同也。世之君子,唯务致其良知,则自能公是非,同好恶,视人犹己,视国犹家。"(《传习录·中》)

又说:"良知在人,随你如何,不能泯灭,虽盗贼亦知不当为盗;唤他做贼,他还忸怩。"

又说:"我辈致知,只是各随分限所及;今日良知见在如此,只随今日所知扩充到底;明日良知又有开悟,便从明日所知扩充到底,如此方是精一工夫。"①

阳明首先说明良知为人人所本具,其次说明良知时时处处都不致泯灭。最后就工夫上指点,就现成良知扩充将去,使良知由隐而显,由端倪而落实,更不必担心良知有任何欠缺。心性工夫纯熟,自然通达圆融化境,带出存有论的实证。然而,对现实存有来说,心性论的实践,远比物我一体的实证来得重要。因为,一则物我一体的实证,只是赋予现象另一重意义,并不能改变现象的存在,而道德实践却与其他存有息息相关,而且工夫纯熟,自然也可通向物我一体的实证。一则存有论的实证境界,很容易丧失,识心乘权,本心降落,依然物我对立,私欲炽然。对现实存有来说,存有论的实证,并不保证道德高尚。许多实证过此境界的人,迫于现实,也只得衣食奔走,甚且,实证境界,禅悦为食,很容易使人玩弄光景。基此,存有论的实证,实不及道德实践来得万全无失。阳明讲学,扣紧致良知教立法,以作为道德实践的根据,实深有契于心性论的这种特点,终于形成明朝学风大变,收拾无数士人。良知一名,以虚灵明觉、知是知非为内容,实纯就心性论着眼。我们曾经说过,唐朝以后,禅宗特别兴盛,其实践所得,乃物我一体的境界。而阳明讲学,转就心性论方面的致良知立教。在后代的发展中,儒家与佛教的走向,形成强烈的对比,而各趋存有论或心性论之一极,将存有论与心性论的不同风格,发展到极致。撇开两家理论内容的差异,纯就两家发展方向的差别,来作儒佛区分,或许也是一条简易而可行的途径吧!

五、结语

佛教于东汉传入中土,逐渐取得学术的领导地位,至隋唐而大盛,如日中天。在长期的儒佛论争中,宋明理学家败部复活,为先秦儒学再创光辉。佛教由盛转衰,这其中固然有些外缘因素,如三武毁佛等因素的存在,但最主要的,是佛教教义上的偏差,此如本文上面之所说,这可以说是佛教衰微的内在因素。探讨佛教兴衰的历史因缘,这个问题是不

---

① 《传习录》,商务,第198页及第207页。

可忽视的，宋朝以后，佛教转入下层结构，虽然民间宗教依然发达，但知识界的大传统，不得不拱手让给儒家。佛教虽然自此退居幕后，但经过长期寝润，佛教对于中国文化各层面的影响，几乎是无孔不入。宋明儒之重视《中庸》、《易传》等形上学的探讨，就是典型的一个实例。此外，生活方式、文学艺术等方面，也都可以看到受佛教影响的痕迹。我们可以说，佛教已经本土化了，成为中国文化的部分要素。

在理论上，佛教可以说是失败了，但在生命研讨的事实上，佛教是否跟随着就失败了呢？个人倒不敢抱持这么乐观的看法。因为，事实上，到目前为止，有许多现象，尚非儒家理论之所能解释，而佛教教理却可以包含无余，或许有些人会把这些归于宗教现象。但无论如何，真理以事实为依据，世间哲学之仍有不能解释处，即表示世间哲学之尚有未完足处。这些现象，例如：（1）鬼神的存在；（2）轮回的事实；（3）净土往生的现象；（4）肉身成道的问题。死亡并不就是生命的结束，鬼神存在，灵学或心理学界的报导，不完全是虚构，异国他乡的报纸杂志，也多有报道。佛教主张有三界与六道，轮回与鬼神存在，更进一步证明佛教理论的真实不虚。有人死而复活，说地狱情形；婴儿诞生，叙述前生事情历历可指。极乐世界，众人以为子虚乌有，而佛教徒虔诚诵念，临终可以预知时至，蒙佛接引。如果以为这些全为虚构，未免太武断一些。其次，释慈航与释清严肉身不坏，这更是千真万确的事实。从汐止弥勒内院墙上的遗嘱看来，释慈航生前对于肉身不坏，至少也有七八分把握。熊十力说："佛家宗教方面，其根本信念有二：一曰业力不散失，二曰因果不可拨无。自小宗至大乘，此二根本信念，始终无改变。"① 熊氏虽不相信这些，但也肯定这两个观念是佛教所确信而为儒家所没有的。《金刚经》说："如来是真语者、实语者、如语者、不诳语者、不异语者。"② 参诸事实报道，假如这一切都是真实，儒家又将如何解说呢？

鬼神之说，古已有之。春秋时郑国大夫伯有为厉，载在《左传》。《说文》释鬼云："人所归为鬼，从儿，田象鬼头，从厶，鬼阴气贼害，故从厶。"③ 绘声绘影，煞有其事。朱子相信鬼神的存在，更是一个著例。然则儒家首领孔子的鬼神观如何呢？"子不语：怪力乱神。"有人解释此句，以为孔子先承认鬼神的存在，只是不谈论或不重视这些。"祭如在，祭神如神在。子曰：吾不与祭，如不祭。"④ 反对者以为加一"如"字，证明鬼神并非真实的存在，两方争持不下。其实，纯就语意来分析，这两段只说明孔子的态度，由语

---

① 《十力语要》，洪氏，第333页。
② 《金刚般若波罗密经讲记》，正闻，第188页。
③ 《中文大辞典》，中国文化大学，册十，第552页。
④ 《新译四书读本》，三民，第114页及第72页。

句本身，分析不出任何预设。我们可以说，孔子对鬼神的态度相当不明确，说"未能事人，焉能事鬼……未知生，焉知死"①，也不能决定什么。《易经》有比较明确的表示，《系辞》上传第四章说："易与天地准，故能弥纶天地之道。仰以观于天文，俯以察于地理：是故知幽明之故。原始反终，故知死生之说。精气为物，游魂为变，是故知鬼神之情状。"② 这种常变的说法，颇令人不满意。变例，其实就是异例，为理论所不能解释者。然须知异例经常就是关键的所在，许多新道理的发现，就是以异例为线索，而寻求更有解释力的理论。道理是是非问题，而不是数量多寡的问题，不能因为它是异例而贬低其价值，或进而忽视它的存在。多数并不代表就是真理，况且这些异例古已有之，近代更是层出不穷。进一步说，它们已经不是变例，而是常例了，只是我们仍无法解释而已。鬼神存在与六道轮回如此，念佛往生也非纯出虚构。至于肉身成道，更加不可思议，个人可以凭精神意志的力量，改变物理存在的事实，这种现象又怎么解说呢？在我们的观念中，心灵是遵守道德律的，自由意志为道德立法；物质是遵守自然法则的，识心为自然立法③。然而意志能够突破自然律以控制物理现象，这岂止境随心转，赋予外境一重新的意义，简直是境随心变，随心所欲了。然则唯识家说法更合乎生命实相吗？

朱子说："看来人全是资质。韩退之云：孔子之道，大而能博，门弟子不能遍观而尽识也，故学焉而皆得其性之所近。此说甚好。看来资质定了，其为学也只就他资质所尚处，添得些小好而已。所以学贵公听并观，求一个是当处，不贵徒执己自用。"④ 这段话对道德实践说，其实知识研讨也是如此。我们对知识的研讨，常受气质的左右，采取不同的观点，得到特定的结论。因此，学术研究要达到客观，是相当艰难的。仔细想想，气质的限制，又岂止在观点与结论上。我们注意那些问题，信赖那些预设及信仰，又何尝非在受到气质的决定呢？我们常以为先有问题，才有观点，其实更正确的说法应该是，先有信念，而后才产生问题。因此，整个知识问题的探讨，都落在气质的游荡中。唐君毅说："吾今以为一切哲学之中心问题，乃生命价值观念问题，一切形上学知识论之玄思玄辩，皆为护持其价值观念而立，乃属第二义。"⑤ 换句话说，是先有价值观念，然后才有理论研讨，形上学与知识论，只是为原初的价值观念找理由罢了。这话说得切要而且警策。在理论研讨上，佛教转趋式微；在实践事实上，有些现象儒家也还不能圆满解释。理论必

---

① 《新译四书读本》，三民，第 194 页。
② 《易经读本》，普天，第 94 页。
③ 参考《心体与性体》第一册，正中，第 115 及 180 页。
④ 《朱子语类辑略》，商务，第 87 页。
⑤ 《中国哲学原论·原道篇》卷三，学生，第 417 页。

以事实为依归，才能踏实；而事实必须化为明显的理论，才能定位与沟通。面对这些异例，我们应秉持朱子"学贵公听并观，求一个是当处"的训示，虚心研讨，谋求解决。则我这番辞费，尽管未能彻底解决这些问题，至少也为好学深思之士，在做进一步研讨时，提供一些思考的素材了。

录自台湾地区台北市《孔孟学报》1989年9月第58期

儒道关系

老子与孔子之"道"：类别根源性质及作用

蒲薛凤

蒲薛凤（1900－1997），字逖生，江苏省常熟人。清华学校毕业，美国哈佛大学硕士，翰墨林大学法学博士。曾任清华大学、西南联大教授。后出任政治大学教授、系主任等。主要著作有：《现代西洋政治思潮》、《政治文集》等。

一、目的与范围

老子与孔子虽各自道其所道，但彼此均以道为其全部思想之中心，则不容否认。究竟所谓"道"者，含义为何？此即包括下列具体项目：道之类别有几，根源何在、性质何若与作用如何。易词言之，"道"果可区分为几种，本原果何所自，是否存在（即系事实抑系虚构），又如何而运行并发生何种影响？对此四项牵连复杂问题，传统解释，或者付诸阙如，或者含糊片断，或者专事褒贬。今欲求得一套顾及全盘而客观彻底的答案，自属不易，然值得大胆尝试。笔者久加思索，愿将一得之愚，就正于高明。兹有一点似宜辟面声明：本文研究之材料仅限于传统认为记载两哲思想之经书，而且不遑涉及其中内容之真伪或字句之正误。

二、道之类别

吾人着手研究道之真相，首宜仔细分析道之类别。老子与孔子分别反复所言之道实均包含三种类别。其一，有关范围之大小，此即分为整体总括之道与个别零星之道。其二，有关层次之高低，此即分为自然之道、天之道与人之道。其三，有关所指之虚实，此即分为抽象原则之道与具体行为之道。明了此三种类别以后，则对于探阐道之根源、性质及作用，当可迎刃而解。兹请分门别类，一一引证说明。

兹先述第一种类别。就道之范围大小而论，有整体总括之道，有个别零星之道。《道德经》中"道可道非常道"（章一）及"道常无为而无不为"（章三七），暨《中庸》中"道者不可须臾离也，可离非道也"，或《论语》中"人能弘道，非道弘人"（《卫灵公》章二八）：此之所指皆整体总括之道或一般的道。反之，例如《大学》、《中庸》及《论语》中所述君子之道，夫妇之道，生财之道，君臣之道，治乱兴亡之道，此自为个别零星之道或部分的道。《道德经》中例如"以道佐人主者，不以兵强天下"（章三十），"道之出口，淡乎其无味，视之不足见，听之不足闻，用之不可既"（章三五），"上士闻道，勤而行之"（章四一），或"古之善为道者，非以明民，将以愚之"（章六五）。举凡不以兵强天下之道，出口之道，所闻之道，或愚民之道，其必为个别零星之道而不可能为整体总括之道，无可置疑。

复次，有关层次之高低，道有三种：自然之道、天之道及人之道。"天之道"（或"天道"）与"人之道"（或"人道"）两种名词，老子与孔子均曾使用。至于"自然之道"，两哲虽未明白指陈，却曾意会暗示，不啻间接承认。盖有时所称"天之道"或"天地之道"，实指自然之道而言。道之范围既有大小，故每一层级的道各有其整体总括与个别零星之类别。

老子云，"道生一，一生二，二生三，三生万物"（章四二）及"道生之……是以万物莫不尊道"（章五一），此指之道，当系整体总括的自然之道。在另一方面，"上善若水，水善利万物而不争，处众人之所恶，故几于道"（章八），又"天下莫柔弱于水，而攻坚强者莫之能先"（章七八），此盖以水之柔性认为个别零星的自然之道。它若以静性之"雌"，虚性之"谷"，整性之"朴"，作为规范，亦属部分自然之道之例证。以言孔子，《中庸》（第廿六章，八）所载"天地之道，博也，厚也，高也，明也，悠也，久也"、《论语》（阳货第十九章）"天何言哉！四时行焉，百物生焉，天何言哉！"以及《易经》（《系辞》，上十一，下八）"天地变化，圣人效之"，与"道有变动"，此皆整体总括的自然之道。至如"天地之道，寒暑不时则疾，风雨不节则饥"（《礼记》，乐记，九），"天行健，君子以自强不息"（《易经·乾卦》），"日中则昃，月盈则食，天地盈虚与时消息，而况于人乎"（同上，《丰卦》），上述"疾"、"饥"、"天行健"、"昃"、"食"，分明均是个别零星的自然之道。

所谓"天之道"，其特点盖在具有理性含义及道德价值。老子相信"天乃道，道乃久"（章十六）及"天之道不争而善胜，不言而善应，不召而自来，繟然而善谋。天网恢恢，疏而不失"（章七三）。类此描写当是全盘的天之道。"天之道损有余而补不足"（章七七），此则仅指部分的天之道——因为天道决不只"损有余而补不足"而已。此正犹"不窥牖见天道"（章四七），其所见者绝不是天道之整体而只是天道之部分。孔子亦云，

"思知人不可以不知天"（《中庸》，第二十章，七）。知天殆即知天道，所能知者不过部分的天之道。至若"诚者天之道也"（同上，第二十章，十八）与"万物并育而不相害，道并行而不相悖"（同上，第三十章，三），则殆指整体总括的天之道。

层次最低而重要性最大且为两位圣哲所思考之主题者，厥为人之道。人之道有善恶、是非及应当不应当之分，故又大别为二。为便利计，吾人姑称此两类为正道（即"大道"或"有道"）与邪道（即"不道"、"非道"或"无道"）。《道德经》中"天之道损有余而补不足，人之道则不然，损不足而奉有余"（章七七）及"天之道利而不害，圣人之道为而不争"（章八一），《中庸》（章二十、三及十八）"人道敏政"与"诚者天之道也。诚之者人之道也……择善而固执之……"，此皆证明人之道有别于——不论其为抵触或顺合——天之道。兹有一点愿特别提请注意：通常提到"道"字，总作正道解。大抵因为苟非正道，即不屑称为道，殊不知"盗亦有道"。实际上确有正道邪道之分，但所指则可因时因地而异。

人之道亦自有其范围之大小。《道德经》第三章殆最接近整体总括的人之道，其辞如下："不尚贤，使民不争。不贵难得之货，使民不为盗，不见可欲，使心不乱。是以圣人之治，虚其心，实其腹，弱其志，强其骨，常使无知无欲，使夫知者不敢为也。为无为，则无不治。"至于例如"知足不辱，知止不殆"（章四四），则显系个别零星的人之道。就孔子言之，下列引句均是指陈个别零星之道。"富与贵是人之所欲也，不以其道得之，不处也。贫与贱是人之所恶也，不以其道得之，不去也。"（《论语·里仁》，章五）"朝闻道，夕死可矣。"（同上，章八）"所谓大臣者，以道事君，不可则止。"（同上，《先进》，章廿三）"君子道者三……仁者不忧，智者不惑，勇者不惧。"（同上，《八佾》，章三十）其余如父慈、子孝、兄爱、弟敬等等，无一非个别零星的人之道。子思所谓"大哉圣人之道，洋洋乎发育万物，峻极于天"（《中庸》第廿七章），暨《大学》开端"大学之道，在明明德，在亲民，在止于至善"，此则代表孔子心目中整体总括的人之道。整体总括的道（不论其为自然之道、天之道或人之道）容易想象，却无从全知。人道之可区分为整体与个别，其最好暗示在："君子之道，费而隐；夫妇之愚可以与知焉，及其至也，虽圣人亦有所不知焉；夫妇之不肖可以能行焉，及其至也，虽圣人亦有所不能焉。"（《中庸》第十二章）凡夫妇之愚与不肖，尚且可知而能行者，必然为个别零星而简单浅显的"君子之道"。至于艰难奥秘的"君子之道"，虽圣人亦有所不知不能。是则整体总括的人之道，虽可大略想象而甚难全知。

关于道之层次高低，仅仅一个"道"字即已含有类别，初不必另加标明。此点殊值得注意。兹请略举数例。"道之为物惟恍惟惚。"（《道德经》，章廿一）此"道"系整体的自然之道。"反者道之动，弱者道之用。"（同上，章四十）此"道"当指天之道，因系观察自然现象而加以理想化。至于所指"天下有道……天下无道"（同上，章四六），自指一般流行的人之道。试再检讨孔子之训示，亦复如是。"道不可须臾离也，可离非道也。"（见前）此"道"乃一切自然之道。"道不远人。人之为道而远人，不可以为道。"（《中庸》第十三章，一）"道不远人"之"道"乃是天之道，"人之为道"及"不可以为道"则指人之"道"。例如《论语》（《卫灵公》，章卅一及卅九）"君子谋道不谋食……君子忧道不忧贫"之"道"及"道不同不相为谋"之"道"，其属个别零星的人之道，更不言而喻。

第三种类别乃以道之虚实为分野。虚者乃抽象原则，实者乃具体行为。以故，有抽象原则之道，有具体行为之道。抽象与具体，亦即原则与行为，此项区别不特见诸人之道，即在自然之道或天之道中，亦可寻得。以言自然，例如"天行健"此是抽象原则，而"四时之错行"、"日月之代明"，则系具体行动。以言天，仁义为抽象原则，而春生秋杀则是具体表现。以言人，则人道有抽象与具体之分，自更明显。

孔子谈道，兼重虚实两面。老子则不啻专重原则。孔子之最大原则莫逾于"中庸"及"仁义"、"忠恕"与"礼"。《礼记》与《论语》所提之具体行为之道，层见叠出，不胜枚举。大之如"制国用，量入以为出"及"用民之力岁不过三日"（《礼记·王制》，二九与三七），小之如"道路男子由右，妇人由左，车从中央"（同上，五二）及"鱼馁而肉败不食……割不正不食，食不语，寝不言"（《论语》，乡党第八章，二、三及九），此皆属于具体行为的人之道。老子之"无为"与"去甚去奢去泰"（章廿九）等等尽是抽象原则。五千余言之《道德经》仅有下列数段勉强可作具体行为方面的人之道。有害人身之"五色"、"五音"、"五味"、"驰骋田猎"及"难得之货"务宜屏除（章十二）。"杀人众多以悲哀泣之，战胜则以丧礼处之。""吉事尚左，凶事尚右。"（章三一）

总而言之，人之道之抽象原则大抵均由具体行为措施归纳出来。当然，抽象原则流行以彼，也可从中抽绎出若干应有的具体行为。比较言之，为善为恶，为是为非的抽象原则，似属颠扑不破，可能用广而持久，而具体行为之为善为恶，为是为非，则易有分歧变化。吾人深切认识此第三种"道"之类别，当亦有助于探阐道之根源、性质与作用。

三、道之根源

吾人既知"道"之层次类别，当易探讨其间相互关系以及道——特别是人之道——之真实根源。

《道德经》中下列一段对于道之层次高低指陈明确。"人法地，地法天，天法道，道法自然。"（章廿五）此处把"道"作一独立单位，放在天之上，自然之下，自属费解，但认为自然高过于天，则无疑问。吾人如不刻舟求剑，以词害义，则此段文字之要旨当为人法天，天法自然，亦即人之道本于天之道，天之道本于自然之道。老子尊重"柔弱"而本之于"水"、"雌"、"谷"、"朴"各自然现象，前已引述，兹再补充一段（章七六）："人之生也柔弱，其死也坚强。万物草木之生也柔脆，其死也枯槁。故坚强者死之徒，柔弱者生之徒。"此可证明"柔弱"人之道实本于自然之道。

《中庸》开端即云："天命之谓性，率性之谓道，修道之谓教。"此中"性"字通常作"人"性解，然亦未始不可包括"物"性。以"性"一字总括一切人与物（人类与万物）之性，其最好证据乃在《中庸》所载子思之引申解释："惟天下至诚为能尽其性。能尽其性则能尽人之性。能尽人之性则能尽物之性。能尽物之性则可以赞天地之化育。可以赞天地之化育则可以与天地参矣。"（第廿二章）由此以观，"性"乃本性，乃指人类与万物之本性，而人类与万物之本性之总和，当即是整个自然。因而尽性即是遵循自然之道。"天下至诚"能使一切遵循自然之道，则实即赞助自然（"天地"）之化育而与自然融合。依此，则《中庸》开端云云，其要旨在：造化所定，乃是自然；遵循自然，乃是道理；研践道理，乃是教化。照此解释，孔子一如老子，将自然之道放在天之道之上。反之，吾人如果将性解作自然，而对于"天命之谓性"之"天命"，望文生义，拘泥字面，则孔子殆认为天在自然之上，天之道在自然之道之上。惟笔者深信孔子当时所指之"天"（或"天地"），在今日言之，当即指自然。

老子与孔子之所以尊重天道自亦有其原因。此两圣哲对于其身经目击之政治社会——贪淫残暴，战乱吞并——深感不满，因而思考如何彻底改善之途径。他们必曾深信彻底改善不能仅凭人之智慧与意志而必本诸"天"、"天命"与"天道"（此项传统信念，在《尚书》中记载甚多）。他们对于各项自然现象，例如日月代明，盈昃满亏，风雨雷电，四时接替，乃至高山深谷，花木荣枯，必曾深刻视察与反复思索，而且领悟到种种切切动静变化、相反相成、循环起伏、生生不息的自然现象，其背后，自必有其无声无形的自然法则与夫一套长期观点的平衡和谐暨中庸秩序。凡此自然规律亦即自然之道——在两位哲人则称之为天之法则，亦即天之道——应为人群生活与社会法制之本原。因此之故，人之道之真实根源，与其谓为在天，毋宁谓为在自然，在理想化的自然规律。兹略引两哲之垂训以资佐证。

《礼记》（哀公问）有此一段问答："（哀）公曰：敢问君子何贵乎天道也？孔子对曰：贵其不已，如日月东西相从而不已也，是天道也。不闭其久，是天道也。无为而物成，是天道也。已成而明，是天道也。"可见天道概念本于自然现象。前曾引用《易经》一句"天行健，君子以自强不息"。"自强不息"是人之道，此处所指"日月东西相从而不已"，分明就是理想化的"天行健"之所本。"天"指"自然"，显而易见。此处所称"无为而物成"可与前曾引述（《论语》）"天何言哉！四时行也，百物生也。天何言哉！"比照。盖"无为"与"天何言哉"同样是自然现象之理想化。再举一例。每到春天，万物滋生，此是自然现象，包含自然规律或自然之道，加以理想化，则可称为天之道。因为人之道应当本于天之道，故《礼记·月令篇》有此一段："孟春之月……禁止伐木，毋覆巢，毋杀孩虫……不可以称兵……毋变天之道。"《易经》说卦有之："是以立天之道曰阴与阳，立地之道曰柔与刚，立人之道曰仁与义。"此乃以仁义本于柔刚，且本于阴阳。易词言之，此乃以人之道仁义，本于理想化的自然规律阴阳。综上观之，《礼运篇》中"故圣人作则必以天地为本"，其中所称天地实即若干（个别零星）自然规律之理想。以言老子，则人之道之应当本于理想化的自然规律，更属明显。其尤著者当推"反者道之动，弱者道之用"（见前）之训示。因为物极必反故宜守中。因为"柔胜刚，弱胜强"（《道德经》，章三六），故尚谦退而不争。而"反"与"弱"之为"道"均本于自然规律而加以理想化。此在上节"道之类别"中已有充分说明，兹不赘述。

概括言之，层次分类之道，其客观意义可作结论如下：（一）自然之道乃是自然规律，即是宇宙间一切人物事项所必由之理路。（二）天之道乃是圣哲认为人群生活与社会制度所应由之理路，实则乃是若干理想化的自然规律。（三）人之道大别为二：正道与邪道。正道云者，乃是圣哲所认为一切人群（包括治者与被治者）所应遵循，而且部分人群有时实际遵循之理路。凡反背圣哲所训示者，即为邪道。不论正道与邪道，均可见诸行为措施及纳入习俗法制。

人之道之应本于天之道，此固老子与孔子所共同强调，但对于天之道之内容究竟，似只体会到一鳞半爪，而且有时殊感渺茫。大概因此之故，子贡曾经吐露如下："夫子之言性与天道，不可得而闻也。"（《论语·公冶长》，章十二）孔子少谈天道殆亦表示"知之为知之，不知为不知，是知也"（同上，《为政》，章十七）的精神。其实，不特哲学家难知天之道，即今日之科学家亦难知自然之道，例如宇宙之如何开始及宇宙之有无止境，殊非经验有限之人生所能想象。老子亦云："天之所恶，孰知其故，是以圣人犹难之"。（《道德经》，章七三）足见天道难知而更难言。此殆所以有"知者不言，言者不知"（同上，章五六）之感叹。盖天之道可想象而不可捉摸，可意会而不可形容。

传统解释一向认为人道应本天道，此在儒家尤甚。董仲舒谓："道之大原出于天。天不变，道亦不变。"（《前汉书·董传》，卷五六，页十六）程颐云："理出于自然，故曰天理。""天有是理圣人循而行之，所谓道也。"（《伊川语》四，页三六及七下、页一）朱熹注解《中庸》首章，谓："道之本原出于天。"王阳明则认为："心即道道即天。知心则知道知天。"（《传习录》，上，页二七）各儒先后立论纵有不同，而其认人道应本天道则一。今笔者探讨结果，认为孔子正犹老子，实际上系将人之道本诸自然之道，恐有诬妄之嫌。

兹为充实笔者论据，愿就孔子与老子两套哲学之基本性质加以研析，备作佐证。一般西方学者向称孔子哲学为人本主义，老子哲学为玄奥主义。此固恰当。然而吾人如再深入推敲，当可发现老子与孔子之哲学，方向虽异，而其基础则同为自然主义。"自然主义"名称虽一，大有出入，有唯心的自然主义，有唯物的自然主义。老子与孔子之两套哲学却同以唯心的自然主义为其基础。兹就两位圣哲之神学、宇宙观及本体论（亦即形上学）三项，加以佐证。

先言神学。《道德经》虽提及鬼神，但次数极少。细察全书，绝无半句只字涉及来世，亦未尝明言或暗示个人与社会受着神灵之安排支配。至于孔子，虽云"丘之祷久矣"，却亦指陈"获罪于天，无所祷也"。虽又曾谓"祭神如神在"，却亦曾云"未能事人，焉能事鬼"、"未知生，焉知死。"（《论语·述而》，三四；《八佾》，十二、十三；《先进》，十一）关于祭祀祖先，孔子之表示最为彻底。"孔子曰：之死而致死之，不仁而不可为也。之死而致生之，不知而不可为也。"（《礼记·檀弓上》，六九）然则如之何？"事死如事生，事亡如事存。"（《中庸》第十九章，五）此种视死如生、视亡如存之"宛如"存在哲学无疑为自然主义。

老子之具有其宇宙观亦甚清楚："有物混成，先天地生。寂兮寥兮，独立而不改，周行而不殆，可以为天下母。吾不知其名，字之曰道，强为之名曰大，大曰逝，逝曰远，远曰反。"（章二五）以今日天文知识而言，太空亿万星辰，不论其有无"向心"、"离心"两项相反"力量"互相牵制平衡，总是彼此"独立而不改"；唯有来往围绕椭圆轨道，乃能继续"周行而不殆"。另又加以"大"、"逝"、"远"、"反"之形容，其为一种不可思议之宇宙推测似难否认。总而言之，此段文章，可谓神游六合以外，思追混沌之初，描写一种时空无限境界，竟然超出人生有限经验。谓为直觉知识，自系附会；谓为卓绝智慧，则不尽牵强。至于儒家，专重人群社会如何而能有和谐安定生活之道理，对于宇宙之如何形成，除掉阴阳五行理论外，似未遑深求。但有一点相当肯定：未尝将"天地"（当指"自然"）之由来归诸上帝之创造。此即自然主义之反证。

关于本体论（或形上学），老子有其独到见解。一则曰："视之不见名曰夷，听之不闻名曰希，博之不得名曰微。此三者不可致诘，故混而为一……是谓无状之状，无象之象，是谓忽恍。"（章十四）再则曰："天下万物生于有，有生于无。"（章四十）古今注疏者之见解自有出入。笔者认为此两段文字乃指陈整个自然之真相，亦即整个自然之本体。昔人肉眼所见之日月星辰以及今人利用天文仪器所能观察推论与证实的亿万倍之天体，均系自然现象。自然现象与自然本体绝异。太空星辰有生有灭，唯有育化此恒河沙数之日月星辰之自然规律总和才是宇宙本体（宇宙之最后真实）。此种本体自系"不见"、"不闻"、"不得"、"忽恍"与"无"。孔子之学说似无包括本体论之可能。然而《中庸》及《易经》载有两段文字,如经仔细推敲,则似暗示"道"是一种本体,不仅有"质",而且有"能"。第一段见于《中庸》(第廿六章,八):"天地之道可一言而尽也。其为物不贰则生物不测。天地之道,博也,厚也,高也,明也,悠也,久也。"第二段见于《易经》(《系辞》上,四):"一阴一阳之谓道。"第一段中"天地"实指自然。"高"、"明"本指天;"博"、"厚"本指地,今则用以形容自然("天地")之道,则"道"有其本体。"悠"、"久"自指时间之无穷尽。"为物不贰"殆即"诚者天之道也",亦即永恒固定而存在。至于"生物不测"更含生生不息、长期演化之意。由此以观,第一段所指,不啻谓天道(自然之道)有其本体。第二段所谓"一阴一阳之谓道",则仿佛指陈道有其能。盖阴阳暗合正负两种电(普通称作阴电与阳电),而电乃宇宙中间最广大的原动力,亦即"能",并合《中庸》及《易经》两段而简括引申,似是自然之道,既有其"质",复有其"能"。若谓孔子曾为当代质能同一的本体论开其先河,诚属荒唐附会。但谓上述两段文字或可解作暗合或暗示"道"之具有"质"、"能"之本体,未始不值得考虑。

总之,老子与孔子之哲学均基于自然主义。正因两哲咸信自然具有理性与秩序,故可称为理想的或唯心的自然主义。两哲之抱持自然主义,亦可佐证本文之立场:两哲所称之"天之道"实指"自然之道"。

四、道之性质

本节检讨道之性质,即系检讨道之是否存在。笔者此处所指之存在并非哲学中聚讼纷纭的玄奥存在(即所谓本体、实质或最后真实),而系科学所指与常识所认的存在。率直言之,举凡确有其物,果有其事,与真有其理(即理之表现于事物之中者),均属存在。如上所述,道既有其类别,吾人自不能囫囵吞枣解答道之是否存在,而必分层次,按区别,逐一探究道之存在问题。

自然之道。前已引证解释,即系自然规律。果尔,则个别零星的自然之道(即个别零星的自然规律)固属存在,而整体总括的自然之道(亦即个别自然规律之总和)自必存在。可是,任何号称自然之道(或规律)苟无现象或事物足以证实者即无其存在。例如"食色,性也",乃是事实,其存在无疑。至于"天圆地方",只是假定,并非存在的事实。上所云云,旨在强调抽象原则("无"),必须表现于具体行为("有"),乃真存在。因此,另有相关数点值得略加引申。其一,每一自然规律,在人类尚未发现以前,早已存在(例如有关无线电、飞机、原子弹等自然规律),初不因人之知与不知而受丝毫影响。其二,纯就"自然"之立场,每一个别的自然规律,初无善恶、是非、应不应之别。盖生存有生存之道,死亡亦有死亡之道,治兴有治兴之道,乱亡亦有乱亡之道,均受许多错综复杂相反相成的自然规律所控制。人固有相当选择运用之可能，但究难完全地与绝对地支配。其三，整体总括的自然之道究竟有无理性，有无计划，有无目的，此则属于另一种问题——一种难有实证或否证的哲学问题。《道德经》中"天地不仁，以万物为刍狗"（章五），寓有褒贬之意。但是自然（即所云"天地"）而果不仁，竟以万物为刍狗，乃是自然已有其计划与目的。笔者提及此点，旨在说明每一问题之复杂困难。其四，孔子与老子所观察者，大抵只是自然现象而尚非自然规律本身。可是，每一自然现象之背后自必有其自然规律。

复次，请探讨天之道之性质。先问整体的抽象原则之天之道是否存在？此一诘问好比质询上帝是否存在。要答复天之道是否存在或上帝是否存在，其关键端在个人之信仰，在所持天之道或上帝之定义，在所举之具体例证。例如鸟反哺，羊跪乳，鸡司晨，犬守夜，母狮养护幼狮，蜂蚁分工合作，类此种种皆可作为天道存在或上帝存在之佐证。另一方面，大鱼吃小鱼，虎豹食麋鹿，原野荒林中一切弱肉强食事实亦可佐证天道或上帝之不存在。由上观之，整体总括天之道之是否存在，要视思想家对于自然现象及人类历史认为有无理性、计划与目的而定。此则难有客观而一致的结论。

然则个别零星的天之道是否存在？此则不难解答。盖个别零星的天之道，实即理想化的若干个别自然规律。其中自然规律部分，自必存在，而其中理想化部分可能存在或不存在，全视其是否见诸于行为措施。例如"天道无亲，常与善人"（《道德经》，章七九），此乃理想化的自然规律。自然规律无一不是铁面无私。"无亲"是事实，故有其存在。至于"常与善人"，则是理想化，盖善人不见得常有善报（往往"盗跖寿而颜回夭！"）。又例如"功成名遂身退，天之道"（同上，章九）。彼张良从赤松子游，固得保全首领以没于地。此一史实殆可佐证此一"天之道"有其存在。可是历史上鸟尽弓藏，兔死狗烹，纵欲身退而不可得之悲剧比比皆是。此亦足见"功成名遂身退"的"天之道"未必存在。《礼记》（《孔子闲居》，四）载："天无私覆，地无私载，日月无私照。"天之覆，地之载，日月之照，各有其自然规律。以言"无私"之覆、之载、之照则显属理想化。又"无为而物成，是天道也。"（见前）"物成"固是自然规律，"无为"则属理想化。兹再举朝代兴亡基于"天命"为例。历史上政权更迭，堪称应天顺人者固亦有之，但"成王败寇"比比皆是。必曰全系天命颇属片面理想化。凡属理想化者均已成为伦理原则，此即牵连道之第三种类别及其分别存在问题。

所谓道之第三种类别，前曾指陈：道有虚实，有抽象原则之道，有具体行为之道。"无为而物成"（犹诸"无为而无不为"）及"天道无亲，常与善人"均是抽象原则的天之道。必也有其具体行为事实，足资证明，方见存在。至于所举之具体行为事实能否真正证明其抽象原则，则端赖立场与信仰，前已指出，自不免仁者见仁，智者见智。

最后，请就最重要的道之类别，亦即就人之道，试探其是否存在。究竟所谓人之道，果何所指？此乃先决问题。人之道实乃社会人群所作之一般行为措施及其先知先觉所揭橥之道德原则而经纳入风俗习惯及法令制度之中。就人类历史言之，这在道德法制之抽象原则形成以前，早已久有种种具体行为。其后各项具体行为，分别被判为善为恶，为是为非，为应当为不应当，而渐次归纳为道德规律与法令制度。此其结果，则几乎无一行为不可用原则加以准绳，不啻每一原则可对发生之事加以判断。基于上述，似可得到下列结论。其一，人之道不能产生于真空之中，而必存在于现实社会之内。故整体总括的人之道，不可能全部为正为邪，而必瑕瑜互见，混杂并存。其二，人之道大抵系社会之中具有权位势力及左右言论思想之优秀分子所能形成，而由大众所接受，并能化成习俗与法制。但每一社会所流行之道总在变迁演化。其三，所谓天下有道或天下无道，乃指当时当地传统正道之流行程度与范围（尤其指统治阶级与知识人士而言），有其深浅大小之别。

以言人之道之抽象原则与具体行为，则孔子之教训至为精细而深广。就个人言，在出世以前，"道"自胎教开始。幼时训育即在日常洒扫应对之中。稍长则务习六艺（礼乐射御书数）。及其长大，应以君子自许，期能修齐治平。人与人之关系，首重五伦。关于政治经济、内政外交以及治乱兴亡之道亦莫不涉及。以故，孔子及历代儒家所标榜之人之道，其范围至广。

由于上述种种，可见现实社会中之人之道，不论其为正为邪，不论其为抽象原则或具体行为，且不论其为个别零星或整体总括，均有其存在。兹另有一点，值得略提，即所称正道果何由而发生？吾人须知人有本能亦有理性。若干行为乃系弗学而能，不教而知者：此盖基于本能。至于分善恶，辨是非，尚价值，此则基于理性。人之正道，盖即根据理性在长期生活经验中渐次形成而继续演化。兹以食色为例。《礼记》（礼运，二三）即云："饮食男女，人之大欲存焉。"《孟子》载告子语（《告子》上，一）："食色，性也。"假若食色本能生活，尽情放肆而漫无制裁，则岂止所谓"紾兄之臂而夺之食"及"踰东家墙而搂其处子！"（《孟子·告子》下，第一章，八）种种流弊祸害，不堪设想。食色尚且如此，它如有关权、位、名、利各项，如无与时俱进的人之道，予以范畴与制裁，则社会之混乱不言而喻。由是以言，理性与本能，既然同为人性之部分，亦即同为自然之部分，则胚胎发育于理性之正道，自必同为自然之部分。

五、道之作用

探求道之具何性质，终必牵涉道之如何发生作用。一言以蔽之，凡属实际存在的道，就是发生作用的道。反之，倘若吾人不能发现其能直接间接引起作用，则所谓道者只是虚构。研究道之作用，可从两方面着手。一方面就道之层次类别，探求其如何而能发生作用；另一方面，就道之内容方向，检讨其果能发生何种作用。

先论自然之道，亦即自然规律。一切自然规律，不论何时何地，永在发生其作用。易词言之，此种运行与作用，乃是机械地、自动地、永恒地在继续着。小而言之，例如细菌可以引起疾病；人身内部本有抵抗力量；对症药剂可以治病，亦可意外发生副作用。大而言之，一国之治乱兴亡（往往超出当事人之料想）亦均基于若干复杂隐藏的自然规律。在物体界中，例如天文、物理、化学等自然科学，现已发现许多自然规律而能以数目字母之计算公式，表列出来。但在人事界中，则因任何事实现象，不能加以隔离独立而反复试验，故未由断定其中运行支配之自然规律。再则自然科学只问如何，而社会科学，且问为何，更使问题复杂，解答困难。

所谓天之道，实即若干理想化的自然规律，其能发生作用，自与自然规律之完全自动绝对不同。盖天之道必赖人群之深切信仰与实际遵行。今以孝乃天之道为例。《孝经》（三才章）云："夫孝，天之经也，地之义也，民之行也。天地之经而民则之。"又（圣治章）云："父子之道，天性也。"此皆表示孝乃天之道，而亦本于自然之道。然而只就孝之为天之道，仅系抽象原则，必须另有应有之具体行为，方能证实原则之能发生作用。《孝经》（开宗明义章）有云："身体发肤受之父母，不敢毁伤，孝之始也。立身行道，扬名于后世，以显父母，孝之终也。夫孝，始于事亲，中于事君，终于立身。"此乃以孝为天之道而需要的应有行为。另如《道德经》中所谓"天之道损有余而补不足"，亦只是天之道之一项个别的抽象原则。古往今来提倡损有余而补不足者，不乏其人。假定共确为天之道，则亦必等到今日各国实施累进率所得税与遗产税等项之后，始有具体行为以证实此项抽象原则。由此可知，天之道必藉具体事项乃能由虚而实。

今可转到人之道果如何而能发生作用问题。如前所述，抽象与具体两类的人之道均有其存在。既有其存在，即已证实其已发生作用。抽象的人之道，即系道德规律。道德规律不能自动发生作用。只有久被社会接受，久经士大夫宣扬，而且已带情感已成风气之各项道德规律，乃能形成一套"思想力量"，足以鼓舞影响乃至指导支配人群行为。此固正道之发生其作用。由此观之，"道"与"教"确难分离独立。"教"之施行固必本于其"道"，而"道"之能生作用，自必有赖于"教"。同时，在另一方面，凡系包含并表现道德原则之道德行为，只要长期推广，亦可于无形中化成一种强大的推动力量。上所云云，乃是指陈人之道（包括抽象原则与具体行为）如何而能发生作用。上所云云，亦是说明例如孝、贞、忠、仁、义、礼等各项道德所以能历数千年而不衰。反之，各项邪道恶德，例如贿赂、贪污、欺诈、强暴、反叛、侵略等等，其所以亦能到处存在者，正亦基于上述理由。所不同者，邪道恶德向来不经宣扬，不经承认，适得其反，当事人往往自己公开抨击。可是一经反复实践，自有一种散布蔓延之力量。所谓"不言之教"，信而有征！因此之故，"人能弘道，非道弘人"，实可兼指正邪两道，但就邪道而言，当为"人能损道，非道损人"。

关于抽象人之道之可能作用，另有一点，至属重要。此无它，即空洞理论不尽在支持当时当地流行之社会体系与生活方式，抑且可在批评、攻击、破坏现状，进而创建一套新的系统——不论其在宗教、社会、政治、经济、伦理，甚至艺术方面。每当青黄不接，新旧交替之际传统的道与教，往往发生反作用。当然，反作用亦是作用之一种。

上所指陈乃在阐明道之如何而能发生作用，亦即有关作用之方式（即是否自动，是否直接）。兹舍方式而论内容，试探"道"果能发生何种作用。所谓内容当然即指道之基本原则。请就老子与孔子之道，扼要比较。先言自然之道。老子之所最着重者，厥在无为与相对。关于无为，前已指陈，不必赘及。所谓相对，乃指万事万物均有其相反相成之双元性，例如长短、高低、前后、难易、祸福、善恶，乃至阴阳、有无，甚或慈爱与勇敢，节俭与广施，谦退与领导。《道德经》中指出下列各项（章二、二十、五八、四二及四十）："故有无相生，难易相成，长短相形，高下相倾……前后相随。""善之与恶相去何若！""祸兮福所倚，福兮祸所伏。""万物负阴而抱阳。"老子又曰："吾有三宝，持而保之。一曰慈，二曰俭，三曰不敢为天下先。慈故能勇，俭故能广，不敢为天下先，故成器长。"此之所云亦指相反相成。以言孔子，虽认一阴一阳之为道，故亦重视盈虚消长与来复循环，但对于无为与相对却未强调。

至于理想化的自然之道亦即天之道，老子重视下列数项："无为而无不为。""天网恢恢，疏而不失。""反者道之动，弱者道之用。"（均见前引）就孔子言，则天之道之重要内容当为"诚"，为"仁"，为"行健"，为"尽万物之性"。两哲最关切而加宣扬者自为人之道。关于天或自然，两哲之概念似尚接近，但由此而演绎出来的人之道却大有出入。吾人不必详举其背异之点，而只需指陈四项：仁、义、礼、法。对此四者，孔子极为崇尚，老子则施以抨击。孔子暨儒家之立场可以《礼记》（曲礼上，五及六）下列一段代表："夫礼者所以定亲疏，决嫌疑，别同异，明是非也……道德仁义，非礼不成。教训成俗，非礼不备。分争辨讼，非礼不决……君臣上下，父子兄弟，非礼不定……是故圣人作为礼以教人，使人以有礼，知自别于禽兽。"老子之见解则显然相反。《道德经》中有下列数段（章三八、十八、十九及五七）："故失道而后德，失德而后仁，失仁而后义。夫礼者，忠信之薄而乱之首也。""大道废，有仁义。智慧出，有大伪。六亲不和有孝慈。国家昏乱有忠臣。""绝仁弃义，民复孝慈。绝圣去智，民利百倍。绝巧弃利，盗贼无有。""天下多忌讳而民弥贫。民多利器，国家滋昏。人多技巧，奇物滋起。法令滋彰，盗贼多有。"老子此种排斥仁、义、礼、法之立论，实在基于其归咎"人身"之见解："吾所以有大患者，为吾有身。及吾无身，吾有何患。"（章十三）（不论"有身"、"无身"究作何解，似与其推崇自然，有所抵触。）两氏对于抽象的人之道，见解相反，于此可见。

在抽象原则方面，老子与孔子既已距离如此之远，则在具体行为方面，其必背道而驰，自可想象。就基本立场言，老子志在出世，故鄙贱俗务，不事纷扰；孔子则甘愿入世，欲努力从政以改善社会而转移世运。就立论对象言，老子乃为个人着想，尤其为优秀分子着想；孔子则着眼整个社会，包括尊卑上下，男女老幼，智愚贤不肖。就入手方法言，老子采取放任无为；孔子则重舍私为公，人人各尽其职责。就最终目标言，老子企求同返自然境域，生活简朴而无纷乱；孔子则期待一个秩序稳定而且和谐平衡的政治社会。老子之理想社会有如下述："小国寡民。使有什伯之器而不用，使民重死而不远徙。虽有舟舆，无所乘之。虽有甲兵，无所陈之。使人复结绳而用之。甘其食，美其服，安其居，乐其俗。邻国相望，鸡犬之声相闻，民至老死不相往来。"（《道德经》，章八十）孔子之理想大异于是。"大道之行也，天下为公。选贤与能，讲信修睦。故人不独亲其亲，不独子其子。使老有所终，壮有所用，幼有所长。矜寡孤独废疾者，皆有所养。男有分，女有归。货，恶有弃于地也，不必藏于己。力，恶其不出于身也，不必为己。是故谋闭而不兴，盗窃乱贼而不作。故外户而不闭。是谓大同。"（《礼记·礼运》）如谓此中生活体制与精神含有民主社会主义，当非诬罔。

两哲对于人之道之内容，既如此相异，则其所能发生之作用，必不相同。就事实言，两哲思想之不同作用可于吾国人民生活历史中求之。老子之道既然教人柔弱，谦虚容忍与知足，则自必使人得意、在位、握权之时，要节制自己行为，同时使人失望、失败之余，有以自解自慰。大体言之，老子之道之作用，乃在个人生活思想方面，而亦见诸宗教艺术。以言对于政治之影响，殊属不多。在西汉开国之初六十年中，一则因在位之人主恰好笃信黄老，再则因暴秦灭亡以后，人民正需休养生息，故黄老放任无为之道曾经发生作用。孔子之道自属不同：性质积极，旨在有为，其对象为整个社会，尤其在鼓励知识分子修成君子，俾能参政服务，事君爱民。此种作用可在下列礼节法制中见之：祀礼、朝仪、官制、考试、纠弹、纳谏、赦宥、仓储、赈恤、法典等等。凡此皆属仁、义、礼、法之具体化作用。无论如何，儒道两家之"道"与"教"，确为中华民族文化生活历史之构成部分。

可是时代变更，世界潮流另有趋向：君主政体已改为代议制度，孤立自足已转成应付侵略之族国主义，农业经济已跃进为民生主义。是则儒家之道势必发生而且确已发生调整，俾能适应新时代之需要。基本的伦理判断与道德规律，尽可依照传统，而其解释精神与具体应用，自必有所适应。盖演化乃自然之道，人之道亦不免有其演化。

六、推论与标准

　　多年以来，笔者在摸索孔子与老子之"道"之基本含义，亦即探求道是什么，无意中点点滴滴逐渐发现古今中外各种的道，同样有其类别、根源、性质与作用诸问题，而其中所含之原理正反相同。本人不揣冒昧，引申推论，计共四点。其一，"道"即是"主义"，亦不啻即是"教"。三者均可分别为正为邪。其二，言道必言根源，言根源则各有其长短，各有其困惑。其三，道之所以重要，全在其能发生具体作用，但具体作用之为正道或邪道，端赖于动机与目的。其四，各色各套的道分歧变化，欲加比较评估，当先求客观的共同标准。

　　请先陈述"道"即是"主义"亦不啻即是"教"。道字之本意为路，故转成为理路，为规律。以故，道指抽象原则，亦指具体行为。昔日东方所称之道即系今日西方习称之主义。任何宗教，任何政体，任何经济系统，必有其神学政治哲学或经济理论。在逻辑上，道自为道而教自为教。在实际上，则道之昌明必赖于教，而教之发挥必本于道。当然，或人所教者，未必即合于其所标榜之道。但由谁来判定？兹举两例以证明"道"、"教"与"主义"之贯通。吾国向称西方牧师来华"传教"或"布道"。西方学者称儒教为"孔子主义"，称道家哲学为"道家主义"。

　　或人可谓道之与教，不特分立，而且往往相反。例如日出与日落，并非真理。殊不知数千年来人类信仰所及，实际上"教"确是"道"。中古世纪，欧洲基督教徒咸信捐金献款乃为向神赎罪之有效途径。古代中国，皇帝曾杀宰相以代应不祥之天变。此皆"教"确为"道"之例证。即就今日自然之"道"——亦即自然规律——言之，例如及时打防疫针，种牛痘，每年做体检一次，类此保健措施，亦必有赖于广大、深入、持久的"教"（即书面与口头、广播与电视之宣扬训导），乃能减少疾病死亡。自然之道，尚有赖于教，何况人之道！"人能弘道，非道弘人。"（《论语·卫灵公》，章廿九）信哉斯言。

　　复次，言道必言根源，言根源则各有其长短，各有其困惑。一切思想家大抵不愿将其所持之主义脱胎于个人之意志与智慧而必归诸超人的根源，如神命、天道、宇宙本质或自然。例如，摩西之十诫认为，上帝所授，即君主之专制权力亦必归于神授。今日天主教会不准其教徒离婚或堕胎，亦云此乃神之意旨。十八世纪之人权运动揭橥自然权利（中文书译作天赋人权）。十九世纪欧洲盛行之功利主义盖以趋乐避苦由于人性而本诸自然。马克思之唯物辩证与经济史观，亦以自然为其依据，甚至希忒拉（希特勒）辈以日耳曼民族为世界最优秀人种而应居领导地位之种族主义，何尝不本诸自然。清末康有为与谭嗣同因受西方科学之影响，倡言仁乃是电，仁乃是以太，是将传统认为本于天之道者改作本于自然之道。至如印度教各派神学认为个人之最高成就莫若以小己归入大我，完成解脱。解脱之最好譬喻，犹如一座冰山融化为水而返回大海怀抱。此言冰山犹如小己，大海无边犹如大我，亦即宇宙本质。佛学则否认宇宙有固定永恒之本质，故以求得涅槃，脱离轮回，为无上成就。笔者不惮辞费，只在强调证明一点：言道必言根源。

任何一种根源理论具有其长短与困惑。例如以神命为人道之根源，古今诘难甚多。既有各教，究竟孰系真神？又何以有魔鬼对抗？且神之所命，若云仅凭神之喜怒好恶，殊不合理；如谓依据固定的道德规律，则道德规律反处于神之上而使神不复万能。虽然如此，神命根源论，比较起来，还是接近颠扑不破。以言根源乃是天命，亦有其困惑。《中庸》（第四章，一及二）载："子曰道之不行也，我知之矣。知者过之，愚者不及也。道之不明也，我知之矣。贤者过之，不肖者不及也。人莫不饮食也，鲜能知味也。"此段意义，如与前引"道者不可须臾离也，可离非道也"两相比较，殊难贯串。至以自然为道之本原，固可持之有故，言之成理。但是究竟如何而顺合自然，如何而违反自然，一涉道德，二涉价值，往往聚讼纷纭，莫衷一是。盖自然究属科学范围，纯就科学立场只求事实，只求公式，不求价值或道德之判断，以故将人之道之根源归诸自然，亦有其欠缺。

今舍根源而论作用。道之所以重要，端在其能发生作用，但具体行为之是否合于正道，则亦有赖于无形因素，例如动机、精神及目的各项。不宁唯是，有时表面上相反的具体行为，恰可表现相同的抽象原则。今以孝道为例。孔子曾云："今之孝者是谓能养。至于犬马，皆能有养。不敬，何以别乎。"（《论语·为政》，章七）此中意义至为深刻。推而论之，设若一国之中，人人之衣食住问题可以解决，而自由却被剥夺，人性却被抹杀，则此国人民何异于监狱中之囚犯。再推而论之，一国人民如果实际上不啻随时可以畅所欲为，因而强奸盗劫，杀人放火，无日无有，使大都市居民，即在光天化日之下，热闹市区之中，亦无安全之感，是则此国人民并非享受自由而遭受放任之痛苦。此种推论更可包括国际行为。例如订定和约，缔结联盟，其本意固在恢复和平与相约互助，然而有时实际动机与隐藏目的，乃是恰恰相反。此则史例众多，不难覆按。可见具体行为不一定代表其所揭橥之抽象原则。不宁唯是，形似相反的具体行为，有时却可表现同一抽象原则。《孝经》（谏诤章）有云："曾子曰……'敢问子从父之令，可谓孝子？'子曰，'是何言与！……父有争子则身不陷于不义。故当不义，则子不可以不争于父……从父之令，焉得为孝乎？"此盖明示孝与义不能兼顾，则义在孝先。此固与大义灭亲之道连贯。然而孔子对于"其父攘羊而子证之"不加赞许，却以"父为子隐，子为父隐，直在其中矣"（《论语·子路》，章十八）。由是观之，具体行为之道，不可一概而论。至若时代不同，境况变迁，观点更易，则所谓正道与邪道，随之而异。例如国立教会已由信仰自由所替代，世袭专制政体已由代议政府所推翻，而男女平等正在逐渐消除性别歧视。余如打胎，限制人口，废止死刑等项，仍为目前剧烈争论问题。人之道经常亦在演化。在过渡期间，自不免多所纷扰。此则引起最后一项，即能否寻出客观的共同标准，俾以评估当今流行各色各样的道。

此处所拟提出讨论者，不是评估各"道"，而是用以评估的标准尺度。吾人似宜首先承认：事实上之所谓成败决非判别高低优劣之道德标准。盖单单正义自不能克服强权，反之，仅仅强权亦绝对不能成为公理。今日人类所企求实现者似可归纳为五大项目：秩序、安全、公正、福利与自由。此盖指社会秩序之维持，国家安全之确保，司法公正之树立，生活福利之增进，以及言行自由之扩充。但此五大目的与事实，有时势难兼顾。实则其中含有先后缓急。如无秩序，何来公正。苟无安全，哪能自由。最属重要而最易误解者，厥为秩序与自由之形若矛盾抵触而实则相反相成。欲有秩序，必守法律；唯有守法，乃有自由。试举两例。如果不受议事规则之束缚，则开会辩难，何来言论自由？如不遵守交通管制规则，则风驰电掣之汽车何能在宽广大道上来往自由？当兹核子时代，举世人民所渴望者厥为上述五大项目之平衡和谐的发展。此乃当今全球性之企求。此项全球性之企求，殆可作为衡量目前流行各色各样的道之标准尺度。易言之，即视其是否顺合或违反及能否促进或阻碍此项全球性之企求，而评估其价值之高低优劣。

类此衡量标准之形成以及类此共同企求之实现，自将为一种理想而遥远的"现象"。此项现象之渐次进展，自必有赖于其他不可缺少的构成因素：逐步建立若干"制度"，例如全球性人口限制，设置世界立法机构，编纂国际法典；逐渐改造"观念"，例如抛弃阶级斗争及永恒革命诸说而树立和平共存及世界一家诸信仰；推选见解开明真爱和平的"人物"，柄政当权；以及努力建设无形与有形的"力量"，例如世界舆论及国际警察。对此种种必需的条件，对此世界性的一套新道，孔子与老子之"人之道"，当能异途同归，各尽其莫大贡献。吾人尤宜切记：人类生活所择的目标固属重要，而其实现目标所采之途径或手段，亦属重要。盖目标与途径同属于道之范围而有其邪正之别。至于世界正道之形成与实现，必赖多方努力继续不断，乃能渐次接近理想。

录自台湾地区新竹市《清华学报》1975年第11卷1/2期

儒道二家的生死观

傅伟勋

傅伟勋（1933－1996），生于台湾省新竹市。台湾大学哲学系毕业，在伊利诺依大学获哲学博士学位。先后在台湾大学、伊利诺依大学、俄亥俄大学哲学系任教。1971年，担任美国费城州立天普大学宗教学研究所教授。主要著作有：《西洋哲学史》、《从西方哲学到禅佛教》、《批判的继承与创造的发展》、《从创造的诠释学到大乘佛学》、《死亡的尊严与生命的尊严》等。

儒家与道家对于传统中国人的思维模式与生死态度，各别所留下的影响都一样深远。儒家倡导世俗世间的人伦道德，道家强调世界一切的自然无为，两者对于有关（创世、天启、彼岸、鬼神、死后生命或灵魂之类）超自然或超越性的宗教问题无甚兴趣，顶多存而不论而已。这与世界各大宗教，如犹太教、耶教、回教等单一神教、印度教乃至传统佛教，形成极其显著的对比。佛教除外的中国思想文化传统，并不具有强烈的宗教超越性这个事实，在儒道二家的生死观上有其格外明显的反映。

孔子以前的中国上古时代，也曾有过单纯朴素的超越性宗教信仰，如"二帝"、"天"、"天命"等宗教观念所例示。殷商时代的帝王们，可能是为了建立本身的政治威权与意识形态的神权基础，抬高了原不过氏族神的"帝"（皇天上帝）的地位。到了周朝，殷商信奉的"帝"渐被中性化、普遍化，而由"天"字取代。不论是"帝"或"天"，都不像西方犹太教、耶教传统所信奉的"耶和华"、"上帝"或"天主"那样，具有自"无"创造宇宙一切，并能任意改变世界演化与人类历史全部历程的无比神力。这就部分说明了，为什么中国与上古宗教并没有变成天启奠基的单一神教，却转化成为儒家的天命观与天道论；宗教的超越性逐渐减退，代之以天命的内在化（《中庸》所云"天命之谓性"）与宇宙化（《易经·系辞传》到宋明理学所强调的"生生之化"）。同时，中国上古宗教的灵魂观所说的，死后阴魂下降、阳魂上天之类，可能由于缺乏印度教、传统佛教的轮回转生说那样具有宗教信仰的吸引力，也就随着不谈鬼神或死后灵魂的儒家思想的抬头逐渐让步退后，到了印度佛教传入中土之后，更几乎消失不见了。

孔子站在"人能弘道，非道弘人"的人本主义立场，对于具有宗教超越性的"天"

不作思辨推测，只不过说"天何言哉！四时行焉，百物生焉。天何言哉！"（《论语·阳货篇》）他虽不谈"天"，却深信"天命"，即天所赋予人类（尤其仁人君子）的使命，亦即实现天道（天命之道）、仁道的道德使命。我们在这里不难窥见，孔子本人所具有的坚定的人本化宗教信念：人生即是一种天命或使命。就这一点说，孔子"五十而知天命"一语，算是他那漫长的七十年学思历程的自述之中，最有宗教深度且最为吃紧的告白。"吾十有五而志于学，三十而立，四十而不惑"，只不过描叙他在世俗世间的自我德性发展过程而已；到了五十岁，一旦体悟天命之后，整个自我德性发展有其宗教（天命论）基础。天命之年可以说是孔子整个人生的真正转折点。

孟子十分体察孔子天命观的宗教与道德双重意义，故能更进一步提倡，尽心知性即"知天"，存心养性即"立命"（《尽心篇》）。他又发扬孔子所了解的"命"字二义蕴涵，分辨自然意义的天命（有关夭寿、富贵、吉凶祸福等等的气命或命数）与道德、宗教意义的天命，而称后者为"正命"（正当的人生使命）。孟子说道：

> 莫非命也，顺受其正。是故，知命者不立乎岩墙之下。尽其道而死者，正命也；桎梏死者，非正命也。（《尽心篇》）

孟子一方面深化了宗教超越性的"天命"的含义，另一方面又同时内在化了"天命即正命"的理趣，建立人性本善的良知良能之说，为儒家道德铺下哲学的心性论基础，而与《中庸》开头所云"天命之谓性"的旨意，完全一致。

《中庸》又云：

> 惟天下至诚，为能尽其性；能尽其性，则能尽人之性；能尽人之性，则能尽物之性；能尽物之性，则可以赞天地之化育；可以赞天地之化育，则可以与天地参矣。

此语一方面以"至诚"二字表示天命内在化意义的本心本性，另一方面也蕴涵着天命外在化（宇宙化）意义的"至诚之道"，亦即天道（天命宇宙化的天地之道）。我们在这里可以看到，宗教（宗教超越性的天命论）逐渐成哲学（天命内在化的心性论与天命外在化的天道论）的轨迹。《中庸》另一句"诚者，天之道也；诚之者，人之道也"，更清楚地表达了天道（至诚无欺、永不停息的宇宙一切生生之化）与人道（至诚不休的存心养性）的终极合致，亦即儒家人伦道德实践本性的"天人合一"。

《易经·系辞传》也同样开展了此一天人合一思想，一方面配合《孟子》、《中庸》一系的心性论，故有"和顺于道德而理于义，穷理尽性以至于命"等语；另一方面又有儒家道德的阴阳宇宙论主张，于一阴一阳的宇宙变化历程，发现生生之化的道德意义，即是能使天地万物生长不息的天命的表现。只是原具宗教超越性意义的天命论，于此转成具有哲学宇宙论意义的（牟宗三先生所说的）"道德的形而上学"。宗教的天命论如此往内外两个方向，逐渐转成哲学的心性论与道德的形而上学，到了宋明理学，儒家原初的宗教超越性基础几乎消失，代之以天理、理气、"心即理"、"性即理"等等纯粹的哲学概念。也就是说，儒家哲学终于取代了（早期）儒家宗教。我不得不指出此一重要史实，因为已受新儒家哲学影响很深的现代中国学者，动辄过度强调"儒家是哲学，不是宗教"，而忽略整个儒家思想的原初宗教超越性源头（天命）之故。

如上所述，儒家所探寻到的终极真实即是：天与天命以及源于天命而有的道德心性（本心本性）与生生不已的天道（在宋明理学更进一步哲学化为天理论、理气论等等）。我在这里所以特别强调，儒家的终极真实有其原初的天命源头，也是为了说明，儒家的终极关怀是天命根据的宗教性格，而不应仅仅看成只具人伦道德的实践意义。换句话说，儒家的生死观是建立在天命体认的宗教性基础上面，而不是只限制在世间世俗的人伦道德层面的。孔孟二人的终极关怀与生死观，是最有代表性的例证。

孔子的"君子忧道不忧贫"一语，可以概括他的终极关怀：仁人君子并不忧虑世俗世间的富贵贫贱等等利害得失，这些都是气命或命数所限，他所真正关怀的是，能否完成自己生命历程上的道德使命，如此贯彻天命，实践行仁道、天（命之）道，死而后已。依此具有道德与宗教双重意义的天命观。孔子对于小我的死后命运如何，认为无甚重要，不值得一谈，重要的是，有生之年能知天命，畏天命，尽人事而俟天命。因此，孔子对死只不过说"未知生，焉知死"、"朝闻道，夕死可矣"（《里仁篇》）而已。但是，强调孝顺为践仁之本的孔子，却十分重视父母的善后处理，故云："生，事之以礼；死，葬之以礼，祭之以礼。"（《为政篇》）总之，孔子的生死观有天与天命的终极根据，表现儒家原初的宗教精神。

孟子的终极关怀，也与孔子相同，也在源乎天命的"忧道"，可用"君子有终身之忧，无一朝之患"（《离娄篇》）一语予以概括。孟子终身所忧的是，不能像舜那样，存心养性，践行内圣外王之道，如此"为法于天下，可传于后世"，完成天所赋予的人生使命。孟子的终极关怀与生死观所表达的宗教精神，可能较孔子更为强烈。譬如孟子说过：

> 故天将降大任于斯人也，必先苦其心志，劳其筋骨，饿其体肤，空乏其身，行拂乱其所为；所以动心忍性，曾（增）益其所不能……然后知生于忧患，而死于安乐也。（《告子章句下》）

"生于忧患，死于安乐"八字充分表达了儒家安身立命的根本精神有其宗教性的天命源头，只有在生命十大层面之中的最上二层（终极真实与终极关怀），而不是仅在第七层面（人伦道德），才有办法说明，为什么"生于忧患"的仁人君子能够"死于安乐"。

我所引用过的"尽其道而死者，正命也"一语，也足以补充说明，孟子的天命即正命论乃是他的生死观的终极理据，也是"舍生取义"的宗教性奠基。孟子说：

> 生，亦我所欲也；义，亦我所欲也。二者不可得兼，舍（捨）生而取义者也。生亦我所欲，所欲有甚于生者，故不为苟得也；死亦我所恶，所恶有甚于死者，故患有所不辟（避）也。如使人之所欲莫甚于生，则凡可以得生者，何不用也？使人之所恶莫甚于死者，则凡可以辟（避）者，何不为也？由是则生而有不用也；由是则可以辟患而有不为也。是故，所欲有甚于生者，所恶有甚于死者，非独贤者有是心也，人皆有之，贤者能勿丧耳！（《告子篇》）

孟子此段话语将他那仁义实践本位的生死观表露无遗，而此生死观是建立在因天命即正命的宗教性基础上面的。人伦道德的天命层次纯属世俗世间之事，本身无法提供仁人君子所以"舍生取义"的终极理论，因为生死问题的探索解决，涉及宗教性（或超越世俗道德的高度精神性）的终极意义（Ultimate meaning），我们绝不能等同终极意义与道德意义。

儒家的终极目标既在天命或正命的贯彻，而天命的贯彻即不外是在仁道或内圣外王之道（个体人格与政治社会的双层圆善化）的实现，个人死后不朽与否，根本不在儒家考虑之列，所考虑的只是具有历史文化意义的所谓"社会三不朽"而已，亦即"立言、立功、立德"。儒家的生死观完全排除个体不朽的这一点，充分反映儒家型人物的"硬心肠"（tough-minded），有别于讲求个体不朽的一般宗教的"软心肠"（tender-minded）。此一无我无心的硬心肠型生死观，到了宋明理学，更以理气论的哲理方式予以表达，张载《正蒙》的下列话语可以当做较有代表性的明证：

> 气之为物散入无形，适得吾体；聚为有象，不失吾常。太虚不能无气，气不能不聚而为万物，万物不能不散而为太虚。循是出入，是皆不得已而然也……聚亦吾体，散亦吾体，知死之不亡者，可与言性矣。（《太和篇》）

> 气于人，生而不离，死而游散者谓魂；聚成形质，虽死而不散者谓魄。海水凝则水，浮则沤，然水之才，沤之性，其存其亡，海不得与焉。推是足以究死生之说。（《动物篇》）

> 性者万物之一源，非有我之得私也……尽性，然后知，生无所得则死无所丧。（《诚明篇》）

> 穷理尽性，然后至于命；尽人物之性，然后耳顺；与天地参，无意、必、固、我，然后范围天地之化，从心而不踰矩；老而安死，然后不梦周公。（《三十篇》）

我们从上面引用的张载数语不难窥见，宋明理学家们已有跳过孔子谈生不谈死的偏差，而并谈生死的倾向，且更有逐渐建立一种新儒家生死学（the Neo-Confucian Learning of life and death）的思维趋势。如张载等北宋理学家开其端，明代王阳明的心学一系，可以说是为了此一生死学的开展，尽过最大的功力，功劳也算最大。阳明所以重视生死问题的探索，且有意建立一种儒家心性体认本位的生死学，作为儒家道德实践的哲学奠基，很显然是深受禅宗生死观与解脱观影响的结果。到了他的弟子王龙溪，更是如此，从他所喜用的禅语便可窥知一斑。王龙溪曾说："先师（即王阳明）'良知'两字，是从万死一生中提掇出来，诚千圣秘密藏。"（《语录》卷六）又说："良知本来具足，本无生死。但吾人将意识承受，正是无始以来生死之本，不可不察也。"（同卷）又谓："良知无知，识则有分别……若直下认得无知本体，百凡应感一照而皆真，方不可落生死不是识神用事。"（同卷）依此良知的生死学，本体（终极真实的"良知"）即工夫（解脱进路，工夫即本体，有如慧能所讲的顿悟顿修或本证妙修）。当然，儒家是儒家，禅宗是禅宗，不可混为一谈。不过，专就心性体认的生死学一点而言，阳明、龙溪的心学与禅宗颇有契接相通之处。

道家的生死观并不假定天与天命之类的宗教超越性源头，而是基于自然无为的天道或天地之道。儒家的天人合一意谓，彰显生生之德的至诚天（命之）道与道德实践上"日日新，又日新"的人道，终极合致。道家的天人合一则强调，人道必须超越世俗道德的有为性、狭隘性，归顺天道的自然无为。儒家看天道的运行，所注意的是反映天命的天地万物创生不已的永恒力量，如《易经》的乾卦所示。道家则认为，儒家以人伦道德的有色眼镜去看天道，有见于"生生"而无见于"死灭"，有见于"有"而无见于"无"，有见于"益"而无见于"损"，故是一边之见而已，不及如实观察"道法自然"的深透高妙。

老子以"道法自然"，"道常无为而无不为"表达他对终极真实的看法与体认，也以回归自然无为的天道本根或无名之道，且与此无名之道玄同，为生命的终极目标。故云"夫物芸芸，各归其根，归根曰静，静曰复命，复命曰常，知常曰明"。中国有"落叶归根"这句很有深意的俗谚，来源可能是在老子"各归其根"之语。落叶比喻生命的结束，亦即死亡；"根"字在道家则喻示自然无为的天道本根，但也不妨看出超越道家与世界各大宗教的各别终极目标的普遍意义的"根"，不必多所猜测。从老子的观点看，我们个体的死亡原是万事万物自然而为的生灭循环之中的小小现象，也是自然不过，有如秋天落叶一般。如果刻意抵制不可避免的死亡，只会增加死的恐惧与自我的痛苦而已；但如体悟自我的死亡乃是落叶归根那样，回归天道本根的自然过程，也就自然能够克服自我自私，安然接受死亡。记得十多年前我的天主教同事白克教授（Patrick Burke）丧母，哀痛异常。我以英文短简安慰他说："落叶必定归根，不论是道家的根，儒家的根，或耶教的根。"白氏读后大为感动，回了信说："你是同事之中，最能了解我此刻心境的人。"我当时并没有想到，信奉天主教的他对于"落叶归根"的道家深慧，也有慧解。

老子在短短五千字的《道德经》中，除了"各归其根"的死亡比喻之外，并没有特别提出道家的生死观与解脱观。他较关注的课题是，如何使自然无为的天道真正落实于政治社会层面的人道。庄子与老子不同，对此课题兴趣不大。他所最关注的是，个别实存主体的性灵解放或精神解脱。也就是说，生死观与解脱观在庄子的哲学中占有很重要的分量。印度佛教移植中土以前，没有一位中国思想家像庄子那样，认真探讨生死问题。孔子、墨子、孟子与荀子都割开生与死，重视生命，避谈死亡，顶多当做生命的结束而已，并未主体性地亲自体验死亡的义谛。连代表道家的老子都说："人之生也柔弱，其死也坚强；万物草木之生也柔脆，其死也枯槁。故坚强者死之徒，柔弱者生之徒。"老子主张去刚用柔，此语诚证他也一样割开生与死，以生为贵，对于死的问题并无兴趣，也无具体切身的深刻体会。只有庄子，不但并谈生死，更能直接凝视死亡，体验死亡，把自己整个生命投入生死问题的实在主体性探索，藉以发现一条不依傍任何外力外物的大彻大悟、精神解脱之路。

庄子的生死体验始于人力完全没有办法把握生死命运的一种无可奈何、悲怆凄凉之感。庄子说："死生，命也。其有夜旦之常，天也。人之有所不得与（意谓非人所得参与），皆物之情也。"（《大宗师篇》）又说："死生存亡，穷达贫富，贤与不肖，毁誉饥渴寒暑，是事之变、命之行也。日夜相代乎前，而知不能规乎其始者也（意谓事变命行，非人知所能预圆）。"（《德充符篇》）"死生，命也"的"命"字，既有必然之义，又有偶然之义。我们终究不得不死，无可避免，因此我们的"命"有其本来的必然性，海德格尔就据此界定人的实存为"向死存在"。但具体地说，我们何时生到人间，何时遭遇死难，却是命运的偶然（我们常说"命运捉弄我们"），我们只有感到无可奈何。由于缺少生死智慧，一大半人就在这里很容易接受命定论（fatalism）的人生观，诗仙李白便是如此，始终抱着无可奈何的消极心情，日日陶醉于饮酒与吟诗。李白在唐诗的成就，向称首屈一指，但从生死学的观点予以评衡，问题多多，并不值得我们效法。相较之下，庄子能以超凡的生死智慧，克服原有命定论倾向的无可奈何、悲怆凄凉之感，而为道家传统建立了具有深奥哲理的生死学规模，对于后来禅宗的形成发展，影响极为深远。如用我那"生命的十大层面与价值取向"予以说明，则可以说，李白的价值取向于只停留在第六层面（审美经验），庄子的价值取向已到第八（实存主体）、第九（终极关怀）与第十（终极真实）层面，故有提供我们生死学探讨灵感的冲击意义。

在生死问题的哲理探索上，庄子与佛教有不谋而合之处！即当下就宇宙的一切变化无常去看个体的生死，从中发现精神解脱之道。万事万物的生灭存亡，皆逃不过自然必然的变化无常理，如要破生死、超生死，必须摆脱个体本位的狭隘观点，而从道（变化无常之理)的观点如实观察个体生死的真相本质。据庄子的观察，人的生死是天地间一气的聚散，是自然无为的变化无常现象之一，也是万事万物循环流转的一个反映。有生必有死，有死必有生，因此生与死不应分别去看。庄子说："生也死之徒，死也生之始。孰知其纪？人之生，气之聚也。聚则为生，散则为死。若死生为徒，吾又何患？故万物，一也。是其所美者为神奇，其所恶者为臭腐。臭腐化为神奇，神奇复化为臭腐。故曰通天下一气耳。"(《知北游篇》)从我们执着于生的世俗观点去看，生为神奇，死为臭腐，因此难免悦生恶死，但如了悟神奇与臭腐相待相化，通天下万物皆是一气(之聚散)，则没有理由厌恶死亡、恐惧死亡了。庄子在这里以气之聚散说明生死现象的变化无常、循环无端，反映了中国传统特有的阴阳气化宇宙论，而与专以因缘或缘起说明"诸行无常"的佛教宇宙论，形成有趣的对比。

据《庄子·至乐篇》所载，庄子妻死之时，好友惠子来访吊问，看到庄子不但没有哀泣，反而鼓盆而歌，责备庄子"不亦甚乎！"庄子回答说：

> 不然。是其始死也，我独何能概然(概然意谓感慨)。察其始而本无生，非徒无生也，而本无形；非徒无形也，而本无气。杂乎芒芴之间，变而有气。气变而有形，形变而有生。今又变而之死，是相与为春秋冬夏四时行也。人且偃然寝于巨室(巨室喻谓天地)，然随而哭之，自以为不通乎命，故止也。

庄子在这里比照两种生死观：世人凡夫分别生与死，以生为乐，以死为哀，故家属死亡之际，总要哀伤哭泣，以尽所谓人道；有生死智慧者，则体悟个体生死原不过是天地之气之聚散，自然而来，自然而去，"万物一府，死生同状"(《天地篇》)，故能"安时而处顺，哀乐不能入"(《养生篇》)。

庄子更进一步挖深"生死即是气之聚散"的道理，讲成宇宙一切的自然"造化"或"物化"。庄子在《大宗师篇》提到孟孙氏，孟孙氏尽死生之理，有无知之知的大知。他不知不问为何生来，为何死去；不知不问未生以前，死去以后。他只顺着自然必然之物化而生，也顺着自然必然的物化而死。有"化"则有"不化"，但是"化"是循环过程："化"与"不化"的先后不明。(郭象注曰："已化而生，焉知未生之时哉。未化而死，焉知已死之后哉。故无所避就，而与化俱往也。")硬要分别化与不化的世人凡夫，有如梦中未醒之人。对于孟孙氏来说，死不过是形体的变化而已，形体因死而变化，心情却毫无损伤。人的形体依自然必然的物化之理偶然形成，而此形体又转生为他物。世人凡夫却执着于此形体，认定永属我有，却不知"我"的真相究竟是什么。生与死，梦与觉，都是自然必然的物化推移。安于自然必然的物化推移，而忘去死化之悲，这才能够入于"寥天一"(空寥的天之至一)的绝对境界。庄子的"物化"观完全排除任何有关出生以前、死后如何的思辨猜测，而以"化"与"不化"的吊诡（paradox）表现"生死同状"，也像儒家那样，算是硬心肠的哲人。

庄子在《至乐篇》末尾，又以"万物皆出于机，皆入于机"的几近达尔文演化论说法，表达物化之意。陶光引《说文》"主发之谓机"，解释庄子的"机"字为万物类种皆有的"化机"。郭象则谓："此言一气而万形有变化，而无死生也。"庄子说道："种有机。得水则为䘒，得水土之际，则为蛙蠙之衣。生于陵屯，则为陵舄。陵舄得郁栖，则为乌足。乌足之根为蛴螬，其叶为蝴蝶。蝴蝶胥也，化而为虫……瞀芮生乎腐蠸。羊奚比乎不笋。久竹生青宁。青宁生程（越人呼豹曰程），程生马，马生人，人又反入于机。"达尔文的演化论乃是科学进化论，以人为生物进化的最高种类。庄子的物化论或化机论则不然，从道的观点不但齐死生，且齐万事万物。就终极真实言，人类与其他物类完全平等，无有高低上下之分。如与佛教的生死轮回观相比，庄子不谈业报，不会承认六道轮回之说，当然也不会以天人二道高于其他四道。总之，庄子的物化或化机彻头彻尾只是自然必然的循环无端，宇宙一切出入于"化"，如此而已，毫无超越"道法自然"的任何人为价值判断。就这一点说，庄子的生死观要比大乘佛教更为彻底：直逼大乘佛教舍离所有第二义或世俗谛的言诠佛法（如业报轮回之说），只讲最胜义谛或究竟第一义谛（如一切法究竟平等，一切如如而无二）。

《列御寇篇》所载庄子自己临死之前所表现的万物一体、究竟平等的超然态度，可以说是他那物类化机论的最佳写照。庄子将死，弟子想厚葬他。他说："吾以天地为棺椁，以日月为连璧，星辰为珠玑，万物为送赘。吾葬具岂不备邪？何以如此？"弟子回答："吾恐乌鸢之食夫子也。"庄子说："在上为乌鸢食，在下为蝼蚁食。夺彼与此，何其偏也。"记得多年前敝系一位同事请我在他的"死亡与临终"课堂上，讲一场道家与佛教对于死亡的看法。当我提到庄子愿将自己的尸体，供给天上乌鸢与地下蝼蚁公平分享之时，班上即有数位美国学生不堪听讲而离席。我当时想，有坚固的传统犹太教或耶教信仰的美国学生，恐怕无法忍受庄子这样"毫无人道"的生死态度。

外表上看，庄子的物类化机论甚至齐物论，有如老子"反者道之动"的"道理"，似仍具有一种客观形态宇宙论的自然真理意味。我们知道，老子物极必反或有无相生的"道理"，乃是超越管制万物万象运行变化的终极规律，所谓"天网恢恢，疏而不失"。但是，我们不能只就表面等同老子的"道理"与庄子的"物化之理"与"齐一之理"。深一层地看，庄子可以说突出了真人、至人或神人的绝对主体性，以单独贯存的心性体认去证成（justify）"物化之理"与"齐一之理"的。把这些道理简单地看成他所相信的绝对客观性的自然真理，不但忽略老庄的殊异处，更未把握到庄子哲理的高妙处、深奥处。也就是说，"物化之理"与"齐一之理"，是庄子以真人的"无心"突破道家形上学在内的一切形上学与神学的思辨猜测，而彻悟超越有无二元对立的"无无"之后，齐一死生、善恶、美丑、大小、梦觉等等物化相待的绝对主体性意义之"理"。此"理"的终极根据，并不在客观的自然天道，而是在乎真人心性体认，大彻大悟的绝对全体性。这就是为什么庄子在《大宗师篇》不得不特别强调"且有真人而后有真知"了。如无真人的心性体认、大彻大悟，包括生死观、物化论、齐物论等等在内的庄子"真知"，也就变化成文字游戏，可有可无了。

庄子在《大宗师篇》中描述古之真人说："不知说（悦）生，不知恶死……翛然而往，翛然而来而已矣。"他在《齐物论篇》中也描述至人说："至人神矣。大泽焚，而不能热；河汉沍（沍即冻意），而不能寒；疾雷破山，飘风振海，而不能惊。若然者，乘云气，骑日月，而游乎四海之外。死生无变于己，而况利害之端乎！"不论是真人或是至人，皆能齐死生、外死生、超死生、破除生死对立。一旦能够彻悟解脱如此，则世俗世间的利害得失皆无动于心，也就能够"善吾生，善吾死"（《大宗师篇》）了。庄子在《天下篇》中也自述云："上与造物者游，下与外生死、无终始者为友。"由是可见，庄子心目中的理想人格所实现的终极目标，即是个体生死的精神超越，而庄子的"真知"即是理想人格所体现的生死智慧。我们实可以说，庄子是心性体认本位的中国生死学的开创者，此一生死学后来由禅宗继承，并获更进一步的发展，影响了宋明理学家们对于生死问题的认真关注，触发了心学一系代表者王阳明、王龙溪等人新儒家生死学的建立尝试。我认为，儒道佛三教合一的最大关键，即在心性体认本位的生死学或生活智慧这一点上面。

儒道二家的生死观，基本上硬心肠的哲理性强过于软心肠的宗教性，这当然不等于说它们不具有宗教性，不过它们的宗教性本质上是高度精神性，而不是彼岸性或超越性的宗教性。这也部分说明了，它们与耶教、印度教、佛教（尤其是大乘佛教中的净土宗）等等世界宗教相比，显得曲高和寡，并不容易被一般大众所接受。心性体认本位的儒道二家生死观，与生死问题的超越性宗教探索之间，有否交流沟通或衔接互补的可能，又如何交流沟通或衔接互补，乃是现代（中国）人在生命十大层面之中的最高三层所面临的一大课题，容后讨论。

录自台湾地区台北市《哲学杂志》1993年第4期

简论中国传统文化的儒道思想互补

许抗生

许抗生（1937－），生于江苏武进县。1966年毕业于北京大学哲学系中国哲学史研究生班。毕业后一直在北京大学哲学系工作。主要著作有：《帛书老子注译与研究》、《老子与道家》、《中国的法家》、《先秦名家研究》、《老子与中国的佛、道思想简论》、《魏晋南北朝哲学思想研究概论》等。

自中国传统文化进入古代第一次繁荣时期即春秋战国时期以来，儒、道两家文化就成为我国两大主流文化。春秋战国时代是百花齐放、百家争鸣的时代，社会上产生众多的学派和学说，有所谓六家之说（儒、墨、名、法、阴阳、道六家），亦有所谓九流之说（六家再加纵横家、杂家、农家），然其中在意识形态领域影响最多、起到主导作用的则是道、儒两家。道家在哲学宇宙论上影响最大，道家的创始人老子在中国思想史上第一个建立较完整的宇宙论哲学体系，自此后的我国宇宙论思想几乎没有一个不受老子思想影响的。儒家则在伦理道德领域及其理论基础人性论学说上，占有极大的优势，影响之大可以说没有哪一个学派能与之匹敌。这是因为儒家的伦理思想集中地反映了我国古代宗法制封建社会的需要。虽说法家学派在当时的政治上影响很大，秦王朝甚至用法家来治理天下，赢得了辉煌的胜利，但法家有一个致命的弱点，即只重法制而不谈德教，不懂得"逆取而顺守"的道理，致使庞大的秦王朝在短短的十几年中就垮了台，宣布了法家政治的破产，之后使得法家学派也就不能以一个独立的学派而存在。墨家在先秦时期主要在战国中、前期，曾列于显学之位与儒家抗衡，而墨家学说理想太高而不切实际，无法在当时社会上实行（如兼爱互利和反对儒家亲亲的思想等），以此墨家学说宣扬过一阵而得不到社会的承认，也就自行衰亡了。名家只重思辨而有脱离现实实际的倾向，从而受到了儒、法、道学家的批评，亦不为在上的统治者所重视。至于阴阳诸家并没有建立起完整的思想体系，而它们的思想观念则为儒、道等家所吸取，从而失去了它们独立存在的地位。以此自汉代以来，在我国二千多年的历史中，先秦诸家中只有儒、道两家成为传统文化中的两大主流思想，或可称之为中国传统文化的两大支柱。

一

儒、道两家思想在中国传统文化中犹如鸟之两翼、车之两轮，是缺一不可的。它们两者之间起到了互相补充、互相促进的作用。中华民族传统文化的这种互补的格局，完全是由儒、道两家自身的思想特征所决定的。

中国哲学以"究天人之际"为其根本目的。天人之学实际上就是探究自然与人类的关系问题。中国哲学的一大特点是主张"天人合一"之说（当然中国历史上亦有少数思想家主张天人相分观点的），这是中国哲学的一大传统。它的最初源头可以推至原始社会的巫祝文化和上古三代（夏、商、西周）的上帝神学观念，西周的"以德配天"的思想就是当时这一思想的明显表现。"德"属人文，"天"属自然，但这里的天是有意志的天（苍天）。儒、道两家都讲天人合一，但思想内涵各有不同。儒家（以孔孟为代表的正统儒学）讲性命之学，认为人性本善，而性善来源于天命。这就是《中庸》中所说的"天命之谓性"。孟子则把这一思想发挥为"尽心、知性、知天"的思想。这是从人文道德角度立论的，所以儒家特别重视人性问题和道德教化问题的研究，而把天只当作是人性的最终保证，是一种至高无上的绝对意志的天，而不再加以研探。道家则与此相反，他把天看作是无意志的自然之天，人是自然发展过程中的产物，宇宙本身就是一个由其本源"道"演化发展的过程，人只是万物中之一物（万物中之佼佼者），因此人不能脱离自然，只应因顺自然和效法自然而为。由此可见，道家的"天人合一"说，是站在自然的层面上主论的，与儒家重人文相反，道家尤重自然（自然界和自然人），带有自然主义的倾向。正由于儒道两者在天人问题上各有所重：儒家重人为、人事，重人文道德，教人如何做人；道家重自然、重宇宙的演化学说，教人如何效法自然。以此使得儒家对天道、自然的问题缺乏认真的研究，很长时间里没能建立起自己的哲学宇宙论思想体系，只是到了宋明理学时才完成了这一任务。道家则对人文道德、人性等问题有所忽视，有"蔽于天而不知人"的倾向。由此可见，单靠儒家或单靠道家，都是不能建立起完整的天人合一学说的。这就决定了中国传统文化，尤其是它的精华——中国哲学必须以儒、道互补为其基本的格局和路数。

二

在我国历史上，这种儒道互补的格局，大致表现出这样两种形态：一是儒道两家思想之间的互相渗透、互相吸取，以丰富完善各自的思想；一是儒道两家各自以救弊的形式出现，互相揭露和批评对方的弊端，克服对方的偏颇，在历史上形成儒道两家互相交替递补的过程，即儒家衰弱补之以道，道家衰弱补之以儒的历史进程。前者可以称作两者思想的融合，后者则是两种思想的逆向的互救。总的说来，它们都有互补的性质。

儒道两家思想的互相渗透、互相吸取、互相融合方面，在我国历史上表现得尤为明显。一般来说，道家学派主要吸取儒家的思想是伦理道德学说（如仁义、礼义等等），以增加人文方面的内容；儒家学派主要吸取道家的思想是宇宙生我论和宇宙本体论，乃至清静寡欲的养心学说等等，以增加自然哲学方面的内容，提供自己伦理学说上的自然哲学基础。

儒道两家思想的融合，最早可追溯到儒道两家的创始人老子与孔子两位伟人的思想交往上。据《史记》记载，孔子曾问礼于老子，并跟随老子助葬了巷党，老子则告诫孔子要"去子之骄气与多欲，态色与淫志"。从这段记载看，老子并不否定传统的礼义，尤其是葬礼，孔子亦重葬礼，可见他们的思想是相通的，至于孔子谦虚好学似也与老子的告诫有关。以此《论语》中所讲的"君子无所争"和歌颂尧之"无为而治"等，想必也很可能是受到了老子思想影响的结果。之后儒学大师孟子和荀子两人，亦较多地吸取了道家的思想。如孟子所提出的"善养吾浩然之气"和"养心莫善于寡欲"的思想，很可能就是吸取和改造了道家思想而来。"浩然之气"的思想较早产生于齐国稷下黄老学的著作《管子·内业篇》，其文说："精存自生，其外安荣。内藏以为泉原，浩然和平，以为气渊。"这里讲的精气（"气之精者也"）藏于身内，以气为渊，其存在的状态是浩然和平的，显然这里讲的气是一种物质性的气。孟子曾经到过齐国，很可能受到了这一思想的影响，提出了"浩然之气"的思想。孟子解释"浩然之气"说："难言也，其为气也，至大至刚，以直养而无害，则塞于天地之间，其为气也，配义与道……是集义所生。"（《孟子·公孙丑上》）至大至刚之浩然之气是集义所生的，是一种正义之气。可见孟子吸收了《内业篇》气之浩然存在的说法，并作了新的解释，使本来为物质性的气改造成为精神性的气（义气即崇高的精神状态）。至于"养心莫善于寡欲"的思想，显系受了老子"少私寡欲"思想的影响。由此可见，孟子虽猛烈地攻击杨朱派道家，但还是吸取了不少老子和黄老学派的思想。荀子的儒学思想产生于战国末期，当时各派思想皆融合。荀子站在儒家立场上，对诸子百家作了总结，他的思想体系中吸取了诸多学派的思想（如法、名、道、阴阳等等），但在哲学自然观与认识论上，更多地吸取了道家的思想，如在他的著名著作《天论》中就很浓地渗透了道家自然主义的学说，否定了孔孟以来承认天有意志的天命观。《天论》说："天行有常，不为尧存，不为桀亡。"又说："不为而成，不求而得，夫是之谓天职（天的职能）。"这里天行有常，天道不为而成的思想，很明显是与道家的天道自然无为的思想有着密切关系的。荀子也是一位稷下先生，曾经在稷下学宫"三为祭酒"，以此荀子的思想中亦与稷下黄老学有着瓜葛。如荀子在认识上所主张的"虚一而静"的思想，则是对《管子·内业》中所讲到的"人能正静"即能"鉴于大清，视于大明"思想的发挥，所以荀子说："虚一而静，谓之大清明。"

汉代的儒学我们一般都以董仲舒的儒家思想为代表。董氏儒学将孔孟的天命论和阴阳五行思想糅合在一起，建立了一个天人感应神学目的论系统。然其中的阴阳刑德学说，则完全采自黄老学著作《经法》、《十六经》等四篇著作。以往学者们在研究董仲舒时，都忽略了他的思想与黄老之学的关系，自1973年12月长沙马王堆汉墓出土了古佚书黄老著作《经法》、《十六经》等四篇以后，揭开了董氏儒学与黄老学思想渊源关系的这一"秘密"。阴阳学说和阴阳刑德关系的思想，在整个董氏儒学思想体系中占有着十分重要的地位。董仲舒用阳尊阴卑的思想来论证三纲学说，又用先阳后阴的思想来论证任德不任刑和先德后刑的思想，以此构建了他的政治伦理学说。而这些思想的来源，则皆出自黄老学著作《经法》、《十六经》等四篇中。古佚书《称》篇中说：

> 凡论必以阴阳明大义。天阳地阴，春阳秋阴，夏阳冬阴……主阳臣阴，上阳下阴，男阳女阴，父阳子阴，兄阳弟阴，长阳短阴，贵阳贱阴……诸阳者法天……诸阴者法地。

在这里用阴阳学说、阳尊阴卑（贵阳贱阴）的思想来解释自然界和人类社会的一切相对立的两面，从天地、四时直至君臣、父子、男女等等。又在《十六经》中用阴阳来解释刑德的关系说："刑德皇皇，日月相望，以明其当。""春夏为德，秋冬为刑，先德后刑以养之。""刑晦而德明，刑阴而德阳"，"夫并时以养民功，先德后刑，顺于天"。前者《称》用阴阳学说论证的是人类社会的君臣、父子、男女贵贱尊卑的等级制度；后者《十六经》讲的是用阴阳学说来论证治理国家的先德教后刑杀的政治主张。所有这些思想皆为董仲舒所利用，成为他思想体系中的重要内容。可见董仲舒的思想是深受黄老思想的影响的。从某种意义上说，如果没有黄老学所积累的思想资料，也就不可能有庞大的董仲舒哲学体系的产生。

继两汉之后的魏晋南北朝隋唐时期，儒家学说并没有得到更多的发展，基本上处于停滞缓慢发展的阶段。而玄（新道家）、佛、道（道教）思想在这一时期占了上风，当然不论是玄学还是佛、道两教又都是吸取了儒家的仁义道德思想而兴起的。关于这一点我将在下文中谈及。

儒家思想发展的鼎盛时期则是宋明时期。宋明理学（新儒学）是这一时期的主流思潮，尤其是程朱理学赢得了统治地位，成了封建社会后期的官方哲学。宋明理学是我国古代历史上学术思想发展的最高峰，它之所以能达到如此辉煌的成就，其中一个很重要的原因就是它大量地吸取了道家、道教和佛教的思想。所以我们一般都说宋明理学是三教（儒、佛、道）合一的产物。具体地说，程朱理学主要吸收的是道家、道教的宇宙论哲学，而陆王心学则较多地吸取了禅宗的心性学。当前学术界上，关于程朱理学的哲学思想的主要思想来源于道家（道教）的宇宙论学说，已为越来越多的学者所共识。北宋理学的开山周敦颐，他的太极图说的思想，就是直接与道士陈抟的太极图有着密切关系的。《太极图说》："无极而太极，太极动而生阳，动极而静，静而生阴……分阴分阳，两仪立焉。"在这里周敦颐所讲的太极先阴阳两仪的思想很明显是来自《周易》系辞传的"易有太极，是生两仪"的思想，但周敦颐又把太极归结为无极，"五行一阴阳也，阴阳一太极也，太极本无极也"（《太极图说》），这明显是受了老子无中生有的宇宙生成论思想影响的。无极产生太极，太极生阴生阳，乃至产生五行直至天地万物，这不就是老子所说的"道生一，一生二，二生三，三生万物"和"天下万物生于有，有生于无"吗？可见周敦颐的宇宙论是直接来源于老子道家的。之后周敦颐的思想又影响了二程和朱熹。朱熹十分推崇周氏的《太极图说》，并为它作了注解来发挥其思想。朱熹说："若论无极二字，乃是周子灼见道体，迥出常情，不顾旁人是非，不计自己得失，勇往直前，说出人不敢说出的道理……。"朱熹尤其称赞周子的"无极"二字，而"无极"这一概念正是发自老子的思想，老子就是用"无极"这一思想来说明宇宙的本原道的。大概正由于这一缘故，怕人们以此攻击理学与道家道教有瓜葛，因此一般人不敢运用"无极"二字，而周子却能"迥出常情，不顾旁人是非，不计自己得失，勇往直前，说出人不敢说出的道理"，因而得到了朱熹的大力赞扬。不过朱熹的思想又与周敦颐不同，他不再讲无极生太极，而认为"无极而太极，只是无形而有理"（《朱子语类》卷九十四）。无形的理就是太极，亦可称之为"道"。朱熹的这一思想其实仍然是来自老子的，老子所讲的"道"本来就有"理"的意思，并认为这一无形的道是实存的，由此可见，朱熹与周敦颐一样，受老子思想的影响颇深。

以上我谈的是儒家方面的情况，至于道家方面吸取和融会儒家思想的情形，在历史上也是十分清楚的。

在春秋战国时代，老子与庄子都对儒家的仁义道德思想进行了猛烈的抨击，但老子乃至庄子也都并没有完全否定礼义教化的作用。《老子》中十分重丧礼，讲孝慈仁爱，《庄子》书中有"以仁为恩，以义为理，以礼为行，以乐为和，薰然慈仁，谓之君子"（《天下篇》）等等，这些思想皆为儒家所倡导，而《老子》、《庄子》也并不完全持否定态度，只是对那些虚伪欺诈的仁义道德说教进行了无情的鞭挞。至于形成于战国中期的黄老之学，在对待儒家礼义仁爱思想的态度上，则完全不同于老庄思想，它停止了对儒家的批评，且直接吸取了儒家的仁爱礼义的思想，使之纳入自己的学说之中。例如：稷下黄老学认为，礼是因循着人的情感的（"礼者，因人之情"），是合乎理的，礼就是有理（"礼者，谓有理也"），礼既然合乎理，因此是不可废弃的（见《管子·心术》）。又如：黄老学著作帛书《经法》、《十六经》等四篇，提出了"刑德相养"的思想，刑是刑法，德指德教，并提出了"先德后刑"的思想，认为德教比刑法更重要，其德教的内容主要就是儒家所倡导的"主惠臣忠"（《经法·六分》），"兹（慈）惠以爱人"（《十六经·顺道》），"兼爱无私"（《经法·君正》）等等。可见黄老学的道德思想主要是来源于儒家的，吸取儒家的仁义思想弥补道家在这一方面的不足。

汉代盛行的黄老学亦与先秦的黄老学相类同，在宇宙观上发挥老子的道论思想，在政治上主张无为而治，在伦理领域则更多地引进了儒家的学说。如当时黄老学的一部著作《淮南子》中，在政治伦理方面，一面讲道家的"人主之才，处无为之事"的无为政治和法家的"法者人主之准绳"的政治思想，另一方面又把儒家的仁义德教提到了十分重要的地位，如《泰族训》说："治之所以为本者，仁义也。"仁义被说成是治国的根本，这要比先秦黄老学派讲的"先德后刑"的思想又进了一步，充分肯定了儒家德教在治理国家中的重要性。东汉的著名哲学家王充亦深受黄老思想的影响，他在宇宙观上主要是发挥了稷下黄老学以来的气一元论思想，提出了元气自然无为的思想，在政治伦理思想上则提倡儒家的礼义思想，认为"国之所以存者，礼义也，民无礼义，倾国危主"（《论衡·非韩》）。从元气自然无为论出发，王充得出了自然命定论的思想，认为人之在世，"祸福有命"（"凡人受命，在父母施气时，已得吉凶矣"）；从重视儒家德教出发，则强调人事的作用，礼义教化的力量，最终又可否定宿命论。由此可见，王充在崇尚黄老的自然与推崇儒家的德教上是陷入了自相矛盾之中。这就为道家学派的发展提出了新的课题，即如何来解决这一矛盾，使儒道两家思想能有机地结合在一起。魏晋时期的新道家就是试图从宇宙本体论的角度来解决这一矛盾的。

魏晋玄学是魏晋时期勃兴的一种新道家，所以说它"新"，是因为它不同于先秦的道家和两汉的黄老之学。其新义至少有两点：一，它的宇宙本体论是新的，以往的道家重在宇宙生成论，主张无生成有的思想，而魏晋玄学重在用本末体用来阐释有无关系，提出了"以无为体"和"崇本（无）举末（有）"的思想，强调"有"之存在需依赖于"无"的观点。二，从本末体用的有无关系出发，提出了名教出于自然或名教依赖于自然而存在的思想。这两点思想在玄学主流派何晏、王弼贵无论玄学中表现得十分明显。以无为体、崇本（无）举末（有）和名教出于自然的思想，构成一个有机的思想系统。这是说，宇宙万有的根本、本体是无形无象的"无"，而一切有形有象的存在（"万有"）皆是依赖着"无"而生存的（"恃无以生"）。至于名教即儒家的礼教（名分等级之教化）应属于有形有象的"有"的范畴，"有"依赖着"无"而存在，以此名教只有依赖于本体无（无形、无为的"道")才能生存。因此圣人只有实行体现了本体的道("无")的无为素朴的政治,才能使真正的礼义仁爱(笃实无华的礼教)实现。这就叫做"崇本举末"。由此可见,名教是出之于宇宙本体的道的,道即是"自然",因此我们把这一思想叫做名教出于自然论。何晏、王弼的玄学是一个很严密的思想体系,他们把道家的宇宙论与儒家的伦理道德学说有机地融合在一起,从而克服了汉代王充等人所未能解决的矛盾,把道家哲学推进到了一个新高度。之后,嵇康、阮籍师事老庄思想,提出了"越名教而任自然"的口号,这是"有激而为"的,是针对司马氏鼓吹虚伪的礼教以篡夺曹魏政权而发的,其实嵇阮二人对礼义的教化作用并不否认。至于西晋的郭象玄学又提出了名教即自然的思想,主张合儒道为一,重新又走上了融合儒道的道路。总之,魏晋玄学(或称魏晋新道家)乃是儒道互补的产物,具体地说,是道家的宇宙论哲学与儒家的政治伦理思想有机地相结合的产物。

魏晋以降,道家思想不再成为一种独立的学派(或思潮)。自南北朝开始,道教勃兴,道教由古代的神仙学发展而来,它把道家的哲学当作自己宗教的理论基础,自此人们把道家与道教看作一个东西(当然也有些研究老庄的学者并不属于道教)。道教在处理儒道两者的关系上,继承了黄老学的传统,一方面它直接继承和发挥了以"道生万物"为根本思想的道家哲学,另一方面又大量地吸取了儒家的伦理思想,以充实自己道教的伦理学说,道教仍然走的是一条儒道互补之路。

早在汉代的早期道教经典《太平经》中,即在自己的神仙学中渗透了儒道两家的思想。《太平经》一面吸取了老子的道论思想,把道当作万物之"元首"(《太平经合校本·守一明法》:"夫道何等也?万物之元首……元气行道,以生万物,天地大小,无不由道而生者也");一面又把儒家孝道忠道的伦理思想纳入自己的经中(《太平经》卷一百一十四《某诀》:"天下之事,孝为上第一。")。两晋时期的著名神仙学理论家葛洪则把道儒两者的关系说成是本末关系(道为儒之本,儒为道之末),是不可分离的。葛洪所说的"道"包括神仙学及其理论基础即改造了的道家哲学,所说的"儒"主要指的是儒家的政治伦理学说。葛洪把神仙学与儒家的伦理道德思想结合了起来,他说:"欲求仙者,要当以忠孝和顺仁信为本,若德行不修,而但务求方术,皆不得长生也。"(《抱朴子·对俗篇》)修仙要以忠孝仁信为本,德行不修不得长生。这就是把儒家的伦理道德的修养当作道教成仙的根本要务。可见在葛洪的神仙思想中,儒家的伦理思想占有着十分重要的地位。之后的隋唐宋明时期,道教更把儒家的三纲五常思想当作自己宗教的戒律或修炼的原则,成为道教思想的重要组成部分。如在正一五戒文中,就是用儒家的五常观念来阐释道教的五戒内容的,其戒文是:一、行仁,慈爱不杀,放生度化,内观妙门,目久久视,肝魂相安。二、行义,赏善伐恶,谦让公私,不犯窃盗,耳了玄音,肺魄相给。三、行礼,敬老恭少,阴阳静密,贞正无淫,口盈法露,心神相知。四、行智,化愚学圣,节酒无昏,肾精相合。五、行信,守忠抱一,幽显效微,始终无忘,脾志相成,成则名入正心。(见《道藏》太平部,子下第773册)在这里儒家的仁义礼智信五常道德思想与道教的养生戒律结合在一起了。又如在宋元时期盛行的全真教龙门派,主张内道外儒的双修功夫,即把修养儒家的道德功夫称作"外日用",把道家的内丹修炼功夫称作"内日用",这种内外结合的修养功夫,实就是主张儒道双修。由此可见,我国的道教亦确是儒道互补的产物。

以上我花了较多的文字讨论了儒道互补格局的第一种形态,即互相渗透、互相吸取的形态。下面我再简略地谈一谈第二种形态,即通过批评,克服对方的偏颇,用救弊的方式,在历史上形成儒道两家交替递补的形态。儒家学派有儒家思想的弊端,道家学派有道家思想的不足,一旦儒道两家各自在社会上赢得统治地位或成为统治思潮时,它们的弊端与不足就会充分暴露出来,这时,处于非统治地位的一方就会猛烈地起来批评占统治地位的一方,以克服对方的弊端与不足,而使自己成为社会上的统治思想,从而在历史上形成了儒道两家交替递补的局面。魏晋时期的玄学(新道家)替代两汉儒家经学的地位,宋明理学(新儒家)替代玄学、道教(还有佛教)的地位,这两次时代思潮的大交替就充分说明了这一点。两汉的儒家经学发展到了极盛之后,走上了一条僵化的形式化的道路,其暴露出来的毛病至少有致命的两点:一是儒家自董仲舒等人提出一套天人感应神学目的论之后,这种思想又演化成为粗鄙的谶纬迷信思想。这一粗糙的神学为广大的有头脑的士人(知识分子)所不齿,从而遭到了道家学者或深受道家思想影响的学者的猛烈批评。儒家的这一弊端充分说明了自先秦以来儒家一直缺乏自己的哲学理论基础(尤其是缺乏宇宙论哲学思想体系)。二是儒家崇尚名教(名分等级的礼教),由此过分强调名节、名位、名声而导致了东汉末年的以名相尚,把名教、名节当作沽名钓誉、争名逐利的工具,刮起了形式主义的浮华之风,使名教失去了原有维系社会秩序的作用。这股浮华之风遭到了求实之士的批评,尤其是受到了道家学者主张素朴敦厚无名无誉思想的抨击。汉代儒家所暴露出来的这两大毛病,皆是与儒家学派轻自然重人事人为思想密切相联系的,轻视对自然哲学的探讨从而使自己的思想流为肤浅的神学迷信思想,过分强调人为的名教(礼教)的作用,又使人失去了自然朴素的本性。针对这两点,魏晋玄学(新道家)发挥了先秦道家的天道自然无为的思想和素朴无为而治的思想,以此克服汉代儒学所产生出来的弊端,从而使魏晋玄学替代了两汉儒学而成为魏晋时期思想界的统治思潮。这是一个时代的进步,也是道家战胜儒家的结果。然而道家的兴盛并不能持久,道家又有着自身的致命弱点,它重于自然无为,相对忽视了人为的礼义教化的作用,没有能建立起一套符合我国古代宗法制封建社会所需要的伦理道德学说,虽说魏晋玄学也从不同程度上吸取了儒家在这方面的思想,但毕竟不是魏晋玄学的主要内容,它与儒家这方面的思想相比较则大有逊色。之后的道教乃至外来的佛教亦复如是。以此在以后的历程中,道家要重新让位于儒家,这也是必然的。宋明理学(新儒家)以排斥佛老为己任,斥佛老为异端邪说,猛烈抨击佛老的说"无"谈"空",攻击佛老有损于儒家的三纲五常。确实从佛老的空无观点出发,是可以导致忽视、贬低乃至否定儒家的纲常名教的。关于这点晋人裴頠早就针对何晏、王弼的贵无论玄学批评时指出:"阐贵无之义,而建贱有之论。贱有则必外形,外形则必遗制,遗制则必忽防,忽防则必忘礼,礼制弗存,则无以为政矣。"(《晋书》卷三十五《裴頠传》)总之,崇尚空无则必贱"有"(有形有象的具体存在物),贱有必忽防,疏忽了礼义之大防,则"无以为政矣"。以此儒家必然要起来纷争,维护三纲五常的礼教,以克服玄、道、佛在这方面的思想的缺陷。宋明理学起来批评道家和佛家并在社会上重新夺回了自己的统治地位,这也是历史的必然。当然新儒学不再是旧儒学的翻版,而是在吸收了佛道两教思想基础之上建立起来的,它吸收了道家的宇宙论思想以建立起自己的系统的宇宙论学说,它吸取了佛教的心性思想以充实了自己的心性理论,新儒家乃是三教合流的产物。以此它的思想要大大地高于旧儒学,亦大大地高于佛道两教,从而使得新儒家在宋元明清时期赢得了统治地位,成了社会上的主流思想,统治了我国整个封建社会的后期。

三

综上所述,我们可见,中国传统文化确是以儒、道两家思想互补为其总格局的。在这互补格局中,儒道两家互相吸取、互相补充,又互相批评、互相攻讦,中国传统文化就是在这儒、道两家(后来又加入了佛教,中国佛教是印度佛学与中国传统文化主要是儒、道文化相融合的产物)文化又统一又纷争中发展的。两者之间,你中有我,我中有你,在历史上,儒家中有道家的思想,道家中亦有儒家的思想。总的来说,在中国传统文化中,儒家在伦理道德、政治思想、教育思想诸多方面占有主导地位,在社会上得到官方的支持与提倡,成为统治思想。而在哲学宇宙论(宇宙生成论或宇宙本体论)、个人精神修养论等方面,道家哲学则起到了主导作用,尤其对中国哲学和中国文化艺术理论起到了巨大的作用。道家重自然,儒家重人文,儒道两家的融合,从某种意义上说,实就是道家的自然哲学与儒家的人文哲学的结合。中国传统文化是离不开儒道两家的。当前人们都在关心建构现代中国新文化的问题,我想现代中国新文化必须建立在继承和改造中国固有的传统文化基础之上,在这基础上同时吸取、融合外来的先进文化。这犹如在历史上我们成功地融合了中国传统文化和外来的印度佛教文化,而建立了中国自己的佛教一样。当前中国新文化思想体系的建立,也必须以我国固有的儒、道两家文化思想为基础,同时吸取外来的文化,以实现我国文化的现代化。如果彻底抛弃儒、道文化,也就彻底抛弃了中国文化的根基，没有根基的文化，决不能在中国得以生根发育，它必然是短命的。我相信，建立在我国固有文化基础（当然是改造过的）之上的，同时又融合了外国先进文化的新的现代化的中国文化思想体系必将会在不久的将来在我国大地上发展起来。

录自《中国文化研究》1994年第4期

论儒道两家之互为体用义

曾昭旭

曾昭旭（1943— ），广东省大埔县人。台湾师范大学国文系硕士、博士。曾任教于台湾中央大学中文系、淡江大学中文系。现任华梵大学中文系教授。主要著作有：《俞曲园学记》、《文学的哲思》、《道德与道德实践》、《论语的人格世界》、《在说与不说之间——中国义理学之思维与实践》、《孔子和他的追随者》、《充实与虚灵：中国美学初论》、《儒家传统与现代生活》、《存在感与历史感：论儒学的实践面相》、《良心教与人文教——论儒学的宗教面相》、《王船山哲学》、《老子的生命智慧》等。

原编者按：本文原发表于1994年8月16—18日之"海峡两岸中国传统文化与儒道会通"学术讨论会。

一、问题之澄清

儒道异同之辨及儒佛异同之辨，可以说是中国学术文化上的一个老问题。前者开端于魏晋人之论孔老会通、圣人体无，后者则盛发于宋明。而且，这种问题一旦出现，便永无终结，每一时代都会以新的问题形式再次挑战人的文化心灵，而不是找到一个标准答案就可以结案的。例如儒道之辨到了宋明，就是以佛道两家结合后的新面貌（此时总称为"佛老"）再度与佛家寻求会通的。所以宋明儒每个人当面对自家生命，都不能逃避去厘定儒佛分际，对朋辈也常不免要质疑他是否"淫于佛老"。而到了现代，一方面受到西方科学哲学的挑战，儒道异同的问题必须有更新的开展与说明，一方面受到基督宗教的冲击，儒释道三教同源的疏通也已化身为再加上回、耶两教的五教如何会通的难题了。

试问：为什么这一类"中国学术文化上的老问题"会具有如此生生不已的特殊性格呢？无他，都因中国学术本质上是一种生命之学。而生命之学的性格一定是重行（实践、体验、证悟）而非重知（分析、建构、运作），主于辩证而非主于分解的。所以，所谓儒家的本质、道家的性格、儒道之异同等等问题，都不能仅通过认知心的辨析、语言概念的厘定，就可以获得明确的答案，而必须通过每一生命主体的真诚自觉、一一体验，才能融会贯通。而由于每一生命的存在情境（包括气质、环境、时代、际遇等）之特殊，所以每一生命，每一族群、时代的文化，他的体验融会之道也当各有不同。此所以同一问题，须有不断更新之解答也。

当然，生命实践之学，并非与语言分析之学互相排斥，而依于生命之一体性或非分析性，毋宁说是可与概念分析之学相容互动的。尤其在今日承受了西方文化的冲击，更应该在偏重生命体验的传统学术中充分导入概念分析的成分而获致一种新的融会贯通。换言之，传统学术虽然也谈到思与学、行与知、意与言或德行之知与闻见之知的相通，但毕竟以行为本，知、言、学只有记录、传述、指点的辅助功能。而到今日，我们则应该更加强调后者的分量与地位，使其与生命之实践更对等。于是，由这平等互动而展现的新面貌便将会与传统的主从关系大为不同。而必须如此，才能呼应新时代的挑战，贴近于生命处于现代的情境，而不失生命存在的日新又新之义。

于是我们便可以建立"学术之儒家"（以及学术之道家、佛家……）与"实践之儒者"（以及修行之道士、佛徒……）这一对概念。前者是指以概念语言来厘定的一种义理性格、所建构的一种哲学系统，后者则指以生命实践去体现这义理的人。就前者而言，儒家与道家（以及与佛家、基督宗教……）是各具本质、厘然有别的。因此儒家就是儒家（同一律），儒家不是道家（不矛盾律），儒道两家也不能混淆（排中律）。但在后者，一个完整充实活泼的真生命却是理当同时体现诸家义理的，这些不同的义理不能在同一生命体中扞格矛盾，以致形成生命的破裂，而必须都消化了其概念的痕迹，以相融为一体。因此是即儒即道即佛，此之谓三教同源、儒道一体。

在过去，这同源一体的境界纯由修行参证而得，言语只属糟粕。但在今天，我们则要进一步要求能尽量以清晰的语言去说明此生命实践之学，亦即：清晰说明此诸义理如何在一生命体中消化融通为一；亦即：要尽量以学术上的工夫，去帮助我们从事生命的实践体悟，以避免瞎摸。这就是所谓新时代的挑战。

当然，到最后，仍不免会碰触到言能否尽意这个老问题。到了那最后的一步，也许仍须是言语道断而纯靠心悟罢！但在那最后一步之前，言语的清晰仍足以有效帮助我们逐步逼近生命的核心。我认为此即今日中国哲学学者的课题所在。

二、方法之厘定：两端一致论之提出

面对这个时代的课题，我们当如何着手呢？

首先，我们是不能再依赖传统式的内省与指点了。因为纯用此法，实在是太无凭。摸索终生，仍可能一无所获，而灵光一闪的顿悟，常要靠偶然的机缘，所谓"旦暮遇之"。当然，内省灵修与象征指点仍有它一定的位置，例如文学艺术的启发作用与修行到最后的自觉与彻悟，但在引发的始点与彻悟的终点之间，仍须有渐进之方以为有效的联结，这就是尝试、思辨、厘析、修正的工夫。

其次，相对于纯作内省与指点，我们也不能单靠分析思辨，因为概念思考永不能碰触到生命的真实，而只能见到道的投影。拟空勾画的言说系统，愈完整周密便离道愈远，乃《庄子·齐物论》所谓"道昭而不道，言辩而不及"。此义先贤辨之审矣。只是古人对言说戒心过甚，不免偏于忽略；今人则深受西方文化影响，一反而对概念思考与科学界倚重过深，而陷于另一端之偏见罢了！

所以，合理的途径乃是兼用内省体验与思辨分析，所谓学思并重、知行合一、即言知意、即色是空。但问题在所谓并重、合一，不能只是一个空的话头，而须有一番步骤明晰的展开铺陈，当然这并不是指分析式的操作，而是辩证式的参考。其实如执两用中一类的原则宣示，古人也早就提出并确认信服了，欠缺的只是摸索过程的参考理论罢了！正因欠缺这一层备供修行之参考的理论铺陈，所以修行才会变得如斯玄奥，不是陷于悬空揣摸，就是陷于盲从瞎练，结果绝大多数都是白费工夫，能见道者乃鲜如凤毛麟角。

那么，所谓兼用两者，足供修行之参考的理论，是一种怎样形态的理论或言说系统呢？于此吾人即不妨名之为"两端一致论"。

两端一致之说，初见于明末的王船山①，他可以说是有此一形态的理论兴趣与自觉的第一人。他对易学提出的"乾坤并建说"、"十二位阴阳半隐半现说"，就是这种理论模型的设计展示。其精神则无非是说明两端之性虽分析地对立，却是辩证地全具于每一真实存有之中。这真实存有即称为"易"，这两端之理则是乾坤、天地、阴阳、刚柔、德业、知能、动静、辟翕等等。

当然，乾坤阴阳等等只是《易经》中的成词，推而广之，更可以有种种不同的概念设计，而要只是每一成对的概念，都是其一指涉形而上的道，其一指涉形而下的器，如性情、理气、心物、义理之性与气质之性、道心与人心、道与物、意与言、空与色等等。而理论的推展，则目的一在于在价值上厘定二者的本末关系（形上之道为本、形下之器为末），二在于在存在上说明二者之相融相即为一体。

于是在理论铺陈时便自然会显出一种先分析（为两端）再还原（为一体）、先建构再解构的辩证形貌来，而在言说的辩证过程中，概念分析是先大举进场，而后渐次消隐，体

---

① 船山之言曰："天下之万变，而要归于两端，两端生于一致。"见《船山遗书全集》，台湾地区自由出版社1972年11月初版，第18册，《老子衍》，第1页。

验指点则是先有意排除,而后逐渐引进。到气氛圆熟,亦即属一个由言说所架构而成的理论系统,渐次自我蜕变为一个由言说所烘染而成的艺术情境之时,乃戛然而止。这时阅读者的道心可能已在此阅读过程中逐渐被引进到此言说之中,到邻于自觉的地步,遂可放下这参考理论,纯进入自我内在的体验之中以悟道。

当然,阅读者的道心事实上是否果能被引发进入,是没有保证的,本质上还是依于阅读者的主体自由。理论建构者只是在言说系统之中设计了一些虚的项目待阅读者的道心去充实而已。若阅读者果能发其真心,依言说进行的过程每遇空项便诚恳体会,一一填实,那么便会觉得这理论是有意义的。而如果不导入真心,则一切言语都只是虚说,这理论也就全无意义。所以,这种理论之成立,是要靠说者的善巧设计与读者的真诚补足而后完成的。此之谓作者与读者的对话与辩证。

原来,在两端一致论这种言说形态中,其指涉形上之道的一端,全是空概念,其实义反而要在形下之器的随机设施中去指点。此所以林放问礼之本,孔子不直答以仁而答以"礼,与其奢也宁俭;丧,与其易也宁戚"(《论语·八佾》)。但若就"学"(哲学)而不就体验来说,则"天"、"道"、"仁"等所指涉的才是实理,生活中的事例则是无常的色相。

不过,两端一致论并不执着这种纯学的分解,但也避免直接用指涉形上实理的词语来指点。如在孔子之时,"仁"还不曾被定位为哲学上的本体,因此是常被孔子用作形容词去作道德是非的判断的,如谓某人仁某人不仁等等。虽然后人即称之为"彻上彻下",但也因此孔子之语尚未能展开为一哲学理论。自孟子之后,虽已自觉地厘析形上形下,如性、命之分,理、气之别等,但也只具理论的雏形。而时至今日,我们便当对此相应于中国哲学的特殊性格的理论形态,作更自觉而周到的展开。而觉察到理论上的实项(因指涉实理),却是体验实践上的虚项(因是无从认知的空概念),在日用伦常上的实项(因指涉真实之生活经验),却是掌握真理真心的虚项(因散殊之事永不等于纯一之理)。因而察觉要真能充分掌握此道,须从两端互涉的辩证中循环着手,而能有效联系两端而使之由对立的概念转为互动一体的则是人的真心。须此真心一方面投入生活事例一边,以即事见理、由知生慧,而丰富充实此端的意义;亦因此下学上达,转移到对形上之道的体悟,而使之化虚(不可认知)为实(可以体验)。另一方面则依据对道的约略掌握,转而贞定对生活经验的方向,亦大致规定了在哲学言说中形下之事一端的理解诠释范围,这则是另一种化虚(无意义)为实(有意义)。换言之,乃是真心之投入,才使这种以生命实践为主的哲学理论,其暂分的形上形下两端,都渐渐化虚为实的。此即两端一致论之大意所在。

由于本文不是专论两端一致论,所以只略述其大要如上,其详请参阅拙著《在说与不说之间——中国义理学之思维与实践》(台北汉光文化公司1992年2月初版)。以下,本文即尝试运用两端一致论的言说方式,去解明儒道两家如何互为体用本末而实为真实生命的一体两面。

三、儒道两端体的分别确立

在浑然一体的生命实存中,我们可以如何分解出其两端之理,以与儒道两家义理相应呢?

我们首先或可以从孟子之区分性命得一线索。《孟子·尽心下二十四章》有云:

> 口之于味也,目之于色也,耳之于声也,鼻之于臭也,四肢之于安佚也,性也,有命焉,君子不谓性也。仁之于父子也,义之于君臣也,礼之于宾主也,智之于贤者也,圣人之于天道也,命也,有性焉,君子不谓命也。

在此,命与性都有其广义一面,此即生命实存之整体,命即天所赋予我者(即生命整体),性即我之所以为我者(亦即此生命整体)。但命与性又有其狭义一面,而此命乃指自然生命之有限欲求,性则指无限心灵之价值蕲向。因此广义的性与命都是包涵性、命两端的。只是孟子要凸显人性之特殊,所以要就狭义说性说命,于是仁义之性便唯人所独有了。而这一点强调,即构成儒家义理之基本肯定。

但在《孟子》书中,告子却是有意凸显另一端的,所以他说:"食色,性也。仁内也,非外也;义外也,非内也。"(《告子上四》)他肯定仁内,即是肯定生命感情,排斥义内,即是否认道德为人性之一环。总之,他是为凸显生命而忽略道德的,正如同孟子为凸显道德(仁义)而忽略生命。而告子的思路,一般承认他是近于道家一流,甚至有人怀疑他就是庄子。所以,如果我们既不偏儒家观点以凸显道德,也不偏道家观点以凸显生命的话,我们便可以将道德与生命两端平等看待,视之为从浑然一体的生命实存中分解出来的两端,以分别代表儒道两家的核心思想。

当然,关于生命与道德这一对概念,其内涵应如何规定,还是要有进一步的说明。

首先,所谓生命,依道家义理,当然不是指素朴的生理欲求,而是从这素朴的生命现象翻上一层而领略掌握到生命之真实、自然、冲虚、圆融的存在境界。这境界虽然不是每一生理欲求(如视、听、言、动、食、色),却是所有生理现象的整体和谐的呈现。这和谐原是每一生命体本来如是的事实,只是必须通过心灵的整体性掌握才能为人所认识。如果心灵不清静,则不但无从验证此和谐事实,反而会因心知的造作而妨碍割裂了这整体和谐的生命。所以需要有一无为的工夫去校正这种扭曲,以恢复本具的自然。此即必须映现于一虚静心灵中的生命境界,亦即道家思想的核心要义。

其次，所谓道德，则是重在凸显人性中价值的倾向、意义之需求。而意义、价值的实现，则只有通过人文的创造，其具体的创造性活动则是作是非、对错、善恶、美丑等等价值判断，以及对何种当前的事物或人生活动最足以呈现价值作一权衡与抉择。吾人即是通过每一当下的正确判断与选择而赋予了当前此一人生经验以意义，亦即创造了价值而令生命感受到一种尊严与快乐的。因此，如何修养一清明的本心，以期能作出正确的判断选择，便是儒家义理的中心思想所在。

以上简单规定了儒道两家的义理本质，当然二者是分析而对立的，也可以说是两不相干的。但如果我们想探讨二者间的关系，则道德与生命间有何关系呢？

一般的思路是，你总不免要先选定一个观点来作诠释的基础。但这样一来便必不免为争一方而压另一方。如孟子为凸显道德之大本，便不免以生命为末。告子则反之。结果所得，都不是生命之全而只是一偏。那么，若要既有所明，又不致别有所伤的话，要如何呢？答案就是：何妨试用两端一致论。

四、道德与生命之互为体用义

在进行儒道义理两端一致的辩证之前，我们应先提出一对概念以利辩证的进行，就是"本质原理"与"实现原理"。

所谓本质原理，就是指某一家义理的根本立足点所在或终极理想所寄，亦即是他所肯定的究极真理。如儒家是以道德的创造、人文的开发为本，道家是以生命的整体和谐、虚灵活泼为本，因此，道德之"道"便是儒家的本质原理，生命之"道"则是道家的本质原理。这大略相当于传统所谓"体"或"本体"。

但所谓实现原理，则和传统所谓"用"略有参差。它不是经指本体之运行、表现、功能、作用、影响，而是指这究极真理所以能充分实现的保证因素或必要形式。

那么，这是一种怎么样的因素或形式呢？其实这也是一种"虚项"。这虚项具有一种作用，就是将那代表本质原理的概念（这则是一个哲学上的"实项"）加以解消，而转换为生命中的体验与实践。当然，要能起这种作用，不是靠这虚项本身，而是靠读者适时将自己的心灵力量投入以充实这虚项才行。是因为这个缘故，那纸上的抽象概念（如仁义道德）才能化为有血有肉的爱与创造，此之谓实现原理。

1. 以儒家理想为主，则道家义理是其实现原理

那么，我们就不妨先来看看儒家所标榜的仁义道德、人文创造等理想，要如何才能消化为生命的活动以实现之了。

关于这一点，牟宗三先生在《中国哲学十九讲》①的第七讲"道之作用的表象"，曾论及道家不是在实有层上否定圣智仁义，而只是在作用层上对此加以否定。但这种否定却反而是过滤掉圣智仁义的概念执着，使它们活化为真实的仁义之行。因此牟先生特称之为"作用地保存"。亦即，道家的无为自然之道虽然不在实有层上正面肯定道德，却在作用层上作用地保存了道德。于此我们便可以说：儒家的义理是道德之所以为道德的本质原理，道家义理则是道德所以能真成为道德的实现原理。

这意思就是说，我们虽然因为修习儒家经典而对道德理想起一朦胧的向往，得到一大略的方向指引，并且也形成若干有关道德的概念、信条以及行为模式，但也因为这样的缘故，使我们束缚在一外加的形式框框中，反而妨碍了自主的创造性表现（孟子所谓"义内"或"由仁义行"）。所以我们还须有更进一步的修养，以彻底忘了道德（概念）、摆脱所有教条的束缚，使生命不成为道德理想的工具与奴隶，才能充分实现儒家发生自主体自觉，而心性天是一的道德理想。换言之，善须到了"大而化之之谓圣，圣而不可知之谓神"（《孟子·尽心下》）的地步才是纯善。而这种化境却恰是道家的本质理想所在，此即一整体和谐、自然活泼的生命流行之境也。于此，我们便可以看到同一义理的不同地位。如道家义理，对生命而言是属于本质原理，但对道德的肯定而言，却是属于实现原理。这时也可以说，道家义理是谦逊地退居于辅助的地位，以玉成儒家的理想。这时当然无妨称儒家义理为本，道家为末。但要当知这并不是一永恒不变的事实，而只是因人为的选择（选取道德之肯定与实现为主题），而暂时形成的关系结构罢了！

2. 以道家理想为主，则儒家义理是其实现原理

于是我们便可知，当我们换一个关怀的主题，儒道两家义理的关系便也会有相应的改变。

例如我们选取"生命"为关怀主题。那么道家义理便当跃居主位，属于本质原理，也当正面标榜生命的理想，此即纯净和谐、虚灵活泼、自然纯真。至于儒家义理，则亦未尝不可退居于辅助的地位，或者也可能表现出符合实现原理般的作用功能？

原来在传统上，一般都只肯认儒家之理为实理，对道家义理则只视之为一种虚的作用。其实这是不自觉地以儒家理想为主，遂不可避免地贬抑道家了。其实又安知生命的逍遥自在，不是在人文化成之外的另一种庄严呢？所以如果我们放下成见，是应该承认道家的生命理想也是一种至高至正的理想，道家的义理也是一种实理而非只是一种以否定为主的虚用。

但这样被正面肯定的生命理想又要怎样才能充分实现呢？

---

① 台湾地区学生书局 1983 年 10 月初版。

长久以来，道家思想总被误为玄虚难解，殊不知道都因在历史上道家扮演的都是对儒家与人文现象作反省的角色，所以都是在实现原理的地位上说话，而不免只显正言若反、作用见性的虚像。于是道家的生命理想也不免在言语上被虚化了。遂显得高蹈远引，飘缈复绝，既不食人间烟火，也就难以在人间实现。结果反而塑造出一种只存在于文学艺术作品中的虚无境界，也引领许多富于浪漫热情的少年人群趋于此浪漫的虚境，且为之颓废消沉，或者纵欲放荡。如魏晋名士之狂放，遂招来名教的斥责。其实这些并不是道家生命理想的本貌，而实属其变质。然则道家此一正大的理想缘何不能实现而流于变质呢？便因道家此一生命的本质原理，也须有一实现原理的协助才能实现之故。

　　而儒家义理便恰可负此辅助之任。

　　原来真正逍遥的生命，也是不能离群孤往的。孔子云："鸟兽不可与同群，吾非斯人之徒与而谁与？"（《论语·微子》）而自由也没有孤绝的自由，而只有"从心所欲不逾矩"的自由。于是当儒家讲秩序（礼）、关系（人伦）、责任（义），讲黾勉、弘毅、博闻的时候，他虽然没有在实有层正面肯定逍遥自在、和谐自然，却是在作用层上孜孜矻矻地经营一个可让纯真生命自在流行的人文世界。尤其，能毅然投身于人群，奉献一己之力，牺牲一己的自由，去为众生的苦难和不自由奋斗，才证明他是一个不执着于自由的空洞概念，而更能将之转化为生命实践的真自由人啊！于是我们也可以说儒家之有为，是作用地保存了生命之自由。亦可说自由也须从个人的主体自由，推广到群体的各安其位，条理美备，才是更充分的自由理想之实现，而这时却恰是儒家所肯定的道德理想。这时岂不是也可以说，对道德理想而言，道家义理是本质原理，但对生命理想而言，却已易位为实现原理，道家义理才反而是本质原理了吗？这时当然是以道为本，儒为末了。

五、余韵

　　由以上讨论，我们便可看出儒道两家，实相既而为一浑全的整体，此即真实的生命存在之体，亦即所谓"易"、所谓"如"。虽则对这实存的生命，我们可为了方便掌握理解之故而假分为阴阳乾坤或儒道两端，但两端本质上还是平等互动的，虽则对这两端，我们更可为了进一步的掌握理解而姑以某一端为主，加以展开，形成结构，也并不能因此而否定另一端。这另一端的道，只是暂时退隐而居于宾位，但即使如此，也仍在默默中尽其辅助玉成之功。当然，若主宾易立，也一样是如此。此即谓之互为本末、互为体用。这不只当以儒家标榜的道德理想为主时，道家义理只是一虚项，只显一虚用，就是以道家标榜的生命理想为主时，儒家所谈的仁义道德、人文化成也同样是一虚项，其说也只属虚说，其用也只是虚用。何以故？即因此时的关怀主题并不是道德而是生命之故。所以当其处于虚位，不论说无为或说有为，都只是姿态，其要旨唯在借此暗示人或辅助人要适时放下对那被凸显、被标榜的主题（道德或生命）的概念执着，而静待人的心灵主动投入以充实此虚位，然后，在这言说系统中所标榜的某一本质原理，才真能从概念的讲论，转化为生命的体验与实践。这时，人与言说系统也才互相融会，即言即意、即物即心而为一体，而此终于圆成的一体，也就是那唯一真实的"道"、"易"、"玄"、"如"。

这就是两端一致论的一次演示。吾人借此讨论了儒道两家义理的会通，亦借此回应了现代西方重分析之学的挑战，而试图说明分解与非分解（知与行）的辩证合一之道；同时亦借此介绍了两端一致论这一种新的言论方式。而由于这种言说方式是一永远的开放与辨证，因此当然包含了本文作者与读者间的对话，亦即：本文中正隐藏有许多虚项，有待您的慧心——或是近于儒的道德心，或是近于道的虚静心，等等之投入，以臻于完成。

录自台湾地区台北市《鹅湖》1995年10月21卷第4期

孔子之仁与老子之自然

——关于儒道关系的一个新考察

刘笑敢

刘笑敢（1947— ），河南人。1978 年入北京大学哲学系，1985 年获博士学位并留校任教。1993 年任教于新加坡国立大学中文系。2001 年起担任香港中文大学哲学系教授。主要著作有：《庄子哲学及其演变》、《老子——年代新考及思想新诠》、《两极化与分寸感》、《庄子与沙特》、《老子古今》，*Classifying the Zhuangzi Chapters*，以及 *Taoism and Ecology* 等。

内容提要：关于儒家与道家的关系问题，学者多有不同见解，或强调二者精神之不同，或强调二者之互补，或争辩儒道二者孰为主流。本文通过孔子之仁的观念和老子之自然的观念试图说明儒道两家在精神上有相通之处。

孔子强调仁者安仁，为仁由己，知之者不如好之者，好之者不如乐之者。这固然是强调仁的内在意义，但同时也透露了儒家道德实践中的自然的原则，即自然的道德流露高于勉强的或有意的道德行为，而这一点恰好与老子所强调的自然的价值相一致。笔者曾论证老子哲学的中心价值是自然而然的原则，儒家在道德实践这一中心课题上也是承认自然高于人为做作的。在这方面，儒家与道家的精神是相通的。论者常认为道家是反对儒家伦理的，据笔者考察，老子并非一概反对儒家道德，只是反对强制的或虚伪的道德表现。道家的自然原则为儒家的道德原则提供了一个实践的标准，为儒家道德原则的社会实践提供了润滑剂。

关键词：仁 自然 中心价值

关于儒家与道家的关系问题，学者多有不同见解，或强调二者精神之不同，或强调二者之互补，或争辩儒道二者孰为主流。本文通过孔子之仁的观念和老子之自然的观念试图说明儒道两家在精神上有相通之处。在孔子自己的思想中，仁的观念本身就包含了自然而不勉强的原则。道家的自然原则可以为儒家的道德学说提供实践的条件和润滑剂。

本文首先简要介绍老子哲学的中心价值，然后较详细地分析孔子仁学中的合乎自然而然之原则的因素,最后讨论儒道关系研究的方法和意义。

老子哲学的中心价值

本文对儒道关系的新考察依据笔者对老子哲学的新诠释。《老子》一书虽然只有五千言,历代注释、解释、翻译、发挥老子思想的著作却可能数万倍之多。然而,值得注意的是,虽然大家都承认自然无为是老子思想的核心内容或主要特点,但是很少有人认真而深入地探讨自然与无为这两个概念的意涵以及这两个概念之间的关系。笔者的研究就是从分析自然与无为的意涵,它们在老子哲学中的地位,以及它们的相互关系入手的。

笔者认为,老子哲学有一个可能的体系结构。这就是以自然为中心价值,以无为为实现这一中心价值的原则性方法,以"道"为自然和无为提供了超越的和贯通的论证,以辩证法为自然和无为提供了以社会生活为基础的经验性的论证。这种对老子哲学体系的"有机重构",突出了"自然"在老子思想中的价值地位,对于重新考察道家与儒家的关系也提供了一个新的视角。需要附带强调的是,老子所说的自然是自然而然之义,不是现代汉语中指代自然界的自然。老子所关心的是人类社会生活中的自然的和谐,而不是自然界的状况问题。[①]

为什么说自然是老子哲学的中心价值呢?这当然是根据对《老子》原文的分析而得出的结论。《老子》第二十五章就明确提出了人、天、地、道四者与自然的关系,突出了自然的根本性价值或最高价值的意义。老子说:"道大,天大,地大,王亦大。域中有四大,而王居其一焉。人法地,地法天,天法道,道法自然。"老子强调,人生活在天地之中,而天地又来源于道,道在宇宙万物中是最高最根本的,但道的特点、道所依据或体现的却是自然二字。道是宇宙万物最高的根源和根据,而自然则是最高的根源与根据所体现的最高的价值或原则。这里罗列了五项内容:人——地——天——道——自然,虽然,地、天、道在老子哲学中都是很重要的概念,但在这里的论证中,地、天、道都是过渡、铺排和渲染的需要,全段强调的重点其实是两端的人和自然之原则的关系,说穿了就是人,特别是君王应该效法自然。所谓法地、法天、法道都不过是加强论证的需要,人类社会应该自然发展,这才是老子要说的关键性的结论,换言之,自然是贯穿于人、地、天、道之中的,因而是极根本极普遍的原则。

[①] 关于笔者对老子思想的研究方法请参看拙作《老子:年代新考与思想新诠》"自序"和"导言",关于老子之学的中心价值可看第三章。台湾地区:东大图书公司,1997。

自然作为中心价值,必然会体现在社会管理者与百姓的关系上。《老子》第十七章说:"大上,下知有之;其次,亲而誉之;其次,畏之;其下,侮之……悠兮其贵言。功成事遂,百姓皆谓我自然。"老子认为,圣人式的管理者不会强迫百姓做任何事,也不会向百姓炫耀自己的恩德,百姓仅仅知道他的存在,而不必理会他的存在。这是道家理想中的虚位君主,和孔子所赞颂的"无为而治"也有相通之处。次一等的执政者会做一些令百姓感恩戴德的事,这是传统的或一般儒家所向往的圣明君王。再次一等的执政者使百姓畏避不及,这是通常所谓的昏君。更糟的统治者令百姓忍无可忍,百姓对他只有侮辱谩骂,这就是所谓的暴君。聪明的统治者悠闲自得,少言寡道。万事成功遂意,百姓都会歌颂他实现了自然之道。①

这里有一个深层的问题。历来的注家大多指出,"自然"并非没有君主的作用,只是君主的作用和一般人所想的作用不同,其特点是潜移默化,让百姓感觉不到君主的作用,是百姓自然而然地接受的影响。这就涉及一个问题:"自然"的价值到底是否承认外力的作用。按照传统的解释似乎只要外力的作用不引起人们的直接感觉就可以算作自然。这样说来,自然并不一概排斥外力,不排斥可以从容接受的外在影响,而只是排斥外在的强力。在这一点上,老子哲学留下了与儒家思想和其他社会机制,如法律、礼仪等相通与相容的空间。

十七章强调君主应该实行自然之治,让百姓充分享受不受干扰的生活。这是从社会关系,主要是君民关系的角度讲自然的。五十一章则为自然的原则提供了形而上的根据。"道生之,德畜之,物形之,而器成之。是以万物莫不尊道而贵德。道之尊,德之贵,夫莫之命而常自然。故道生之畜之,长之育之,亭之毒之,盖之覆之,生而不有,为而不恃,长而不宰,是谓玄德。"② 对"道之尊,德之贵,夫莫之命而常自然"一句成玄英注云:"世上尊荣必须品秩,所以非久,而道德尊贵无关爵命,故常自然。"老子强调,道的崇高地位应该是自然而然的,不是任何东西可以赐予的,是不应该刻意追求的。那么,道的崇高地位是怎样形成的呢?当然是因为道有生养万物的功能,但仅有这一点是不够的。道之伟大还在于生养之后不以生养者自居,既不居功自傲,更没有主宰或占有的意图,也就是"生而不有,为而不恃,长而不宰"。有这样的态度,无论是否受到尊重都可以处之泰然,既不会沾沾自喜,也不会怨天尤人。这也是老子所提倡的"自然"之精神的一个方面。

第六十四章又从圣人与万物的关系的角度讲到自然:"是以圣人欲不欲,不贵难得之

---

① 关于"百姓皆谓我自然"一句,本文解释与通行解释不同,请参看上述拙作,第70页。
② "器成之"、"道生之"、"德畜之"两句据帛书本校改。

货，学不学，复众人之所过，以辅万物之自然而不敢为。"道家的圣人价值观念与儒家的圣人或其他人的圣人都不相同。道家的圣人所追求的是一般人所不愿意追求的，对一般人所珍重的价值也视若浮云。这种价值观念体现在行动上就是"辅万物之自然"，也就是因任万物之自然。"万物之自然"是最好的状态，圣人只能帮助和维护这种"自然"状态，不应该试图改进或破坏它。这是从人与万物的关系的角度强调自然的意义。对"学不学，复众人之所过"一句，河上公注曰"圣人学人所不能学。人学智诈，圣人学自然。人学治世，圣人学治身，守真道也"。把自然的原则当做学习的对象，学习的内容，这是圣人的特点。不学习辅助和保护这种状态就会利用自己的特殊地位或权力破坏自然的状态。圣人的这种态度就体现了老子的价值观。

综上所述，自然是人、地、天、道所效法的最高法则，是圣人与百姓之间的关系的最好体现，是圣人与万物之关系的准则，是道和德的尊贵地位的原因，具有最根本、最重要的含义，概括起来，我们就可以说，自然是老子哲学的最高原则或中心价值。

自然就是自然而然的意思。那么，自然而然中又包含哪些具体的意涵？或者说自然的价值到底意味着什么，要求些什么？

首先，自然的意思就是自己如此。从词汇的构成来看，自然是"自"（自己）加"然"（如此）。无论我们怎样解释"自然"的语法成分，其自己如此的意涵都是最基本的。"莫之命而常自然"就说明自然是不需外在恩赐或控制的。用现代语言来说，自己如此也就是强调事物动因的内在性。凡是由内在原因或动力而发生的事物，就是自然的，反之就是不自然的。用于道德分析，凡是发自内心道德感情的行为就是自然的道德行为，因惧怕某种压力而表现出来的言行就不是自然的道德行为。

由此产生的自然的另一个意涵就是外力作用的间接性。因为任何事物都不可能是孤立存在的，必然要和其他事物发生关系，所以在强调自己如此的时候必须考虑到内在动因和外部作用的关系问题。所谓"百姓皆谓我自然"，就是说圣人虽有作用和影响，但百姓并没有感觉到其作用和影响。在这种间接或柔顺的外力影响下事物的发展，仍然可以看作是自然的。对于人际关系来说，无论是别人对自己的影响和施与，还是自己对别人的帮助和劝告，越是尊重对方的内在动因、越是考虑自愿的原则，就越符合自然的价值标准，而勉强自己接受或强制别人接受都是不自然的。

其次，自然意味着发展轨迹是平稳的，或者说是可以预见的。事物本来是怎样的，现在和未来就大体还是怎样的。"辅万物之自然而不敢为"并不是让事物永远保持不变，而是辅助万物的自然的变化，也就是平缓的发展或演化，既不发生突然的变化，也没有突然的中断。从运动轨迹的角度讲，其过程是平稳的，从变化的趋势和未来讲，其过程是可以预见的。这两者的实际内容是一样的，因为平稳的发展过程，其未来状态自然是可以预见的，而潜藏着各种意外变化的过程则是不可预见的。对于人际关系和道德行为来说，有一贯性的表现是比较自然的，突然发生或突然改变的就是不自然的。因此，被迫的突然改变的行为就会给人不自然的感觉。

最后，从自然的上述意涵，我们很容易推出自然的状态必然意味着和谐，意味着没有剧烈的冲突，既没有内部的冲突，也没有外部的紧张和斗争。显然，无论内部冲突或外部斗争都是破坏事物自然发展的，是和自然的原则不相容的。因此，凡是有利于维持或实现总体秩序之和谐的行为、学说，就是接近或符合自然原则的，凡是有可能引起冲突与对抗的言行就是违背自然之原则的。

根据老子对自然的推崇和我们对自然的实际内容的分析，老子哲学与孔子的思想并不像一般人所想象的那样尖锐对立。孔子思想中确有一些随顺自然的因素，这是历来研究者都很少讨论的。

孔子仁学中的自然原则

老子哲学的中心价值是自然，孔子思想的中心价值则是仁。仁的意涵非常广泛，既是最高的、代表孔子道德体系的概念，又是与其他德目并立的一种德行。[①] 仁是一种道德价值，是对人的道德修养的要求；自然则是对一种和谐状态的描述和向往，因此可称之为状态价值。仁主要是规范性的概念，直接告诉人们应该如何行动；自然则是描述性的概念，主要反映一种包括人的行为效果的客观状态。当然，自然作为一种价值，必定有某种规范性的意义，但这种规范性并不是直接告诉人们应该如何做，而是告诉人们的行为应该达到什么效果，其规范性意义是间接的。仁的概念大体属于道德哲学和功夫论，而自然的概念基本上属于社会哲学。但是，仁德与自然都涉及了人的行为方式以及由此而引起的人际关系和社会状态，因此二者又必然有某种程度的交叉互涉。

一、仁德内在而自然的流露

我们说，孔子之仁学与老子之自然有相通之处，因为仁是一个道德概念和道德境界，而道德概念和道德境界都要求植根于个人内心的要求和感受，即非常强调个人内在的动因，因而与自然的原则必然有一致之处。

[①] 孔子曰："君子去仁，恶乎成名？君子无终食之间违仁。造次必于是，颠沛必于是。"（《论语·里仁》）说明仁是君子之所以为君子的最高最根本的德行。孔子又说："仁者必有勇，勇者不必有仁。"也说明"仁"高于"勇"等德目。然而，孔子也多次把仁作为一种具体的德目，把仁与"智"和"勇"并列，如："知者不惑，仁者不忧，勇者不惧。"（《论语·子罕》）

孔子说："不仁者不可以久处约，不可以长处乐。仁者安仁，知者利仁。"（《论语》4.2）① 朱子注云："不仁之人失其本心，久约必滥，久乐必淫，唯仁者则安其仁而无适不然，智者则利于仁而不易所守"，② 强调仁要发自"本心"，然后才可以"无适不然"。安仁是最自然的行为表现，没有任何"仁"以外的目的。利仁是因利而行仁，动机虽在仁外，也是发自内在的行为，因而也是比较自然的。在"安仁"、"利仁"之外，还有"强仁"。《礼记·表记》记载："子曰：仁有三……仁者安仁，知者利仁，畏罪者强仁。""强仁"即出于压力、害怕负罪而不得不按照仁德的要求行动。"强仁"完全是不自然的，其行为动机完全是外在的。

孔子特别推重内心自发的行为，他说："知之者不如好之者，好之者不如乐之者。"（《论语》6.20）知之者"利仁"，以仁为有利而行仁，不是自发的，所以不如"好之者"之"安仁"，而"好"之极致便是"乐仁"，以行仁为乐，则实践仁德的行为更加自发和主动，完全没有其他的目的，没有丝毫的勉强，因此也更为自然。不过，"安仁"与"乐仁"都是以仁本身为目的，而"安仁"自可达到"乐仁"之境界，所以不必在"安仁"之外另立"乐仁"的标准。这样以道家之自然解释"安仁"、"利仁"、"强仁"之不同，与孔子的思想契合无间，顺理成章，说明孔子之仁的思想中的确隐含或包括了"自然"之行为标准在内。

事实上，以道家之概念解释孔子之思想并不是我们的发明。有人问朱子"安仁"与"利仁"之别，朱子便说："安仁者不知有仁，如带之忘腰，履之忘足。"③ 朱子之说就利用了《庄子·达生》的思想："忘足，履之适也；忘腰，带之适也；忘是非，心之适也。"《庄子》原文形容能工巧匠的创造达到出神入化的境界，心灵摆脱了任何束缚或挂念，其精熟的创造活动看起来像自然而然的成果。朱子以"带之忘腰，履之忘足"来形容仁者安仁，说明仁者安仁达到了自然之化，不需要任何意识、目的去支配自己的行为。此外，程树德也说："无所为而为之谓之安仁，若有所为而为之，是利之也，故止可谓之智，而不可谓之仁。"④ 这里"无所为而为之"显然受《老子》三十八章"上仁为之而无以为"的影响。"无所为"之为或"无以为"之为就是自然而然之为，安仁就是自然之仁或仁德的自然表现。⑤

---

① 本文《论语》引文均自杨伯峻《论语译注》，为简便，随文注杨氏分章之标号，略去页数，下同。北京：中华书局，1980 版。
② 《四书章句集注》，北京：中华书局，1983 年，第 69 页。以下简称《集注》。
③ 《朱子语类》，北京：中华书局，1986 年，2 册，第 643 页。以下简称《语类》。
④ 程树德《论语集释》，北京：中华书局，1990 年，第 229 页。以下简称《集释》。
⑤ 程树德对朱子《集注》有严厉批评，并非宗宋学者，然而与朱子不谋而合地用道家语言解释"仁者安仁"，可见这不是个别人的偶然之见。

仁者安仁强调的是个人的道德感情和道德动机，这不涉及对人的教育问题。仁德的培养当然离不开外在的教化等因素，但是外在的因素不能是强迫性的，被迫实践仁德，其仁必不可能是孔子所提倡的"安仁"。因此，孔子的"安仁"与老子所提倡的自然的原则有着天然的联系。

二、人际关系之间的自然原则

孔子仁德的基本内容就是"己欲立而立人，己欲达而达人"，"己所不欲，勿施于人"，这是处理人际关系的普遍原则，不仅儒家有此主张，世界上各大宗教都有类似的格言，不过，孔子是最早提出这一原则的哲人。这种忠恕之道包括了对人的爱与尊重，强调每个人自觉自发地实践人际关系之间的仁德，这体现了重视内在动因的原则，也有利于实现人际关系的自然的和谐。然而，如果没有自然的原则作调节，"己欲立而立人，己欲达而达人"也有可能导致"以我之所欲，强施于人"的情况，从而在推行仁德之时违背仁德，造成人际关系的紧张。坏事当然不应该"施于人"，那么好事呢？好事是否应该"施于人"甚至可以强加于人呢？按照孔子的思想，好事也不应该强加于人。

子贡曾经对孔子说："我不欲人之加诸我也，吾亦欲无加诸人。"孔子回答说："赐也，非尔所及也。"（《论语》5.12）"欲无加诸人"之德是很高的，不是一般人可以做到的。[①]朱子《集注》说："子贡言我所不欲人加于我之事，我亦不欲以此加之于人。此仁者之事，不待勉强，故夫子以为非子贡所及。"朱子所说"仁者之事，不待勉强"切中正题，点明了其中包含的应该自然而然的意思。自己不愿意被人勉强，也就不应该去勉强别人，这种没有相互勉强的人际关系才是比较自然的关系。

我们说，"欲无加诸人"不仅意味着坏事不应该强加于人，而且要求好事也不要强加于人，这一点从孔子对待学生的态度上可以充分得到证明。宰我对孔子说："三年之丧，期已久矣。君子三年不为礼，礼必坏；三年不为乐，乐必崩。旧谷既没，新谷既升；钻燧改火，期可已矣。"宰我认为父母死后守三年之丧耽误常规的礼仪活动太多了，守丧一年也就够了。孔子问他：父母刚死一年，你就"食夫稻，衣夫锦，于女安乎？"宰我说：

[①] 此处"加诸人"之"加"字，历来多解释为欺侮、凌辱之类，查《说文》："加，语相增加也，从力从口。""加"字本没有很强的欺侮的意思。段玉裁改"增"为"谮"，从而论断加、谮、诬三字义同，证明古注以"加"为凌驾、欺凌、诬妄为正确（见段著《说文解字注》，上海古籍出版社，1981，页700）。事实上，把"加"解释为"欺侮"反而降低了孔子仁学所包含的道德境界。因为孔门之仁决不仅仅是不凌驾、欺侮别人而已。查"加"之本义，就是把所没有的加之于上，或有强加于人之意。如果拘泥于"加"之从口，或可理解为仅仅是语言上的强加于人。把"加"直接解释为"凌驾"、"欺侮"不符合"加"之古义，也贬低了孔门的道德境界。

"安。"孔子就说:"女安,则为之!夫君子之居丧,食旨不甘,闻乐不乐,居处不安,故不为也。今女安,则为之!"宰我走后,孔子感叹地说:"予之不仁也!子生三年,然后免于父母之怀。夫三年之丧,天下之通丧也,予也有三年之爱于其父母乎!"(《论语》17.21)宰我认为父母之丧,一年就够了,孔子对此强烈不满。然而他并没有直接批评宰我,只是说,君子守孝不够三年,于心不安,你若心安,你就守孝一年吧。梁漱溟认为,这一段说明孔子态度之和婉,绝不直斥其非,"既从情理上说明,仍听其反省自觉"①。当子贡建议每月初一不要再用活羊告祭祖庙时,孔子只惋叹地说:"赐也,尔爱其羊,我爱其礼。"(《论语》3.17)梁漱溟强调,孔子仅"指出彼此之观点不同,而不作任何断案"②。孔子的态度是让学生从自己的态度中去体会,去抉择,而不愿强迫学生接受自己认为正确的原则。

值得注意的是,第一,孔子有鲜明的是非标准,他并不赞成宰我和子贡的态度;第二,孔子丝毫不想勉强学生按照自己的判断行动。孔子究竟为什么不对学生态度强硬一些呢?他为什么不直接要求学生按照自己的标准和原则行动呢?难道是他在学生中的权威性不够吗?难道他对学生不负责任吗?难道他对仁德爱得不够吗?当然都不是。比较合理的回答只能是,孔子认为这样回答学生、诱导学生是比较好的方法,他习惯于让别人自己作选择和决定,而不喜欢强加于人。这种做法、这种态度和道家所提倡的自然的原则,具体内容当然不同,但基本精神是有相通之处的。这基本精神就是重视内在的动因,避免不和谐的冲突。老师教导学生,要启发学生自己思考、选择和接收,否则,苦口婆心,作用甚微,如果强按牛头喝水,更可能激起反感或反抗。所以孔子说"不愤不启,不悱不发。举一隅不以三隅反,则不复也"(《论语》7.8)。显然,孔子把内在的动因看得更重要,希望学生自然地、不勉强地接受仁德。对于一般的学习来说是这样,对于道德的培养尤其是这样。因为道德的本质就是要靠内在的自觉,被迫按照一定的道德标准行动的人只能算遵守社会规范,不能算有道德。

三、求诸己与自然之得

人生在世,对社会、对他人不可能无所求,但求的方法可以大不相同。孔子的原则是求诸己,而不强求于人。

子禽问于子贡曰:"夫子至于是邦也,必闻其政,求之与?抑与之与?"子贡回答说:

---

① 梁漱溟《孔子在中国历史上的地位》,见《孔子研究论文集》,中华孔子研究所编,北京:教育科学出版社,1987年,第14页。下同。
② 梁漱溟评论的本意在强调孔子思想不是宗教,是理性主义,反对宗教的迷信与独断(dogmatism),开创了不以宗教为中心的中国文化。

"夫子温、良、恭、俭、让以得之。夫子之求之也,其诸异乎人之求与?"(《论语》1.10)孔子愿意参与各国的政事,以便宣传自己的主张,实现自己的抱负,然而孔子并不强求这种机会。孔子以自己的道德文章赢得了列国诸侯之信任,因而与者自愿与之,得者自然得之。虽然有"与"有"受",有"求"有"得",得失与求之间是自然而然的,没有勉强,更没有冲突。陆陇其说:"圣人以德求,非如人之有心求也……若不于此体认,而欲与世相接,便不免于求。求之极,便流到巧言令色一途。看来人心风俗之坏病痛都在一求字,所以不能不求者,只是不信有不待求的道理。"① 不待求之得就是自然之得。孔子之作风,实已体现自然之价值。

不强求于人是多方面的,不仅是有关参与国政的,而且也涉及最一般的人际关系。孔子反复强调的一点就是从容地接受别人对自己的态度,也就是不强求别人对自己的了解。遇到知音固然值得庆幸,然而人生在世,众人各有所好,一个人不可能有很多知音,因此几乎每个人都会经常面对别人的不理解甚或是误解。孔子在世时,他的学说并没有广泛流传,他的学生可能经常面对不被理解的情况,因此孔子反复强调不强求别人对自己的理解。《论语》开篇就说:"学而时习之,不亦说乎?有朋自远方来,不亦乐乎?人不知而不愠,不亦君子乎?"(《论语》1.1)学而能习之,朋友能聚之,这都是正面的一般的情况,是人人都可能有的感受。"人不知而不愠"则是反面的情况,是一般人做不到的,是君子才可能有的修养。朱子强调:"不愠,不是大怒,但心里略有些不平底意思便是愠了。"② 这就是说,在别人不了解甚或有误解的时候,不但不应该发怒,而且连不平之心都不该有。孔子所强调的道德境界和精神修养的出发点与老庄思想当然有根本性不同,但这种不因外界得失而动心的心境和道家因任自然的学说毕竟有相通之处,老庄都主张不要因为荣辱得失而干扰心境的宁和,不要因为世俗的追求而破坏内外之和谐。在这一点上,孔子和老子是完全可以相互理解和相互欣赏的。

关于"不己知"即不被了解的问题,孔子讲得很多,比如《论语》中还有"不患人之不己知,患不知人也"(1.16)。"不患人之不己知,患其不能也"(14.30)。"君子病无能焉,不病人之不己知也"(15.19)。"不知而不愠"是说不应该如何。这里几段都是说应该如何。概括起来有两点,一方面应该要求自己了解别人("患不知人也"),另一方面应该努力改善提高自己的能力、水平和境界("病无能焉","患其不能也")。别人对自己如何,别人是否理解、欣赏和表扬自己,这是自己不能直接主导的,一意要求别人如何如何,就会流于谄媚迎合,丧失人格,或强横无理,面目可憎。达不到目的又会怨气冲冲,

---

① 《松阳讲义》,转引自《集释》,第42页。
② 《语类》,第2册,第454页。

愤愤不平，让别人更加敬而远之。显然，强求别人对自己的了解是不理智的。在孔子看来，一个人能够做的和应该做的是一致的，这就是尽可能去了解别人，尽可能提高自己。不强调别人应该如何，而是重视自己应该如何。所以说，孔子之学是为己之学，① 所以孔子可以做到"不怨天，不尤人"（《论语》14.35）。这是儒家的仁人之道，君子之道，和道家重个人修养、轻世俗追求，重视人际关系之和谐的精神也是一致的。

四、退而逍遥与自然之乐

历代统治者和文人所塑造的孔子是严肃而精进不已的。但孔子的生活理想中也未尝没有道家的因素。孔子说过："饭疏食饮水，曲肱而枕之，乐亦在其中矣。不义而富且贵，于我如浮云。"这种超越富贵的精神，安于恬静、自然、俭朴之生活的态度和道家有明显的相通之处。当然，超越的具体动因、内在的具体感受不必尽同于道家，但从一般的表现来看，很难说完全不相干。儒道之不同，关键在于儒者强调道德的力量，道家则要超越世俗之道德表现。但作为个人的最高生活境界来说，特别是就超脱个人之恩怨得失、富贵贫贱来说，二者实有可以相互欣赏之处，不必水火相向。

有一次，孔子问子路、曾点、冉有、公西华四人，如果有人了解他们，如果他们有机会实现自己的抱负，他们会做什么。子路说愿意治理一个千乘之国，相信三年时间，可使人民"有勇，且知方也"。冉有愿意治理一个纵横六七十里或五六十里的小国，相信"比及三年，可使足民"。公西华则愿意主持礼仪。当最后问到曾点时，他的愿望是"莫春者，春服既成；冠者五六人，童子六七人，浴乎沂，风乎舞雩，咏而归"。孔子喟然叹曰："吾与点也！"（《论语》11.26）曾点的回答与其他三人完全不同，他要和同好一起享受河水之畅流，春风之清爽，乘兴而去，歌咏而归。他要超脱世俗之功业，追求逍遥之乐。这和孔门之教是不同的，与道家风格却有接近之处。

那么，孔子为什么赞成曾点的愿望呢？皇侃疏曰："当时道消世乱，驰竞者众，故诸弟子皆以仕进为心，唯点独识时变，故与之也。"李充云："善其能乐道知时，逍遥游咏之至也。"② 这是从审时度势、进退有节的角度来解释的。苏辙认为，孔子赞赏曾点的自知之明，"如曾晳之狂，其必有不可施于世者矣。苟不自知而强从事焉，祸必随之。其欲弟子风乎舞雩，乐以忘老，则其处己也审矣"。③ 这些解释多在朱子《集注》之前，大体平实，没有明显的学派之见。朱熹对这一段的注释牵曾点于"天理流行"之论，殊为勉强，

---

① 子曰："古之学者为己，今之学者为人。"（14.24）子曰："躬自厚而薄责于人，则远怨矣。"（15.15）子曰："君子求诸己，小人求诸人。"（15.21）

② 均转引自《集释》，第三册，第811页。

③ 同②，第812页。

招致甚多批评，完全不可取。清儒也多贬低孔子对曾点的赞扬。这都是陷入学派之见的结果。

曾点的回答和孔子的赞叹在孔子的学说体系中是一个偶然的例外，不代表孔子思想学说的主流。然而，这并不能说这不是孔子思想性格的组成部分。孔子并不像别人所批评的那样只是"知其不可而为之"（《论语》14.38），他不想强加于人，也不想强求于人，他当然懂得适可而止、适时而退的道理。他自己虽然没有真正退而逍遥，但他对曾点的赞叹表明他可以欣赏，也可以接受洁身自好式的自我逍遥。

孔老相通之意义

综上所述，如果我们承认自然而然是道家的基本价值和原则，那么我们就不难看到，孔子的思想与道家是有很多相通之处的。

首先，仁德本身要求的就是内在自觉、自发地实践仁的原则，不要外在的压力，也不要自我勉强，这样的表现才是自然的、真诚的仁。其次，仁者不仅不能把己所不欲强施于人，而且不能把己之所欲强施于人。不强加于人，人际关系才能比较自然，比较真诚。第三，仁德是为己之学，一切所求，都应该通过自身的努力去实现，而不是直接地强求硬要，这样的得才是自然之得，不失之得。第四，仁人有道德修养，但不能保证在世俗生活中可以经情直遂，因此要能够接受洁身自好的自我逍遥。这样不仅可以保持个人的怡悦，而且不至于破坏社会整体的和谐。总之，孔子重视个人的内在的动因，保证个体的自主性，强调人际关系的自然和谐，这和道家重视自然之价值的精神是相通的，是道家可以接受的。

孔子思想中有道家可以接受的成分，反过来说，老子的思想中也有可以和儒家学说相容的因素。老子提倡社会的整体的自然和谐，希望社会的管理者尽可能不直接干涉百姓的生活，甚至不让百姓感到自己的作用，这和仁者以百姓利益为利益并没有不可调和的对立。一个圣人让天下百姓安居乐业而不感觉他的存在和伟大，不让百姓对他感恩戴德，从儒家的角度看，这不也是很高的境界吗？孔子什么时候要求过学生或其他人对他表示感激呢？老子提倡的自然之价值和无为之治，以百姓自在和谐的生活为目标，和孔子的仁学有异曲同工之效，在这一点上，孔子和老子并没有分歧。

孔子说过"为政以德，譬如北辰居其所而众星共之"（《论语》2.1）[1]，又说"无为而治者其舜也与？夫何为哉？恭己正南面而已矣"（《论语》15.5）。可见，尽管为政的手

---

[1] 关于这一段是否体现了无为而治的理想，宋代以后有争议，这需要专门的讨论，这里从略。

段不同，学说的重点不同，但无为之治的理想是儒家也可以接受的。孔子以"无为而治"来歌颂舜，这说明当时无为而治已经有正面价值的意义，并且是大家都已熟知的了。无为而治的思想来自老子，而孔子以此来歌颂他心目中的圣王，说明他对老子的思想并无反感。

总之，虽然老子哲学与孔子思想的重点完全不同，其基本精神也不一样，但二者并非完全不相容。老子之自然与孔子之仁学中确有一致之处，在一定范围内，老子不必然反对儒家之道德，① 而孔子也不必然反对老子之自然。从社会生活实践的角度来看，老子之自然有利于孔子之仁发挥影响，而儒家之仁德也有利于实现老子所向往的自然之秩序。

孔子思想与老子思想有相通之处的原因是明显的。他们生活的时代是大体一致的，② 所面对、所思考的问题是基本相同的，他们的目的也有一致之处，那就是如何把社会混乱引向自然而然的社会秩序，把动荡变成和谐。他们的分歧在于路线和方法的不同。借用中医的说法，孔子用的是"补法"，希望用仁学重建社会的道德秩序和政治秩序，进而实现社会的安定。老子用的是"泻法"，希望以自然的价值和无为的方法取消和限制上层的倾轧争夺和对下层的干涉与控制。这两种方法看似相反，但实际都是从思想文化入手，而不是诉诸军事、政治或法律的手段，所以不可能有立竿见影的效果，在乱世尤其如此。但是，他们的学说都是对人类社会、历史、生命的深刻观察、思考和总结，都切中了人类社会发展中的脉搏，揭示了人类社会发展中的问题和需要，因此又都有超越时代与国界的普遍性意义。任何社会都需要一定的伦理道德体系，因此孔子的学说有历久而常新的价值。任何人类群体都喜欢自然而和谐的人际关系，不喜欢强制性压迫和干涉，所以老子的思想影响历久而不衰。

关于孔子和老子关系的研究还涉及研究方法的问题。学术研究离不开比较，离不开对共性和差异的深入分析，在分析比较的过程中，应该坚持实事求是、客观准确的原则，有同现同，有异现异，并且善于异中见同，同中见异。这里我们需要发展分寸感，防止归约法。所谓归约法就是把认为次要的内容归结为主要的内容，把丰富或复杂的研究对象变成单一的同质的假客体。用通俗的说法就是分清七个指头和三个指头或分清主流和支流。自

---

① 论者多据《老子》第18章和第38章论证老子反对儒家之仁义，事实上，根据这两章的原文，老子并不是直接批评仁义本身，而是描述由于大道（根本原则）的衰落才凸显出仁义、孝慈、忠臣的重要性。

② 关于老子的年代问题争议很多。笔者根据《老子》中的韵文部分与《诗经》、《楚辞》的句式、韵式、修辞等多方面的客观的穷尽性比较，相信老子有可能是孔子同时期的人。见上述拙作第1、第2章。

认为发现了主流或七个指头，就不许再讲支流或三个指头。用这种归约法曾经描绘出两千年的"儒法斗争史"，其荒谬在今天已是昭然若揭。但在一般性的学术研究中还没有引起足够的重视。中国古代思想研究中的归约法，夸大了孔子与老子、儒家与道家的不同和对立，加剧和扩大了学派之争，消耗了许多优秀人才的精力和智慧。当然，我们在强调孔老相通的时候，特别强调分寸感，不希望夸大这种相通之处。因为孔老的思想体系之间毕竟异大于同，否则他们不会成为两个不同学派的领袖。此外，我们还要强调，本文所揭示的孔老之通是充分考察了二者之异的。如果对孔老之异没有深入的了解，那么所谓的孔老之通就只能是肤浅的，没有实际意义的。同中见异、异中见同才是深入的学术研究。

关于孔老相通的考察也有积极的现实意义。现在，在市场资本主义的冲击下，不同文明的文化传统都受到严重挑战，其中尤以中国文化在20世纪以来所受冲击与批判最为严重。中国传统在很多人看来是保守或陈腐的。然而，建设现代文化，特别是现代伦理道德体系离不开传统文化的资源，这方面，儒学可以提供直接的借鉴和参考。然而，儒学曾被很多优秀的知识分子批评为"吃人的礼教"，其原因之一就是统治者在利用儒学的道德原则时阉割了孔子学说中重内在体验，不强加于人，不强求于人的基本精神，使儒学成为单纯控制和扼杀生命与灵性的工具。这和后代学者努力划清孔老界限也不无关系。今天，我们要重建儒学的价值理想而不想重蹈覆辙，那么在提倡儒学的同时倡导老子的自然就是必要和有益的。

录自《中国哲学史》2000年第1期

中国古代道儒二家宇宙论的异同及其意义

万 里

万里（1951－），湖南社会科学院哲学研究所所长，研究员。主编有《湖湘文化大辞典》（上、下）、《湖湘文化通论》等。

对宇宙本原的探索往往是哲学思考和哲学体系建立的起点。哲学作为爱智和求真的学问，必然首先对事物的起源和本质产生兴趣，这在中外历史上都是如此。在中国古代，也产生了一些著名的宇宙论，它们不仅代表了当时人们对世界的认识，而且是其哲学思想和主张的理论基础。本文拟对中国古代以道家和儒家为代表的宇宙论进行考察，分析它们各自的特点和不同的理论意义。

一、道家的宇宙论及其特点

中国古代的宇宙论最初出自注重人与自然关系的先秦道家，而不是注重人与人之间社会关系的儒家。这是因为，人们对事物的认识首先是为了生存而认识自然，发展到一定程度后才进而认识自身，包括灵魂、精神、本性等问题。中国古代宇宙论的发展，就经历了这样一个从自然到社会人文的演变过程，它包括两项主要内容，即宇宙生成论和宇宙时空观。

宇宙生成论在先秦时已初见端倪，但比较完整的宇宙生成论是在对宇宙的认识逐渐成熟之后的汉代出现的。比如，较早出现的宇宙生成论是"虚廓生宇宙"说，此说是在战国时期道家的"太虚肇基"说（见长沙马王堆汉墓出土的先秦古遗书《道原》）的基础上形成的。在《淮南子》中，"虚廓生宇宙"说已经有了较为完整而又形象的表述，如"天坠（地）未形，冯冯翼翼，洞洞漏漏，故曰'太昭'。道始于虚廓，虚廓生宇宙，宇宙生气。气有涯垠，清阳者薄靡而为天，重浊者凝滞而为地。清妙之合专易，重浊之凝竭难，故天先成而地后定。天地之袭精为阴阳，阴阳之专精为四时，四时之散精为万物。积阳之热气生火，火气之精者为日。积阴之寒气为水，水气之精者为月。日月之淫为精者为星辰"。

（《淮南子·天文》）这里为我们描绘的宇宙生成图景是：在混沌未开的太始之前，宇宙空间呈现"虚廓"状态，最初形成了作为"万物之母"的"道"，而后生成宇宙，"气"也随之产生。"气"有清轻（阳）浊重（阴）之别，清轻者上升而生成天，浊重者下沉并逐渐凝固而生成地。由于清、浊两种"气"的性质差异，天先生而地后成。阴阳之气在天地间继续摩荡、运动和化合，然后阴（夜）阳（昼）、四时（四季）、万物次第生成。阳气聚积而生火，火气之精者生成太阳；阴气聚积而生水，水气之精者生成月亮；剩余的精气则成了星辰。

"虚廓生宇宙"说显然受到当时天文学中"宣夜"说的影响。这种学说认为，作为时空的宇宙有一个产生于"虚廓"的起始点，而作为生成天地万物物质本原的"气"则产生于宇宙时空之后，这就在理论上留下了矛盾和破绽。然而，它否定人格化神性力量的存在，则又具有积极的意义。

另一种有影响的宇宙生成论也产生于汉代，这就是宇宙阶段生成论。较早的文献记载见于汉代纬书《周易·乾凿度》。该书描绘的宇宙生成图景是"夫有形生于无形，乾坤安从生？故曰：有太易，有太初，有太始，有太素也。太易者，未见气也。太初者，气之始也。太始者，形之始也。太素者，质之始也。炁、形、质具而未离，故曰浑沦。"（《周易·乾凿度》卷上）这里将宇宙的起源演化划分为四个阶段，其中第一阶段即"太易"，相当于前述宇宙生成说的"虚廓"状态；随后则是宇宙本原物质从无形（气）到有形（形）再到有质（质）的三个发展阶段。值得注意的是，这种宇宙论把"质"已生成的"太素"阶段，仍然看作宇宙初始的混沌状态。而进一步的生成发展，则是由东汉著名科学家、思想家张衡在其天文学名著《灵宪》中阐述的。

张衡将《易纬·乾凿度》的四阶段说合之为"太素"一个阶段，并将对宇宙时空无限的认识，即所谓"永久"与"溟涬"，置于其宇宙生成论中。"永久"者，时间之始不可追溯；"溟涬"者，空间之广茫无际涯。他认为，"自无生有"之"道根"，即宇宙之本原，一直就存在于无限的时空中，只是在"太素"以前未能萌动而已。"太素"阶段以后，宇宙生成又经历了两个阶段。第一个阶段是：于前一阶段蕴涵的"道根"开始萌动。由于萌动之物是无形之气体，故"萌而未兆"、"混沌不分"。这一"先天地（指可以感知和观察到的世界）生"的混沌状态又持续了无限久。天地万物之始基物质就在这混沌中孕育。这一阶段在宇宙生成的过程中是如此重要，故被称之为"道之干"，天地万物之"果实"将在这一"树干"上产生出来。第二个阶段是"道干"孕育成熟后"万物成体"的条件已经具备，"于是元气剖判，刚柔始分，清浊异位"，天地万物次第产生，这就是"道之（果）实"（《灵宪》）。张衡将宇宙的生成演化过程以一种"演化树"的模式展示出来，给人们一种直观而又明晰的印象。

当代论者在讨论中国古代的宇宙论时，往往多注重其本体论和生成论，即构成宇宙的原初状态是什么、宇宙是怎样形成的，而忽视了现代自然科学对宇宙的定义是由空间、时间、物质和能量所构成的统一体，是一切空间和时间的综合；在这个时空连续的系统里，包括所有的物质、能量和事件。而中国古代道家的宇宙论，恰恰就包括了时空的统一、空间的无限和时间的无限这三个方面的含义。

1. 关于宇宙时空及其统一的认识　在古代，"宇"指空间，"宙"指时间；"宇宙"一词本身就包括了空间和时间两个概念，合在一起即意味着空间与时间的统一。这就是《庄子》中所说的："有实而无乎处者，宇也；有长而无本剽者，宙也。"晋代郭象注："宇者，有四方上下，而四方上下未有穷处，有实而无乎处者宇也……宙者，有古今之长，而古今之长无极，有长而无本剽者宙也。三苍云：往古来今曰宙。"（郭象《庄子注》卷八）《淮南子》中也说："往古来今谓之宙，四方上下谓之宇，道在其间而莫知其所。故其见不远者不可与语大，其智不闳者不可与论。"（《淮南子·齐俗》）汉代高诱在为《吕氏春秋》的"神覆宇宙而无望"语作注时亦云："四方上下曰宇，以屋喻天地也。往古来今曰宙，言其神而包覆之无望无界畔也。"（《吕氏春秋·下贤》）值得注意的是，中国古代的"宇宙"一词，既有相当于现代"宇宙"概念的空间内涵，也有时间的维度，这与意思相近的其他表述如"天地"、"乾坤"、"六合"等是有差别的："天地"有时指的是地球以及目测可及的宇宙空间；"乾坤"为"天地"的别称；"六合"指的是东、西、南、北、上、下六个方向，类似现在所指的"三维空间"，或者中国古代"宇宙"一词中的"宇"的概念。此外，还有"太极"、"无极"、"虚无"等概念，被后世的儒家所接受并改造和发展。

上述道家文献中出现的宇宙概念（将宇与宙相提并论），表明当时已经认识到，宇宙是一个时空的统一体，即时间之中有空间，空间之中有时间，两者之间有着不可分割的辩证依存关系。

2. 关于宇宙空间无限的认识　战国时期的惠施在论述宇宙本体时曾提出了一个命题："至大无外，谓之大一；至小无内，谓之小一。"（《庄子·天下》）"至大无外"指的是最大的空间无限大，"至小无内"指的是最小的物质无限小。"大一"与"小一"是对宇宙空间的大、小两极，即宏观世界与微观世界进行极度抽象的一对范畴。其中"小一"是古代中国本体论中最接近古希腊的"原子"论和古印度的"极微"说的命题。这一命题与《庄子·天下》中提出的"一尺之棰，日取其半，万世不竭"的著名命题一样，代表了当时人们对微观世界认识的最高成就，即基本物质无限细微，微观世界无限可分。而"大一"说则对古人认识宇宙的时空无限奠定了坚实的基础。

张衡在制造出浑天仪并计算出观察与推测所及的天球（宇宙空间）的大小后，于

《灵宪》中指出:"过此而往者,未之或知也。未之或知者,宇宙之谓也。宇之表无极,宙之端无穷。"这表明他已经认识到,人们观测所及的宇宙时空是极为有限的,天外有天,宇宙时空无穷尽。

关于宇宙空间,宋元之际的学者邓牧有一段十分有趣的论述:"天地,大也,其在虚空中不过一粟耳!……虚空,本(木)也;天地,犹果也。虚空,国也;天地,犹人也。一本(木)所生,必非一果;一国所生,必非一人。谓天地之外无复天地焉,岂通论耶!"(《伯牙琴·超然馆记》)在这里,邓牧以树木和国家喻宇宙(虚空),认为人们可以观测到的天地(宇宙)虽然很大,但只不过是虚空中之一粟,树上之一果,国中之一人,极为渺小,微不足道。正如无数的果子集合为一树之果、无数的人组合为一个国家一样,茫无际涯的宇宙空间(大宇宙)是由无数个有限的空间("天地",即小宇宙)所构成的。这种认识的理论价值在于,认识到宇宙空间是一个有限(人们已知的和可以观测到的)与无限(未知的和尚未观测到的)的对立统一体,两者之间相互依存,相互转化。这远比单纯的宇宙空间有限说或无限说的认识更为深刻。

3. 关于宇宙时间无限的认识 古人对于宇宙时间无限的认识大都与对空间无限的认识联系在一起,最有代表性的论述是先秦时期的庄子提出来的。如《庄子·秋水》称:"量无穷,时无止。"这指的是万物的量是没有穷尽的,时间是没有止期的。《庄子·则阳》称:"吾观之本,其往无穷;吾求之末,其来无止。无穷无止,言之无也,与物同理。"《庄子·齐物论》中也说:"有始也者,有未始有始也者,有未始有夫未始有始也者,有有也者,有无也者,有未始有无也者,有未始有夫未始有无也者。"这里讨论的虽然是宇宙从"无"到"有",即宇宙的物质起源问题,但实际上涉及了宇宙起源的时间问题。其思想可以一言以蔽之:宇宙往前追溯无穷尽。当然,这个"无穷尽"中隐含着时间与空间两个方面。汉代张衡的"宇之表无极,宙之端无穷",便是建立在这一认识基础上的。

二、儒家的宇宙论及其特点

儒家重人伦日用,所以长期以来缺乏系统的宇宙论,直到宋明理学时,才补足了这套理论工夫。总的看,理学的宇宙论是在整合道家的宇宙论和《周易》的宇宙论的基础上建立起来的,其突出的特点是将道德人性与宇宙自然的关系结合得更加紧密。

理学的创始人周敦颐在其《太极图说》中描绘了一个简约而又系统的宇宙生成模式,即"无极而太极":太极动而生阳,动极而静,静而生阴,静极复动。一动一静,互为其根;分阴分阳,两仪立焉。阳变阴合,而生水火木金土。五气顺布,四时行焉。五行一阴阳也，阴阳一太极也，太极本无极也。五行之生也，各一其性。无极之真，二五之精，妙合而凝。乾道成男，坤道成女。二气交感，化生万物，万物生生而变化无穷焉。唯人也得其秀而最灵。形既生矣，神发知矣。生性感动而善恶分、万事出矣。圣人定之以中正仁义而主静，立人极焉。故圣人与天地合其德，日月合其明，四时合其序，鬼神合其吉凶。君子修之，吉；小人悖之，凶。故曰："立天之道，曰阴与阳。立地之道，曰柔与刚。立人之道，曰仁与义。"又曰："原始反终，故知死生之说。"大哉易也，斯其至矣！

清代黄宗羲在《宋元学案》中评述称："孔子而后，汉儒止有传经之学，性道微言之绝久矣。元公崛起，二程嗣之……若论阐发心性义理之精微，端数元公之破暗也。"《宋史·道学传》也称周敦颐"推明阴阳五行之理，命于天而论人性者，瞭若指掌"。明儒薛瑄则明确指出："《太极图说》不过反复推明阴阳五行之理，健顺五常之性，盖天人合一之道也。"（《读书录》卷六）《太极图说》所提出的哲学范畴，如无极、太极、阴阳、五行、动静、性命、善恶等，成为后世理学家"见仁见智"反复研讨的问题。其中最值得注意的是，周敦颐提出了一个"人极"的哲学范畴。结合他在《通书》中所说的："诚者，圣人之本。大哉乾元，万物资始，诚之源也。乾道变化，各正性命，诚斯立焉，纯粹至善者也。故曰：一阴一阳之谓道，继之者善也，成之者性也。元亨，诚之通；利贞，诚之复。大哉《易》也，性命之源乎！"（《通书·诚上》）可以看出，周敦颐对道家及《易传》朴素自然的宇宙论思想进行了人文化的诠释，从而打开了宋明儒家学者从心性理学的维度探讨宇宙本体的大门。在此之前，道家也有一些关于人与宇宙自然关系的论述，如"以身为家，以家为国，以国为天下。此四者异位同本，故圣人之事，广之则极宇宙、穷日月，约之则无出乎身者也"（《吕氏春秋·执一》），以及"是故春肃秋荣冬雷夏霜皆贼气之所生。由此观之，天地宇宙，一人之身也，六合之内一人之制也。是故明于性者，天地不能胁也；审于符者，怪物不能惑也。故圣人者由近知远而万殊为一"（《淮南子·本经》）等，但这些都是指人对宇宙自然的认识或者比附，绝非宋明以降理学家所指认的人文在宇宙本体存在与生成中的"参与"或"在场"。

北宋时期另外一位理学的创始人张载，虽然没有像周敦颐那样建构出一个明晰的宇宙生成模式，但也有着关于宇宙的丰富论述。如认为："太虚无形，气之本体，其聚其散，变化之客形尔；至静无感，性之渊源，有识有知，物交之客感尔。客感客形与无感无形，惟尽性者一之。"（《张子全书》卷二）这显然是继承了秦汉道家关于宇宙本原为"气"的论述，但将"识"、"知"、"性"等范畴纳入其中。他又说："地所以两，分刚柔男女而效之，法也；天所以参，一太极两仪而象之，性也。一物两体，气也；一故神，两在故不测。两故化，推行于一。此天之所以参也。"（同上）这明显参糅了道家与《易传》的宇宙论，但又提及了"性"。又说："天道四时行，百物生，无非至教；圣人之动，无非至德,夫何言哉。天体物不遗,犹仁体事无不在也。'礼仪三百,威仪三千',无一物而非仁也。'昊天曰明,及尔出王;昊天曰旦,及尔游衍',无一物之不体也。上天之载,有感必通;圣人之为,得为而为之也。"这里指出了天道之"至教"与人事之"至德"两者之相通,为的是给"谷之神也有限,故不能通天下之声;圣人之神惟天,故能周万物而知。圣人有感无隐,正犹天道之神……有天德,然后天地之道可一言而尽"(同上)作理论铺垫。接着,张载将语出《礼记·中庸》的"自诚明谓之性,自明诚谓之教,诚则明矣,明则诚矣",以及汉代郑玄所注之"由至诚而有明德,是圣人之性者也"的思想,嫁接到自己的宇宙论中:"诚明所知乃天德良知,非闻见小知而已。天人异用,不足以言诚;天人异知,不足以尽明。所谓诚明者,性与天道不见乎小大之别也。义命合一存乎理,仁知合一存乎圣,动静合一存乎神,阴阳合一存乎道,性与天道合一存乎诚。天所以长久不已之道,乃所谓诚。仁人孝子所以事天诚身,不过不已于仁孝而已。故君子诚之为贵。诚有是物,则有终有始;伪实不有,何终始之有!故曰'不诚无物'。'自明诚',由穷理而尽性也;'自诚明',由尽性而穷理也。性者万物之一源,非有我之得私也。惟大人为能尽其道,是故立必俱立,知必周知,爱必兼爱,成不独成。彼自闭塞而不知顺吾理者,则亦末如之何矣。"(同上)最终,张载从"究天人之际"返回到人间,提出了其"天人合一"的宇宙论说:"至诚,天性也;不息,天命也。人能至诚则性尽而神可穷矣,不息则命行而化可知矣。学未至知化,非真得也……儒者则因明致诚,因诚致明,故天人合一,致学而可以成圣。"(同上,卷三)这便与周敦颐殊途同归,使后世理学家得以将道德人性所包含的一切融合到宇宙时空之中。

另一位对宋明儒家宇宙论的形成作出贡献的是陆九渊。据说,他"自三四岁时,思天地何所穷际不得,至于不食。宣教公呵之,遂姑置而胸中之疑终在。后十余岁,因读古书至'宇宙'二字,解者曰:'四方上下曰宇,往古来今曰宙。'忽大省,曰:'元来无穷,人与天地万物皆在无穷之中者也'"(《图书编》卷七十四)。"顿悟"之下,陆九渊进而提出:"四方上下曰宇,往古来今曰宙,便是吾心,吾心即是宇宙。千万世之前有圣人出焉,同此心同此理也;千万世之后有圣人出焉,同此心同此理也;东南西北海有圣人出焉,同此心同此理也。""宇宙内事是己分内事,己分内事是宇宙内事。""人心至灵,此理至明。人皆有是心,心皆具是理。"(《象山集》卷二十二)"道外无事,事外无道","道在宇宙间,何尝有病,但人自有病。千古圣贤只去人病,如何增损得道。"(《象山语录》卷一)"明德在我,何必他求?方士禅伯,真为大祟。无世俗之陷溺,无二祟之迷惑。所谓无偏无党,王道荡荡。浩然宇宙之间,其乐孰可量也。"(《象山集》卷二十)作为人类,具有自然与社会两种属性,其中人类的自然之性便是所谓"天性"。远在先秦时期,诸子尤其是儒家学者,对此有过极为丰富的阐述和激烈的论辩。但他们所讨论的

"天性"是人类与生俱来的"本性",这种"天性"或"本性"与宇宙的本体并无关系。而陆九渊却强调:"此理在宇宙间,未尝有所隐遁。天地之所以为天地者,顺此理而无私焉耳。人与天地并立而为三极,安得自私而不顺此理哉!孟子曰:先立乎大者,则其小者不能夺也。人惟不立乎大者,故为小者所夺,以叛乎此理而与天地不相似。"(同上,卷十一)这就将人的心性与宇宙完全合为一体,进一步开辟了宋明理学的心性宇宙论之路。

总之,经过宋儒对宇宙论的建构,在推动中国古代思辨哲学发展的同时,建立起了一套如同康德道德形而上学的天道性命学说,将道德人性与宇宙自然结合起来。例如,陆九渊说:"正大之气当塞宇宙,则吾道有望。"(同上,卷六)朱熹就将孟子的"浩然之气"塞进了宇宙,他说:"或问:浩然之气是天地正气,不是粗厉底气。曰:孟子正意只说人生在这里便有这气,能集义以养之便可以充塞宇宙,不是论其粗与细、正与不正。"(《朱子语类》卷五十二)朱熹之所以批评老子的"其为治虽曰'我无为而民自化',然不化者则亦不之问也",以及庄子"'旁日月,扶宇宙'、'挥斥八极、神气不变者'之荒唐"(同上,卷一二五)等,为的是适应当时社会治理的需要,在前人的基础上建构一个更为"穷天理以尽人欲之学"的理学体系,将人类社会的一切都格物致知到终极的"天理(宇宙之理)"之中。这就是他说的:"宇宙之间一理而已,天得之而为天,地得之而为地,而凡生于天地之间者又各得之以为性。其张之为三纲,其纪之为五常,盖皆此理之流行无所适而不在。若其消息盈虚,循环不已,则自未始有物之前以至人消物尽之后,终则复始,始复有终,又未尝有顷刻之或停也。儒者于此既有以得于心之本然矣,则其内外精粗自不容有纤毫之间,而其所以修己治人、垂世立教者,亦不容其有纤毫造作轻重之私焉。是以因其自然之理而成自然之功,则有以参天地、赞化育而幽明巨细无一物之遗也。"(《晦庵集》卷七十)既然作为自然宇宙的本体及其运动都"其张之为三纲,其纪之为五常,盖皆此理之流行无所适而不在",而且此理如同宇宙时空的运转一样,"消息盈虚,循环不已,则自未始有物之前以至人消物尽之后,终则复始,始复有终,又未尝有顷刻之或停也",那么作为肩负治世重任的"儒者于此既有以得于心之本然矣,则其内外精粗自不容有纤毫之间,而其所以修己治人、垂世立教者,亦不容其有纤毫造作轻重之私焉。是以因其自然之理而成自然之功,则有以参天地、赞化育而幽明巨细无一物之遗也"。这样的理论颇受统治者的欢迎和赞赏。当然"修己治人、垂世立教"目标能够达到的基础,还是陆九渊所说的"宇宙无非至理,圣贤与我同类"(《宋名臣言行录外集》卷十五),再往前追溯,则是孟子的"人皆可以为尧舜"(《孟子·告子》)。

三、道儒二家宇宙论的异同及其意义

中国古代哲学家从来不尚空谈，哪怕是被一些论者所经常批评的宋明理学家们的"心性之学"亦非"空疏之论"，在他们的心目中一切都有着致用的目的。在这一点上，无论是道家的宇宙论还是儒家的宇宙论都是如此。

如上所述，道家认为宇宙的本原物质是充斥于太虚的"气"，宇宙生成运动的规律便是"道"，同时还有一个"德"在冥冥中操纵着宇宙时空的演绎运动。因此，一个人如果要探索"道"（宇宙）的运动发展规律，便必须在精神上超脱于人类的世俗社会而"立于宇宙之中"，"相与优游竞畅于宇宙之间"（《淮南子·俶真》）。"游乎太虚"，方能"外观乎宇宙，内知乎大初"（《庄子·知北游》）；如果真正做到了这些并体悟到"道"的存在和宇宙发展运动的规律，便可以"神托于秋毫之末而大宇宙之总，其德优天地而和阴阳"（《淮南子·原道》），成为不"迷惑于宇宙，形累不知太初"（《庄子·列御寇》）、"挟宇宙，为其胞合"（《庄子·齐物论》）、"归精神乎无始，而甘冥乎无何有之乡"的"至人"（《庄子·列御寇》），或者"明参日月，大满八极"、"夫恶有蔽矣哉"的"大人"（《荀子·解蔽》），或者"广之则极宇宙、穷日月，约之则无出乎身者也"的"圣人"（《吕氏春秋·孟春纪》），从而超脱身体和生命的束缚，"立于宇宙之中……逍遥于天地之间而心意自得"（《庄子·让王》），获得精神肉体的绝对自由，而一旦达到这一境界，便与道合为一体。这就是先秦道家对宇宙的认识和对灵肉永恒的终极追求。

在先秦道家的话语中经常见到"得道之士"或"有道之士"的说法。"道"是其所达到的宗旨和境界，"德"是其行为方式和准则，天地自然则是其效法的对象。此即所谓"以天为法，以德为行，以道为宗"（《吕氏春秋·下贤》），因此，道家话语中的"道士"又可称之为"道德之士"。要想知"道"便必须明白"道"的规律，要想按照"道"的规律修身必须懂得权变，懂得权变的人便不会被外物所拖累和损伤自己，从而达到"至德"之境界。这就是《庄子》中所说的："知道者必达于理，达于理者必明于权，明于权者不以物害己……故曰：天在内，人在外，德在乎天"（《庄子·秋水》），"以天地为宗，以道德为主，以无为为常"，"无天怨，无人非，无物累，无鬼责"，"虚静恬淡，寂漠无为"，而注重和祈求达至的最终的境界是"天地之平而道德之至也"（《庄子·天道》）的自然境界。这些都成为道家哲学思想、道德观念和文化精神的源头和归属，其宗旨是反对过度的文明进化以回归自然。

宋明儒家接受了道家与《易传》的朴素宇宙论，对其进行了人文化的改造和充实。例如对作为宇宙本原的"气"，儒家的认知就有很大的不同。其认为，构成宇宙本体并充斥于"浩然宇宙之间"的"气"是一种"浩然之气",又称"正大之气"。"浩然之气"说出于《孟子·公孙丑》,本意是指一种可以于后天修养所产生的心性之气,也就是朱熹所说的:"气只是一个气,但从义理中出来者即浩然之气,从血肉身中出来者为血气之气耳。"(《朱子语类》卷五十二)但在宋明儒家的心目中,"浩然之气与呼吸之气只是一气"(《明儒学案》卷五十五),"浩然之气即吾心之道义,不可得而二之也。吾身体充之气即塞天地之气,亦不可得而二之也"。这种气既"塞吾其体",又"帅吾其性"(同上,卷六十),这样,"气"就被改造成为兼具物质本原与道德心性双重性质了。这种气与宇宙人心合为一体,不即不离,即所谓"人者天地之心,而人之心即浩然之气。浩然者感而遂通,不学不虑,真心之所溢而流也。吾之心正则天地之心正,吾之气顺则天地之气顺"(同上,卷二十九)。浩然之气具有道义的心性特质,充斥于宇宙与人心之中,又被称之为"天地之正气":"浩然之气天地之正气,大则无所不在,刚则无所屈。以直道顺理而养,则充塞于天地之间,配义与道。气皆主于义而无不在道,一置私意则馁矣。"(《二程遗书》卷一)但是,并非个体的人心都是道心,个体的人性都是天地之性:"就一人言心都唤做人心,就一人言性都唤做气质之性。以其只知有一己者为心为性,而不知有天下之公共者为心为性也。惟合宇宙言心方是道心,合宇宙言性方是天地之性。"(《明儒学案》卷五十九)"吾心之理与宇宙之理非有二也,知此者宇宙非大,吾心非小。由人自小,故圣人示此,引诸广大之域。"(同上,卷五十三)因此,只有将人的心性气质"引诸广大之域",提升到宇宙的层面,"正大之气当塞宇宙,则吾道有望"(《象山集》卷六),方能"为天地立心,为生民立命,为往圣继绝学,为万世开太平"(《张子全书》卷十四)。这正是宋明儒家的世界观,也是他们的行为准则,更是他们将人类社会置之于宇宙时空后所试图肩负的责任担当。

宋明的士大夫如朱熹等人,也时而有着如同道家一样的感喟:"宇宙一瞬息,人生等浮游。云何百年内,万变纷相酬。"(《晦庵集》卷二)但人生的短暂并不能影响他们对浩然之气的追求:当国破家亡之际"囚(于)北庭,坐一土室"中的文天祥,他所想到的是:"孟子曰:我善养吾浩然之气。彼气有七,吾气有一,以一敌七,吾何患焉。况浩然者,乃天地之正气也。作《正气歌》一首:'天地有正气,杂然赋流形。下则为河岳,上则为日星。于人曰浩然,沛乎塞苍冥。皇路当清夷,含和吐明庭。时穷节乃见,一一垂丹青。'"(《文山集》卷二十)就学理(哲理)看,固然可以对宋明儒家的心性气节作唯物或唯心的判别剖析,但却不能不承认,儒家这种对心性本质从道德境界往自然境界的穷根究底,虽然看似"迂腐"、"空疏",却对人类精神文明的升华功莫大焉。

冯友兰先生在《新理学》一书中,对宋明理学(程朱陆王)中的"心学"之"心"进行了剖析。他虽然认为宋明理学中的"心"乃是唯心的,但又认为:"我们亦可以说,虽然没有宇宙'底'心,而却有宇宙'的'心,不过此所谓宇宙'的'心,只是一个逻辑底观念。我们若把所有底实际底心,总而观之,统而观之,以作一个观念,我们可以说,宇宙间所有实际底心,即是宇宙的心。程明道说:'天地之常,以其心普万物而无心。'我们可以说:'宇宙之常,以其心普所有实际底心而无心。'宇宙间所有实际底心,即宇宙的心,此外宇宙没有它自己的心。"进而认为:"所谓实际底心,即我们经验所知者,并无神秘。""能知众理,知众性,知众情,即为宇宙的心。"此即所谓"我心即天心","从这一方面看,所谓宇宙的心,又不只是一逻辑的观念。每一个实际底心,都是宇宙的心。"(《三松堂全集》第4卷,第101-103页)据此,我们可以将儒家心目中的"宇宙底心",看成是"每一个实际底心,都是宇宙的心"。

从现代视域反观儒道两家的宇宙论,或能给我们一些启示。道家的宇宙论反对人类过分地干涉自然、改造自然,认为人类为满足自身的贪欲而对自然的过度索取,会导致自然生态的失衡和自然资源的枯竭,最终引起"天怨"、"人非"、"物累"和"鬼责"。因此,对自然应予以必要的尊重,"道法自然",与自然万物和谐与共,只有这样,人类自身以及所创造的文明才能在宇宙时空中延展。在儒家宇宙论的观照下,小至国人,大至"地球村"的村民,虽然在多元社会历史文化背景下有着"一己心性"的个体差异,但如能认识到自身是"惟人也得其秀而最灵",于"天下之公共者为心为性之宇宙道心"上担当责任,唤醒"良知"和集义所生之浩然之气,消弭导致歧异纷争的粗厉之气,和谐与共,则人类社会的前途便能够万世开太平。这便是中华传统文化精神在当代的普世价值之所在。

参考文献

古籍《庄子》、《荀子》、《淮南子》、《吕氏春秋》、《周易·乾凿度》、《灵宪》、《太极图说》、《通书》、《宋元学案》、《张子全书》、《朱子语类》、《晦庵集》、《二程遗书》、《宋名臣言行录外集》、《伯牙琴》、《文山集》、《象山集》、《象山语录》、《明儒学案》等。

《三松堂全集》,2001年,河南人民出版社。

录自《哲学研究》2011年第12期

道释关系

《太平经》与佛教

汤用彤

《太平经》者，上接黄老图谶之道术，下启张角、张陵之鬼教，与佛教有极密切之关系。兹分三事说之。（甲）《太平经》反对佛教；（乙）但亦颇窃取佛教之学说；（丙）襄楷上桓帝疏中所说。

（甲）按东汉佛教流行于东海，而《太平经》出于琅琊，壤地相接，故平原隰阴之襄楷，得读浮屠典籍，并于吉神书。则此经造者如知桑门优婆塞之道术，固亦不足异。经之卷百十七，言有"四毁之行，共污辱皇天之神道，不可以为化首，不可以为法师"，而此四种人者，乃"道之大瑕，病所由起，大可憎恶"，名为"天咎。"一为不孝，弃其亲。二曰捐妻子，不好生，无后世。三曰食粪，饮小便。四曰行乞丐。经中于此四行，斥驳之极详。夫出家弃父母，不娶妻无后嗣，自指浮屠之教。而《论衡》谓楚王英曾食不清，则信佛者固亦尝服用粪便也。至若求乞自足，中华道术亦所未闻。故《太平经》人，极不以此为然。其卷百十二有曰：

> 昆仑之墟，有真人上下有常。真人主有录籍之人，姓名相次，高明得高，中得中，下得下（《尚书帝验期》云，王母之国在西荒，凡得道授书者，皆朝王母于昆仑之阙。），殊无搏颊乞丐者。

搏颊不知即《太平经》所言之叩头自搏否。《弘明集》七宋释僧愍《华戎论》斥道教云，搏颊叩齿者，倒惑之至也。唐法琳《辨正论》二引道教书《自然忏谢仪》，有九叩头九搏颊之语。是搏颊之事，南北朝隋唐道士犹行之。又按支谦译《梵志阿颰经》，有外道四方便，其第四中有搏颊求福之句。此经为《长阿含·阿摩昼经》之异译，巴利文 *Ambattha Sutta* 为其原本。二处所记之四方便中，均无此句。但康僧会之《旧杂譬喻经》卷八，亦言有搏颊人。又《六度集经》五有曰，或搏颊呻吟云，归命佛，归命法，归命圣众。据此岂中国佛教古用此法耶，抑仅译经者借用中土名辞，以指佛教之膜拜耶（参看《宋高僧传·译经篇》论中华言雅俗段）。若汉代僧徒行此，则经所谓之搏颊与乞丐，均指佛教徒也。）乞丐等之道者，盖不能与于有录籍之列。疑在汉代沙门尚行乞，至后则因环境殊异，渐罕遵奉。盖据今日所知，汉代以后传记所载，沙门释子未普行此事（《高僧传》所载最著者，为晋康僧渊乞丐自资，人未之识，及觉贤偕慧观等乞食事。又《广弘明集》沈约《述僧设会论》云，今既取足寺内，行乞事断，或有持钵到门，便呼为僧徒，鄙事下劣。既是众所鄙耻，莫复行乞。悠悠后进，求理者寡，便谓求乞之业，不可复行，云云。据此则至少在齐梁之世，求乞即未普行也）。而观《弘明集》所录护教之文，只闻对于沙门出家不孝无后，常有非难，而于求乞则竟无一言，亦可以知矣。

（乙）《太平经》卷九十一有文曰：

　　天师之书，乃拘校天地开辟以来，前后圣贤之文，河洛图书神文之属，下及凡民之辞语，下及奴婢，远及夷狄，皆受其奇辞殊策，合以为一语，以明天道。

又卷八十八亦有曰：

　　今四境之界外内，或去帝王万万里，或有善书，其文少不足，乃远持往到京师。或有奇文殊方妙术，大儒穴处之士，义不远万里，往谓帝王衒卖道德。（中略）或有四境夷狄隐人，胡貊之属，其善人深知秘道者，虽知中国有大明道德之君，不能远（疑有脱误）故赍其奇文善策殊方往也。

据此造《太平经》时，所摅采极杂，远及夷狄之文。故其经中虽不似后来道书中佛教文句，连篇累纸（唐玄嶷《甄正论》言《太平经》不甚苦录佛经，多说帝王理国之法，阴阳生化事等），但亦间采浮屠家言。如本起（本起为汉魏译本所通用之名词）、三界（三界之意不明。然或系用佛语。参看商务本《太平经》卷九十三之十五页。又经乙之三，谓求道常苦，此义亦见《四十二章经》中）疑是采自佛经之名辞也。又《太平经钞·甲部》叙李老诞降之异迹，颇似袭取释迦传记（按《春秋元命苞》云，神农生辰而能言，五日而能行，七朝而齿具，三岁而知稼穑，般戏之事云云，所言与《太平经》叙老君事相类）。如谓李君生时有九龙吐水，此本为佛陀降生瑞应之一（见《普耀经》卷二。此经西晋竺法护译，但汉代或有释迦传记今已佚失。参看1920年《通报》伯希和《牟子序论》）。至若奖励布施，经中屡屡言及。又虽不戒杀，而言天道仁慈，好生不伤害（《太平经》四十之六页，按五十之八页，五十三之二页，《经钞》丁十二页），似均受佛教之影响（楚王英即已为桑门设盛馔，而襄楷谓黄老浮屠之道好生恶杀）。

《太平经》与佛教不同之点，以鬼魂之说，为最可注意。经中信人死为鬼，又有动物之精（一一七之九），又有邪怪可以中人（七十一之六页）。其说与《论衡·论死》、《纪妖》、《订鬼》诸篇所纪汉代之迷信相同。而人如养气顺天，则天定其录籍，使在不死之中。或且可补为天上神吏（见一一一及一一四诸卷中）。否则下入黄泉。如无子孙奉祠，则饥饿困苦（一一四之十六）。绝无印度轮回之学说（如卷七十二云，夫天下人死亡非小事也。一死终古不得复见天地日月也。脉骨成涂土，死命重事也。人居天地之间，人人得一生，不得重生也。重生者，独得道人死而复生，尸解者耳。是者天地所私，万万未有一人也。故凡人一死，不得复生也。又卷百十四有文略曰，天神促之使下入土，入土之后，何时复出生乎）。既无轮回之说，自无佛家之所谓因果。但经中盛倡"承负"之说，为其根本义理之一。盖谓祖宗作业之善恶，皆影响于其子孙。先人流恶，子孙受承负之灾。帝王三万岁相流，臣承负三千岁，民三百岁，皆承服相及，一伏一起，随人政盛衰不绝（乙之十一）。承负之最大，则至绝嗣。经中援用此义，以解释颜夭跖寿等项不平等之事。如曰：

> 比若父母失道德，有过于乡里，后子孙反为乡里所害，是即明承负之验也。（见《钞》丙之一页。反字原为必字，今依经三十七卷一页改。）

如又有云：

> 力行善，反得恶者，是承负先人之过，流灾前后积来害此人也。其行恶反得善者，是先人深有积蓄大功，来流及此人也。（乙之十一）

《易》曰：积善之家，必有余庆；积不善之家，必有余殃。承负之说，自本乎此。但佛家之因果，流及后身。《太平经》之报应，流及后世。说虽不同，而其义一也。经中言之不只一处，为中土典籍所不尝有。吾疑其亦比附佛家因报相寻之义，故视之甚重，而言之详且尽也。

（丙）汉代佛教，历史材料甚少，极为难言。但余极信佛教在汉代不过为道术之一。华人视之，其威仪义理，或有殊异，但论其性质，则视之与黄老固属一类也。溯自楚王英尚黄老之微言，浮屠之仁祠，以至桓帝之并祭二氏，时人信仰，于道佛并不分别。襄楷上宫崇之神书，复曾读佛经。其上桓帝疏杂引《老子》佛书，告桓帝以人主所应奉之正道。则在其心目中，二道实无多大差异。其言曰：

> 又闻宫中立黄老浮屠之祠。此道清虚，贵尚无为，好生恶杀，省欲去奢。

此举黄老浮屠合言为"此道"。而清虚无为，亦《太平经》之所言。至若好生省欲，于吉神书，尤所注意。诸义均可与佛教相附会。则桓帝所奉之黄老，虽非于吉之教。然自襄楷之信念言之，浮屠与太平道可合而为一也。

襄疏又曰：

> 浮屠不三宿桑下，不欲久生恩爱，精之至也。

浮屠不三宿桑下，原出《四十二章经》。至若"精之至也"一语，见于《老子》五千文。但《太平经》固亦不缺此类语言。如曰"精思"（乙之十六）、"精明"（乙之五）、"不精之人"（七十一之二），又言"精进"（甲之三）。则称赏"精之至"者，亦于吉之教所许也（康僧会《六度集经》卷六，释精进曰，精存道奥，进之无怠，此亦袭取道书旨意）。

襄疏又曰：

> 天神遗以好女。浮屠曰，此革囊盛血，遂不眄之。其守一如此，乃能成道。

天神以玉女试道者，两见于《太平经》中。如言天常使邪神来试人，数试以玉女，审其能否持心坚密（七十一之六以下）。又谓赐以美人玉女之像，如意志不倾，则能成道，如生迷惑，则"道不成"（此见一一四之六页，此段及上段所引文，均难读，兹但节引之）。于吉襄楷皆用《四十二章经》之故事也。"守一"语似老子之抱一。但《太平经》中有守一之法，谓为长生久视之符（壬之十九）。守一者可以为忠臣孝子，百病自除可得度世（九十六卷）。谓有三百首（一〇二），兹已不详。但其法疑窃取佛家禅法，如《经钞》乙之五曰：

> 守一明之法，长寿之根也。万神可御，出光明之门。守一精明之时，若火始生时，急守之勿失。始正赤，终正白，久久正青，洞明绝远，还以理一，内无不明。（原文颇有误字，此据《太平经圣君秘旨》校改。）

今按"守一"一语屡见于汉魏所译佛经中，如吴维祇难等所出之《法句经》云：

> 昼夜守一，心乐定意。
> 守一以正身，心乐居树间。

《分别善恶所起经》（此经《长房录》四谓为安世高译，《祐录》四在续失译中）偈言有曰：

> 笃信守一，戒于壅蔽。

《菩萨内习六波罗密经》（此经《长房录》四谓为汉人严佛调译，《祐录》失载，但依其文字可指为魏晋以前所出），解禅波罗密为"守一得度"。而《阿那律八念经》（此经《长房录》四谓为汉支曜译，《祐录》三安公失译录中著录，亦当为晋以前所出）云：

> 何谓四禅，惟弃欲恶不善之法，意以欢喜，为一禅行。以舍恶念，专心守一，不用欢喜，为二禅行。（下略）

据此则"守一"盖出于禅支之"一心"（《太平经》九十六谓守一可以为孝子忠臣云云。后汉支曜译《成具光明定意经》云，孝事父母，则一其心，尊敬师友，则一其心，云云，可与《太平经》所言参照)。而《太平经》之守一，盖又源于印度之禅观也。

按一心谓之守一，"一心则不摇"（用《成具经》中语)。不摇故不惧女色之试诱，不畏虎狼毒物（详一一四卷)。因之襄楷谓浮屠不近女色，为守一也。又据《真诰》卷十三论守玄白之道曰：

> 此道与守一相似……忌房室甚于守一。

《抱朴子·地真篇》亦云：

> 守一存真，乃能通神，少欲约食，一乃留息。

襄楷之以节欲与守一并言，其故谅亦在此也。

复次，汉代佛教，既为道术之一，因之自亦常依附流行之学说。自永平年中，下至桓帝约有百年，因西域交通之开辟，释家之传教者，继续东来。但译事未兴，多由口传。中国人士，仅得其戒律禅法之大端，以及释迦行事教人之概略，于是乃持之与汉土道术相拟。而信新来之教者，复藉之自起信，用以推行其教。吾人今日检点汉代残留之史迹，颇得数事，可以证实此说。

一、如襄楷告桓帝曰：

> 又闻宫中立黄老浮屠之祠……今陛下嗜欲不去，杀罚过理，既乖其道，岂获其祚哉。

夫汉初黄老之道，本在治国。《太平经》亦有兴国广嗣之术。至若浮屠，则何与于平治之术，更胡能言岂获其祚耶。然按牟子述《四十二章经》之翻译，而有言曰：

> 时国丰民宁，远夷慕义，学者由此而滋。

此言疑本于《四十二章经》序。《祐录》载此序，其末段云：

> 于是道法流布，处处修立佛寺，远人伏化，愿为臣妾者不可称数，国内清宁，含识之类蒙恩受赖，于今不绝也。

此项言论，以臆度之，或当时之人，以黄老浮屠并谈，于黄老视为君人之术，于浮屠遂以为延祚之方也。

二、《太平经》中颇重仁道，如谓道属天，德属地，而仁属人，应中和之统（三十五之二及一一九之七)。又天道好生，地亦好养，故仁爱有似天地（三十五之三)。而佛法守大仁慈（《四十二章经》语)，不杀伐（《后汉书》引班勇语)，释迦牟尼一语，译为"能仁"，亦始于汉代（康孟详《修行本起经》。释迦文下注云，汉言能仁。按牟尼在印度原文，并不可训为仁。支谦《瑞应本起经》有注，谓应译能儒)。汉明帝即已号浮屠为仁祠。汉魏佛经，发挥仁术者极多。如《六度集经》卷五云："道士仁如天地。"卷七曰："大仁为天，小仁为人。"凡此诸义，均与《太平经》义契合也。

三、"大仁为天，小仁为人"之文，出于《六度集经》中之《察微王经》。此经以五阴为元气。元气之说，在《太平经》中极重要，亦当时佛家所窃取，而为其根本义（参看下章）。《察微王经》有曰：

> 元气强者为地，软者为水，暖者为火，动者为风。四者和焉，识神生焉。

此显因人为中和之气所生，故云四者和而识神生。又仁属于人，应中和之统。因此"仁"者乃元气调和之表现。而人之高下，悉依调和之程度为准。故此经复曰，"神依四立，大仁为天，小仁为人"也。依此以推，则仁之最大者为神圣，神圣为中和之至极。故《太平经》谓得道之人，居于昆仑，昆仑者中极也（百十二之二十一及庚之十四）。而《后汉书·西域传论》叙浮屠之化，亦曰：

> 余闻之后说也，其国则殷乎中土，玉烛和气，圣灵之所降集，贤懿之所挺生。

范氏所述，疑采自汉代之传记。又牟子《理惑论》叙佛陀之诞生曰：

> 所以孟夏之月生者，不寒不热，草木华英，释狐裘，衣絺绤，中吕之时也。所以生天竺者，天地之中，处其中和也。

夫佛经固谓佛生于中国，但此乃天竺之中，而非天地之中也。谓为天地之中，乃谓神灵必降生于"玉烛和气"之境故也。实袭取支那流行之学说也。

录自《汤用彤全集》（第一卷）《汉魏两晋南北朝佛教史》，河北人民出版社，2000年，第78—85页

佛道相通相同的形上关系

抱一·凝神·真如

刘光义

刘光义，1916年生，字慕皋，河北沧县人。北平辅仁大学国文系毕业。曾任台湾地区成功大学、辅仁大学、东吴大学等校教授。主要著作有《庄子发微》，《庄子内七篇类析语释》，《庄子处世的内外观》，《司马迁与老庄思想》，《庄学蠡测》，《先秦思想积说》，《庄学中的禅趣》，《庄周与老聃：道家发生发展两哲人》，《禅在中国：禅的通史》，《张道陵的想尔注：老子河上王弼及想尔注比较研究》等。

一、前言

佛入中土，约在西汉末东汉初。佛在中国能有深且广的发展，固有其时代环境关系：东汉末年，由于君昏臣佞，导致天下大乱，历魏晋南北朝以迄隋唐而后止。这期间，政权频更，杂胡滑华，是两汉安定了四百年后的长期世乱。大乱之世，百姓遭劫，民陷痛苦，佛陀因果报应之说和道家安命思想，帮助百姓度过乱世。以此佛在中土扎根滋长，中国本身无宗教，佛教遂为国人普遍接受。

这种说法是事实，也是佛道相成救世的表现，但此说仍是皮相的。佛道能水乳相融，是有其形上基础的。东汉初年佛道就有了相互结合的事实。《后汉书·楚王英传》说：

> 楚王英……晚节更喜黄老，学为浮屠，斋戒祭祀。

楚王英是光武皇帝的儿子，明帝的兄弟。明帝曾有诏旨答复楚王英说：

> 楚王诵黄老之微言，尚浮屠之仁祠，洁斋三月，与神为誓，何嫌何疑，当有悔吝？其还赎，以助伊蒲塞桑门之盛馔。

"浮屠"是佛陀异译。"伊蒲塞"即优婆塞，《涅槃经》译为"归依佛者"。"桑门"即沙门，指出家修道者言。同书《桓帝纪》也言及桓帝，"设华盖以祠浮图老子"，浮图也是佛陀异译。这是佛道并传的明证。东汉楚王桓帝辈是否了解佛道相通的形上关系，固不可知，而佛入中土，得以顺利发展者，实老庄思想已流布于中国社会。易言之，即老庄尤其是庄周，在中国思想园地上所作的开拓，使佛法一到中国，即遇到老庄垦殖的沃土，而生根滋长发华结果。英人汤姆士·默敦（Thomas Merton）说：

> 唐代的禅师才是真正承继了庄子思想影响的人。

禅宗所言顿悟和老庄见地，实多相通相同处。铃木大拙说：

> 禅师的最明显的特质，在于强调内心的自证。这种自证，和庄子的坐忘心斋和朝彻是如出一辙的。

佛禅老庄有着如此密切的关系，于此欲就老子的抱一，庄子的凝神，说佛禅的真如，进而论述其相通相同的形上关系。

二、主述

（一）老子的抱一

"抱一"二字首先出现在《老子》的第十章。是如此说：

> 载营魄抱一能无离乎？

这句话里，老子告诉我们，什么是"一"，什么是"抱一"。各家全有词异义同的诠释。王弼注"营魄人之常居处也。一，人之真也。言人能处常居之宅。抱一清神能无离乎？则万物自宾也"。一为人之真，抱一即如人能处常居之宅。万物自宾，则我之"一"为主也。此一即为不受万物干扰的本心，故魏源说："心为物役，离之为二，则神不守舍。""惟抱之为一，使形神相依，而动静不失。"① 依魏源义，神为"一"，形神相依为"抱一"。刘师培视抱一为"安持其神"②。《淮南子》说："夫人之事其神，而娆其精营，慧然而有求于外，此皆失其神明而离其宅。"③ 有求于外，即神与形离，乱其"一"之真。综上诸义，"一"即人的纯真不二，天赋精神。此种精神，不为物染即"抱一"，则此一佛所说之"真如"本心也。《唯识论》释真如之义说："谓此真实于一切法，常如其性，

---

① 见魏源《老子本义》第九章。
② 《刘申叔先生遗书》第二册《老子斠补》。
③ 《淮南子·俶真训》。

故曰真如。"常如其性,不变不改,即老子所指,人之真处常居之宅,形神相依,动静不失之情形。如欲将此"一"及"抱一",说之以形下具体之义,则若《老子》第二〇章所言:

> 众人熙熙,如享太牢,如春登台;我独泊兮其未兆,如婴儿之未孩。

"婴儿未孩",河上公注为"如小儿未能答偶人之时"。未能答偶人,即尚未与人事相接,如混沌之未开七窍,自是真如本心。王弼注为,"无形之可名,无兆之可举,如婴儿之未能孩"。婴儿,释名释长幼曰:"人始生曰婴儿。"① 孩,应释如《孟子·尽心篇》"孩提"之孩。赵岐注:"二三岁之间。"则孩大于婴儿。王注和河上公说通,未能答偶人,尚未省人事,孩提则略具知识。一、真如,如婴儿未涉人事,无欲无为之心,故释德清云"婴儿乃无心识爱憎之譬"是也②。亦即自然之心。《庄子·逍遥游篇》有几句话,就是说这种自然之心的运作情形。是如此说:

> 若乎乘天地之正,而御六气之辩,以游无穷者,彼且恶乎待哉!

郭象注:"自然者不为而自然者也。"这种意义恰如《庄子·田子方篇》所言:

> 至人之于德也,不修而物不能离焉,若天之自高,地之自厚,日月之自明,夫何修焉?

均不假外修,不受干扰的"自安"、"自厚"、"自明",正是此心自如况喻。"自我"即如此发现。发现自我,是禅的主旨。马祖道一禅师,以发现自我,为教人的目标。发现自我,即明心见性;"真如"所在了。发现真如自我,亦非简单事。大千世界,尘嚣迷离,世俗光怪,最足迷人心性。《庄子·应帝王篇》有一段话,可以借来,说明此况:

> 鲵桓之潘为渊,止水之潘为渊,流水之潘为渊:渊有九名,此处三焉。

郭象注:"虽波九变,治乱纷如,居其极者,常淡然自得。"九变的波流,"其渊深莫测一也"③。都是况喻世俗纷杂,能迷失本性,离弃真我,惟"居其极者,常淡然自得"。自得者,悟其本性而不迷也。慧能常以"迷则凡悟则圣"教人。人所以迷者,《六祖坛经》定慧一体章,尝说此情形:"真如有性,所以起念。真如若无,眼耳色声当时即坏。"这些外物世俗,在佛在禅,认为不可免。莫有了这些,真如本性,即失其作用。六祖慧能曾对卧

---

① 刘熙:《释名》释长幼。
② 释德清憨山:《道德经解》。
③ 陈寿昌:《庄子正义》。

轮禅师示偈说：

> 慧能没伎俩，不断百思想；对境心数起，菩提作么长①。

我想即成佛作圣，对境也会起心的；如真不起心，那成了《庄子·天下篇》所说的"慎到之道，非生人之行，而死人之理"了。所以唐代的佛教大德庞居士也说：

> 神通与妙用，运水与搬柴②。

佛是要度人的。既要度人，如何离弃人间事？虽然，真如不生于尘缘，弘忍禅师说："真如有本，不从缘生。"③ 而确从世务业缘中磨炼而来，要在不染耳。故六祖慧能说："六根虽有见闻觉知，不染万境而真性常自在。"佛家于此所说甚多，弘忍说："八风吹不动者，真是珍宝山。"④ 八风世务也。弘忍又说："此真心者，自然而有，不从外来，不属于修。"自亦不为外务世俗扰，此八风吹不动也。《金刚经》所谓："应无所住而生其心。"《青龙疏钞》云："即佛劝生真如无染之心。"⑤ 也就是《般若波罗密多心经》说的："远离颠倒梦想，究竟涅槃。"颠倒梦想即是世事妄幻。其实孔子晚年也抵此境地。仲尼自谓："六十而耳顺，七十从心所欲而不踰矩。"耳顺者，任你说东说西，杂沓纷纭，我心自有其真，任耳听来，不烦我虑。至"从心所欲"，我心自如不为物染。任此不染无欲本心所为，皆合自然之理，自不踰矩。非独圣如仲尼能把握此心，即王阳明临逝语其弟子曰："此心光明，夫复何言？"也把握到不为物染的本心。人同此心，心同此理，无间儒佛也。这种守本心不受扰之理，庄子在《齐物论篇》讲得好。他说：

> 有成与亏故昭氏之鼓琴也，无成与亏故昭氏不鼓琴也。

鼓琴譬有为。有为则是非起，本心蔽，真如坏矣。林希逸《口义》说："未能回思一念未起之时，但见胸次胶扰，便是道亏而爱成；及此念一过，依然无事。"一念未起，正是无为心斋；胸次胶扰，便是真如受蔽；此念一过，依然无事，便是本心未被物染；未被物染，便是《庄子·德充符篇》所言："死生存亡，穷达贫富，贤与不肖，毁誉饥渴寒暑，是事之变命之行也……故不足滑和，不可入于灵府。"凡人所必经者，随形任化，不足扰心。灵府者心也。王安石说"庄生之书，通性命之分者"此也。佛言八风吹不动者，正说

---

① 吴译吴经熊：《禅的黄金时代》第四章引。
② 庞居士初参石头希迁禅师示法诗。
③ 弘忍禅师：《最上乘论》。
④ 同③。
⑤ 《金刚经·庄严净土分第十》。

此种情形。八风吹拂，我心不动，正庄生所言：

> 其好之也一，其弗好之也一；其一也一，其不一也一。其一与天为徒，其不一与人为徒。天与人不相胜也。是之谓真人。

好与弗好，不扰我心，八风吹不动，真如凝定，是"其一也"；真如既不被八风吹动，自不为不一的外物所扰。禅如此了解本性，即纯粹的存在，是"其不一也"。乃任八风吹扰，世事变幻，而一真湛然也。"迷即凡悟即圣"，故"其一与天为徒，不一与人为徒"。真人涅槃永寂，真如不蒙不蔽；凡人则轮回流转，死死生生，故天人不相胜。得一之旨如斯，故《老子》卅九章说：

> 昔之得一者，天得一以清，地得一以宁，神得一以灵，谷得一以盈，万物得一以生，侯王得一以为天一贞。其致之。

"得一"即抱一。吴澄说："一者冲虚之德，前后所谓抱一，所谓混为一，所谓道生一，皆指此。"① 王弼注："各以其一致此清宁灵盈生贞。"释德清解曰："一者道之体也，其体至虚而无为。"② 道虚而无为，则于万物不扰，而任万物之自然，此即庄生所说的神凝。神凝则不为物扰，神凝则"一宅而寓"，"徇耳目内通而外于心知"③，故不扰物。不为物染，亦不扰物，全然本心自守，即是佛之真如。唯此一，不可拘执为有象可察之一，乃虚静之道体。如《金刚经》一体同观分所言："过去心不可得，现在心不可得，未来心不可得。"此其为明心见性的真如，得一即得真如。此当由无为而得。《庄子·至乐篇》说：

> 天无为以之清，地无为以之宁，故两无为相合，万物皆化。

万物皆化，皆顺其自然而化，准是以言，无为为得一不二门径。

（二）见性之理老庄佛禅相通如一

前节所言，老子的抱一得一，即佛禅的本心真如。守此真如本体纯粹存在之道，庄子的"一宅而寓"，"徇耳目内通"，均其要径。此老庄佛禅的相通处。三者似均以顿悟而明心见性。

常季曰："彼为己以其知得其心，以其心得其常心。"方潜《南华经解》说："以知得心明心也；以其心得其常心，见性也。"此即达摩《血脉论》所言："若欲觅佛须是见性，见性即是佛。"又说："本性即是心，心即是性，性即是同诸佛心。"如何得此心？成疏

---

① 魏源：《老子本义》引。
② 憨山：《道德解》。
③ 《庄子·人间世篇》语。

说："夫得心者，无思无虑，死灰槁木，泊尔无情。"此言不假外求，自然而得。钱穆说："能忘却此各器官之外界接触，而生出超然之知。"（《双溪独语》二之七）超然之知，当是本心真如。《金刚经》说："心开悟解，故知本性自有般若之知。""故知万法尽在自心，何不从自心中顿见真如本性。"这就是《庄子》"以知得心，以心得性"之言。《六祖坛经》也说："一切般若知，皆从自性而生，不从外入。""若识自心，见性皆成佛道"①。庄子于《外物篇》讲此理更为肯定。他说："彼教不学，承意不彼。"成疏："非学心而本性具足不由学致也。"以上之论，三者之说，见性知心，昭然如一。《老子》二〇章、四十八章分别说：

> 绝学无忧。
>
> 为学日益，为道日损。

老子所以如此说，因为他生秉清冷之智，对自然万物以客观观察，而得到世务变迁的法则事理，异于儒者格物致知的知系积累而来。孔子说"述而不作，信而好古"，是袭取前人的经验；荀子说"真积力久乃入"；朱熹更说"今日格一物，明日格一物"：此种渐悟，增进累积，固有益求知，而不但无益于道的体认，更反成障碍。五祖弘忍告其弟子神秀说："无上菩提，须得言下识自本心，见自本性，不生不灭，于一切时中，念念自见，万法无滞。一真一切真，万境自如如。如如之心，即是真实。若如是见，即是无上菩提之自性。"② 老禅二者悟道之见，几全相同。永嘉禅师《证道歌》说："绝学无忧闲道人，不除忘想不除真。"永嘉之意，摒除人间一切俗学，不为琐屑繁多的有为修持。人间之学，杂沓分歧，皓首穷年，未必有成，永嘉盖用老子"绝学无忧"之意，亦以顿悟为是。如此禅老永嘉三者意同，庄生之见也同乎此。《庄子·大宗师》说：

> 参日而后能外天下；已外天下矣，吾又守之，七日而后能外物；已外物矣，吾又守之，九日而后能外生；已外生矣，而后能朝彻；朝彻而后能见独；见独而后能无古今；无古今而后能入于不生不死。杀生者不死，生生者不生。其为物无不将也，无不迎也，无不毁也，无不成也，其名为撄宁。撄宁者撄而后成也。

朝彻见独，即佛禅的顿悟见性。不死不生，即佛的涅槃永寂。成疏所说："心即虚寂，万境皆空，是以天下地上，悉皆非有。""坐忘我丧，运心既久，遣遗渐深。"是言顿悟见性的历程。故成疏又说："死生一观，物我兼忘，惠照豁然，如朝阳初启，故谓之朝彻。"此

---

① 曹溪本《六祖坛经·悟法传衣第一》。

② 同①。

朝彻非顿悟而何？罗勉道于其《庄子循本》解之甚恰曰："一朝而透彻，不俟七日九日也。"既顿悟矣，自可见性，故成疏继言："非有非无，不古不今；独往独来，绝待绝对，睹斯胜境，谓之见独。"绝待绝对，独往独来，时空俱泯，不为物染之心也。达摩《悟性论》曰："内不起心，则外不生境，境心俱静，乃名为真见。"心不为物染，即存我本心。见此本心，即真如也。成玄英者，佛家之西华法师，故说此义，能够如此透彻。至"杀生者不死，生生者不生"，释德清于《庄子内篇注》说："若形骸已外，则一性独存，故曰杀生者不死；能造化群生，而一真湛然，故曰生生者不生。"一性独存，一真湛然，涅槃永寂之征。释德清亦是高僧。朝彻见独之意，于《庄子·田子方篇》亦有说：

"向者先生形体掘若槁木，似遗物离人而立于独也。"老聃曰："吾游于物之初。"

离人遗物，即不为尘俗所染而游于物之初。不为物染，本心自存，即存性见独。《净名经》云"即时豁然，还得本心"，即是此意。《六祖坛经·传香忏悔章》曰："自除迷妄，内外明澈，于自性中万物皆现。见性之人，亦复如此。""自除迷妄"即"遗物离人"、"游于物之初"。即是见独见性，顿悟真如之理。老庄佛禅一也。

（三）真如之蔽现

佛禅老庄于顿悟见性之理，所见如一。而此真如本性，往往为有我世俗之见所隐所蔽。《庄子·齐物论篇》说：

夫随其成心而师之，谁独且无师乎？……未成乎心而有是非，是今日适越而昔至也。是以无有为有……吾独且奈何哉！

此处用范无隐的话解说，最为妥帖。范说："未成心则真性浑融，太虚同量，成心则离乎性，有善恶矣。人处世间，应酬之际，有不免乎成心，即当师而求之于未成之前，则善恶不萌，是非无朕……"① 范氏之言，近于禅旨。永嘉禅师《证道歌》说："诸行无常一切空。"一切万有生灭无常，都是空幻，何必执着此暂生的幻象，言是说非。世人不悟，妄执是非，迷失本性，真如自不易见。同篇云"道隐于小成，言隐于荣华"，就是幻象蒙蔽真如之譬。又同篇说："物固有所然，物固有所可；无物不然，无物不可。"既物有本然本可，即物之真如本性。真如本性超越了善恶的观念，达到了毁誉不动、哀乐不生的境界，自然也就没有是非的分别。嵇康《忧愤诗》说："志在守朴，养素全真。"即此意境。《庚桑楚》说：

夫外韄者不可繁而捉，将内揵；内韄者不可缪而捉，将外揵。外内韄者，道德不

---

① 褚伯秀：《庄子管见》引。

能持，而况放道而行者乎？

外揵则物欲不能入，内揵则真如静而不出。如此寂然不动，万物不能挠心。"放道而行"之"放"，犹孟子求"放心"之放。故吕吉甫注："是真如不失之道。"外鞿者为外物所拘也。同篇南荣趎见老子，老子云："子何与人偕来之众也。"即为外物拘击之意。王安石曰："此释氏所谓汝胸中正闹也。"外鞿之谓也。此老子教人守真全素之道。《老子》第十二章说：

> 五色令人目盲，五音令人耳聋，五味令人口爽，驰骋畋猎令人心发狂，难得之货令人行妨。是以圣人为腹不为目，故去彼取此。

声色爽猎全是外鞿，故憨山解说："此言物欲之害，教人离欲之行也。"物欲扰人，《齐物论篇》所言"与接为构，日以心斗"，就是指此。故庄子教人"徇耳目内通而外于心知"（《人间世》），又说混沌开七窍而死（《应帝王》）。必物欲尽去，心不为所染，我本然之心，即存而不失。《老子》十九章教人"见素抱朴，少私寡欲"，廿九章说："圣人去甚去奢去泰。"全是去人欲存真如之理。《老子》第三章说：

> 不尚贤，使民不争；不贵难得之货，使民不为盗；不见可欲，使民心不乱。

尚贤贵货，全出于有知，有知方使有欲，是以王弼注说："可欲不见，则心无所乱。"欲由知启，是以"太上未尝自谓有知，未尝见有可欲"①。未尝见有可欲，则心无所染，自守其素心真如。故此章下文说："常使民无知无欲。"王弼注为"守其真也"。真当即真如。《老子》四章说：

> 挫其锐，解其纷，和其光，同其尘，湛兮似或存。

湛兮而存者何？本心真如也。此言由挫锐解纷、和光同尘为手段，以达致湛兮若存的境界。何以能够如此呢？王弼注曾有说："锐挫而无损，纷解而不劳，和光而不污其体，同尘而不渝其真。"无损不劳，其体不污，其真不渝，外物不染，一真湛然，素心常存，神不散心不放，佛陀真如，庄生凝神，孟子求放心，全是说的这番道理。《老子》第五十二章说：

> 塞其兑，闭其门，终身不勤，开其兑，济其事，终身不救。

解老子《道德经》的憨山是释德清，佛陀弟子。他解此章，最能见出佛道相通精神。他说："若驰声色而忘返，则逐物而背性，是必收视返听，内照独朗，故曰闭其门……资耳目之欲，火驰而不返，则开兑济事，丧心于物，则终身不救矣。"憨山的意思，塞兑闭门者，

---

① 魏源：《老子本义》。

谨防此心不为物染，故《金刚经》说："信心清净，即生实相，当知是人成就第一希有功德。"① 李文会注说："信心清净者，信本来心，无法可得，不起妄念，心常空寂，湛然清净。"不起妄心者心不为物染。《六祖坛经·定慧一体章》说："真如自性起念，六根虽有见闻觉知，不染万境而真常自在。"虽见闻觉知而万境不染，就是《圆觉经》卷上说的"永断无明，方成佛道"之理。《庄子·应帝王篇》于此也有很好的说明：

> 人皆有七窍，以视听食息，此独无有，尝试凿之，日凿一窍，七日而混沌死。

七窍既凿，则如《齐物论》所说："与接为构，日以心斗。"钱穆氏《双溪独语》（二）之七说："喜怒哀乐，虑叹变熟，儵忽迁转，在内不单纯，对外不和合，至此混沌已死。不见此心合定之一，只见外物殽乱之万。"此即《圆觉经》卷下所说："妄见流转也。"真如素心，即此沦丧。达摩《破相论》说："真如之性，既被三毒之覆盖，若不超彼三大恒沙毒恶之心，云何名为解脱。"老庄以塞兑闭门不开七窍，以避尘染，禅则不避见闻觉知，自行解脱，此佛高出老庄境界耶？老庄于尘嚣取拒斥态度，故不用官能，外于用知。《庄子·人间世篇》说：

> 若一志，无听之以耳，而听之以心；无听之以心，而听之以气。听止于耳，心止于符，气也者虚而待物者也。唯道集虚，虚者心斋也。

摒除世间无常的幻象，而全素心真如的本来面目。本篇下文说："夫徇耳目内通而外于心知。"郭注说："使耳目闭自然得者，心知之用外矣。"心知用即离析本心，为物所染；心知即外，本性即得，直指人心，见性成佛也。慧能说："本性是佛，离性无别佛。"② 庄周亦有于世事中超脱提升的观念。他在《应帝王篇》说：

> 至人之用心若镜，不将不迎，应而不藏，故能胜物而不伤。

郭象注、陆长庚《南华副墨》都能恰当地解说此语。郭说："物来乃鉴，鉴不以心，故虽天下之广，而无劳神之累。"陆长庚说："任万感不伤本体。"其实这就是《大宗师篇》所说的"撄宁者，撄而后成"之理。此即《六祖坛经·定慧一体章》言："不于境上生心。"《教授坐禅章》言："本性自净自定，只为见境思境即乱。若见诸境心不乱者，是真定也。"又说："但见一切人时，不见人之是非善恶过患，即是自性不动。"任世俗千变流转，我心寂而不动，即真如常在。《圆觉经》卷上云："譬如磨镜，垢尽明现。"外物又能奈何？庄生自有此提升境地，与禅无殊。由《圆觉经》"垢尽明现"看老子亦具此提升思

---

① 《金刚经·离相寂灭分第十四》。
② 曹溪本《六祖坛经·悟法传衣第一》。

能。《老子》十章说:"涤除玄览能无疵乎?"河上公说:"当洗其心使其净洁也。"王弼注曰:"能不以物介其明疵之其神乎,则终与元同也。""洗其心使净洁","不以物介其明",均于世俗中提升也。《庄严净土分第十》说:

> 应如是生清净心,不应住色生心,不应住声香味触法生心。应无所住,而生其心。

《六祖坛经·悟法传衣章》说弘忍为慧能说《金刚经》至此,慧能由此大悟,乃言:"何期自性本自清净,何期自性本不生灭,何期自性本自具足,何期自性本无动摇,何期自性能生万法。"(弘忍)曰:"若言下识自本心,见自本性,即名丈夫天人师佛。"孟子说的"存其心养其性,所以事天",也是这番道理。庄子也有此意,他在《在宥篇》中说:

> 在之也者,恐天下之淫其性也;宥之也者,恐天下之迁其德也。

其性不淫,其德不迁,即本心存而不放。陆长庚《南华副墨》说:"拂乱天常灭裂和气,总是失真乱性。"庄子此言,即《金刚经》的"应生无所住心",不为声色香味等外物所染。即《庄子·山木篇》所言:"浮游乎万物之祖,物物而不物于物,则胡可得而累也。"所以颜之推说:"庄老之书,盖全真养性,不肯以物累己也。"① 不以物累己,唯婴儿为能,故《老子》第十章说:

> 专气致柔,能婴儿乎?

婴儿外无所知,内无所思,湛然本性。河上公所谓:"内无思虑,外无政事,则精神不去。"魏源《老子本义》所谓:"一而不杂。"《管子·内业篇》说:"心静气理,道乃可止也。"真如本心,所以蔽所以现者,老庄佛禅所见略同。

(四)凝神守心

达摩《破相论》以为真如之性,常被三毒覆盖。三毒就是贪嗔痴。如何不被三毒覆盖,凝神当是主要手段。《庄子·逍遥游篇》说:

> 藐姑射之山,有神人居焉……其神凝,使物不疵疠而年谷熟……之人也,物莫之伤,大浸稽天而不溺,大旱金石流土山焦而不热。

神凝可使物不疵疠年谷熟,金石流土山焦不热,大浸稽天不溺。此释道安所谓:"阶差者损之又损,以至于无为;级别者忘之又忘,以至于无欲也……修行经以此二者而成寂。得

---

① 钱穆:《庄子纂笺》引。

斯寂者，举足而大千震，挥手而日月抇。"① 此真俗谚所云"法力无边"了。不是法力无边，是我无为任万物以自为，则无不为。我于万物不扰，万物发挥自性，自得圆满。亦不为万物所染，此神凝之理。所谓"内心既寂，外境俱捐"。弘忍禅师《最上乘论》曰"守此心者乃涅槃之根本，入道之要门"者此也。王敔以"其神凝三字为一部南华大旨"② 者此也。慧能禅师临终示偈云："寂寂断见闻，荡荡心无着。"断见闻即可凝神。《老子》第七章说：

> 天长地久，天地所以能长且久者，以其不自生。

不自生则自忘其身，自忘其身，不与物染，此庄子坐忘丧我之境。庄子的丧我、心斋、坐忘，乃系列之发展。丧我则同乎万物，心斋则虚而待物，坐忘则忘乎一切。如此则不与竞，不为物染，心不放神不散而凝于一。《庄子·庚桑楚》谓：

> 儿子动不知所为，行不知所之，身若槁木之枝，而心若死灰。若是者，祸亦不至，福亦不来，祸福无有，恶有人灾也。

槁木死灰，似说寂寞无情，保本心免物染。此论正似达摩《血脉论》之言："除此心外，无佛可得"，但人不能尽如婴儿。庄生言："有人之形故群于人。"群于人而因境生心，欲免物染，谈何容易！须如仙游翁集英释《金刚经》说："此言金刚乃若刀剑之有钢铁耳；譬如智慧，能断绝贪嗔痴一切颠倒之见。"《庚桑楚篇》讲得好：

> 彻志之勃，解心之谬，去德之累，达道之塞。贵富显严名利六者勃志也，容动色理气意六者谬心也，恶欲喜怒哀乐六者累德也，去就取与知能六者塞德也。此四六者不荡胸中则正。正则静，静则明，明则虚，虚则无为无不为也。

四六在胸，即为物染，本心不可保，真如不可现。庄子《徐无鬼》篇所言"驰其形情，潜之万物，终身不反"者即此，故庄生曰："悲夫！"徇物则凶。达摩《悟性论》说："寂灭是菩提，灭诸相故。"又说："一念心灭，即出三界（贪嗔痴）。"一念心灭，念念归静，方见真如。《庚桑楚篇》又说：

> 老子曰："卫生之经，能抱一乎？能勿失乎？能无卜筮而知吉凶乎？能止乎？能已乎？能舍诸人而求诸己乎？能翛然乎？能侗然乎？能儿子乎？"

郭注："不离其性。"成疏："守真不二"，"顺物无心，同于赤子。"此即《圆觉经》卷下

---

① 释道安：《安般经注序》。
② 王夫之：《庄子解》王敔附注。

所说的:"不著声闻缘觉境界,虽现尘劳,心恒清净。"本心清净,未为物染,真如自存。

(五)合光同尘

永嘉玄觉禅师《证道歌》有言:

> 贫则身常披缕褐,道则心藏无价珍。

此言和《老子》七十章"知我者希,则我者贵,是以圣人被褐怀玉"语意相近。王弼注说:"褐者同其尘,怀玉者宝其真。"宝其真,则是庄子《齐物论》的"旁日月挟宇宙"也。同其尘,则《齐物论》的"置其滑涽以隶相尊"也。混迹人间而无殊世俗,内怀真我,而不为世污,知我者少也。苟知此者,达道顿悟,成佛成圣矣。永嘉禅师《证道歌》又说:

> 日可冷,月可热,众魔不能坏真说,象驾峥嵘谩进途,谁见螳螂能拒辙。

庞居士语录说:"神通与妙用,运水与搬柴。"永嘉与居士意,真如本心,即寓日常生活里,但要自己证悟。自性清净,则不受妄念名相迷惑牵引。庄子《知北游》篇说:

> 古之人外化内不化,今之人内化外不化。

吕惠卿注说:"古之人外化与物偕逝,内不化则有不亡者存。"不亡者存,本心真如存而不失,即成佛矣。

(六)真如永住

为客尘所覆的真如,如何能现而常存呢?苏东坡语曰:"常恨此身非我有,何时忘却经营!"坡翁此语,灵感当自庄生来。庄子《大宗师》篇说:

> 假于异物,托于同体;忘其肝胆,遗其耳目;反始终始,不可端倪,芒然彷徨乎尘垢之外,逍遥乎无为之业。

此身非我有,原即几种元素物质组合而成。故成疏说:"水火金木,异物相假,众诸寄托,共成一身。"王世贞更引《圆觉经》说"假于异物"是"地水火风之论"。地水火风,亦是物质。凡属物质,必朽必坏,一时暂住,何劳挂怀?故肝胆耳目,全可付之一忘。此身既忘,则"反覆终始"者,皆事变命行,日常尘俗琐屑,何足染我真如本性。此庄生所言"有骇形无损心,有旦宅无情死"(《大宗师》)。《六祖坛经·传香忏悔章》所言:"皮肉是色身,色身是舍宅。"也说此理。《大宗师》所载庄子的坐忘哲思,亦言此理:

> 堕肢体,黜聪明,离形去知,同于大通,此谓坐忘。

《大宗师》篇这两段话,同一意义。"忘肝胆遗耳目",即"堕肢体黜聪明",即"离形去知"。如此才能将生生死死的轮回及声色等有为尘垢，付之一忘。尘垢涤除，真性自然彰显。得失从缘，心无增减，真如素心，可存可保。达摩《四行观》释昙琳序："深信含生同一真性，但为客尘妄想所覆，不能显了。"去此客尘，自可逍遥自如。此《六祖坛经·教授坐禅章》曰："人性本净，由妄念故盖覆真如；但无妄想，性自清净。"庄佛所持，真如永住，于理一也。真如来自本心，出自本性，故达摩《血脉论》说：

> 离此心外，觅菩提涅槃，无有是处。

慧能在大梵寺讲法，其意亦说，菩提即是自性，这个自性，本来清净。我们只要把握这个心，便立刻成佛。《六祖坛经·悟法传衣章》也说："一切般若智，皆从自性而生，不从外入。"弘忍《最上乘论》也曾言："真心自然而有，不从外来，不属于修。"庄子于《大宗师》篇讲此理更为明白：

> 南伯子葵曰："子独恶乎闻之？"曰："闻诸副墨之子，副墨之子，闻诸洛诵之孙，洛诵之孙，闻诸瞻明；瞻明闻之聂许，聂许闻之需役；需役闻之于讴，于讴闻之玄冥；玄冥闻之参寥，参寥闻之疑始。

陈寿昌《庄子正义》注得最好："大道之传，由外而内，究其本始实吾性天所自有。"《六祖坛经·付嘱流通章》说："皆是本心生万种佛。"孟子说："万物皆备于我矣，反身而诚。"① 庄子于这种道理知之稔见之真者，以其能丧我。《齐物论》曰：

> 南郭子綦隐机而坐，仰天而嘘，荅焉似丧其耦。颜成子游立侍乎前。曰："何居乎？形固可使如槁木，而心固可使如死灰乎？今之隐机者，非昔之隐机者也？"子綦曰："……今者吾丧我。"

钱穆氏解此一段话，极得其精髓。他说："吾之丧我，则是丧了一个假我，见得真我，则自能审乎无假，而不与物迁。真吾自有此一吾，不向外面异物借来，始能不随外面异物迁动。"② 全是丧我而真如自在之理。《齐物论》又说：

> 忘年忘义，振于无竟，故寓诸无境。

忘年自然否定了时间，忘义也就泯除了是非。"振于无竟"，胡远濬《庄子诠诂》说为"知止于道"。死生是非，乃幻非真，迁转无常，付之一忘，则死生齐是非泯，本性全真如在。如此而已。

---

① 《孟子·尽心上》篇。
② 二语分别见《六祖坛经》释功德净土章及参请机缘章。

（七）言与道

文字语言，是保本性见真如的津梁工具，是手段不是目的。读庄学禅全当注意此点。云门禅师说：

> 莫道今日谩诸人好，抑不得已向诸人前作一场狼藉，忽遇明眼人见，谓之一场笑具，如今亦不能避得也①。

此言语言文字，于学道不得已而用之，如老子说"道可道非常道"也。庄子极知此旨，《寓言》篇说：

> 不言则齐，齐与言不齐，言与齐不齐也，故曰无言。言无言，终身言，未尝言；终身不言，未尝不言。

《齐物论》篇说："无谓有谓，有谓无谓。"也是此意。世人常忽视了佛的"不立文字明心见性"之说，构成语言文字障碍，如永嘉禅师《证道歌》说："吾早年来积学问，亦曾讨疏寻经论，分别明相不知休，入海算沙徒自困。"不知"诸佛妙理非关文字"②，只是一种形象。王弼《周易略例·明象章》说："意亦象尽，象以言著。"象言只是工具。于此庄生于《外物》篇说得最为明白："言者所以在意，得意而忘言。"庄子在《知北游》篇，更说出同于禅的道理：

> 无思无虑始知道，无处无服始安道。

此所以本篇下文言："知者不言，言者不知，故圣人行不言之教。"有时文字于顿悟见性，是全无用处的。《大涅槃经》说："昔菩星比丘虽诵得十二部经，犹自不免轮回者，为未见性故。"所以慧能说："本性自有般若之智，自用智慧，常观照故，不假文字。"老庄佛禅于语言文字悟道的看法，竟相同得若合符节。

三、结论

近年颇受二三生徒导引，为扩大庄学研究领域，而涉猎佛典，发现老庄佛禅，竟有同颖异室、声应气求之同。张东荪因言："老子拟佛，庄子配佛。"③ 余因成此文，假老之抱一、庄之凝神、佛之真如说之。而质本愚鲁，学养謇涩，于佛所知尤陋。率而操觚，贻笑

---

① 吴经熊：《禅的黄金时代》译者前言引。
② 曹溪本：《六祖坛经·参请机缘第六》。
③ 张东荪：《中国哲学史上佛教思想之地位》。

方家，幸大德高士，不吝赐教，是所祷焉！

附记：

谨以此文纪念母亲九十晋四冥诞。吾母困陃以终二十四年矣，锥心之痛，风木之悲，几时已耶？天乎！

录自台湾地区台北市《东方杂志》1987年4月复刊20卷第10期

道教和佛教形上超越的观念

——哲学对比的研究

[美]苏海涵 著 仲曼萍、卢雪燕 译 丁 煌 校改

[美] **苏海涵**（Michael R. Saso，1930 - ），生于美国俄勒冈州波特兰市。1955年冈扎加大学哲学与人类学硕士，1964年耶鲁大学汉学硕士，1971年伦敦大学古典汉学与人类学博士。1974年起任教于夏威夷大学。主要著作有：Taiwan Feasts and Customs、Taoism and the Rite of Cosmic Renewal、Buddhist and Taoist Studies、Teachings of Taoist Master Chuang、Blue Dragon, White Tiger: Taoist Rites of Passage、Homa Rites and Mandala Meditation in Tendai Buddhism、Tantric Art and Meditation: The Tendai Tradition、The Gold Pavilion: Taoist Ways to Peace, Healing, and Long Life、Zen Is for Everyone 等。

中国宗教基本上是现世的。也就是说，其主要是在关心结合自然超越本源力量之秘密宗教仪式的祈祷式，并未失去礼拜仪式的行为法则或是大众的崇敬。这种联想到某种为得神恩目的的仪式和祈祷式，以宗教上的经验来说是正常的。在礼拜仪式的奉献行为中，一般中国的善男信女可以请求佛僧或道士两种宗教媒介者中的一个。虽然选择道士或佛僧大多是依赖在仪式所需的时间上能最接近或最易达到者，但对一般信徒而言，这两种个别的教职代表，就形上超越的理论上所采取的方式是不同的。因此中国人以互存关系来理解佛教徒和道教徒的角色：前者多是关心来世和抱持宇宙一元论的观点（只有和谐一致的世界是真实的，现存的物质世界是虚幻的），而后者基本上是持二元论，并且相信当经由心灵秘密的祷告寻求结合和超越的时候，在这个可见的世界中仍是有实在和美好的事物。

至于道教徒和佛教徒所抱持的形上超越观是完全不同的，这是接下来要讨论的主题。我将试着更明确地说明对于道教其极似佛教在解释宇宙和寻求和谐自然的超越创造的基本上的不同。另一方面，佛教在中国是个很受欢迎的宗教，强调来生的重要。虽然真正的佛陀可能已被给予了另一种不同的意义，但对于中国的信徒而言，佛陀被想成是一个超越的人类。菩萨的教义是，他拒绝自己最后的涅槃，直到万物都被教化。还有净土论，在那里，能获得死后的最后救赎，以佛教虔敬或公开的形式，逐渐地支配信仰者的心灵。

佛教寺院教导强调形上的观念，并强调在哲学上和信仰程度上的来世。而由佛陀最初

所废弃的形上学极抽象的沉思，则借着印度和中国的学者保留下来。对于中国的修行僧，哲学上的讲道变成一个赢得人心的有效方法，因此对于外来的印度教义，那些较难说服的知识分子阶层也能同意。无论从三论学其否定那极端形上学相信不受外物影响而能保持其存在事物之认识论的可能性，或是从另一个《瑜珈师地论》认定文明的心灵与超越形上的佛陀本性融为一体的极端论中领会，当否定自然可由感官感知外貌的真实价值之时，所有的佛教寺院最后已承认形上学难以言语表达的真实性。不论是经由逻辑或直觉来了解，佛教的形上学的外貌和可由感官感知的存在物主虚幻外观等，都是佛教在中国所传授的基本教义。

即使在中国的佛教形上学家大略知道道教是以任何类似或可接受的方式来宣扬他们自己的宗教信仰，但他们确实发现早期道教哲学家的著作，特别是老子和庄子，尤其对佛教中心思想的解释和佛教术语翻译成中文方面颇有助益。正如同帝王们凭借高水准的古代经典，使其王权统治合法（不论是孔儒或道教的经籍都依附着此时的政治），所以佛教徒们也发现引用孔儒和道教两者的古典名著是助于其赢得公开和正式被赞同的工具。关于这高难度又神奥的庄子经文和更多有关老子政治定位的著作，都存在对于形上学无、空或虚（sūnya）如此基础观念解释的重要书籍中。

道教的经典在南北朝早期（公元256－281年）似乎已经被广泛使用。来自中亚著名的僧侣鸠摩罗什（Kumārajīva）和他的两个支持者慧远（Huiyüan）和僧肇（Seng-chao）透过在三论学的哲学中，虚或空的正确解释的争论，导引出在佛教经文中道教原文使用的转捩点。僧肇的注解，特别是慧远的注释中，都引用了《庄子》的内容。所以，后来的禅师也将《庄子》中所指的道，比喻为在佛教顿悟观念的启示大门边的一堆污秽。禅师仅以顿地或握着一支简单的毛笔，教导弟子"那里"并不如它虚幻的外貌，而是佛陀真实的实体，是真如，是形上的无。

不论三论学的意义是像鸠摩罗什和慧远的解释，或是像后期禅宗大师们直觉的内观，对采用庄子本身存在的特定观念的道家学者，其反应是敌视的。对于道教信条的追随者婆罗门（Brahmam），对道本身的认定，如果不是彻底被误解的话，则确实是令人厌恶的。外在的世界是虚幻的，终究原因只是由感官被误传的实体，也就是人类的价值只是在追求物欲或满足外在感官的需求。众生中的男女，都在外部逸乐的世界里追求欲望，而这只是在浪费生命的精髓，因此，在自负、自私自利的沙漠中只会带来快速的死亡。在道教人类进程的观念中，失去生命的本质会导致灵魂完全的枯竭和消灭。这三种生命元素丧生后即带来死亡。纵然形上学的道无所不在，门边的污秽和人体内都有道存其中，但它确实不是与物体的生成完全一致的。如此形上学的二元论是来自道教早期哲学的象征。

因此，道教的哲学基本上是二元的。《老子》中四十二章指出形上学的道，在可感知存在的世界中似乎是有五个步骤转换着，即：

> 道生一
>
> 一生二
>
> 二生三
>
> 三生万物

这种教义在《老子》第一章中即开宗明义指出，这世界在形而上的领域中可区分为无和有。在庄子的文字表达中，道的本质是恒久不变的一，而存在四个海洋中的世界是相对论的一，无常或变化。事实上，这可见世界的真实性既没有否认，而且最初像是使道远离的事实也没有确定。老子和庄子的哲学，并不是容易被佛家们所了解的。

假如这两个哲学家的意见相当分歧，我们可能会问为什么道家从没有发现一个激起发言的斗士？事实上，为什么可能有见识的学者不能反驳佛家们翻译结构上的错误呢？这个答案远比一个简单的智力界线的制图，还是哲学方面决定将选择什么样的启示要复杂多了。一方面，有充分的理由相信，研究儒教的历史学家并不在意道教的教义。而另一方面，道教却成功地保存他们没有显著冲突矛盾的朝代历史写作的秘密创作。因此，这个答案可能隐藏在这神秘宗教本身的特质中了。道教这种非常直接且耐久的特质存留在它自己传统的形而上学和与儒教或佛教完全不同的教义中。至于道教本身仍继续存在的公开且多彩的礼拜仪式，它依然存在于民间和帝王的宫廷中。或许就像中国的众生男女驳斥三论及《瑜珈师地论》哲学中的西方极乐天堂，同样可以了解到平民和帝王两者在关心佛教和儒教理性的传统常识所缺乏的一种联系，所以统治者和被统治者同样支持道教灵宝其表现在阴阳五行论可见、正确和戏剧般生动形式的多彩多姿的礼拜仪式。

初期《道藏》清楚地表明形上二元论之哲学外貌的检视，不论是人们的态度还是道教宴乐仪式的光辉殿堂，并没有被忽略。反之宗教上哲学的解释都是深奥的，且因此在抄袭儒教或佛教之前，并不是公开或被支持的。六朝时期高度因此的社会圈，对于像《黄庭经》(Yellow Court Canon) 如此深奥的道教经典是热烈寻求的，但是这种高难度的经典若无口头解释或苦修或大师指导，几乎是无法理解的。道教深奥的经典已被传达当做是叙任仪式或新道教徒任职的一部分。这将任圣职的人，受命写出大师的经典，然后经过一丝不苟地比较，以避免抄写者的错误。所以，形上超越的二元论哲学，是神秘传道的一部分，对那高官和帝王宫廷其忠诚于仪式祭典的外部世界，道教教导其阴阳五行理论的宇宙哲学的教义。因此，道教哲学并非是阴阳五行理论教义上的分歧，而是以一种神秘、正统的传统被传播。这深奥的教义只有在引入特殊道教神职之后才被传授。

然而中国的佛教，至少在南北朝至隋唐时期，以其教派财富和不同的哲学传统而得名，且同时期的道教活动也以其教派主义的坚强理念而闻名。从陆修静（公前477年）时代和初次《道藏》的编成，三个最早期的道教活动被组合成一个原文的 sarvayāna 或"守一"，作为学理上的形而上学的表达方式。道教的三个源流为最早期的天尊、盟威传统、灵宝宫廷仪式传统和冥想的上清派是创建于在中国中央的茅山之顶。第六世纪这三个团体已合而为一，并未受到派系主义或教义分歧的干扰，直至宋徽宗和公元1118年林灵素异端"神霄"被干预，也就是说，形上二元论的哲学将多样的道教活动融合进正统的教派主义之中，直至宋朝仍发展良好。

《道藏》清楚地说明了这三个最早期的道教活动受空间的区隔远超过教义上的差异。道教活动发展开始于东汉，而至南宋早期公元1170年达于最高峰。天师道这个最古老的传统，发展于蜀，即现今的四川。借着以往汉朝行政管理上的高级知识阶层为代表，建立了一个遍及四川和山西南部的新精神主导。仿早期汉朝可见的宫廷组织，同样的经天、地、下界传送文件、奏折和诏书的这种宗教精神上的官僚制度，也是教阶组织的一部分。中国过去的黄金时代，即以此宗教上的精神层次而予重建。有两个宗教的仪式称为"出官"和"发炉"，是将其体内的五脏气神令发之于外，使体中空净以迎形上永恒不变的道。只有在体内之气发之于外后，才能着手祭神仪式和书写祷文，以上达最高的天庭神灵。盟威传统发展成三清教义，三清，为象征人体精、气、神三元素的化身。

第二种早期道教活动，灵宝运动。其发展于中国三国时代东部和南部诸省及南北朝时期。为关于太平运动、黄巾之乱以及于吉的《太平经》，灵宝运动以伪造谶纬的方式，组成一个再生的仪式，像是所知的金箓斋和一种被模仿在宫廷称做黄箓斋的葬礼仪式。此在《礼记》的月令篇里有描述。著名的灵宝五符，预示在伪书的佛土篇中，变成灵宝礼拜仪式的神秘符箓。在极早时，可能在中古第四世纪陆修静时代，再生和埋葬的灵宝仪式，和其本身公开礼拜仪式的基本的三界改编成具体的神祇和符箓发送的发炉仪式。所以这两个早期道教活动在公元577年《无上秘要》完成之前，已融合在仪式的实际应用中。

第三个早期道教活动在公元366和370年间在中国南京的茅山建立。该派取名上清。然而盟威和灵宝两派是为仪式定位，上清派本身则是致力于对形而上的道的冥想。对于这个新教派的灵感乃是得自贵族道教盟威派的"祭酒"——魏华存。因北方蛮族入侵至南方中国，他们来到茅山并且以其洞察力领受过去基本冥想的书籍中多样复杂的气。这些书籍都摘要于《黄庭经》中，它举出一个深奥的"气"的一种新程式——内经和导引冥想的外经，是从早期《参同契》一书中获得的。传说中，魏夫人死于公元334年，将她的书册和计划留给她儿子中之一个。这个儿子把这些书册交给杨羲，一位南方晋朝会稽王的公府舍人。在公元366－370年间，魏夫人的书册藉着杨羲使一连串未呈现的主题能以得见。在茅山顶上一片接近恍惚状态之时，杨使魏夫人和整个天堂神祇宫廷得以想象。有两个朋友，许翱和许谧，充当杨的助手，而这两个人就成为杨羲之后的传承者。公元366－370年间，他们凭着贵族"祭酒"口授转录的精神，以美丽的书法写出这新教派的教义。这些文章已在半个世纪后由陶弘景在《真诰》中结合在一起。这个新的上清派教义教导赋予气的形体和冥想中心的准备，就是，《黄庭经》对于包括远超过仪式的冥想的形上超越内在"道"的存在，经这两个较早期的教派而实行。因而，这三个早期教派都是在寻求外化体内之气，而使人体中空净，以使其形上不灭。

最早期的道教活动一般说来已有三种不同的面貌。第一就是神祇名和种类的列表，或称"箓"。第二是特别的正统经典，"经"，其代表着沉思和达到结合形上学"道"的哲学意义。第三是科仪，或本身的冥想，其导向和谐。所有这三种早期道教运动，都是寻求相同的最终结果，也就是结合成形上超越的"道"。这三种方式在公元471年都由陆修静融成单一的Sarvayāna或教义和法规上的结合，而在公元536年之前，更进一步由陶弘景研讨和改善。因为不同的祭仪都是很容易互相交替和彼此学习的。即自陆修静时代经典结合而使道教为众人知晓，并且坚持形上二元性的教义。

如果对道教哲学结合的教义有所了解，那么对箓、经和科仪这三种观念是其重要的基本本质也应有所了解。"箓"的名是来自中国后周的封建制度以及早期汉朝伪造谶纬之时。箓，就是诸侯、封建领域和在贵族或国王统治下的附属物之一览表。对道教而言，箓就是神的名称和种类的列表，这"治"或精神上的管辖权，则在他们的分类之下，表示被召唤和被命令的意义。为了宣誓就职于封建中国的贵族、公卿和封邑贵族中，符、箓或旗都被制作起草。在就任仪式中，符被撕为一半，一部分呈给国王，其他部分则分予下属。冬至的时候，贵族和公卿们又聚集起来，再接合二等分的符，证明统治的权力。在相同的情况下，道教熟练地接受一个精神上的治或领域，且所有的神祇都置于它的管辖范围内。在祭典或就任仪式中，契约被制定，箓也为了宣誓而在道徒的指挥下被烧掉。因此，早期的盟威派，有廿四个箓或名册，这些早期的记载可在《道藏》中发现。借着神奥佩箓、符咒及魔法的使用，《道藏》被赋予一种比精神上的箓更高的统治权力。这种最早期的盟威发炉仪式，道教将其使用在为了迎合形上的"道"，或是在天帝御前祈求，命令人的精气离开体内。这种盟威派的箓以后变成了三派的基本财产。它是灵宝再生和葬礼仪式的序幕，这记录在《道藏》中的完整科仪仪式的前半部。

三个早期运动的经典是（1）盟威派的老子《道德经》，（2）灵宝派的《度人经》，（3）上清派之庄子的《庄子》内篇或第七章节。第一个被提及的是《老子》一书，仍被作为正统道教就任仪式的一部分。第二个《度人经》是早期在葛洪《抱朴子》的第十九章中被命名的。因此这本书显示在第三世纪末和第四世纪初已被使用。在《度人经》的正统分析中联想到其是受了佛教《妙法莲华经》(《法华经》）第一、第七及第廿一章）之所影响。以其能使用于所有的埋葬仪式和有拯救地狱中灵魂的力量,来充用于灵宝的经文中。最后,上清派用《庄子》第一、第七章来作为结合形上学冥想的基础哲学经文。

陶弘景告知我们,他的时代里道教最重要的三部经典,就是《庄子》内篇、《妙法莲华经》以及《黄庭经》。陶弘景撰述之时正当茅山上清派势力最盛和邻近天台宗基本经典《妙法莲华经》达其流传至顶峰的时代。所以他融合引用了道教与佛教的经典一点也不觉得惊奇。这种学问僧正确地证明道教救世的来源为佛教的《妙法莲华经》,但他们并不表示灵宝那喧嚣和粗鄙的仪式有任何伟大之处。至于将体内之气具体化的教义是源自盟威发炉仪式,而在《黄庭经》中被扩大和改进。最后,藉着《庄子》内篇七篇而表现出的形上哲学是为他本身上清派而准备的。因此尽可能摘要上清派道教教义为(1)《庄子》内篇——形上绝对教义,(2)《法华经》——拯救教义,(3)《黄庭经》——引导至形上境界的外化教义。

(本文译自:Michael Saso and David W. Chappell 所编,"Buddhist and Taoist Studies I",*Asian Studies at Hawaii*,*No.*18,Univ. Press,1978 二版中之 "Buddhist and Taoist Ideas of Transcendence:A Study in Philosophical Contrast")

录自台湾地区台南市《道教学探索》1992 年 12 月第 6 期

魏晋南北朝道教、佛教思想关系研究

张广保

张广保（1964— ），江西东乡人。1992 年北京大学哲学博士。1998—1999 年荷兰莱顿大学访问学者，2002—2003 年哈佛燕京访问学者。曾为中国社会科学院历史所研究员，现为北京大学哲学系教授。主要著述有《金元全真道内丹心性学》、《唐宋内丹道教》、《中国经学思想史》（合著）、《道家的根本道论与道教的心性学》、《金元全真教史新研究》等。

内容提要：在中国思想史发展过程中，东汉时期佛教的传入是一件具有深远历史意义的大事，而由此引发的盛行于魏晋南北朝时期的儒、释、道三教论争，更是直接影响到中华文明的发展方向及整体格局。而就思想层面看，此一时期的三教论争主要表现为佛教与道家、道教两种不同思想体系的争论。通过争论，道教与佛教互相吸收，呈现一种互融互摄的景象。佛教对道教无论是从教规、教仪，还是从教典、教团等方面，都产生了一种示范效应，这对道教逐步走向成熟是大有益处的。而道教也为佛教从印度顺利移植至中国，并逐渐适应中国社会土壤，形成中国化的佛教，提供了多方面的助缘。

主题词：魏晋南北朝　道教、佛教思想关系　重玄学　道性论　般若学

　　东汉之后以出世主义为基本导向的佛教传入，乃是中国历史中的一件大事。它在一定程度上影响了中华文化发展的方向，平衡了中国文化中过于发达的现世主义趋势，拓展了中国人的精神视野。从佛、道关系的角度看，佛教的传入在中国这一最高王权笼罩一切的国度，为超越精神的自由发展开辟一个新的空间。众所周知，中国古代采用高度集权的政治体制，统治者不但垄断世俗权力，而且也独占与超越力量——天帝交通的祭祀权，"普天之下，莫非王土；率土之滨，莫非王臣"，就是这一现象最真实的写照。因此，在中国如果没有外来宗教传入的刺激，独立于王权的体制化宗教是不可能长期延续下去的。从佛、道关系看，佛教对道教的发展与完善，无论是从教规、教仪，还是从教典、教团等方面，都产生了一种示范效应。而道教也为佛教从印度顺利移植至中国，并逐渐适应中国社会土壤，形成中国化的佛教，提供了多方面的助缘。因此，研究魏晋南北朝的佛、道思想关系，就不仅有助于理清这一时期佛、道两教发展的思想脉络，同时对把握中国思想整体

走向也有重要意义。

一、佛经与道经

魏晋南北朝时期，佛道两教的争论，首先是围绕两教经典来展开的。这一时期无论是佛教，还是道教的经典都呈现快速增长之势。从佛教一方看，大量佛经从东南亚、西域及印度涌入，并被翻译成汉文，有的还被反复汉译。其时译场体制经历了创立并逐步完善的历史过程，这一时期也是译经家辈出的时代，不少彪炳于佛教史的中外译经家，例如法护、鸠摩罗什、真谛等都是在这一时期产生的。因此，从佛教史看，这一时期真可称为翻译时代。而从道教方面看，由于受到来自佛教的刺激，大量新道典也被造作出来。其中尤以新道派例如灵宝、上清派经典增长最为迅速。如何评判这些迅速增长的佛经与道经，就成了两教教徒争论的焦点。

1. 崇佛者对道教经典的攻驳

在魏晋南北朝时期的佛道争辩中，崇佛者首先针对道经展开攻驳。综合崇佛者之驳论，我们发现他们攻驳的焦点主要集中于两点：其一，道经内容怪诞芜杂，且多抄袭佛经。其二，道经多托名老君，实为后世道徒造作。例如刘宋谢镇之在《重与顾道士书》中说："道家经籍简陋，多生穿凿，至如《灵宝》、《妙真》，采撮《法华》，制用尤拙。及如《上清》、《黄庭》，所尚服食，咀石餐霞，非徒法不可效，道亦难同。其中可长，唯在五千之道，全无为用；全无为用，未能全有。"① 谢镇之在此指出道教灵宝系经典抄袭了佛教《法华经》，而上清系经典又法不可效。萧齐明僧绍《正二教论》又指责张陵、葛玄托名老君，造作道书："至若张、葛之徒，又皆离以神变化俗，怪诞惑世。符咒章劾，咸托老君所传，而随稍增广，遂复远引佛教，证成其伪。立言舛杂，师学无依。考之典义，不然可知。"② 而释慧通更认为道经中只有老子的《道德经》真实可靠，其余经书皆是淫谬之说。③

为了证明道经抄袭佛经，北周崇释者甄鸾还列出具体证据。在其所著《笑道论》中，他在道书中找出多种证据以证明道经抄袭佛经："《妙真偈》云：'假使声闻众，其数如恒沙，尽思其度量，不能测道智。'臣笑曰：此乃改《法华》佛智为道智耳。自余并同，诸

---

① 《弘明集》卷6，石峻等编：《中国佛教思想资料选编》第1卷，中华书局，1981年，第263页。
② 同①，第277页。
③ ［南朝］释慧通《驳顾道士夷夏论》："论引道经，盖有昧如。昔老氏著述，文指《五千》，其余淆杂，并淫谬之说也。"参见《弘明集》卷7，中华大藏经编辑局编：《中华大藏经》，中华书局，1993年，第62册，第813页。

文非一。昔有问道士顾欢，欢答：'《灵宝》妙经，天文大字，出于自然，本非《法华》，乃是罗什妄与僧肇，改我道经为《法华》也。'且《灵宝》偷于《法华》，可诳东夏，《法华》之异《灵宝》，不殊西域。今译人所出，不爽经文。以此推之，故知偷改为《灵宝》。"① 又言："昔文成书以饭牛，诈言王母之命；而《黄庭》、《元阳》，以道换佛；张陵创造《灵宝》，吴赤乌时始出；《上清》起于葛玄，宋、齐间乃行；鲍静造《三皇》，事露被诛。"② 从文中列出的这些证据看，甄鸾对道经是相当熟悉的。他举出的抄袭证据也是符合事实的。除他之外，唐初高僧法琳在《辩正论》中又进一步指出道教的法器、神灵袭用佛教："然释门钟磬，集众警时，汉魏以来，道家未有；金刚狮子，护法善神，盖佛教之所明，非黄领之先构，亦效他胜范，窃我圣踪耳。"③ 他又指出道经《黄庭》、《元阳》、《灵宝》、《上清》、《三皇》之类都存在抄袭佛经的现象，其中尤以模仿佛典《法华经》、《无量寿经》为突出。④ 而王淳在《三教论》中则揭露道教神灵像制亦是模仿佛教说："近世道士取活无方，欲人归信，乃学佛家制立形象，假号天尊及左右二真人，置之道堂，以凭衣食。"⑤ 他们的这些指责都是有事实依据的，并非向壁虚造。（按：佛教在佛陀弘法之根本佛教时期并不崇拜偶像，即使在部派佛教时期也只是崇拜诸如法轮、佛骨、菩提树等与佛陀有关之佛迹，从佛教发展史看，其崇拜诸佛、菩萨相，当受到古希腊宗教、艺术文化影响，与马其顿王亚历山大东征及随之而来的希腊思想的渗入有直接关联，而公元前3世纪的犍陀罗可能是最早创设佛像的地方。）

在佛道辩论中有一现象颇为有趣，这就是对道教批评最为有力者多系由道教改宗佛教。北周武帝时，曾任司隶大夫的甄鸾虽然没有隶籍释门，但却著《笑道论》，站在佛教一方对道教多方责难。据其所著《笑道论》，他在年轻时也有就观学道的经历："臣年二十之时，好道术，就观学。先教臣黄书合气，三五七九，四目两舌正对，行道在于丹田。有行者度厄延年。教夫易妇，惟色为初，父兄立前，不知羞耻，自称中气真术。"⑥ 甄鸾

---

① 《广弘明集》卷9，中华大藏经编辑局编：《中华大藏经》，中华书局，1993年，第62册，第1055页。
② 同上。
③ [唐] 法琳《辩正论》，石峻等编：《中国佛教思想资料选编》第2卷第3册，中华书局，1983年，第361页。
④ 法琳《辩正论》，石峻等编：《中国佛教思想资料选编》第2卷第3册，中华书局，1983年，第358页。
⑤ [唐] 法琳《辩正论》引，石峻等编：《中国佛教思想资料选编》第2卷第3册，中华书局，1983年，第360页。
⑥ 《广弘明集》卷9，中华大藏经编辑局编：《中华大藏经》，第62册，第1057页。

在这里主要针对六朝时期盛行于天师道的修炼道术之一黄赤之术,从世俗伦理的角度进行指责。又唐初高僧释法琳系其时佛道辩论中佛教一方的代表,曾著《辩正论》攻驳道教。据《续高僧传》记载,他也一度隶籍道门,"隋季承乱,入关观化,流离八水,顾步三秦。每以槐里仙宗,互陈名实,昔在荆楚,梗概其文,而秘法奇章,犹未深括。自非同其形服,尘其本情,方可体彼宗师,静兹纷结。乃权舍法服,长发多年,外统儒门,内希聘术。遂以义宁初岁,假彼巾褐,从其居馆",①"琳素通庄、老,谈吐清奇,道侣服其精华,膜拜而从游处。情契莫二,共叙金兰,故彼所禁文词,并用咨琳取决。致令李宗奉释之典,包举具舒;张伪、葛妄之言,铨题品录"②。唐高祖武德初年,慧琳舍道归释。从道教、佛教之教史文献记载看,隋唐时期佛、道两教门徒互相改宗者,并不鲜见,然似以道教徒改宗佛教更多。这或许与佛教于其时在中国势力更大有关。除法琳之外,隋末唐初另一高僧释弘智也曾有学道的经历:"隋大业十一年,德盛乡间,权为道士,因入终南山,绝粒服气,期神羽化。"③ 他也是与慧琳差不多同时,于义宁年间改隶佛门。活跃于唐高宗时期的高僧释玄嶷也是一位改宗者,不过值得注意的是,他还曾任东都洛阳大恒观之观主,称得上是一位道门领袖。从他后来所撰《甄正论》看,他对道教经籍、教义等,都有很精深的理解。北宋赞宁《宋高僧传》述其由道入释之事云:"释玄嶷,俗姓杜氏,幼入玄门,才通经法,黄冠之侣推其明哲,出类逸群,号杜义炼师。方登极箓,为洛都大恒观主。游心《七略》,得理《三玄》,道士之流,推为纲领。"④ 他是在武则天主政时期,改宗佛教。释玄嶷后来撰作《甄正论》一部,施设主客,贬道扬佛。这可能与武则天抑道宗释的政治策略有密切联系。此外,还有一些参与佛、道辩论的高僧,虽然没有当道士的人生经历,但却有学道的思想经历。例如隋代享誉当世的高僧彦悰在年轻时,就曾浸淫于黄老之学。《广弘明集》述云:"吾少长山东,尚素王之雅业;晚游关右,慕黄老之玄言。俱是未越苦河,犹沦火宅。可久可大,其惟佛教也欤!"⑤ 其后,他撰作《通极论》、《辩教论》等分判释、道,较量优劣。

2. 道士检讨道经

对于道经大多出于后世造作这一事实,道教方面早已有人明确承认。早在东晋初期,葛洪就指出:"道书之出于黄老者,盖少许耳。率多后世之好事者,各以所见而滋长,遂

---

① [唐]道宣:《续高僧传》卷24,中华书局《中华大藏经》,第61册,第932页上。
② 同①,第932页上、中。
③ 同①,第940页上。
④ [宋]赞宁:《宋高僧传》,中华书局,1987年,第414页。
⑤ 《广弘明集》卷4,中华书局《中华大藏经》,第62册,第977页。

令篇卷至于山积。"① 而对于灵宝系道经的撰作，活跃于刘宋时期的高道陆修静，在其撰于宋元嘉十四年（公元437）的《灵宝经目序》一文中，对灵宝派经书的出世进行系统检讨："顷者以来，经文纷至，或是旧目所载，或自篇章所见，新旧五十五卷。学士宗竞，鲜有甄别。余先未悉，亦是求者一人。既加寻览，甫悟参差。或删破《上清》，或采博余经；或造立序说，或回换篇目，禆益句章，作其符图，或以充旧典，或先置盟戒。文字僻左，音韵不属，辞趣烦猥，义味浅鄙，颠倒舛错，事无次序。"② 而梁代高道陶弘景在《真诰叙录》中，则特别提到《灵宝经》的造作，应与葛洪后裔葛巢甫有直接关系："葛巢甫造构灵宝，风教大行。"③ 不过，据唐代僧人释玄嶷《甄正论》交待，除葛巢甫之外，梁代高道宋文明也参与了《灵宝经》的造作。④ 他还认为葛玄、宋文明、陆修静、顾欢等人是六朝道经的主要造作者。⑤ 由于释玄嶷原系出自道门，且对道经有很深的了解，他的这些说法对于我们考论六朝道经撰述的历史，很有帮助。不过，他据此贬道扬佛，委实不妥。（按：在东晋南北朝时，崇佛者之所以以道经出自近代为由，贬抑道经，乃是因为他们相信佛经都是由释迦牟尼亲口宣说。这其实毫无道理。众所周知，佛教经典出世年代不一，乃是在佛教历史发展中逐步形成的，绝非一律出于佛陀之口。中村元就说："所有大乘经典都不适当地以'佛陀之说'来标榜。在某种意义上它们是赝制的，并不是直接由佛陀亲口阐述的。"⑥ 因此，无论道经、佛经是否出自后世造作，都并不妨碍其思想价值。）

此外，魏晋南北朝时期，中国佛教徒也造作不少伪经。在东晋道安的目录中就列出伪经二十五部，二十八卷；梁代僧祐又增列伪经四十五部，二百五十七卷。这说明自东晋至萧梁，伪经的数量在不断增长。汤用彤先生在《汉魏两晋南北朝佛教史》中，曾考证佛教

---

① 王明：《抱朴子内篇校释》卷8，中华书局，1985年，第151页。
② 《云笈七签》卷4《灵宝经目序》，《正统道藏》，文物出版社、上海书店、天津古籍出版社联合出版，1988年，第22册第19页。
③ 《真诰》卷19，《正统道藏》第20册，第640页。
④ ［唐］玄嶷《甄正论》卷中："《灵宝》之事，有其二义，若《越绝》等书，在宋文明前造，则文明等取符上《灵宝》之目，伪题所撰之经；若于文明后修之，二书亦皆虚伪。妄创《五符》之迹，用证《灵宝》经题。"中华大藏经编辑局编：《中华大藏经》，中华书局，1993年，第62册，第662页。
⑤ ［唐］玄嶷《甄正论》卷上："经教并是近代吴、宋、齐、梁四朝道士：葛玄、宋文明、陆修静及顾欢等伪造，咸无典实。"中华大藏经编辑局编：《中华大藏经》，中华书局，1993年，第62册，第652页。
⑥ 中村元著，吴震译：《比较思想史论》，浙江人民出版社，1987年，第29页。

徒常取材于图谶方术以造作伪经，其中亦有以欺世骗财者。①

魏晋南北朝佛经的大量传入，在中国人的心灵中引起巨大震撼。佛经所宣教义之新奇，数量之宠大，取经之艰难，来源之神秘，都使爱好典籍的中国人增添一份额外的敬畏感。然而，中国又是一个崇尚实证的民族，对任何事物都要追究其是否有征验。对于佛经所宣之教义，自然也不例外。据梁僧祐《弘明集后序》所记，时人已对佛经提出这样的质疑："一疑经说迂诞，大而无征；二疑人死神灭，无有三世；三疑无见真佛，无益国治；四疑古无法教，近出汉世；五疑教在戎方，化外华俗；六疑汉魏法微，晋代始盛。"② 又北周高僧道安在《二教论》中借东都俊逸童子之口，也转述时人对佛教经典及教义的质疑："佛经怪诞，大而无征。怖以地狱，则使怯者寒心；诱以天堂，则令愚者虚企。竖说尘劫，尚云不遥；傍谈沙界，就言未远。虽言业报，无以惬心；徒说将来，何殊系影？未若陶甄禀于自然，森罗均于独化，忽然自有，惚尔而无，吉凶任运，离合非我；人死神灭，其犹若炉，膏明俱尽，如何所至。何劳步骤于空谈之际，驰骋于无验之中。"③ 这里以玄学的自然独化说为依托，对佛教的因果报应、天堂地狱等教义进行质疑，认为佛教这类教义缺乏证验，系捕风捉影之论，并认为佛经大而无征，系怪诞之言。

3. 早期佛经译家袭用道教名相

那么我们应如何看待崇佛者的上述指责呢？东晋南北朝道士造作道经大量借鉴佛经，这是一个客观事实，谁也无法否认。这从现今存世的六朝至隋唐道经中也可找到大量证据。例如《度人经》、《本际经》、《海空经》等都大量袭用佛教义理、概念，其中尤以援用中观学思想为典型。然而，为什么道经会袭用佛经义理、名相呢？对于这一有关佛道思想交融的重要问题，崇佛者却避而不答。而根据我们的研究，道教之所以毫无忌惮地沿用佛教乃是继承早期佛经译家格义传统。正是早期佛经译家袭用道教名相翻译佛经，正式开启了佛经与道经互相袭用之传统。早期佛经译家为了使当时对国人尚陌生的佛教能为国人顺利理解，在译经时采用了中土思想中与佛教相近的道教思想、名相翻译佛经。

这种现象可远溯至东汉译家竺大力、康孟祥，他们在翻译《修行本起经》卷下《游观品》时，就存在套用道教术语"真人"的现象。其云："罗汉者，真人也。声色不能污，荣位不能屈，难动如地，已免忧苦，存亡自在。"④ 又吴支谦译《佛开解梵志阿颰经》

---

① 汤用彤：《汉魏两晋南北朝佛教史》下册，中华书局，1983年，第428－429页。
② 《弘明集》卷14，《中华大藏经》，第62册，第931页。
③ 《广弘明集》卷8，《中国佛教思想资料选编》，第1卷，第358页。
④ 《大正新修大藏经》，财团法人佛陀教育基金会出版部，1990年，第3册，第467页中。

以道教天师译佛:"吾闻天帝释与第七梵,皆下事之,所教弟子悉得五通。轻举能飞,达视洞听,知人意志,及生所从来,死所趣向。此盖天师。"① 东汉译经家安世高在翻译最早一批佛经时,曾用道士对译佛教出家者,其所译《佛说尸迦罗越六方礼经》即有:"沙门道士,教人去恶为善,开示正道,恩大于父母。"② 此类译法亦见于吴支谦所译《佛开解梵志阿颰经》,其云:"佛言:我见世间,亦有道士,不知佛法,隐居薮泽,食于果蓏,言不用师,当得自然。此得道乎?对曰:不得。佛言:道从心得,当有师法,是为痴妄信道也。"③ 这里不但出现道士,而且还套用中土道家、道教的核心概念自然、道来表示终极了证境界。值得注意的是,这种借用道翻译佛教终极解脱之境的习惯,在后世译经家中一直得到传承。西晋竺法护在翻译《大哀经》时,就继承前辈译经家的这一用法:"道者,无想,亦无因缘。何无想,亦无因缘?其眼于识而无所得;其无想者,不见诸色,则无因缘。耳、鼻、口、心、意,亦复如是。亦无所得,亦无思想。不见诸法,则无因缘。是无想无缘,为贤圣行。"④ 而姚秦时高僧僧肇更用道概念以诠释佛教的菩提,其《涅槃无名论》之《九折十演·位体第三》云:"菩提之道,不可图度。高而无上,广不可极;渊而无下,深不可测;大包天地,细入无间。故谓之道。"⑤ 此外,在早期佛经译家中,还常见使用"本无"等玄学概念。⑥ 正是这种套用道家、道教概念、术语翻译佛典,开启了后世道教援佛入道之传统。

4. 道教不得称教

北周释道安《二教论》依据印度佛教经典,把宗教区分为救形之教与济神之典,以为儒教以救形为宗,故称为外教;佛教以济神为依,故称为内教。而道教既然也像儒教一样,以修身为目标,因此也应归属于儒教,而不得单独立为一教:"故救形之教,教称为外;济神之典,典号为内。是以《智度》有内外两经,《仁王》辩内外二论,《方等》明内外两律,《百论》言内外二道。若通论内外,则该彼华夷;若局命此方,则可云儒释。释教为内,儒教为外。"⑦ 据此,道安认为中国的教化力量,只有儒、释两支,道教则不

---

① 《大正新修大藏经》,第1册,第259页下。
② 同①,第251页下。
③ 同①,第263页上。
④ 《大正新修大藏经》,第13册,第422页下。
⑤ 《大正新修大藏经》,第45册,第158页下。
⑥ 东汉支娄迦谶译《佛说阿阇世王经》卷下云:"诸法一切无有垢,无有净,诸法自然本无。本无自然,故曰诸法。"《大正新修大藏经》,第15册,第401页上。
⑦ 《二教论》,《中国佛教思想资料》,第1卷,第345页。

得称教。此即其所撰《二教论》之理由。他说："教唯有二，宁得有三？何则？昔玄古朴素，坟典之诰未弘；淳风稍离，丘索之文乃著。故包论七典，统括九流，咸为治国之谟，并是修身之术。"① "夫帝王功成作乐，治定制礼，此盖皇业之盛也。而左史记言，右史记事，事为《春秋》，言为《尚书》。百王同其风，万代齐其轨。若有位无才，犹亏弘阐；有才无位，灼然全阙。昔周公摄政七载，乃制《六官》。孔老何人，得为教主？孔虽圣达，无位者也，自卫回轮，始弘文轨，正可修述，非为教源。且柱史在朝，本非谐赞，出周入秦，为尹言道，无闻诸侯，何况天子。既是仙贤，固宜双缺。"② 他以为道教应归属儒教，不应单独立为一教。道安对道教的这一攻驳，意在从根本上摧毁道教。他的这一论点，在后世佛教徒中得到进一步展述。唐初高僧法琳继承道安区分内外二教的观点，并从教主政治地位的角度，进一步对道教的独立地位予以质疑。他在《辩正论》中说："又言：道称教者，凡立教之法，先须有主。道教既无主，云何得称道教？以三事故，道家不得别称教也一者：就周孔对谈，周孔直是传教人，不得自称教主。何以故？教是三皇五帝之教，教主即是三皇五帝。若言以老子为教主者，老子非是帝王，若为得称教主？若言别有天尊为道教主者，案五经正典，三皇以来，周公孔子等，不云别有天尊，住在天上，垂教布化，为道教主。并是三张以下伪经，妄说天尊，上为道主。既其无主，何得称教？"③ 他认为儒家得称教，但教主是三皇五帝，而非周公或者孔子。④ 至于佛教，法琳认为它之所以能独立于儒教之外，乃是因为其是出世之教，而非教化之教："佛是法王所说，十二部经布化天下，有教有主也。然佛是出世人，经是出世教，故得称教。"⑤ 法琳这一思想触及中国古代思想中宗教一词的本质，以为从中国传统文化看，所谓宗教就是以政治、道德之教化为根本归依。这显然是从宗教之社会功能的角度来把握宗教。这一思想是极为深刻的。从比较宗教学的视角看，中国古代由于王权至上，政治上采取高度集权的政治体制，帝王既垄断了世俗政治权力，同时又独占与神明界沟通的祭祀权，因而在佛教传入之前，中国古代始终未能产生像其他文明例如印度教、基督教等文明所拥有的以个体超越为归依的、具有独立社会地位的宗教。而道教作为具有独立社会地位之出世宗教，则是受到佛教的刺

---

① 《二教论》，《中国佛教思想资料》，第1卷，第349页。

② 同①，第345页。

③ 《辩正论》，《中国佛教思想资料》，第2卷，第3册，第349页。

④ 《辩正论》云："《毛诗》云：'风以动之，教以化之。' 坟典是教，帝皇为主。儒得称教。"《中国佛教思想资料选编》，第2卷，第3册，第349页。

⑤ 同④。

激而创立的。因此，佛教的传入实有重大文化意义，它在中国传统专制王权笼罩一切的背景下，从制度层面上撕开一道个体追求精神超越的缺口。诚然，在佛教传入中国之前，儒、道两家思想中无疑都存在丰富的超越论，但都没有从制度层面获得相对独立之政治、社会地位。甚至即使在东晋以后，佛教为获取独立政治社会地位而秉承印度佛教传统而提出"沙门不敬王者"时，儒道两家都未予以呼应。此外，道安与法琳也是较早从教化角度反省中国宗教独特性的思想家。

二、对佛、道两教宗旨的分判

自东汉佛教传入中国之后，中土人士起初是将其视为与道教相似的一种方术，对其立教的独特精神并无深入理解。早期佛经翻译家多套用道家、道教术语翻译佛典，就是明证。而随着佛教流布越来越广，佛经翻译越来越多，人们逐渐认识到佛教是一种有别于中土道教的独特宗教，它有着自己独有的立教精神。东晋南北朝时期正是中国佛教进行正本清源、实现其自身认同的关键时期，而这又是通过这一时期的佛道思想大辩论来完成的。因此，对于盛行于东晋南北朝时期的佛道大辩论，我们不应单纯视为两教利益之争，而应从佛教通过理论辩论实现其自身认同这一角度去考虑。

1. 崇佛者对道教思想的诘难

东晋南北朝时期，佛教一方对佛、道两教教旨差异领会较深的僧人，应首推南朝释僧愍。他在这一时期的佛道思想大辩论中，撰作《戎华论》，以回应顾欢的《夷夏论》，其云："于是道指洞玄为正，佛以空空为宗；老以太虚为奥，佛以即事而渊；老以自然而化，佛以缘合而生；道以符章为妙，佛以讲导为精。"[①] 此处将道教教义法术之特点概括为四点：洞玄即重玄、太虚、自然、符章，而以空空、妙有（即事而渊实际上是指空不碍有）、缘合、讲导等作为佛教教义教法之特征。释僧愍对佛、道两教教义教法的这一总结是很到位的，的确抓住了两教的基本特色。这对于当时华夏人士正确领会佛教的独特精神无疑是很有益处的。而明僧绍在《正二教论》中，则从全生、归真分判佛、道两教，以为中土的孔老之教均为经世之教，而佛教则旨在练伪归真，以生命的终极解脱为归依。他说："则夫学镜生灵，中天设教，观象测变，存而不论，经世之深，孔老之极也。为于未有，尽照穷缘，殊生共理，练伪归真，神功之正，佛教之弘也。是乃佛明其空，老全其生，守生者蔽，明宗者通。"[②] 他显然认为佛教优于中土的孔老之教。（按：在东晋南北朝的佛道思想

---

① 《弘明集》卷7，《中华大藏经》，第62册，第816页。
② 《弘明集》卷6，《中华大藏经》，第62册，第795页。

大辩论中,尽管辩论中崇佛者大多精通中土思想,但他们对道家、道教的认识却是有偏颇的。他们多将道教视为长生之术,而未触及其根本道论,未触及道家、道教思想中有关生命超越的一面。)

2. 道教一方的回应

道教一方较早对佛、道两教根本宗旨进行分辨的是活跃于刘宋、萧齐时期的著名道士顾欢。顾欢贯通三教,曾师事当时著名经学家雷次宗,搜集整理过道教上清一系的经典,并编成《真迹经》。他的这一工作为其后陶弘景进一步整理上清经奠定了基础。他的著述主要有《夷夏论》、《老子义疏》、《三名论》,并对王弼《周易系辞注》作过注疏。他的有关佛、道争辩的思想主要体现在《夷夏论》中。他在《夷夏论》也对佛、道两教之立教宗旨作了分判。他分别用正真之道、正一之道综括佛、道二教:

> 寻圣道虽同,而法有左右,始乎无端,终乎无末,泥洹仙化,各是一术。佛号正真,道称正一,一归无死,真会无生。在名则反,在实则合。但无生之教赊,无死之化切,切法可以进谦弱,赊法可以退夸强。①

顾欢在此用无生、无死来分判佛教与道教,称佛教为无生之教,道教为无死之教。这与上引崇佛者对道教的认识接近,不过他据此扬道抑佛,以为佛教不及道教。他的这一观点对佛、道二教特点的把握很贴切,对后世影响也很大。唐代不少道士都是沿袭并发挥这一观点来批评佛教。例如释法琳《辩正论》转引隋末唐初高道李仲卿《十异九迷论》说:

> 夫等无生灭,其理则均,导世引凡,不无差异。但生者物之所以欣,灭者物之所以恶。然则生道难得,必俟修功,灭法易求,讵劳禀学?是知腾神驾景,自可积劫身存;气尽形殂,固当一时神逝。此教门之殊二也。②

这就抓住了道教及中土文化的贵生传统对佛教的以贬斥生命为代价而达成的单纯精神解脱提出批评。

此外,顾欢还对佛、道两教经典进行总体评价,并对两教经典的特点做了很好的概括。东晋之后,大量佛经被译成中文,介绍至中国。这些佛经都是以佛陀亲口宣说的面貌出现的。佛经数量之浩瀚,思想之精妙,对包括道教徒在内的中土人士造成极大的心灵震撼。如何从整体上评价佛经,把握佛经与道经在根本宗旨上的差异,乃是摆在当时道教徒

---

① [唐]李延寿撰:《南史》卷75《顾欢传》,中华书局,1975年,第6册第1877页。
② 《辩正论》,《中国佛教思想资料选编》,第2卷,第3册,第343页。

面前的一个重要问题。从留传至今的六朝道教徒著述中,我们发现,他们大都熟悉佛经,对佛教基本教义更不陌生。不过,能够从整体上把握佛教宗旨,并对二教立教基本精神予以分判的道士并不多见。顾欢就是这为数不多的道士之一。在论及佛经与道经的差别时,顾欢用很简洁的言词予以概括。他说:"佛教文而博,道教质而精。精非粗人所信,博非精人所能。佛言华而引,道言实而抑。抑则明者独进,引则昧者竞前。佛经繁而显,道经简而幽。幽则妙门难见,显则正路易遵。此二法之辨也。"① 顾欢在此以文而博、华而引、繁而显等词综括佛经的特点,而以质而精、实而抑、简而幽概括道经。值得注意的是,他并没有扬此抑彼,而是采取一种不偏不倚的态度。对比崇佛者极力诋斥道经,热衷于分判优劣,我们说这是颇为难能可贵的。

此外,又在论及佛、道两教社会教化功能之差异时,顾欢也分别以"破恶之方"与"兴善之术"予以总结:"圣匠无心,方圆有体,器既殊用,教亦异施。佛是破恶之方,道是兴善之术。兴善则自然为高,破恶则勇猛为贵。佛迹光大,宜以化物;道迹密微,利用为己。优劣之分,大略在兹。"② 这里仍与上面一样既肯定佛教的社会教化功能,同时又指出其与道教不同的特点。

刘宋文帝时期曾有黑衣宰相之称的释慧琳著《白黑论》对佛教义理予以质疑。值得注意的是,他在文章中主要就依据中国传统的和合思想对佛教的缘起性空理论予以驳斥:

> 今析毫空树,无垂荫之茂,离材虚室,不损轮奂之美,明无常增其愲荫之情,陈若偏笃其竞辰之虑。③

> 贝锦以繁采发挥,和羹以盐梅致旨,齐侯追爽鸠之乐,燕王无延年之术。恐和合之辨,危脆之教,正足恋其嗜欲之私,无以倾其爱竞之惑也。④

这显然是用中土的和合论来对抗佛教的缘起论。

此外,慧琳还从道德动机论角度辨析佛教道德教化与中土儒家道德教化学说的差异:

> 且要天堂以就善,孰若服义而蹈道?惧地狱以敕身,孰与从理以端心?礼拜以求免罪,不由祇肃之意,施一以徼百倍,弗乘无吝之情。美泥洹之乐,生耽逸之虑;赞法身之妙,肇好奇之心。近欲未弭,远利又兴。虽言菩萨无欲,群生固以有欲矣。甫

---

① 《南史》卷75《顾欢传》,第6册,第1877页。
② 同①。
③ [梁]沈约撰:《宋书》卷97《天竺迦毗黎国传》,中华书局,1974年,第8册,第2389页。
④ 同③。

> 救交敝之氓，永开利竞之俗，澄神反道，其可得乎？①

慧琳以僧人身份对世俗佛教以天堂地狱、因果报应为核心的道德教化理论之局限的揭露，无疑相当有深度。它说明中国佛教在接受印度佛教时，由于中国人现世主义中心的导向过于强烈，因而对于印度佛教教义的接受，并未全盘照抄，而是按照中国社会的特点，予以创造性的改造。对此，中村元评论说："中国人并没有以佛教的印度形式来接受佛教。佛教引入中国之后，在中国人某些传统的思维方式的影响下而被修正。所以，中国佛教在很大程度上与印度佛教离异了。"②他又认为中国佛教在创造性地改造印度佛教的过程中，吸收了民间宗教尤其是道教的影响。他说："佛教作为弥补中国其他宗教缺陷的宗教，在中国很快被接受并得到迅速传播……然而，中国佛教逐渐与民间通俗宗教或道教融合了，并复归为现世的宗教。"③从中国佛教发展历史看，这一改造的过程也就是中国佛教形成的过程。正是由于中国思想对现世特别关注，因此中国佛教固然也接受印度佛教以中观学为代表的本体论及以涅槃学为代表的终极解脱论，但都仅限于精英佛教，而在中国社会更普及的世俗佛教则特别重视佛教教义中与现世人生关联的内容，重视其是否能为信仰者带来现世、来世福报。这就在一定程度上偏离了印度佛教以人生为苦、倡导出世、追求涅槃解脱的根本宗旨。而正是这种偏离才为中国佛教打通出世与入世奠定了基础。而慧琳正是通过揭露中国俗世佛教宣扬的这套以天堂地狱、因果报应为核心的道德教化理论之缺陷，来为中土思想辩护。他认为佛教之教化乃是奠基于欲望基础之上，是"道在无欲而以有欲要之"，④存在动机不纯之弊端，与佛教无欲寂灭的根本宗旨存在内在矛盾。相反，儒家教化理论立基于义利之辩，不存在道德动机与结果之间的分离，因此无疑较佛教伦理为高明。

东晋南北朝时期，道教一方还依据中国传统的阴阳理论来分判两教。前文引顾欢在《夷夏论》中就以左右判定两教。而大约南北朝时期成书的道经《文始传》，则认为道教出自东方，为男；佛教源于西方，为女。按照中国社会男尊女卑之传统，其潜在的思想当然是道教优于佛教。又北周甄鸾在《笑道论》也转引道书之言云："阴阳之道化成万物，道生于东，为木，阳也；佛生于西，为金，阴也。道父佛母，道天佛地，道因佛缘，并一阴一阳不相离也。"⑤"佛者道之所生，大乘守善道者，自然无所从生也。佛会大坐，法地

---

① 《宋书》卷97《天竺迦毗黎国传》，第8册，第2389页。
② 中村元著，吴震译：《比较思想史论》，第124页。
③ 同②，第172页。
④ 《宋书》卷97《天竺迦毗黎国传》，第8册，第2389页。
⑤ 《广弘明集》卷9，《中华大藏经》，第62册，第1049页。

方也；道会小坐，法天圆也。道人不兵者，乃是阴炁女人像也，故不加兵役。"① 这反映出道教企图按照中国传统分类思想，将佛教纳入一较低分类序列之中。

不过，值得注意的是，在东晋南北朝佛道辩论中，与佛教一方热衷于扬己抑彼，区分优劣相较，道教一方更多地采取一种融摄的开放态度。此一时期不少高道都致力于会通两教义理。例如活跃于刘宋时期的高道陆修静，就致力于引据道典以会通佛教的三世说。据史书记载，刘宋明帝时陆修静曾奉诏书入京，当时崇佛者司徒袁粲集合各地硕学僧徒，与之对辩。针对僧徒责难道经盗用佛教"三世"、"轮回"等教义，陆修静通过对《老子》"吾不知谁之子，象帝之先"、《庄子》"方生方死"等说法的创造性解释以会通佛教义理，从而得出佛教的"三世"、"轮回"等教义为道教所固有。陈马枢《道学传》记云："（太始三年，修静至京。）天子乃命司徒建安王尚书令袁粲设广燕之礼，置招贤座，盛延朝彦，广集时英，会于庄严佛寺。时玄言之士，飞辩河注；硕学沙门，抗论锋出；掎角李释，竞相诘难。先生标理约辞，解纷挫锐……天子肃然增敬，躬自问道，谘求宗极……王公又问：'都不闻道家说三世。'先生答：'经云：吾不知谁之子，象帝之先。既已有先，居然有后。既有先后，居然有中。庄子云：方生方死。此并明三世。但言约理玄，世未能悟耳！'"② 陆修静之所以热衷于汲引佛教三世轮回教义，乃是因为这一教义在民间佛教中具有很重要的地位，道教吸收佛教这一教义有助于扩大其在民间的影响。这充分反映道教在佛道辩论中秉持的开放态度。另外南朝梁代高道陶弘景，在《答朝士访仙佛两法体相书》中，也主张接纳佛教思想："凡质象所结，不过形神。形神合时，是人是物。形神若离，则是灵是鬼。其非离非合，佛法所摄；亦离亦合，仙道所依……假令为仙者，以药石炼其形，以精灵莹其神，以和气濯其质，以善德解其缠，众法共通，无碍无滞。"③ 这是将佛教形神观的特点判定为非离非合，主张修炼仙道应众法共通，并没有排斥佛教之意。又在齐、梁时道教界享有盛名的高道孟景翼，也致力于在义理层面会通佛道，据《南齐书·顾欢传》记载，孟景翼曾以道教的"一"概念会通佛教的实相、法身等概念。其文云："《宝积》云'佛以一音广说法'。《老子》云'圣人抱一以为天下式'。'一'之为妙，空玄绝于有境，神化赡于无穷，为万物而无为，处一数而无数，莫之能名，强号为一。在佛曰'实相'，在道曰'玄牝'。道之大象，即佛之法身。以不守之守守法身，以不执之执执大象。但物有八万四千行，说有八万四千法。法乃至于无数，行亦逮于无央。等级随缘，须导归一。归一曰回向，向正即无邪。邪观既遣，亿善日新。三五四六，随

---

① 《广弘明集》卷9，《中华大藏经》，第62册，第1055页。
② 陈国符：《道藏源流考》下册，《道学传辑佚》，中华书局，1963年，第67页。
③ 《华阳陶隐居集》卷上，《正统道藏》，第23册，第646页。

用而施。独立不改,绝学无忧。旷劫诸圣,共遵斯'一'。老、释未始于尝分,迷者分之而未合。"① 孟景翼在此通过对道教一概念与佛教实相、法身概念创造性地会通,从而把《老子》书中带有宇宙生成论的一概念,创造性地诠释为一个体绝有无的本体论概念。不过他也像陶弘景一样,主张应统合佛道两教,不赞成强行区分彼此。我们联系到当时激烈的佛道争论,可以看出他对佛道争论是采取包容态度的。

三、道教重玄学与佛教般若学

重玄学是流行于六朝至唐中期的一个重要道教哲学流派。道教重玄学的创立与这一时期道教解老风尚有关,因此重玄学在一定程度上也可以视为道教老学的一个重要支派。活跃于唐初的著名道教思想家成玄英,在论及道教老学诸派注经宗旨时,特别推崇重玄家。在《老子道德经开题序诀义疏》中,他评论说:"夫释义解经,宜识其宗致。然古今注疏,玄情各别。严均平《旨归》以玄虚为宗;顾征君《堂诰》以无为为宗;孟智周、臧玄静以道德为宗;梁武帝以非有非无为宗;晋世孙登云'托重玄以寄宗'。虽复众家不同,今以孙氏为正。"② 这里比较唐以前道教解老诸家严遵、顾欢、孟智周、臧玄静、梁武帝解老宗旨,特别推崇东晋孙登之重玄义。(按:据卢国龙考证,孙登主要活跃于东晋后期,系孙统之子,东晋著名崇佛名士孙盛、孙绰之侄。③ 所谓重玄学乃是通过对《老子》第一章"常无,欲以观其妙;常有,欲以观其徼。此两者,同出而异名,同谓之玄。玄之又玄,众妙之门"④ 的解释形成的。重玄家在注释老子此章时,特别凸显出句中的"玄之又玄",并名之为双玄或重玄。隋唐之际问世的道经《本际经》,乃是阐述道教重玄学的一部很重要的经典,在唐代影响很大。其释重玄义云:"帝君又问:何谓重玄?太极真人曰:正观之人,前空诸有,于有无著,次遣于空,空心亦净,乃曰兼忘。而有既遣,遣空有故,心未能净,有对治故。所言玄者,四方无著,乃尽玄义。如是行者,于空于有,无所滞著,名之为玄。又遣此玄,都无所得,故名重玄,众妙之门。"⑤ 此即以空有双遣、不落两边之般若学中观义诠释重玄。)

---

① 《南齐书》卷 54《顾欢传》,第 935 页。
② 敦煌遗书 P.2353 号。
③ 卢国龙:《中国重玄学》,人民中国出版社,1993 年,第 2-4 页。
④ 陈鼓应注译:《老子今注今译》,商务印书馆,2006 年,第 73 页。
⑤ 《太玄真一本际经》卷 8《最圣品》,敦煌卷子 P.3674 号。

1. 重玄学对传统道教思想的偏离

从思想谱系看，六朝时期道教重玄学的建立，固然可以视为对魏晋玄学之崇无论与贵有论之思想超越，乃系玄学思想之逻辑演进的结果。如此重玄学亦未尝不可视为魏晋玄学发展的一个新阶段。然而，我们也应看到，重玄学之所以能在思想上完成对魏晋玄学的义理超越，实与佛教般若学的刺激密切相关。我们看重玄学那种双遣有无、不滞两边的思想理路，实际上就是般若空宗思想的翻版。本来中国本土思想尤其是道家思想着重对本根论的探讨，道家创始人老子以为道系创生天地万物之本根。在《道德经》的寥寥五千文中，老子却不惜笔墨讨论起万物创生的问题，这实在值得我们深思。其实老子这么做并非出于纯粹认知方面的兴趣，这属于"为学"之事，对"为道"毫无助益。他之所以讨论宇宙创生论，乃是因为天地万物创生的本身就是道的显现，道在其生成天地万物的同时将自身澄明于世。这是老子根基于道论的本根论与古希腊哲学纯粹认知性的宇宙论的根本差异所在。有关本根论的内容在《道德经》中随处可见，例如二十五章中说："有物混成，先天地生。寂兮寥兮，独立不改，周行而不殆，可以为天下母。吾不知其名，强字之曰'道'，强为之名曰'大'。大曰逝，逝曰远，远曰反。"① 此将那本然之存在称为道、大，视其为天地之母。四十二章则进一步叙述道创生天地万物之历程："道生一，一生二，二生三，三生万物。万物负阴而抱阳，冲气以为和。"② 老子的道具有生成的特性，这是一件意味深长的事，值得我们认真体味。这其中的独特意义如果我们将其与佛教的空、真如之类的实体概念相比，就能看得更加透彻。佛教的空、真如，首先表达了主体的一种生存境界，这点与道有相似之处，其次空还是一种实体概念，是一种超越时空的特殊存在。然而空、真如并没有生成的功能，佛教很少讲空、真如创生天地万物。尽管佛教大乘空宗以不动不静、非动非静来界定空、真如，然而空、真如给人的印象仍然近于静止不动，欠缺一种生成的运动。日本著名印度学家中村元在《比较思想史论》中评述印度思想之特征时就说："无视个别和特殊的东西，而关注于普遍的东西，对于普遍的重视表现为偏重于抽象概念，而抽象概念又被赋予了实体性。这是印度思想的一般特征。"③ "由于无视个别与特殊，使得印度思想形成一种万物一体观。此外，还使得印度思想在其语言表现和思想形态方面，形成了一种静的特征。"④ 这些评论都是很准确的，抓住了包括佛教在内的印度思想的本质特征。而中国思想则开创出与印度颇为不同的思维传统。中国思想很注重对本根论的探

---

① 陈鼓应注译：《老子今注今译》，第169页。
② 同①，第233页。
③ [日]中村元著，吴震译：《比较思想史论》，第167页。
④ 同③，第29页。

讨，此种本根论不像古希腊哲学那种以纯粹认知为导向的本源论，而是与生存论密切相关。换句话说，道家之所以反复讨论宇宙万物本根问题，乃是意在从中化引出一种与本根之道相契合的生存态度。与包括佛教在内的印度思想在论述其最高本体时，整体呈现的静态的、否定的性征截然不同，道家的根本道论则以动态的、生成的面貌显现于世。在道家看来，形而上的道与形而下的现实世界是通同一体的。此外道家的道论也贯通于它的伦理观、自然观及社会、政治理论。因此，从这一角度看道教重玄学接纳佛教般若学，实际上偏离了中国本土思想之固有传统，乃是一次不折不扣的思想脱轨。我们从重玄学铺陈其思想使用的一套概念系统，例如有无、非有非无、空、双遣、前玄、后玄、重玄等看，完全抛弃了先秦道家固有的本根论传统，而热衷于吸纳佛教般若学那种以静态的、否定性为典型特征的思想形态。重玄学的兴起完全是居于对佛教般若学刺激的一种应对，因此从其丰富道教哲学论题看，虽然存在一定的积极意义，但其对道教哲学固有精神的背离亦应引起我们重视。因此北宋以后重玄学统在道教思想中没有延续下去，应该是顺理成章的。

其实，释迦牟尼开创的根本佛教起初并不关注带有知识论色彩的本体论，而主要对以解脱人生苦难的解脱论感兴趣。在《中阿含经》卷60的箭喻经中，释迦牟尼对提问者提出的诸如世界有常、无常、有边、无边，如来是否常住等问题不予置答。然而，到了公元前后兴起大乘佛教时期，特别是以龙树、提婆为代表的般若空宗学则偏离释迦牟尼开创的思想传统，转而关注对空之本体论的探讨，尽管他们采取以非有非无这种两边双遣式的吊诡否定方法以把握最高本体，但仍然难以掩盖内在的认识论兴趣。学界目前对大乘佛教运动的神秘兴起仍没有提出合理的解释，一种看法以为受到希腊思想的影响，乃是古希腊与印度思想融合的产物。这证之于亚历山大东征及随之而来的希腊文化对印度文化的渗透无疑是很有说服力的。

2. 东晋时期佛教徒与重玄学

论及道教重玄学之创立与传承，道教史中均注意其在道教方面的学统。唐末五代重玄大家杜光庭《道德真经广圣义》勾勒重玄学在道教中传承的主线，此即："梁朝道士孟智周、臧玄静，陈朝道士诸糅，隋朝道士刘进喜，唐朝道士成玄英、蔡子晃、黄玄赜、李荣、车玄弼、张惠超、黎元兴，皆明重玄之道。"[1] 而上引成玄英之文又指东晋孙登为重玄学开创者。成玄英、杜光庭此处提到的这批高道都是当时道门佼佼者，其中多数都精通佛教义理，并曾代表道教参与这一时期的佛道辩论。然而，论及重玄学之源时，我们在此还要特别提出一位东晋佛教般若学代表人物支道林，他是东晋时期佛教般若学六家七宗中

---

[1] 《道德真经广圣义》卷5，《正统道藏》，第14册，第340页。

色宗的创立者。从道教重玄学"重玄"概念的使用看，支道林应是较早使用重玄这一哲学概念的。因此我们说道教重玄学之发端亦与佛教般若学密切相关，乃是佛、道二教思想交融的产物。支道林《大小品对比要钞序》率先使用重玄一语："是故夷三脱于重玄，齐万物于空同；明诸佛之始有，尽群灵之本无。"① 这里就正式使用重玄概念，并且显然是将重玄解释为一种精神超越境界。此外，从重玄学奠定者孙登所属孙氏家族与支道林的密切交往看，孙登首倡重玄学或许受到支道林的影响。不过目前对此，我们尚缺乏直接证据。除支道林之外，活动年代稍后于支氏的高僧僧肇，亦使用重玄概念。他在《肇论·涅槃无名论》："重玄之域，其道无涯。"② 可以看出，僧肇的重玄概念与支道林有所不同，而具有最高本体意义，与道可以互释。而这正是道教重玄学使用重玄的根本意蕴。例如成玄英疏解《道德经》之"玄之又玄"一句，述重玄云："有欲之人，唯滞于有；无欲之士，又滞于无。故说一玄以遣双执，又恐学者滞于此玄，今说'又玄'，更祛后病。既而非但不滞，亦乃不滞于不滞，此则遣之又遣，故曰'玄之又玄'。"③

总之，在道教重玄学的开创过程中，僧徒的思想贡献不可轻视。过去道教研究界在梳理重玄学历史脉络时，对佛教徒的贡献重视不够。近年来已有学者开始关注六朝僧徒有关重玄问题的讨论，例如强昱教授在《从魏晋玄学到初唐重玄学》一书中，就专辟"支遁孙登僧肇之重玄义"一节，以讨论僧徒之重玄思想。④ 不过对重玄学在六朝佛教义学的传承仍待进一步挖掘。

此外，通过对重玄学另外一对概念常道、可道的考察，亦可支持我们上述论点。常道、可道是唐以前，道教重玄学铺陈其思想时，使用的另外一对重要概念。唐代重玄学家，活跃于高宗、武周时的高道王玄览就喜好使用这对概念。例如在其所著《玄珠录》卷下中就有："常道本不可，可道则无常。不可生天地，可道生万物。""不但可道可，亦是常道可；不但常道常，亦是可道常。皆是相因生，其生无所生；亦是相因灭，其灭无所灭。"⑤ 在此王玄览将老子的道区分为常道与可道，认为常道、可道都是永恒不灭的，是表征最高本体的概念。（按：老子《道德经》第一章有"道可道，非常道；名可名，非

---

① 《中国佛教思想资料》，第1卷，第59页。又强昱已检出西晋陆机在"汉高祖功臣颂"一文中，最先使用"重玄"一词。见强昱：《从魏晋玄学到初唐重玄学》，上海文化出版社，2002年，第31页。

② [东晋] 僧肇著，张春波校释：《肇论校释》，《肇论·涅槃无名论第四》，中华书局，2010年，第219页。

③ [五代] 强思齐：《道德真经玄德纂疏》卷1，《正统道藏》，第13册，第361页。

④ 强昱：《从魏晋玄学到初唐重玄学》，上海文化出版社，2002年，第6－22页。

⑤ 《玄珠录》卷下，《正统道藏》，第23册，第619页。

常名"①。此即王玄览常道、可道概念之来源。但老子在《道德经》中并未特别突显常道、可道，六朝道教老学如河上公、严君平、顾欢、陶弘景、孟智周、韦节等诸家注老，亦未对常道、可道作义理阐发。倒是东晋高僧道安在《出三藏记集经序》中，较早提及可道、常道一对概念："诸五阴至萨云若，则是菩萨来往所现法慧，可道之道也。诸一相无相，则是菩萨来往所现真慧，明乎常道也。可道，故后章或曰世俗，或曰说已也。常道，则或曰无为，或曰复说也。此两者同谓之智，而不可相无也。斯乃转法轮之目要，般若波罗蜜之常例也。"② 道安在此以法慧释可道，以真慧释常道，大体相当于佛教之世谛与真谛。道安使用常道、可道解释佛教之世谛与真谛，显然系其格义佛教的一部分。然而，其特别彰显常道、可道概念，无疑对道教重玄学具有启示作用。）

四、道性论与佛性论

道性论与佛性论分别是南北朝道教与佛教哲学讨论的另一重要理论论题。佛、道两教之所以提出佛性、道性问题，乃是为了在修行主体中寻找到成佛、证道的根据，从而在理论上论证众生成佛、证道是可能的。因此，无论是佛性论还是道性论，都不是一个单纯的认识论论题，而是根源于其宗教实践的现实问题。道性论、佛性论及儒家的人性论等，乃是东方宗教、哲学讨论的重要论题，却为以理性认识为基本哲学导向的古希腊哲学所不言。此盖根源于东、西方思想之根本差异。此外，印度思想尤其是佛教的功夫论相当发达，这与中国思想重视知行合一、重视功夫论颇为契合。而西方思想由于过于重视知识论的建构，对功夫论极端漠视。这与其居于主流地位之思想传统将世界主要设定为认识对象，强调主体对客体的中立态度有关。与之正相反，中国与印度之主流思想传统主要强调主体对客体的参与式互动，中国思想认为人能对天地采取参赞态度，就是这种参与式思想最典型的表现。其参赞式思想背后的义理基础是主体与客体乃是一元而非二元对立的。因此中国人的思想世界对物质世界的思考采用一种连续性的、有机的物质观，这又与印度思想主张梵我一如、众生一体有着异曲同工之妙。

1. 印度佛教的佛性论

佛教有关佛性论的讨论，应肇始于印度佛教。③ 在大乘佛教不少经典中，都可找到佛性概念，例如龙树所著《大智度论·师子吼菩萨品》提及佛性："佛者即是佛性，何以

---

① 陈鼓应注译：《老子今注今译》，第73页。
② [梁] 释僧佑撰，苏晋仁、萧炼子点校：《出三藏记集》，中华书局，1995年，第219页。
③ 参看赖永海：《中国佛性论》，江苏人民出版社，2010年，第8–15页。

故？一切诸法以此为性。"①《大般涅槃经·圣行品》亦云："佛性即是如来，如来即是法，法即是常。"② 这都是将佛性形而上化，将之提升至本体的高度，并认为佛性贯通万法，佛性亦即法性。这种对佛性的理解就将本体论与解脱论联络相通，打成一片。而世亲在《佛性论》中倡导的以空界定佛性，更是对六朝佛教佛性理论及道教道性理论产生了重大的影响。在梁真谛所译世亲《佛性论》卷一中，世亲提出空是佛性义："若依分别部说，一切凡圣众生，并以空为其本，所以凡圣众生皆从空出，故空是佛性。佛性者即大涅槃。"③ 以上佛教经典对佛性论的讨论，直接引发了南北朝时期中国佛教对于佛性的大讨论。汤用彤在《汉魏南北朝佛教史》第17章"南方涅槃佛性诸说"中，引吉藏《大乘玄论》卷三之说，列出南北朝时期中国佛教十一家论正因佛性，其中有五家从众生自身寻找正因佛性，此即：以心为正因佛性，众生为正因佛性，真神为正因佛性，阿梨耶识自性清净心为正因佛性，冥传不朽为正因佛性。④

2. 道性论与先秦道家道论

不过从道教思想发展史看，道教道性论并非全然因袭佛教，而应渊源于先秦道家，特别是庄子的道论，并且道教在论述其道性论时，有着一套独具特色的概念范畴体系。对此，我们在下文将详细讨论。道是道家哲学的最高实体概念，其存在具有超验性。然而作为一种超验的存在，道的存在又并不是绝对隔绝于现实世界之万事万物的，而是遍在于宇宙万事万物之中。道体的这种贯通于形上、形下之存在形式，充分表明中国古代哲学智慧的独异性。不过，对于道与现实世界的关系，老子仅从创生论的角度予以论述，以为天地万物均由道而流出，道系天地万物的生成之母。这种仅从生成角度讨论道与万物的关系，固然也能说明道与万物的贯通性，但此种贯通毕竟存在一定程度的隔绝，因为母子虽有相生关系，但一旦生成过程终结之后，则二者即变为相互隔绝之两物。事实上，在唐高宗时佛道思想辩论中，佛教思想家就有人从这一角度质疑道的至上性与贯通性。例如高宗龙朔三年，在宫廷中举办三教辩论会上，高僧灵辩与道士方惠长对辩时，就对此提出诘难："灵辩重问道：'向云，道为物祖，能生万象，以何为体？'方惠长答：'大道无形。'难：'无形得有法，亦可有形是无法，有形不是无，无形不有道。'答：'大道生万物，万法即是道，何得言无道？'难：'象若非是道，可使象外别有道。道能生于象，即指象为道。象外即道，无道说谁生？'答：'大道虽无形，无形之道能生于万法。'难：'子外见有母，

---

① 《大正新修大藏经》，第25册，第768页下。
② 《大正新修大藏经》，第12册，第687页中。
③ 《大正新修大藏经》，第31册，第787页下。
④ 汤用彤：《汉魏两晋南北朝佛教史》下第17章，中华书局，1983年，第486–489页。

知母能生子。象外不见道，谁知汝道生。又前言，道能生万法，万法即是道。亦可知母能生子，子应即是母？又前言，道为万法祖，自违彼经教。老子云，无名天地始，有名万物母。母祖语虽殊，根本是一义。道既是无名，宁得为物祖？'"① 灵辩对老子道生万物的这一诘难如果仅就《道德经》而论，的确很有说服力。但事实上庄子已对道与万物的关系做了新的补充性论述。《庄子·知北游》明确论述了道对万物的贯通性："东郭子问于庄子曰：'所谓道，恶乎在？'庄子曰：'无所不在。'东郭子曰：'期而后可。'庄子曰：'在蝼蚁。'曰：'何其下邪？'曰：'在稊稗。'曰：'何其愈下邪？'曰：'在瓦甓。'曰：'何其愈甚邪？'曰：'在屎溺。'东郭子不应。"② 对于庄子所论述的道对万物的贯通性，东郭子之所以没有理解，乃是因为他不理解道家之道有别于万物的特殊存在方式。我们从比较思想史角度看，庄子这一思想与古希腊哲学家柏拉图的理念论颇可相互发明。盖就此意义看，道就如同柏拉图的最高理念。当然庄子不大可能与柏拉图有何种思想渊源，其对道的遍在性的思想应与《管子》四篇有关。然而，庄子此一思考理路却启发了唐代道教思想家对这一问题的解答。王玄览就据此对道生万物提出了一种新解释："万物禀道生，万物有变异，其道无变异，此则动不乖寂（原注：如本印字）。以物禀道，故物异道亦异，此则是道之应物（如泥印字），将印以印泥，泥中无数字，而印字不减（此谕道动不乖寂）。本字虽不减，复能印多泥，多泥中字与本印字同（此谕物动道亦动）。故曰'既以与人己愈有'。"③ 这里以泥印印字类比道与万物之关系，据此道就如同印，而万物则如同印出的诸种印字。这与柏拉图理念论以万物为理念之摹本很接近。王玄览据此就很好地化解了灵辩上述就道生万物提出的驳难。

3. 道性与自然

道与具体事物的隔绝并不是无足轻重的，它直接决定了人类的证道行为是否可能，决定了道体能否由人来展现自身，亦即人能否体道、证道。庄子有关道与万物贯通性的思想为六朝道教道性论的建设打下了牢固的理论基础。从佛教、道教思想交融的角度看，南北朝时期，道教有关道性论的大讨论，虽然受到此一时期佛教思想界佛性大讨论的刺激，但道教道性论并非完全沿袭佛教佛性论，而是具有自己的思想传统。

活跃于南朝梁时期擅长于道教思想创发的高道宋文明，撰有道教义理著作多种，例如《道德义渊》、《灵宝经义疏》、《灵宝问》、《四非》等。他的这些著述，现存仅

---

① 《集古今佛道论衡》卷丁《大慈恩寺沙门灵辩与道士对论第六》，《中华大藏经》，第 60 册，第 838 页上。
② 陈鼓应注译：《庄子今注今译》，中华书局，1983 年，第 574－575 页。
③ 《玄珠录》卷上，《正统道藏》，第 23 册，第 620 页。

前两种。① 宋文明乃是这一时期对道性论最有建树的道教思想家。在著名的《道德义渊》一书中，他专辟《道性义》讨论道性问题。《道性义》援引老子《道德经》与河上公《道德经章句》相关语句以阐述道性概念。值得注意的是，他特别凸显老子的自然观念以辅陈道性思想。其云："河上公云：'辅助万物，自然之然。'即此也。天性极为命。《老子经》云：'复命曰常。'河上公云：'复其性命。'此言复其性命之复，曰得常道之性也。《经》云：'道法自然。'河上公云：'道性自然，无所法也。'《经》又云：'以辅万物之自然。'物之自然，即物之道性也。"② 这里讨论道性论，将道教道性理论之渊源追溯至老子的《道德经》与河上公《道德经章句》。这说明道教的道性论在道家、道教的思想传统中远有端绪，并非全然出于佛教。尤其值得注意的是，与佛教佛性理论不同，道教思想家在阐述其道性论时，常常与道家、道教的另一重要概念"自然"合论。从文中征引的材料看，道教以自然界定道性，首见于河上公的《道德经章句》之"道性自然"一语，而河上公又是依据对《道德经》之"道法自然"解释出来的。此外，除上引河上公外，严遵《道德真经指归·天之道篇》亦使用自然概念论述性命问题，其云："各正性命，物自然矣；故盛者自毁，张者自弛，隐者自张，微者自显，不足者益，有余者损。"③ 这些表明道教以自然解释道性有着悠久的义理传统。而魏晋玄学特别关注名教与自然问题的讨论，与道教解老思想也有密切关系。道教道性论以自然界定道性具有两层含义：其一，意在强调终极之道与人性具有内在的贯道性，以此为人的修道、体道提供理论依据。这与中国传统哲学各家都致力于统合性与天道是合拍的。其二，以自然界定道性还蕴含着道性遵循无为的存在原则。总之，拿道性论与佛性论相较，可以发现其存在自身独特的理论个性，其思想特色亦极鲜明。

4. 佛、道两教关于自然义的辩论

在此值得提及的是，在早期佛经翻译中，亦颇使用自然概念对译大乘佛教的核心概念"空"。例如前文所引东汉译经家支娄迦谶所译《佛说阿闍世王经》，即使用自然本无。又他在翻译《佛说伅真陀罗所问如来三昧经》时，也套用自然概念："诸法本净若空，自然无有，自然故无垢。"④ 此即将自然等同空来使用。众所周知，空是大乘佛教哲学表示最

---

① 《太平御览》卷666道部引《老君圣纪》云："宋文同，字文明，吴郡人也。梁简文时，文明以道家诸经莫不敷释，撰《灵宝经义疏》，题曰谓之《通门》。又作《大义》，名曰《义渊》。学者宗赖，四方延请。长于著撰，讷于口辞。"中华书局，1960年，第2975页。
② 《道德义渊》，敦煌 S. 1438。
③ 《道德真经指归》卷13，《正统道藏》，第12册，第391页。
④ 《大正新修大藏经》，第15册，第326页下。

高本体的概念，支娄迦谶用自然翻译空，对于魏晋玄学实现由本源论向本体论的转变，在思想上无疑具有重要的启示作用。过去学界在讨论魏晋玄学的思想渊源时，对于早期佛经译家的思想贡献，未予以足够的关注。按以自然对译佛典之最高概念，乃是早期佛教译经家共同遵循的传统，在鸠摩罗什以前一直传承不断。西晋时著名译经家法护在译《密迹金刚力士经》时，也援用道教自然："住于自然，无二本际，无我本际，无人寿命；住于自然，乃曰受决。"① 又其所译《光赞经》干脆以般若宗之空义解释"自然"："法界自然，住无所住；所以者何？法界自然，用自然故。自然为空，及与七空，悉无所有。自然为空，空无所有，故曰为空。"② 另一西晋佛经翻译家聂承远在其所译《佛说超日明三昧经》卷上亦云："解知身空，众生无处，吾我自然，诸法自然，道法自然，佛法自然。"③ 这都是以道家的自然解释般若宗之核心概念空。从中国思想发展的历史看，自东汉以来直到西晋的佛经翻译家套用道家自然概念，固然与魏晋玄学的影响不无干系，但更多的应该是受到自河上公、严遵一系道教老学的影响。

又道教的自然义也是唐代佛、道二教理论辩论的重要论题之一。关于此论题的争论主要聚焦于道与自然的关系。佛教徒多针对老子"道法自然"这一命题意义阐述的模糊性，揭露道与自然两者的相互矛盾。唐道宣《集古今佛道论衡》就记载高祖武德八年（公元625 年）高道李仲卿与僧人慧乘的一次辩论。李仲卿是活跃于隋末唐初的高道，曾撰《十异九迷论》攻驳佛教。他于唐高祖武德八年，与僧人慧乘辩论"道法自然"义："（慧乘）先问道云：'先生广位道宗，高迈宇宙。向释《道德》云：上卷明道，下卷明德，未知此道更有大于道者，为更无大于道者？'答曰：'天上天下，唯道至极至大，更无大于道者。'难曰：'道是至极最大，更无大于道者，亦可道是至极之法，更无法于道者？答曰：'道是至极之法，更无法于道者。'难曰：'《老经》自云：人法地，地法天，天法道，道法自然。何意自违本宗，乃云更无法于道者？'若道是至极之法，遂更有法于道者，何意道法最大，不得更有大于道者？'答曰：'道只是自然，自然即是道。所以更无别法能法于道者。'难曰：'道法自然，自然即是道。亦得自然还法道不？'答曰：'道法自然，自然不法道。'难曰：'道法自然，自然不法道。亦可道法自然，自然不即道？'答曰：'道法自然，自然即是道，所以不相法。'难曰：'道法自然，自然即是道。亦可地法于天，天即是地？然地法于天，天不即地，故知道法自然，自然不即道。若自然即是道，天应即

---

① 《大宝积经》卷12，《大正藏》第11 册第69 页上、中。
② 《大正新修大藏经》第8 册第200 页上。
③ [梁] 释僧祐撰：《出三藏记集》，第534 页下。

地。'"① 这里抓住老子解释"道法自然"命题的模糊性，将自然视为与道相似的最高实体概念，如此势必在道家思想中引发内在的义理矛盾。慧乘对道家道论的这一诘难，并非无的放矢。事实上，道教在唐玄宗《老子疏》问世之前，一直没有讲清道与自然的思想关系。例如六朝以前出世的《西升经·虚无章》论及道与自然的关系时，就有"虚无生自然，自然生道，道生一，一生天地，天地生万物"的说法。北周高道韦节对此注云："虚无者无物也，自然者亦无物也；寄虚无生自然，寄自然以生道，皆明其自然耳。一者即道之用也，天地万物皆从道生，莫有能离道者，复谓之一。一之布气，二仪由之而分，故曰一生二也。万物莫不由天地氤氲之气而生，故曰天地生万物也。"② 这显然是将虚无、自然、道、一视为并列的实体概念，并且认为它们之间存在相生关系。这就引发道家道论的深层的思想矛盾。由于李仲卿没有看到道家道论的这一弱点，故此没有对道与自然之义理关系予以疏通，这样他就没有很好地回答慧乘的诘难。稍后法琳在《辨正论》中也居于相似的思路，对道家的根本道论予以攻驳："纵使有道，不能自生。从自然生，从自然出。道本自然，则道有所待。既因他有，既是无常。故《老子》云：'人法地，地法天，天法道，道法自然。'王弼云：'言天地之道并不相违，故称法也。'自然无称，穷极之辞，道是智慧灵知之号。用智不及无智，有形不及无形。道是有义，不及自然之无义。"③ 这是通过诠释《道德经》"道法自然"一段，认为最高实体应是自然，而非道，道不具有恒常性，仅是表征智慧的概念，而非无形无相之实体概念。因此如果不将自然与道的关系说清楚，道教思想体系的根基就面临动摇。我们看到，道教对这一问题的解决在唐玄宗《道德经疏》中得以实现。其疏云："道法自然，言道之为法自然，非复仿法自然也。若如惑者难以道法效于自然，是则域中有五大，非四大也……尝试论曰：'虚无者，妙本之体，体非有物，故曰虚无；自然者，妙本之性，性非造作，故曰自然；道者，妙本之功用，所谓强名，无非通生，故谓之道。约体用名，即谓之虚无自然之道尔。寻其所以，即一妙本，复何所相仿法乎！'"④ 唐玄宗此疏，对道家虚无、道、自然等概念之关系予以疏通。其思想要点如下：其一依据《道德经》域中有四大：道大、天大、地大、王大等言论，指出自然不是与四大相并列的实体概念，乃是摹状道运行特性之性征辞。其二认为虚无是最高实体概念，而道则只是表示实体通生之功用，虚无与道乃系体用关系，而自然则表示虚无实体之非造作特性。玄宗对道家道论的这一义理疏通，厘正了道家虚无、道、自然等核心概

---

① 《集古今佛道论衡》卷丙，《中华大藏经》，第60册，第806页上、中。
② 陈景元：《西升经集注》卷4，《正统道藏》，第14册，第586页。
③ 《广弘明集》卷13，《中国佛教思想资料》，第2卷，第3册，第356页。
④ [五代] 强思齐：《道德真经玄德纂疏》卷7，《正统道藏》第13册，第418页。

念之关系，消解了自然概念的实体性，从而为道家思想发展做出了独特的贡献。以后在历史上便不再见有佛教徒就这一问题进行驳难。

早期佛经译家以道家的自然翻译大乘佛教的核心概念空，在佛、道思想交涉史上，还引发了一个很有趣的现象，即佛经译家在译经中呈现的这一思想诠释传统，又转而对道教的道性论产生反哺效应，为道教大规模接纳般若空宗思想提供启示。隋唐道教思想家在铺陈其道性论时，就以中观学非有非无之空界定其道性论的自然义。隋代高道刘进喜造作一部五卷本的《本际经》，唐初道士李仲卿又续成十卷。该经在唐代道教思想界产生了重大影响。经中专辟《道性品》以讨论道性问题。其特点就是援引佛教般若空宗理论阐释道性，其云："言道性者，即真实空。非空不空，亦不不空，而为一切诸法根本。无造无作，名曰无为。自然而然，不可使然，不可不然，故曰自然。悟此真性，名曰悟道。了了照见，成无上道。"① 又云："所言道者，通达无碍，犹如虚空，非有非无，非愚非智，非因非果，非凡非圣，非色非心，非相非非相，即一切法亦无所即。何以故？一切法性即是无性。法性道性，但毕竟空。是空亦空，空无分别。"② 这种以空界定自然，以为真空即自然真性的思想，在唐代道经中极为常见，几乎为道教思想界之老生常谈。如唐代道士黎兴造作《海空经》卷五之《问疾品》，即沿袭上述《本际经》思想："言道性者，无性之性。非有法性，非无法性。道性之生，亦有亦无。"《海空经》又以般若学之"妙无"、"妙有"等概念解释道性自然："何谓妙无？即是道性。以何因缘？道性之理，自为妙无。以渊寂故，以应感故。若以住于渊寂之地，观于诸有，则见无相。若以住于应感之地，观于诸有，则见有相……以是当知道性之有，非世间有；道性之无，非世间无。是谓妙无。"③ "何等因缘，观于妙有？即是应感。法身之端，严茂发起，超绝三有，虽有其质，不得同凡。以是因缘，谓为妙有。"④ 对于隋唐道教道性论这种大量援引佛教般若学的做法，过去学术界都视为一种思想抄袭，并对之提出批评。其实，如果我们从诠释学角度看，大可将其视为一种连环式思想诠释现象。而正是通过这种连环式思想诠释，佛教思想得以在中土扎根，而道教也由此拓展了自己的精神视野，丰富了自己的思想宝库。（按：自然概念虽然最早见于老子《道德经》之"道法自然"，其后河上公、严遵在注释《道德经》时，亦对之有所论述，但无论是老子，抑或是河上公、严遵都未对自然概念进行界定并展开论述，更未使用空这种属于佛教本体论概念诠释它。因此，六朝道教重玄派思想家援引佛教

---

① 《太玄真一本际经》卷4《道性品》，敦煌 P. 2806。
② 《太玄真一本际经》卷9《道性品》，敦煌 P. 2806。
③ 《太上一乘海空智藏经》卷1《序品》，《正统道藏》，第1册，第611页。
④ 同③。

般若学的空推阐自然义,显然受到佛经译家的影响。这样我们就看到佛、道思想交融的一个很有意思的现象:先是佛经翻译家援引道家自然概念对译般若学的空,其后道教重玄家又承继这一义理嫁接传统,以佛教般若空论解释本门自然义,从而在重玄学中凸显"自然"概念,并据此开出道教本体论。由此可见,自东汉以来的佛道思想交融中,呈现出一种互摄互融,交互影响的思想发展链条。据此,我们说道家之自然观念成为魏晋南北朝思想界的核心观念之一,除玄学对其大肆渲染之外,佛教格义无疑也起到推波助澜的作用。)

道性究竟是遍及于万物,还是仅为有情众生所独有,这是南北朝道教道性论讨论的另一重要论题。宋文明对此亦有论述:"论道性以清虚自然为体,一切含识各有其分。先禀妙一以成其神,次受天命以生其身。身性等差,分各有限,天之所命,各尽其极。故外典亦云:'天命之谓性,率性之谓道。'又云:'穷理尽性以至于命。'故命为性之极也。今论道性,则但就本识清虚以为言,若谈物性,则兼取受命形质以为语也。一切无识亦各有性,皆有中心生焉。由心,故性自心边生也。"① 据此来看,他显然主张有识、无识之物皆有道性。这其实也是对道家道的遍在性的一种认同。不过,他以中心生焉来论证无识之物亦有道性,就彰显出道家的思想特点。然而,宋文明有时又认为道性只存在具有选择自由之众生之中:"夫一切含识皆有道性,何以明之?夫有识所以异于无识者,以其心识明暗,能有取舍,非如水石,虽有本性,而不能取舍者也。既心有取,则生有变,若为善则致福,故从虫兽以为人;为恶则招罪,故从人而堕虫兽。人虫既其交拨,则道理然通有。"② 与上文不同,宋文明在此认为只有心识具有取舍能力的有情众生,才有道性,而无情万物虽然从存在论的角度也蕴含道性,但却无法在生存中实现出来。因此,无情万物所具之道性,只能是存在论的而非生存论的。他对众生与道性的这一认识应该是受到佛教佛性论理具与性具思想的影响。此外,唐代道教还吸收佛教佛性论有关因性、果性等概念,来讨论道性问题。例如活跃于唐高宗时期的孟安排就是显例,他在《道教义枢》中就说:"道性真性,不有不无,何在不在。《西升经》云'为正无处',此何所在?又云'正自居之',复何不在?故无在无不在。在因即因,在果即果,在因即为因性,在果即为果性。"③ 这是认为道性贯通因果,无所不在。(按:孟安排这一思想显然受到佛教佛性论的思想影响。实际上以因性、果性铺陈佛性论,正为六朝佛性论所习见。《大般涅槃经集解》引梁僧宝亮说就讨论了这一问题。其时本始佛性说、因果佛性说正是流行于佛性论的通行理

---

① 《道德义渊·道性义·自然道性》,敦煌卷子 S. 1438 号。

② 同①。

③ 《道教义枢·道性义》卷 8,《正统道藏》,第 24 册,第 831 页。

论。① 此外，孟安排还将道性区分为正中性、因缘性、观照性、智慧性、无为性等五种。② 这同样也是援自佛教佛性论。但以无为解释道性却是孟氏与佛教佛性论的不同之处，体现了道性论的特色。总之，道教对道性论的讨论，虽然具有自身的理论渊源，其阐述道性论使用的概念范畴也呈现出自身的特色，但其与佛教佛性论却有着千丝万缕的联系。而这又与魏晋南北朝佛、道交融的大背景形成呼应。）

以上我们从五个方面对魏晋南北朝时期佛教与道教思想关系进行了分析。通过上述理论分析，我们发现这一时期佛、道思想呈现出一种交融互摄、你中有我、我中有你的状态。正是经由这种互相融摄，佛教逐渐完成其本土化过程，而道教也通过与佛教的思想互动逐渐走向成熟。因此，我们在研究这一时期佛、道关系时，不宜简单地贴上道教抄袭佛教或佛教因袭道教这类标签，而应看到两者通过争论在思想互动中共同走向成熟之本质。

录自《宗教学研究》2013 年第 4 期

---

① ［日］中村元著，吴震译：《比较思想史论》，第 87—90 页。
② 《道教义枢·境智义》卷 8，《正统道藏》，第 24 册，第 831 页。

心性本体与道性道体：中国佛教心性论对道教心性论的影响

杨维中

杨维中（1966 – ），陕西千阳人。1998 年南京大学哲学系哲学博士。其后留校于哲学系任教。主要著作有《道生大师传》、《经典诠释与中国佛学》、《唯识无境：佛教唯识观》、《中国佛教心性论研究》、《中国唯识宗通史》、《中国佛学》、《如来藏经典与中国佛教》等。

内容提要：佛教心性论对于道教心性论的影响本来是不争的事实，但近年却有一些道教研究者大讲二者同时产生而且互相影响之论。本文从道教心性论的历史形成基本问题数方面，对此看法作了商榷。道教的学理化，也就是心性思想的出现，有两个标志，即道性论与道体论的建立。前者几乎是佛性论的翻版，后者则是道家道体论、玄学本体论与佛教理论相结合的产物，而二者一致的逻辑方法就是佛教中观学。

近年来，随着道教研究的开展，有些专门研究道教的学者竟然提出佛教心性论与道教心性论同时产生而且彼此影响的看法，这是笔者万难认可的。因为它并不符合历史的本来面目。本文对唐代道教义学[①]所受佛教心性论的影响略作申述。

一、中国佛教心性论与道教心性论的历史形成

道教心性论是受佛教心性论的影响而产生的，如任继愈、卿希泰等均持此论。近年来持反对意见者有之，如张广保先生说："唐代心性哲学的大讨论，实是由道教、禅宗共同

[①] 从蒙文通于 1945 年发表《校理老子成玄英疏序录》（见《蒙文通文集》第一卷第 343 – 360 页，巴蜀书社，1987 年版）中提出重玄学派这一说法以来，道教重玄学的研究取得了一定的成绩。但是，目前有将重玄学派泛化的情况。也就是说，有相当一部分学者将隋唐道教义学笼统地称为重玄学。鉴于这一情况，本文不取重玄学之名，而径直以隋唐道教义学称呼所论对象。

发起的，而真正的随后唱和者应是儒家。"① 其实，早在隋代，智𫖮就建构出第一个相当完整的佛教心性论体系，更不用说魏晋南北朝时期佛教心性思想大讨论所凝结的理论成果了。张广保是通过所谓道教与禅宗的"心概念"所共同具有的"两层含义"来立论的。他认为，道教和禅宗是同时将"作为主体的心"和"作为真体的心"结合在一起的。佛教如来藏系经典本来就蕴涵了这一理路，特别是《大乘起信论》所说的"一心二门"和唯识古学所讨论的"真识与妄识"，更为鲜明地主张心体与理体的合一。我们以为，佛、道心性论交涉的一个基本事实是佛教心性论无论是在酝酿、形成，还是在成熟的时间上，都具有绝对优先性②。只有在此基点上，才有可能较为合理而合乎事实地对佛教心性论与道教心性论的关系做出界定。与张广保立论稍有不同，卢国龙先生认为："唐宋佛教之心性论，主要载体是禅宗。"③ 而中国化程度最高的禅宗则"多与重玄学相仿佛，都与庄子哲学有很强的可比较性。这种宏观的历史发展情形，使我们有理由提出重玄对于禅宗的影响问题"④。佛教心性论，尤其是禅宗心性论的老庄化，究竟是来源于道家还是道教？

道教是一种渐进式的生长过程，道教的方术成分以及对于道家思想的吸收使得学者在对其做追溯根源式的研究中难于确立明确一致的标准。至于道教的渊源，其宗教性的内容可以追溯到原始社会母系氏族时期的原始宗教传统⑤，而其思想渊源近者可以追溯到汉代的黄老道家⑥，远者则可追溯到老子、庄子的学说。这样复杂的形成背景，导致了一个难于定谳的问题——如何确定道教之中道家思想的确切地位。比如，胡孚琛在其近著《道学通论——道家·道教·仙学》中明确以"道学"作为道家、道教的总称，而将理论色彩浓厚的重玄学与内丹心性学作为道家一系的思想来处理。他认为，"道家是道教的哲学基础，道教是道家的宗教形式"⑦。现在有将玄学之后大多数《老子》、《庄子》的注疏者当作道教思想家的倾向，而对先秦道家的道体论与道教理论是如何可能结合以及如何结合这一重要问题却缺乏强有力的论证。正是在此问题上的歧异，导致学者在界定佛教心性论与

---

① 张广保："论道教心性之学"，载《道家文化研究》第7辑，上海古籍出版社，1995年版，第5页。
② 我们认为，并不存在道教哲学对佛教心性论的影响问题，只存在道家、玄学对佛教心性论的影响问题。在研究二者的影响问题时，应该对道教与道家、玄学做出清晰区分。
③ 卢国龙：《道教哲学》，华夏出版社，1997年10月版，第563页。
④ 同③，第575页。
⑤ 参见牟钟鉴、胡孚琛等著《道教通论》，齐鲁书社，1991年版。
⑥ 李申则进一步主张黄老道是道教，见其"黄老道家即道教论"，《世界宗教研究》1999年第2期。
⑦ 胡孚琛、吕锡琛：《道学通论——道家·道教·仙学》，社会科学文献出版社，1999年版，第7页。

道家、道教心性论之间的影响关系时，很容易发生偏差。

　　道教的学理化，也就是心性思想的出现，有两个标志，即道性论与道体论的建立。前者几乎是佛性论的翻版，后者则是道家道体论、玄学本体论与佛教理体论相结合的产物，而二者一致的逻辑方法就是佛教中观学。道教心性论与佛教心性论一样都是以心性本体为理论基点来论定道性与众生性以及物的关系的。佛教心性论是以实相论、佛性论为根基，以中观学为思想方法建构起来的，而道教道体论的形成则颇为复杂。从诠释学方法观之，道教心性论的诠释对象应该是先秦道家思想以及魏晋玄学，而佛教心性论以及中观学则是道教创立自己道体论不可或缺的"诠释视域"。从某种意义上说，与先秦道家以及玄学相比，道教的道体论之所以更为成熟，并且在道教内部能够形成新的理论要件——道性论，最重要的原因就在于其接受佛教的相关影响更为直接而显豁。

　　尽管道家和玄学有较为明晰的道体论思想，但是，道教有意识地将道体论作为其修行基础，并且逐步完善，确实是在与佛教的论争之中完成的。在佛教发展的早期，佛教曾竭力强化与道家思想的联系。而在南北朝以后，佛教方面则又反过来竭力否认佛、道同源一致的说法，在学理方面尤其如此。比如，南朝宋齐之际道士顾欢著《夷夏论》，一方面将佛教定位为"夷"即外来宗教，另一方面却又主张二教同本共源。南齐张融著《门律》，主张"道也与佛，逗极无二"，[①] 而周颙则竭力反驳这一说法。他认为，言道教者以《老子》为主，言佛教则"应以般若为宗。二篇所贵，义极虚无；般若所观照穷法性。虚无、法性，其寂虽同，位寂之方，其旨则别。论所谓'逗极无二'者，为'逗极'极于虚无，当无二于法性耶？将二途之外，更有异本？"[②] 这是说，以《老子》为依据的道教是以"虚无"为宗旨的，而佛教则是以般若法性为旨趣的，"虚无"与法性其"寂"为同，但其终归是不同的。如果非要说二者"无二"，应统一于法性，还是统一于虚无？或者二者之外另有同处？周颙以为，均不可能。从总体而论，南北朝时期佛道之争的焦点在于二者的根本之"道"是否相同。道教主同，并且以为道教之"道"可以将佛教之"道"包含于内，而佛教则力辨其异。从理论交锋的情况看，佛教以其精深的思辨占据上风。"历史地看，佛教方面在这个问题上的辨异，对于南北朝道教的道体论思想的发展，起了很大的促进作用。"[③] 换句话说，南北朝、隋唐道教的道体论是在佛教的刺激之下，并且吸收佛教中观学方法而得以发展与完善的。当然，经过如此过程和手段建立起来的道教道体论，与佛教理体论是同中有异、异中有同。

[①] 《弘明集》卷六，《大正藏》，第38页下。
[②] 《弘明集》卷六"答张书并问张"，《大正藏》，第39页上。
[③] 卢国龙：《道教哲学》，第248页。

"道性"一语首先见于《老子河上公注》。此书"道法自然"句下有注云:"道性自然无所法。"① 其后的《老子想尔注》沿用了这一概念。《想尔注》有两处使用了"道性"概念:"道性不为恶事,故能神,无所不作,道人当法之。"② "道性于俗间都无所欲,王者亦当法之。"③ 前句是注"道常无为而无不为",后者是注"无名之朴,亦将不欲"。但是,这里所说的"道性"实际上只是"道之性"的简称,是从另外一个角度对道体的说明。大致产生于北周之前的《升玄内教经》又以"无所有性"、"法空"来解释"道性":"得其真性,虚无淡泊,守一安神。见诸虚伪,无真实法。深解世间,无所有性。"④ "知道反俗。何以故?法性空故。"⑤ "法性"以及"空"的概念显然得之于佛教。尽管在隋唐之前,"道性"的概念已经提出,并且以佛教中观学的"空"义来界定,但是,它仍然从根本上与作为众生成佛根据的佛性并不相类,与先秦道家思想并无大的区别。而完整意义上的道性论迟至唐代方才形成。

通过以上对道教心性论的主干——道体论、道性论酝酿时期情形的分析,我们可以看出道教心性论形成的三大环节:其一为老子、庄子思想在道教之中地位的提升;其二为道性概念的提出及其以"空义"来界定"道性",并且将其落定于"众生性"中;其三为以"非有非无"来界定"道",并且确立"道体"在自然生成论与"得道成仙"论之中的核心地位。其中,老庄地位的提升主要是出于与佛教理论对抗的需要,而后面两条则体现了道教思想家入乎佛教之"里"而与佛教抗衡的特殊用心。而这三个环节的同时具备则有待于唐代道教。这是唐代道教义学能够继承南北朝之成果而有所创新的根本原因。

二、中国佛教心性论与道教道体论

隋唐道教对于佛教思想的吸收同样是在佛道之争中逐渐深化的。在唐初佛道三次大论争中,在理论方面,道教都处于下风,卢国龙先生归纳主要有以下三方面⑥:第一,道体是否存在?第二,道体以什么样的方式存在?第三,道性为何?它与众生的关系如何?为了回应佛教的挑战,隋唐道教学者在吸取佛教思想的基础上建构出了自己的道体论与道性

---

① 《道德真经注》,《道藏》,第 36 册。
② 饶宗颐:《老子想尔注校证》,上海古籍出版社 1991 年 11 月版,第 46 页。
③ 同②,第 47 页。
④ 敦煌本 S.107 号《太上洞玄灵宝升玄内教经》。
⑤ 《道教义枢》卷八《道性义》第二十九所引,《道藏》,第 24 册,第 832 页上。
⑥ 参见卢国龙:《道教哲学》,第 299 页。

论。道教道体论是以先秦道家道体论和玄学本体论为诠释对象而以佛教的理体论及其理论方法——中观学为诠释视域形成的，因而它是先秦道家宇宙生成论以及汉代之后极为流行的元气自然论与"佛教本体论"的结合。道教道体论既有与佛教心性本体论相同之处，又有相异之处。相同之处主要有二：一是以佛教"非有非无"的中道思想诠释"道体"；二是返本体道的显现本体之路。二者的最大不同就在于道教道体论从来未曾放弃生成论的考量。

道教吸收佛教中观学，起于南北朝，大成于隋唐。南朝顾欢曾这样解释"道之为物，唯恍唯惚"："欲言定有，而无色无声；言其定无，而有信有精。以其体不可定，故曰'唯恍唯惚'。如此观察，名为从顺于道，所以得。"① 通过这样的解释，道教找到了一条统一和超越玄学"贵无"与"崇有"之对立的可能理路。唐代道教义学便是在继承这一做法的基础上，建构起道体论的。流行于唐初的《太玄真一本际经》将"非有非无"之论作为道体的核心规定。《本际经》曰：

> 所谓道者，通达无碍，犹如虚空。非有非无，非愚非智，非因非果，非凡非圣，非色非心，非相非非相，即一切法亦无所即。何以故？一切法性即是无性。法性、道性俱毕竟空，是空亦空，空空亦空，空无分别，分别空故，是无分别，亦复皆空。空无二故，故言其即。②

这段经文从文句和义理上看不出差别来。道之本体乃是非有非无的"毕竟空"，"万物皆是空无，性无真实，假合众缘，皆相待"。③ 万物是众缘和合而成，因而是"相待"而存在的。这里，道教学者借助于佛教之"空"义和缘起义解释道体，在某种意义上方才超越了玄学的有、无对立的看法而达到了新的综合。不过，应该注意，道教尽管引入了佛教的缘起性空观，但解释却有不同。这种不同就体现在它不肯放弃"道生万物"的观念以及道家思想之中本来就有的"道"为"实有"的观念。

在生成论层面，隋唐道教力图将本源论与本体论结合起来。《本际经》说："夫道无也，无祖无宗，无根无本，一相无相，以此为源。了此源故，成无上道，而独能成万物之始。以是义故，名为元始。"④ 这里明显将"无相"之"道体"当作万物滋生的始基。成玄英也说："至道妙本，体绝形名，从本降迹，肇生元气。又从元气变

---

① 李霖：《道德真经取善集》卷四引录，《道藏》，第 13 册，第 868 页。
② 敦煌 P. 3280 号《本际经》卷九《秘密藏品》，《敦煌宝藏》，第 127 册，第 284 页。
③ 敦煌 P. 2393 号《本际经》卷二《付嘱品》，《敦煌宝藏》，第 127 册，第 165 页。
④ 敦煌 P. 2795 号《本际经》卷三《圣行品》，《敦煌宝藏》，第 124 册，第 190 页。

生阴阳。于是阳气清浮生而为天,阴气沉浊降而为地。二气升降和气为人。有三才,次生万物。"① "本迹"是道教对万物生成过程的一种描述。由"本"产生"迹"即物,是一个由元气生阴阳二气,再由阴阳二气生出"三才"的过程。这一层面是道教道体论与佛教本体论的不同之处。另一方面,当道教以佛教的"不一不异"来论说道与物的关系时,又与佛教本体论有了若干共同之处。成玄英说:"至道之为物也,不有而有,虽有不有,不无而无。虽无不无,有、无不定,故言恍惚。所以言物者,欲明道不离物,物不离道;道外无物,物外无道。用即道、物,体即物、道。亦明悟即物、道,迷即道、物。道、物不一不异,而异而一;不一而一,而物而道,一而不一;非道非物,非物故一,不一而物,故不一一也。"② 此段可分三层去看:其一是说"道"的物象形式既不可定言有,也不可定言无,它是一种有、无不定的存在。其二是说物与道是相即不离的关系,道遍在于物之中,物又绝对离不开道。其三是说若"悟"即是由物体悟道体,若"迷"即是只见物而不能见其"道"。最后,成玄英得出的结论就是,道与物是"不一不异"的关系。上述的结论和论证过程与佛教本体论的相关性非常明显。《道体论》又以"常同常异,物以道为体,道还以物为体"来说明道与物的关系。当有人问:"凡言同不可为异,在异不可说同。如何常同常异?"《道体论》回答说:"就物差而辨,道、物常异;就体实而言,物即是道,道即是物。"③ 从物象世界的角度观之,道、物是不同的;但就本体的角度观之,物就是道,道就是物。这里所用的逻辑线索是来自佛教中观学的"八不"论,而其所贯穿的道体永恒的观点则是道教所特有的。

道教学者极为担心若将道理解为纯粹的"空",会对其修行论造成危害。他们尽管袭用佛教中道观,但并未将其逻辑环节理解清楚,因而对佛教心性论既坚持"当体空"又不废返本还源持保留或批评态度。这说明,道教在骨子里仍然必须坚持自己的道体实有观念。《太上一乘海空智藏经》"法本不定"的观点就是一个典型。《海空经》引入佛教"三相"——有相、无相、非有非无相,来说明在"道"与万物关系方面的三种偏见:其一,断见,"万物今虽见有,必归于无。当知一切尽是虚无,非有实事"④;其二,狭见,"此世中皆从无生,向本无此,而会有之。'有'何缘生?必因于无,是知无中皆悉有'有',以有'有',当知一切无'无'";其三,惑见,"即世众生悉皆非有,亦复非无。所以尔者,若言有者,则终归无;若言无者,则今见则有;若必尔者,则为不定。不定业者,不

---

① 《道德真经玄德纂疏》卷十二,《道藏》,第 13 册,第 457 页。
② 《道德真经玄德纂疏》卷六,《道藏》,第 13 册,第 407 页。
③ 以上并见《道体论》,《道藏》,第 22 册,第 885 页。
④ 《太上一乘海空智藏经》卷一"序品",《道藏》,第 1 册,第 611 页上。

得出生人天果报"①。《海空经》认为这三种偏见都"虽似智慧而怪其宗"②。前两种否定偏于有与无的见解,未见新奇。值得特别注意的是第三种"惑见"。佛教的中道观所言的"无"是"当体"即空,而不是"终归"于"无"的结果论;同样,佛学的"有"也不是"今见则有"。在佛教看来,眼前所见的一切物象都只是一种暂时的、虚假的存在,并不能有"不定"的犹豫状况,更不能有如《海空经》所言的"一切法相未可测度,空、有二方不知其际"③的情形。《本际经》反问道:"若法性空寂,云何说言'归根反本'?有本可反,非谓无法。"④ 对于彻底的"空寂"立场,道教显然非常警惕,成玄英、李荣、王玄览等唐代道教大师毫不犹豫地继承了《老子》的"常道"概念并提炼出"真常之道"作为万物的根源性本体。在此以王玄览《玄珠录》所论析之。

王玄览将《老子》"道可道,非常道"解析为"常道"与"可道"两个相互联系的范畴。他说:"常道本不可,可道则无常。不可生天地,可道生万物。有生则有死,是故可道称无常,无常生其形,常法生其实。常有无常形,常有有常实。"此中,以"无常"概念解释"可道",而以"常法"解释"常道"。在万物的生成过程中,"无常"只是生出万物的形体,而"常道"生出万物的本质。"万物皆道生,万物有变异,其道无变异。"⑤ 从这个意义上,"常道"才具有本体、本根的意义。这与《大乘起信论》的"一心二门"模式非常接近。不仅如此,王玄览还借用中国佛教心性论有关"真心"与"虚妄之法"关系的论述来彰显道体的永恒性。他说:"十方诸法并可言得,所言诸法皆是虚妄。"⑥ "诸法无自性,随离、合变,为相为性。观相性中,无主无我,无受生死者。虽无主我,而常为相性。"⑦ 万物是因为道的离、合而有相性的,而相性是没有真实性可言的,万物的相性只是一种假相。王玄览举金可作钏、铃、花、像,所成之物虽异,但其"金性"却是不变的,也就是他所说的:"所在不离金,故得为真常。"⑧ 但是,并不能将这种"真常"之道完全看作真实不变的。王玄览说:"若也作幻,见真之,与幻俱成幻;若也作真,见幻之,与真俱是真。诸法实相中,无幻亦无真。"⑨ 这是说,真与幻都是相对而

---

① 《太上一乘海空智藏经》卷一"序品",《道藏》,第1册,第611页上。
② 同①。
③ 《太上一乘海空智藏经》卷三"法相品",《道藏》,第1册,第627页中。
④ 敦煌 P. 3371号《本际经》卷一"护国品",《敦煌宝藏》,第124册,第265页。
⑤ 王玄览:《玄珠录》卷上,《道藏》,第23册,第621页。
⑥ 同⑤,第620页。
⑦ 王玄览:《玄珠录》卷下,《道藏》,第23册,第630页。
⑧ 同⑦。
⑨ 同⑦。

言的。从"幻"的角度观之,所谓"真"与幻都成幻;从"真"的角度观之,"幻"与真都成真。诸法实相本来无所谓真与幻的区分,真、幻乃人心的主观心识所为。如果将《玄珠录》的这一段议论与法藏《华严金师子章》作些比较便会发现,二者是很相似的。① 唯一的不同是,佛教在任何情况下都不会认可"幻"可以为"真"。可见,道教道体的实有性质远远强于佛教的心性本体。

从上述分析可以看出,在本体论层面,道教只是吸收了佛教对于"理体"的描述以及"非有非无"的思维方法,而并未接受其本体论的深层意蕴。即便是对中观学的吸收也只是停留在"非有非无"的表面逻辑上面,而未能深入到如同吉藏般将理体落定于"绝四之宗"② 来诠释。佛教的理体论是以实相为核心内涵的,因而它是一种"真理本体"而并非物质性的实体,更不是"宇宙生成论"意义上的实体。而道教的理体观是在宇宙生成论与修行体道论的纠葛之中展开其理论的,它既是真理本体,也是物质实体。这便是佛教、道教心性本体的最大差别。

三、中国佛教心性论与道教道性论

如果说道体论还有较为明确的道家思想渊源,佛教心性论仅仅是道教道体论形成和发展的一种诠释学借鉴的话,道教的道性论简直是对佛教心性论特别是佛性论的一种直接模仿。在道教经典中,"道性"往往与"道体"可以替换使用,它是指道之体性,与佛学中的"法性"、实相范畴处于同一层面,而与佛性并非同类。"道性"的另外一层涵义是就众生与道的关联而言的,由这一层涵义可以推导出"一切众生皆有道性"的观念,而这一意义上的"道性"又是众生得道、悟道的依据与根源。这样的意义,在先秦道家和玄学之中是找不到任何渊源的,只能从佛教心性论中寻找其发展的线索。先秦道家在其宇宙生成论中推导出的是"道"生"人"的观念,不论是在老子、庄子,还是汉代黄老道家以及自然元气论之中,都很难找到因拥有"道"而可成仙的理论命题。葛洪作为南北朝道教理论的集大成者未能提出这样的理论,而提出"道性"概念的《老子想尔注》及《升玄内升经》都未能从修行论的角度提出因"道性"证仙的命题。从道教思想史上看,南北朝后期灵宝派道士宋文明所著《道教义渊》认为,人类以及一切含识的虫兽等皆有道性,而

---

① 王玄览与贤首法藏大约同时。这一比喻与立论谁先谁后对于确立谁影响谁并非绝对重要,应该注意的倒是与此相类的比喻在佛经中为数不少,因而初步判定佛教在先而影响道教并非不能成立。
② 参见拙著《心性与佛性——中国佛教心性论及其相关问题研究》第三章第一节,《法藏文库硕博士学位论文·中国佛教学术论典》第12册,台湾地区佛光出版社,2001年6月初版。

木石等等虽有本性而无取舍因而没有道性。南北朝至隋唐之际的若干道经也持此说，如《洞玄灵宝相连度劫期经》、《太上洞玄灵宝智慧通微经》等，特别是《洞玄灵宝相连度劫期经》明确说"大千之载，一切众生皆有道性"，意义尤其重大。

综观唐代道教的道性论主要涉及这样几个问题：一是"道"与众生的关系，二是无情有无道性，三是道性本有还是始有的问题。这三个问题都来源于佛教，但道教的解释却与佛教有同有异。

对第一个问题，道教的回答可以分为三层去看：第一层，众生与道是一种既相同又相异的关系。王玄览的说法可谓典型："道与众生，亦常亦异，亦常亦不常"，因为"道与众生相因生，所以同；众生有生灭，其道无生灭，所以异"①。此中所言众生禀有道，所以是"同"；而众生有生灭，道却无生灭，所以，道与众生相异，而众生与道也并非完全同一。在这一层面上，道教有两种不同的主张：一是认为人人皆有道性；二是认为禀气不同，所以并非人人都有道性。吴筠持后一种主张，杜光庭大致持前一种主张。隋唐之后的多数道教思想家持第一种立场。第二层，道与众生之所以相关，首先是因为众生是因"道"而生，其次是因为道具有感应性。这两点是道家及道教特有的理论，与佛性论极为不同。《海空经》说："道性之理，自为妙无，以渊寂故，以应感故。"② 而"寂境即是感应，感应即是寂境。以寂境生感应，以感应归寂境"③。"寂境"即是无为之境，也就是道体，因而感应是"寂境"之用，"寂境"是感应之体。"寂境"中的"道"感应着众生修习，反过来，众生的修习就是复归道性，返本入于"寂境"。"道"的感应性问题是唐代佛道论争的焦点之一。显庆三年僧慧立与道士李荣曾就此展开辩论。慧立问"道"是有知，还是无知，李荣回答为有知。慧立当即反驳说："若是道是有知，则惟生于善，何故亦生于恶？据次此善恶升沉，丛杂总生，则无知矣。"④ 在此，李荣若放弃了"道"有知的立场，道与众生的关联就会有问题。但是，若坚持这一立场就必须回答慧立提出的反诘，也就是对善恶的来源做出答复。这就是第三层，清净的道体为何会生出有善有恶的世界呢？在心性论层面上言，道教必须回答"真常之心"即"道心"与妄心的关系问题。道教此后对这一问题的答复主要有这样几种：一是"元气"说，这是道教从汉代哲学之中继承而来的。吴筠说："内则阴尸之气所悖，外则声色之态所诱。积习浩荡，不能自宁，

---

① 王玄览：《玄珠录》卷上，《道藏》，第 23 册，第 621 页。
② 《海空经》卷一，《道藏》，第 1 册，第 611 页。
③ 同②，第 610 页。
④ 道宣：《集古今佛道论衡》卷丁，《大正藏》，第 52 卷，第 388 页上。

非神之所欲动也。"① 人受生之时即存在阴戾之气与清阳之气的两极对立,受生之后又必然受外界声色的诱惑,所有这些积习使人心不能安宁而产生各种欲望。作为心体的"神"禀于道,其本身静而非动,并不会自主产生欲望。欲望是由气决定的积习推动心体而产生的。在此基础上,吴筠提出了"性分三品"说。二是"性动为情"说。道教认为,心有真常之心和妄心两个层面,而作为主体之心的"分别心"就是妄心形成的根源。唐玄宗注《老子》"天下之至柔,驰骋天下之至坚"一句时说:"天下之至柔者,正性也。若驰骋代务,染杂离尘境,情欲充塞,则为天下之至坚尔。"② 成玄英说:"今乃起心分别,乖于本心。"③ "不知性修反德而会于真常之道者,则起妄心,随境造业,动之死地,所作皆凶。"④ 这些说法的核心是真心与妄心的对立,而妄心的产生是主体不知真常之道而背离真心的结果,与佛教的说法几乎毫无区别。而道教将这种说法又引申为"性动为情"之论。吴筠说:"形本无情,动用而亏性,形成性动,去道弥远。"⑤ 在道教看来,人是由道而生的。而由道所生的形体本来是没有情的,只是因为心之动而使"性"有所亏欠,从而生情。在这种理论中,"性"与情处于对立关系,而修习就是"忘其情,则全乎性"⑥。三是"心性清净,烦恼所覆"。这与佛教所言"心性本净,客尘所染"的理路很接近。道教既引入了般若观念解释道体,又吸收了佛教"如来藏自性清净心"的理论。如《本际经》就说过:"是清净心具足一切无量功德,智慧成就,常住自在,湛然安乐。但为烦恼所覆蔽故,未得显了,故名为性。若修方便,断诸烦恼,障法尽故,故名本身。"⑦ 而"言本身者,即是道性清净之心,能为一切世间、出世间法根本故,故名为本"⑧。这与佛教的说法没有任何区别。后来,道教也采用老子"清净无为"的立场,但往往与佛教的说法混合使用。如唐玄宗说过:"道性清净,妙体混成,一无间隙。"⑨ "道性清净,妙本湛然,故常无为也。"⑩ 以清净言人性便意味着染污之心为后起,因而只须清除杂垢,使心归于

---

① 吴筠:《玄纲论·率性凝情章》,《道藏》,第23册,第680页上。
② 《道德真经玄德纂疏》卷十二,《道藏》,第13册,第459页。此处沿用习惯性说法而将以唐玄宗名义发布的《老子》注疏姑且以唐玄宗之名论之。
③ 《道德真经玄德纂疏》卷十四,《道藏》,第13册,第480页。
④ 严灵峰:《道德经开题序诀义疏》卷一。
⑤ 吴筠:《玄纲论·同有无章》,《道藏》,第23册,第675页下。
⑥ 同⑤,第676页上。
⑦ 敦煌P.3782号《本际经》卷九"秘密藏品",《敦煌宝藏》,第127册,第283页。
⑧ 同⑦。
⑨ 《唐玄宗御注道德真经》卷三,《道藏》,第11册,第734页。
⑩ 同⑨,第777页。

本来的清净状态便可"得道"。

"无情有性"论，在中国思想史上是由隋代的吉藏首先明确提出的，此前东晋的竺道生、隋代的净影寺慧远的若干说法已经将其义蕴涵在其中。吉藏在《大乘玄论》中就明确说过："不但众生有佛性，草木亦有佛性。"① 而道教是经过一个阶段的探索和动摇才确立了无情有道性的立场。现有的研究表明，唐初道经《太上妙法本相经》大略最早，而潘师正所说最具佛教色彩，从中可以看出明确的佛教渊源。潘师正说："法身常存，真理唯寂。虽混成而有物，而虚廓无朕。机感所及，冥然已周，因教立名，厥义无量。夫道者，圆道之妙称。圣者，玄觉之至名。一切有形，皆含道性。"② 此中以为，法身即道体感应而生成万物以及人类，而由道所生的一切有形之人、物都含有道性。其实，"道"或道体遍在于万物的主张是老庄哲学最核心的命题之一。道家与道教哲学之中，万物与生物界（包括人类）都禀有道体，因为它们是由道所生的。从这一命题很容易引申出"无情"也有道性的主张。道教直接继承了道家万物一体的观念，人与物所具的"本体"都叫"道"。但佛教却是在佛、法、僧的框架之下讨论心、佛、众生三者之间关系的，因此，佛教提出"无情有性"的主张是需要突破若干理论难题的。比如，佛教的真如理体在诸法之中称为"法性"、"实相"等等，而在众生之中称为"如来藏自性清净心"。名目不同，意义自然也有若干差别。特别是佛教分"心"、"色"为二法，如何突破心、色之界限而证成"无情有性"，困难可想而知。但是，事实却恰恰相反：是佛教先于道教提倡一切众生皆有佛性，同样，也是佛教先于道教提出"草木亦有佛性"。其实，仔细考察，宋文明等提出的只有有情识才有道性的说法并不符合道教的"道体"遍在的说法。宋文明以"取舍"即主体性之有无作分际，在道教理论中是难于自洽的。这样就有了一个问题：最应该提出"无情有性"论的道教为什么未能如此做呢？胡孚琛说："本来道教中等同于自然本性的泛神论的'道'，就足以和大乘佛教的佛性论相媲美。"③ 若真的如此，为什么要等到南北朝大兴佛性论相当长时间之后，道性论方才兴起呢？最大的原因就是道教的解脱论、修行论的逻辑起点并非必然地落定于众生拥有道性之上，而中后期大乘佛教之所以悉心于佛性论与心性论的探讨，根本原因在于这一问题是其修行论、解脱论的逻辑起点。这也就是说，道教学者后来之所以热衷于讨论这一问题，很大程度上是佛教心性论影响和推动的结果。尽管隋唐道教道性论的具体理论与佛教心性论所论并不完全相同，其论证成道的道性

---

① 吉藏：《大乘玄论》卷三，《中国佛教思想资料选编》第二卷，第一册，第365页。
② 潘师正：《道门经法相承次序》卷上，《道藏》，第24册，第785－786页。
③ 胡孚琛：《神性论：道教观点》，见何光沪、许志伟主编《对话：儒释道与基督教》，社会科学文献出版社1998年7月版，第257页。

根源时所罗列的依据有许多也并非出于佛教，但是，无可争辩，道性有无的问题确实是从佛教心性论之中引进的。这就是中国佛教心性论对于道教心性论的深刻影响所在。

与上述问题相关，道教心性论也热衷于讨论道性的本有、始有问题。早在南北朝时期佛教就已经展开对此问题的讨论，而唐初道教文献始有这方面的记载。孟安排在《道教义枢》中载："众生本有法身，众德具足，常乐宛然。但为惑覆，故不见耳。犹如泥之杂水，不见澄清，万里深坑，沙底难睹。本相见时，义无有异。"① 这是第一种"道性本有"说。第二种观点认为，"本有之时，未有众德。但众生有必得之理，故言澄清湛然耳"。② 这种观点直接针对的是"本有"说，认为从众生初始之始言，众生之心并未全具诸多德行，因而不能说"本有"，但从修行的角度言之，众生必然会修得此"性"。这即是"道性始有"说。孟安排并不同意上述二说，他说：

> 若本具众德，岂被惑覆？遂为惑覆，何德可尊？若本无众德，今时则有，则是无常。又理是本有，理可是常。事既今有，事应无常。若理事俱常，亦应理事俱本。是故不然。今明法身本非三世所摄，何得已有见有常耶？亦未尝有、无，何论隐显？今言神本澄清者，直是本来清净，竟无所有。若迷此理，即名惑覆。若了此理，即名性显。非是别有一理在众生中。③

这里，孟安排对上述"本有"、"始有"的说法都持反对立场。他认为，若说众生本具"道性"，怎么又会被迷惑所覆呢？既然已经被惑所覆，还有什么"道性之德"呢？若说本无道性之德，现今方有，道性则应是无常。但是，"理"是本有，也是恒常的，"事"既然是今有，应是无常。无常之事并非"道性之理"。若说理、事都是恒常，则理、事都应是本有。这与"道性始有"的结论自相矛盾。孟安排认为，笼统地说道性是本、是始，都是偏于一隅。道性之理本来清净，内在于众生之身中。若迷此理，则被惑所覆；若了此理，其自然显现。因而，"理"是本有恒一的，有、无只是就其隐现而姑妄言之。这就是"道性亦本亦始"说。上述这三种说法恰恰与佛教心性论的三种议论直接对应。显然是从佛教之中直接移植的。

录自《世界宗教研究》2003年第2期

---

① 孟安排：《道教义枢·法身义》，《道藏》，第24册，第806页。
② 同①。
③ 同①。

附录：三教关系研究论著目录

一、汉文论文

1. 三教关系

笠居众生:"续《三教平心论》"。《海潮音》,1920 年第 12 期

曾普信:"儒道与佛教",《中道》,1925 年第 17 号

何炳松:"我对于儒释道的批评",《上海青年(上海1902)》,1930 年第 44 期

赖一鸣:"儒释道三教之比较",《正觉杂志》,1930 年第 4 期

胡怀琛:"道佛儒三家赠答诗",《海潮音》,1931 年第 12 卷第 1 期

(日)小柳司气太;休休生(译):"明末的福建思想家及三教关系",《福建文化》,1934 年第 1 期

历弘:"儒释道教视命根不同之点",《四川佛教月刊》,1935 年第 5 年第 5 期

余嘉锡:"《牟子理惑论》检讨",《燕京大学(燕京学报)》,1936 年第 20 期

黄华节:"《老子化胡经》的公案",《海潮音》,1936 年第 17 卷第 6 期

叶鼎洛:"汉唐以来儒佛道三家思想与文艺",《文化导报》,1943 年第 4 期

黎正甫:"耶律楚材对于儒释道三教之态度",《新中华》,1943 年第 9 期

钱穆:"说良知四句教与三教合一",《思想与时代》,1944 年第 37 期

余来成:"儒释道三家思想与中国文学内在思路之特征",《新学风》,1946 年第 7~9 期

余来成:"儒释道三家思想与中国文学内在思路之特征(续)",《新学风》,1947 年第 1、2 期

陈立森:"中国的儒释道三教",《建国月刊》,1947 年第 3 期

张汝舟:"论佛法与儒道",《觉迷》,1947 年第 3 期

周少如:"三教之'道'确乎不同论",《世间解》,1947 年第 4 期

陆志韦:"记《三教经书文字根本》",《燕京学报》,1948 年第 34 期

王明:"儒释道论报应",《世间解》,1948 年第 7 期

张普照:"三教述要",《台湾佛教》,1957 年第 11 卷第 6~10 期

华山:"自汉魏至宋初的儒佛道三教关系和道学的形成",《山东大学学报(历史版)》,1963 年第 2 期

饶宗颐:"三教论与宋金学术",《东西文化》,1968 年第 11 期

梁隐盦:"儒佛两家思想的异同——在香港孔圣堂学术讲座讲稿",《海潮音》,1969 年第 50 卷第 8 期

黄公伟:"儒释道三教合一新论",《学园》,1969 年第 5 卷第 4 期

曹树铭:"苏东坡与佛道之关系",《国立中央图书馆馆刊》,1970 年第 3 卷第 2、3/4 期

杨管北:"儒释道三家论做人的基本道理及其修养方法",《慧炬》,1970 年第 78 期

曾普信:"禅学与道儒思想",《狮子吼》,1970 年第 9 卷第 6 期

孙鹏图:"我国儒释道三家与理教之关系",《训练通讯》,1972 年第 122、123 期

罗光:"中国儒释道的人论",《东方杂志》,1973 年第 7 卷第 5、6 期

黄公伟:"儒佛道'中道'精神之会通",《慧炬》,1973年第118期

吴若华:"儒释道教义之融合",《慧炬》,1975年第130/131期

广义:"孝道与佛道",《海潮音》,1976年第57卷第2期

王煜:"释德清(憨山老人)融摄儒道两家思想以论佛性",《香港中文大学中国文化研究所学报》,1978年第9卷第1期

姜一华:"圆融儒释道三教思想境界之义谛",《中国佛教》,1978年第22卷第5期

朱秉义:"王阳明对道、禅的吸收与活用",《道教文化》,1978年第1卷第10期

罗香林:"On the Discussion of Three Faiths in the T'ang Era",《珠海学报》,1978年第10期

陈正夫,何植靖:"儒、佛、道的融合与程朱理学",《南昌大学学报(人文社会科学版)》,1979年第4期

曾昭旭:"论道德之义与儒道佛之辨",《孔孟月刊》,1979年第17卷第10期

曾昭旭:"述王船山对佛老庄之批判",《孔孟学报》,1979年第38期

仁化:"读儒道两家关系论引证佛家之思想",《海潮音》,1980年第61卷第6期

吴怡:"中国禅宗与儒道两家思想的关系",《幼狮学志》,1980年第16卷第1期

陈国钧:"朱熹理学与儒、佛、道的关系",《江西师范大学学报(哲学社会科学版)》,1981年第4期

郭为:"李翱之人性论及其与佛老及玄学之关系与对道学家之影响",《高雄师院学报》,1981年第9期

王镭:"儒佛道三教的研究",《道教文化》,1981年第3卷第1期

萧天石:"中国道教学术经典与三教心法概述",《道教文化》,1981年第3卷第1期

柳存仁:"王阳明与佛道二教",《清华学报》,1981年第13卷第1/2期

贾顺先:"儒释道的融合和宋明理学的产生",《四川大学学报(哲学社会科学版)》,1982年第4期

史苏苑:"略论韩愈的反佛道斗争问题",《中州学刊》,1982年第1期

王春庭:"韩柳与佛老",《重庆师范学院学报(哲学社会科学版)》,1982年第1期

陈兵:"道教全真派三教合一的思想",载《中国社会科学院研究生院1981届研究生毕业论文简介》,中国社会科学出版社,1982年

黄宝华:"论黄庭坚儒、佛、道合一的思想特色",《复旦学报(社会科学版)》,1983年第1期

张育英:"牟子、牟融与《理惑论》",《河北师范大学学报(哲学社会科学版)》,1983年第2期

潘桂明:"从智圆的《闲居编》看北宋佛教的三教合一思想",《世界宗教研究》,1983年第1期

卢广森:"二程的崇儒重道思想",《中州学刊》,1983年第6期

罗辉映:"《牟子理惑论》略析",《法音》,1984年第2期

东梁:"李纯甫的'三教合一'论",《辽金契丹女真史研究》,1984年第3~4期

韩秉方,马西沙:"林兆恩三教合一思想与三一教",《世界宗教研究》,1984年第3期

陈兵:"略论全真道的三教合一说",《世界宗教研究》,1984年第1期

任继愈:"唐宋以后的三教合一思潮",《世界宗教研究》,1984年第1期

曾召南:"简论南北朝时期的儒释道关系",《宗教学研究》,1984年第0期

应鼎成:"儒释道三家思想会通之我见",《慧炬》,1984年第235、238期

卢莹通:"由儒释道三家之人生观谈安身立命之道",《中国国学》,1984年第12期

吕景琳:"李贽与明末三教合一思潮",载《中国文化研究集刊(第 1 辑)》,复旦大学出版社,1984 年

王煜:"方以智倡三教归'易'论",《中国文化月刊》,1984 年第 56 期

潘淑贞:"牟子《理惑论》之探讨",《狮子吼》,1984 年第 23 卷第 12 期

孙述圻:"六朝时期儒道释三教异同论",《江海学刊(文史哲版)》,1985 年第 3 期

马数鸣:"从程朱到老佛——论方以智哲学的唯心主义和形而上学特征",《江淮论坛》,1985 年第 1 期

黄公伟:"儒佛道的养元与通天术",《中华易学》,1985 年第 6 卷第 1 期总号第 61 期

林国平:"略论林兆恩的三教合一思想和三一教",《福建师范大学学报(哲学社会科学版)》,1986 年第 2 期

蔡保兴:"试论苏轼三教合一的思想",《淮北煤师院学报(社会科学版)》,1986 年第 4 期

潘桂明:"试论梁武帝'三教'思想及其历史影响",《孔子研究》,1986 年第 4 期

孙述圻:"六朝时期儒道释三教异同论",《史学情报》,1986 年第 1 期

曾召南:"汉魏两晋儒释道关系简论",《四川大学学报(哲学社会科学版)》,1986 年第 3 期

楼宇烈:"漫谈儒释道'三教'的融合",《文史知识》,1986 年第 8 期

王志远:"唐宋之际'三教合一'的思潮",《文史知识》,1986 年第 10 期

存怀:"耶津楚材与儒释道的关系",《五台山研究》,1986 年第 6 期

潘富恩,徐余庆:"记二程对佛、道的批判和汲取——兼论对鬼神说的批判和让步",《浙江学刊》,1986 年第 4 期

林孟颖:"《牟子理惑论》中的三教融合思想",《狮子吼》,1986 年第 25 卷第 5 期

丁绍华:"试论道、佛、儒的内感体验",《安庆师范学院学报(社会科学版)》,1987 年第 4 期

乌以风:"中国儒、释、道三教同源思想的历史演变",《安庆师范学院学报(社会科学版)》,1987 年第 2 期

杨达荣:"《叔苴子》以道融儒佛的思想特色",《广西师范大学学报(哲学社会科学版)》,1987 年第 3 期

弗·康普勒斯东,李小兵:"漫议儒、释、道——中国哲学的特质",《孔子研究》,1987 年第 4 期

舒大刚:"苏辙'三教合一'哲学思想述评",《西华师范大学学报(哲学社会科学版)》,1987 年第 4 期

苏钊琳:"《牟子理惑论》中可以研究的几个主题",《狮子吼》,1987 年第 26 卷第 5 期

许抗生:"儒家与佛、道两教的纷争与融合",《文史知识》,1988 年第 10 期

丁绍华:"试论道、佛、儒的内感体验",《无神论、宗教》,1988 年第 1 期

余秉颐:"唐甄评儒、道、释三教",《学术月刊》,1988 年第 6 期

林国平:"论林兆恩的三教合一思想",《中国哲学史研究》,1988 年第 3 期

任继愈:"唐宋以后的三教合一思潮",载《论中国传统文化》,三联书店,1988 年

王煜:"儒道佛散论",《中国文化月刊》,1988 年第 105 期

王志远:"唐宋之际'三教合一'的思潮",载《佛教与中国文化》,中华书局,1988 年

吴承学:"《西游记》的三教合一和佛道轩轾",《汕头大学学报(人文社会科学版)》,1989 年第 2 期

刘宽亮:"管窥王通的'三教可一'思想",《中国哲学史研究》,1989 年第 1 期

陈俊民:"宋明'三教合一'思潮中的'心性'旨趣论稿",《鹅湖》,1989 年第 15 卷第 4 期总号第 172 期

王煜:"汤显祖的儒释道三向",《中国文化月刊》,1989年第112期

田浩:"金代思想家李纯甫和宋代道学",《大陆杂志》,1989年第78卷第3期

柳立言:"宋孝宗与三教合一",《大陆杂志》,1989年第78卷第4期

王煜:"明儒王廷相对佛道的批判",《中国文化月刊》,1989年第115期

龚平:"五代前后江南儒道释文化融合的例证",《东南文化》,1990年第5期

陈朝晖:"试论北朝儒佛道的初步融合",《东岳论丛》,1990年第6期

张毅:"以'儒''释'解'庄':读林希逸《庄子口义》",《南开学报(哲学社会科学版)》,1990年第5期

任继愈:"唐代三教中的佛教",《五台山研究》,1990年第3期

孙实明:"唐宋间儒释道的地位及其相互关系",《学术交流》,1990年第4期

王祥龄:"华严五祖——圭峰宗密的三教归一思想初探",《鹅湖》,1990年第15卷第9期总号第177期

王志远:"唐宋之际'三教合一'的思潮",载《儒·佛·道与传统文化》,中华书局,1990年

王煜:"王畿表弟徐渭的三教因缘",《哲学与文化》,1990年第17卷第4期总号第191期

柳存仁,Judith Berling;吴煨莲译:"元代蒙古人统治时期的三教(儒释道)",《思与言》,1990年第28卷第4期

陈俊民:"宋明'三教合一'思潮中的'心性'旨趣",《河北学刊》,1991年第3期

徐民和:"融通儒释道之滥觞的六朝'格义':读陈寅恪先生有关中外思想接触史论述札记",《孔子研究》,1991年第4期

吴永和:"儒释道三教合流对中国社会的影响",《南京社会科学》,1991年第2期

周可真:"试论儒释道之联结点",《苏州大学学报(哲学社会科学版)》,1991年第3期

陈朝晖:"试论北朝儒佛道的初步融合",《无神论、宗教》,1991年第1期

洪修平:"略论佛教与儒道的互补",《五台山研究》,1991年第4期

魏琪:"简述儒学借鉴佛道宗教文化的历史必然性",《西藏民族学院学报(社会科学版)》,1991年第2期

严书翔:"从程朱学派的'异端之学'看理学与释道的关系",《学术研究》,1991年第2期

曾省伶:"儒释道三教对中国思想文化影响之比较",载《中外文化新视野》,黄山书社,1991年

罗颢:"从《理惑论》看佛教与中国文化的交涉——兼谈佛教传播和文化交流问题(上)",《中国佛教》,1991年第35卷第12期

刘方:"张载对佛道的辩难",《宝鸡师范学院学报(哲学社会科学版)》,1992年第1期

陈立旭:"'内圣外王'的出世入世两面性:儒佛道互补之原因",《湖南大学学报(社会科学版)》,1992年第2期

郑晓江:"论佛家的死亡智慧兼及佛、儒、道死亡观之区别",《青海社会科学》,1992年第2期

徐刚:"佛道与朱熹自然哲学",《上饶师专学报》,1992年第1期

李明友:"《广弘明集》与隋唐初期的佛道儒论争",《世界宗教研究》,1992年第2期

王煜:"王阳明诗十五时期儒释道三教色彩的消长",《中国文化研究所学报》,1992年第1期

罗颢:"从《理惑论》看佛教与中国文化的交涉——兼谈佛教传播和文化交流问题(中、下)",《中国佛

教》1992年第36卷第1、2期

洪修平:"从'三教'关系看传统文化的'人学'特质",载《中国传统思想文化与廿一世纪国际学术研讨会论文选集》,南京大学出版社,1992年

周勋初:"'三教论衡'与文士心态",载《中国传统思想文化与廿一世纪国际学术研讨会论文选集》,南京大学出版社,1992年

洪修平:"儒道佛三教与传统文化的'人学'特质",《哲学与文化》1992年第19卷第2期总号第213期

楼宇烈:"漫谈儒释道'三教'的融合",载《道教与传统文化》,中华书局,1992年

陈宝良:"明太祖与儒佛道三教",《福建论坛(文史哲版)》,1993年第5期

史继忠:"儒道佛的纷争与融合",《贵州民族学院学报(哲学社会科学版)》,1993年第3期

张弓:"北朝儒释道论议与北方学风流变",《孔子研究》,1993年第2期

张弓:"隋唐儒释道论议与学风流变",《历史研究》,1993年第1期

李安纲:"三教合一新论",《运城高专学报(社会科学版)》,1993年第2期

王树人:"阳明心学与佛老",《中国社会科学院研究生院学报》,1993年第4期

王世德:"苏轼融合儒道佛的特色",《重庆师范大学学报(哲学社会科学版)》,1993年第1期

静华:"论佛教曹洞宗与《参同契》、《易经》之关系",《内明》,1993年第258~261期

林惠胜:"试论王龙溪'三教合一'说——以'调息说'为例",《中国学术年刊》,1993年第14期

任继愈:"隋唐政治社会与佛道儒三教",载《国故新知:中国传统文化的再诠释——汤用彤先生诞辰百周年纪念论文集》,北京大学出版社,1993年

许尚枢:"唐宋时期天台山三教关系雏论",《东南文化》,1994年第2期

徐洪兴:"略论唐宋间的排佛道思潮",《复旦学报(社会科学版)》,1994年第4期

郭德茂:"'中'——儒道释的智慧和误区",《孔子研究》,1994年第4期

马楚坚:"明太祖对道教的态度及其对三教合一的追求",《明史研究》,1994年第0期

花三科:"佛表道里儒骨髓——《西游记》管窥再得",《宁夏大学学报(人文社会科学版)》,1994年第2期

金太军:"试论中国传统文化的儒释道互补格局",《青海社会科学》,1994年第5期

李岩:"三教争衡与唐代的学术发展",《社会科学家》,1994年第5期

楼宇烈:"中国文化中的儒释道",《中华文化论坛》,1994年第3期

曾广开:"试论苏轼的佛老思想",《周口师范学院学报》,1994年第S3期

徐荪铭:"王船山论周子与佛道的关系",《中国文化月刊》,1994年第171期

黄高宪:"试论李贽晚年三教归儒的哲学思想",载《李贽学术国际研讨会论文集》,首都师范大学出版社,1994年

唐亦男:"宋明理学对佛道的批判与转化——特举阳明'出入佛老'为例",《成大中文学报》,1994年第2期

李明友:"马一浮的"三教"圆融观",《大陆杂志》,1994年第88卷第2期

黄连忠:"从《佛说盂兰盆经疏》论宗密融会儒佛二教孝道思想拔济鬼道业苦的文化意义与现代启示",

《菩提树》,1994年第42卷第4、5期总号第496、497期
  唐大潮:"明清之际道教'三教合一'思想的理论表现略论",《世界宗教研究》,1995年第3期
  马建华:"《弘明集》研究之一——儒、道、释论与夷夏论",《学术交流》,1995年第5期
  蒙培元:"儒、道、佛的境界说及其异同",《学术论丛》,1995年第5期
  刘泽亮:"三教论衡与佛教中国化",《郧阳师范高等专科学校学报》,1995年第4期
  屈小强:"论儒、释、道三教会通及其文化意义",《中华文化论坛》,1995年第4期
  颜国明:"儒释道三家的圆融精神",《牛津人文集刊》,1995年第1期
  刘学智:"三教合一义蕴辨微——兼谈心性论与当代伦理实践",《宗教哲学》,1995年第1卷第4期
  韩秉芳:"从王阳明到林兆恩——兼论心学与三一教",《宗教哲学》,1995年第1卷第2期
  张广保:"论中唐道教心性之学——兼与儒、禅心性论会通",《宗教哲学》,1995年第1卷第2期
  张践:"新佛教、新道教和新儒学——宋金'三教'汇通论",《宗教哲学》,1995年第1卷第2期
  刘醇鑫:"柳宗元对儒佛道的体悟与融合",《辅大中研所学刊》,1995年第5期
  李军:"玄儒佛道教育哲学比较研究",《孔孟学报》,1995年第70期
  蒙培元:"儒、佛、道的境界说",《百科知识》,1996年第1期
  夏星:"三教关系下的佛教——读《中国佛教文化历程》",《佛学研究(中国佛教文化研究所学报)》,1996年第4期
  郭熹微:"三教合一思潮——理学的先声",《江海学刊》,1996年第6期
  刘学智:"心性论:三教合一的义理趋向——兼谈心性论与当代伦理实践",《人文杂志》,1996年第2期
  陈翠芳:"道教的发展与'三教合一'",《厦门大学学报(哲学社会科学版)》,1996年第1期
  马西沙:"林兆恩的三教合一思想",《世界宗教研究》,1996年第2期
  蒙培元:"儒、佛、道的境界说及其异同",《世界宗教研究》,1996年第2期
  李申:"三教关系论纲",《世界宗教研究》,1996年第3期
  唐大潮:"试论明清之际道教'三教合一'思想的特点",《世界宗教研究》,1996年第4期
  (日)镰田茂雄;杨曾文译:"宗密的三教观——以《原人论》为中心",《世界宗教研究》,1996年第2期
  张海明:"从老玄到佛玄——略论玄学的发展与分期",《中国文化研究》,1996年第1期
  洪修平:"论中国佛教人文特色形成的哲学基础——兼论儒佛道人生哲学的互补",《中国哲学史》,1996年第1、2期
  方立天:"儒道佛人生价值观及其现代意义",《中国哲学史》,1996年第1、2期
  余敦康:"张载哲学探索的主题及其出入佛老的原因",《中国哲学史》,1996年第1、2期
  唐大潮:"论明清之际'三教合一'思想的社会潮流",《宗教学研究》,1996年第2期
  郑天星:"儒佛道研究在俄国",《宗教学研究》,1996年第4期
  罗颢:"从《理惑论》看佛教与中国文化的交涉——兼谈佛教的传播和文化交流问题",《内明》,1996年第286、287期
  张兴发:"河南嵩山文化——北魏改革三教文化",载《中国道教宫观文化》,宗教文化出版社,1996年
  郭武:"明清云南儒释道三教合流简论",《宗教哲学》1996年第2卷第2期总号第6期

方祖猷:"王畿的心体论及其佛老思想渊源",《鹅湖学志》,1996年第16期

林素英:"焦竑之三教观",《花莲师院学报》,1996年第6期

道元:"比较儒释道——漫谈儒释道三教的内在关系",《菩提树》,1996年第44卷第8~10期总号第524~526期

陈美林:"周唐政权的更迭与儒道释兴衰",《河北师院学报(社会科学版)》,1997年第3期

宫云维:"宋初文化政策与儒佛道之关系",《孔子研究》,1997年第4期

洪修平:"儒释道交融与中国传统文化:三家互补的现代意义",《探索与争鸣》,1997年第12期

牟小东:"与儒道交融的中国佛教",《探索与争鸣》,1997年第12期

严杰:"欧阳修与佛老",《学术月刊》,1997年第2期

唐大潮:"'三教合一'思想成因初探",《宗教哲学》,1997年第3卷第1期总号第9期

蒙培元:"儒、佛、道的境界说及其异同",载《中日佛教学术会议论文集(1985-1995)》,中国社会科学出版社,1997年

胡小伟:"三教论衡与唐代俗讲",载《周绍良先生欣开九秩庆寿文集》,中华书局,1997年

何国铨:"宗密《原人论》对儒道之批判及其会通之道",《台中商专学报》,1997年第29期

林文彬:"宗密《原人论》三教和会思想初探",《国立中兴大学台中夜间部学报》,1997年第3期

凌慧:"宋代'三教合一'思潮初探",《安徽大学学报(哲学社会科学版)》,1998年第5期

王寿云:"试论我国传统文化的因果报应说——儒释道三教因果观之比较",《当代宗教研究》,1998年第2期

洪修平:"明代四大高僧与三教合一",《佛学研究》,1998年第7期

刘石泉:"论沈约在道、佛外衣下的儒家思想",《广东教育学院学报》,1998年第4期

李霞:"阳明后学的以儒合佛道论",《江淮论坛》,1998年第3期

黄高宪:"试论李贽晚年三教为儒的哲学思想",《理论学习月刊》,1998年第11期

寇养厚:"唐初三帝的三教共存与道先佛后政策——唐代三教并行政策形成的第一阶段",《文史哲》,1998年第4期

陈启智:"朱子、退溪与佛道思想",《西南民族学院学报(哲学社会科学版)》,1998年第3期

刘再华:"袁宏道与儒佛道文化",《湘潭师范学院学报》,1998年第1期

黄建辉:"略论隋唐儒学思想家对三教纷争的反应",《玉林师专学报》,1998年第2期

黄心川:"'三教合一'在我国发展的过程、特点及其对周边国家的影响",《哲学研究》,1998年第8期

黄高宪:"试论李贽晚年三教归儒的哲学理想",《中共福建省委党校学报》,1998年第11期

李养正:"顾欢《夷夏论》与'夷夏'之辩述论",《宗教学研究》,1998年第3、4期

申喜萍:"李道纯的三教合一思想研究",《宗教学研究》,1998年第4期

王明荪:"李纯甫之三教思想",《宗教哲学》,1998年第4卷第1期总号第13期

洪修平:"明代四大高僧与三教合一",载《佛学研究》,中国佛教文化研究所,1998年第7期

王家佑,李远国:"三教合一的典型神真——文昌帝君",《道教文化》,1998年第6卷第5期总号第65期

彭琦:"宋元时期的三教调和论",《北京社会科学》,1999年第2期

陈晓萍:"薛侃儒佛道三教同异论探析",《韩山师范学院学报》,1999年第3期

郑佳明,陈先枢:"儒、佛、道的融合和湖湘学派的形成",《湖南社会科学》,1999年第5期

邹旭光:"论韩柳与佛老",《江海学刊》,1999年第5期

高华平:"阮籍、嵇康与酒及道释宗教之关系",《江汉论坛》,1999年第10期

寇养厚:"武则天与唐中宗的三教共存与佛先道后政策——唐代三教并行政策形成的第二阶段",《陕西师范大学学报(哲学社会科学版)》,1999年第3期

钮燕枫:"从儒道佛玄看'言'、'意'之辨及其影响",《学术探索》,1999年第3期

向世陵:"明代的宗教与三教合一",《长春市委党校学报》,1999年第4期

曾召南:"佛、道兼融的王畿理学",《宗教学研究》,1999年第1期

刘宁:"刘一明论'三教合一'",《宗教学研究》,1999年第4期

吴琳:"苏洵与释道",《宗教学研究》,1999年第2期

黄国清:"宗密和会禅宗与会通三教之方法的比较研究",《圆光佛学学报》,1999年第3期

黄国清:"宗密之三教会通思想于中国佛教思想史上的意义",《中华佛学研究》,1999年第3期

张琏:"三教合一论与'三一教'及其流传海外之情形——以新加坡为例",《淡江史学》,1999年第10期

洪修平:"论汉地佛教的方术灵神化、儒学化与老庄玄学化——从思想理论的层面看佛教的中国化",《中华佛学学报》,1999年第12期

王婉甄:"李道纯三教合一思想之研究",《宗教哲学》,1999年第5卷第4期总号第20期

申喜萍:"元代道教三教合一思想特征研究",《宗教哲学》,1999年第5卷第4期总号第20期

李霞:"论明代佛教的三教合一说",《安徽大学学报(哲学社会科学版)》,2000年第5期

夏毅辉:"'万物一体论'与魏晋南朝儒、释、道的融合",《船山学刊》,2000年第2期

金周淳:"陶渊明诗文中的儒佛道思想",《赣南师范学院学报(社会科学版)》,2000年第2期

张怀承:"试论中国传统文化三教互补的伦理精神",《湖南社会科学》,2000年第4期

汤岳辉:"一尊儒术与三教杂糅——试论苏轼斑驳复杂的世界观",《惠州大学学报》,2000年第1期

高人雄:"王维三教合一思想探析",《兰州大学学报(社会科学版)》,2000年第2期

单继刚:"西游记中的儒释道观",《明清小说研究》,2000年第1期

唐大潮:"'夫一心者,万法之总也':唐宗密禅师合三教思想略析",《社会科学研究》,2000年第2期

鲁湘子:"略论儒释道三教合一的内在因素",《社会科学研究》,2000年第6期

熊开芬:"儒、道、佛的融合与超越——《红楼梦》解读",《文山师范高等专科学校学报》,2000年第1期

张怀承:"试论中国传统文化三教互补的伦理精神",《新华文摘》,2000年第12期

毛晓阳,金苏:"《西游记》与三教合流观",《运城高等专科学校学报》,2000年第4期

刘芙君:"雍正帝的'三教合一'观",《紫禁城》,2000年第3期

刘立夫:"论夷夏之争对中国佛教的影响",《宗教学研究》,2000年第4期

彭琦:"宋元时期的三教调和论",载《宋代历史文化研究》,人民出版社,2000年

唐代剑:"论王重阳三教圆融思想的理论价值与社会意义",《鹅湖》,2000年第26卷第2期总号第302期

程晓东,陆建华:"老庄与魏晋南北朝时期玄佛道",《安徽大学学报(哲学社会科学版)》,2001年第4期

李霞:"憨山德清的三教融合论",《安徽史学》,2001年第1期

萧永明:"论苏氏蜀学对佛道之学的汲取",《广西师范大学学报(哲学社会科学版)》,2001年第1期

陈仁仁:"《东坡易传》论'道'与'性'——兼论其中儒佛道三家关系问题",《湖南大学学报(社会科学版)》,2001年第4期

成守勇,陈赟:"新儒家为什么出入'佛老'——兼论儒学在现代开展的途径",《孔子研究》,2001年第4期

李承贵:"儒佛道三教关系探微——以两晋南北朝为例",《南昌大学学报(人文社会科学版)》,2001年第4期

王志清:"王维哲学思想以儒为体、庄禅为用的特征",《山西大学师范学院学报》,2001年第2期

陈清春:"王阳明早年'出入佛老'研究",《山西大学学报(哲学社会科学版)》,2001年第4期

孙亦平:"论净明道三教融合的思想特色",《世界宗教研究》,2001年第2期

韩林:"从三教之争看道教的政治观演变进程",《西南民族学院学报(哲学社会科学版)》,2001年第12期

滕复:"从义理名相之关系看儒、释、道的分别——马一浮的义理名相论解析",《浙江学刊》,2001年第5期

陈进国:"李道纯的'三教融合'思想及其以'中和'为本的内丹心性学",《中国道教》,2001年第5期

彭国翔:"王龙溪与佛道二教的因缘",《中国哲学史》,2001年第4期

王建龙:"精神超越和心必本然的回归——试论谢良佐理学思想中佛道倾向",《中州学刊》,2001年第3期

张祥浩:"魏晋南北朝时期的三教关系",《宗教》,2001年第2期

黄心川:"'三教合一'在我国发展的过程、特点及其对周边国家的影响",载《诠释与建构——汤一介先生七十五周年华诞暨从教五十周年纪念文集》,北京大学出版社,2001年

李中华:"戴逵儒学思想述评——兼论西晋时期儒玄佛道关系",载《诠释与建构——汤一介先生七十五周年华诞暨从教五十周年纪念文集》,北京大学出版社2001年

郭相颖:"大足石刻中的道教和'三教合一'造像",载《道教文化与现代社会》,沈阳出版社,2001年

黄心川:"'三教合一'在我国发展的过程、特点及其对周边国家的影响",载《道教文化与现代社会》,沈阳出版社,2001年

李士金、汪运平:"朱熹探索佛道的本质",载《中国学研究(第4辑)》,济南出版社,2001年

赵克尧:"《辨宗论》与玄思、隐逸——谢灵运佛道儒思想一瞥",载《谢灵运在永嘉(温州)》,广西师范大学出版社,2001年

高玮谦:"宗密对儒道两家思想之批判与肯定",《鹅湖》,2001年第26卷第8期总号第308期

邝芷人:"心性、佛性及真性——论新道家对儒佛之会通",《东海哲学研究集刊》,2001年第8期

刘惠萍:"敦煌写本《茶酒论》与唐代三教融合思想",《中国古典文学研究》,2001年第5期

林珊妏:"谈《三教开迷归正演义》小说中的林兆恩思想",《汉学研究》2001年第19卷第2期总号第

39 期

刘晓东:"'三教合一'思潮与'三一教'——晚明士人学术社团宗教化转向的社会考察",《东北师大学报(哲学社会科学版)》,2002 年第 1 期

张树卿,刘纯龙:"儒、释、道经济观初探",《东北师大学报(哲学社会科学版)》,2002 年第 4 期

夏清瑕:"憨山德清的三教一源论",《佛学研究》,2002 年第 11 期

伍先林:"宗杲的三教合一思想",《佛学研究》,2002 年第 11 期

湛芬:"中国古代帝王政治与三教合一",《贵州师范大学学报(社会科学版)》,2002 年第 2 期

付长珍:"宋儒境界论:以儒释道会通为视角",《华东师范大学学报(哲学社会科学版)》,2002 年第 3 期

严耀中:"论'三教'到'三教合一'",《历史教学》,2002 年第 11 期

马士远:"石头的多层意蕴——论《红楼梦》儒释道三教归一问题",《临沂师范学院学报》,2002 年第 5 期

洪修平:"儒佛道三教关系与中国佛教的发展",《南京大学学报(哲学·人文科学·社会科学版)》,2002 年第 3 期

程志强:"明太祖的三教思想、政策及其影响",《史林》,2002 年第 1 期

王红霞:"论权德舆的儒、释、道观",《四川师范大学学报(社会科学版)》,2002 年第 2 期

刘仲林:"儒道释易四家会通研究",《天津师范大学学报(社会科学版)》,2002 年第 5 期

王晓毅:"浅论魏晋玄学对儒释道的影响",《浙江社会科学》,2002 年第 5 期

廖向东:"士大夫文化精神的指归——《西游记》'三教合一'新论",《浙江师范大学学报(社会科学版)》,2002 年第 2 期

李申:"传统的儒、佛、道三教观",《中国社会科学院研究生院学报》,2002 年第 6 期

彭国翔:"王龙溪与佛道二教的因缘",《宗教》,2002 年第 2 期

李桂红:"九华山道儒文化及其与佛教关系探析",《宗教学研究》,2002 年第 4 期

赖贤宗:"简论全真养生与三教会通",《丹道文化》,2002 年第 26 期

陈仁仁:"《东坡易传》论'道'与'性'——兼论其中儒佛道三家关系问题",载《大易情性——第二届海峡两岸青年易学论文发表会论文集》,湖北教育出版社,2002 年

周先慎:"论苏轼对儒佛道三家思想的吸收与融合",载《中国典籍与文化论丛(第 7 辑)》,北京大学出版社,2002 年

明远:"唐中期帝王与佛教关系史研究——以天宝至会昌年间十代帝王为例兼谈其间的三教关系"载《戒幢佛学》,岳麓书社,2002 年第 2 卷

韩凤鸣:"禅宗与三教的关系",载《寒山寺佛学(壹)》,江苏古籍出版社,2002 年

李承贵:"儒佛道三教关系探微——以两晋南北朝为例",载《中国儒学年鉴》,山东《中国儒学年鉴》社,2002 年

李承贵:"两晋南北儒佛道三教关系发微",《孔孟月刊》,2002 年第 40 卷第 6 期总号第 474 期

王开府:"宗密《原人论》三教会通平议",《佛学研究中心学报》,2002 年第 7 期

洪修平:"论儒道佛三教人生哲学的异同与互补兼论多元宗教与文化的并存",《宗教大同》,2002 年第

1期

许宁:"论马一浮《老子注》中的'以佛解老'思想",《安徽大学学报(哲学社会科学版)》,2003年第2期

孙建平,朱汉民:"蒙元帝王的儒释道观及其演化",《船山学刊》,2003年第4期

赵金平:"《牟子》及其佛、儒、道一致观点之我见",《甘肃民族研究》,2003年第1期

郑天星:"俄国汉学:儒佛道研究",《国外社会科学》,2003年第2期

朱继英,卢伟:"儒、道、佛生死智慧之异同",《哈尔滨学院学报》,2003年第7期

刁宗广:"王阳明心性学说中的佛道思想钩沉",《合肥联合大学学报》,2003年第2期

孟繁清:"赵秉文著《道德真经集解》与金后期的三教融合之趋势",《河北师范大学学报(哲学社会科学版)》,2003年第6期

李苏平:"东亚的三教和合与东亚社会",《南昌大学学报(人文社会科学版)》,2003年第2期

白欲晓:"牟宗三儒释道三教的哲学证立与圆教判释",《南京大学学报(哲学·人文科学·社会科学版)》,2003年第6期

牟钟鉴:"儒、佛、道三教的结构与互补",《南京大学学报(哲学·人文科学·社会科学版)》,2003年第6期

洪修平:"隋唐儒佛道三教关系及其学术影响",《南京大学学报(哲学·人文科学·社会科学版)》,2003年第6期

韩焕忠:"儒道思想与大乘佛教的弘传",《青岛科技大学学报(社会科学版)》,2003年第4期

唐大潮:"试析闵一得'真一'、'真元'论及其三教观",《社会科学研究》,2003年第6期

洪修平:"论儒道佛三教人生哲学的异同与互补",《社会科学战线》,2003年第5期

李媛:"试论佛、道、儒的冲突与调和对禅宗思想的影响",《徐州师范大学学报(哲学社会科学版)》,2003年第2期

侯冲,杨净麟:"洞经与儒、释、道教之关系辨析",《玉溪师范学院学报》,2003年第10期

刘红梅:"莲池大师的三教融通思想",《宗教学研究》,2003年第4期

唐大潮:"试析《性命圭旨》的'三教观'",《宗教学研究》,2003年第3期

戴明玺:"'和谐'精神的典范——中国历史上儒释道三教的并立、相融和共存",载《中国传统哲学的现代诠释》,商务印书馆,2003年

严耀中:"现代意义下的三教合一",载《中国宗教学(第1辑)》,宗教文化出版社,2003年

萧登福:"试论《石音夫醒迷功过格》对儒释道三教的看法",《新世纪宗教研究》,2003年第1卷第3期

林佳蓉:"朱熹诗中的佛老意识",《国文学报》,2003年第33期

郑倩琳:"宗密难儒道元气论探析——以《原人论》为讨论中心",《中国学术年刊》,2003年第24期

郑朝通:"论王维诗中所展现的三教涵养",《文学前瞻》,2003年第4期

夏清瑕:"憨山德清的三教一源论",《宗教哲学》,2003年第29期

余金龙:"李商隐与儒道佛之消长",《长庚科技学刊》,2003年第2期

黄景进:"三教融合与意境论的形成",《明道文艺》,2003年第333期

洪修平:"儒佛道三教关系与中国佛教的发展",《宗教大同》,2003年第2期

法光:"佛教何以与儒道并列而三",《安徽大学学报(哲学社会科学版)》,2004年第3期

郭应传:"魏晋南北朝隋唐儒学发展及其与佛、道关系",《船山学刊》,2004年第1期

杜保瑞:"从朱熹鬼神观谈三教辨正问题的儒学理论建构",《东吴哲学学报》,2004年第10期

圣凯:"论儒佛道三教伦理的交涉——以五戒与五常为中心",《佛学研究》,2004年第0期

徐利华:"从历代对'心斋'的注解看道家与儒佛心性论的异同",《湖南城市学院学报》,2004年第3期

张启勋:"《红楼梦中的儒、佛、道》",《民办教育研究》,2004年第6期

宋玉波:"魏晋南北朝时期佛教对儒道自然观念的批判",《西安电子科技大学学报(社会科学版)》,2004年第4期

兰拉成:"《西游记》'三教合一'思想分析",《西安建筑科技大学学报(社会科学版)》,2004年第3期

左洪涛:"丘处机有关三教作品论略——兼与澳大利亚柳存仁先生商榷",《西北民族研究》,2004年第3期

王靖懿:"试论苏轼儒道禅思想的整合",《中国矿业大学学报(社会科学版)》,2004年第2期

邸永君:"关于儒释道相互关系的思考",《中国宗教》,2004年第4期

曹晓虎:"儒家'情'的观念的发展及其与佛、道关系",《中州学刊》,2004年第2期

刘延刚:"白玉蟾的三教合一思想及其宗教调适性",《宗教学研究》,2004年第2期

唐大潮:"性命双修:'仙佛圣凡同具同证'——陆西星、李西月三教思想探析",《宗教学研究》,2004年第4期

周勤勤:"方以智三教合一思想研究",载《中国社会科学院青年学术报告》,社会科学文献出版社,2004年第1卷

隆德:"赞宁三教思想初探",载《吴越佛教学术研讨会论文集》,宗教文化出版社,2004年

严耀中:"试说'三教合一'的不同层面",载《国家、地方、民众的互动与社会变迁》,商务印书馆,2004年

洪修平:"隋唐儒佛道三教关系及其学术影响",载《萧萐父教授八十寿辰纪念文集》,湖北教育出版社,2004年

王玲月:"憨山大师三教合一的因缘",《中国语文》,2004年第95卷第3、4期总号第567、568期

周仲超:"著太极赞周易融儒佛道的理学鼻祖周敦颐",《江西文献》,2004年第198期

胡军:"儒释道:纷争与融和",《普门学报》,2004年第24期

谢绣治:"试论王弼的'得意忘言'与儒释道的形上义理",《嘉南学报(人文类)》,2004年第30期

洪修平:"儒佛道三教关系与中国佛教的发展",载《元典哲蕴》,上海古籍出版社,2004年

李华华:"从'道'的演变看三教融合",《安徽大学学报(哲学社会科学版)》,2005年第6期

张晨怡:"试论罗泽南对佛、老思想的批判",《东南文化》,2005年第6期

王公伟:"《自知录》与晚明'三教合一'思潮",《佛教文化》,2005年第6期

陈永革:"明清之际三教交涉及其思想效应:以江南为中心",《福建论坛(人文社会科学版)》,2005年第6期

李承贵:"关于'儒、佛、道三教关系'的再认识——儒士佛教观:佛、儒关系研究的新向度",《福建论坛(人文社会科学版)》,2005年第6期

李志峰:"《碧岩录》佛道禅之关系探微",《广西社会科学》,2005年第2期

杨光:"试析中国古代生死哲学之新意——以儒道佛为例之比较",《海南大学学报(人文社会科学版)》,2005年第1期

黄夏年:"北魏儒释道三教关系刍议",《晋阳学刊》,2005年第5期

赵伟:"晚明狂禅思潮的三教论",《青岛大学师范学院学报》,2005年第1期

陈兵:"莲池大师对'三教一家'说及儒、道的评判",《西南民族大学学报(人文社科版)》,2005年第6期

曹三尚:"两汉儒释道关系之浅析",《新疆石油教育学院学报》,2005年第2期

马现诚:"论白居易的人生态度及与儒道佛的交融",《学术论坛》,2005年第1期

马晓英:"明儒颜钧的七日闭关工夫及其三教合一倾向",《哲学动态》,2005年第3期

黄熹:"焦竑三教会通思想的理论依据",《中国文化研究》,2005年第4期

叶小文:"刍议儒释道之'和'",《中国宗教》,2005年第7期

刘永霞:"陶弘景与儒道释三教",《宗教学研究》,2005年第3期

吴光正:"从韩湘子故事系统看儒道佛思想的冲突与融会",载《人文论丛(2004年卷)》,武汉大学出版社,2005年

李怀春:"从慧能的'自性'思想看儒、释、道的融合",载《觉群·学术论文集》,宗教文化出版社,2005年

罗通:"论民间的儒释道三教合流——以武夷山民间神话传说为例",载《武夷山世界文化遗产的监测与研究》,厦门大学出版社,2005年

洪修平:"儒佛道三教与当代社会的转型载",《信仰之间的重要相遇——亚洲与西方的宗教文化交流国际学术研讨会文集》,宗教文化出版社,2005年

郑炳林:"晚唐五代敦煌佛教教团阐扬三教大法师与敦煌佛教兼容性形成",载《敦煌归义军史专题研究三编》,甘肃文化出版社,2005年

陈秀美:"论《药地炮庄》及其'三教归易'之会通思想",《空大人文学报》,2005年第14期

纪志昌:"东晋戴逵之佛教理解及其于三教交涉意义析探",《台大中文学报》,2005年第23期

张树卿,孙丽华:"简论朱元璋的'三教'思想及政策",《白城师范学院学报》,2006年第2期

胡华楠,陈戍国,陈谷嘉:"明初的三教合一思想",《船山学刊》,2006年第2期

何新所:"文元心法——晁迥三教思想研究",《甘肃社会科学》,2006年第3期

陈贺,李灏:"谈儒释道的融合在《西游记》中的体现",《衡水学院学报》,2006年第4期

何善蒙:"林兆恩'三教合一'的宗教思想浅析",《华侨大学学报(哲学社会科学版)》,2006年第4期

黄熹:"从尽性至命到无之境界——焦三教会通思想的逻辑进路",《华中科技大学学报(社会科学版)》,2006年第2期

杨军:"宋元时期'三教合一'原因探析",《江西社会科学》,2006年第2期

刘永刚:"儒释道三教与唐初政治",《南华大学学报(社会科学版)》,2006年第3期

刘新华:"隋唐三教关系与唐代儒学的兴起",《南京工程学院学报(社会科学版)》,2006年第4期

王学钧:"太谷学派的三教心法:'格物致知'释论",《南京理工大学学报(社会科学版)》,2006年第1期

魏常海:"元晓'和诤'论与中国儒释道思想",《陕西师范大学学报(哲学社会科学版)》,2006年第1期

霁虹,史野:"李纯甫儒学思想初探",《社会科学战线》,2006年第2期

唐大潮:"宋元明道教'三教合一'思想的发展理路",《世界宗教研究》,2006年第1期

胡恩厚:"儒道佛性说新论",《思维科学通讯》,2006年第1期

徐建勇:"关于儒释道三教融合之管见",《绥化学院学报》,2006年第2期

汤其领:"试论东晋南朝时期的佛儒道之争",《扬州大学学报(人文社会科学版)》,2006年第6期

张文勋:"儒、道、佛的自我超越哲学——孔子的'四毋'、庄子的'三无'和佛家的'破二执'之比较"《中国文化研究》,2006第4期

孙亦平:"论杜光庭的三教融合思想及其影响",《中国哲学史》,2006年第4期

叶小文:"刍议儒释道之'和'",《宗教学研究》,2006年第1期

张明学、唐大潮:"试析闵一得'真一'、'真元'论及其三教观",载《昆嵛山与全真道——全真道与齐鲁文化国际学术研讨会论文集》,宗教文化出版社,2006年

王红霞:"论权德舆的儒、释、道观",载《唐五代文化论稿》,巴蜀书社,2006年

吴伯曜:"'三教合一'思想对晚明'四书学'的影响——以林兆恩《四书正义》为例",《高雄道教学院学报》,2006年第2期

何善蒙:"林兆恩'三教合一'的宗教思想浅析",《逢甲人文社会学报》,2006年第12期

冯晓馨:"从樊逊《举秀才对策》探究南北朝时期儒释道三家的排拒与调和",《宗教哲学》,2006年第36期

龚鹏程:"《红楼梦》与儒道释三教关系",载《红楼梦十五讲》,北京大学出版社,2006年

严耀中:"佛、道、儒合一与社会和谐的建设",《佛教文化》,2007年第3期

范玉秋:"三教合一与全真道",《管子学刊》,2007年第3期

聂士全:"宋代以前的三教关系述论",《河池学院学报》,2007年第4期

洪修平:"儒佛道思想家与中国思想文化",《江苏社会科学》,2007年第6期

南潮:"唐初佛道儒三教文化交流中的冲突和融合",《民族论坛》,2007年第2期

李海燕,乔东:"王绩对三教思想的包容与超越",《山东社会科学》,2007年第9期

孙浩然,翟艳春:"袁宏道与晚明'三教合一'思潮",《商丘师范学院学报》,2007年第10期

陈兵:"晚唐以来的三教合一思潮及其现代意义",《四川师范大学学报(社会科学版)》,2007年第4期

张煜:"文化的多元与冲突——兼析《弘明集》、《广弘明集》中的三教关系",《天津社会科学》,2007年第1期

丁常春:"伍守阳的三教合一论",《西南民族大学学报(人文社科版)》,2007年第2期

李景阳:"魏晋隋唐儒学的发展及与佛道的关系",《现代企业教育》,2007年第12X期

李晓婧,杨维中:"从诠释学方法看儒、道对佛教心性思想的影响",《徐州工程学院学报》,2007年第1期

杨军:"论三教融合背景下的正一道",《云南社会科学》,2007年第4期

何静:"论王阳明的致良知说对儒释道三教的融合",《浙江社会科学》,2007年第3期

洪修平:"论道家思想的曲折发展及其现代意义——以儒佛道三教关系为视角",《宗教学研究》,2007年第1期

洪修平:"论道家思想的曲折发展及其现代意义——以儒佛道三教关系为视角",载《探寻真善美——汤一介先生80年华诞暨从教五十五周年纪念文集》,北京大学出版社2007年

吕建福:"魏晋南北朝时期佛教的传播与中国民族观的嬗变——以儒、释、道三教论争为中心",载《长安史学(第4辑下)》,中国社会科学出版社,2007年

杨维中:"论儒道佛三教伦理的冲突、融合与统一",载《东吴哲学(2006年卷)》,吉林人民出版社,2007年

吕锡琛:"金丹派南宗的修炼思想及其与儒释的关系",《宗教哲学》,2007年第42期

李建华,钟翠红:"论隋炀帝的三教观",《宝鸡文理学院学报(社会科学版)》,2008年第4期

洪修平:"三教关系视野下的玄佛合流、六家七宗与《肇论》",《佛学研究》,2008年第0期

张学智:"焦竑的和会三教和复性之旨:兼论中国文化的融释精神",《国际儒学研究》,2008年第0期

潘其光:"北宋名僧对'三教一致'论的新发展",《湖北第二师范学院学报》,2008年第3期

吕明灼:"儒佛道'三教一家'的奥秘",《孔子研究》,2008年第3期

孙利:"朱熹对佛老心性思想的借鉴与批判",《廊坊师范学院学报》,2008年第1期

李见勇,王勇:"三教合一 归终理学:论林希逸《庄子口义》的思想倾向",《内江师范学院学报》,2008年第1期

袁志鸿:"陶弘景的三教合流",《三联竞争力》,2008年第4期

杨振峰:"佛、儒、道与玄学",《山西师大学报(社会科学版)》,2008年第S2期

史冰川,潘显一:"有无相生,和而不同——试析宋代道教与儒、佛的文化互动",《西南民族大学学报(人文社科版)》,2008年第5期

邓晨夕:"《东京梦华录》中的儒、释、道三教合流研究",《新乡学院学报(社会科学版)》,2008年第1期

魏月萍:"从'良知'到'孔矩':论阳明后学三教合一观之衍变",《中国哲学史》,2008年第4期

王孺童:"儒道佛和谐共生的文化路径",《中国宗教》,2008年第10期

杨善友,车轩:"丘处机的三教合一思想",《宗教学研究》,2008年第1期

屈直敏:"从三教造像的演进看儒释道的融合",《普门学报》,2008年第45期

李庆余:"死之困惑与死之超脱——试论儒释道三家对死亡的凝视",《志莲文化集刊》,2008年第4期

吴承学:"《西游记》的三教合一和佛道轩轾",载《20世纪〈西游记〉研究(下)》,文化艺术出版社,2008年

许颖:"太虚大师三教关系论与人间佛教",载《潮音永辉——纪念太虚大师示寂六十周年文集》,宗教文化出版社,2008年

洪修平:"儒佛道思想家与中国思想文化",《宗教大同》,2008年7期

赵伟:"林兆恩与明末三教合一论比较",《东方论坛》,2009年第2期

张树青,刘丹:"儒、释、道的荣辱观比较研究",《吉林师范大学学报(人文社会科学版)》2009年第2期

陈龙:"唐代三教融合思潮对白居易思想的影响",《暨南学报(哲学社会科学版)》,2009年第1期

黄海涛,刘芳,陈雯:"浅析儒家文化的和谐会通之势:以明清时期'三教合一'思想为例",《孔学研究》,2009年第0期

洪修平:"论中国佛教的曲折发展及其现代意义——以儒佛道三教关系为视角",《南京社会科学》,2009年第2期

张仲娟,高永旺:"简论儒佛道三教关系的演变及发展规律",《青海民族学院学报》,2009年第1期

刘亚明,胡敏燕:"从佛教圆融思想看文化和谐之可能:以儒释道三教文化的圆融为例",《求索》,2009年第1期

唐艳秋,彭战果:"一二之辩与方以智三教合一思想",《山东大学学报(哲学社会科学版)》,2009年第1期

唐大潮,周冶:"南宋元明时期佛教'三教合一'思想略论",《世界宗教研究》,2009年第2期

黎业明:"湛若水与王阳明关于儒释道问题的论辩",《学术研究》,2009年第6期

李铁华:"《牟子理惑论》新探",《殷都学刊》,2009年第3期

曹静:"论刘熙载的儒道佛圆通思想",《语文学刊》,2009年第17期

何静:"儒佛道交融的朱熹天理论",《浙江社会科学》,2009年第12期

宋道发:"本迹史观视野中的三教关系",《宗教学研究》,2009年第2期

胡春业:"'无极'融摄儒释道修道文化思想体系之精华",《海潮音》2009年第90卷第3~5期

杜保瑞:"论胡宏对二程儒学的继承与对道佛的批评",《嘉大中文学报》,2009年第2期

余嘉锡:"《牟子理惑论》检讨",《普门学报》,2009年第53期

何静:"论王阳明的致良知说对儒释道三教的融合",载《阳明学综论》,中国人民大学出版社,2009年

丘轶皓:"吾道——三教背景下的金代儒学",《新史学》,2009年第20卷第4期

洪修平:"论中国佛教的曲折发展及其现代意义——以儒佛道三教关系为视角",《宗教大同》,2009年第8期

洪修平:"论儒、道、佛三教人生哲学的异同与互补",载《国学新论》,人民出版社,2009年

程曦:"试论方以智的'三教会通'思想",《安庆师范学院学报(社会科学版)》,2010年第10期

施保国,李霞:"方以智的禅道观与三教融通论",《池州学院学报》,2010年第2期

张树青:"儒、释、道自杀观比较分析",《东北师大学报(哲学社会科学版)》,2010年第6期

曹秀明:"牟子之道及其对儒道佛三家之评价",《佛学与科学》,2010年第1期

许东:"论张积中的三教观",《管子学刊》,2010年第2期

刘林魁:"永平求法传说与三教论衡",《贵州社会科学》,2010年第12期

宋志明:"论三教并立的形成与中国哲学的新开展",《邯郸学院学报》,2010年第2期

赵振:"二程的生死关怀理论及对佛、道的批判",《河南师范大学学报(哲学社会科学版)》,2010年第1期

刘永海,许伟:"从元代道教史籍看道教的三教圆融思想",《淮阴师范学院学报(哲学社会科学版)》,2010年第2期

赵兵武:"刘名瑞的三教合一思想浅论",《剑南文学》,2010年第3期

鲍希福:"试论陆九渊的儒释道三教会通思想",《江汉论坛》,2010年第3期

徐兆仁:"儒、佛、道修持思想与实践探源",《晋阳学刊》,2010年第6期

洪修平:"儒学、中国文化与世界多元文明:以儒佛道三教关系为视角",《孔子研究》,2010年第4期

万志全:"儒道佛人生境界比较研究",《内蒙古社会科学(汉文版)》,2010年第1期

赵伟:"林兆恩与《三教开迷归正演义》",《青岛大学师范学院学报》,2010年第4期

马伯乐,胡锐:"中国的民间宗教与儒释道三教",《世界宗教文化》,2010年第1期

施保国:"方以智的三教融通论",《世界宗教研究》,2010年第4期

刘守政:"管志道研究现状综述及其三教合一观本体论浅探",《世界宗教研究》,2010年第5期

蔡振丰:"方以智三教道一论的特色及其体知意义",《台湾东亚文明研究学刊》,2010年第1期

罗安宪:"敬、静、净:儒道佛心性论比较之一",《探索与争鸣》,2010年第6期

贾来生:"苏轼三教思想探微",《天水师范学院学报》,2010年第3期

韩焕忠:"三教合一新论",《武汉科技大学学报(社会科学版)》,2010年第5期

张波,王长坤:"李柏三教观研究",《西北大学学报(哲学社会科学版)》,2010年第1期

张培高:"张三丰的'三教合一'思想论:以《张三丰全集》为基本文献的理论考察",《郧阳师范高等专科学校学报》,2010年第2期

梁一群:"明代'三教合一'中异同辨析的意义:基于莲池《竹窗随笔》的解读",《浙江学刊》,2010年第2期

刘聪:"冯友兰的三教关系论",《郑州轻工业学院学报(社会科学版)》,2010年第5期

任法融:"三教同源:在武夷山'道、儒、释三教论坛'上的讲话",《中国道教》,2010年第1期

蒋国保:"方东美论儒释道会通",《中国社会科学院研究生院学报》,2010年第3期

王政书:"论陆西星三教合一思想",《中华文化论坛》,2010年第2期

许伟:"白玉蟾融通三教之内丹性命思想论析",《宗教学研究》,2010年第4期

刘立夫:"唐代宫廷的三教论议",《宗教学研究》,2010年第1期

蔡方鹿:"张商英三教'鼎足之不可缺一'的思想",《宗教学研究》,2010年第2期

陈宗健:"论王龙溪三教思想中'以儒为宗'之修炼观",《有凤初鸣年刊》,2010年第6期

叶毅均:"思想史中的耶律楚材:兼论金元之际三教调和论的特殊成因",《中国历史学会史学集刊》,2010年第42期

曹秀明:"牟子之道及其对儒道佛三家之评价",《佛学与科学》,2010年第11卷第1期

唐经钦:"论明末以儒义融通三教之心体观——以王龙溪与林兆恩为例",《鹅湖学志》,2010年第44期

蔡振丰:"方以智三教道一论的特色及其体知意义",《台湾东亚文明研究学刊》,2010年第7卷第1期总号第13期

周玟观:"王教视域下'三教论议'之类型分析:从'龙朔论议'谈起",《彰化师大国文学志》,2010年20期

刘浩洋:"'三教归易':明遗民方以智忠、孝两全的生命实践",《东华汉学》,2010年第12期

锺云莺:"清末民初民间教派'三教融合'经典诠释策略刍议",《台湾宗教研究》,2010年第9卷第2期

李四龙:"论儒释道'三教合流'的类型",《北京大学学报(哲学社会科学版)》,2011年第2期

汪国林:"北宋新儒学先驱范仲淹的佛道情结",《船山学刊》,2011年第2期

李国红:"儒佛道三教对话的基础和形式",《船山学刊》,2011年第1期
李国红:"马一浮论三教同归性命之理",《广西社会科学》,2011年第3期
吴晓华:"以佛庄证孔:章太炎道佛视阈下的儒学解读",《广西社会科学》,2011年第12期
潘志锋:"方以智'三教合一'的超越性道统观",《河北学刊》,2011年第6期
刘元青:"方以智'三教合一'思想探微:以生死观为例",《江汉大学学报(人文科学版)》,2011年第4期
蔡方鹿:"北宋蜀学三教融合的思想倾向",《江南大学学报(人文社会科学版)》,2011年第3期
张玉璞:"宋代'三教合一'思潮述论",《孔子研究》,2011年第5期
韩星:"全真道三教合一的理论特征",《兰州大学学报(社会科学版)》,2011年第5期
张玉璞:"宋前儒佛道三教关系述论",《齐鲁学刊》,2011年第2期
陈坚:"比德、性德和道德:儒佛道三家'德'论比较",《清华大学学报(哲学社会科学版)》,2011年第1期
段玉明:"从相争到合流:中国古代儒释道对话的当代启示",《学术探索》,2011年第5期
刘金成:"从道教善书探三教融合:对《关圣帝君觉世真经》的研究",《中国道教》,2011年第1期
锺永兴:"王通'中道思想'与'三教可一说'之商榷",《哲学与文化》,2011年第38卷第6期总号第445期

2. 儒佛关系

笠居众生:"论人心道心与佛学唯心之异同",《海潮音》,1920年第1卷第1期
许敬彬记录、姚民俊记录:"训言:佛与儒",《黄山钟》,1924年第4、5期
天然:"儒家谈中与佛法中道之比较",《海潮音》,1924年第4期
光霞:"儒家谈中与佛法中道之比较",《海潮音》,1924年第5期
释圆瑛:"儒释同源论",《南瀛佛教会会报》,1924年第2卷第2号
现月:"儒家谈中与佛法中道之比较",《海潮音》,1924年第5卷第4期
藏贯禅:"儒释一贯序",《世界佛教居士林林刊》,1925年第11期
刘传厚:"儒释一贯之浅说",《世界佛教居士林林刊》,1925年第18期
释普明:"(文钞)释儒合辙",《南瀛佛教会会报》,1925年第3卷第2号
印老法师:"因果为儒释圣教之根本说",《净业月刊》,1926年第1期
圆瑛:"佛儒教理同归一辙",《世界佛教居士林林刊》,1926年第13期
印光:"儒释一贯序",《佛光社社刊》,192年7第2期
佛煜:"佛家五戒与儒家五常异同论",《四川佛教旬刊》,1927年第60号
曼离:"黄宗羲的儒释观",《宁潮学报》,1928年第7期
曼离:"黄宗羲的儒释观(续)",《宁潮学报》,1928年第8期
唐大圆:"儒释抉择谈",《海潮音》,1930年第11卷第11、12期
释圆瑛:""佛儒教理同归一辙",《正觉杂志》,1930年第4期
王德林:"儒道二家通释",《江苏学生》,1933年第4、5期

普明:"释与儒",《弘法社刊》,1933 年第 23 期
胡晋接:"与刘亚林居士论佛易一如书",《学风》,1934 年第 3 期
林一新:"谭嗣同的思想及其与儒佛之关系",《文化建设》,1935 年第 12 期
郑松生:"因祀孔而想到念佛因念佛而想到儒佛一贯",《佛教居士林特刊》,1935 年第 24 期
融空:"儒佛心要",《佛学半月刊》,1935 年第 100 期
徐槐廷:"儒释合一说",《佛学半月刊》,1935 年第 100 期
崔澍萍:"儒佛实无二致",《佛学半月刊》,1935 年第 113 期
尘隐:"儒佛会勘",《海潮音》,1935 年第 2 期
太虚:"阅儒佛会勘随笔",《海潮音》,1935 年第 2 期
崔澍萍:"佛儒合一之略说",《北平佛化月刊》,1936 年第 40 期
念西法师:"佛儒合一(诗偈)",《大生报》,1936 年第 6/7/8 期合刊
古逸:"佛法儒理不相远说",《佛学半月刊》,1936 年第 119 期
子培:"儒者学佛考",《佛学半月刊》,1936 年第 122 – 135 期
江易园:"佛儒合一救劫的根本大义",《佛学半月刊》,1936 年第 134 期
江谦:"敬赞蕅益大师儒释一宗议",《佛学半月刊》,1936 年第 139 期
高观如:"唐代以前儒佛两家之关系",《微妙声》,1936 年第 1 期
(日)磯部精一:"儒教佛教の長所と短所",《南瀛佛教》1937 年第 15 卷第 8 号
高观如:"唐代儒家与佛学(一)",《微妙声》,1937 年第 3 期
管志道:"儒者护持正法",《佛学半月刊》,1939 年第 193 期
张心若:"佛儒学衡",《佛化评论》,1940 年创刊号
管志道:"参释门行起解绝之义以定儒家论世权衡",《佛学半月刊》,1940 年第 196 期
管志道:"剖儒释现悟修证境界",《佛学半月刊》,1940 年第 200 期
黄醉渔:"儒佛教化为东方文化根本论",《佛学半月刊》,1940 年第 200 期
管志道:"儒释两家诐辞",《佛学半月刊》,1940 年第 201 期
管志道:"儒者当究一大事因缘之义",《佛学半月刊》,1940 年第 204 期
管志道:"儒释家贤位圣位浅深权实之辨",《佛学半月刊》,1940 年第 207 期
忏罪学人:"论由儒入佛办及五乘",《弘化月刊》,1941 年第 5 期
徐颂尧:"儒佛心要发凡",《阳明学》,1941 年第 3 期
持平:"由儒佛相似之一点说到世间文化的结晶",《民意》,1941 年第 10 期
邓子琴:"中国儒道两家思想之对立及其衍变之趋势",《志学月刊》,1942 年第 2 期
刘剑青:"略谈论语与儒学之大乘思想",《佛学月刊》,1942 年第 1 卷第 11 期
江易园:"论提倡灵峰蕅祖佛儒一宗学说及开办灵峰学社之必要",《觉有情》,1942 年第 60/61 期
熊慕新:"论宇宙中心与儒佛中道",《海潮音》,1942 年第 23 卷第 10 期
何海鸣:"儒与佛的意识观",《中日文化》,1943 年第 11、12 期
了空:"易理与佛法",《海潮音》,1946 年第 27 卷第 1 期

涯民:"论述:儒释发展比较观",《三一校刊》,1947年第3期
益智仁:"儒家的仁与佛家的慈悲",《海潮音》,1958年第39卷第10期
竺摩:"佛儒自力的人生观",《海潮音》,1960年第41卷第1期
侯家驹:"佛家的正定与儒家的宁静",《海潮音》,1960年第41卷第3期
申心:"佛学的人乘与儒学的人伦",《文海》,1964年第1卷第5期
李朝贤:"佛儒同本同源",《慧炬》,1964年革新9/10期总号第26/27期
杨极东:"论禅宗与宋儒理学",《慧炬》,1967年第53/54期
王水松:"禅宗与宋明理学",《慧炬》,1967年第56期
陈龙雄:"儒佛思想与东方文化",《慧炬》,1968年第61期
东初:"僧肇佛学思想之玄学化",《海潮音》,1968年第49卷第6期
杜松柏:"佛学对宋明理学的影响",《慧炬》,1969年第69期
东初:"宋明理学与禅宗文化",《海潮音》,1969年第50卷第5期
罗有桂:"儒佛的伦理思想",《慧炬》,1970年第78期
张晋国:"孔子思想与佛学",《菩提树》,1970年第18卷第6期
道瑞良秀;释慧岳译:"佛教与儒家伦理",《海潮音》,1971-1972年第52卷第3期~第53卷第4期
曾定一:"儒与禅",《学园》1971年6卷第6、7期
苏文和:"佛儒思想浅说",《慧炬》,1971年第89期
吴怡:"阳明思想与禅学",《文艺复兴》,1972年第25期
南怀瑾:"宋明理学与禅宗",《孔孟学报》,1972年第23期
王熙元讲,陈敏龄记:"佛家思想与儒家学说的比较",《慧炬》,1972年第101期
释能学:"儒家与佛家",《香港佛教》,1972年第144期
吴怡:"充满了禅味的王阳明",《慧炬》,1972年第102/103期
新觉生:"韩愈的排佛予宋儒的影响",《新觉生》,1972年第10卷第12期
苏文擢:"韩愈对佛徒之接触与态度",《联合书院学报》,1973年第11期
陈阿教:"佛法五戒与儒家五常",《狮子吼》,1973年第12卷第10期
晓云:"读藕益大师之论儒佛",《文艺复兴》,1973年第37期
黄公伟:"宋明理学与佛法的融会",《内明》,1973年第15期
施炳华:"朱子与佛教",《慧炬》,1973年第113/114期
周邦道:"佛家道德与儒家比观",《华学月刊》,1973年第19期
萧美丽:"儒家与佛家思想上的共通点",《慧炬》,1973年10月第115/116期
释能学:"论韩愈原道篇之排佛",《香港佛教》,1974年第167期
林庆桐:"儒佛两家的省察工夫",《慧炬》,1974年第124/125期
黄公伟:",从知德一致论儒佛精神的融贯《狮子吼》,1974年第13卷第7/8期
郭文夫:"从佛学精神评论孔颖达周易正义序之谬误",《哲学与文化》,1974年第10、11期
朱世龙:"谈佛与儒(上)",《狮子吼》,1975年第14卷第1~4期

仁化:"读六祖坛经证阳明心学亦本于佛慧之义而出",《中国佛教》,1975 年第 19 卷第 6 期

杨管北:"儒佛的融通",《慧炬》,1975 年第 135/136 期

仁化:"阳明学与佛慧学合论",《中国佛教》,1975 年第 19 卷第 10 期

杜松柏:"宋代理学与禅宗之关系",《孔孟学报》,1975 年第 30 期

彭楚珩:"佛儒理事之比较观",《狮子吼》,1975 年第 14 卷第 9 期

陈兆芸:"儒佛二家似分而合",《慧炬》,1975 年 10 月第 137/138 期

唐君毅讲:"略谈宋明儒学与佛学之关系",《哲学与文化》,1976 年第 3 卷第 1 期

吴怡:"王阳明的儒家禅",《中央月刊》,1976 年第 8 卷第 3 期

杨管北:"儒佛的宗旨及修持方法",《慧炬》,1976 年第 143 期

王煜:"从瑜伽与禅定以论陆象山、王阳明、王龙溪之学非禅非佛",《新亚书院学术年刊》,1976 年第 18 期

蔡尚志:"韩愈、柳宗元论佛教",《畅流》,1977 年第 54 卷第 10 期

张君劢:"佛教及于新儒家之刺激",《鹅湖》,1977 年第 2 卷第 9 期

姚思周:"从宋明儒的儒佛之辩说起",《铎声》,1977 年第 15 卷第 4 期

陈子槐:"浅探佛教来华及其与儒学之异同",《史化》,1977 年第 8 期

张志良:"阳明哲学与禅宗",《中美技术》,1977 年第 22 卷第 2 期

仁化:"儒佛思想之圆融贵在会其各别寻其相通",《狮子吼》,1977 年第 16 卷第 7 期

仁化:"儒家言性重在人文本位与佛言性有别",《中国佛教》,1977 年第 21 卷第 11 期

林秀珍:"论儒家的仁义与佛家的慈悲",《慧炬》,1977 年第 159/160 期

王丽琴:"试论儒家的仁爱与佛家的慈悲",《慧炬》,1978 年第 172 期

王志楣:"阳明学中佛学的影子",《孔孟月刊》,1978 年第 16 卷第 7 期

何美秀:"朱子思想与佛家思想的渊源",《海潮音》,1978 年第 59 卷第 4 期

陈庆煌:"王阳明之禅学与禅诗",《慧炬》,1978 年第 167 期

陈荣波:"儒家的孝道与佛教的慈悲观",《慧炬》,1978 年第 170/171 期

杜松柏:"儒佛的入世与用世",《狮子吼》,1978 年第 17 卷第 8/9 期

智铭:"佛家慈悲与儒家仁爱之比较",《内明》,1978 年第 80 期

智铭:"谈儒佛的厚生与无生",《内明》,1979 年第 91 期

张志良:"阳明哲学与禅宗",《艺术学报》,1979 年第 26 期

田光烈:"折衷儒释——论王安石哲学思想的一个特点",载《中国哲学史论文集(第 1 辑)》,山东人民出版社,1979 年

傅显达:"柳宗元圆融儒佛的思想析论",《慧炬》,1979 年第 178 期

荒木见悟;如实译:"阳明学与明代佛学",《佛光学报》,1979 年第 4 期

洪锦淳:"佛教五戒与儒家五常相通说",《慧炬》1979 年第 180 期

杨博清:"论儒佛二家的主体精神",《慧炬》,1979 年第 186 期

朱建民:"论张横渠之弘儒以反佛",《鹅湖》,1980 年第 5 卷第 7~9 期

潘重规:"从敦煌遗书看佛教提倡孝道",《华冈文科学报》,1980年第12期

龚鹏程:"孔颖达周易正义与佛教之关系",《孔孟学报》,1980年第39期

苏友仁:"佛儒思想之异同",《文艺复兴》,1980年第111期

林聪舜:"王弼易注对孔老之体认",《孔孟月刊》,1980年第18卷第10期

孙昌武:"试论柳宗元的'统合儒释'思想",载《中国哲学中研究集刊(第1辑)》,上海人民出版社,1980年

赵鹏飞:"论儒家的中庸主义与佛家的中道思想",《慧炬》,1980年第194/195期

海云:"韩愈辟佛的理论与矛盾",《香港佛教》,1980年第246期

乐寿明:"佛教的理事说与朱熹的理气观",《哲学研究》,1981年第9期

孟广耀:"论耶律楚材的佛教思想——兼释他的'以佛治心,以儒治国'的济世方针",《内蒙古社会科学(汉文版)》,1981年第6期

杨政河:"魏晋南北朝佛学思想玄学化之研究",《华冈佛学学报》,1981年第5期

秦家懿:"朱子与佛教",《新亚学术集刊》,1982年第3期

崔大华:"说'阳儒阴释'——理学与佛学的联系和差别",《中国哲学史研究》,1982年第4期

张永俊:"二程先生'辟佛说'合议",《国立台湾大学哲学论评》,1982年第5期

陈郁夫:"北宋新儒对禅佛的辟评",《思与言》,1982年第20卷第1期

张永俊:"宋儒'辟佛'经纬谈",《中国佛教》,1982年第26卷第8期

朱建民:"张载天道论中对佛家的批评",《中国佛教》,1982年第26卷第8期

廖樱妃:"论儒佛两家的道德修养",《慧炬》,1982年第216期

郭盈兰:"儒佛教说与人生归趣",《慧炬》,1982年第222期

唐志敬:"柳宗元'统合儒释'论初探",《广西民族学院学报(哲学社会科学版)》,1983年第2期

田文棠:"从道安的佛教思想看魏晋的佛玄交融",《陕西师大学报(哲学社会科学版)》,1983年第3期

沈鸿南:"试论儒佛二家的修持方法与归趣",《中国佛教》1983年第27卷第2期

杨政河:"论儒家的忧患存心与佛家的慈悲立愿",《中国佛教》,1983年第27卷第3期

陈郁夫:"南宋新儒对禅佛的批评",《国文学报》1983年第12期

萧各朝:"儒家思想与佛教关系",《中国佛教》,1983年第27卷第7期

王国炎:"魏晋南北朝的儒佛融合思潮和颜之推的儒佛一体论",《江西大学学报(哲学社会科学版)》,1984年第4期

高大威:"从'了凡四训'看儒佛的会通",《慧炬》,1984年第235、236/237期

钱新祖;林聪舜译:"新儒家之辟佛:结构与历史的分析",《鹅湖》1984年第9卷第8期总号第104期

简添兴撰:"韩愈与欧阳修之辟佛思想",《嘉义农专学报》,1984年第10期

张君劢:"佛教及于新儒家之刺激",《中国佛教》,1984年第28卷第6期

熊琬:"从儒佛思想探讨人性尊严与中道",《海潮音》1984年第65卷第8期

熊琬:"朱子理学与佛学",《华冈佛学学报》,1984年7期

蒋义斌:"朱熹之排佛及其对王安石之评价",《史学汇刊》,1984年第13期

柳絮:"儒佛要略",《慧炬》,1985年第248/249期

陈郁夫:"明代中叶程朱学者对禅佛的批评",《国文学报》1985年第14期

张德麟:"程明道辨佛的理论根据",《孔孟月刊》,1985年第23卷第11期总号第275期

邱惜玄:"儒佛两家道德思想之比较与融会",《中国佛教》,1985年第29卷第11期

熊琬:"论儒佛教育特质及其时代意义",《华梵佛学年刊》,1986年第5期

郭朋:"从宋僧契嵩看佛教儒化",《孔子研究》,1986年第1期

蔡丁财:"孔子与释迦佛教育思想比较研究",《慧炬》,1986年第268期

高大成:""儒佛会通与人生基本观念的建立,《中国佛教》,1986年第30卷第10期

王基伦:"儒佛二家修己待人的方法研究",《中国佛教》,1986年第30卷第2期

陈郁夫:"先秦儒家与原始佛教基本思想的差异",《国文学报》,1986年第15期

蔡纯:"谈佛学及儒佛二家融合真义",《中国佛教》,1986年第30卷第7期

梅兴柱:"试论欧阳修的反佛思想",《河北师院学报(哲学社会科学版)》,1987年第2期

杜继文:"儒释三议",《孔子研究》,1987年第1期

洪修平:"也谈两晋时代的玄佛合流问题",《中国哲学史研究》,1987年第2期

杭大元:"论儒家的中庸和佛家的中道",《中国佛教》,1987年第31卷第1期

唐大元:"论佛儒两家之中道思想比较与会通",《中国佛教》,1987年第31卷3/4期

方兴:"王守仁的理学与佛学",《内明》,1987年第184期

罗清芳:"浅谈佛教弘化利生与儒家内圣外王",《慧炬》,1987年第281期

赖建成:"欧阳修之排佛与释子之辩驳",《狮子吼》1987年第26卷第11/12期

隗芾:"韩愈攘斥佛教的动机与效果",《汕头大学学报(人文科学版)》,1988年第1、2期

孙昌武:"论'儒释调和'",《哲学研究》,1988年第5期

王一民:"试论柳宗元的'统合儒释'",《中国哲学史研究》,1988年第3期

梁漱溟:"儒佛异同论",《文星》,1988年第115期

刘贵杰:"契嵩思想研究:佛教思想与儒家学说之交涉",《中华佛学学报》1988年第2期

汪乃珍:"论儒佛之融贯",《中国佛教》,1988年第32卷第8、9/10期

蔡诚之:"孝的真谛:从儒佛的观点来谈",《中国佛教》1988年第32卷第8期

曾锦坤:"佛教对宋明理学的影响",《狮子吼》1988年第27卷第9、10期

冯耀明:"朱熹对儒佛之判分",《汉学研究》,1988年第6卷第2期总号第12期

刘湘王:"熊十力由佛转儒的思想变迁",《中华文化复兴月刊》,1988年第21卷第12期总号第249期

戢斗勇:"二程的'以易胜佛'与儒学的突变",《江西社会科学》,1989年第1期

卢开万:"现代新儒家梁漱溟的儒佛会通观",《南开学报(哲学社会科学版)》,1989年第4期

刘兴邦:"论李贽亦佛亦儒非佛非儒的双重价值取向",《湘潭大学学报(社会科学版)》,1989年第4期

赖永海:"佛性与人性——论儒佛之异同暨相互影响",《哲学研究》,1989年第11期

方立天:"佛教的人生哲学:兼论佛儒人生哲学之异同",《中国哲学史研究》,1989年第1期

丁钢:"儒佛教学制度之比较研究",《内明》,1989年第204期

冬暖:"谈儒、佛的孝道思想",《文艺月刊》,1989年第239期

何寄澎:"论释契嵩思想与儒学的关涉",《幼狮学志》,1989年第20卷3期

曾锦坤:"从存有论与心性论谈儒家与佛教的区分",《孔孟学报》,1989年第58期

赖永海:"佛性、本心与良知——陆王心学与佛学",《中国文化月刊》,1989年第122期

孟兰芬:"儒佛人生价值观之比较",《道德与文明》,1990年第2期

李锦全:"柳宗元与'统合儒释'思潮",《晋阳学刊》,1990年第6期

王月珽:"论耶律楚材的宗儒重禅",《内蒙古大学学报(哲学社会科学版)》,1990年第4期

李天纲:"'补儒易佛':徐光启的比较宗教观",《上海社会科学院学术季刊》,1990年第3期

赖永海:"佛性与人性(论儒佛之异同暨相互影响)",《无神论、宗教》,1990年第1期

方立天:"儒佛人生价值观之比较",《中国社会科学》,1990年第1期

李天纲:"补儒易佛——徐光启的比较宗教观",《中国文化月刊》,1990年第124期

曾庆豹:"儒释融通:一个哲学思想史的初探",《慧炬》,1990年第308/309期

印朗:"从《谏迎佛骨表》看韩愈对佛教思想",《香港佛教》,1990年第359期

曾锦坤:"冯友兰论佛儒交涉",《菩提树》,1990年第453期

任继愈:"从佛教到儒教——唐宋思潮的变迁",《中国文化(风云时代)》,199年第03期

诚遥:"魏晋南北朝儒佛交融的历史原因浅析",《安庆师范学院学报(社会科学版)》,1991年第4期

汪泛舟:"敦煌佛教文学儒化倾向考",《孔子研究》,1991年第3期

陈志明:"明中叶学者的儒释之辨:以王守仁、罗钦顺为例",《孔子研究》,1991年第4期

杨仁忠:"试从程颢程颐'以儒反佛'看洛学的儒学实质",《洛阳师专学报(社会科学版)》,1991年第1期

颜晨华:"儒佛之争与《四书》的崛起——泛论朱子哲学的文化意义",《齐鲁学刊》,1991年第2期

林安悟:"当代儒佛论争的几个核心问题——以熊十力与印顺为核心的展开",《谛观》,1991年67期

释慧严:"彭际清与戴震的儒佛论辩",《东方宗教研究》,1991年第2期

熊琬:"明代理学与禅",《国文天地》,1991年第7卷第2期总号第74期

束景南:"华严禅的'即事而真'与程朱理学的'即物穷理'",《佛学研究(中国佛教文化研究所学报)》,1992年第1期

郎宝如:"柳宗元'统合儒释'思想评价",《内蒙古大学学报(人文.社会科学版)》,1992年第3期

詹国彬:"张载斥佛思想辨析",《陕西师范大学学报(哲学社会科学版)》,1992年第2期

王煜:"北宋德洪觉范禅师融会儒释",《世界宗教研究》,1992年第4期

郭绍明,周桂钿:"柳宗元佛论分析",《世界宗教研究》,1992年第4期

石峻:"宋代正统儒家反佛理论的评析",《世界宗教研究》,1992年第2期

赖永海:"儒佛之异同及其相互影响",《中国文化月刊》,1992年第150期

赖永海:"宋元时期佛儒交融思想探微",《中华佛学学报》,1992年第5期

李锦全:"儒、佛在人生价值取向上的矛盾融合——兼评柳宗元'统合儒释'论",载《禅学研究(第1辑)》,江苏古籍出版社,1992年

陈慧剑:"唐代王朝迎佛骨考:兼论法门寺与儒佛思想冲突的关系",《人文杂志》,1993年第S期

郭齐:"朱熹、道谦交往考",《中国哲学史》,1993年第2期

李存山:"罗钦顺的儒释之辨:兼论其与关学和洛学的关系",《中州学刊》,1993年第3期

洪修平:"略论玄学与禅学的相异互补与相通相摄",《中国文化月刊》,1993年第161期

王晓毅:"汉魏佛教与何晏玄学关系之探索",《中华佛学学报》,1993年第6期

罗邦柱:"辨儒释之异同 继白沙之绝学——甘泉遵道管窥",载《湛甘泉研究文集》,花城出版社,1993年

王一民:"试论柳宗元的'统合儒释'",载《柳宗元研究文集》,广西人民出版社,1993年

赵飞鹏:"从玄学到佛学",《崇右学报》,199年第34期

蔡惠明:"禅宗对程朱理学的影响",《内明》,1993年第261期

牟锺鉴:"从儒佛关系看韩愈、柳宗元与李翱",《圆光佛学学报》,1993年创刊号

赖永海:"佛儒之异同及其相互影响",《圆光佛学学报》,1993年创刊号

夏金华:"蕅益大师与《周易禅解》",《圆光佛学学报》,1993年创刊号

余敦康:"鸠摩罗什与东晋佛玄合流思潮",《世界宗教研究》,1994年第2期

洪修平、孙亦平:"试论玄禅人生观的异同",《孔孟月刊》,1994年第32卷第5期总号第377期

石峻:"魏晋玄学与佛教",《哲学与文化》,1994年第21卷第1期总号第236期

李存山:"罗钦顺的儒释之辨——兼论其与关学和洛学的关系",载《明代思想与中国文化》,安徽人民出版社,1994年

王志楣:"试论中国文化对佛教孝道观的融摄——对古正美《大乘佛教孝观的发展背景》一文的商榷",《中华学苑》,1994年第44期

冯晓庭:"'学佛以修心,学儒以治身'——宋僧智圆的儒学思想初探",《东吴中文研究集刊》,1994年第1期

慧云:"略论魏晋南北朝时期佛教的中国化和儒学的衰微",《菩提树》,1994年第42卷第6期总号第498期

路新生:"从援佛入儒和儒释之辨看理学的兴衰与干嘉考据学风的形成",《哲学与文化》,1994年第21卷第5期总号第240期

王寿云:"从文化融合到韩愈排佛——论韩愈之辟佛",《内明》,1994年第267期

陆宝千:"述马浮之以佛释儒",《中央研究院近代史研究所集刊》,1994年第23期(上)

郭伟川:"朱熹的逃禅归儒与潮州之旅",《中国文化(风云时代)》,1994年第10期

唐明邦:"以佛解《易》援儒证佛",《佛学研究(中国佛教文化研究所学报)》,1995年第4期

陈启智:"儒佛关系及其对现代文化建设的启示",《高等学校文科学报文摘》,1995年第5期

邓刚:"从《理惑论》看东汉末年儒佛之争及其影响",《江西教育学院学报(哲学社会科学版)》,1995年第2期

李明友:"马一浮的儒佛会通观",《孔子研究》,1995年第3期

陈晓芬:"柳宗元与苏轼崇佛心理比较",《社会科学战线》,1995年第2期

陈启智:"儒佛关系及其对现代文化建设的启示",《文史哲》,1995年第2期

郭齐:"弃儒崇释的真实写照——关于朱熹的两篇佚文",《文献》,1995年第1期

龚隽:"儒释之间——略论陈白沙哲学的工夫论",《中国文化研究》,1995年第2期

沈文捷:"魏晋时期的佛儒合一论",《宗教》,1995年第1、2期

张宏生:"儒释的沟通与互补——读契嵩《辅教编》札记",载《中国典籍与文化论丛(第2辑)》,中华书局,1995年

李豫川:"禅宗对阳明心学影响初探",《内明》,1995年第277期

蔡仁厚:"王阳明辨'心学与禅学'——《重修山阴县学记》之疏解",《东海哲学研究集刊》,1995年第2期

谭澎兰:"韩愈论佛骨表的缘起及其内容分析",《筧桥学报》,1995年第2期

漆侠:"晁迥与宋学——儒佛思想的渗透与宋学的形成",《河北大学学报(哲学社会科学版)》,1996年第3期

魏道儒:"从伦理观到心性论——契嵩的儒释融合学说",《世界宗教研究》,1996年第2期

曾其海:"朱熹理学与天台佛学的关系",《台州学院学报》,1996年第1期

龚隽:"禅慧与儒境——白沙心学的持养与境界论",《中国文化》,1996年第1期

史金波:"儒释兼容、东西交汇——多元色彩的西夏文化",《历史月刊》,1996年第105期

蔡方鹿:"佛教与二程理学",《宗教哲学》,1996年第2卷第1期总号第5期

龚鹏:"禅慧与儒境——白沙心学的持养与境界论",《中国文化(风云时代)》,1996年第13期

邱敏捷:"宋明理学'去欲'观与佛法'离欲'说的异同",《孔孟月刊》,1996年第35卷第1期总号第409期

王晓毅:"西晋玄学与佛教的互动",《中国文哲研究集刊》,1996年第9期

方立天:"儒佛心性论的互动",《哲学与文化》,1996年第23卷第11、12期总号第270、271期

徐文明:"出世之教与治世之道:试论儒佛的根本分际",《北京师范大学学报(社会科学版)》,1997年第3期

李作勋:"儒佛交融与朱熹心性论的形成",《贵州社会科学》,1997年第2期

耿敬:"《理惑论》与汉末儒佛伦理的矛盾冲突",《历史教学问题》,1997年第5期

孔毅,李民:"魏晋玄学的衰落及其与佛教的合流",《许昌师专学报(社会科学版)》,1997年第2期

林正珍:"论康有为援佛入儒的大同学说",《宗教哲学》,1997年第3卷第2期总号第10期

范佳玲:"二程与佛学思想之交涉",《东吴中文研究集刊》,1997年第4期

古清美:"蕺山学的儒释之辨",《佛学研究中心学报》,1997年第2期

林镇国:"现代儒家的佛教诠释:以熊十力与牟宗三为例",《国立政治大学哲学学报》,1997年第4期

孙修身:"儒释孝道说的比较研究",《敦煌研究》,1998年第4期

陈允吉:"东晋玄言诗与佛偈",《复旦学报(社会科学版)》,1998年第1期

孔毅:"东晋南朝的经学及其玄化和佛化",《江苏社会科学》,1998年第1期

郭齐:"朱熹从道谦学禅补证",《人文杂志》,1998年第2期

李勇:"儒佛会通与现代新儒家、人间佛教的形成",《社会科学战线》,1998年第4期

程恭让:"现代新儒学的佛教学缘",《学术月刊》,1998年第8期

李昶:"简析张君劢的儒佛关系论",《中山大学研究生学刊(社会科学版)》,1998年第2期

陈坚:"以佛解易 佛易一家——读智旭《周易禅解》",《周易研究》,1998年第4期

元锺实:"濂溪理学之'静无'工夫论与慧能禅宗之'实践论'",《孔孟学报》,1998年第75期

李向平:"熊十力哲学的缺失与儒佛会通",《二十一世纪》,1998年第46期

萧群忠:"孝道观之儒释道关系论",《孔孟月刊》,1998年第36卷第8期总号第428期

杨菁:"论阳明心学与禅学之异",《东吴中文研究集刊》,1998年第5期

苏树华:"儒佛文化的比较研究",《宗教哲学》,1998年第4卷3期总号15期

林安梧:"当代儒佛论争的一些问题——与李向平商榷",《二十一世纪》,1998年第48期

漆侠:"儒家的中庸之道与佛家的中道义——兼评释智圆有关中庸中道义的论点",《北京大学学报(哲学社会科学版)》,1999年第3期

林义正:"儒理与禅法的合流——以大慧宗杲思想为中心的考察",《佛学研究中心学报》,1999年第4期

张学强:"禅儒之争:陆九渊教育思想与佛学关系考辨",《河北师范大学学报(教育科学版)》,1999年第3期

吕妙芬:"儒释交融的圣人观:从晚明儒家圣人与菩萨形象相似处及对生死议题的关注谈起",《近代史研究所集刊》,1999年第32期

蒋海怒:"僧肇对玄佛体用论的扬弃",《人文杂志》1999年第4期

王月清:"文化整合与文化文融——儒佛人生观之比较",《哲学与文化》,1999年第7期

柯万成:"契嵩批韩愈《论佛骨表》",《文理通识学术论坛》,1999年第1期

李存山:"'本天'与'本心'——儒释在哲学本体论上的区别及陆王心本论的特点",载《燕京学报(新6期、新7期)》,北京大学出版社,1999年(网上找到的是新6期)

叶海烟:"当代新儒家的佛学诠释——以牟宗三为例",《东吴哲学学报》,1999年第4期

赖贤宗:"熊十力的体用论的基本结构与平章儒佛——熊十力的体用论之'体用不二而有分,分而不二'与平章儒佛",《鹅湖》,1999年第24卷第10期总号第286期

洪顺隆:"梁武帝作品中的'儒佛会通'论",《国立编译馆馆刊》,1999年第28卷第1期

王开府:"憨山德清儒佛会通思想述评——兼论其对《大学》《中庸》之诠释",《国文学报》,1999年第28期

刘瀚平:"宋易佛学关系考",《国文学志》,1999年第3期

裴春苓:"当代儒佛论争关键议题之厘清——以《唯识学概论》与《新唯识论》之对比理解为主",《正观》,1999年第9期

王月清:"文化整合与文化文融——儒佛人生观之比较",《哲学与文化》,1999年第26卷第7期总号第302期

杜继文:"泛说佛教毗昙学与玄学崇有派",《中华佛学学报》,1999年第12期

施拓全:"'儒释相融'在北朝之发展",《宗教哲学》,1999年第5卷第3期总号第19期

苏树华:"儒家《大学》的人文意境与佛家禅宗境界的比较研究",《宗教哲学》,1999年第5卷第3期总

号第 19 期

叶海烟:"儒佛之间——对曾春海教授《朱熹理学与佛学之交涉》一文的回应",《哲学与文化》,1999 年第 26 卷第 9 期总号第 304 期

曾春海:"朱熹理学与佛学之交涉",《哲学与文化》,1999 年第 26 卷第 9 期总号第 304 期

余蕙静:"从《辨宗论》及山水诗看谢灵运的儒佛观",《复兴学报》,1999 年

吕妙芬:"儒释交融的圣人观:从晚明儒家圣人与菩萨形象相似处及对生死议题的关注谈起",《中央研究院近代史研究所集刊》,1999 年第 32 期

陈永革:"儒佛交涉与晚明佛学的经世思潮",《佛学研究》,2000 年第 9 期

肖居孝,彭绪铭:"试论朱熹的援佛入儒",《赣南师范学院学报》,2000 年第 5 期

熊吕茂:"梁漱溟的儒佛文化观之比较",《湖湘论坛》,2000 年第 4 期

许宁:"儒佛孝道之比较",《孔学研究》,2000 年第 0 期

易闻晓:"晚明士夫禅学的典型个案:论袁宏道的禅学思想",《社会科学战线》,2000 年第 1 期

傅绍良:"张九龄罢相与王维思想的转折再议——兼论佛儒合一的宗教观念的政治效应",《四川大学学报(哲学社会科学版)》,2000 年第 6 期

马兰州:"韩愈崇儒反佛思想论析",《天津外国语学院学报》,2000 年第 2 期

李广良:"近代儒佛关系史述略",《学术月刊》,2000 年第 2 期

向世陵:"见理见性与穷理尽性:传统儒学、佛学(华严禅)与理学",《中国哲学史》,2000 年第 2 期

董群:"论华严禅在佛学和理学之间的中介作用",《中国哲学史》,2000 年第 2 期

方立天:"儒、佛以心性论为中心的互动互补",《中国哲学史》,2000 年第 2 期

张立文:"儒佛之辩与宋明理学",《中国哲学史》,2000 年第 2 期

陈坚:"论易学史研究在易佛关系问题上的两个疏忽——兼谈太虚大师的易学思想",《周易研究》,2000 年第 2 期

邱高兴:"以《易》解《华严经》——李通玄对《华严经》的新诠释",《周易研究》,2000 年第 1 期

叶海烟:"儒佛会通的伦理向度与超越向度——以熊十力《新唯识论》为例",《世界中国哲学学报》,2000 年第 1 期

王开府:"善生经的伦理思想——兼论儒佛伦理思想之异同",《世界中国哲学学报》,2000 年第 1 期

苏树华:"儒佛不二,同说中庸",《中国文化月刊》,2000 年第 238 期

裴春苓:"当代新儒学'儒佛融摄'诠释方法中'自我'与'他者'的关系探讨——以熊十力、牟宗三为例",《鹅湖》,2000 年第 25 卷第 12 期总号第 300 期

陈荣波:"蕅益智旭《周易禅解》评介",《东海大学文学院学报》,2000 年第 41 期

萧丽华:"从儒佛交涉的角度看严羽《沧浪诗话》的诗学观念",《佛学研究中心学报》2000 年第 5 期

元锺实:"周濂溪理学之本体论与佛学本体论比较",《孔孟月刊》,2000 年第 39 卷第 3、4 期总号第 459、460 期

邱敏捷:"阳明心学与禅学的'体用'问题",《哲学与文化》,2000 年第 27 卷第 12 期总号第 319 期

夏清瑕:"从憨山和王阳明的《大学》解看晚明儒佛交融的内在深度",《河南师范大学学报(哲学社会科

学版)》,2001年第6期

朋·乌恩:"耶律楚材儒释道观评析",《内蒙古社会科学(汉文版)》,2001年第2期

张儒平:"论儒、佛孝道观及其相互融合",《同济大学学报(社会科学版)》,2001年第6期

徐湘霖:"'孔颜乐处'心解——宋明之际一段儒释'心性'通辨",《西南民族学院学报(哲学社会科学版)》,2001年第10

向世陵:"见理见性与穷理尽性——传统儒学、佛学(华严禅)与理学",《哲学文摘卡》,2001年第2期

杨婷:"从华严宗'一多'关系到朱熹的'理一分殊':试论儒佛之不同",《宗教》,2001年第4期

方友金:"论契嵩的儒释一贯思想",《宗教》,2001年第4期

郭晓东:"佛教传入早期的儒佛之争与慧远对儒佛关系的调和",《宗教学研究》,2001年第2期

陈廷湘:"中国文化中两种信仰体系的冲突——论宋代理学家的排佛及其目标的落空",《宗教学研究》,2001年第2期

刘光华:"易经与佛智",《中原文献》,2001年第33卷第1期

周齐:"明代前期诸儒之儒释观及其政治文化意义",载《觉群·学术论文集(第1辑)》,商务印书馆,2001年

李斌城:"唐前期道儒释三教在朝廷的斗争",载《佛教与历史文化》,宗教文化出版社,2001年

潘桂明:"梁肃和李翱的儒释心性会通思想",载《佛教与历史文化》,宗教文化出版社,2001年

魏道儒:"从伦理观到心性论——契嵩的儒释融合学说",载《佛教与历史文化》,宗教文化出版社,2001年

黄莹暖:"朱子理解佛教'性空'义的检视",《国文学报》,2001年第30期

张学强:"心性本体的建立与完善——佛学对理学心性论的影响分析",《孔孟月刊》,2001年第39卷都12期总号第468期

何广棪:"张九成与释宗杲交游考——读《直斋书录解题》札记",《书目季刊》,2001年第35卷第3期

林丽真:"张湛'贵虚'论及其与玄佛思想之交涉",《台大中文学报》,2001年第15期

林建勋:"由船山易学对佛教的批评看近代以来的儒佛交涉",《圆光佛学学报》,2001年第6期

黄世福:"朱熹思想与佛禅",《安徽农业大学学报(社会科学版)》,2002年第6期

王秋菊:"契嵩《孝论》思想探析",《广西社会科学》,2002年第4期

杨婷,王秋菊:"从华严宗'一多'关系到朱熹的'理一分殊'——试论儒佛之异同",《青海社会科学》,2002年第5期

季芳桐,蒋民:"泰州学派的归属——兼评黄宗羲的儒佛观",《学海》,2002年第2期

赖保荣:"从儒道互补看净明道的特色",《中国道教》,2002年第6期

丁为祥:"罗钦顺的理气、心性与儒佛之辨",《中国哲学史》,2002年第3期

吴汝钧:"儒佛会通与纯粹力动理念的启示",《中国文哲研究集刊》,2002年第21期

陈廷湘:"中国文化中两种信仰体系的冲突——论宋代理学的排佛及其理论局限",《中华文化论坛》,2002年第1期

方友金:"论契嵩的儒释一贯思想",《宗教学研究》,2002年第1期

许吟雪:"试述宋代书院文化与佛教的关系",《宗教学研究》,2002年第4期

吴德育:"析论嵇康的儒道思想",《辅大中研所学刊》,2002年第12期

林义正:"儒佛会通方法研议",《佛学研究中心学报》,2002年第7期

刘成有:"论维新派与早期新儒家对佛学的新诠释",《新亚论丛》,2002年第4期

朱岚:"孝道与儒佛的冲突和融合",《孔孟学报》,2002年第80期

吴汝钧:"儒佛会通与纯粹力动理念的启示",《中国文哲研究集刊》,2002年21期

章启群:"支遁与玄学——兼论释道安时代佛教般若学之玄学化",《普门学报》,2002年第12期

林义正:"李纲'易'说研究——兼涉其'易'与'华严'合辙论",《台大文史哲学报》,2002年第57期

查金萍:"试从韩愈与僧人交游看其排佛思想",《古籍研究》,2003年第4期

刘泽亮:"由迹求道以禅证儒——游酢思想地位的再认识",《湖北大学学报(哲学社会科学版)》,2003年第5期

张君梅:"以儒解佛——柳宗元的佛学思想",《华南理工大学学报(社会科学版)》,2003年第1期

周丽桢:"晚明释德清与陈干初对《大学》知行问题之儒佛诠释",《华梵人文学报》,2003年No(缺期号)

刘建明:"玄学与佛理关照下的庄学自然观",《江西教育学院学报》,2003年第4期

郑良明:"浅析朱舜水的反佛思想",《锦州师范学院学报(哲学社会科学版)》,2003年第2期

陈一风:"魏亚南北朝时期儒佛的孝道之争",《南都学坛:南阳师范学院人文社会科学学报》,2003年第2期

萧平:"欧阳竟无的孔学论观:以佛解儒的一个例证",《普门学报》,2003年第18期

妙谨:"试探北宋僧佛日契嵩释儒一贯思想:以高达美哲学诠释学为进路",《普门学报》,2003年第18期

董国文:"试论王维引儒入禅以禅化儒思想模式之形成及其效应",《黔南民族师范学院学报》,2003年第5期

苏树华,叶普照:"从儒与禅的比较看儒家的道德传承",《深圳大学学报(人文社会科学版)》,2003年第6期

易闻晓:"儒学的禅学虚化——袁宗道的心学诠释",《学术探索》,2003年第5期

周群:"以佛诠儒 返本归儒——论袁宗道对'四书'的诠释",《盐城师范学院学报(人文社会科学版)》,2003年第1期

苏树华:"从儒与禅的比较上来看儒家的道统传承",《哲学与文化》,2003年第6期

丁为祥:"理气、心生与儒佛之辨——罗钦顺思想特质试析",《哲学与文化》,2003年第4期

王心竹:"儒与禅:杨慈湖心学与佛家思想的关系",《哲学与文化》,2003年第6期

周大兴:"自然或因果–从东晋玄佛之交涉谈起",《中国文哲研究集刊》,2003年第22期

吴瑞文:"东晋'六家七宗'玄佛交融思想初探",《中华学苑》,2003年第56期

吴琦,赵秀丽:"儒佛互补:明清易代之际岭南士人的行为特征",《中南民族大学学报(人文社会科学版)》,2003年第3期

孔繁:"唐代儒释交融与儒释交涉",载《儒学与世界文明国际学术会议论文选集(下)》,新加坡国立大

学中文系和八方文化企业公司联合出版,2003年

吴瑞文:"东晋'六家七宗'玄佛交融思想初探",《中华学苑》,2003年第56期

周大兴:"自然或因果——从东晋玄佛之交涉谈起",《中国文哲研究集刊》,2003年第22期

丁为祥:"理气、心性与儒佛之辨——罗钦顺思想特质试析",《哲学与文化》,2003年第30卷第4期总号第347期

刘泽亮:"儒释之间:朱熹与禅散论",《普门学报》,2003年第15期

刘易斋:"儒佛两家'生命管理'义谛的淑世意涵",《通识论丛》,2003年第1期

傅玲玲:"陈白沙心学与禅学之辨",《哲学与文化》,2003年第30卷第6期总号第349期

苏树华:"从儒与禅的比较上来看儒家的道统传承",《哲学与文化》,2003年第30卷第6期总号第349期

刘振维:"略论朱熹'人性本善'说与佛教中国化中之'佛性'的关联——以朱熹《四书集注》与圭峰宗密《华严原人论》为例",《哲学与文化》,2003年第30卷第6期总号第349期

杜保瑞:"蕅益智旭沟通儒佛的方法论探究",《哲学与文化》,2003年第30卷第6期总号第349期

王心竹:"儒与禅:杨慈湖心学与佛家思想的关系",《哲学与文化》,2003年第30卷第6期总号第349期

周丽桢:"晚明释德清与陈干初对《大学》知行问题之儒佛诠释",《华梵人文学报》,2003年第1期

陈明圣:"陆象山之'心学'与马祖道一的'禅学'",《文学前瞻》,2003年第4期

刘贵杰:"从佛教与儒学的交涉看中华传统文化的重建——以孝道为考察点",《哲学论集》2003年第36期

王仲尧:"宗密之援易说佛及其易学圆相图式述考",《中华佛学学报》,2003年第16期

王月秀:"论明代佛教孝道观——以《目连救母劝善戏文》为例",《普门学报》,2003年第18期

萧平:"欧阳竟无的孔学论观——以佛解儒的一个例证",《普门学报》,2003年第18期

妙谨:"试探北宋佛日契嵩释儒一贯思想——以高达美哲学诠释学为进路",《普门学报》,2003年第18期

张慧燕:"韩愈排佛浅探",《湖州师范学院学报》,2004年第4期

龚玉兰:"论柳宗元的'统合儒释'思想",《淮阴工学院学报》,2004年第4期

黄少英:"两晋人物品题与佛玄融合",《山东社会科学》,2004年第9期

闫孟祥:"论朱熹对佛教的认识",《烟台大学学报(哲学社会科学版)》,2004年第1期

包兆昌:"蕅益大师儒释圆通思想简论",载《吴越佛教学术研讨会论文集》,宗教文化出版社,2004年

胡顺萍:"儒佛之会通——忠恕之道与般若波罗蜜多",《中国语文》2004年第94卷第2期总号第560期

周大兴:"即色与游玄——支遁佛教玄学的诠释",《中国文哲研究集刊》,2004年第24期

萧驰:"玄、禅观念之交接与《二十四诗品》",《中国文哲研究集刊》,2004年第24期

陈坚:"智旭对《周易》'大过卦'的佛学解读",《普门学报》,2004年第21期

叶珠红:"韩愈《论佛骨表》新探",《大明学报》,2004年第5期

王丽梅:"佛学在宋明理学形成和发展中之作用与地位",《宗教哲学》,2004年第30期

陈少明:"另类的庄学——论林希逸、释德清从儒、释两端对《庄子》的诠释",载《萧萐父教授八十寿辰纪

念文集》,湖北教育出版社,2004年

梁乃崇:"用'五依法'化解儒家与佛教的冲突",《佛学与科学》,2004年第5卷第2期

曾一伦:"当王阳明遇到释迦牟尼——试论阳明的佛家情结",《洄澜春秋》,2004年第1期

马晓坤、李小荣:"也谈柳宗元中道思想的统合儒释背景载",《佛经文学研究论集》,复旦大学出版社,2004年

智海:"世出世法孝为先——试论佛教的孝道思想",《香港佛教》,2004年第531期

李承贵:"儒学视域中的佛教——张载对佛教的解读及其意义",《孔孟学报》,2004年第82期

张卫红:"从《肇论》看玄学向佛学的转变",《普门学报》,2004年第24期

李铭宗:"章太炎援佛解儒略论稿",《东方人文学志》,2004年第3卷第4期

邓克铭:"论王阳明之'知为心体'及其与禅宗的比较",《汉学研究》,2004年第22卷第2期总号第45期

李晓虹:"批判·汲取·消融:从儒对佛的批判看儒对佛的消融",《当代宗教研究》,2005年第1期

赵伟:"论晚明狂禅思潮中的禅儒互释",《东方论坛》,2005年第2期

向世陵:"儒佛之际与宋初性无善恶说",《东岳论丛》,2005年第1期

俞学明:"梁肃与天台宗——唐代儒释交游的一个范例",《佛教文化》,2005年第4期

高建立:"援佛入儒:朱熹理学的新特色",《河南大学学报(社会科学版)》,2005年第2期

王毓:"梁武帝及其儒佛政策",《理论界》,2005年第1期

魏鸿雁:"宋代僧人对儒家经学的认识与回应——从释智圆和释契嵩谈起",《青海民族学院学报(社会科学版)》,2005年第2期

杨仁忠:"试论程颢程颐反佛思想之特点",《商丘师范学院学报》,2005年第1期

李承贵:"宋明新儒学'儒佛合一'说之检讨——兼论思想的兼容与创新",《天津社会科学》,2005年第3期

唐端正:"唐君毅先生论儒佛之辨",《西南民族大学学报(人文社科版)》,2005年第6期

谢仁真:"方以智由儒入佛之检视",《哲学与文化》,2005年第11期

韩毅:"宋初僧人对儒家中庸思想的认识与回应——以释智圆和释契嵩为中心的考察",《中华文化论坛》,2005年第3期

安继民:"秩序与自由:儒道互补的一个向度",《中州学刊》,2005年第5期

冉弘毅:"文明对话——易经思维与佛教义理的互动",《佛学与科学》,2005年第6卷第1期

魏道儒:"契嵩的儒释融合思想及特点",载《哲学、宗教与人文》,商务印书馆,2005年

孙霄舫:"孔子与佛家",《鹅湖》,2005年第30卷第12期总号第360期

李万进:"周敦颐儒佛合一的心性论",载《濂溪学研究》,湖南大学出版社,2005年

罗永吉:"王门二溪与佛教思想之交涉",《鹅湖》,2005年第31卷第5期总号第365期

谢仁真:"方以智由儒入佛之检视",《哲学与文化》,2005年第32卷第11期总号第378期

刘易斋:"儒佛两家生命哲学之会通——以生命教育为着眼的儒佛思想之对遇相融",《宗教与民俗医疗学报》,2005年第2期

苏荟敏:"佛教视野中的佛易交涉——对中国佛教历史的疏瀹",《甘肃社会科学》,2006 年第 1 期

谭容培,匡代军:"船山情感论之真义:儒释道视域融合",《湖南师范大学社会科学学报》,2006 年第 3 期

傅振宏:"周敦颐《太极图说》儒道佛渊源论",《淮阴师范学院学报(哲学社会科学版)》,2006 年第 1 期

陈坚:"'存人'与'原人'——颜元《存人编》与宗密《华严原人论》中的'人学'思想比较研究",《孔子研究》,2006 年第 5 期

邵宁,肖青峰:"浅论魏晋至隋唐时期的儒释融合",《理论学刊》,2006 年第 2 期

李祥俊:"北宋时期儒家学派的排佛论",《齐鲁学刊》,2006 年第 1 期

黄俊杰:"如何导引'儒门道脉同归佛海'?——蕅益智旭对《论语》的解释",《现代哲学》杂志,2006 年第 5 期

余海:"论王阳明对'禅'的吸收与排斥",《新东方》,2006 年第 2 期

奚刘琴:"隋唐儒士排佛思想探微——以著名排佛文献为例",《学习与实践》,2006 年第 7 期

高建立:"两宋时期'以儒摄佛'的思想暗流与传统儒学的新生",《哲学研究》,2006 年第 8 期

杨军:"宋明理学与佛教的关系",《中国地名》,2006 年第 2 期

谢金良:"易理与佛理本无二致——论《周易禅解》的思想创新",《周易研究》,2006 年第 5 期

聂士全:"佛教释经家对儒道思想的简别",《宗教学研究》,2006 年第 2 期

李建军:"儒道语言观与释门文字禅刍议",《宗教学研究》,2006 年第 3 期

蔡忠道:"陆贾儒道思想析论",《鹅湖》,2006 年第 32 卷第 4 期总号第 376 期

卢鸣东:"刘沅礼学中的儒道关系",《经学研究集刊》,2006 年第 2 期

陈永革:"儒佛交涉的现代展开与人间佛教思潮——以太虚大师对现代新儒家的回应为中心",《玄奘佛学研究》,2006 年第 4 期

周齐:"清初儒学反思与儒释之辨",载《天问(丙戌卷)》,江苏人民出版社,2006 年

李万进:"周敦颐儒佛合一的主静论",载《濂溪学研究(第 2 辑)》,湖南人民出版社,2006 年

朱岚:"佛教孝道观的基本特征——儒佛孝道观异同论要",《中国文化月刊》,2006 年第 302 期

陈进国:"外儒内佛——新发现的归根道(儒门)经卷及救劫劝善书概述",《圆光佛学学报》,2006 年第 10 期

王一民:"柳宗元'统合儒释'的历史背景",载《柳宗元研究(1980—2005)》,南海出版公司,2006 年

林文彬:"《易经》与佛学的交会——智旭《周易禅解》试析",《兴大中文学报》,2006 年第 19 期

王丽梅:"佛学对宋明理学的影响",《中国文化月刊》,2006 年第 307 期

孙宝山:"阳明学与佛学的基本观念辨析",《鹅湖》,2006 年第 32 卷第 2 期总号第 374 期

黄俊杰:"如何导引'儒门道脉同归佛海':蕅益智旭对《论语》的解释",《法鼓人文学报》,2006 年第 3 期

周玟观:"'教唯有二,宁得有三'——论北周释道安《二教论》'外儒内佛说'之意涵",《中国文学研究》,2006 年第 23 期

王丽梅:""试论禅学对王阳明心学的影响,《宗教哲学》,2006 年第 38 期

奚刘琴:"两晋南北朝儒士排佛思想探微",《福建论坛(人文社会科学版)》,2007 年第 4 期

吴冠宏:"王弼圣人有情说与儒、道、玄思想之关涉与分判",《国文学报》,2007 年第 42 期

黄伟伦:"玄、佛交涉的诗化–论东晋佛理诗风的形成及其风格型态",《汉学研究集刊》,2007年第5期

滕复:"马一浮以儒融佛与调停朱陆之说评析",《杭州师范学院学报(社会科学版)》,2007年第1期

赵行良:"梁漱溟论儒佛异同与会通",《湖南科技大学学报(社会科学版)》,2007年第4期

何涛:"从方以智王夫之《庄子》内七篇诠释的异同看儒道会通问题",《江西教育学院学报》,2007年第2期

李国红:"浅析马一浮以禅解儒",《兰州学刊》,2007年第2期

李俊:"苏轼与杭僧道潜初会考",《兰州学刊》,2007年第10期

张芸:"论儒佛心性思想之契合",《美中公共管理》,2007年第2期

叶志衡:"援佛入儒 以佛疗伤——论柳宗元习佛的动因与目的",《南京师大学报(社会科学版)》,2007年第1期

张忠义,张晓翔:"儒释之辩新解",《世界宗教研究》,2007年第4期

王亚辉,楚毓勇:"朱熹排佛思想辨析",《文教资料》,2007年第11期

谢丰泰:"佛玄合流及其理论建树——论玄学在东晋十六国时期的嬗变",《西藏民族学院学报(哲学社会科学版)》,2007年第5期

李承贵:"欧阳修与佛教——兼论欧阳修佛教观特质及其对北宋儒学的影响",《现代哲学杂志》,2007年第1期

高建立:"论契嵩佛学思想的入世归儒倾向及其对宋代士林风气的影响",《湘潭大学社会科学学报》,2007年第2期

张慧远:"《朱子语类》'理禅交融'思想探微",《学术界》,2007年第2期

张刚:"儒佛关系与佛教孝道思想的中国化进程",《玉溪师范学院学报》,2007年第7期

桑大鹏:"论李通玄'《易》学华严'的思维特征及其阐释学意义",《长江学术》,2007年第4期

高建立:"论佛教的佛性说对二程心性思想的影响",《郑州大学学报(哲学社会科学版)》,2007年第3期

奚刘琴:"儒道生命观比较研究——以《论语》和《老子》为例",《中国道教》,2007年第1期

阿尔伯特·威尔,程乐松:"以史为训:佛儒关系的考察",《中国文化研究》,2007年第1期

任树民:"简论韩愈、柳宗元与佛学的关系",《宗教学研究》,2007年第4期

黄泊凯:"试论王阳明对佛教的理解——以'禅宗离边大中观思想'为比较对象",《当代儒学研究》,2007年第1期

卢鸣东:"刘沅礼学中的儒道关系",《新亚学报》,2007年第25期

张君梅、王丽洁:"郝经之儒佛异同辨",载《天风海涛——中国·陵川·郝经暨金元文化学术研讨会论文集》,山西春秋电子音像出版社,2007年

尤惠贞:"牟宗三先生对于儒佛之辨析——从《佛家体用义之衡定》谈起",《鹅湖》2007年第32卷第10期总号第382期

韩锋:"敦煌佛教经典中体现的儒佛交融",载《敦煌佛教与禅宗学术讨论会文集》,三秦出版社,2007年

达亮:"儒佛交辉两宗师——韩愈与大颠",《慧炬》2007年第515期

廖肇亨:"天崩地解与儒佛之争——明清之际逃禅遗民价值系统的冲突与融合",《人文中国学报》,2007年第13期

陈剑锽:"印光会通儒佛及其相关问题",《当代中国哲学学报》,2007年第10期

黄伟伦:"玄、佛交涉的诗化——论东晋佛理诗风的形成及其风格型态",《汉学研究集刊》,2007年都5期

徐圣心:"晚明佛教'孝道观'探析——以《梵网经》注释为中心",《思与言》2007年第45卷4期

刘红梅:"云栖袾宏的儒佛观",《安徽大学学报(哲学社会科学版)》,2008年第6期

刘剑锋:"两晋沙门敬不敬王者之争再考察:以儒佛关系的变迁为切入点",《北方论丛》,2008年第5期

成雪:"从《四库全书总目》看儒佛思想的冲突",《东京文学》,2008年第10期

周天庆:"静虚工夫与明中后期的儒道交涉:以朱熹后学蔡清为例",《东南学术》,2008年第6期

张善文:"先后天学说与儒道思想",《东南学术》,2008年第6期

宁新昌:"儒佛相通——由境界形而上学谈起",《佛山科学技术学院学报(社会科学版)》,2008年第1期

纪志昌:"名教与佛教——东晋沙门敬王论议中的'儒''佛'交涉思维研究",《汉学研究》,2008年第2期

李承贵:"宋儒处理儒、佛关系的策略:叶适的一个检讨",《杭州师范大学学报(社会科学版)》,2008年第6期

李承贵:"宋儒认知和处理佛教及佛、儒关系之情状:朱熹的检讨和超越",《合肥学院学报(社会科学版)》,2008年第4期

杜寒风:"禅僧大慧宗杲的菩提心即忠义心思想",《湖南科技学院学报》,2008年第3期

张金兰:"隋唐儒佛融合略论",《集宁师专学报》,2008年第1期

陈坚:"儒佛'孝'道观的比较",《孔子研究》,2008年第3期

乔宇:"印光的儒释融通思想",《兰州学刊》,2008年第6期

刘立夫:"儒佛政治伦理的冲突与融合——以沙门拜俗问题为中心",《伦理学研究》,2008年第1期

陈雷:"契嵩'儒佛一贯'说的逻辑理路",《南京农业大学学报(社会科学版)》,2008年第1期

孙勇才:"印光大师的儒佛融合思想",《南京晓庄学院学报》,2008年第2期

赵春娥:"儒佛果报观异同之比较——兼谈佛教的本土化",《青海民族研究(社会科学版)》,2008年第3期

张强:"浅析苏轼人生观念中儒释思想的互补性",《陕西师范大学学报(哲学社会科学版)》,2008年S2期

朱岚:"论儒佛孝道观的歧异",《世界宗教研究》,2008年第1期

刘立夫:"朱熹的儒佛之辨",《哲学研究》,2008年第11期

李承贵:"宋代新儒学中的佛、儒关系新论——以儒士佛教观之基本特征为视角的考察",《中国哲学史》,2008年第1期

周静:"论朱熹的山林诗与禅情结",《宗教学研究》,2008年第2期

郝晓晨:"王阳明与蕅益:论晚明佛儒文化的冲突与融合",《宗教学研究》,2008年第1期

陈苑如:"竺道生'佛性论'与孟子'性善论'之比较",《文明探索丛刊》,2008年第55期

赵伟:"合儒释而会通之:周汝登与佛教",《普门学报》,2008年第44期

苏磊:"《大乘起信论》与牟宗三哲学中的儒佛会通",《宗教哲学》,2008年第43期

刘文星:"周安士对儒释思想的比较与会通:以《阴骘文广义节录》为例",《宗教哲学》,2008年第43期

广兴:"早期佛儒孝道观的比较研究",《普门学报》,2008年第45期

程海霞:"'言异而指同'——王塘南儒佛会通思想探析",《鹅湖学志》,2008年第40期

纪志昌:"名教与佛教——东晋沙门敬王论议中的'儒''佛'交涉思维研究",《汉学研究》2008年第26卷第2期总号第53期

郑雅芬:"蕅益大师《论语点睛》探究",《兴大中文学报》,2008年第23期

苏哲仪:"中古敦煌地区佛教典籍对儒家孝道观之接受与传播——以《佛说父母恩重经》、《目连变文》为例",《侨光技术学院通观洞识学报》,2008年第10期

卓汴丽:"戴东原儒释道观刍议",《船山学刊》,2009年第4期

张刚:"儒佛关系与佛教孝道思想中国化进程",《船山学刊》,2009年第4期

彭耀光:"王阳明心意关系与儒释之辨",《东岳论丛》,2009年第9期

方彦寿:"儒佛之争:儒学书院与佛教寺院——以福建为例",《福建论坛(人文社会科学版)》,2009年第3期

陈斐:"契嵩的"非韩"与宋代的儒释互动",《河南师范大学学报(哲学社会科学版)》,2009年第4期

孙慧阳:"试论司马迁班固的儒道思想",《湖南社会科学》,2009年第3期

邵佳德:"宋代理学家排佛思想初探",《淮阴师范学院学报(哲学社会科学版)》,2009年第4期

李承贵:"论宋儒重构儒学利用佛教的诸种方式",《哲学研究》,2009年第7期

向世陵:"宋代儒佛的'一心'说辨",《中国人民大学学报》,2009年第5期

朱世龙:"儒佛两家同体精神之对照",《普门学报》,2009年第49期

梁隐盦:"儒佛两家思想的异同",《普门学报》,2009年第50期

熊琬:"朱子理学与佛学",《普门学报》,2009年第51期

唐君毅:"略谈宋明儒学与佛学之关系",《普门学报》,2009年第54期

刘慧珍:"格义向般若——从方法论看两晋玄佛思想交涉",《东华中文学报》,2009年第3期

王汝华:"援佛构儒的当代三哲——以梁漱溟、熊十力、马一浮为考察对象",《人文研究期刊》,2009年第7期

张小明:"浅议王阳明对儒禅的融通:从其理想人格视角切入",《船山学刊》,2010年第1期

范赟:"试论儒佛孝亲观的融合与区别:以《孝经》、《孝论》的比较为中心",《黑龙江史志》,2010年第5期

叶文举:"张栻佛学观考述:兼论张栻眼中的儒、释差别",《湖南第一师范学院学报》,2010年第1期

张凌林:"宋濂儒释观之探析",《华中师范大学研究生学报》,2010年第2期

史金波:"关于西夏佛与儒的几个问题",《江汉论坛》,2010年第10期

刘立夫,张玉姬:"儒佛生死观的差异:以二程对佛教生死观的批判为中心",《孔子研究》,2010年第3期

韩毅:"宋代僧人对儒家反佛思想的认识与回应",《兰州学刊》,2010年第2期

艾晓玉:"王安石'儒体佛用'的心理探析",《南昌大学学报(人文社会科学版)》,2010年第5期

段基亮:"清末儒、佛关系初探:以康有为为中心",《求索》,2010年第5期

曹宇峰:"试析胡寅排佛思想中的政治理念",《山西大学学报(哲学社会科学版)》,2010年第5期

张刚:"智𫖮儒佛关系思想辨析",《五台山研究》,2010年第1期

王美凤:"从冯从吾'儒佛之辨'看晚明关学之佛学观",《西北大学学报(哲学社会科学版)》,2010年第2期

陈永革:"儒佛孝慈伦理之异同:以戒孝一致论为中心",《西南民族大学学报(人文社科版)》,2010年第1期

葛瑶瑶:"《牟子理惑论》中的儒佛关系刍议",《新疆石油教育学院学报》,2010年第1期

吴正荣:"大慧宗杲伦理思想的儒学化问题考察",《玉溪师范学院学报》,2010年第6期

吴正荣,张刚:"智𫖮儒佛关系思想辨析",《哲理:论坛版》,2010第第3期

顾伟康:"入华佛教对应儒佛关系的三个典型",《哲学分析》,2010年第4期

徐恩栓:"禅易圆 融儒佛化——智旭《周易禅解》新论",《宗教学研究》,2010年第1期

奚刘琴:"宋明儒士排佛思想探微",《宗教学研究》,2010年第3期

陈坚:"儒家'义利之辨'与佛教'自利利他'的比较研究",《孔孟月刊》,2010年第48卷第5/6期总号第569/570期

吴明:"从佛教体用义之衡定看唐、牟之分判儒佛",《新亚学报》,2010年第28期

吴忠伟:"勉忏悔者,实自讼之深者——孤山智圆的儒释整合与宋初天台佛教思想形态的整体化",《正观》,2010年第52期

纪志昌:"辨名析理与儒佛交涉——以南朝'达性'论诤为例",《文与哲》,2010年第16期

邓克铭:"借禅诠儒:袁宗道之四书说解——以'性体'、'致知格物'为中心",《文与哲》,2010年第16期

林安悟:"关于'克己复礼'与儒佛融通的一些讨论",《宗教哲学》,2010年第52期

丁敬涵、顾天德:"试探马一浮先生儒佛观的形成及发展",载《马一浮思想新探——纪念马一浮先生诞辰125周年暨国际学术研讨会论文集》,上海古籍出版社,2010年

刘卫林:"儒佛思想之冲突与融会",《普门学报》,2010年第58期

锺云莺:"孝:儒佛信念在民间会通的基础",《佛学与科学》,2010年第11卷第2期

郭畑:"宋代儒释互动的一个案例:契嵩非韩与韩愈地位的转折",《船山学刊》,2011年第4期

史怀刚:"以易摄佛:马一浮易学思想探析",《船山学刊》,2011年第3期

张世亮:"从《近思录》看宋儒对佛老之学的批判",《东方论坛(青岛大学学报)》,2011年第6期

翟奎凤:"'《华严》不如艮'与宋明儒佛论争",《甘肃社会科学》,2011年第5期

袁广华:"柳宗元'统合儒释'思想再探",《湖南科技学院学报》,2011年第1期

李艳:"隋唐时期的儒释交游",《兰州大学学报(社会科学版)》,2011年第3期

宋效梅:"从'三玄'的时空分布看魏晋南北朝玄学发展及其与儒佛的联系:以《隋书·经籍志》中的'三

玄'作品为据"，《南京晓庄学院学报》，2011年第2期

张彤磊："玄佛互涉视域下道安'本无'与'性空'思想辨析"，《青海民族大学学报（社会科学版）》，2011年第4期

高建立："北宋僧人契嵩对儒家孝道思想的吸收与融会"，《商丘师范学院学报》，年2011第11期

陈来："宗教会通、社会伦理与现代儒佛关系"，《世界宗教研究》，2011年第4期

高会霞："柳宗元的'统合儒佛'思想及其复性路向"，《天津大学学报（社会科学版）》，2011年第2期

韩焕忠："明教契嵩与儒家四书"，《五台山研究》，2011年第2期

熊贵平："'辟其道而敬其人'：曹端处理儒佛关系的新方法"，《学习月刊》，2011年第18期

王雪卿："从张载的反佛论探讨宋代理学的崛起与佛老关系"，《艺见学刊》，2011年第2期

陶新宏："宋初佛教儒学化之管窥：以契嵩《辅教编》为例"，《长安大学学报（社会科学版）》，2011年第3期

丁为祥："从理学不同的反佛侧重到研究理学之不同进路：以张载、罗钦顺为例"，《中国哲学史》，2011年第1期

纪志昌："慧琳《白黑论》儒佛交涉之思理探微——以其运用'得意'方式为主所作的观察"，《文与哲》，2011年第18期

曾繁玲："佛日契嵩释儒会通思想探微——以《辅教编·孝论》为中心"，《华梵人文学报》，2011年第16期

黄文树："阳明后学与禅师的交往及其涵义"，《玄奘佛学研究》，2011年第16期

纪志昌："东晋《沙门袒服论》所反映儒、佛身体观的顺逆之辨及其文化意涵"，《汉学研究》，2011年第29卷第4期总号第67期

3. 儒道关系

郭绍虞："儒道二家论'神'与文学批评之关系"，《燕京学报》，1928年第4期

王宗士："诘鲍篇中之儒道思想及其短长"，《七中学生》，1929年第2期

俞珩："老孔学说渊源之先后考"，《苏中校刊》，1932年第72期

胡适："汉初儒道之争"，《北京大学研究年国学月刊》，1936年第1卷第2期（疑为北京大学研究所国学门月刊）

吴承仕："汉初儒道之争（通信）"，《北京大学研究年国学月刊》，1936年第1卷第6期

赵国钧："孔老思想之汇通及其冲突"，《天籁》，1936年第1期

李源澄："儒道两家之论身心情欲"，《东方杂志》，1946年第14期

胡哲敷："儒道两家对民众之体认与治术"，《学识》，1947年第9、10期

罗联络："儒道二家学说之境界"，《建设》，1962年第10卷第9期

罗联络："儒道二家学说论治之异同"，《建设》，1963年第11卷第9期

史作柽："孔老哲学之根本精神异同辨"，《孔孟月刊》，1964年第3卷第3期

詹栋梁："老子之道与孔子之道之异同比较"，《建设》，1967年第16卷第1期

陈建勋:"试比较老子学说与孔子学说的异同",《台湾教育辅导月刊》,1969 年第 19 卷第 1 期
程元龙:"孔子问礼于老聃考证",《中原文献》,1970 年第 2 卷第 4 期
郑曼青:"孔子与老子之异同",《文艺复兴》,1972 年第 27 期
相原未寿:"孔子与老子思想的不同点",《新觉生》,1975 年第 13 卷第 10 期
苏文擢:"陶渊明对儒道之实践",《大陆杂志》,1975 年第 51 卷第 3 期
浦薛凤:"老子与孔子之'道':类别根源性质及作用",《清华学报》,1975 年第 11 卷第 1~2 期
王学义:"孔子与老子思想之比较研究",《光武学报》,1976 年第 1 期
栾保群,封亚雄:"'霸王道杂之'与汉初的儒道之争",《天津师范大学学报(自然科学版)》,1977 年第 5 期
陈月霞:"孔老学说中的'道'与'德'释义",《孔孟月刊》,1978 年第 17 卷第 2 期
殷豫川:"孔老尊荣及其学说思想之异同斠较",《静宜学报》,1978 年第 1 期
周满江:"司马迁的世界观与儒、道、法的关系",《广西师范大学学报(哲学社会科学版)》,1979 年第 1 期
张肇祺:"老庄哲学与孔子周易十翼——易经哲学中的两个层次",《道教文化》,1979 年第 2 卷第 7 期
丁慰慈:"从老庄见孔子",《中国国学》,1979 年第 7 期
王邦雄:"谈儒道两家的'道'——从儒道两家的'心'谈生命价值的开发",《中国文化月刊》,1980 年第 10 期
卿希泰:"从葛洪论儒道关系看神仙道教理论特点",《世界宗教研究》,1981 年第 1 集期(网上查到的是:卿希泰:"从葛洪论儒道关系看神仙道教理论的特点和本质",《世界宗教研究》,1981 年第 1 期)
叶济梁:"老孔思想比较之研究",《马公高中学报》,1982 年第 1 期
徐西华:"净明教(后期道教的重要派别之一)与理学",《思想战线(昆明)》,1983 年第 3 期
刘文起:"儒道二家人文思想之异同",《孔孟月刊》,1983 年第 21 卷第 11 期总号第 251 期
谭宇权:"比较孔老两子的中心问题及其解决方法",《中华文化复兴月刊》,1983 年第 16 卷第 8 期总号第 185 期
吴汝煜:"司马迁的儒道思想辨析",《人文杂志》,1984 年第 3 期
刘文起:"儒道二家人文思想之异同",《木铎》,1984 年第 10 期
王萍:"葛洪的儒道思想",《科学史通讯》,1984 年第 3 期
刘国梁:"略论《周易》'三才'思想对早期道教的影响",《世界宗教研究》,1985 年第 1 期
王文钦:"儒、道二家思想的地域特点和最初交融",《孔子研究》,1986 年第 3 期
许结:"论扬雄融合儒道对其文论的影响",《学术月刊》,1986 年第 4 期
刘晓东:"试论揉合儒道的思想家——杨雄",《江西社会科学》,1987 年第 4 期
那薇:"《孔子家语》中儒道兼综的倾向",《孔子研究》,1987 年第 2 期
葛晓音:"论唐代的古文革新与儒道演变的关系",《中国社会科学》,1987 年第 1 期
黄广琴:"朱熹的理学与道家、道教的关系",《湘潭大学学报(社会科学版)》,1988 年第 3 期
李宗桂:"儒道对立互补之比较",《学术月刊》,1988 年第 9 期

曾召南:"净明道的理学特色",《宗教学研究》,1988年第2、3期(网上找到的为:z1期)
张奉箴:"老子和孔子庄子的几点比较",《中国国学》,1988年第16期
颜国明:"魏晋儒道会通思想之研究",《国立台湾师范大学国文研究所集刊》,1988年第32期
詹石窗:"论朱熹对道教的影响",《福建师范大学学报(哲学社会科学版)》,1989年第1期
张岱年:"儒道两家思想对中国文化的影响",《高校社会科学》,1989年第2期
王锁明:"从《庄子注》看魏晋时代的儒道合流",《洛阳师专学报(自然科学版)》,1989年第1期
王月清:"先秦儒道人生哲学之比较",《南京大学学报(哲学·人文科学·社会科学版)》,1989年专辑
方光华:"略论儒道的对立和互补",《孔子研究》,1990年第3期
赵明:"漫论中国文化中的儒道互补",《青岛大学学报(社会科学版)》,1990年第1、2期
陈拱:"论孔老精神境界之会通",《中国文化月刊》,1990年第123期
宋广跃:"儒道哲学思想对汉赋的影响",《集美师专学报》,1991年第4期
唐亦男:"荀子思想之一省察——会通儒道",《成功大学学报》,1991年25期(人文·社会篇)
柴文华:"互补道儒的尝试:向秀、郭象的伦理观探要",《孔子研究》,1992年第4期
王苏:"老子与孔子的中道思想",《中道》,1992年第34～38期
锺彩钧:"阳明思想中儒道的分际与融通",《鹅湖学志》,1992年第8期
王庆光:"儒道心体观的异趋",《国立中兴大学共同学科期刊》,1992年第2期
黄忠天:"孔老无为观念之比较",《孔孟月刊》,1992年第31卷第4期总号第364期
柯兆利:"老、孔会通论",《厦门大学学报(哲学社会科学版)》,1993年第3期
洪迪:"孔老互补论",《台州师专学报(哲学社会科学版)》,1993年第4期
杨国荣:"儒道的人格之境与价值理想",《文汇报》,1993年第25期
吴重庆:"论儒道互补",《哲学研究》,1993年第1期
陆玉林:"论《淮南鸿烈》的道儒整合",《中国人民大学学报》,1993年第2期
王志跃:"儒道思想文化的合流:从《易经》到《易传》",《中国社会科学院研究生院学报》,1993年第3期
詹石窗:"论易学义理派对道教的影响",《中国哲学史》,1993年第2期
王宗昱:"评葛洪论儒道关系",《孔孟月刊》,1993年第31卷第5期总号第365期
周大兴:"阮籍'乐论'的儒道性格评议",《中国文化月刊》,1993年第161期
傅伟勋:"儒道二家的生死观",《哲学杂志》,1993年第4期
陈广忠:"汉初道儒融合与相争",《船山学刊》,1994年第2期
刘兴林:"司马迁儒道互补说",《华中师范大学学报(哲学社会科学版)》,1994年第1期
王德有:"易入儒道简论",《哲学研究》,1994年第3期
庞朴:"儒道周行",《中国文化》,1994年第2期(网上找到的是:第1期)
许抗生:"简论中国传统文化的儒道思想互补",《中国文化研究》,1994年第4期
庞朴:"儒道周行[辩证思想]",《中国文化(风云时代)》,1994年第9期
陈朝晖:"儒道二家的生死观",《中国文化月刊》,1994年第172期
庄耀郎:"王弼儒道会通理论的省察",《国文学报》,1994年第23期

张岱年:"儒道之间",《群言》,1995年第5期
陈咏明:"从《击壤歌》谈儒道会通",《世界宗教文化》,1995年第4期
杜晓勤:"初唐四杰与儒、道思想",《文学评论》,1995年第5期
方立天:"儒道的人格价值观及其会通",《新华文摘》,1995年第7期
曾昭旭:"论儒道两家之互为体用义",《鹅湖》,1995年第21卷第4期总号第244期
张扬明:"泛论中华文化与老孔学术思想兼及儒道会通",《宗教哲学》,1995年第1卷第1期
李申:"共同的信仰 不同的主张——孔、老之异同与命运简论",《宗教哲学》,1995年第1卷第1期
许抗生:"简论中国传统文化的儒道思想互补",《宗教哲学》,1995年第1卷第1期
曾昭旭:"论儒道两家之互为体用义",《宗教哲学》,1995年第1卷第1期
方立天:"儒道的人格价值及其会通",《宗教哲学》,1995年第1卷第1期
余敦康:"魏晋玄学与儒道会通",《宗教哲学》,1995年第1卷第1期
石朝颖:"以当代诠释学角度来看儒道会通问题",《宗教哲学》,1995年第1卷第1期
王志畔:"庄子人论研究——兼述先秦儒道人论之歧异与互补",《宗教哲学》,1995年第1卷第2期
金景芳:"论孔老易学思想",《中国文化月刊》,1995年第190期
李霞,李峰:"从《庄子》中的孔子形象看先秦儒道冲突",《安徽史学》,1996年第1期
马良怀:"论张湛道儒互补的政治思想",《江汉论坛》,1996年第4期
高建立:"儒道合流与正始名士人格的双重化特征",《青海师专学报》,1996年第3期
杜晓勤:"初唐四杰与儒、道思想",《中国古代、近代文学研究》,1996年第1期
蔡方鹿:"朱熹对道教的借鉴与吸取",《宗教学研究》,1996年第3期
张运华:"荀子思想中的道家踪影",《宗教哲学》,1996年第2卷第3期总号第7期
常大群:"《正蒙》和《元气论》:试论北宋儒道两家气论的特点:[张载、张君房]",《烟台大学学报(哲学社会科学版)》,1997年第3期
陈惠龄:"孔子'以直报怨'与老子'报怨以德'说析论",《孔孟月刊》,1997年第35卷第5期总号第413期
蔡忠道:"先秦儒道之争辩与互补析论",《中国文化月刊》,1997年第205期
王晓毅:"汉魏之际儒道关系与士人心态",《汉学研究》,1997年第15卷第1期总号第29期
杜钢建:"仁政宽容与无为而治——关于儒道互补之新仁学思考",《中国研究》,1997年第3卷第6期总号第30期
刘运好:"崇儒融道——晋初思想论",《江苏社会科学》,1998年第4期
陈鼓应,白奚:"孔老相会及其历史意义",《南京大学学报(哲学·人文科学·社会科学版)》,1998第4期
王克奇:"孔老异同新论",《人文杂志》,1998年第4期
李哲:"老学与孔学比较研究",《哲学与文化》,1998年第2期
牟钟鉴,林秀茂:"论儒道互补",《中国哲学史》,1998年第4期
孔令宏:"宋明理学与道家、道教的关系研究述要",《中山大学研究生学刊(社会科学版)》,1998年第

1 期

尹志华:"略论黄裳内丹学中的儒道融通思想",《宗教学研究》,1998 年第 1 期

李哲:"老学与孔学比较研究",《哲学与文化》,1998 年第 25 卷第 2 期总号第 285 期

王季香:"老子的三宝智慧与孔子三纲思想",《文藻学报》,1998 年第 12 期

蔡忠道:"阮籍与嵇康的儒道思想",《问学》,1998 年第 2 期

曹东方,徐淑梅:"试论司马迁与儒道思想的关系",《吉林师范学院学报(哲学社会科学版)》,1999 年第 2 期

戴桂斌:"儒道理想人格的会通互补及其启示",《武汉大学学报(哲学社会科学版)》,1999 年第 3 期

蔡宏:"道家、道教对宋明理学本体论形成和发展的影响",《宗教哲学》,1999 年第 5 卷第 3 期总号第 19 期

刘固盛:"论宋元老学中的儒道合流思想",《华中师范大学学报(人文社会科学版)》,2000 年第 1 期

王竞芬:"天人统一于一心:论邵雍儒道兼综的境界哲学",《孔子研究》,2000 年第 6 期

孔令宏:"朱熹思想对道教的影响",《孔子研究》,2000 年第 5 期

秦学欣:"关于汉武帝初年儒道之争若干史料史实的辨正",《南都学坛:南阳师专学报》,2000 年第 5 期

白奚:"孔老异路与儒道互补",《南京大学学报(哲学·人文科学·社会科学版)》,2000 年第 5 期

赵荣蔚:"论皮日休尊儒重道思想的时代内涵",《南京师大学报(社会科学版)》,2000 年第 2 期

陈大明:"试论老孔思想的一致性",《天津社会科学》,2000 年第 6 期

刘笑敢:"孔子之仁与老子之自然:关于儒道关系的一个新考察",《中国哲学史》,2000 年第 1 期

李伯聪:"从'要'这个概念看儒道分野及儒道互渗——兼论易学研究的方法论问题",《周易研究》,2000 年第 4 期

白奚:"儒道互补散论——对中国文化之结构与特质的一点思考",《孔孟月刊》,2000 年第 38 卷第 9 期总号第 453 期

吴季霏:"荀子对道家人物的批判",《建国学报》,2000 年第 19 卷第 1 期

陈拱:"论孔老之精神境界",《孔孟学报》,2000 年第 78、79 期

郑吉雄:"《易图明辨》与儒道之辨",《中国文哲研究集刊》,2000 年第 17 期

王邦雄:"论儒道两家身心灵的修养与成长之道",《宗教哲学》,2000 年第 6 卷第 3 期总号第 23 期

刘雨涛:"朱子与道家和道教",《孔孟月刊》,2000 年第 39 卷第 3 期总号第 459 期

杨柱才:"周敦颐《太极图说》儒道解之比较研究",《南昌大学学报(人文社会科学版)》,2001 年第 1 期

陈昌文:"葛洪——由儒向道的心理历程",《四川大学学报(哲学社会科学版)》,2001 年第 4 期

程剑平:"魏晋玄学与儒道互补",《文史杂志》,2001 年第 6 期

李景林:"论儒道思想及其异同",《长春市委党校学报》,2001 年第 2 期

江淑君:"苏辙'老子解'义理内蕴探析——兼论'儒道交涉'的老学视域",《中文学报》,2001 年第 7 期

杜保瑞:"儒道互补价值观念的方法论探究",《哲学与文化》,2001 年第 28 卷第 11 期总号第 330 期

王邦雄:"由老庄道家析论荀子的思想性格",《鹅湖学志》,2001 年第 27 期

刘笑敢:"'儒家不能以道家为忌'——试论牟宗三'以道释儒'之诠释学意义",《国立中央大学人文学

报》,2001 年第 24 期

戴继诚,安华宇:"'将无同?'——正始玄学的创立及儒道互补理论的形成",《江淮论坛》,2002 年第 3 期

靳凤林:"先秦儒道死亡思想之比较",《孔子研究》,2002 年第 5 期

晁福林:"从庄子的仁义观看儒道两家关系——《庄子·让王》篇索隐",《人文杂志》,2002 年第 5 期

王洪泉:"孔、老'无为'思想及其比较",《宜宾学院学报》,2002 年第 6 期

张艳清:"周敦颐融合儒道的新动向",《云南师范大学学报(哲学社会科学版)》,2002 年第 2 期

刁生虎:"儒、道生死哲学之比较",《周口师范学院学报》,2002 年第 6 期

谢君直:"王弼的'动''静'观——从《老子注》及《周易注》论其儒道态度",《鹅湖》,2002 年第 27 卷第 11 期总号第 323 期

徐圣心:"'庄子尊孔论'系谱综述——庄学史上的另类理解与阅读",《台大中文学报》,2002 年第 17 期

江右瑜:"朱熹对庄子之评论",《中极学刊》,2002 年第 2 期

崔伟:"儒、道隐逸思想之浅探",《安徽理工大学学报(社会科学版)》,2003 年第 2 期

韩焕忠:"儒道思想与大乘佛教的弘传",《北京航空航天大学学报》,2003 年第 12 期

常晓洲,徐蕾:"略论魏晋玄学中儒道之关系",《河南社会科学》,2003 年第 5 期

刘玲娣:"略论葛洪思想体系中的道儒关系",《华中科技大学学报(社会科学版)》,2003 年第 3 期

刘潇:"试论李淳风儒道合一的思想特点",《经济与社会发展》,2003 年第 12 期

冯合国:"儒道互补:进退之辨及其影响",《理论月刊》,2003 年第 11 期

郑训佐:"略论儒道两家的隐逸观",《山东大学学报(哲学社会科学版)》,2003 年第 2 期

王江武:"元代全真教的儒化倾向",《哲学与文化》,2003 年第 6 期

孙敏强:"儒道互补历史原因管窥——兼论道家对儒学独尊地位的挑战",《浙江大学学报(人文社会科学版)》,2003 年第 6 期

李禹阶:"陆贾'新无为'论探析——论汉初新儒家的援道入儒思想",《中华文化论坛》,2003 年第 1 期

吴根友:"《易传》中的语言哲学思想探论——兼论儒、道、《易》的语言哲学思想之异同",《周易研究》,2003 年第 1 期

江淑君:"宋代老子学的一个侧面——以《易传》诠解《老子》的观点",《淡江人文社会学刊》,2003 年第 14 期

胡军:"方东美的道儒释会通论及其庄学精神",载《道家文化研究(第 20 辑:"道家思想在当代"专号)》,三联书店,2003 年

董立民:"程大昌'易老通言'探析——兼论'援儒入老'的诠释观点",《东吴中文研究集刊》,2003 年第 10 期

张鸿恺:"从郭店竹简《老子》不非'仁''义''礼''乐'论早期之儒道关系",《宗教哲学》,2003 年第 29 期

唐明贵:"20 世纪儒道关系研究的回顾与展望",《管子学刊》,2004 年第 1 期

刘伟:"从竹简《文子》中道与德的关系看早期儒道关系",《齐鲁学刊》,2004 年第 6 期

聂中庆:"早期儒道关系考辨:从楚简《老子》与今本《老子》比较谈起",《社会科学辑刊》,2004 年第 1 期

徐惠茹:"从楚简《老子》看老、孔的伦理道德之争",《学术交流》,2004 年第 5 期

李锦全:"徜徉在入世与出世之间——葛洪儒道兼综思想剖析",《宗教学研究》,2004 年第 2 期

李刚:"成玄英对儒学的价值评判",《宗教学研究》,2004 年第 2 期

杨新勋,刘春华:"论王安石援道入儒的思想体系",《船山学刊》,2005 年第 4 期

白欲晓:"佛道交涉:历史背后的理论观照",《福建论坛(人文社会科学版)》,2005 年第 6 期

尹志华:"试析北宋《老子》注家的孔老异同论",《孔子研究》,2005 年第 6 期

刘学智:"'以德报怨'儒、道辨——兼论其在现代社会的价值",《陕西师范大学学报(哲学社会科学版)》,2005 年第 3 期

王岫林:"名教与自然等同——谈西晋末年至东晋初年的儒玄双修思想",《国文天地》,2005 年第 21 卷第 2 期总号第 242 期

秦跃宇:"王肃儒道兼治与玄学发微",《宝鸡文理学院学报(社会科学版)》,2006 年第 5 期

刘爱敏:"《淮南子》人性论中儒、道融合的路径",《管子学刊》,2006 年第 2 期

宋志明:"儒道互补与中华民族精神的培育",《河北学刊》,2006 年第 4 期

万光军,高腾云:"庄子道论及对儒学的影响略论",《兰州学刊》,2006 年第 8 期

李祥俊:"北宋时期的儒、道学术会通论",《南京社会科学》,2006 年第 12 期

何静:"论王阳明心学对道教的融合",《宁波大学学报(人文科学版)》,2006 年第 1 期

任蜜林:"郭象哲学中以庄融儒的特色",《中国哲学史》,2006 年第 2 期

张艳清:"天理与自然——宋儒境界中的儒道之辩",《中国哲学史》,2006 年第 1 期

孙玮骅:"浅谈孔、老的无为政治观",《孔孟月刊》,2006 年第 45 卷第 3/4 期总号第 531/532 期

罗安宪:"儒道人性论之基本差异",《河北学刊》,2007 年第 4 期

蔡德贵:"葛洪思想的儒道互补特征",《社会科学研究》,2007 年第 6 期

黄克剑:"孔老之辨",《哲学研究》,2007 年第 9 期

伍成泉:"魏晋南北朝时期儒学对道教的影响",《中华文化论坛》,2007 年第 2 期

安继民:"徘徊于儒道之间的向秀",《中州学刊》,2007 年第 2 期

张鸿恺:"浅谈《易传》的儒道互补思想",《国文天地》,2007 年第 22 卷第 9 期总号第 261 期

孙华璟:"论王夫之《老子衍》中的经典诠释",《国文学报》,2007 年第 42 期

吴冠宏:"王弼圣人有情说与儒、道、玄思想之关涉与分判",《国文学报》,2007 年第 42 期

郑倩琳:"从《庄子》外杂篇中'孔子困厄'之论述探析儒道之冲突与会通——兼论孔子形象之诠释",《国文学报》,2008 年第 44 期

孔令宏:"宋明理学的纳道入儒与儒学的新发展",《河北学刊》,2008 年第 1 期

林安梧:"《醇言》、《道德经》与'儒道同源互补'——以栗谷《醇言》前五章为核心展开的一些思考",《兴大中文学报》,2008 年第 23 期

刘爱敏:"《淮南子》儒道融合的人性论",《中国典籍与文化》,2008 年第 4 期

孔令宏:"论张伯端的丹道与易道",《周易研究》,2008 年第 3 期

余玥:"儒道会通如何可能?——葛洪思想之'内道外儒'说解析",《宗教学研究》,2008年第4期

王奕然:"试论孔孟、老庄之'圣人'面向",《孔孟月刊》,2008年第46卷第9/10期总号第549/550期

郑倩琳:"从《庄子》外杂篇中'孔子困厄'之论述探析儒道之冲突与会通——兼论孔子形象之诠释",《国文学报》,2008年第44期

李宗定:"葛洪《抱朴子》'道本儒末'与魏晋玄学'会通儒道'之关系",《世界宗教学刊》,2008年第12期

王兆响,褚冠军:"先秦儒道天道观异同探微",《济宁学院学报》,2009年第4期

周兵:"先秦儒家和道家在'礼'与'情'关系问题上的分歧及其启示",《孔子研究》,2009年第4期

郑建钟:"论柳宗元的'儒佛同道'思想",《西北大学学报(哲学社会科学版)》,2009年第5期

沈伟华:"从儒家之失看魏晋初期之儒道融合",《云南社会科学》,2009年第6期

张鸿恺:"试论易传儒道互补思想",《孔孟月刊》,2009年第47卷第5/6期总号第557/558期

李宗定:"魏晋道教伦理观形成与玄学调和儒道的关系",《宗教哲学》,2009年第47期

萧晓铃:"从王弼的圣人观审视其会通儒道的局限",《中国语文》,2009年第104卷第5期总号第623期

陈明圣:"探两汉佛道思想中的'冥界'论",《问学》,2009年第13期

简光明:"宋代'援庄入儒'综论",《嘉大中文学报》,2009年第2期

卓惠婷:"儒道互补——从《乐论》试析阮籍对儒道之传承",《新生学报》,2009年第5期

张晨霞:"略论阮籍的亦儒亦道思想",《船山学刊》,2010年第3期

梁宗华:"论东汉后期的儒道融合",《东岳论丛》,2010年第12期

王朝华:"郭店竹书《老子》与儒道思想关系之辨",《福建论坛(人文社会科学版)》,2010年第12期

朱晓鹏:"有为与无为:兼论王阳明中后期对道家道教的批评之二",《孔子研究》,2010年第2期

李广义:"在道儒之间:道教经典《太平经》政治伦理的儒家意蕴",《孔子研究》,2010年第3期

张志宏:"儒道'隐逸'思想之比较研究",《理论界》,2010年第12期

白显鹏:"论儒道互补的三种形态",《齐鲁学刊》,2010年第3期

吴永,刘晗:"王弼《老子注》的形成与玄学背景下的道儒融通",《陕西社会科学论丛》,2010年第1期

朱汉民:"玄学的《论语》诠释与儒道会通",《天津社会科学》,2010年第3期

郑全:"从孟、庄之差异看儒道分歧之根本",《哲学研究》,2010年第2期

廖宇:"从《太平经》看早期道教的孝道思想",《宗教学研究》,2010年第4期

吕玉霞:"王弼儒道会通思想探析",《齐鲁学刊》,2011年第2期

隋思喜:"陈景元儒道关系论的基本特征和政治意蕴",《世界宗教研究》,2011年第3期

万里:"中国古代道儒二家宇宙论的异同及其意义",《哲学研究》,2011年第12期

4. 佛道关系

钱穆:"佛教之传入与道佛之争",《中央周刊》,1945年第28期

牟宗三:"王船山之论佛老与申韩",《幼狮月刊》,1954年第2卷第8期

廖吉郎:"佛学义理与庄子思想",《慧炬》,1964年革新8期总号第25期

郑寿彭:"宋初佛教复兴之概略与道教渐兴之因素",《狮子吼》,1970 年第 9 卷第 1/2 期

李恕义:"漫谈佛学与老子思想",《慧炬》,1970 年第 78 期

曾普信:"庄子与佛教",《台湾佛教》,1970 年第 24 卷第 1 期

黄锦鋐讲,李月熏笔记:"庄子与佛学的关联性",《慧炬》,1971 年第 87/88 期

林淑贞:"就《道德经》谈老子与佛家",《慧炬》,1971 年 10 月第 93/94 期

王煜:"道佛融摄对'真'字的宗教意识",《景风》,1971 年第 31 期

林淑贞:"就《道德经》一书谈老子与佛学家之异同点",《狮子吼》,1972 年第 11 卷第 6 期

安乐哲:"老庄哲学与禅宗'心灵观'比较",《研究生》,1972 年第 1 期

灵源:"在见问题上平心论仙学与佛学",《狮子吼》,1972 年第 11 卷第 11 期

王煜:"老庄的言意观对僧肇与禅宗的影响",《新亚书院学术年刊》,1973 年第 15 期

江娴:"唐代佛道二教之争",《中兴史学》,1975 年第 3 期

罗香林:"敦煌石室所发现《老子化胡经》试探",《珠海学报》,1975 年第 8 期

胡景彬:"庄子立言本旨近于佛学",《慧炬》,1976 年 10 月第 148/149 期

李丰楙:"昙鸾大师舍道归佛的因缘",《慧炬》,1978 年第 163/164 期

张立文:"论汉魏——隋唐时代儒释道三教的斗争和合流",载《中国哲学史论文集(第 1 辑)》,山东人民出版社,1979 年

黎正甫:"龚自珍的仙佛思想",《恒毅》,1979 年第 29 卷第 1/2 期

卞孝萱:"佛道之争与鉴真东渡",《中国史研究》,1980 年第 1 期

卞孝萱:"佛道之争与鉴真东渡",载《鉴真研究论文集》,扬州市政协文史资料研究组扬州师院历史科,1980 年

李斌成:"唐代佛道之争研究",《世界宗教研究》,1981 年第 2 期

王宪章:"庐山历史上的佛道之争",《知识窗》,1981 年第 5 期

陈荣波:"禅与老庄思想",《中国佛教》,1981 年第 25 卷第 10 期

张英莉,戴乐:"义邑制度述略兼论南北朝佛道混合之原因",《世界宗教研究》,1982 年第 4 期

陈荣波:"禅与老庄思想",《艺坛》,1982 年第 166 期

余阳辉:"禅的自然观与庄子的自化",《慧炬》,1982 年第 215 期

刘国梁:"试论《太上洞渊神咒经》的成书年代及其与佛教的关系",《世界宗教研究》,1983 年第 3 期

陈祚龙:"元初佛道论衡之一斑",《中国文化月刊》,1984 年第 54 期

王邦雄:"禅宗理趣与道家意境——陶渊明与王维田园诗境的比较",《鹅湖》,1984 年第 10 卷第 1 期总号第 109 期

黄公伟:"佛道谈天论地之境界比较观",《狮子吼》,1984 年第 23 卷第 9 期

曾枣庄:"论苏轼对释道态度的前后一致性",《天府新论》,1985 年第 2 期

李泽厚:"漫述庄禅",《中国社会科学》,1985 年第 1 期

陈长春:"略谈佛学与老子思想之相通处",《中国佛教》,1985 年第 29 卷第 9 期

傅伟勋:"老庄、郭象与禅宗:禅道哲理联贯性的诠释学试探",《哲学与文化》,1985 年第 12 卷第 12 期总

号第 139 期

陈祚龙:"元初佛道论衡之斑",《宗教研究》,1986 年第 2 期

包根弟:"论陶渊明的道家思想与佛家思想",《辅仁国文学报》,1986 年 2 期

鎌田茂雄:"佛道二教的混淆形态",《世界宗教资料》,1987 年第 1 期

逯钦立:"形影神诗与东晋之佛道思想",载《历史语言研究所集刊》,中华书局,1987 年第 16 册

知兴:"论道佛发展过程中的互相影响",《香港佛教》,1987 年第 321 期

刘光义:"佛道相通相同的形上关系",《东方杂志》,1987 年第 20 卷第 10 期

王利器:"《老子化胡经》考",《宗教学研究》,1988 年第 1 期

殷登国:"浅谈道释两家的性爱观",《历史月刊》,1988 年第 9 期

游信利:"莲华净吾心——试论佛道安身立命之道",《中华学苑》,1989 年第 39 期

静华:"佛教'无我'与庄子'无己'之比较分析",《内明》,1989 年第 208 期

潘桂明:"唐初佛道之争的实质和影响",《安徽师范大学学报(人文社会科学版)》,1990 年第 1 期

简修炜,庄辉明:"魏晋南北朝时期道佛二教比较论",《学术月刊》,1990 年第 1 期

潘桂明:"宋代佛道问题的综合考察",《浙江学刊》,1990 年第 1 期

赵克尧:"唐前期的佛道势力与政治斗争",《浙江学刊》,1990 年第 1 期

王卡:"《老子化胡经序》校跋",《中国道教》,1990 年第 4 期

陈明晖:"禅宗与宋元道教",《内明》,1990 年第 223 期

李霞:"庄禅自由观之比较",《安徽大学学报(哲学社会科学版)》,1991 年第 1 期

徐荪铭:"船山佛道思想研究的若干问题",《船山学刊》,1991 年第 0 期

曙明:"浅论傅奕反佛的道教立场",《兰州教育学院学报》,1991 年第 1 期

陈连营:"试论明初洪武年间对佛道二教的整顿和管理",《史学月刊》,1991 年第 3 期

崔大华:"庄子思想与中国佛学的发展",《中国社会科学》,1991 年第 1 期

汪圣铎:"宋代对释道二教的管理制度",《中国史研究》1991 年第 2 期

史双元:"论宋词融摄佛道思想之诸种形式",载《东方文化》,东南大学出版社,1991 年第 1 集

萧登福:"从《大正藏》所收佛经中看道教星斗崇拜对佛教之影响",《台中商专学报》,1991 年第 23 期

苏晋仁:"净土宗昙鸾法师与茅山派陶弘景先生",《五台山研究》,1992 年第 1 期

李养正:"论道教与佛教的关系",《中国社会科学》,1992 年第 3 期

萧登福:"道教符箓咒印对佛教密宗之影响",《台中商专学报》,1992 年第 24 期

Sandra A. Wawrytko:"The Poetics of Ch'an:Upayic Poetry and its Taoist Enrichment",《中华佛学学报》,1992 年第 5 期

李养正:"论道教与佛教的关系",《道教文化》,1992 年第 5 卷第 6 期总号第 54 期

何丽川:"佛性论与先秦道家'道论'思路的默契",《中国文化月刊》,1992 年第 157 期

萨梭;仲曼萍、卢雪燕译;丁煌校改:"道教和佛教形上超越的观念——哲学对比的研究",《道教学探索》,1992 年第 6 期

陈伟珠:"浅论庄佛人生哲学之异同",《广西教育学院学报(综合版)》,1993 年第 1 期

罗锦堂:"庄子与禅",《中国文哲研究集刊》,1993年第3期
吴承良:"《老子化胡经》与释道之争",《历史大观园》,1994年第4期
道元:"佛道之争——谈'佛在道先'之由来",《内明》,1994年第268、269期
简光明:"宋人'佛学思想源于庄子说'析论",《中国学术年刊》,1994年第15期
王樾:"章太炎《齐物论释》之分析——章氏以佛解庄诠释理路之探讨",《淡江史学》,1994年第6期
王志清:"心物冥一中的庄、禅精神——陶潜王维比较论",《东北师大学报（哲学社会科学版）》,1995年第6期
蓝天:"佛道之辩与佛本之争",《西藏民族宗教》,1995年第4期
李明友:"以佛解老 佛老融通——论马一浮的《老子注》",《中华文化论坛》,1995年第2期
冯达文:"荒诞意识与超越精神：道佛哲学品味",《中山大学学报（社会科学版）》,1995年第4期
朱锋:"道与禅——庄子与慧能思想之比较",《古今艺文》,1995年第21卷第4期
马建华:"罗含的《更生论》与佛教的轮回说——《弘明集》研究之二",《福建师大福清分校学报》,1996年第1期
龚隽:"早期佛道异同论",《江西社会科学》,1996年第8期
李养正:"关于唐初僧道译《老》为梵的争论",《世界宗教研究》,1996年第3期
许抗生:"南朝佛教论中印文化之异同——析宋齐之际佛道两教的夷夏之辩",《世界宗教研究》,1996年第2期
李养正:"汉明帝时无佛道角力事：《佛道交涉史论要》之一节",《中国道教》,1996年第3期
萧登福:"论佛教受中土道教的影响及佛经真伪",《中华佛学报》,1996年第9期
李养正:"论佛道义理之差异与相互融摄",《中国道教》,1997年第4期
陈兵:"道教生死观及其与佛教的关系",《宗教学研究》,1997年第4期
骆坤琪:"峨眉山佛、道关系试探",《宗教学研究》,1997年第2期
许抗生:"南朝佛教论中印文化之异同——析宋齐之际佛道两教的夷夏之辩",载《中日佛教学术会议论文集1985～1995》,中国社会科学出版社年,1997年
陈玉女:"明万历时期慈圣皇太后的崇佛——兼论佛、道两势力的对峙",《国立成功大学历史学报》,1997年第23期
李霞:"略论庄禅真理观及其历史影响",《安徽大学学报（哲学社会科学版）》,1998年第1期
朋·乌恩:"论蒙元佛道辩论的内在起因",《蒙古学信息》,1998年第4期
李金水:"论唐中宗、睿宗时期佛道政策的嬗变",《厦门大学学报（哲学社会科学版）》,1998年第3期
方立天:"道佛互动——以心性论为中心",《哲学与文化》,1998年第11、12期
王永会:"简论道教与佛教生死观的差异",《宗教哲学》,1998年第4卷第4期总号第16期
方立天:"道佛互动——以心性论中心",《哲学与文化》,1998年第25卷第11、12期总号第294、295期
沈顺福:"僧肇哲学与玄老思想比较研究",《东岳论丛》,1999年第1期
陈海岭:"唐玄宗的崇道抑佛政策及其社会影响",《河南大学学报（社会科学版）》,1999年第6期
孙昌武:"唐代佛道二教的发展趋势",《南开学报（哲学社会科学版）》,1999年第5期

王文泉:"从《弘明集》、《广弘明集》看魏晋南北朝道、佛间的訾应",《康宁学报》,1999年1卷2期
萧登福:"六朝道佛二教谶记中之应劫救世说——论李弘与弥勒",《台中商专学报》,1999年第31期
刘光耀:"论释道安对老子本体论的承接与改造",《襄樊学院学报》,2000年第4期
祁志祥:"佛教的般若禅定学说与中国的静观玄鉴理论",《云南社会科学》,2000年第1期
孙亦平:"张伯端'道禅合一'思想述评",《中国哲学史》,2000年第1期
黄德昌:"张载、苏轼的'实体'论与佛老之学",《宗教学研究》,2000年第2期
吴刚男:"The Taoist Influence on Hua‐yen Buddhism: A Case of the Sinicization of Buddhism in China",《中华佛学学报》,2000年第13期(下)
方立天:"佛道的人生价值观及其现代意义",载《禅学研究(第4辑)》,江苏古籍出版社,2000年
龚显宗:"刘基的佛道观",《古典文学》,2000年第15期
殷光明:"从《祇园精舍图》到《劳度叉斗圣变》的主题转变与佛道之争",《敦煌研究》,2001年第2期
李素萍:"魏源与晚清佛教——兼论其严辨佛老之分",《佛学研究》,2001年第10期
孙亦平:"论净明道'道禅合一'的修道思想",《上海道教》,2001年第1期
门岿:"从佛道之争看元代宗教的宽容政策",《殷都学刊》,2001年第1期
杨维中:"中国佛教心性论对儒学心性论的影响",《孔孟月刊》,2001年第39卷第5期总号第461期
张箭:"论后周世宗祇限佛不崇道",《中国文化月刊》,2001年第253期
林文彬:"释德清《观老庄影响论》初探",《文史学报(中兴大学)》,2001年第31期
李雅雯:"由道入佛——《自知录》功过格研究",《成大宗教与文化学报》,2001年第1期
陈永革:"修性与修命:晚明佛道之辨及其效应",《江苏行政学院学报》,2002年第2期
陈丁林:"道教建醮科仪与佛教水陆法会之探讨",《南瀛文献》,2002年第1期
徐小跃:"老庄的心斋静默与楞伽禅的守心观净比较研究",《普门学报》,2002年第7期
陈永革:"论晚明丛林的佛道会通及其效应",载《华林》,中华书局,2002年第2卷
元锺实:"略谈庄子无为说与慧能禅宗三无论——以修养工夫、境界论为主",《中华佛学研究》,2002年第6期
庄耀郎:"魏晋儒道会通理论的省察",《中国学术年刊》,2002年第23期
涂美云:"苏辙的佛、道思想",《东吴中文研究集刊》,2002年第9期
蔡宏:"佛教'般若'与庄子'齐物'异同论",《哲学与文化》,2002年第29卷第11期总号第342期
林佳蓉:"从宗教名山的形成看佛道交融的契机——以唐代天台山佛道二教的发展为例",《成大宗教与文化学报》,2002年第2期
圣凯:"论唐初佛道'道法自然'之争论及其影响",《法源(中国佛学院学报)》,2003年
易闻晓:"从袁宏道《广庄》看庄禅异同",《海南师范学院学报(社会科学版)》,2003年第3期
孙红:"以禅解庄——林希逸《庄子口义》对《庄子》的阐释",《河南师范大学学报(哲学社会科学版)》,2003年第4期
兰天:"佛道之辩与佛本之争",《青海社会科学》,2003年第4期
杨维中:"心性本体与道性道体:中国佛教心性论对道教心性论的影响",《世界宗教研究》,2003年第

2 期

圣凯:"论唐初佛道'道法自然'之争论及其影响",《法源(中国佛学院学报)》,2003 年总第 21 期

许尚枢:"徐霞客与佛道两教",载《徐霞客研究(第 10 辑)》,学苑出版社,2003 年

邱敏捷:"佛、道'修道主题'之关系——以李复言《续玄怪录·杜子春》与葛洪《神仙传·壶公》为中心之探讨",《普门学报》,2003 年第 14 期

福永光司:"僧肇与老庄思想——郭象与僧肇",《正观》,2003 年第 26 期

杨维中:"从隋唐佛道论争看道教心性思想的形成",《佛学研究》,2004 年第 0 期

刘朝霞:"共时域下的宗教对话与互容:天台山佛道关系初探",《求索》,2004 年第 6 期

高永旺:"《道教义枢》中'道性'意蕴与佛性思想",《宗教学研究》,2004 年第 2 期

刘亚明:"柳华阳《慧命经》之仙佛合宗思想探析",《宗教学研究》,2004 年第 3 期

见见:"全真道'功行'与达磨'二入'之比较",《宗教学研究》2004 年第 3 期

王三北、赵宏勃:"唐代佛道之争——论官方对民间信仰的整合",载《中国古代史论萃——庆贺历史学家金宝祥先生九十华诞论文集》,甘肃人民出版社,2004 年

张兵:"从《西游录》看辽金元时代的一次佛、道斗争",载《觉群·学术论文集(第 4 辑)》,宗教文化出版社,2004 年

洪锦淳:"佛教'水陆法会'对道教文化的融摄",《兴大人文学报》,2004 年第 34 期(上)

苏美文:"从'以庄解佛'到'以佛解庄'",《中华技术学院学报》,2004 年第 30 期

元锺实:"庄子'无竟'与慧能禅'无相'境界",《孔孟学报》,2004 年第 82 期

邓克铭:"禅宗与道家之'无心'说的比较",《清华学报》,2004 年第 34 卷第 2 期

杨曾文:"少林雪庭福裕和元前期的佛道之争",《法音》,2005 年第 3 期

许鹤龄:"禅道生死之镜——从哲学谘商方法浅谈惠能与庄子之生死观",《哲学论集》,2005 年第 38 期

成守勇:"成玄英'援佛入道'探",《宗教学研究》,2005 年第 1 期

汤一介:"佛道关于'生死'、'形神'问题的争论",载《中国观念史》,中州古籍出版社,2005 年

蔡志纯:"从佛、道之争看蒙元统治者的宗教政策",载《历史与民族——中国边疆的政治、社会和文化》,社会科学文献出版社,2005 年

邱敏捷:"方以智《药地炮庄》之'以禅解庄'",《南大学报(人文与社会类)》,2005 年第 39 卷第 1 期

邱敏捷:"释净挺《漆园指通》之'以禅解庄'述析",《南师语教学报》,2005 年第 3 期

邱敏捷:"以'禅'解老析论",《玄奘佛学研究》,2005 年第 3 期

许鹤龄:"禅道生死之镜——从哲学谘商方法浅谈惠能与庄子之生死观",《哲学论集》,2005 年第 38 期

潘文杰:"探讨陈子昂与佛、道的关系",《黄山学院学报》,2006 年第 6 期

郑灿山:"唐道士成玄英的重玄思想与道佛融通——以其老子疏为讨论核心",《台北大学中文学报》,2006 年第 1 期

秦新林:"蒙元时的佛道之争及其影响",《殷都学刊》,2006 年第 4 期

崔小敬:"佛道争锋与寒山形象的演变",《宗教学研究》,2006 年第 4 期

邱敏捷:"林希逸《庄子口义》'以禅解庄'析论",《玄奘佛学研究》,2006 年第 4 期

孙逊:"佛道'转世'、'谪世'观念与中国古代小说结构",载《想象力的世界——二十世纪"道教与古代文学"论丛》,黑龙江人民出版社,2006年

江淑君:"宋代老子学'以佛解《老》'析论",《中国学术年刊》,2006年第28期(春)(网上的是:春季号)

郑灿山:"唐道士成玄英的重玄思想与道佛融通——以其老子疏为讨论核心",《台北大学中文学报》,2006年第1期

蔡振丰:"憨山德清的禅悟经验与他对老庄思想的理解",《法鼓人文学报》,2006年第3期

刘永明:"略析道教神仙信仰对佛教的影响——以敦煌P05《妙法莲华经讲经文》为核心",《敦煌学辑刊》,2007年第4期

徐辉:"从唐代道教小说看唐代的佛道之争",《哈尔滨学院学报》,2007年第1期

刘玲娣:"论《牟子理惑论》的老子观",《华中科技大学学报(社会科学版)》,2007年第3期

宋立峰:"从唐代佛道二教之争分析国家在文化交流中的作用",《唐山师范学院学报》,2007年第1期

李玉用:"慧能禅与全真道之心性论比较",《五台山研究》,2007年第1期

何晓进:"试论魏晋南北朝时期佛道关系",《徐州工程学院学报》,2007年第1期

杨玉辉:"佛教与道教人学观之比较",《宗教学研究》,2007年第1期

萧天石:"黄老学与禅宗",《道教月刊》,2007年第22、23期

湛如:"佛道关系与文明对话",载《和谐世界 以道相通——首届国际道德经论坛文集》,宗教文化出版社,2007年

王文泉:"初唐的道、佛之争",《康宁学报》,2007年第9期

湛如:"佛道关系与文明对话",载《文学与宗教——孙昌武教授七十华诞纪念文集》,宗教文化出版社,2007年

元锺实:"庄子'以明'与慧能禅'明心见性'",《孔孟学报》,2007年第85期

刘怡君:"释德清《老子》学义理内蕴探析——兼论'以佛解《老》'的诠释向度",《淡江中文学报》,2007年第17期

孙亦平:"论佛教思想对全真道的影响:以马钰倡导的'清净无为'为例",《佛学研究》,2008年第0期

赵占清:"从'三武灭佛'看道教排佛",《开封教育学院学报》,2008年第2期

戈国龙:"论佛道之相通",《鲁东大学学报(哲学社会科学版)》,2008年第5期

李玉用,朱法贞:"后现代:一种可能的观照维度——道、禅比较新探",《内蒙古社会科学(汉文版)》,2008年第1期

刘红梅:"伍柳派内丹学的佛道融合思想",《西南民族大学学报(人文社科版)》,2008年第11期

李建武:"道佛典籍与《封神演义》'阐教'词语关系考",《宗教学研究》,2008年第2期

刘立夫:"道安《二教论》与南北朝佛道论衡",载《禅学研究》,江苏人民出版社,2008年

潘桂明:"唐代显庆、龙朔年间的佛道论争",载《书佛教卷(当代中国宗教研究精选丛)》,民族出版社,2008年

白峥勇:"'为我'与'假我'——论道家与佛教之现实人生的应世观",《明新学报》,2008年第34卷第2期

张二平:"李翱《复性书》、程颢《定性书》与佛、道关系合论",载《陇右文化论丛(第3辑)》,甘肃人民出版社,2008年

杨子路:"从修行方法互补性看魏晋南北朝佛道双修现象",《法音》,2009年第5期

孔又专:"陈抟内丹思想中佛道互融痕迹",《华中科技大学学报(社会科学版)》,2009年第3期

刘立夫:"《老子化胡经》与佛道之争",《吉首大学学报(社会科学版)》,2009年第4期

张泽洪:"多元文化视野下的唐代佛道关系:以唐代长安为中心",《兰州大学学报(社会科学版)》,2009年第5期

熊永翔,阳清:"人神遇合:魏晋六朝道佛争锋的叙事策略",《云南社会科学》,2009年第5期

丁红旗:"梁武帝天监三年'舍道归佛'辨",《宗教学研究》,2009年第1期

吕有祥:"佛、道'有无'观略辨",载《佛教与中国传统文化——杨曾文先生七秩贺寿文集》,中国社会科学出版社,2009年

李霞:"论佛道思想对浙中王门后学的影响",载《浙东学术(第1辑)》,浙江大学出版社,2009年

吕有祥:"佛、道'有无'观略辨",载《比较哲学与比较文化论丛(第1辑)》,武汉大学出版社,2009年

纪志昌:"南齐张融的道佛交涉思维试释——以《门律·通源》中与周颙的对话为主",《中国文哲研究集刊》,2009年第35期

杨燕、詹石窗:"儒家经学与佛、道关系略论",载《儒教研究(2009年卷总第1辑)》,社会科学文献出版社,2009年

刘屹:"中古道教神学体系的建构与发展——以元始天尊的至尊性与佛陀化为中心",《东方文化》,2009年第42卷第1/2期

孙翀:"《世说新语》佛、道观念试论",《首都师范大学学报(社会科学版)》,2010年第1期

程佩:"试论东汉时期佛、道二教的融合与分离",《徐州师范大学学报(哲学社会科学版)》,2010年第3期

刘林魁:"南朝佛道关系论及其学术渊源",《云南社会科学》,2010年第2期

史晓宇,赵健:"冯友兰'天地境界'说与佛道思想的融通",《云南师范大学学报(哲学社会科学版)》,2010年第1期

黄佳骏:"杨文会《南华经发隐》的'以佛解庄'思想探析",《玄奘人文学报》,2010年第10期

圣凯:"初唐佛道'道法自然'论争及其影响",《华东师范大学学报(哲学社会科学版)》,2011年第4期

曹凌:"《三厨经》研究:以佛道交涉为中心",《文史》,2011年第1期

隋思喜:"从佛道关系的演变看北宋道教的理论转型",《宗教学研究》,2011年第4期

林建德:"道佛语言策略析探——以《老子》与《中论》为例",《东吴哲学学报》,2011年第23期

5. 反佛灭佛

闻宥:"转注理惑论",《东方杂志》,1927年第10号

余嘉锡:"北周毁佛主谋者卫元嵩",《辅仁学志》,1931年第2期

陈寅恪:"白乐天之思想行为与佛道之关系",《岭南学报》,1949年第1期

姚学敏:"范缜的'神灭论'及其反佛斗争",《西北大学学报(哲学社会科学版)》,1957 年第 2 期

(日)牧田谛亮;如真译:"赵宋佛教史上契嵩的立场",《新觉生》,1971 年第 9 卷第 11/12 期

金相根:"三教流传韩国与李朝时代佛道二教受黜之过程",《思与言》,1976 年第 14 卷第 2–3 期

王煜:"明末净土宗莲池大师云栖祩宏之佛化儒道及其逼近耆那教与反驳天主教",《新亚书院学术年刊》,1977 年第 19 期

王煜:"李卓吾杂揉儒道法佛四家思想",《香港中文大学中国文化研究所学报》,1979 年第 10 卷第 2 期

李富华:"中国封建统治者的兴佛与废佛",《世界宗教研究》,1980 年第 2 期

李斌城:"论唐代反佛",《人文杂志》,1981 年第 1 期

蒋义斌:"王安石与佛学",《慧炬》,1981 年第 205 期

肖黎:"论北朝的两次灭佛斗争",《河北学刊》,1982 年第 1 期

马德:"从一件敦煌遗书看唐玄宗与佛教的关系",《敦煌学辑刊》,1983 年总第 3 期(网上查的是:1982 年第 00 期)

夏露:"苏轼事佛简论",《江汉论坛》,1983 年第 9 期

向燕南:"北魏太武灭佛原因考辨",《北京师范大学学报(哲学社会科学版)》,1984 年第 2 期

张立名:"白居易与佛道",《湘潭师专学报(社会科学版)》,1984 年第 2 期

李克域:"康熙对佛道二教的态度",载《无神论与宗教研究论丛》,四川大学出版社,1987 年

林国平:"三一教与道教的关系——从林兆恩与卓晚春、张三峰的关系谈起",《宗教学研究》,1988 年第 4 期

唐统天:"辽道宗崇佛原因初探",《东北地方史研究》,1991 年第 1 期

于辅仁:"唐武宗灭佛原因新探",《烟台师范学院学报(哲学社会科学版)》,1991 年第 3 期

陆华柏,徐宏林:"唐代反佛理论",《西北民族大学学报(哲学社会科学版)》,1992 年第 2 期

尚永亮:"论白居易所受佛老影响及其超越途径",《陕西师范大学学报(哲学社会科学版)》,1993 年第 2 期

李敬武:"论辽代从尊儒到崇佛的演变",《社会科学辑刊》,1993 年第 4 期

吴守华:"王实甫反佛思想述评",《学术探索》,1993 年第 4 期

刘复生:"宋仁宗时期反佛老思潮及其特点",《中州学刊》,1993 年第 4 期

杜斗城:"关于武则天与佛教的几个问题",《宗教学研究》,1994 年第 2–3 期

徐洪兴:"理学兴起的一个侧面——略论唐宋之间的排佛道思潮",载《宋明思想和中华文明》,学林出版社,1995 年

陈照明:"白乐天之思想行为与佛道关系之再探",《南大语言文化学报》,1996 年第 1 卷第 1 期

方志远:"明朝统治者对佛道二教的利用与限制",《文史知识》,1997 年第 10 期

栾贵川:"北魏太武帝灭佛原因新论",《中国史研究》,1997 年第 2 期

方立天:"中国佛教的气本原说和道体说",《宗教学研究》,1997 年第 4 期

孙晓莹:"浅析北魏太武帝灭佛原因",《当代宗教研究》,2000 年第 3 期

张应超:"全真道与儒释墨浅论",《人文杂志》,2000 年第 1 期

岳辉:"从魏晋南北朝时'沙门不敬王者'的争论看佛教的中国化",《宗教学研究》,2000年第2期

李祥俊:"王安石的佛学思想",《中国文化月刊》,2001年第258期

张箭:"论北周武帝废佛的作用和意义",《西南民族大学学报(人文社科版)》,2002年第3期

张箭:"北周废佛特点初探",《佛学研究》,2003年第12期

吴平:"北朝的兴佛与灭佛",《华夏文化》,2003年第3期

蔡德贵:"张伯端的三教归一和巴哈伊教的宗教同源",《当代中国哲学学报》,2006年第3期

张箭:"论北魏灭佛之特点",《徐州师范大学学报(哲学社会科学版)》,2008年第5期

二、汉文著作

赵兰坪:《中国哲学史(上)》,国立江南学校,1925年

(日)津田左右吉;李继煌译:《儒道两家关系论》,商务印书馆,1926年

(日)渡边秀方;刘侃元译:《中国哲学史概论》,商务印书馆,1926年

金兆丰:《中国通史》,中华书局,1937年

管道中:《二程研究》,中华书局,1937年

(日)武内义雄;汪馥泉译:《中国哲学思想史》,商务印书馆,1939年

黄子通:《儒道两家哲学系统》,宇宙书局,1942年

黄忏华:《中国佛教史》,商务印书馆,1947年

吴泽:《中国历史简编》,峨嵋出版社,1947年

容肇祖:《提倡三教合一的林兆恩》,北京大学出版社,1948年

陈寅恪:《元白诗笺证稿》,上海古典文学出版社,1958年

陈垣撰:《中国佛教史籍概论》,中华书局,1962年

钟泰编:《中国哲学史(上)》,台湾商务印书馆股份有限公司,1967年

罗光:《中国哲学思想史·魏晋、隋唐佛学篇(上、下)》,台湾学生书局,1971年

孙广德:《晋南北朝隋唐俗佛道争论中之政治课题》,台湾中华书局,1972年

黄公伟:《中国哲学的统合精神》,维新书局,1977年

蒋维乔编述:《中国近三百年哲学史》,中华书局,1978年

卿希泰:《中国道教思想史纲第1卷:汉魏两晋南北朝时期》,四川人民出版社,1980年

黄公伟:《道家哲学系统探微》,新文丰出版公司,1981年

孙昌武:《柳宗元传论》,人民文学出版社,1982年

汤用彤:《汉魏两晋南北朝佛教史》,中华书局,1983年

杜而未:《儒佛道之信仰研究》(第3版),台湾学生书局,1983年

严北溟:《儒道佛思想散论》,湖南人民出版社,1984年

黄公伟编:《中国文化概论》,台湾商务印书馆,1984年

中村元等:《中国佛教发展史(上)》,天华出版事业股份有限公司,1984年
牟润孙:《现代佛学大系26:论儒释两家之讲经与义疏》,弥勒出版社,1984年
(苏)托卡列夫(Tokapeb,C.A.);魏庆征译:《世界各民族历史上的宗教》,中国社会科学出版社,1985年
卿希泰:《中国道教思想史纲第2卷:隋唐五代北宋时期》,四川人民出版社,1985年
任继愈主编:《中国佛教史(第1卷)》,中国社会科学出版社,1985年
王邦雄:《儒道之间》,汉光文化事业股份有限公司,1985年
冯友兰:《中国哲学史新编(第4册)》,人民出版社,1986年
唐君毅:《唐君毅全集卷16:中国哲学原论·原道篇3(校订版)》,台湾学生书局,1986年
深圳大学国学研究所主编:《中国文化与中国哲学》,东方出版社,1986年
刘光义:《司马迁与老庄思想并论司马迁思想兼怀儒道》,台湾商务印书馆股份有限公司,1986年
(日)久保田量远;胡恩厚译:《中国儒道佛交涉史》,金城书屋,1986年
郭绍林:《唐代士大夫与佛教》,河南大学出版社,1987年
杨庆丰:《佛禅与儒道》,国泰出版社,1988年
汤一介:《中国传统文化中的儒道释》,中国和平出版社,1988年
曾召南,石衍丰编:《道教基础知识》,四川大学出版社,1988年
汤一介:《魏晋南北朝时期的道教》,陕西师范大学出版社,1988年
卿希泰主编:《中国道教史(第1卷)》,四川人民出版社,1988年
丁钢:《中国佛教教育:儒佛道教育比较研究》,四川教育出版社,1988年
任继愈主编:《中国哲学发展史:魏晋南北朝》,人民出版社,1988年
萧登福:《汉魏六朝佛道两教之天堂地狱说》,台湾学生书局,1989年
罗联添:《唐代文学论集(下):文史考辨》,台湾学生书局,1989年
王志远:《宋初天台佛学窥豹》,中国建设出版社,1989年
罗宏曾:《魏晋南北朝文化史》,四川人民出版社,1989年
牟钟鉴:《中国宗教与文化》,巴蜀书社,1989年
曾锦坤:《儒佛异同与儒佛交涉》,谷风出版社,1990年
赖永海:《佛道诗禅——中国佛教文化论》,中国青年出版社,1990年
方立天:《中国古代哲学问题发展史》,中华书局,1990年
熊十力:《现代儒佛之争》,明文书局,1990年
(日)小野泽精一等;李庆译:《气的思想——中国自然观和人的观念的发展》,上海人民出版社,1990年
陈铁民:《王维新论》,北京师范学院出版社,1990年
柳存仁:《和风堂文集(上)》,上海古籍出版社,1991年
许抗生:《魏晋南北朝哲学思想研究概论》,天津教育出版社,1991年
王友三主编:《中国宗教史(上)》,齐鲁书社,1991年
许抗生:《三国两晋玄佛道简论》,齐鲁书社,1991年
严耀中:《中国宗教与生存哲学》,学林出版社,1991年

赵吉惠等主编:《中国儒学史》,中州古籍出版社,1991年
冯友兰:《三松堂全集第9卷:中国哲学史新编》,河南人民出版社,1991年
汤一介:《儒道释与内在超越问题》,江西人民出版社,1991年
刘泽华主编:《中国古代政治思想史》,南开大学出版社,1992年
李书有主编:《中国儒家伦理思想发展史》,江苏古籍出版社,1992年
吴立民,徐荪铭:《船山佛道思想研究》,湖南出版社,1992年
史双元:《宋词与佛道思想》,今日中国出版社,1992年
潘桂明:《中国禅宗思想历程》,今日中国出版社,1992年
孙述圻:《六朝思想史》,南京出版社,1992年
邵汉明:《儒道人生哲学》,吉林教育出版社,1992年
马西沙,韩秉方:《中国民间宗教史》,上海人民出版社,1992年
石训等编:《中国宋代哲学》,河南人民出版社,1992年
林国平:《林兆恩与三一教》,福建人民出版社,1992年
姚瀛艇等编写:《宋代文化史》,河南大学出版社,1992年
赵书廉:《中国人思想之源:儒释道思想的斗争与融合》,吉林文史出版社,1992年
卿希泰主编:《道教与中国传统文化》,福建人民出版社,1992年
马良怀:《崩溃与重建中的困惑——魏晋风度研究》,中国社会科学出版社,1993年
李养正:《道教与诸子百家》,北京燕山出版社,1993年
吴重庆:《儒道互补——中国人的心灵建构》,广东人民出版社,1993年
卢国龙:《中国重玄学:理想与现实的殊途与同归》,人民中国出版社,1993年
魏道儒:《宋代禅宗文化》,中州古籍出版社,1993年
刘仲宇:《儒释道与中国民俗》,辽宁教育出版社,1993年
张晓敏等撰稿:《道教十日谈》,安徽文艺出版社,1994年
袁大川主编:《佛道隐逸传》,海南出版社,1994年
吴光:《儒道论述》,东大图书股份有限公司,1994年
张跃:《唐代后期儒学》,上海人民出版社,1994年
任继愈主编:《中国哲学发展史 隋唐》,人民出版社,1994年
李凭,袁刚总纂:《中华文明史第4卷:魏晋南北朝》,河北教育出版社,1994年
罗宏曾:《中国魏晋南北朝思想史》,人民出版社,1994年
(日)忽滑谷快天;朱谦之译:《中国禅学思想史》,上海古籍出版社,1994年
张映勤:《佛道文化通览》,天津社会科学院出版社,1995年
李锦全:《人文精神的承传与重建》,广东人民出版社,1995年
叶金:《儒道玄佛与中国文学》,汕头大学出版社,1995年
尚明:《中国人学史(古代卷)》,对外经济贸易大学出版社,1995年
马楚坚:《明清人物史事论析》,江西高校出版社,1996年

李洪钧,刘兆伟编:《儒释道与东北教育史》,辽宁教育出版社,1996年
韩强:《竭尽心性——重读王阳明》,四川人民出版社,1997年
张传开,汪传发:《义利之间——中国传统文化中的义利观之演变》,南京大学出版社,1997年
鲁同群:《庾信传论》,天津人民出版社,1997年
马良怀:《张湛评传:兼容三教 建立二元》,广西教育出版社,1997年
庞朴主编:《中国儒学(第1卷)》,东方出版中心,1997年
庞朴主编:《中国儒学(第3卷)》,东方出版中心,1997年
张清泉:《北宋契嵩的儒释融会思想》,文津出版社,1998年
邓红蕾:《从混沌到和谐——儒道理想与文化流变》,湖北人民出版社,1998年
何光沪,许志伟主编:《对话:儒释道与基督教》,社会科学文献出版社,1998年
孙昌武:《柳宗元评传》,南京大学出版社,1998年
唐坤,苏民:《儒道释与人生》,湖北人民出版社,1998年
韩强:《儒家心性论》,经济科学出版社,1998年
蒙培元:《心灵超越与境界》,人民出版社,1998年
张兴荣:《云南洞经文化——儒道释三教的复合性文化》,云南教育出版社,1998年
谢祥皓,刘宗贤:《中国儒学》,四川人民出版社,1998年
吾敬东等:《中国哲学思想:儒道释》,华东师范大学出版社,1998年
楼宇烈,张西平主编:《中外哲学交流史》,湖南教育出版社,1998年
任继愈:《汉唐佛教思想论集》,人民出版社,1998年
寇养厚:《古代文史论集》,山东大学出版社,1999年
潘富恩:《潘富恩自选集》,重庆出版社,1999年
周伯达:《什么是中国形上学:儒、释、道三家形上学申论》,台湾学生书局,1999年
罗立刚:《宋元之际的哲学与文学》,复旦大学出版社,1999年
漆侠:《探知集》,河北大学出版社,1999年
汤一介:《昔不至今》,上海文艺出版社,1999年
(澳)柳存仁讲演:《道教史探源:"汤用彤学术讲座"演讲辞及其他(汤用彤学术讲座之二)》,北京大学出版社,2000年
彭自强:《佛教与儒道的冲突与融合——以汉魏两晋时期为中心》,巴蜀书社,2000年
严耀中:《江南佛教史》,上海人民出版社,2000年
李锦全:《李锦全自选二集》,中国文联出版社,2000年
刘述先:《理一分殊》,上海文艺出版社,2000年
濮文起:《秘密教门——中国民间秘密宗教溯源》,江苏人民出版社,2000年
张学智:《明代哲学史》,北京大学出版社,2000年
唐大潮:《明清之际道教"三教合一"思想论》,宗教文化出版社,2000年
董群:《融合的佛教——圭峰宗密的佛学思想研究》,宗教文化出版社,2000年

高晨阳:《儒道会通与正始玄学》,齐鲁书社,2000年
唐代剑:《王嚞丘处机评传》,南京大学出版社,2000年
蔡忠道:《魏晋儒道互补之研究》,文津出版社,2000年
张育英:《中国佛道艺术》,宗教文化出版社,2000年
牟钟鉴,张践:《中国宗教通史》,社会科学文献出版社,2000年
洪修平,徐长安等编:《佛教与中国传统思想文化》,河北省佛学院,2000年
汤用彤:《汤用彤全集(第1卷)》,河北人民出版社,2000年
麻天祥:《20世纪中国佛学问题》,湖南教育出版社,2001年
卢连章:《程颢程颐评传》,南京大学出版社,2001年
南炳文主编:《佛道秘密宗教与明代社会》,天津古籍出版社,2001年
刘宁:《刘一明修道思想》,巴蜀书社,2001年
李坚:《内圣外王——儒道思想的发展》,辽海出版社,2001年
方祖猷:《王畿评传》,南京大学出版社,2001年
熊十力:《熊十力全集(第FJS卷)》,湖北教育出版社,2001年
姜国柱:《张载关学》,陕西人民出版社,2001年
潘桂明,吴忠伟:《中国天台宗通史》,江苏古籍出版社,2001年
孔令宏:《朱熹哲学与道家、道教》,河北大学出版社,2001年
陈运宁:《中国佛教与宋明理学》,湖南人民出版社,2002年
陈晓芬:《传统与个性——唐宋六大家与儒佛道》,上海古籍出版社,2002年
王永平:《道教与唐代社会》,首都师范大学出版社,2002年
黄心川:《东方佛教论(黄心川佛教文集)》,中国社会科学出版社,2002年
张学强:《拒斥与吸收——教育视域中的理学与佛学关系研究》,巴蜀书社,2002年
王葆玹:《老庄学新探》,上海文化出版社,2002年
刘学智:《儒道哲学阐释》,中华书局,2002年
李土生:《儒释道论养生》,宗教文化出版社,2002年
陈俊民:《三教融合与中西会通——中国哲学及其方法论探微》,陕西师范大学出版社,2002年
孔令宏:《宋明道教思想研究》,宗教文化出版社,2002年
漆侠:《宋学的发展和演变》,河北人民出版社,2002年
陈引驰:《隋唐佛学与中国文学》,百花洲文艺出版社,2002年
方立天:《中国佛教哲学要义(上)》,中国人民大学出版社,2002年
张国刚主编:《中国社会历史评论(第4卷)》,商务印书馆,2002年
范文澜:《范文澜全集(第7卷)》,河北教育出版社,2002年
朱谦之:《朱谦之文集(第10卷)》,福建教育出版社,2002年
萧登福:《道家道教与中土佛教初期经义发展》,上海古籍出版社,2003年
张恒毓:《佛道儒心性论比较研究》,佛光山文教基金会,2003年

王晓毅:《儒释道与魏晋玄学形成》,中华书局,2003 年

钟国发:《神圣的突破——从世界文明视野看儒佛道三元一体格局的由来》,四川人民出版社,2003 年

丁德科:《先秦儒道一统思想述论》,陕西人民出版社,2003 年

李建中,高华平:《玄学与魏晋社会》,河北人民出版社,2003 年

黄德昌:《儒道思想与华夏文化》,四川人民出版社,2003 年

李景明,唐明贵主编:《儒释比较研究》,中华书局,2003 年

哲学与文化月刊编辑委员会编:《哲学与文化(第 349 期)·儒佛会通专题》,哲学与文化月刊杂志社,2003 年(编辑注:此为月刊,似不应列入著作类)

(荷)许理和;李四龙,裴勇等译:《佛教征服中国——佛教在中国中古早期的传播与适应》,江苏人民出版社,2003 年

陈少明:《〈齐物论〉及其影响》,北京大学出版社,2004 年

李霞:《道家与中国哲学(明清卷)》,人民出版社,2004 年

梁漱溟等:《梁漱溟先生论儒佛道》,广西师范大学出版社,2004 年

许抗生,赵建功,田永胜:《六朝宗教》,南京出版社,2004 年

释慧开编:《儒佛生死学与哲学论文集》,洪叶文化事业有限公司,2004 年

聂琴编:《天人之际——中国哲学与中国文化》,云南大学出版社,2004 年

朱心怡:《天之道与人之道——郭店楚简儒道思想研究》,文津出版社,2004 年

洪修平:《中国佛教与儒道思想》,宗教文化出版社,2004 年

尚明:《中国古代人学史》,中国人民大学出版社,2004 年

尹志华:《北宋〈老子注〉研究》,巴蜀书社,2004 年

张文勋:《儒道佛美学思想源流》,云南人民出版社,2004 年

(日)秋月观映;丁培仁译:《中国近世道教的形成——净明道的基础研究》,中国社会科学出版社,2004 年

张立文主编:《中国学术通史 宋元明卷》,人民出版社,2004 年

刘立夫:《弘道与明教:〈弘明集〉研究》,中国社会科学出版社,2004 年

李海彬等编:《佛道互补》,中国社会出版社,2004 年

张成权:《道家与中国哲学 隋唐五代卷》,人民出版社,2004 年

李仁群等:《道家与中国哲学(宋代卷)》,人民出版社,2004 年

张恩普:《儒道融合与中古文论的自觉演进》,吉林文史出版社,2004 年

苏树华:《中国宗教与人生修养》,齐鲁书社,2004 年

谢承仁:《中华传统思想文化渊源》,人民出版社,2004 年

马晓坤:《趣闲而思远——文化视野中的陶渊明、谢灵运诗境研究》,浙江大学出版社,2005 年

任继愈:《任继愈禅学论集》,商务印书馆,2005 年

严耀中:《中国东南佛教史》,上海人民出版社,2005 年

彭国翔:《良知学的展开——王龙溪与中晚明的阳明学》,三联书店,2005 年

荆三隆:《儒释思想比较研究》,太白文艺出版社,2005 年

李小荣:《〈弘明集〉、〈广弘明集〉述论稿》,巴蜀书社,2005年

洪修平:《中国佛教文化历程》,江苏教育出版社,2005年

张立文主编:《儒学评论》,河北大学出版社,2005年

高人雄:《山水诗词论稿》,上海古籍出版社,2005年

李霞:《圆融之思——儒道佛及其关系研究》,安徽大学出版社,2005年

李申:《儒学与儒教》,四川大学出版社,2005年

唐君毅:《中国哲学原论·原道篇》,中国社会科学出版社,2005年

谢金良:《〈周易禅解〉研究》,巴蜀书社,2006年

陈正夫:《陈正夫自选集》,鹭江出版社,2006年

李娟编:《从百家到一家——中国古代思想巨匠》,中国友谊出版公司,2006年

任继愈:《皓首学术随笔(任继愈卷)》,中华书局,2006年

李英华:《儒道佛与中国传统文化教育》,武汉大学出版社,2006年

张亨:《思文之际论集——儒道思想的现代诠释》,新星出版社,2006年

郭绍林:《唐代士大夫与佛教(增补本)》,三秦出版社,2006年

成铁民:《王维论稿》,人民文学出版社,2006年

汤一介:《早期道教史》,昆仑出版社,2006年

赵康太,李英华主编:《中国传统思想政治教育理论史》,华中师范大学出版社,2006年

麻天祥:《中国宗教哲学史》,人民出版社,2006年

黄夏年:《西来东去——中外古代佛教史论集》,中国社会科学出版社,2006年

高建立:《程朱理学与佛学》中州古籍出版社,2006年

孔令宏:《宋代理学与道家、道教(上)》,中华书局,2006年

韩东育:《道学的病理》,商务印书馆,2007年

彭国翔:《儒家传统——宗教与人文主义之间》,北京大学出版社,2007年

刘笑敢,川田洋一主编:《儒释道之哲学对话——东方文化与现代社会国际学术会议论文集》,商务印书馆(香港)有限公司,2007年

李申:《隋唐三教哲学》,巴蜀书社,2007年

赵伟:《晚明狂禅思潮与文学思想研究》,巴蜀书社,2007年

丁常春:《伍守阳内丹思想研究》,巴蜀书社,2007年

步近智,张安奇:《中国学术思想史稿》,中国社会科学出版社,2007年

牟钟鉴,张践:《中国宗教通史(上、下)(修订版)》,中国社会科学出版社,2007年

李小树主编:《秦汉魏晋南北朝史学史稿》,中国人民大学出版社,2007年

陈永革:《晚明佛教思想研究》,宗教文化出版社,2007年

蒋国保,潘桂明:《儒释合论》,吉林人民出版社,2007年

董群:《佛教伦理与中国禅学》,宗教文化出版社,2007年

夏清瑕:《憨山大师佛学思想研究》,学林出版社,2007年

方晓伟：《崔致远思想和作品研究》，广陵书社，2007年

李承贵：《儒士视域中的佛教——宋代儒士佛教观研究》，宗教文化出版社，2007年

洪淑芬：《儒佛交涉与宋代儒学复兴——以智圆、契嵩、宗杲为例》，大安出版社，2008年

刘东超：《当代中国思想文化批判》，河北大学出版社，2008年

高华平：《凡俗与神圣——佛道文化视野下的汉唐之间的文学》，岳麓书社，2008年

秦跃宇：《六朝士大夫玄儒兼治研究》，广陵书社，2008年

程曦：《明代儒佛融通思想研究》，合肥工业大学出版社，2008年

陈雷：《契嵩佛学思想研究》，宗教文化出版社，2008年

王颂：《宋代华严思想研究》，宗教文化出版社，2008年

牟钟鉴：《探索宗教》，宗教文化出版社，2008年

赵伟编：《心海禅舟——宋明心学与禅学研究》，人民出版社，2008年

曾召南：《学步集——曾召南道教研究论稿》，巴蜀书社，2008年

周勋初：《馀波集》，南京大学出版社，2008年

罗国杰主编：《中国伦理思想史（上）》，中国人民大学出版社，2008年

钟泰：《中国哲学史》，东方出版社，2008年

华山原：《中古思想史论集》，学苑出版社，2008年

徐文明：《中国佛教哲学》，宗教文化出版社，2008年

方勇：《庄子学史（第2册）》，人民出版社，2008年

方勇编：《庄学史略》，巴蜀书社，2008年

黄海涛主编：《明清佛教发展新趋势》，云南大学出版社，2008年

汤一介：《反本开新（汤一介自选集）》，首都师范大学出版社，2008年

许抗生：《佛教的中国化》，宗教文化出版社，2008年

荆三隆：《禅学秘籍——儒道佛三家哲理比较》，太白文艺出版社，2008年

许宗兴：《先秦儒道两家本性论探微》，文史哲出版社，2008年

李广良：《佛法与自由》，宗教文化出版社，2008年

李晓虹：《圆融二谛——梁武帝思想研究》，中州古籍出版社，2008年

黄桃红编：《佛道之光》，江西教育出版社，2009年

冯会明：《胡居仁与余干之学研究》，光明日报出版社，2009年

王洪军：《中古时期儒释道整合研究》，天津人民出版社，2009年

马福贞：《中国传统文化专题研究》，线装书局，2009年

孔又专：《陈抟道教思想研究》，巴蜀书社，2009年

杨军：《宋元三教融合与道教发展研究》，巴蜀书社，2009年

陈永革编：《阳明学派与晚明佛教》，中国人民大学出版社，2009年

刘聪编：《阳明学与佛道关系研究》，巴蜀书社，2009年

潘桂明：《中国佛教思想史稿第3卷：隋唐五代卷（上）》，江苏人民出版社，2009年

赫永:《中国文化的基因:儒道佛家思想》,光明日报出版社,2009年
李养正:《道教义理综论(上)》,宗教文化出版社,2009年
刘立夫:《佛教与中国伦理文化的冲突与融合》,中国社会科学出版社,2009年
方立天:《仰望崇高(方立天选集)》,首都师范大学出版社,2009年
安继民:《秩序与自由:儒道互补初论》,社会科学文献出版社,2009年
卿希泰主编:《中国道教思想史(第1卷)》人民出版社,2009年
卿希泰主编:《中国道教思想史(第2卷)》,人民出版社,2009年
卿希泰主编:《中国道教思想史(第3卷)》,人民出版社,2009年
张卫红:《罗念庵的生命历程与思想世界》,三联书店,2009年
宇汝松:《六朝道教上清派研究》,山东文艺出版社,2009年
漆侠:《漆侠全集(第6卷)》,河北大学出版社,2009年
詹石窗主编:《梦与道——中华传统梦文化研究(下)》,东方出版社,2009年
晓敏等:《道教十讲》,上海人民出版社,2009年
冯达文:《中国古典哲学略述》,广东人民出版社,2009年
龚道运编:《道德形上学与人文精神》,上海人民出版社,2009年
傅佩荣:《儒道天论发微》,中华书局,2010年
赖永海主编:《中国佛教通史(第8卷)》,江苏人民出版社,2010年
王红蕾:《憨山德清与晚明士林》中国社会科学出版社,2010年
张勇:《柳宗元儒佛道三教观研究》,黄山书社,2010年
吴震,吾妻重二:《思想与文献——日本学者宋明儒学研究》,华东师范大学出版社,2010年
孙昌武:《中国佛教文化史(第1册)》,中华书局,2010年
王心竹:《理学与佛学》,长春出版社,2011年
陈玉女:《明代的佛教与社会》,北京大学出版社,2011年
刘学智:《中国哲学的历程》,广西师范大学出版社,2011年
洪修平:《中国儒佛道三教关系研究》,中国社会科学出版社,2011年
蒙文通:《中华现代学术名著丛书 佛道散论》,商务印书馆,2011年
徐兆仁编:《儒佛道修持实践与核心思想探源》,天津古籍出版社,2011年
赵伟:《林兆恩与〈三教开迷归正演义〉研究》,中国社会科学出版社,2011年

三、日文研究

1. 三教関係

市村瓚次郎:「支那南北朝に於ける儒道仏三教の関係に就いて」『哲学雑誌』21-236・237,1906

足利衍:「宋以後に於ける三教調和の梗概」,『東洋哲学』16-2, 1909

服部俊崖:「仏教入支当時に於ける三教の関係」『禅宗』190, 1911

高瀬武次郎:「儒仏道三教葛藤史研究史料」『史学研究会講演集』4, 1912

常盤大定:「三教の交渉一般」『地学雑誌』34-405・406, 1922

久保田量遠:「仏教伝来初期に於ける支那三教の史的交渉に就て」『大正大学学報』4, 1928

小柳司気太:「明末の三教関係」『高瀬博士還暦記念 支那学論叢』, 1928

市村瓚次郎:「唐代の三教と白楽天の思想」『支那学研究』1, 1929

林古渓:「三教臆見」『斯文』12-8, 1930

常盤大定:『支那に於ける仏教と儒教道教』東洋文庫, 1930

太田悌蔵:「常盤博士の近業『支那における仏教と儒教道教』を読みて」『宗教研究』新8-3 (61), 1931

久保田量遠:『支那儒仏道三教史論』東方書院, 1931

小柳司気太:「三教相互に関する典籍の二・三」『常盤博士還暦記念 仏教論叢』, 1933

太田悌蔵:「宗炳『明仏論』の神不滅説及その三教調和思想」『常盤博士還暦記念 仏教論叢』, 1933

野上俊靜:「金李屏山攷」『大谷學報』16巻3號, 1935

福井康順:「弘明集の構成を論じて僧祐の編纂を疑ふ」『大正大學學報』20輯, 1935

藤野立然:「支那儒仏道三教交渉研究の展望」『支那仏教史学』1-4, 1937

小柳司気太:「清初の三教――彭南畇等を中心として」『服部先生古稀祝賀記念論文集』富山房, 1937

重松俊章:「支那三教史上の若干の問題」『史淵』21, 1939

板野長八:「魏晉時代に於ける儒佛老三思想の關係」『東方學報』第9册, 1939

崎山宗秀:「三教調和の過程」『禅学研究』34, 1940

久保田量遠:「後漢牟子の理惑論の述作年代に就いて」『大正大學々報』30、31合輯, 1940

常盤大定:「金の李屏山撰'鳴説集説'について」『支那仏教の研究続』春秋社松柏館, 1941

松本文三郎:「牟子理惑論の述作年代考」『東方學報』12册1分册, 1942

久保田量遠:『支那儒道仏交渉史』大東出版社, 1943

上田仲雄:「明季天主教傳道と三教觀」『岩手大學學藝學部研究年報』2, 1951

加地哲定:「宗密の原人論に就いて」『密教文化』13, 1951

福井康順:「牟子の研究(上、下)」『仏教史学』2-2, 1951

間野潜龍:「明代における三教思想――特に林兆恩を中心として」『東洋史研究』12-1, 1952

福井康順:「牟子の形態」『道教の基礎的研究』理想社, 1952

福井康順:「牟子の行迹」『道教の基礎的研究』理想社, 1952

福井康順:「牟子の成立年代」『道教の基礎的研究』理想社, 1952

福井康順:「牟子偽作説の批判」『道教の基礎的研究』理想社, 1952

塚本善隆：「儒仏道三教交涉の基礎的研究」『総合研究報告集録』51・54, 1953
大槻信良：「朱子における道仏二教探求の態度」『千葉大学文理学部紀要』1-2, 1954
小笠原宣秀：「伝法記について--三教交涉史の一資料」『東亜宗教』6, 1954
李獻璋：「三教搜神大全と天妃娘媽伝を中心とする媽祖伝説の考察」『東洋学報』39 (1), 1956
塚本俊孝：「雍正帝の儒仏道三教一体観」『東洋史研究』18-3, 1959
沢田瑞穂：「三教思想と平話小説--潘鏡若撰『三教開迷帰正演義』について」『ビブリア』16, 1960
酒井忠夫：「明の太祖の三教思想とその影響」『福井博士頌寿記念　東洋文化論集』, 1960
酒井忠夫：「明代における三教合一思想ど善書」『中国善書の研究』弘文堂, 1960
酒井忠夫：「明の太祖の三教思想とその影響」『東洋思想論集：福井博士頌寿記念』, 1960
橋本芳契：「三教論衡における維摩経--智円垂裕記の山外義について」『印度学仏教学研究』9 (1), 1961
福永光司：「孫綽の思想--東晋における三教交涉の一形態」『愛知学芸大学研究報告, 人文科学』(10), 1961
牧田諦亮：「劉勰の三教不齊論について」『仏教史学論集：塚本博士頌寿記念通号』, 1961
小笠原宣秀：「三教交涉史料『伝法記』考」『竜谷大学論集』372, 1962
牧田諦亮：「三教優劣伝」『仏教文化研究』11, 1962
窪徳忠：「金代の新道教と仏教--三教調和思想から見た」『東方学』25, 1963
築島裕：「大東急記念文庫蔵三教治道篇保安点」『かがみ』8, 1963
吉川忠夫：「夷夏論争」『人文』17, 1965
今井奉一：「三教指帰における孝思想」『密教文化』(82), 1967
中垣内清貴：「三教指帰成立考」『園田学園女子大学論文集』2, 1967
長谷川誠一：「経済的視点からみた東洋古代思想--特に仏教・儒教・道教等の関係」『仏教経済研究』2, 1969
山崎宏：「中国人の意識と外来宗教」『歴史教育』17 (3), 1969
野口鉄郎：「明清時代の宗教結社と三教」『歴史教育』17 (3), 1969
牧田諦亮：「明代の庶民仏教」『歴史教育』17 (3), 1969
鎌田茂雄：「隋唐時代における儒仏道三教--仏教の影響を中心として」『歴史教育』17-3, 1969
秋月觀暎：「浄明道教学管見--儒仏道三教関係を中心に」『東方宗教』35, 1970
秋月觀暎：「淨明道教學管見--儒佛道三教關係を中心に」『東方宗教』35, 1970
波戸岡旭：「三教指帰の思想--その支柱と視点について」『日本文学論究』(31), 1971
上運天英光：「三教融合について」『琉球大学史学』2, 1971
吉岡義豊：「三教指帰と五輪九字秘釈の道教思想」『大正大學研究紀要. 文學部・佛教學部』57, 1972
佐藤成順：「中国における三教一致・諸宗融合の思想--その基盤と形成」『三康文化研究所年

報』4・5（合），1972

佐藤成順：「北周武帝をめぐる三教一致論とその背景」『大正大学研究紀要（文学部・仏教学部）』58, 1973

篠原寿雄：「人天宝鑑の編纂をめぐって－－三教交渉による宋代宗教史の一面」『宗教学論集』（7），1974

柴田篤：「王龍溪の思想：良知説の一展開」『中国哲学論集』1, 1975

岸田知子：「則天武后と三教」『待兼山論叢（哲学篇）』8, 1975

小林正美：「三教交渉における『教』の観念」『吉岡博士還暦記念　道教研究論集－－道教の思想と文化』, 1977

武内義雄：「三教交渉史」『武内義雄全集8』角川書店, 1978

荒木見悟：「明末における二人の三教一致論者－－管東溟と林兆恩」『東洋学術研究』17-5, 1978

桂華淳祥：「李屏山の傳について」『佛教史學研究』20-1, 1978

荒木見悟：『明末宗教思想研究：管東溟の生涯とその思想』創文社, 1979

三教交渉研究班：「『北山録』訳注　1・2」『東洋文化研究所紀要』81, 84, 1980, 81

末廣照純：「孤山智圓の儒佛道三教觀」『天台学報』24, 1981

常盤大定：『支那に於ける仏教と儒教道教』（新装版）東洋書林, 1982

末広照純：「孤山智圓の儒仏道三教観」『天台学報』24, 1983

稲岡誓純：「牟子理惑論の研究」『佛教大學大學院研究紀要』11号, 1983

稲岡誓純：「牟子理惑論の研究」『仏教大学大学院研究紀要』11, 1984

長谷川昌弘：「宋朝禪と三教一致思想（1）：天童如淨の場合」『宗教研究』58巻4輯, 1985

長谷川昌弘：「宗朝禪と三教一致思想（2）：虎丘派の場合」『宗教研究』59巻4輯, 1986

金井峻純：「孤山智圓の三教觀」『天台学報』30, 1987

安居香山：「売茶翁月海の三教思想」『仏教史仏教学論集　野村耀昌博士古稀記念論集』, 1987

福井康順：「牟子と仏教との関係」『福井康順著作集1』法蔵館, 1987

福井康順：「牟子の形態」『福井康順著作集1』法蔵館, 1987

福井康順：「牟子の行迹」『福井康順著作集1』法蔵館, 1987

福井康順：「牟子の成立年代」『福井康順著作集1』法蔵館, 1987

福井康順：「牟子偽作説の批判」『福井康順著作集1』法蔵館, 1987

秋月観暎：「浄明道教学考－－儒仏道三教関係を中心に」『中国近世道教の形成－－浄明道の基礎的研究』創文社, 1988

盧在性：「澄観の『華厳経疏鈔』における儒道思想について」『中国学研究』（大正大学）, 1988

楼宇烈；馬淵昌也（訳）：「中国伝統文化における三教融合の問題について」『東洋学術研究』27（1），1988

高橋稔：「仏教説話を中心として見た六朝志怪中の儒・仏・道及び俗信の関係について」『東京学芸大学紀要（第2部門・人文科学）』39, 1988

木村清孝：「宗密における仏道の〈体系化〉－－儒道二教の組込み方を中心として」『日本仏教学会年報』(54)，1989

片岡理：「『周書』と仏教史料－－とくに天和年間の三教論議を手がかりとして」『早稲田大学大学院文学研究科紀要（哲学，史学篇）』別冊17，1990

谷沢永一：「三教一致思想の文学史観」『国文学解釈と鑑賞』55(1)，1990

小林正美：「三教交渉における『教』の観念」『六朝道教史研究』創文社，1990

田中正樹：「蘇軾に於ける『順』『逆』の思想－－三教調和論の核心」『文化』54－1・2(合)，1990

牧尾良海博士喜寿記念論集刊行会編：「牧尾良海博士喜壽記念 儒・仏・道三教思想論攷」山喜房佛書林，1991

窪徳忠：「金代の新道教と仏教－－三教調和思想から見た」『モンゴル朝の道教と仏教－－二教の論争を中心に』平河出版社，1992

手島一真：「玄宗の三教斉一志向について」『立正大学東洋史論集』4，1992

合山究：「中国の風土と文化に対する試論－－儒仏道三教による自然空間の棲み分け」『文学論輯』37（九州大学），1992

三浦國雄：「止觀と坐忘と居敬－－三教の身心技法」『人文研究』44巻5分冊，1992

宮沢正順：「白居易の三教への態度」『白居易研究講座1』勉誠社，1993

山田俊：「北宋・真宗の三教思想について－－『天書』と『清浄』」『日本文化研究所研究報告』28（東北大学），1993

河内昭円：「三教指帰偽撰説の提示」『大谷大学研究年報』(45)，1994

小関三平：「三国通俗三教志－－庶民文芸に映る道・儒・仏」『追手門学院大学文学部紀要』29，1994

吾妻重二：「太極図の形成－－儒仏道3教をめぐる再検討」『日本中国学会報』(46)，1994

「太極図の形成－－儒仏道三教をめぐる再検討」『日本中国学会報』461994

島一：「杜佑の三教観について」『中国的人生観・世界観』東方書店，1994

佐藤錬太郎「林兆恩『四書標摘正義』－－三教合一論者の『心即仁』」『論語の思想史』汲古書院，1994

三浦秀一：「金末の宋學：趙秉文と李純甫、そして王若虚」『東北大學文學部研究年報』44号，1994

吾妻重二：「周敦頤『太極図・図説』の浸透と変容－－特に道教・仏教をめぐって」『関西大学文学論集』44，1995

田中正樹：「宋代士大夫の儒教・仏教・道教」『私学研修』139-14，1995

土田健次郎：「三教図への道－－中国近世における心の思想」『東アジア社会と仏教文化』春秋社，1996

湯浅佳子：「他我身の上の三教一致思想」『日本文学』45(2)，1996

三木雅博：「童子教の成立と三教指帰」『梅花女子大学文学部紀要（比較文化編）』31，1997

何燕生：「道元における三教一致説批判」『日本仏教学会年報』62（『仏教と他教との対論』）平楽寺書店，1997

三浦秀一：「元末の宋濂と儒道仏三教思想」『東洋古典学研究』6，1998

中西久味：「宗密の三教への序説――自然と因縁をめぐって」『禅文化研究所紀要』（24），1998

福井文雅：『漢字文化圏の思想と宗教――儒教　佛教　道教』五曜書房，1998

手島一真：「功徳と報応の一考察――唐・玄宗朝の三教斉一策に関連して」『印度学仏教学研究』48－1，1999

高井恭子：「文と黄檗清規」『印度学仏教学研究』48（1），1999

伊藤隆寿：『中國佛教の批判的研究』大蔵出版，1999

森由利亜：「近世内丹道の三教一致論――牧常晃と李道純の三教一致論と性命双修説を中心に」『講座道教4 道教と中国思想』，2000

大柴慎一郎：「三教指帰真作説」『密教文化』（204），2000

王頌：「三教交渉史よりみた浄源の立場」『国際仏教学大学院大学研究紀要』4，2001

中西久味：「法琳の三教論によせて」『中国思想史研究』24，2001

菅田智雄：「劉宋慧琳『白黒論』と神滅不滅論争について」『駒澤大學大學院佛教學研究會年報』36号，2003

三浦秀一：「中国心学の稜線：元朝の知識人と儒道仏三教」『研文出版』（東京），2003

川勝賢亮：「明太祖の儒・仏・道三教政策の基調」『宮沢正順博士古稀記念東洋－比較文化論集－』，2004

エスポジト・モニカ：「清代道教と密教――龍門西竺心宗」『三教交渉論叢』京都大学人文科学研究所，2005

藤井京美：「唐代士人の儒佛論に關する一考察：合一の思考と辨別・排斥の思考」『三教交渉論叢』京都大学人文科学研究所研究報告，2005

金文京：「南宋における儒佛道三教合一思想と出版――王日休龍舒淨土文と速成法を例として」『三教交渉論叢』京都大学人文科学研究所，2005

山田俊：「六朝から唐の道教文獻に見られる夷狄と外道」『三教交渉論叢』京都大学人文科学研究所，2005

河野訓著：「鳩摩羅什の神滅論」『日本佛教學會年報』71号，2005

林徳立：「近世中国の禅仏教は本当に三教一致なのか――大慧宗杲と中峰明本の立場から見た儒仏観」『比較思想研究』（33），2006

荒島聖宏：「三教指帰の諸問題」『真言宗豊山派総合研究院紀要』（12），2007

松下道信：「麥谷邦夫編『三交渉論叢』書評：三教交渉論、そしてその先へ」『東方宗教』109号，2007

山田俊：「晁迥の三教思想について――道徳経受容を中心に」『九州中国学会報』46，2008

藤井京美：「王安石の思想に於ける莊子」『三教交渉論叢続編』京都大学人文科学研究所, 2011

齋藤智寛：「荷澤神會の見性論とその變容」『三教交渉論叢続編』京都大学人文科学研究所, 2011

神塚淑子：「元始天尊をめぐる三教交渉」『三教交渉論叢続編』京都大学人文科学研究所, 2011

金志弦：「玄師と經師：道教における新しい師の觀念とその展開」『三教交渉論叢続編』京都大学人文科学研究所, 2011

龜田勝見：「五行理論による食禁解繹の試み」『三教交渉論叢続編』京都大学人文科学研究所, 2011

秋岡英行：「唱道眞言における内丹の儒教的理解」『三教交渉論叢続編』京都大学人文科学研究所, 2011

エスポジト モニカ：「清代道教における三教の寶庫としての道藏輯要在家信徒と聖職者の權威の封峙」『三教交渉論叢続編』京都大学人文科学研究所, 2011

松下道信：「全眞教の性命説に見える機根の問題について：南宗との比較を中心に」『三教交渉論叢続編』京都大学人文科学研究所, 2011

麥谷邦夫：「唐・玄宗の三經御注をめぐる諸問題：御注金剛般若經を中心に」『三教交渉論叢続編』京都大学人文科学研究所, 2011

古勝隆一：「武則天升仙太子碑立碑の背景」『三教交渉論叢続編』京都大学人文科学研究所, 2011

宇佐美文理：「六朝時代における信仰の素描」『三教交渉論叢続編』京都大学人文科学研究所, 2011

深澤一幸：「崔玄亮の道教生活」『三教交渉論叢続編』京都大学人文科学研究所, 2011

渡邉義浩（編）：『魏晉南北朝における貴族制の形成と三教・文学：歴史学・思想史・文学の連携による』汲古書院, 2011

2. 儒仏交渉

常盤大定：「儒佛兩教交渉史上に於ける金の李屛山」『東方學報』第 6 册, 1936

久須本文雄：「王陽明佛刹巡歷年譜會要」『禪學研究』29 - 31 號, 1938, 1939

矢島玄亮：「清朝に於ける儒佛關係」『大東文化』20 號, 1939

久須本文雄：「王陽明の遊歷禪刹とその禪的影響」『支那佛教史學』4 卷 2 號, 1940

結城令聞：「朱子の排佛說に於ける根本動機」『支那佛教史學』4 卷 1 號, 1940

撫尾正信：「白居易の佛教信仰について」『史淵』44, 1950

撫尾正信：「白居易の佛教信仰について」『西日本史學』5, 1950

清水潔：「韓愈の排佛論をめぐる一考察」『研究集錄（人文社會科學）』2, 1954

間野潛龍：「陽明學派と儒佛論爭：特に姚江書院を中心として」『支那學報』創刊號, 1956

木南卓一：「禪と儒教-‐'禪海一瀾'を中心として」『禪文化』9, 1957

藤澤誠：「契嵩の非韓について」『日本中國學會報』10, 1958

久須本文雄：『王陽明の禅的思想研究』日進堂書店, 1958

荒木見悟：「管東溟－－明末における一儒佛調和論者の思惟構造」『日本中國學會報』12，1960

荒木見悟：「眞心をめぐる儒佛の對立（宋明思想研究覺書）」『九州中國學會報』7，1961

荒木見悟：「明末における儒佛調和論の性格」『日本中國學會報』15，1963

安藤智信：「歐陽修の排佛論について」『印度學佛教學研究』11－1，1963

荒木見悟：「佛教と儒教－－中国思想を形成するもの平樂寺書店」，1963

竺沙雅章：「蘇軾と佛教」『東方學報京都』36，1964

平野顯照：「白居易の文學と佛教－－僧徒との交渉を中心として」『大谷大學研究年報』16，1964

安藤智信：「王安石と佛教－－鍾山隱棲期を中心として」『東方宗教』28，1966

太田悌藏：「韓愈の排佛の宋學への影響」『印度學佛教學研究』15－1，1966

久須本文雄：「程明道の人間形成觀と禪」『禪學研究』55，1966

岡部和雄：「宗密における孝論の展開とその方法」『印度學佛教學研究』15－2，1967

荒木見悟：「智旭の思想と陽明學－－ある佛教心學者の歩んだ道」『佛教史學』13－3，1967

道端良秀：『仏教と儒教倫理－－中國佛教における孝の問題』平樂寺書店，1968

荒木見悟：「宋代の儒教と仏教」『歷史教育』17（3），1969

久須本文雄：「陸象山思想に於ける禪的なもの」『禪文化研究所紀要』2，1970

荒木見悟：『明代思想研究：明代における儒教と佛教の交流』創文社，1972

蜂屋邦夫：「范縝『神滅論』の思想について」『東洋文化研究所紀要』61，1973

小林正美：「顏延之の儒佛一致論について（1）」『中國古典研究』19，1973

荒木見悟：『佛教と陽明學』第三文明社，1974

安藤智信：「孤山智圓と明教契嵩－－宋代二高僧に見る儒・佛二教の位置づけ」『大谷學報』55－3，1975

柳田聖山：「佛教と朱子の周邊」『禪文化研究所紀要』8，1976

小林正美：「顏延之の儒佛一致論について（2）」『中國古典研究』21，1976

道端良秀：『仏教と儒教』第三文明社，1976

安藤智信：「佛日明教契嵩傳弘考」『大谷大學研究年報』29，1977

小林正美：「顏延之の儒佛一致論について（3）」『中國古典研究』23，1978

安藤智信：「『蓮宗寶鑑』管窺－－契嵩とのかかわりをめぐって」『大谷學報』60－1，1980

久須本文雄：『宋代儒學の禪思想研究』日進堂書店，1980

道端良秀：「中国仏教の儒教的展開」『同朋大学論叢』（44・45），1981

荒木見悟：『阳明学の开展と佛教』研文出版，1984

近藤正則：「歐陽脩に於ける『孟子』の受容について：經學復古と排佛論の基調を中心として」『東洋文化（無窮會）』61号，1988

湯城吉信：「契嵩の『非韓』」『待兼山論叢（哲學篇）』24号，1990

荒木見悟：『明清思想論考』研文出版，1992

荒木見悟：『陽明学の位相』研文出版，1992

荒木見悟：『中国心学の鼓動と佛教』中国书店，1995

西田耕三：「『永覺和尙JC3-90C9言』の儒佛論」『熊本大學敎養部紀要（人文・社會科學）』32号，1997

李佺：「契嵩の儒佛一致論について：『輔敎編』の性情論を中心に」『東洋の思想と宗教』18号，2001

會谷佳光：「歐陽脩の排佛と『新唐書』藝文志の纂修」『東方學』102輯，2001

鈴木哲雄，鄭夙雯：「欧陽脩の排仏についての考察」『愛知學院大學人間文化研究所紀要（人間文化）』17号，2002

山野俊郎：「孤山智円伝の試み：『閑居編』を中心として」『佛敎學セミナー』78号，2003

秋月觀暎：「中国宗敎史上における'孝道'の展開：『太上老君説報父母恩重經』を中心に」『東北大學東洋史論集』9輯，2003

古勝隆一：「韓愈の排佛論と師道論」『三教交渉論叢』京都大学人文科学研究所，2005

川本慎自：「中世後期関東における儒学学習と禅宗」『禪學研究』85号，2007

黄耀；菅野博史訳：「法理と屈服－－韓愈仏骨を論ずる表と儒教・仏教の対話」『東洋学術研究』46（1），2007

荒木見悟：『陽明学と仏教心学』研文出版，2008

遠藤純一郎：「契嵩『輔教編』に見られる仏教と儒教の関係」『蓮花寺佛教研究所紀要』4号，2011

3. 儒道交渉

宇野哲人：「漢代思想の傾向－－特に儒道二教に就いて」『哲学雑誌』32-365，1916

児島献吉郎：「思想界に於ける孔老二派の陵轢」『斯文』4-2，1921，22

津田左右吉：「儒家と道家との交渉について」『東洋学報』15-1，1925

宇野哲人：「儒道二教の比較」『支那』19-10，1928

板野長八：「晉代儒道の一考察」『東方學報』第6冊，1936

小田龍明：「支那に於ける伝統思想の二類型－－儒教と道教」『満鉄調査月報』20-5，1940

宇野哲人：「儒道二教の交渉」『斯文』22-3，1940

本田済：「魏晋に於ける儒玄の論争」『古代学』3-2，1954

中山八郎：「『虬髯客伝』の道教的儒教的背景」『人文研究』6-9（大阪市立大学），1955

山室三良：「孔子と老莊－－孔子学派と老莊1」『哲学年報』22（九州大学），1960

沼尻正隆：「『莊子』に見える孔子説話」『漢学研究』，41966

山室三良：『儒教と老莊－－中国古代における人文と超人文』明徳出版社，1966

高橋進：「中国的思惟の特質－－老莊的思惟と儒家的思惟の関連についての予備的考察」『淑徳大学紀要』，11967

田中元（訳）ヤスパース（著）：『孔子と老子』理想社，1967

森岡弘通（訳）マックス.ウェーバー（著）：『儒教と道教』清水弘文堂，1967

森岡弘通（訳）マックス．ウェーバー（著）：『儒教と道教』筑摩書房，1970

木全徳雄（訳）マックス．ウェーバー（著）：『儒教と道教』創文社，1971

池田末利（評）：「木全徳雄（訳）マックス＝ウェーバー（著）『儒教と道教』」『東方宗教』42，1973

酒井忠夫：「朱子と道教」『朱子学入門』明徳出版社，1974

沢田多喜男：「『准南子』における道家的傾向と儒家的傾向」『東海大学紀要（文学部）』24，1976

諸橋轍次：「孔子と老子」『諸橋轍次著作集7』大修館書店，1977

高野晃兆：「M＝ウェーバーの『儒教と道教』に対する一考察－－旧中国における宗教思想と政治権力との関係」『大阪府立工業高等専門学校研究紀要』11，1978

末木恭彦：「朱熹と道教をめぐる一側通－－『陰符經考異』考」『東方學』60，1980

吾妻重二：「朱子の象数易思想とその意義」『フィロソフィア』68，1980

蜂屋邦夫：「孫盛の歴史評と老子批判」『東洋文化研究所紀要』81，1980

楠山春樹：「道教と儒教」『道教2 道教の展開』平河出版社，1983

堀田泉：「『儒教と道教』の問題状況－－W・シュルフターのマックス・ウェーバー論」『近畿大学教養部研究紀要』16-2，1984

森三樹三郎：『老荘と佛教』法藏館，1986

福永光司：「道教としての儒教」『中国の哲学・宗教・芸術』人文書院，1988

張明輝：「老孔思想の異同について」『二松学舎大学論集』32，1989

坂内栄夫：「唐代後半に見える儒道一致思想について－－羅隠『両同書』をめぐって」『日本中国学会報』42，1990

坂内栄夫：「『道徳真経広聖義』に見える儒道一致思想」『中国古道教史研究』同朋舎，1992

砂山稔：「欧陽修の青詞について－－欧陽修と道教思想」『東方宗教』81，1993

徳田進：「現代中国における儒教と道教との再認－－論語・山水文学論と照顧して」『NOVITAS』3（特集東洋思想と現代）（高崎経済大学），1994

石本裕之：「『荘子』の孔子受難説話」『旭川工業高等専門学校研究報文』，321995

春本秀雄：「崔浩の儒教観（要旨）」『宗教研究』68-4（303），1995

山崎純一：「儒・道融合の女訓書，曹大家『女誠』とその周辺試論」『中村璋八博士古稀記念東洋学論集』，1996

池田知久：「儒家の『三才』と『老子』の『四大』」『中村璋八博士古稀記念　東洋学論集』，1996

坂出祥伸：「道教とは，儒教とは」『関西大学中国文学会紀要』17，1996

金谷治：『儒家思想と道家思想－－金谷治中国思想論集中巻』平河出版社，1997

安岡正篤『儒教と老荘』明徳出版社，1998

西川利文：「漢代の儒学と国家－－武帝期「官学化」議論を中心に」『仏教大学文学部史学科創設二十周年記念　史学論集』，1999

馬淵昌也：「近世儒教士大夫の『老子』評価をめぐって（要旨）」『東方宗教』93，1999

金谷治：「孔子と老子，両人の風貌とその思想－－合理主義と非合理主義」『アジア文化学科年報』1, 1999

松崎賜：「高忠憲研究序説－－老荘と儒学」『中国哲学論集』25（九州大学），1999

大野修作：「儒道両教と文字学－－測字術を中心に」『京都女子大学宗教・文化研究所紀要』12, 1999

馬淵昌也：「儒教と道教の関係について－－元・明期理学者の内丹観を中心に」『講座道教4　道教と中国思想』, 2000

4. 仏道交渉

鷲尾順敬：「支那に於ける仏教と道教との衝突及び調和を論ず」『仏林』1-1, 3, 7, 1894

南条文雄：「憨山大師の老子観」『東洋哲学』5-12, 1898

境野黄洋：「隋唐以前に於ける道仏二教」『東洋哲学』13-4, 1906

広橋連城：「仏道二教の対抗」『竜谷史壇』63, 64, 66, 68, 69, 1907

忽滑谷快天：「老荘哲学と禅宗との関係」『慶義学』131・132, 1908

朝倉暁瑞：「道教の組織と仏教」『竜谷史壇』161, 165, 1915

松本文三郎：「支那に於ける仏道二教の暗闘」『高瀬博士還暦記念　支那学論叢』, 1928

高雄義堅：「金代に於ける道仏二教の特徴」『支那学』5-1, 1929

井上以智為：「天台山に於ける道教と仏教」『桑原博士還暦記念　東洋史論叢』, 1930

山内晋卿：「六朝時代の展望－－老仏両学対立時代として」『文学』2, 1932

太田悌蔵：「支那宋斉時代の道仏論争」『宗教研究』新10-3（75），1933

福井康順：「老子化胡經の成立と其の燉煌殘卷」『哲學年誌4巻』, 1934

久保田量遠：「北斉文宣帝の道教廃斥説は仏教の偽構なるか」『大正大学学報』17, 1934

武内義雄：「支那思想と仏教との交渉」『東洋思潮』13, 1935

福井康順：「老子化胡經の諸相」『支那佛教史學』1巻3號, 1937

佐野文翁：「仏書に現れた列子」『文科』2-7, 1937

坂井喚三：「荘子の仏教的思想」『服部先生古稀祝賀記念論文集』富山房, 1937

矢島玄亮：『支那仏道年譜』森江書店, 1937

福井康順：「老子化胡經の諸相」『支那佛教史學』2巻1號, 1938

重松俊章：「魏略の佛傳に關する二三の問題と老子化胡説の由來」『史淵』18輯, 1938

常盤大定：「仏教と道教との関係」『宗教年鑑』有光社, 1939

金山龍重：「道教の仏教的擬装」『宗教研究』季刊2-4（106），1940

野上俊靜：「元代道佛二教の確執」『大谷大学研究年報』2, 1942

松本文三郎：「老子化胡經の研究」『東方學報』15冊1分冊, 1945

つだ　さうきち：「唐詩にあらわれている仏教と道教」『東洋思想研究』4, 1949

吉岡義豊：「最近の牟子の研究について」『宗教文化』7, 1951

小川環樹：「三国演義における仏教と道教」『東方学』2, 1951

芳賀幸四郎：「中世禪林における莊子研究：五山の學問と近世の學問との關係」『日本歴史 44』, 1952

福井康順：「漢末三国の交州」『道教の基礎的研究』理想社, 1952

福井康順：「原始道教と仏教」『道教の基礎的研究』理想社, 1952

福永光司：「郭象の莊子解釋」『哲學研究』37 之 2, 1954

福井康順：「葛氏道と仏教」『印度学仏教学研究』2-2, 1954

関正郎：「六朝神滅論の背景」『日本中国学会報』6, 1954

塚本善隆編：『肇論研究』法藏館, 1955

小笠原宣秀：「續佛道論衡の原型」『佛教史學』5-1, 1956

高雄義堅：「元代道仏二教の隆替」『東方宗教』11, 1956

吉岡義豊：「初唐における仏道論争の一資料――道教義枢の成立について」『印度学仏教学研究』4-1, 1956

吉岡義豊：「初唐における仏道論争の一資料――道教義枢の研究」『大正大学研究紀要（仏教学部・文学部）』42, 1957

牧田諦亮：『中国近世仏教史研究』平楽寺書店, 1957

「後漢末における黄老と佛教（佛教の中國的受容についての一考察）」『佛教文化研究』6、7, 1958（缺作者）

香川義昌：「禪思想と老子」『哲學論集』4, 1958

那須政隆：「中国密教における道教思想の受容」『印度学仏教学研究』6-1, 1958

内藤龍雄：「南北朝時代における佛道論衡の三說話」『大崎學報』109, 1959

吉岡義豊：「初唐における道仏論争の一資料――『道教義枢』の研究」『道教と仏教1』日本学術振興会, 1959

吉岡義豊：「仏道二教の対弁書としての『漢法本内伝』の成立について」『道教と仏教1』日本学術振興会, 1959

大淵忍爾：「敦煌本佛道論衡書考」『岡山大學法文學部學術紀要』13, 1960

鎌田茂雄：「新道教の形成に及ぼした禅の影響」『宗学研究』2, 1960

木村英一：「老荘の無と仏教の空とについて」『塚本博士頌寿記念　仏教史学論集』, 1961

鎌田茂雄：「華厳と道教との交流」『東方宗教』19, 1962

結城令聞：「中国仏教の形成」『歴史教育』10-6, 1962

鎌田茂雄：「道教教理の形成におよぼした仏教思想の影響――道教義枢を中心として」『東洋文化研究所紀要』31, 1963

窪徳忠：「元代仏道論争研究序説」『結城教授頌寿記念　仏教思想史論集』, 1964

鎌田茂雄：「三論元旨について――仏道両思想融合の一例」『結城教授頌寿記念　仏教思想史論集』, 1964

津田左右吉：「神滅不滅の論争」『津田左右吉全集 19　シナ仏教の研究』岩波書店，1965

鎌田茂雄：「澄観の華厳と老荘思想」『中国華厳思想史の研究』東京大学出版会，1965

渡辺照宏（編）：『仏教の東漸と道教（思想の歴史 4）』平凡社，1965

鎌田茂雄：「道性思想の形成過程（佛道兩思想の交流をめぐって）」『東洋文化研究所紀要（東京大學）』42，1966

戸川芳郎：「郭象の政治思想とその荘子注」『日本中國學會報』18，1966

野上俊静：「元代ラマ教と民衆」『歴史教育』14－8，1966

秋月観暎：「道教と仏教の父母恩重経－－両経の成立をめぐる諸問題」『宗教研究』39－4（187），1966

鎌田茂雄：「維摩経の道教的改変（要旨）」『宗教研究』40－4（190），1967

福井康順：「天師道と仏教との交渉について－－主として異議に対しての反論」『山崎先生退官記念東洋史学論集』，1967

吉岡義豊：「仏教の影響による道教戒の形成－－特に十戒十二可従戒を中心として」『日本仏教学会年報』32，1967

鎌田茂雄：「初期禪宗の老荘批判」『宗學研究』10，1968

鎌田茂雄：「『道教義枢』におよぼした仏教思想の影響」『中国仏教思想史研究』春秋社，1968

鎌田茂雄：「玄珠録にあらわれたる仏教思想－－仏道両思想の交流をめぐって」『中国学誌』5，1968

鎌田茂雄：「初期禅宗の老荘批判」『宗学研究』10，1968

吉岡義豊：「初期道教の守一思想と仏教－－特に太平経を中心として」『大正大学研究紀要（文学部，仏教学部）』53，1968

鎌田茂雄：「仏道両思想の交流」『中国仏教思想史研究』春秋社，1968

鎌田茂雄：「佛道兩思想的交流」《中國佛教思想史研究》春秋社，1968

蜂屋邦夫：「荘子逍遙篇をめぐる郭象と支遁の解釈－－并せて支遁の仏教理について」『比較文化研究』8 東京大學教養學部比較文學比較文化研究室，1968

鎌田茂雄：『道藏内佛教思想資料集成』東京大學東洋文化研究所，1968

道端良秀：「曇鸞と道教との関係」『福井博士頌寿記念　東洋文化論集』，1969

服部克彦：「北魏洛陽仏教寺院にみる神仙思想の影響」『印度学仏教学研究』18－1，1969

秋月観暎：「六朝時代の応報説と道教・仏教」『歴史教育』17－3，1969

中嶋隆藏：「郭象の思想について」『東北大學集刊東洋學』24，1970

石井昌子：「道教と佛教の出會い－－老子變化の思想を中心に」『東洋學術研究』9－3，1971

玉城康四郎：「初期般若研究批判」『中國佛教思想の形成』筑摩書房，1971

道端良秀：「中国仏教の道教的展開」『印度学仏教学研究』19－2，1971

長部和雄：「道・密管見」『密教文化』96，1971

石井昌子：「道教と仏教との出会い－－老子変化の思想を中心に」『東洋学術研究』9－3，1971

吉岡義豊：「自搏と自撲について－－楊聯陞教授の論説によせて」『佐藤教授古稀記念　仏教思想論集』，1972

下出積與：「仏教と道教」『アジア仏教史－－飛鳥奈良仏教』佼成出版社，1972

西山蕗子：「法琳『破邪論』について」『鈴木学術財団研究年報』9，1972

服部克彦：「北魏洛陽にみる神仙思想と仏教」『東方宗教』39，1972

牧田諦亮（編）：『弘明集研究（上、下）』京都大学人文科学研究所，1973－75

石井昌子：「仏教思想の道教におよぼした影響」『東洋学術研究』12－2，1973

道端良秀：「中国仏教の呪術性（要旨）」『宗教研究』47－3（218），1974

矢島玄亮：『中国仏道年譜－－増補・修訂』国書刊行会，1974

塚本善隆：『北朝仏教史研究（塚本善隆著作集2）』大東出版社，1974

金井徳幸：「宋代の村社と仏教」『仏教史学研究』18－2，1976

尾崎正治：「六朝古道経に関する一考察－－六朝末～初唐における仏道論争の一問題」『集刊東洋学』36，1976

吉岡義豐：『道教と佛教』全三冊，國書刊行會，1976

山田和夫：「天台智顗の老荘道教批判」『東方宗教』49，1977

野上俊静：「元代道仏二教の確執」『元史釈老伝の研究』朋友書店，1978

窪徳忠：「宋代における道仏二教の関係」『中国宗教における受容・変容・行容－－道教を軸として』山川出版社，1979

阿部肇一：「北宋末の朋党と仏教・道教」『渡辺三男博士古稀記念　日中語文交渉史論叢』，1979

窪徳忠：「北朝における道仏二教の関係」『中国宗教における受容・変容・行容－－道教を軸として』山川出版社，1979

石井昌子：「道教と仏教の出会い－－老子変化の思想を中心に」『道教学の研究－－陶弘景を中心に』国書刊行会，1980

宮沢正順：「曇鸞法門と道教思想の一考察」『中国学研究』大正大学），1980

石井昌子：「仏教思想の道教におよぼした影響」『道教学の研究－－陶弘景を中心に』国書刊行会，1980

藤原高男：「成玄英『道徳経義疏』と『河上公注』」『東方学』61，1981

池田魯参：「智顗教学と老荘思想（要旨）」『宗教研究』54－3（246），1981

中島隆蔵：「道教における因縁説受容の一側面」『荒木教授退休記念　中国哲学史研究論集』，1981

奈良大学元興寺文化財研究所人文科学研究室（編）：『東アジアにおける民俗宗教と仏教』元興寺文化財研究所，1981

小林俊孝：「高僧伝にみる道教的要素（要旨）」『宗教研究』55－3（250），1982

中山正晃：「中国浄土教と道教信仰」『印度学仏教学研究』30－2，1982

森三樹三郎：「中國における空についての論議」『佛教思想七　空』平樂寺書店，1982

蜂屋邦夫：「北周・道安『二教論』注釈」『東洋文化』62，1982

田中良昭：「初期禪宗と道教」『敦煌禅宗文献の研究』大東出版社，1983

福井文雅：「道教と仏教」『道教2　道教の展開』平河出版社，1983

秋月觀暎：「敦煌出土道経と仏典」『講座敦煌4　敦煌と中国道教』大東出版社，1983

宮川尚志：『中國宗教史研究第一』同朋舎出版，1983

福井文雅：『道教二道教と佛教』平河出版社，1983

吉川忠夫：「夷夏論争」『六朝精神史研究』同朋舎，1984

坂出祥伸（評）吉川忠夫（著）：「『六朝精神史研究』」『日本読書新聞』2261，1984

吉川忠夫：「中土辺土の論争」『六朝精神史研究』同朋舎，1984

窪德忠：「道教と禅宗」『道教の世界』学生社，1984

宮沢正順：「道教と仏教－－元雑劇『馬丹陽三度任風子』を中心として（要旨）」『東方宗教』63，1984

蜂屋邦夫：「老荘思想と空（『空』の思想－－仏教の原点を問う）」『理想』610，1984

吉川忠夫：『六朝精神史研究』同朋舎，1984

中島隆蔵（評）：「吉川忠夫（著）『六朝精神史研究』」『集刊東洋学』54，1985

中村圭爾（評）：「吉川忠夫（著）『六朝精神史研究』」『東洋史研究』44－1，1985

大久保隆郎：「楚王英事件と王充」『集刊東洋学』53，1985

窪德忠：「中国仏教と道教－－特に禅を中心として」『禅研究所紀要』14（愛知学院），1985

中島隆蔵：「天真仏の思想とその周辺－－『究竟大悲経』を中心に」『集刊東洋学』54，1985

伊藤隆寿：「吉蔵の儒教老荘批判」『印度学仏教学研究』34－2，1986

窪德忠：「中国における仏教と道教」『駒沢大学仏教学部論集』17，1986

西義雄：「佛道斬新化の維摩の佛教：老化せる佛教の活素材」『東洋大學文學部紀要（印度哲學科・中國哲學文學科）』40集12，1987

福井康順：「漢末三国の交州」『福井康順著作集1』法藏館，1987

窪德忠：「元代の佛道關係－－至元辨偽錄を中心として」『駒大大學院佛教年報』20，1987

福井康順：「原始道教と仏教」『福井康順著作集1』法藏館，1987

福井康順：「弘明集の撰者についての疑義」『福井康順著作集1　道教の基礎的研究』法藏館，1987

福井文雅：「全真教の『般若心経の受容について』－－その理由と経路」『道教と宗教文化』平河出版社，1987

福永光司：「道教の中の仏教と仏教の中の道教」『道教と古代日本』人文書院，1987

福永光司：『道教思想史の研究』岩波書店，1987

京都大学人文科学研究所：「六朝・隋唐時代の道仏論争」研究班「『笑道論』訳注」『東方学報（京都）』60，1988

福永光司：「『荘子』の『真』と浄土真宗の『真』」『中国の哲学・宗教・芸術』人文書院，1988

福永光司：「自然と因果－－老荘道教と中国仏教」『中国の哲学・宗教・芸術』人文書院，1988

福井康順：「中国思想のたて前と本音」『福井康順著作集3　中国の思想と仏教』法藏館，1988
福永光司：「道教としての中国仏教」『中国の哲学・宗教・芸術』人文書院，1988
福永光司：「道教と仏教」『東洋学術研究』27－別冊（特集・道教と仏教－－六朝・隋・唐代を中心に），1988
福永光司：「仏教と道教－－特に禅と浄土の場合」『中国の哲学・宗教・芸術』人文書院，1988
吉川忠夫：『弘明集・広弘明集（抄）大乗仏典　中国・日本編第四巻）』中央公論社，1988
吉岡義豊：「五輪九字秘釈と道教五蔵観」『吉岡義豊著作集2』五月書房，1989
吉岡義豊：「自搏と自撲」『吉岡義豊著作集2』五月書房，1989
吉岡義豊：「仏教の影響による道教戒の形式」『吉岡義豊著作集2』五月書房，1989
吉岡義豊：「密教と道教」『吉岡義豊著作集2』五月書房，1989
宮崎忍勝：「密教と道教の周辺」『堀内寛仁先生喜寿記念密教文化論集』，1989
松本史朗：『縁起と空－－如來藏思想批判』大蔵出版，1989
袴谷憲昭：『本覺思想批判』大蔵出版，1989
前田繁樹：「佛道論爭に於ける『老子西昇經』」『宗教研究』63巻4輯，1990
前田繁樹：「佛道論爭に於ける『老子西昇經』」『東方宗教』75号，1990
中野達：「郭象における坐忘」『東方宗教』75，1990
岩崎日出男：「金剛智の在唐中の活動について－－毘盧遮那塔建立及び道教との関係を中心に」『密教学会報』291990
池田魯参：「天台教学と老莊思想」『駒沢大学仏教学部論集』21，1990
柿市里子：「六朝期にににおける理について－－道・仏二教の関わりを中心として（要旨）」『東方宗教』75，1990
石橋成康：「新出七寺蔵『清浄法行経』攷」『東方宗教』78，1991
田中文雄：「道教と仏教」『しにか』2－11，1991
鎌田茂雄編：『講座佛教の受容と變容四　中國篇』佼成出版社，1991
窪徳忠：「モンゴル朝仏道論爭研究序説」『モンゴル朝の道教と仏教－－二教の論爭を中心に』平河出版社，1992
横手裕：「看話と内丹－－宋元時代における仏教・道教交渉の一側面」『思想』92－4，1992
窪徳忠：「全真教と仏教」『モンゴル朝の道教と仏教－－二教の論爭を中心に』平河出版社，1992
礪波護：「法琳の事跡にみる唐初の仏教・道教と国家」『中国古道教史研究』同朋舎，1992
北原峰樹：『弘明集索引　1・2』中国書店，1992
森三樹三郎：『無爲自然の思想－－老莊と道教・仏教』人文書院，1992
宮沢正順：「中国浄土教の展開と『抱朴子』」『仏教論叢』37，1993
手島一真：「釋・道門の『威儀』－－唐代僧・道官制の一考察」『仏教史学研究』36－2，1993
園家栄照（訳）：「（翻訳）仏教　道教と道学」『金沢大学語学・文学研究』23，1994
中村淳：「モンゴル時代の『道仏論爭』の実像－－クビライの中国支配への道」『東洋学報』75－3

・4（合），1994

中西久味：「成玄英と三論教学についての一試論」『中国思想史研究』17，1994

頼富本宏：「密教と道教」『「道教」の大事典』新人物往来社，1994

大竹健介：「『仙仏奇蹤』解読」『武蔵大学人文学会雑誌』27－1，1995

手島一真：「唐代宮中の仏教と道教――金仙公主の場合　上・下」『立正史学』78，79，1995

坂内栄夫：「『大道論』攷――唐代道教と洪州禅」『中国思想史研究』19，1996

宮沢正順：「至游居士曽慥と廬山について」『仏教論叢』40，1996

宮沢正順：「曽慥について」『中村璋八博士古稀記念・東洋学論集』，1996

田中文雄：「中国における'五体投地'の変遷」『豊山教学大会紀要』24，1996

宮沢正順：「道綽禅師における中国思想」『仏教文化研究』40，1996

遊佐昇（評）：「リビア・コーン（著）『笑道論・中国中世における仏道論争』」『東方宗教』90，1997

相馬一意：「五台山近辺の道教的雰囲気――六世紀初頭の北魏仏教の一面」『行信学報』10，1997

金子寛哉：「唐代初期における仏教と道教の論諍――紀国寺慧浄の対道教説を中心に」『日本仏教学会年報』62（『仏教と他教との対論』）平楽寺書店，1997

頼富本宏：「道教と密教の交渉」『日本仏教学会年報』62（『仏教と他教との対論』）平楽寺書店，1997

吉田隆英：「鮑郎子神考――曇鸞と神異」『古田敬一教授頌寿記念　中国学論集』，1997

吉川忠夫：「佛道論争のなかの陸修靜」『禪文化研究所紀要』24号，1998

宮沢正順：「人の命は呼吸の間にあり――道教と仏教の人間観」『国際化時代のアイデンティティ』春秋社，1998

坂出祥伸：「中国仏教の中の道教」『中国人と道教』汲古書院，1998

宮沢正順：「道教的舎利論」『大正大学中国学研究会会報』12，1998

前田繁樹（訳）ベンジャミン・ベニイ（著）：「老君説一百八十戒における道教と仏教」『道教の歴史と文化』雄山閣出版，1998

山田俊（訳）トーマス・スミス（著）：「六朝における仏道論争と『列仙伝』の伝承」『道教の歴史と文化』雄山閣出版，1998

窪徳忠：『道教と佛教：窪徳忠著作集7』第一書房，1998

坂出祥伸：「初期密教と道教との交渉」『中国密教』春秋社，1999

佐藤健裕：「成玄英の教学形成に与えた仏道論争の影響」『アジアの文化と思想』8，1999

平野顕照：「道・仏二教にみる報恩譚（要旨）」『東方宗教』93，1999

宮沢正順：「道教と浄土教――序説」『仏教論叢』43，1999

相馬一意：「曇鸞と称名思想1」『印度学仏教学研究』47－2，1999

相馬一意：「曇鸞称名思想2　道教における名重視の観念」『行信学報』12v1999

平野顕照：「仏・道二教よりみる浄土経典の語彙」『浄土教の総合的研究（仏教大学総合研究所紀

要別冊）』，1999

佐藤智水：「陝西省渭北地区の北朝道仏混合像発生の背景について（要旨）」『東方宗教』93，1999

遠藤純一郎：「『占察善悪業報経』と智顗の懺法」『智山学報』49，2000

小林正美：「顧歓『夷夏論』における『道教』について――中嶋隆蔵博士の所論に反駁す」『早稲田大学大学院文学研究科紀要』46，2000

岩崎日出男：「道教と密教」『講座道教4　道教と中国思想』，2000

相馬一意：「本典引用『弁正論』の問題点」『竜谷紀要』22-1，2000

野村英登：「全真教南宗の仏教受容に関する一考察：翁葆光の内丹思想を例として」『東洋大學中國哲學文學科紀要』10号，2002

池平紀子：「長生法と悟り：『佛説三廚經』と『老子説五廚經註』」『東方宗教』100号，2002

方亞平：「陶弘景の仏教観」『法華文化研究』28号，2002

張美蘭：「空思想の格義的理解について：老荘思想の無との関係を中心に」『印度學佛教學研究』52（1），2003

前田繁樹：「『老子化胡経』の説かれた場所」『宮沢正順博士古稀記念東洋-比較文化論集-』，2004

横手裕：「禅と道教：柳華陽の場合」『思想』960号，2004

都築晶子：「道教の科戒に見る仏教の影響：『洞玄霊宝千真科』と『四分律刪繁補闕行事鈔』」『佛教史學研究』47巻2号，2005

佐野誠子：「道佛宗教者の出生の不思議――あるいは神話と傳記」『三教交渉論叢』京都大学人文科学研究所，2005

小池一郎：「『法句経』と『老子』をめぐる写本上の若干の問題について」『言語文化（同志社大学）』8巻3号，2006

米田健志著：「敦煌本『續集古今佛道論衡』と『漢法本内傳』の偽作とについて」『敦煌寫本研究年報』1号，2007

池平紀子：「スタイン二四三八に見える佛教の服餌辟穀法受容について：太上靈寶五符序との關聯を中心に」『三教交渉論叢続編』京都大学人文科学研究所，2011

垣内智之：「道教における九天説とその周邊」『三教交渉論叢続編』京都大学人文科学研究所，2011

5. 反佛滅佛

常盤大定：「支那の廃仏事件」『宗教研究』4-13（13），1920

常盤大定：「廃仏廃釈の問題」『岩波講座　東洋思潮』5，1934

小笠原宣秀：「唐の廃仏論者傅奕について」『支那仏教史学』1-3，1937

塚本善隆：「北魏太武帝の廢佛毀釋」『支那佛教史學』1巻4號，1937

木口健藏：「北魏太武帝の廢佛に關する魏書釋老志の記事に就いて」『山下寅次先生還曆記念東洋史論文集』，1938

亀川正信：「会昌の廃仏について――特に原因の考察」『支那仏教史学』6-1，1942

畑中淨園：「後周世宗の廢佛考」『大谷學報』23卷4號，1942

龜川正信：「會昌の廢佛について：特に原因の考察」『支那佛教史學』6卷1號 v1942

塚本善隆：「北周の廃仏に就いて 上・下」『東方学報（京都）』16，18，1948，50

塚本善隆：「北周の廢仏に就いて（上、下）」『東方學報』16、18v1948，1950

藤井清：「唐の玄宗朝における佛教對策」『史學研究』8（46），1951

大川富士夫：「北周に於ける佛教と儒家的法家主義（一）：周武廢佛の原因に就いて」『立正史學』18，1955

笠間達男：「会昌廃仏と李徳裕」『史潮』62・63（合），1957

大川富士夫：「北周宇文氏政權と佛教：武帝廢佛の意義」『立正史學』20，1957

塚本善隆：「北周の廃仏について」『魏書釈老志の研究』佛教文化研究所出版部，1961

鎌田茂雄：「北周廢佛と禪」『宗學研究』6，1964

野村耀昌：「衛元嵩の上書とその影響についての考」『周武法難の研究』東出版，1968

野村耀昌：『周武法難の研究』東出版 1968

渡邊隆生：「廢佛をめぐる淨影慧遠の教學史的背景」『龍谷大學論集』388，1969

林傳芳：「清末民初における中國の廢佛毀釋について」『印度學佛教學研究』20-2，1972

松原三郎：「隋造像樣式成立考――とくに北周廢佛と關連して」『美術研究』288，1973

吉川忠夫：「中國の排佛論」『南都佛教』34，1975

西尾賢隆：「円仁の見聞した会昌廃仏（上）」『鷹陵史学』5，1979

西尾賢隆：「会昌廃仏と金粟如来」『森三樹三郎博士頌寿記念 東洋学論集』，1979

佐藤智水：「北魏廃仏論序説」『岡山大学法文学部学術紀要（史学篇）』39，1979

塚本善隆：「中國の廢佛と興佛」『禪研究所紀要』8，1979

西尾賢隆：「円仁の見聞した会昌廃仏（下）」『花園大学研究紀要』11，1980

下出積與：「道教と仏教の対論」『仏教思想史2』平楽寺書店，1980

間野潛龍：「嘉靖初期における仏教統制の理念」『仏教史学研究』23-1，1981

吉川忠夫：「中国における排仏論の形成」『六朝精神史研究』同朋舎，1984

西尾賢隆：「會昌廢佛の原因（下）：寒山の佛教批判をてがかりに」『古代文化』36卷11号，1984

西尾賢隆：「會昌廢佛の原因（上）：寒山の佛教批判をてがかりに」『古代文化』36卷5号，1984

片岡理：「北周の宗教廃毀をめぐる史料の一考察」『史観』118，1988

春本秀雄：「北魏太武帝の廃仏についての一考察」『大正大学綜合仏教研究所年報』10，1988

窪德忠：『モンゴル朝の道教と仏教――二教の論争を中心に』平河出版社，1992

春本秀雄：「北魏太武帝の廃仏と図讖禁絶について」『緯学研究論叢――安居博士追悼』，1993

陳玉女：「明嘉靖初期における議礼派政権と仏教粛正――『皇姑寺事件』を考察の中心として」

『九州大学東洋史論集』23，1995

川本芳昭：「景穆太子と崔浩－－北魏太武帝による廃仏前後の政局をめぐって」『東方学』91 1996

春本秀雄：「北魏法難の研究4」『仏教論叢』41，1997

春本秀雄：「北魏法難の研究資料について（要旨）」『宗教研究』71-4（315），1998

春本秀雄：「寇謙之と仏教」『大正大学研究論叢』6，1998

前田繁樹：「仏道論争に於ける諸問題」『講座道教4　道教と中国思想』，2000

春本秀雄：「北魏法難の研究文献1　付　廃仏関係論文資料」『仏教文化研究』44，2000

高橋佳典：「會昌廢佛における宰相李德裕の意圖と役割」『中國古典研究』48号，2003

西尾賢隆：「會昌廢佛と金粟如來」『中国近世における国家と禅宗』思文閣出版，2006

春本秀雄：「北魏の図讖禁絶：特に太武帝時について」『大正大學研究紀要（人間學部・文學部）』92輯，2007

松山貞好：「曇曜と北魏廃仏：『付法蔵因縁伝』を中心に」『印度學佛教學研究』第57巻第2号，2009

四、西文研究

Too-yu. "The Systems of Foe and Confucius Compared", translated from the Chinese, *Indo-Chinese Gleaner*, no. 5 (1818): 149-157.

Le Tao-teh-king. "Identité des Méthodes de Laotse et du Bouddha. Commentaire Bouddhique du *Tao-teh-king*. Laotse Sous le Nom de Lauthu", *Congrès Internationale des Sciences Ethnographiques*, session de 1878 (1881): 765-771.

Clopin, Camille. "Comparaison Entre Laotse, Pythagore et Confucius. Résultats Définitif Pour la Chine des Deux Doctrines Examinées par M. de Milloué Dans une Conférence au Musée Guimet", *La Géographie*, 27.3 (1898): 285f.

Demieville, Paul. "l'État Actuel des études Bouddhiques", *Revue de Théologie et de Philosophie*, 14 (1927): 43-65.

Erkes, Eduard. "Kumārajīvas Laotse Kommentar", *Zeitschrift für Missionswissenschaft und Religionswissenschaft*, 50 (1935): 49-53.

Fung Yu-Lan; translated by Derk Bodde. "The Rise of Neo-Confucianism and Its Borrowings From Buddhism and Taoism", *Harvard Journal of Asiatic Studies*, vol. 7, no. 2 (1942).

Dumoulin, Heinrich. "La Mystique de l'Orient et de l'Occident", *Bulletin de l'Université l'Aurore* (Shanghai), 3e sér. 5 (1944): 152-202.

Pachow. "Comparative Studies in the Mahāparinibbāna-sutta and Its Chinese Versions", *Sino-Indian Studies*, 1 (1944): 167-210; 2 (1945): 1-41.

Dschi, Hiän-lin. "Liehtzu and Buddhist Sutras. A Note on the Author of Liehtzu and the Date of Its Composition", *Studia Serica*, 9.1 (1950): 18-32.

Maspero, Henri. "La Société et la Religion des Chinois Anciens et Celles des Tai Modernes", In author's *Les Religions Chinoises. Mélanges Posthumes sur les Rreligions et l'Histoire de la Chine*, t 1, Paris (1950): 139-194.

Maspero, Henri. *Mélanges Posthumes sur les Religions et l'Histoire de la Chine*, Civilisations du Sud, Paris (1950).

Winter, H. J. J. "Science, Buddhism and Taoism", *Aryan Path*, 21 (May 1950): 206-208.

Wright Arthur F. "Fu I and the Rejection of Buddhism", *Journal of the History of Ideas*, 12.1 (1951): 31-47

Bagchi, P. C. "Indian Influence on Chinese Thought", In S. Radhakrishnan (ed.) *History of Philosophy, Eastern and Western*, vol. 1, London (1952): 573-589.

Chang, Chung-yüan. "Concept of Tao in Chinese Culture", *Review of Religion*, 17.3/4 (1953): 115-132.

Gi-Ming Shien. "The Epistemology of Buddhism, Taoism and Confucianism", *Philosophy*, vol. 28, no. 106 (1953).

Bernard-Maître, Henri. "La Découverte du Bouddhisme. (La Découverte Spirituelle de l'Extrême-asie par l'Humanisme Européen)", *France-Asie*, 10.2 (1954): 1141-1153.

Pachow, W. "A Comparative Study of the Pratimoksa", *Sino-Indian Studies*, 4 (1953): 18-193; 5 (1955): 1-45.

Bareau, André. "Indian and Ancient Chinese Buddhism: Institutions Analogous to the Jisa", *Comparative Studies in Society and History*, 3 (1961): 443-451. ('Jisa' is Tibetan for the principal land of the monastery.)

Tamaki, Kōshirō. "The Development of the Thought of Tathāgatagarbha from India to China", *Journal of Indian and Buddhist Studies: Indogaku bukkyōgaku kenkyū*, 9.1 (Jan. 1961): 25-33.

King, Winston L. "The Way of Tao and the Path to Nirvana", In Robert K. Sakai (ed.) *Studies on Asia 1963*, University Nebraska (1963): 121-135.

T'ang, Chün-i. "Confucianism and Chinese Religions", In Moses Jung, Swami Nikhilanda, and Herbert W. Schneider (eds.) *Relations among Religions Today. A Aandbook of Policies and Principles*, Leiden (1963): 39-44.

Murakami, Yoshimi. "'Nature' in Lao-Chuang Thought and 'No-mind' in Ch'an Buddhism", *Kwansei Gakuin University Annual Studies*, 14 (1965): 15-31.

Pachow, W. "Laotzû and Gautama Buddha: An Enquiry into the Authenticity of Laotzû's Mission to India", In *Paranavitana Felicitation Volume on Art and Architecture Presented to Senarat* (1966): 293-303. Reprinted in W. Pachow. *Chinese Buddhism: Aspects of Interaction and Reinterpretation*, Washington D. C. (1980).

Zia, N. Z. "The Common Ground of the Three Chinese Religions", *Ching Feng*, 9.2 (1966): 17-34.

Zia, Rosina C. "The Conception of 'Sage' in Laotzu and Chuangtze as Distinguished from Confucianism",

Chung Chi Journal, 5 (May 1966): 150 – 157.

Werner Eichhorn. Beitrag Zur Rechtlichen Stellung Des Buddhismus Und Taoismus Im Sung – Staat: Ubers – Der Sektion "Taoismus Und Buddhismus" Aus Dem Ch1ng – Yuan T1ao – Fa Shih – Lei – Ch. 50 Und 51 (Asian Studies), E. J. Brill (1968).

Fukunaga, Mitsuji. "'No – mind' in Chuangtzu and in Ch'an Buddhism", Zinbun, 12 (1969): 9 – 45.

Graf, Olaf. "Tao und jen, sein und sollen im Sung – Chinesischen monismus", Wiesbaden (1970): xii + 429 s, gloss, bibliog, index to names, general index. See rev. by H. R. Schiette in Zeitschrift für missionswissenschaft und religionswissenschaft, 57. 1 (1973): 60 – 64.

Wagner, Rudolf G. "The Original Structure of the Correspondence between Shih Hui – yüan and Kumarajiva", Harvard Journal of Asiatic Studies, 31 (1971): 28 – 48. Ref. to Taisho Tripitaka, no. 1856.

Guenon, René. "Taoism and Confucianism", Studies in Comparative Religion, 6. 4 (autumn 1972): 239 – 250.

Mori, Mikisaburō & Tsl Patrick James. "Chuangtzu and Buddhism", Eastern Buddhist, n. s. 5. 2 (Oct. 1972): 44 – 69.

Fu, Charles Wei – hsun. "Morality or beyond: the Neo – Confucian Confrontation with Mahāyāna Buddhism". Philosophy East and West, 23. 3 (July 1973): 375 – 396.

Smith, D. Howard. "Conflicting Ideas of Salvation in A. D. Fifth Century China", In Eric J. Sharpe & John R. Hinnells (eds.) Man and His Salvatio: Studies in Memory of S. F. G. Brandon, Manchester University (1973): 291 – 303.

Hsu, Sung – peng. "Han – Shan Te – Ch'ing: a Buddhist Interpretation of Taoism", Journal of Chinese Philosophy, 2 (1974 – 75): 417 – 427.

Etiemble, René. "Le Bouddhisme Chinois vu par les Jésuites Confucéens", In L. Lanciotti (ed.) Sviluppi Scientifici Prospettive, ? Rome (1975): 103 – 114.

Abe, Masao. "Zen and Buddhism", Journal of Chinese Philosophy, 3. 3 (June 1976): 235 – 252.

Matsunaga, Yukei. "A History of Tantric Buddhism in India with Reference to Chinese Translation", In Leslie S. Kawamura & Keith Scott (eds.) Buddhist Thought and Asian Civilization: Essays in Honour of Herbert V. Guenther on his Sixtiethbirthday, Emeryville, Calif. (1977): 167 – 181.

Pontynen, Arthur. "Buddhism and Taoism in Chinese Sculpture, a Curious Evolution in Religious Motifs", Field Museum Bulletin, 49. 6 (June 1978): 16 – 21.

Jan, Yün – hua. "Li P'ing – shan (1185 – 1231) and his Refutation of Neo – Confucian Criticism of Buddhism", In Roy C. Amore (ed.) Developments in Buddhist Thought: Canadian Contributions to Buddhist Studies, Wilfrid Laurier University (1979): 162 – 193.

Stein, Rolf. "Religious Taoism and Popular Religion from the Second to the Seventh Centuries", In Holmes Welch & Anna Seidel (eds.) Facets of taoism. Essays in Chinese religion, Yale University (1979): 53 – 82.

Berling, Judith A. The Syncretic Religion of Lin Chao – en, Columbia University (1980): 360 p + app., notes, gloss, sel bibliog.

Berthrong, John. "Suddenly Deluded Thoughts Arise", *Society for the Study of Chinese Religions*, *Bulletin*, 8 (fall 1980): 32 – 55. Ref. to *Mou Tsung – san on Neo – Confucianism and T' ang Budd Philos*.

Lai, Whalen. "The *I – Ching* and the Formation of the Hua – yen Philosophy", *Journal of Chinese Philosophy*, 7.3 (Sept 1980): 245 – 258.

Pachow, W. "Buddhism and Its Relation to Chinese Religions", reprinted in author's *Chinese Buddhism: Aspects of Interaction and Reinterpretation*, Washington D.C. (1980): 87 – 99; orig. publ. not stated.

Pachow, W. "The Controversy over the Immortality of the Soul in Chinese Buddhism", *Journal of Oriental Studies* (University Hong Kong), 16.1/2 (1978): 21 – 38; repr. in author's *Chinese Buddhism: Aspects of Interaction and Reinterpretation*, Washington D.C. (1980): 117 – 162.

Paul, Diana. "Portraits of the Feminine: Buddhist and Confucian Historical Perspectives",. In A. K. Narain (ed.) *Studies in the History of Buddhism*, Delhi (1980): 209 – 221.

Zürcher, Erik. "Buddhist Influence on Early Taoism", *T' oung Pao*, 66.1/3 (1980): 84 – 147.

Chan, Wing – tsit. "Influence of Taoist Classics on Chinese Philosophy", in Neal E. Lambert (ed.) *Literature of Belief: Sacred Scripture and Religious Experience*, Religious Studies Center, Brigham Young University, Provo, UT (1981): 139 – 153.

Despeux, Catherine. *Le Chemin de l' éveil. Illustré par le Dressage du Buffle Dans le Bouddhisme Chan, le Dressage du Cheval Dans le Taoïsme, le Dressage de l' éléphant Dans le Bouddhisme Tibétaine*, Paris (1981): 139 p.

Teng, Yung S. "A Study of the Confucian Thought in Tu Mu's Literary Works". *Tsinghua Journal of Chinese Studies*, n.s. 13.1/2 (Dec. 1981): 133 – 159.

Ch'ien, Edward T. "The Neo – Confucian Confrontation with Buddhism: a Structural and Historical Analysis", *Journal of Chinese Philosophy*, 9 (1982): 307 – 328.

Shinohara, Koichi. "Buddhism and Confucianism in Ch'i – Sung's (1007 – 1072) Eessay on Teaching (yuan – tao)", *Journal of Chinese Philosophy*, 9.4 (Dec. 1982): 401 – 422.

Visvader, John & William C. Doub. "The Problem of Desires and Emotions in Taoism and Ch'an", In Louis Lancaster and Whalen Lai (eds.) *Early Ch'an in China and Tibet*, Berkeley, Calif. (1983): 281 – 197.

Ames, Roger T. "Religiousness in Classical Confucianism: a Comparative Analysis", *Asian Culture Quarterly*, 12.2 (summer 1984): 7 – 23.

Robinet, Isabelle. "Notes Préliminaires sur Quelques Antinomies Fondamentales Entre le Bouddhisme et le Taoïsme". In *Incontro*, (1984): 217 – 242.

Ames, Roger T. "The Common Ground of Self – Cultivation in Classical Taoism and Confucianism", *Tsinghua Journal of Chinese Studies*, 17.1 – 2 (Dec. 1985): 65 – 97. Reprinted in *Taoist Resources*, 1.1 (autumn 1988): 23 – 54.

Wu, Yi. "On Chinese Ch'an in Relation to Taoism", *Journal of Chinese Philosophy*, 12 (1985): 131 – 154.

Jan, Yün-hua. "Cultural Borrowing and Religious Identity: A Case Study of the Taoist Religious Codes", *Han-Hsüeh Yen-Chiu: Chinese Studies*, 4.1 (June 1986): 281-294. Ref. to *Taoist Borrowing from Buddhism*.

Knaul, Livia. "Chuangtzu and the Chinese Ancestry of Ch'an", *Journal of Chinese Philosophy*, 13.4 (1986): 411-428.

Robinet, Isabelle. "La Notion de Hsing Dans le Taoïsme et Son Rapport Avec Celle du Confucianisme", *Journal of the American Oriental Society*, 106.1 (Jan.-Mar. 1986): 183-196.

Huang Chi-chiang. "Experiment in Syncretism: Ch'i-sung (1007-1072) and Eleventh-Century Chinese Buddhism", Ph. D. thesis, University of Arizona (1986).

Corless, Roger J. "T'an-luan: Taoist Sage and Buddhist Bodhisattva", In Michael Saso & David W. Chappell (eds.) *Buddhist and Taoist Studies-II*, University of Hawaii (1987): 36-45.

Liu, Ming-wood. "Fan Chen's Treatise on the Destructibility of the Spirit and Its Buddhist Critics", *Philosophy East and West*, 35.4 (Oct. 1987): 402-428.

Thomas, Léon. "l'Absolu dans deux Pensées Apophatiques: Basilide et le Taoïsme", *Revue d'Histoire et de Philosophie Religieuses*, 67.2 (1987): 181-191.

Inada, Kenneth. "Zen and Taoism: Common and Uncommon Grounds of Discourse", *Journal of Chinese Philosophy*, 15.1 (1988): 1-65.

Yü, Chün-fang. "Some Ming Buddhists' Responses to Neo-Confucianism", *Journal of Chinese Philosophy*, 15.4 (1988): 371-413.

Anguvarohita, Pratoom. "Buddhist influences on the neo-Confucian concept of the sage", *Sino-Platonic Papers*, no. 10, Department of Oriental Studies, University Penn. (1989): 31.

Chan, Wing-tsit. "Chu Hsi and Taoism", Chap. 28 in author's *Chu Hsi: New Studies*, University of Hawaii (1989): 486-508.

James, Jean M. "Some Iconographie Problems in early Daoist-Buddhist Sculptures in China", *Archives of Asian Art*, 42 (1989): 71-76. Ref. to some votive sculptures from Shanhsi in Chicago's field museum.

Liang, Shuming. "A Comparison of Confucianism and Buddhism", *Chinese Studies in Philosoph: A Journal of Translations*, 20.3 (spring 1989): 3-32.

Zürcher, Erik. "The Impact of Buddhism on Chinese Culture in a Historical Perspective". In Tadeusz Skorupski (ed.) *The Buddhist Heritage*; Papers delivered at the SOAS in November 1985, London (1989): 117-128.

Chauduri, Korak K. "South India's Contact with China: a Study in the Earliest Phase from Chinese Sources". In K. K. Kumundami (ed.) *Researches in Indian History, Archaeology, Art and Religion: Prof. Upendra Thakun felicitation volume*, vol. 1, New Delhi (1990): 217-221.

Franke, Herbert. "The Taoist Elements in the Buddhist Great Bear Sutra (*Pei-tou Ching*)", *Asia Major*, 3rd, ser. 1 (1990): 75-111. Compare to non-canonical texts in Mongolian, Tibetan and Uighur.

Rule, Paul. "Was Confucius a Taoist?", *Oriental Society of Australia*, 22/23 (1990-91): 146-155. "Taoist Passages" in *Analects*; "Confucius" and "Confucians" in *Chuangtzu*.

Stevenson, Frank. "Dwelling at Ease and Awaiting Destiny: 'Taoism' in the 'Confucian' chung yung", *Tamkang Review*, 20.3 (Spring 1990): 265 – 316.

Vandermeersch, Léon. "Bouddhisme et Pouvoir dans la Chine Confucianiste". In Alain Forest, Eiichi Kato & Léon Vandermersch (dir.) *Bouddhismes et Sociétés Asiatiques*; *Clergés, Sociétés et Pouvoirs*, Paris & Sophia University, Tokyo (1990): 31 – 39.

Yasin, Madhavi. "Kashmir's Contribution to Chinese Buddhism", *Quarterly Journal of the Mythic Society*, 81, 1 – 2, Bangalore (Jan. – June 1990): 170 – 189.

Lai, Yonghai. "Buddha Nature and Human Nature: a Discussion of the Differences and Similarities between the Teachings of Confucianism and of Buddhism, and Their Mutual Influences", *Chinese Studies in Philosophy: A Journal of Translation*, 23.1 (1991): 3 – 33.

Tang, Yijie. "The Development of Chinese Culture: Some Comments in the Light of the Study of the Introduction of Indian Buddhism in China", In Shinohara, Koichi & Gregory Schopen (eds.) From *Benares to Beijing: Essays on Buddhism & Chinese Religion in Honour of Prof Jan Yün – hua*, Oakville, Ont., Canada, etc. (1991): 261 – 276.

Cui, Dahua; translated by Michael Saso. "Zhuangzi's Thought and the Spread of Buddhism", In *Buddhist Studies in the People's Republic of China* (1992): 70 – 101.

Garrett, William R. "The Ascetic Conundrum: the Confucian Ethic and Taoism in Chinese Culture", In William H. Swatow Jr. (ed.) *Twentieth – century World Religious Movements in Neo – Weberian Perspective*, New York (1992): 21 – 30.

Ichimura, Shôhei. "The Sino – Indian Transcultural Method of Madhyamika Dialectic: Nagarjuna to Seng – chao to Chi – tsang", In G. Kuppuram et al. (eds.) *Buddhist Heritage in India and Abroad*, Delhi (1992): 239 – 266.

Tang, Jian. "Medieval Chinese and Sanskrit: Linguistic Contacts through Translation of Mahayana Buddhist Scriptures", in Bernard Hung – Kay Luk & Barry D. Steben (eds,) *Contacts Between Cultures*, vol. 3 (1992): 373 – 379.

Tong, John (ed.). "Dialogue with Confucianism, Buddhism and Taoism", *Tripod*, 68 (1992): 1 – 55.

Berling, Judith A. "Channels of Connection in Sung Religion: the Case of Pai Yü – ch'an", chap. 8 in Ebrey, Patricia Buckley & Peter N. Gregory (eds.) *Religion ans Society in T'ang and Sung China*, University of Hawaii (1993): 307 – 334.

Brook, Timothy. *Praying for Power: Buddhism and the Formation of Gentry Society in Late – Ming China*, Harvard University (1993): xvi + 403 p, tables, maps, fig, notes, bibliog, index; chin char in bibliog and index. See rev. by Susan Naquin in *Harvard Journal of Asiatic Studies*, 52.2 (1995): 556 – 568; by Chün – fang Yü in *China Review International*, 3.1 (spring 1996): 100 – 111.

Chen, Jingsong. "A Comparison between Daoist and Confucian Masters' Views on Language", *Chinese Cul-

ture, 34.2 (June 1993): 43-52.

Fang, Litian. "A Comparison of the Chinese Buddhist and Indian Modes of Thought", *Chinese Studies in Philosophy: A Journal of Translation*, 24.4 (summer 1993): 3-46.

Reiter, Florian C. "'A Praise of Buddha' by the Taoist Patriarch Ch'iu Ch'uchi (1148-1227) and Its Source", *Zeitschrift der Deutschen Morgenländischen Gesellschaft*, Deutsche Morgenländische Gesellschaft (Zeitschrift), Leipzig, 143.1 (1993): 179-191. Ref. "fo tsan" with translation.

Zia, N. Z; translated by Rosina C. Zia. aut. "The Common Ground of the Three Religions", *Sino-American Relations*, 19.3 (1993): 49-72.

Grigg, Ray (ed.). *The Tao of Zen*, Rutland VT & Tokyo. For Chin Ch'an and Taoism see passim. "The premise... is that Zen is really Taoism in the disguise of Buddhism". (1994).

Inada, Kenneth K. "The Challenge of Buddho-Taoist Metaphysics of Experience", *Journal of Chinese Philosophy*, 21.1 (Mar. 1994): 27-47.

Reiter, Florian C. "Überlegungen zur Bedeutung des Buddhismus für den Ch'üan-chen Taoismus im China des 12 und 13 Jahrhunderts", *Monumenta Serica*, 42 (1994): 295-308.

Sawatzky, Sheldon. "Body as Metaphor in Chinese Religious Culture: Implications for Chinese Ecclesiology", *Taiwan Journal of Theology*, 16 (Mar. 1994): 23-121.

Takasaki, Jikido. "A History of East Asian Buddhist Thought: the Formation of a Sphere of Chinese-canon-based Buddhism", *Acta Asiatica*, 66 (1994): 1-32.

David y. F. Ho. "Selfhood and Identity in Confucianism, Taoism, Buddhism, and Hinduism: Contrasts With the West", *Journal for the Theory of Social Behaviour*, vol. 25, no. 2 (1995).

Hsiung, Ann-Marie. "Reconsidering the Shared Ground between Confucianism and Taoism", *Asian Culture Quarterly*, 23.4 (winter 1995): 63-70. Shared by the basic classical texts only.

Bokenkamp, Stephen R. "The Yao Boduo Stele (erected in 496 and preserved in Si-an) as Evidence for 'Duo Buddhism' of the Early Lingbao Scriptures", *Cahiers d'Études Chinoises* 9 (1996-1997): 55-67.

Hall, David L. "Buddhism, Taoism, and the Question of Ontological Difference", in Puligandla, Ramakrishna & Miller, David Lee (eds.) *Buddhism and the Emerging World civilization: Essays in Honor of Nolan Pliny Jacobson*, Southern Illinois University Press, Carbondale, IL (1996): 83-94. Taoism esp. as in *Chuangtzu*.

Li, Chenyang. "How Can One be a Taoist-Budddhist-Confucian? A Chinese Illustration of Multiple Religious Participation", in *International Review of Chinese Philosophy and Religion*, vol. 1 (1996): 29-65.

Penny, Benjamin. "Buddhism and Daoism in the 180 Precepts Spoken by Lord Lao", *Taoist Resources*, 6.2 (Aug. 1996): 1-16. Ref. to the texts early 6th century (?).

Yü, Chün-fang. "The Cult of Kuan-yin in Ming-Ch'ing China: a Case of Confucianization of Buddhism", in Irene Bloom and Joshua Vogel (eds.) *Meeting of the Minds*, Columbia University Press, New York (1997): 144-174.

Boucher, Daniel. "Gandhari and the Early Chinese Buddhist Translations Reconsidered: the Case of the Saddharmapundarikasutra", *Journal of the American Oriental Society*, 118.4 (1998): 471 – 506. Concludes that mistakes caused by a "Prakritic or Central Asian pronunciation of the text".

Chan, Alan K. L. "Introduction: the Flourishing of the Dao in Confucian and Daoist Learning", *Monumenta Serica*, 46 (1998): 67 – 68.

Ching, Julia. "The Encounter of Ch'an with Confucianism", in Takeuchi, Yoshinori & Heisig, James W & Swanson, Paul L & O'Leary, Joseph S (eds.) *Buddhist Spirituality: Later China, Korea, Japan, and the Modern World*, vol. 8, part 2, Crossroad, New York (1999): 44 – 53.

Welter, Albert. "A Buddhist Response to the Confucian Revival: Tsan – Ning and the Debate over Wen in the Early Sung", in Gregory, Peter N & Getz, Danel Aaron Jr (eds.) *Buddhism in the Sung*, University of Hawaii Press, Honolulu (1999): 21 – 61.

Schopen, Gregory. "The Mahayama and the Middle Period in Indian Buddhism: through a Chinese Looking – Glass", *Eastern Buddhist*, 32.2 (2000): 1 – 25.

Wolfgang Bauer. "Geschichte der Chinesischen Philosophie: Konfuzianismus, Buddhismus, Daoismus", *Internationales Asienforum*, vol. 33, part 1/2 (2002).

Yick AG; Gupta R. "Chinese Cultural Dimensions of Death, Dying, and Bereavement: Focus Group Findings", *Journal of Cultural Diversity*, vol. 9, no. 2 (2002).

Hong Zeng. "A Deconstructive Reading of Chinese Natural Philosophy in Literature and the Arts: Taoism and Zen Buddhism", in *Chinese Studies*, vol. 33, Edwin Mellen Press, (2004).

B. S., Bonsall. *Confucianism and Taoism* (two great religions of the east), Pierides Press, (2007).

Robert K. Douglas. *Confucianism and Taoism*, Kessinger Publishing, LLC (2007).

Christine Mollier. *Buddhism and Taoism Face to Face: Scripture, Ritual, and Iconographic Exchange in Medieval China*, University of Hawaii Press (2008).

John Beebe. "Individuation in the Light of Chinese Philosophy", *Psychological Perspectives*, vol. 51, no. 1 (2008).

Wen – Chun Chang. "Buddhism, Taoism, Folk Religions, and Rebellions: Empirical Evidence from Taiwan", *Journal of Asian and African Studies*, vol. 45, no. 4 (2010).

Bartholomew P. M. Tsui. "Li Ch'un – Fu's Theory of Harmonization of the Three Teachings", *Journal of Chinese Philosophy*, vol. 13, no. 1 (1986).

Christine Mollier. "Iconizing the Daoist – Buddhist Relationship: Cliff Sculptures in Sichuan during the Reign of Tang Xuanzong", in *Daoism: Religion, History and Society*, No. 2 (2010) 95 – 133.

Skonicki Douglas. "A Buddhist Response to Ancient – style Learning: Qisong's Conception of Political Order", *T'oung Pao*, vol. 97, livre 1 – 3 (2011): 1 – 36.

编者按：本目录按照对关键词的搜索而制作，远不能涵盖与三教关系有关的一切文献，不免挂一漏万。在外文方面，仅涉及日文、英文、法文、德文，其他如韩文、俄文以及其他西欧文字的相关研究尚无法包含进来,仅供研究参考。有关中文索引可参考《中国大陆宗教文章索引(下)》(王雷泉主编,东初出版社,1995年)第436—444页,以及《儒释比较研究》(李景明、唐明贵主编,中华书局,2003年)第573—590页。外文可参考《道教関係文献総覧》(石田憲司主編,風響社,2001年)与 *Chinese Religion in Western Languages*: *A Comprehensive and Classified Bibliography of Publications in English*, *French*, *and German through* 1980 (Complied by Thompson, Laurence G., The University of Arizona Press, 1985)及其三种续编 *Chinese Religion*: *Publications in Western Languages*, 1981 *through* 1990 (Compiled by Laurence G. Thompson; edited by Gary Seaman. Ann Arbor, Mich.: Association for Asian Studies, 1993), *Chinese Religion*: *Publications in Western Languages*, *Volume* 3: 1991–1995 (Compiled by Laurence G. Thompson; edited by Gary Seaman. Ann Arbor, Mich.: Association for Asian Studies, 1998), *Chinese Religion*: *Publications in Western Languages*, *Volume* 4: 1996–2000 (Compiled by Gary Seaman, Laurence G. Thompson, and Zhifang Song; edited by Gary Seaman. Ann Arbor, Mich.: Association for Asian Studies, 2002)的相关部分。

后记

这部《儒释道三教关系研究论文选粹》是北京大学儒学研究院有关三教关系专题研究之系列丛书的一部。将来我们还要再编选一部《三教关系原著选编》，最终为我们编撰《儒、释、道三教关系史》做资料准备。需要特别说明的是，《儒释道三教关系研究论文选粹》是由北京大学哲学系资深教授、老一辈学者汤一介先生提议的。在论文编选过程中，汤先生还多次组织研讨会，讨论论文编选体例及宗旨。王博教授、李中华教授、王宗昱教授、周学农副教授、程乐松副教授、张雪松副教授也曾参与讨论。杨浩博士、王文利同志为搜集资料做了大量辛苦的工作，尤其是杨浩博士搜集了有关这一主题的大量资料，并做了一份详尽的研究论著目录。此外，陈之斌同学在获取资料方面也做了不少工作。

本文集编讫，有个别作者尚未联系上。作者或其亲属可与出版社取得联系，即按规定寄送样书等。

张广保

2013 年 12 月 2 日于儒学院

图书在版编目（CIP）数据

儒释道三教关系研究论文选粹/张广保，杨浩编. --北京：华夏出版社，2016.10
ISBN 978-7-5080-8065-9

Ⅰ.①儒… Ⅱ.①张… ②杨… Ⅲ.①儒家－文集 ②佛教－文集 ③道家－文集 Ⅳ.①B222.05 ②B948-53 ③B958-53

中国版本图书馆 CIP 数据核字（2014）第 060653 号

儒释道三教关系研究论文选粹

主　　编	张广保　杨　浩
策划编辑	陈小兰
责任编辑	陈小兰　增　慧
出版发行	华夏出版社
经　　销	新华书店
印　　装	三河市少明印务有限公司
版　　次	2016 年 10 月北京第 1 版 2016 年 10 月北京第 1 次印刷
开　　本	787×1092　　1/16 开
印　　张	34.25
字　　数	700 千字
定　　价	98.00 元

华夏出版社 地址：北京市东直门外香河园北里 4 号　邮编：100028
网址：www.hxph.com.cn　　电话：（010）64663331（转）
若发现本版图书有印装质量问题，请与我社营销中心联系调换。